淀川長治
映画ベスト
1000
〈決定版 新装版〉

淀川長治
編・構成＝岡田喜一郎

河出書房新社

はじめに

いま、この本をまとめあげ正直な気持、ホッとしています。というのは淀川さんが長い映画人生の中で個々の作品に対してどんな見方をしているのか。それが一冊の本になったら圧巻だし、どんなに便利か。言ってみれば〝名作映画事典〟をつくろうという大それた企画を四、五年前に立て、ご本人に話したら、「そんな、おおげさなことは止めなさいよ。でも出来たら面白いなあ」と言って、照れながらも快諾してもらいました。しかし、スローペースで進行していたために淀川さんの生前中に間に合いませんでした。つまり私にとってこの本は、残された宿題みたいなものだったのです。

私は淀川さんに公私にわたり三十年近くもお付合いいただきました。この間、長期にTV番組「淀川長治映画の部屋」を製作し、ご一緒に試写を見たり、おしゃべりし食べたり遊んだり、とても語り尽せない時間を過し、そのたびに淀川さんの偉大さを実感しました。

淀川さんは四歳から映画を見はじめ、明治、大正、昭和、平成にわたって八十九年間、映画一筋に生きてきた映画の伝道師。言ってみれば宇宙から地球に送り込まれた最後のエイリアン。「伝える」ことに怠慢な時代の中で労を惜しまず自然体で歯切れよく表現してくれた達人でした。こんな人は二度と現れません。

ここに取り上げた作品は千本。もちろん、完璧ではありませんし、淀川さんにとっては一握の砂みたいなものかも知れません。しかし、この中に限りない映画への愛情、鋭い感性、抜群の記憶力による淀川流の映画の楽しみ方、味わい方が詰まっています。たとえば『太陽がいっぱい』や『恐怖の報酬』にしても私たちとまったく違う視点でとらえており、今さらのように鋭い感覚に驚くばかりです。「ハイ淀川です」は、TV番組、ビデオ、講演などのトーク、直接聞いた話、さらに著作の中から編者が構成し、「解説」は編者がコンパクトにまとめたものです。

このシネマバイブルのような本をビデオ、DVD、または劇場で映画を見るときに役立てていただければ淀川さんも天国で喜んで下さるでしょうし、また編者としては感謝の意を表し淀川さんに捧げたいと思います。

最後にこの本の作成にあたって協力いただいた映画評論家・高沢瑛一、シネマキャスター・国弘よう子、TVディレクター・河内惟人、日本ヘラルド映画・辺見市雄の各氏、さらにこの企画に賛同して下さった淀川美代子氏、河出書房新社編集部の西口徹氏にお礼申しあげます。

二〇〇〇年四月

＊

二〇〇九年は、淀川長治生誕百年の記念すべき年です。巻末に内外の〈オールタイムベストテン〉を加え、増補版として再刊されることになりました。また新しい読者の方々の手にも届くことになりましたら幸いです。

＊

今年（二〇一三年）は淀川長治没後十五年になります。巻末に一九四八年度から、亡くなられる前年の九七年度までの、内外の〈映画ベスト10〉を加えて再々刊行させていただきます。

岡田喜一郎

ビデオ・DVD・ブルーレイ発売会社名一覧（上段2021年／下段2000年）

略称	正式名称	略称	正式名称
アネック	アネック	TC	TCエンタテインメント
映像文化社	映像文化社	ディズニー	ウォルト・ディズニー・ジャパン
ARC	エー・アール・シー	デジタル・ミーム	デジタル・ミーム
NBC	NBCユニバーサル・エンターテイメントジャパン	バップ	バップ
オデッサ	オデッサ・エンタテインメント	ハピネット	ハピネット
紀伊國屋	紀伊國屋書店	パラマ	パラマウントホームエンタテインメントジャパン
ギャガ	ギャガ		
KAD	KADOKAWA／角川書店	ビデオメーカー	ビデオメーカー
コスミ	コスミック出版	ファースト	ファーストトレーディング
ジェットリンク	ジェットリンク	復刻	復刻シネマライブラリー
ジェネ	ジェネオン・ユニバーサル	フルメディア	フルメディア
JVC	JVCエンタテインメント	ブロードウェイ	ブロードウェイ
是空	是空	マクザム	マクザム
竹書房	竹書房	メディア	メディアリンクス
WBH	ワーナー・ブラザース・ホームエンターテイメント	UPJ	ユニバーサル・ピクチャーズ・ジャパン
ツイン	ツイン		

略称	正式名称	略称	正式名称
IVC	アイ・ヴィー・シー	ジュネ	スジュネス企画
朝日	朝日新聞社	大映	大映
アスキー	アスキー・ビジュアル	WHV	ワーナー・ホーム・ビデオ
アスク	アスク	東映	東映ビデオ
アスミ	アスミック	東芝	東芝／東芝EMI
アップ	アップリンク	東宝	東宝
アミューズ	アミューズビデオ	東北	東北新社
イマジカ	イマジカ	東和	東宝東和
HRS	エイチアールエスフナイ	日活	日活
SPE	ソニーピクチャーズ	バンダイ	バンダイビジュアル
SPO	エスピーオー	ビクター	日本ビクター／ビクターエンタテインメント
LDC	パイオニアLDC	BMG	BMGジャパン
カルチ	カルチュア・パブリッシャーズ	ビーム	ビームエンタテインメント
キネマ	キネマ倶楽部	ブエナ	ブエナビスタ
キング	キングレコード	フォノグラム	日本フォノグラム
クラウン	日本クラウン	フジ	フジテレビ
KSS	ケイエスエス	ヘラルド	日本ヘラルド
コムス	コムストック	FOX	20世紀フォックス
コロムビア	日本コロムビア	ポニー	ポニーキャニオン
CIC	CIC・ビクタービデオ	メデリ	メディアリング
シネカノン	シネカノン	ユーロ	ユーロスペース
松竹	松竹		

淀川長治映画ベスト1000〈決定版　新装版〉

映画を頭で見たら、つまらないね。もっと感覚的に見てほしい。

淀川長治

（＊この本の見方）

・映画作品タイトルを五〇音順に並べた。
・データの略称は以下の通り。
「64」などの数字＝製作年。
「米」など＝製作国。
監＝監督名。
脚＝脚本家名。
撮＝キャメラマン名。
出＝主な出演者名。
V＝ヴィデオ発売会社名。
D＝DVD発売会社名。

＊

二〇二一年三月現在のDVD（Dと略記）、ブルーレイ（Bと略記）を各作品名の左下に新たに記した。空白のものは、初版時と同じか、どちらも現在未発売の場合です。「＊」印は現在廃盤を示します。

ああ結婚
Marriage Italian-style

D＝東北

64／米・伊／監＝ヴィットリオ・デ・シーカ／脚＝レナート・カステラーニ他／撮＝ロベルト・ジェラルディ／出＝ソフィア・ローレン、マルチェロ・マストロヤンニ

解説 名匠ヴィットリオ・デ・シーカ監督、ソフィア・ローレン、マルチェロ・マストロヤンニの絶妙なトリオによる人間悲喜劇。戦時中、無教養な商売女のローレンとなじんだマストロヤンニは、彼女にあの手この手で攻められて、最後のドタン場でひょんなことから結婚してしまうが、彼女にはなんと三人の息子までいた。

ハイ淀川です ソフィア・ローレンが臨終の大芝居をするあたりが見どころですね。もう死ぬ。もう死ぬ。お坊さんもお医者さんもぐるりもみんな知っているのに知らないのは亭主だけ。「どうか今ここで祝言をあげて私をあなたの籍へ入れてください」と言うと、亭主はオーケーしちゃうのね。どうせこの女は死ぬと思ったから。そして、お坊さんが立ち会って神の前で契らせたんだけど、そのとき今にも死にかけていた女がむくっと起きあがって、「あんた、私の亭主よ」。そのときの亭主がうろたえるあたり。とうとう女房にしてしまいました。というわけで、このあたりソフィア・ローレンの名演技。デ・シーカはまさに名人作家という感じでした。

哀愁
Waterloo Bridge

D＝ファースト

40／米／監＝マーヴィン・ルロイ／脚＝ロバート・エイメット・シャーウッド、他／撮＝ジョセフ・ルッテンバーグ／出＝ロバート・テイラー、ヴィヴィアン・リー、ヴァージニア・フィールド、ルシル・ワトソン／V＝WHV

解説 第一次大戦、空襲のさなかロンドンのウォータールー橋でイギリス軍大佐ロイ・クローニン（ロバート・テイラー）はバレリーナのマイラ（ヴィヴィアン・リー）と知り合い、二人は恋し結婚の約束をする。しかし、戦地へ向かったロイ戦死の悲報。生活苦のためにマイラは夜の女になる。マーヴィン・ルロイ監督の代表作。

ハイ淀川です 実はこの映画、一九三一年に『旅路の終り』という題でつくられていたのね。若い兵隊が戦争に行く前に街の女を買う話なのね。女はお金をたくさんもらったからうれしくなって、橋の上で数えていたのね。男はホテルの窓からそれを見ていたの。目と目が合った。手を振った。そのとき、バーンと爆弾が落ちて女は煙とともに消えちゃった。たった半日のそれだけの話だったの。それをMGMはロバート・エイメット・シャーウッドという有名なシナリオライターに頼んでつくり代えてもらったのね。そしてあらん限りの悲しさと美しさを盛り込んだんですね。まさに映画史上に残るメロドラマの名作ですね。

愛情物語
The Eddy Duchin Story

D＝SPE
55／米／監＝ジョージ・シドニー／脚＝サミュエル・テーラー／撮＝ハリー・ストラドリング／出＝タイロン・パワー、キム・ノヴァク、ヴィクトリア・ショウ／V＝SPE

解説　一九三〇年代から約二十年にわたり全米を風靡したピアニストのエディ・デューチンの伝記映画。ニューヨークに出たエディ（タイロン・パワー）は、良家の令嬢マージョリー（キム・ノヴァク）の斡旋でデビューを飾り、やがて結婚。幸福な日々を送るが、男の子が生まれたのちに妻は急死する。ジョージ・シドニー監督。

ハイ淀川です　ジョージ・シドニー監督はセントラルパークをふんだんに使って、素晴らしいニューヨーク映画にしました。愛し合ったタイロン・パワーとキム・ノヴァクが公園で語り合うところ。雨に煙る噴水の遠景。雨上がりの濡れたベンチや鳩などのスケッチ。このロケーションが実に効果的で、圧巻ですね。結婚の夜、嵐にあって幸福の絶頂にあった新婦が思わず風が一番怖いのだと叫ぶあたりも、深窓の令嬢らしい女性の弱々しさが妙に感じを出しているあたりもいい。妖婦型のキム・ノヴァクを心やさしいハイソサエティの令嬢に扮させたのも面白い。単なる令嬢映画に終わらず音楽映画プラス、ニューヨークの情緒の美しさを出したのは見事ですね。

愛人／ラマン
L'Amant

B＝キング　D＝東北
92／仏・英／監・脚＝ジャン・ジャック・アノー／脚＝ジェラール・ブラッシュ／撮＝ロベール・フレース／出＝ジェーン・マーチ、レオン・カーフェイ、ジャンヌ・モロー（ナレーション）／V＝ポニー／D＝東北

解説　マルグリット・デュラスの自伝的ベストセラー小説をジャン・ジャック・アノー監督が映画化。一九二〇年代仏領インドシナ。フランス人少女（ジェーン・マーチ）は、富豪の中国人青年（レオン・カーフェイ）と出会い、彼の愛人となる。しかし、男は父の命令で中国女性と結婚することになり、破局が訪れ少女はフランスに帰国する。

ハイ淀川です　男は坊っちゃんだけど女はよく知っている。ところが少女はなにも知らないのね。この二人が汚い部屋で真昼間からセックスする。その激しいセックスはすごい。怖かった。恋が燃えあがっていくあたりはみごとだ。そして、ラスト。少女が男と別れてフランスへ帰る。その船のデッキにもたれている。これが汽車だったら気分が出ないのね。その少女がうちしおれている姿が、蝶々が羽を焼いて傷ついて地上でもがいているような感じなんですね。なんとも知れん別れの哀れさが出ました。この少女の初恋をまるで映画文学のタッチで見せました。まさに名人芸。私はこの監督にすっかり惚れ込んでしまいました。

愛する

D＝日活
97／日／監・脚＝熊井啓／撮＝栃沢正男／出＝酒井美紀、渡部篤郎、岸田今日子、小林桂樹／V＝日活

解説　遠藤周作の小説『わたしが・棄てた・女』を熊井啓監督が映画化。森田ミツ（酒井美紀）は、クリスマスの日に偶然、吉岡努（渡部篤郎）と出会い結ばれる。しかしミツはハンセン病と診断され北アルプス山麓の療養所に隔離されるが誤診だったことがわかる。人間としての生き方に目覚める少女の愛と青春が描かれている。

ハイ淀川です　この映画はいかにも熊井さんらしい、いい意味のセンチメントですね。この女の子がハンセン病と言われたあたりから怖くなっていきます。ところが誤診だったのね。それでこの子は療養所から帰れるのに、そこで働いているときに事故死してしまいます。彼女の恋人が山の上の墓地に一本の白バラをそなえて泣くところ。この渡部篤郎がうまいね。この男が泣くところでとどめを刺します。愛に命をかけていたことが泣き声でわかります。というわけで、これは『二十四の瞳』ぐらい泣ける映画。それは愛がきれいだからなのね。この映画をみて人間の愛の美しさをもう一辺考えて下さい。これは熊井さんの見事な傑作です。

愛という名の疑惑
Final Analysis

92／米／監＝フィル・ジョアノー／脚＝ウェズリー・ストリック／撮＝ジョーダン・クローネンウエス／出＝リチャード・ギア、キム・ベイシンガー、ユマ・サーマン／V＝WHV／D＝WHV

解説　深層心理を研究している精神分析医アイザック（リチャード・ギア）は、魅惑的なヘザー（キム・ベイシンガー）と知り合い恋におちる。しかし、彼女は病的酩酊症に悩まされ、夫を殴り殺してしまう。アイザックは彼女の無罪を証明しようとするが…。サンフランシスコを舞台に展開するミステリアスな心理サスペンス。

ハイ淀川です　この映画はヒッチコック・タッチがありますね。だから、リチャード・ギアはシナリオを読んでやりたくなったんでしょう。プロデューサーもしているんですね。サスペンス映画だからストーリーは申せません。リチャード・ギアの精神分析医がこの姉さんにはまっていく。或いははめられたのか。実は妹が悪いのかもしれない。というわけで、この男が二人の女に翻弄されるあたりが怖いんです。愛の裏側の怖さを見せます。灯台のシーンのスリル、サスペンスはまさにヒッチコック。ラストはあっと驚くことでしょう。女って怖いんですよ。彼女のいる方は用心したほうがいいよ。だから、この映画はお二人で手に手をとってごらんなさい。

愛と喝采の日々
The Turning Point

77／米／製・監＝ハーバート・ロス／製・脚＝アーサー・ロレンス／撮＝ロバート・サーティース／出＝シャーリー・マクレーン、アン・バンクロフト、ミハイル・バリシニコフ／V＝FOX　D＝FOX

解説　ディーディー（シャーリー・マクレーン）とエマ（アン・バンクロフト）は、かつて同じバレエ団で技を競った仲だが、ディーディーは引退して家庭に収まり、一方のエマはプリマ・バレリーナとなる。異なった生き方を選んだ二人の女性を通して人生の意味を問いかけるハーバート・ロス監督の傑作。製作総指揮ノラ・ケイ。

ハイ淀川です　実力派女優の共演というのは、その二人がどう火花を散らすのか、それが面白いんですね。この映画では、『奇跡の人』のアン・バンクロフトと『アパートの鍵貸します』のシャーリー・マクレーンを共演させました。二人とも演技派の第一級女優。この演技くらべがこの映画の見どころですね。そればかりかこの中で二人に殴り合いまで演じさせました。プロデューサーもおひとが悪いと思いましたが、この人はハーバート・ロスの奥さんのノラ・ケイなんですね。この人は元バレリーナだっただけにバレエの世界をうまく描きました。旦那のロスも張り切って二人の女の葛藤を見事なまでに演出しました。これはロスの代表作の一つ。名作です。

愛と哀しみの果て
Out of Africa

85／米／製・監＝シドニー・ポラック／脚＝カート・リュードック／撮＝デヴィッド・ワトキン／出＝ロバート・レッドフォード、メリル・ストリープ、クラウス・マリア・ブランダウアー／V＝CIC　B・D＝ジェネ

解説　デンマークの女流作家アイザック・ディネーセンの原作をシドニー・ポラック監督が映画化。資産家の娘カレン（メリル・ストリープ）は、スウェーデンの男爵ブロアと結婚し、アフリカに渡りコーヒー園を経営するが失敗。冒険家デニス（ロバート・レッドフォード）の愛に支えられる。アカデミー作品賞、監督賞など七部門受賞。

ハイ淀川です　カレンはデニスに人生最後の幸せを摑もうとしますが、そのデニスも小型機の墜落事故で死んでしまう。アフリカで死んだデニスも、すべてをあきらめてデンマークに帰るカレンも見ているとカッコよすぎる。それより面白いのは夫ブロアの存在。実は一番まともに苦しんでいるのはこの夫なんですね。カレンと結婚してお金で爵位を売ってしまったスウェーデンの貴族。この結婚には愛はありません。だから、結婚してからもチャラチャラしている。これは悪でも善でもない。金と色だけ。この男の生き方が妙に面白い。この役をクラウス・マリア・ブランダウアーというドイツ系の男優が演じて、ゴールデン・グローブの助演男優賞をとりました。

愛と哀しみのボレロ
Les Uns Et Les Autres

B＝紀伊國屋　D＝SPE

81／仏／製・監・脚＝クロード・ルルーシュ／撮＝ジャン・ボフェティ／出＝ジョルジュ・ドン、ダニエル・オルブリフスキー、ジェームズ・カーン、ジェラルディン・チャップリン／V＝CIC／D＝SPE、ヘラルド

解説　クロード・ルルーシュ監督が、第二次大戦をはさんで、モスクワ、パリ、ベルリン、ニューヨークの国籍の違う四つの家族の四五年間を描く。三六年はボリショイバレエ団、四九年はニューヨークのジャズマンの話など欧米史を音楽とバレエで包み込んだ大作。「ボレロ」が効果的に使われ、振り付けはモーリス・ベジャール。

ハイ淀川です　クロード・ルルーシュ監督の三時間を超える見事な大作です。ラベル作曲の「ボレロ」の使い方のうまかったこと。ラストシーンはそのラベルの「ボレロ」が十七分間も演奏され、男性舞踊家のジョルジュ・ドンが踊る。このシーンだけでも見ごたえ十分でした。思えば、「ボレロ」が初めて映画に本格的に登場したのは一九三四年、キャロル・ロンバートとジョージ・ラフトが共演したパラマウント映画『ボレロ』でした。ナイトクラブの芸人ダンサーのメロドラマでしたが、昭和九年にこれを見た日本の観客は、この四分の三拍子のスペインの舞踊のリズムに酔ったんですね。その「ボレロ」を使って映画にしたルルーシュはさすがですね。

愛と青春の旅だち
An Officer And A Gentleman

B・D＝パラマ

82／米／監＝テイラー・ハックフォード／脚＝ダグラス・デイ・スチュアート／撮＝ドナルド・ソリン／出＝リチャード・ギア、デブラ・ウィンガー、ルイス・ゴセット・ジュニア／V＝CIC

解説　屈折した少年時代を過ごしたザック（リチャード・ギア）は、海軍士官学校に入り、そこで教官（ルイス・ゴセット・ジュニア）にしごかれ厳しい訓練を受ける。そんな中で町工場の娘ポーラ(デブラ・ウィンガー)との恋、さらに親友の死に耐えながら人間として成長していく。テイラー・ハックフォード監督の青春映画。

ハイ淀川です　私の大好きな映画にジョン・フォード監督の『長い灰色の線』というのがありました。あれはウエストポイント陸軍士官学校が舞台になっていましたけれど、この『愛と青春の旅だち』はその海軍版ですね。リチャード・ギアの男らしさに見とれてしまいました。それに厳しい教官をやっているのがルイス・ゴセット・ジュニア。もう出来の悪い生徒には容赦しない憎まれ軍曹を見事に演じアカデミー助演男優賞をとった。なかなか巧い。というわけで、アメリカの感覚を画面いっぱいに溢れさせながら、自殺する若い士官兵（デヴィッド・キース）をも見せて、青春の悲しみを染めていくあたり。新人ティラー・ハックフォードの力作ですね。

愛と精霊の家
The House Of The Spirits

D＝LDC

93／独・ポルトガル・デンマーク／監・脚＝ビレ・アウグスト／撮＝ヨルゲン・ペーション／出＝ジェレミー・アイアンズ、メリル・ストリープ、グレン・クローズ、ウィノナ・ライダー／V＝LDC

解説　南米チリの富農一家の五十年にわたる物語。二十年間働きずくめで国会議員にまでなった牧場主エステバン（ジェレミー・アイアンズ）を中心に、超能力を持つ妻クララ（メリル・ストリープ）、プロレタリアの男と結婚してしまう反抗的な娘ブランカ（ウィノナ・ライダー）などの人生を深く見つめて描く。ビレ・アウグスト監督。

ハイ淀川です　ビレ・アウグストは『ペレ』をつくった監督ですね。あの作品は貧しい農家の厳しさを見事にとらえましたが、この映画にはそんな厳しさはありません。まったくの娯楽映画です。この監督は難しい映画と面白い映画の両面を持っていますね。この映画の見どころは超能力と幽霊が出るところ。それも幽霊は全身で、そこに人がいるような姿で現われるあたりが面白いのね。それにジェレミー・アイアンズを始めウィノナ・ライダー、アーミン・ミューラ・スタール、アントニオ・バンデラスなどの名優たちの名人芸。その顔ぶれを見ているだけでも楽しい。デンマーク映画と言っても決して難しくない映画。そのあたりを楽しんでください。

愛と野望のナイル
Mountains Of The Moon

89／米／監・脚＝ボブ・ラファエルソン／撮＝ロジャー・ディーキンス／出＝イェーン・グレン、フィオーナ・ショー、リチャード・グラント／V＝東和、ポニー

解説 一八五〇年代、冒険家ジョン・スピーク（イェーン・グレン）と探険家リチャード・バートン（パトリック・バージン）は、ナイル川源流をつきとめるため命がけの探険行にでる。原住民の襲撃、酷暑と戦いながら湖を発見するが。探険史上に名高い二人の苦悩と栄光、波乱に満ちた半生を描いたボブ・ラファエルソン監督作品。

ハイ淀川です この映画はものすごい探険映画で終わるかと思ったら、そこからが怖くなるんです。この男たちの二人の友情が最後になって、若いスピークが、実は自分が手柄を立てたんだ、自分がほんとうの探険魂を持っているんだということを示すあたり。このあたりから『アマデウス』の男二人の関係になっていきます。ただのジャングル映画じゃあなかった。人間のほんとうの悲しい姿が出てくる。そして、どんな形で幕を閉じるのか。なんとも知れん悲しい男二人のドラマを見せます。ドキュメンタルなジャングルの姿で、中身はニューヨークのブロードウェイの舞台劇のような男二人のドラマ。びっくりしました。ほんとうの映画とはこれですね。

愛の記念に
A Nos Amours

B・D＝紀伊國屋

83／仏／監・脚＝モーリス・ピアラ／脚＝アルレット・ラングマン／撮＝ジャック・ロワズルー／出＝サンドリーヌ・ボネール、モーリス・ピアラ、エブリーヌ・ベネアール、ドミニク・ベネアール

解説 南フランスの避暑地で、アメリカ水兵と初体験をした十六歳の高校生シュザンヌ（サンドリーヌ・ボネール）は、次々と新しい恋人をつくっていく。それによって両親の不和は大きくなり、家族は崩壊の危機にさらされる。愛を求めながら傷つけ合い、揺れ動きながら不器用に生きる人々の姿を描いたモーリス・ピアラ監督作品。

ハイ淀川です シュザンヌが草むらの中で、アメリカの水兵に身体を許して、あっという間に終わったとき、「あんた。これタダよ」と言った。この女の子は身体を許すことなんか平気。後悔なんかしない。もっとほんとうの愛を知りたいのね。男とベッドを共にしてもその男がわからなくなって、また別の男と寝る。ほんとうの愛をつかもうとするその努力がすごい。お母さんが怒って家族がうまくいかなくなってくる。両親と兄貴四人のからみ合い。ジャン・コクトーの『恐るべき子供たち』のような家庭劇ですね。恋とは、愛とは、性欲とはなんだという映画はフランスがつくったら実に見事です。これは愛の姿をやさしいタッチで教えてくれる名作。

愛の調べ
Song Of Love

D＝ファースト

47／米／製・監＝クラレンス・ブラウン／脚＝ロバート・マードリー、他／撮＝ハリー・ストラドリング／出＝キャサリン・ヘプバーン、ポール・ヘンリード、ロバート・ウォーカー／V＝ポニー

解説 クラレンス・ブラウンが製作、監督したシューマンの妻クララの音楽伝記映画。シューマン（ポール・ヘンリード）は天才ピアニストのクララ（キャサリン・ヘプバーン）と結婚するが、その作品は認められず、クララは生活費を稼ぐために独奏会を開く。やがて、シューマンは『ファウスト』を世に出すが死亡。彼女は楽壇に再起する。

ハイ淀川です これはアメリカ製の欧州音楽映画。キャサリン・ヘプバーンの見事な演技が見どころですね。彼女は二十四歳のとき『勝利の朝』でアカデミー主演女優賞をとりました。それから『若草物語』『乙女よ嘆くな』で世界中の注目を浴びましたね。この映画では作曲家シューマンの奥さんの役。けなげに働く奥さんをいかにも上品にやりました。あの鼻の先とアゴとホホ骨、あの頭髪。そのヘプバーンが目を細くして笑って、「トロイメライ」でアンコールと拍手を浴びるところ。細くした目の中の涙。どうして彼女はこんなに巧いんでしょう。ブラウンの品格と豪華な演出と彼女のデリケートさに酔ってほしい映画ですよ。

愛の7日間
Man, Woman And Child

83／米／監＝ディック・リチャーズ／原・脚＝エリック・シーガル／脚＝デビッド・ゼラグ・グッドマン／撮＝リチャード・H・クライン／出＝マーチン・シーン、ブライス・ダナー、ナタリー・ネル／V＝SPE

解説　『ある愛の詩』のエリック・シーガルの原作を自らが脚色、ディック・リチャーズ監督が映画化。妻シーラ（ブライス・ダナー）と二人の娘とともに幸福な家庭を築いている大学教授ボブ（マーチン・シーン）のもとに、パリで十年前一度だけ関係を持った女医（ナタリー・ネル）との落しダネが現われ、複雑な波紋が広がっていく。

ハイ淀川です　この教授は十年前の過去を妻に打ち明けた。アメリカ人の妻は「あなたが行くより、その子をここへお呼びなさい」と言った。妻はやさしく言ったものの、実はその九歳のジャン・クロードという男の子をこの目で見たいという気持ち、夫をパリにやればどうなるかという心配するあたりがいい。そしてその子供を呼んで、自分のほんとうの女の子にはフランスの友人の子と偽って、この子を家庭の一員に加えて生活が始まる。しかし、どのようにやさしくしても夫の浮気の子。妻は泣いて嫉妬するあたり、傷だらけのホームドラマですけれど教授のマーチン・シーンが見事で、〝男〟であり〝父〟である男性の大真面目な色っぽさが傑作です。

愛の亡霊
L'Empire De La Passion

78／日・仏／監・脚＝大島渚／撮＝宮島義勇／出＝藤竜也、吉行和子、田村高広

D＝紀伊國屋

解説　『愛のコリーダ』で話題をふりまいた大島渚がカンヌ映画祭で監督賞を受賞した作品。明治中期の北関東の貧しい農村。戦争帰りの若者、豊次（藤竜也）は、人力車夫（田村高広）の女房せき（吉行和子）と深い仲になってしまう。離れられなくなった二人は共謀し、酔った夫を絞殺し、死体を古井戸の中に投げ捨てる。

ハイ淀川です　妻とその情夫に殺された男が毎晩毎晩、幽霊となって出るから、浮かばれないと思い、二人は井戸に捨てた死体を取り出して、あらためて土の中に葬ってやろうとして、井戸の中に降りていくシーンがあるのね。井戸の底の泥水の中を二人で手さぐる。そのとき上から木の葉が井戸の中に落ちてきて、女の目に刺さったから、痛いと思って上を見ると、上からのぞくように夫の幽霊が二人をぐっと見ていた。これは外国人の思い当たらない幽霊の出し方。最高にいい。こんなデリケートなシチュエーションをつくるセンスがすばらしい。これまで大島監督の映画は大嫌い。でもこれはブニュエルみたいだと本人に話したら、すっかり喜んだんですね。

愛のめぐりあい
Al Dila Delle Nuvole : Par Dela Les Nuages

95／伊・仏・独／監・原・脚＝ミケランジェロ・アントニオーニ／監・脚＝ヴィム・ヴェンダース／脚＝トニーノ・グエッラ／撮＝アルフィオ・コンティーニ、他／出＝ジョン・マルコヴィッチ、ソフィー・マルソー、ピーター・ウェラー、ジャン・レノ、ジャンヌ・モロー／V＝C-C

D＝ARC

解説　アントニオーニ監督の短編小説を映画化。旅する映画監督（ジョン・マルコヴィッチ）が見つめた四つの話。第一話「ありえない恋の物語」。第二話「女と犯罪」。第三話「私を探さないで」。第四話「死の瞬間」。この四編の間奏部分をヴィム・ヴェンダースが監督。名優たちの演技も見どころの作品。

ハイ淀川です　私の嫌いなヴィム・ヴェンダースとアントニオーニが共同監督。この合体がどうなるのかと思いました。ジョン・マルコヴィッチが「私は映画監督です。いま映画を完成させるのに疲れ切っているのです」と飛行機の中でひとり言を言うところから始まるあたりはフェリーニの『8½』だ。マルチェロ・マストロヤンニとジャンヌ・モローを出して、人間哲学を語らせるあたりはつらいけれど、四編のエピソードが面白くって欲情的に進められていくあたりは映画ファンはむずむずするでしょう。言ってみれば、これは映画の遊び。映画の戯れです。西洋人のセックスに対するお元気さが面白くって、それの無邪気なところがいいんですね。

逢びき
Brief Encounter

D＝東北

45／英／監＝デヴィッド・リーン／脚＝ノエル・カワード／撮＝ロバート・クラスカー／出＝シリア・ジョンソン、トレヴァー・ハワード、スタンリー・ハロウェイ／V＝東北

解説　ノエル・カワードの舞台劇『静物画』をデヴィッド・リーンが映画化。ローラ（シリア・ジョンソン）は幼い娘と息子のいる平凡な家庭の主婦。毎週木曜日に近くの町ミルフォードへ汽車で買い物に出かけるが、駅のホームで開業医のアレックス（トレヴァー・ハワード）と知り合い恋におち、逢びきを重ねていく。

ハイ淀川です　映画に駅が出てくると人生の詩となって、その姿が目にしみますねぇ。ローラと開業医はミルフォード駅で顔を合わせますねぇ。列車が通りすぎたとき、その風でローラの目にゴミが入ったとき、医者は上手にとってあげて、この二人はデートしますね。友人の留守宅に奥さんを誘って二人は抱き合って激しく接吻もした。そこに友人が帰ってきたので、二人は何もなく別れることができたの。でも自分が情けなくなった彼女は駅を通り過ぎる列車に飛び込もうとさえ思いました。家に帰ると夫と子供が何も変わりがなかったように「お帰り」と言った。駅は人生の回転ドア。別れる、泣く、運命がここから始まっていくあたりが面白いのね。

ＩＰ５　愛を探す旅人たち
IP 5

D＝JVC

92／仏／製・監・脚＝ジャン・ジャック・ベネックス／脚＝ジャック・フォルジア／撮＝ジャン・フランソワ・ロバン／出＝イヴ・モンタン、オリヴィエ・マルティネス、セクー・サル、ジェラルディン・ペラス／V＝CIC

解説　ストリート・アーティストの青年トニー（オリヴィエ・マルティネス）は、一目惚れした看護婦を追って、弟分の黒人少年ジョッキー（セクー・サル）と南仏に向かうが、途中で謎めいた老人レオン（イヴ・モンタン）と知り合う。ジャン・ジャック・ベネックス監督が奇妙な三人を心温かく描いたロード・ムービー。イヴ・モンタンの遺作。

ハイ淀川です　この原題はジャン・ジャック・ベネックス監督の五本目の映画という意味なんですって。イヴ・モンタンの老人は、森の中の木に耳を当てて木の声を聞きますね。実はこの老人は、四十年も前の恋人をいまも捜し求めていたのね。愛を求めた老人と青年の話がなんとも知れんいいですけれど、この二人の背に天使の翼がはえているように見えました。この老人は恋の亡霊なのね。青年と少年はこの老人の死を知って、少年が老人の死体にメガネをかけてやるあたり。これはモンタンの遺作となりましたが、これは緑にかすむ愛のファンタジー。まさにフランスの映画詩です。モンタンは見事な風格を見せて、最後の作品を見事に飾りました。

アイリスへの手紙
Stanley & Iris

D＝FOX

89／米／監＝マーティン・リット／脚＝ハリエット・フランク・ジュニア／撮＝ドナルド・マッカルパイン／出＝ジェーン・フォンダ、ロバート・デ・ニーロ、スージー・カーツ、マーサ・プリンプトン／V＝WHV

解説　数ヶ月前に突然、愛する夫を失ってしまったアイリス（ジェーン・フォンダ）、幼いころのたび重なる転校で満足な教育が受けられず読み書きが不自由なスタンリー（ロバート・デ・ニーロ）。孤独な二人はお互いにひかれあい、愛する女の名をしるしたいスタンリーは彼女から字を習い始める。マーティン・リット監督。

ハイ淀川です　これは一つの男と女の原型ですね。女は賢くっておませで勝気。男は非常に純情っぽいというパターンですね。デ・ニーロが無学文盲の男をやれるのかと思いましたが、いかにも素朴で悲しい男の感じをよく出しました。一方のジェーン・フォンダは勝気な女なんです。むかし、喜劇役者のボブ・ホープが軍人の慰問ばかりやっているのに腹が立ってホープの額にツバをかけたことがあったんですね。そういう女ですから、この映画でもデ・ニーロに文字を教えていくところが見事に出ました。久しぶりのジェーン・フォンダの芝居、デ・ニーロの芝居、マーティン・リットの演出がうまく固まって、いかにも面白い愛の名作となりました。

哀戀花火

炮打雙燈 /Red Firecracker Green Firecracker

93／中国／監＝フー・ピン／原＝フォン・チーツァイ／脚＝ター・イン／撮＝ヤン・ルン／音＝チャオ・チーピン／出＝ニン・チン、ウー・カン、チャオ・シアオルイ、カオ・ヤン／V＝松竹

解説 黄河のほとりで、三百年間爆竹を商う老舗の若き女主人チュンチー（ニン・チン）は、男の後継ぎがないため男として育てられ男装をして店を繁盛させてきたが、貧乏絵師ニウバオ（ウー・カン）と出会い恋におちる。ニウバオも彼女を獲得したいため老舗の掟に従い危険な爆竹合戦に命をかけて挑む。フー・ピン監督作品。

ハイ淀川です 花火がまさに主役とでもいいたいほどの爆竹映画ですね。中国映画が見せてくれる本格的な花火合戦。ドンパン、パチパチと派手な対決が面白くって楽しめますね。西部劇ならぬ男と男の対決を花火でもって見せる演出。花火の音がウェスタンの拳銃の音を思わせるあたりにフー・ピン監督の個性があざやかに出ていますね。娘に流れ者の画家が恋するということになにやらホモセクシャルめいたムードも出ていましたよ。この映画のラブシーンも哀れで悲しく描かれていて、この監督の演出力は見事です。大人の映画ですよ。

愛を乞うひと

D＝東宝

98／日／監＝平山秀幸／脚＝鄭義信／撮＝柴崎幸三／出＝原田美枝子、中井貴一、中島ゆうき 浅野ちひろ／V＝東宝

解説 下田治美の同名小説を平山秀幸監督が映画化。夫を亡くし高校生の娘と二人暮らしの山岡照恵（原田美枝子）の母豊子（原田二役）は、男を次から次にとり替え、幼い照恵を折檻し続け、すさんだ生活を送り愛し方を知らない女だった。戦後史の側面とともに三世代の母娘の絆を壮大なスケールの中で描いた感動作。

ハイ淀川です 月見草みたいな映画かと思ったらとんでもない。女をこれだけ描けたのは溝口健二以来ですね。この女が男を食べて、ヒステリックに憎い女になっていくのか。自分ではわかっているんだけど止められない女の哀れ。娘を張り倒すシーンのすごいこと。これは演出の芸術ですね。苦しい時代の母と娘の残酷。ゾラの小説を思わせます。セット美術も最高だ。それに原田美枝子がこんなにすごい女優になったのに驚きました。ラストシーン、この女が年をとってもそこに見せる女の執念。というわけで、女の生きる執念がこんなに出た映画はなかった。これは平山監督の注目作品です。これこそほんとうの日本映画です。絶対にごらんなさい。

青い麦

Le Blé En Herbe

D＝IVC

53／仏／監・脚＝クロード・オータン・ララ／脚＝ジャン・オーランシュ／撮＝ロベール・ルフェーブル／出＝ピエール・ミシェル・ベック、エドウィジュ・フィエール、ニコル・ベルジェ

解説 女流作家コレットの原作を映画化。第一次大戦後間もない北フランスの避暑地の海岸。十六歳の少年フィル（ピエール・ミシェル・ベック）は、十五歳の少女ヴァンカ（ニコル・ベルジェ）に恋し、バカンスを楽しんでいたが、別荘のダルレー夫人に出会いひかれていく。クロード・オータン・ララ監督が思春期の心理を細かく描く。

ハイ淀川です ダルレー夫人（エドウィジュ・フィエール）というこの都会のおばさんが怖いなぁ。このおばさんが友だちの別荘へ行く道を十六歳の少年に聞いたとき、この少年の鼻の下を白い手袋をはめた手でツッと撫でた。少年の鼻の下にうっすらと髭が生えていたからなのね。やがてその少年は恋人がいるのに、このおばさんの匂い、美しさにひかれ毎晩のように別荘に行って可愛がってもらう。この子は初めて知った遊びに夢中になっちゃう。ところがある日、行くとその家は誰もいなかった。おばさんは二度と姿を見せなかった。というわけで、この映画は十五歳の少年の男をみじめに扱いました。やはりフランスは女、女、女。女の国だと思いました。

赤い河
Red River

B=FOX　D=ファースト

48／米／監=ハワード・ホークス／脚=ボーデン・チェイス、他／撮=ラッセル・ハーラン／出=ジョン・ウェイン、モンゴメリー・クリフト、ウォルター・ブレナン、ジョン・アイアランド、ミッキー・クーン／V=WHV／D=WHV

解説　一八六〇年代のテキサス州リオグランデ。ダンソン（ジョン・ウェイン）は養子にしたマット少年（ミッキー・クーン）が立派な男（モンゴメリー・クリフト）に成長したので一万頭の牛を運ぶキャトル・トレイを始める。撃ち合い、インディアンの襲撃、男の友情など西部劇の定石を取り入れたハワード・ホークス監督初の西部劇大作。

ハイ淀川です　この映画の見せ場は牛運びのすごさですね。テキサスのリオグランデの牛運びはミズーリのカンザスまで一〇〇〇マイルも運ぶ。大変な仕事。そのすさまじいキャトル・ドライブの面白味が見事に出ています。さすがウェスタンの大家ハワード・ホークスですね。その運び屋がジョン・ウェイン。がんこなお父っつあんに猛然と反発するあたり、二人が殴り合うあたりは父子の感じが見事に出てドラマとしても第一級です。ジョン・ウェインの親父ぶり。それにモンティが可愛らしい。まさにこれはほんとうのウェスタンの正統派の名作ですよ。

赤い靴
The Red Shoes

D=ARC

48／英／製・監・脚=エメリック・プレスバーガー、マイケル・パウエル／撮=ジャック・カーディフ／出=モイラ・シアラー、アントン・ウォルブルック、レオニード・マンシーニ、ロバート・ヘルプマン／V=東北／D=東北

解説　『黒水仙』のエメリック・プレスバーガーとマイケル・パウエルのコンビが監督。名人の靴屋がつくった赤いバレエ・シューズを履いた者はいつまでも踊りつづけなければならない、というアンデルセンの有名な童話にヒロインのバレリーナのビッキー（モイラ・シアラー）の運命が重なっていく。アカデミー賞（音楽・美術・装置）三部門受賞。

ハイ淀川です　このクラシックとモダンな感覚。さぁ、そのビッキーが練習するシーンのキャメラのすごいこと。舞台の初日、『赤い靴』を踊ることになった。映画はバレエになりました。少女が靴屋から赤い靴をもらって履いたら、踊りが止まらないですね。町の辻に新聞紙が散らばっていた。サァーッと風で舞ってその新聞紙が人の形になってダンサーになって少女と一緒に踊りますねぇ。この新聞紙になって踊る男がロバート・ヘルプマン。靴屋さんがレオニード・マンシーニ。二人とも最高のバレエダンサーですからその踊りの見事なこと。ジャック・カーディフのキャメラがどんな見事にバレエをキャッチしたか。まさに映画美術とはこれ。

赤い風船
Le Ballon Rouge

D=KAD

56／仏／監・脚=アルベール・ラモリス／撮=エドモン・セシャン／出=パスカル・ラモリス／V=C・C

解説　『白い馬』のアルベール・ラモリス監督が赤い風船と少年の愛情の交錯を、風船の動きに情感を託して描いた映画詩。パリに住む少年（パスカル・ラモリス）が学校へ行く途中、街灯にひっかかっている赤い風船をとってやったことから、その風船と少年は仲良しになる。カンヌ映画祭短編グランプリ。

ハイ淀川です　雨が降ってきた。隣のおじいちゃんが「傘にお入り」と言ったときに、少年は自分は入らないで風船を入れてやりましたね。少年は風船と一緒に帰るとき、糸を放しました。しかし、風船は上へ飛んでいかないで、少年のあとをふわふわついてきました。友情は手で握っていなくても逃げていくものではない。心と心が糸で結ばれていればそれでいいんだというこのフランス映画。少年があんまり可愛がるものだから、わんぱくな子供がその風船をくだいちゃいました。すると、パリ中の風船が悲しんで怒って、集まってくる。まるでぶどうのように赤、黄、青の風船が少年をかかえて遠く空へ上がっていくラストシーン。

アガサ・愛の失踪事件
Agatha

D＝復刻

79／米／監＝マイケル・アプテッド／原・脚＝キャサリン・タイナン／撮＝ヴィットリオ・ストラーロ／出＝ダスティン・ホフマン、ヴァネッサ・レッドグレーヴ、ティモシー・ダルトン／V＝WHV

解説　女流推理作家アガサ・クリスティが、一九二六年に実際に十一日間、失踪した事件を映画化。夫から離婚宣言されたアガサ（ヴァネッサ・レッドグレーヴ）は、鉱泉保養地のホテルに偽名で泊まる。彼女に接近した米人コラムニスト（ダスティン・ホフマン）は真相を摑むが、胸にしまいこむ。マイケル・アプテッド監督。

ハイ淀川です　イギリスのマイケル・アプデッド監督が、イギリスの女性記者キャサリン・タイナンの原作を映画化し、イギリス人のヴァネッサ・レッドグレーヴを主役にして完成させました。しかも美術監督がケン・ラッセル映画の美術係のケン・ラッセル夫人のシャーリー・ラッセル。この映画はこういう見方で見てもらいたい。いかにも女の香りを持っています。アガサの夫の嫉妬の行動に推理映画としても面白さがありますが、それ以上にすごいのは、シャーリー・ラッセルの時代美術。鉱泉保養地ハロゲイトやホテルの時代色。大正末期から昭和初期にかけての時代のノスタルジーがえもいわれぬ香りを放っている。この映画美術が大きな見どころです。

赤線地帯

B・D＝KAD

56／日／監＝溝口健二／脚＝成沢昌茂／撮＝宮川一夫／出＝三益愛子、京マチ子、若尾文子、木暮実千代／V＝大映

解説　溝口健二最後の監督作品。売春禁止法成立直前を背景に、売春宿「夢の里」で働く売春婦たちの生態ドラマ。入所中の父の保釈金稼ぎに身を売る女、一人息子の教育費を稼ぎながら裏切られて発狂してしまう女、失業中の夫に代わって働く女、元黒人兵のオンリーなど、逆境の中で生きる女たちが売春風俗とともに写実的に描かれている。

ハイ淀川です　フラッパーなモダンガールがいて自分が好きでこの道に入り赤線で商売して客をとっているのね。それでお父さんが心配して飛んでくる。「お前、どうしてこんなことをしているんだ」という場面があるの。すると、女はなんと言ったか。「お父ちゃん、私と一緒に寝ましょう」。そのとき、ベッドが映ったのね。怖いねぇ。こんな描写は溝口健二しかできないのね。日本の監督の中では衣笠貞之助も内田吐夢もうまいけど映画づくりに夢中でエロを見せる余裕がないのね。その点、溝口健二はこの作品にしても『日本橋』や『唐人お吉』にしても濡れ場の描き方に独特のエロチシズムの情感があるのね。ほんとうに女が描けるんですよ。

秋のソナタ
Hostsonaten

D＝ハピネット

78／スウェーデン／製・監・脚＝イングマール・ベルイマン／撮＝スヴェン・ニクヴィスト／出＝イングリッド・バーグマン、リヴ・ウルマン、レナ・ニューマン／V＝東芝

解説　イングリッド・バーグマン最後の映画出演作。ノルウェイ北部の寒村。ピアニストの母（バーグマン）は七年ぶりに娘（リヴ・ウルマン）のもとに戻ってくる。しかし、娘は演奏旅行に夢中で家族を捨て、愛人のもとへ去った母を恨み怒りが爆発する。人間の断絶をテーマにしたイングマール・ベルイマン監督の集大成的な作品。

ハイ淀川です　ベルイマンのこの映画の残酷さと温かさは、イタリアのヴィスコンティと違って、神が人間のじたばたもがく姿を哀れんで見るごときつくり方。久しぶりに母を招いてゆっくり休ませてあげようと思ったのに、さて会えば娘はつもりつもった母への悲しい怒りが憎しみが爆発する。バーグマンとリヴ・ウルマンの演技の見せどころ。この母と娘をベルイマンは二人の女優の誇りと威厳で闘わせたと思えるほどすごい。とにかく、つらい話で、いやな話なのに、ベルイマンは私たちの首を押さえつけて見よと命じる。そして、命じられて見てしまったことで、見たぁと感心する。それがうるさいと思う人は、ベルイマン映画への勉強が足りません。

悪女の季節

58／日／監＝渋谷実／脚＝菊島隆三／撮＝長岡博之／出＝東野英治郎、山田五十鈴、岡田茉莉子、伊藤雄之助、杉浦直樹

解説 渋谷実監督のスリラー。悪財をためた実業家八代（東野英治郎）、その財産を当てにしている三流芸者（山田五十鈴）、彼女の娘（岡田茉莉子）、彼女のもとの馴染み客（伊藤雄之助）、八代に父の財産を奪われた甥（杉浦直樹）、殺し屋（片山明彦）などが富豪夫人を狙う。東京から浅間の別荘にかけて展開される人間の欲望劇。

ハイ淀川です 脚本は菊島隆三のオリジナル、監督はお洒落な渋谷実。『マダムと泥棒』『ハリーの災難』ぐらいの映画は俺だって撮れると意気込んだところがいいんですね。三流芸者を内縁の妻にしている金持ちの悪党、その妻君と関係のあったタクシー運転手、妻君の娘、父を殺され財産を悪党に横取りされた息子、運転手に頼まれた殺し屋。こんな連中が富豪夫人を狙い、はては全部死んでしまう。これは日本映画始まって以来の面白いスリラー喜劇の傑作です。中でも抜群の出来は片山明彦の殺し屋。彼が出ると、この映画はカラッと日本晴れになりますね。このタッチの面白さ。日本映画はこんな喜劇をどんどんつくるべきです。

悪魔の金

All That Money Can Buy

41／米／監＝ウィリアム・ディターレ／出＝ジェームズ・クレイグ、ウォルター・ヒューストン、エドワード・アーノルド

解説 ニューハンプシャーの農夫（ジェームズ・クレイグ）は借金で困っているが、そこにスクラッチと名乗る悪魔（ウォルター・ヒューストン）が現われ魂を売れば金は貸すという。その通りにした農夫は金持ちとなり家族もかえりみず狂ってしまう。しかし、上院議員がスクラッチと対決して粉砕すると、農夫は働き者にもどる。

ハイ淀川です 北欧伝説をアメリカに移したちょっと変わった映画で、原題は『金で買えるすべて』という意味ですね。悪魔は何でも金で買うことができるんですね。しかし、その悪魔にも買えないものがある。それは、何か。愛なんですね。人間には愛があります。人間は愛する力を持っています。でも悪魔には愛なんかない。「オール・ザット・マネー・キャン・バイ」。金で買えるすべてのもの以上のものを人間は買えるんだ。これがこの映画のテーマなんですけれど、愛の映画を見ていると、映画はただの娯楽ではなく、人間の教室、人間勉強の場ですね。私はどれだけ映画から愛をしみ込ませてもらったことか。

悪魔のようなあなた

Diaboliqucmnt Vôtre

B・D＝アネック

67／仏／監・脚＝ジュリアン・デュヴィヴィエ／撮＝アンリ・ドカエ／出＝アラン・ドロン、センタ・バーガー、セルジオ・ファントーニ／V＝TDK

解説 ルイ・C・トーマの小説をジュリアン・デュヴィヴィエ監督が映画化。自動車事故で記憶を失った男（アラン・ドロン）が殺人事件にまき込まれ、犯人に仕立てあげられる。やがて男は記憶が回復し、事件の真相を究明しているうちに、殺された男の妻（センタ・バーガー）を愛するようになる。デュヴィヴィエ監督の遺作。

ハイ淀川です ジュリアン・デュヴィヴィエ監督がこの作品で本格的にアラン・ドロンを使いました。それまではちょっと使っただけで、あんまりドロンがきれいすぎて好きじゃあなかったんですね。ある女が記憶を失ったドロンを利用して犯人にしようとする。そのうちにドロンの記憶が戻ってくるという話ですけれど、ドロンを利用する女、センタ・バーガーが扮していますけれど、この女は悪魔みたいな女。このあたりが面白いところですね。怖い怖いスリラーでよくできていました。ドロンを立派な主役にしたあとでこのデュヴィヴィエ監督は自動車事故で死にました。ほんとうに惜しい監督をなくしてしまいました。これが遺作になってしまいました。

セシル・B・デミル『男性と女性』(19)

D・W・グリフィス『イントレランス』(16)

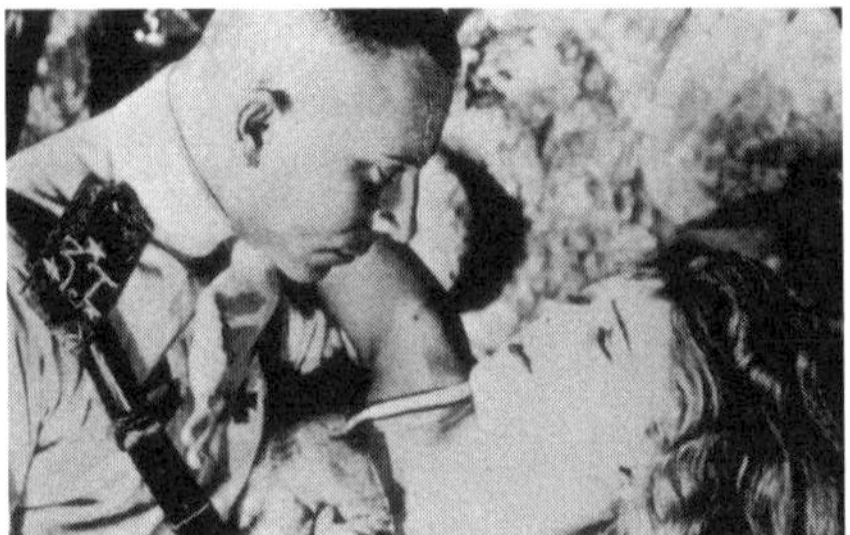

エーリッヒ・フォン・シュトロハイム『愚なる妻』(22)

D・W・グリフィス『散り行く花』(19)

◆ハイ淀川です“サイレント傑作選”

フリッツ・ラング『メトロポリス』(26)

ラオール・ウォルシュ『バグダッドの盗賊』(24)

セルゲイ・エイゼンシュテイン『戦艦ポチョムキン』(25)

溝口健二『狂恋の女師匠』(25)

悪魔のような女
Les Diaboliques

B・D＝IVC

55／仏／製・監・脚＝アンリ・ジョルジュ・クルーゾー／脚＝ジェローム・ジェロミニ／撮＝アルマン・ティラール／出＝ヴェラ・クルーゾー、ポール・ムーリス、シモーヌ・シニョレ、シャルル・ヴァネル／V＝カルチ／D＝東北

解説　パリの小学校校長（ポール・ムーリス）の利己的な性格にイヤ気がさした妻（ヴェラ・クルーゾー）と愛人の女教師（シモーヌ・シニョレ）は共謀して、彼を浴槽で溺死させプールに放り込んで事故死を装う。しかし、不思議なことに死体が消えてしまう。意外なラストが待ち受けているアンリ・ジョルジュ・クルーゾー監督のスリラー。

ハイ淀川です　実は学校の校長先生と女の先生がデキていた。それで校長さんの奥さんが邪魔になったので殺そうと思って大芝居を打ったのね。二人は手をつけないで殺そうと計画したのね。それで校長さんがお風呂の中で浴槽につかって死んでるところを奥さんに見せるように仕向けたのね。主人が死んでいる。アラーッと思った。そのとき、この校長は目の中に入れていたガラス玉をとって、グッと起き上がって「ウォーッ」。もともと心臓が弱いこの奥さんは卒倒して息が止まって死んじゃった。こんな殺し方があるのね。クルーゾー監督の映画の恐怖感覚が見事でしたねぇ。怖いのね。フランスの感覚ですね。フランスはこんな描き方がうまいんだね。

明日に向って撃て!
Butch Cassidy And The Sundance Kid

B・D＝ディズニー

69／米／監＝ジョージ・ロイ・ヒル／脚＝ウィリアム・ゴールドマン／撮＝コンラッド・ホール／出＝ポール・ニューマン、ロバート・レッドフォード、キャサリン・ロス／V＝FOX

解説　家畜泥棒や銀行強盗を重ねるブッチ（ポール・ニューマン）とサンダンス（ロバート・レッドフォード）は、初めて列車強盗を計画し見事に成功。しかし追跡隊に追われた二人はサンダンスの恋人エッタ（キャサリン・ロス）を連れて南米ボリビアに高飛び。再び荒稼ぎを始めるが…。アメリカン・ニューシネマのウェスタン。

ハイ淀川です　わたしはこの鮮やかな映画文体に目もくらみ、呼吸も止まるばかりでした。まさにジョージ・ロイ・ヒルの秀作です。アメリカ西部が馬から自動車に代わるころのこのポール・ニューマンとロバート・レッドフォードの無法者の孤独と友情と男の匂い。二人が追われて逃れていくあたりをサスペンスと静けさの連続で盛りあげておいて、ラストで一気に銃声銃声の耳のつんざくガンプレイのクライマックスで二人が命を散らすところをストップモーションの画面で見せるあたり実に見事です。みじめで哀れな二人を監督がかばって温かい目で見ているあたりは涙が出ます。バート・バカラックの音楽「雨にぬれても」も忘れられませんね。

アダムス・ファミリー
The Addams Family

B＝ディズニー　D＝FOX

91／米／監＝バリー・ソネンフェルド／脚＝キャロライン・トンプソン、他／撮＝オーウェン・ロイズマン／出＝アンジェリカ・ヒューストン、ラウル・ジュリア、クリストファー・ロイド／V＝SPE

解説　TVの人気アニメを映画化。豪壮な屋敷に住むアダムス一家は、他人の不幸を羨む当主ゴメス（ラウル・ジュリア）、妻の魔女モーティシア（アンジェリカ・ヒューストン）、生きている手首のハンドくんら変わり者ばかり。行方不明の兄（クリストファー・ロイド）が帰り大騒動になる。バリー・ソネンフェルド監督のブラック・コメディ。

ハイ淀川です　この化物屋敷が面白いんだね。そこに住んでいる連中はひとクセもふたクセもある悪い連中ばかり。子供まで悪いんだ。この家のなんとも知れんパーティがまたすごいのね。この兄が何者かという探偵趣味もあるけれどとにかくゴースト。ゴースト。それに手が走り回るあたりはびっくり仰天だ。この監督はキャメラマン上がりだからその撮影のうまいこと。しかし、見どころはアンジェリカ・ヒューストン。『白雪姫』の悪魔のような女で、その手、足の動き。メークで馬みたいな顔もきれいになっちゃう。それにラウル・ジュリアとの共演。この二人の芝居に見惚れてしまいますよ。怖くって面白くって、まさにこれはコメディの傑作ですよ。

アダムス・ファミリー2
Addams Family Values

93／米／監＝バリー・ソネンフェルド／脚＝ポール・ラドニック／撮＝ドナルド・ピーターマン／出＝ラウル・ジュリア、アンジェリカ・ヒューストン、クリストファー・ロイド、クリスティーナ・リッチ／V＝CIC　B・D＝パラマ

解説　『アダムス・ファミリー』の続編。当主ゴメス（ラウル・ジュリア）と妻モーティシア（アンジェリカ・ヒューストン）の間に三番目の赤ちゃんが誕生。ゴメスの兄フェスター（クリストファー・ロイド）が雇ったセクシーな乳母に恋をしてしまったことから大騒動を巻き起こす。前作同様バリー・ソネンフェルド監督のブラック・コメディ。

ハイ淀川です　前作を見ていなくってもかまいませんね。筋がどうのこうのという映画じゃあないんですね。ラウル・ジュリアとアンジェリカ・ヒューストンがタンゴを踊る。それだけでもこの映画は値打ちがあるのにクリストファー・ロイドが出てきて全力投球。この三人の隠し芸的なお楽しみはたまりませんね。それにおなじみの手首クンも登場して、もうグロテスクでゴースト的で、まともな人間は一人もいないというこの家族のヒッチャカメッチャカの面白さ。ただのコメディではありませんわ。ギャグもしゃれもブラック・ユーモアのハイクラス。監督は前作同様のバリー・ソネンフェルドですけれど、この映画も快調。大いに楽しめるコメディの傑作です。

熱いトタン屋根の猫
Cat On A Hot The Roof

58／米／監・脚＝リチャード・ブルックス／脚＝ジェームズ・ポー／撮＝ウィリアム・H・ダニエルズ／出＝エリザベス・テーラー、ポール・ニューマン、チャールズ・ウォルコット／V＝WHV／D＝WHV　B・D＝WBH

解説　テネシー・ウィリアムズの舞台劇をリチャード・ブルックス監督が映画化。アメリカ南部の旧家。夫ブリック（ポール・ニューマン）は酒びたりで、その妻マギー（エリザベス・テーラー）はヒステリー気味で二人の間にセックス関係がない。この夫婦を中心にブリックの死期迫る父の遺産をめぐり骨肉の葛藤が展開される。

ハイ淀川です　テネシー・ウィリアムズの戯曲はセックスを厳しく見つめるところがありますね。南部の富豪の息子はハンサムで立派な学校を出て、美しい嫁さんをもらいましたが、結婚した夜からその妻をベッドに寄せつけません。なぜか。実はその妻が夫の学友のことをひどくののしったので、その学友は自殺してしまった。なんと夫とその学友とはホモだったんです。だから妻は夫のベッドから追放される。まさに妻は熱いトタン屋根の猫だったという怖い映画でした。製作当時、アメリカ映画界ではホモセクシャルが禁じられていたので二人の関係が暗示的だったという人もいましたが、これは立派なホモセクシャルの問題作。テーラーが熱演しました。

アニー・ホール
Annie Hall

77／米／監・脚＝ウッディ・アレン／脚＝マーシャル・ブリックマン、他／撮＝ゴードン・ウィルス／出＝ウッディ・アレン、ダイアン・キートン、トニー・ロバーツ／V＝FOX　B＝ディズニー　D＝SPE

解説　漫談芸人アルヴィ（ウッディ・アレン）は、歌手志望のアニー（ダイアン・キートン）と同棲生活を始めるが、溝ができてしまい、アニーは人気歌手に誘われてカリフォルニアへ行ってしまう。当時実生活のパートナーであったキートンとの私生活を彷彿させるアレン監督のロマンチック・コメディ。アカデミー作品賞など四部門受賞。

ハイ淀川です　ウッディ・アレンはブルックリンの生まれですね。ですから、この映画でもそのニューヨークの土地柄が匂って、その中で男と女の生きざまを見つめていますね。この風采の上がらない芸人男と歌手のタマゴの女は、ほんとうに愛で結ばれたのか、セックスで結ばれたのか。そのあたりが見ていて面白いところですね。そして、この女は誘われてロスに去ってしまう。あとに残されたこの男の孤独の描き方の見事なこと。まさにウッディ・アレンはアメリカが生んだモダン・シェイクスピアです。これこそ、アメリカの誇りです。というわけで、ウッディ・アレンのその才人ぶりが十分に楽しめる名作です。

アニーよ銃をとれ
Annie Get Your Gun

D＝WBH

50／米／監＝ジョージ・シドニー／脚＝シドニー・シェルドン／撮＝チャールズ・ロシャー／出＝ベティ・ハットン、ハワード・キール、ルイス・カルハーン

解説　ブロードウェイのミュージカルをジョージ・シドニー監督が映画化。田舎娘アニー（ベティ・ハットン）はワイルド・ウェスト・ショー一座の花形射手フランク（ハワード・キール）を飛び入りの射撃戦で負かしたことから、一座の曲乗り射撃の人気者になる。しかし、面目を潰されたフランクが他の一座に移ったので心を痛める。

ハイ淀川です　ブロードウェイの舞台では名女優エセル・マーマンがやって大ヒットしました。映画では最初はジュディ・ガーランドだったのね。ところが彼女、神経衰弱になったためにベティ・ハットンにチャンスがまわってきました。それが見事に当たりました。女だてらに銃の名手ですね。ベティはもう明るく楽しく胸を張って踊って歌ってアニーをやりましたね。監督のジョージ・シドニーの代表傑作となりました。というわけで、これはベティを見る映画。このアニーに似た女傑をドリス・デイも映画で演じたことがありましたが、当時人気ナンバー・ワンのベティのエネルギーいっぱいのアクトにはかなわなかったんですよ。

アパッチ
Fire Birds

＊

90／米／監＝デヴィッド・グリーン／脚＝ニック・ティール、他／撮＝トニー・イミール／出＝ニコラス・ケイジ、ショーン・ヤング、トミー・リー・ジョーンズ／V＝ヘラルド／D＝ヘラルド

解説　〝アパッチ〟とはアメリカ陸軍が誇る世界最強の秘密戦闘ヘリAH－64。ヘリパイロットのジェイク（ニコラス・ケイジ）は、かつての恋人で副パイロットのビリー（ショーン・ヤング）と再会。ジェイクは高度な操縦技術の特訓を受けて南米の麻薬のシンジケートを攻撃する。本物のアパッチを使って撮影されたスカイ・アクション。

ハイ淀川です　『アパッチ』と言っても『駅馬車』じゃぁありませんよ。これはヘリコプターがすごい活躍をする映画ですね。ニコラス・ケイジとショーン・ヤングのロマンスもいいんですけれど、この映画の見どころはヘリ。ヘリ。ヘリですね。私は飛行機よりも速いヘリがあることをこの映画で初めて知りました。全長が一七メートルもあるんですって。キングコングが寝ている長さですね。というわけで、映画はカーチェイスや列車のすごい暴走もありましたけれど、これほどヘリが自由自在に闘う映画は珍しい。音がガンガン耳について眠っているどころではありません。まさその爽快さに惚れぼれしてしまいます。まさにヘリコプターの歴史的作品ですよ。

アパートの鍵貸します
The Apartment

B＝ディズニー　D＝FOX

60／米／製・監・脚＝ビリー・ワイルダー／製・脚＝I・A・L・ダイアモンド／脚＝チャールズ・シュニー／撮＝ジョゼフ・ラシェル／出＝ジャック・レモン、シャーリー・マクレーン、フレッド・マクマレー／V＝WHV／D＝LDC

解説　生命保険会社の平サラリーマンのバクスター（ジャック・レモン）は、自分のアパートを上司の部長（フレッド・マクマレー）の情事の場所に提供する。ところが部長の浮気の相手がひそかに思いを寄せていたエレベーターガール（シャーリー・マクレーン）と知ってショック。アカデミー作品賞、監督賞など五部門受賞。

ハイ淀川です　この映画よく見るとチャップリンの感覚があるのね。レモンがエレベーターガールにモーションを送ったけど、その娘は上役のあれで、自分のアパートがそれに使われていた悲劇。チャップリンが金持ちに気まぐれに気に入られてふりまわされてポイと捨てられる。いかにもチャップリンのペーソスと似ていますね。ワイルダーの才人ぶりが楽しめる映画です。レモンがエレベーターガールの自殺未遂を助けて、自分も会社を辞めて一人で部屋の中でシャンパンを抜く。そのとき、女がレモンの真心を知って駆け上がってきて、その「音」で彼女は男が自殺したのかとハッとする。この自殺の二重奏の描写など、ワイルダーの演出を見てください。

ア・フュー・グッドメン
A Few Good Men

B・D＝SPE

92／米／製・監＝ロブ・ライナー／脚＝アーロン・ソーキン／撮＝ロバート・リチャードソン／出＝トム・クルーズ、デミ・ムーア、ジャック・ニコルソン／V＝SPE／D＝SPE

解説　アーロン・ソーキンのヒット舞台劇をロブ・ライナー監督が映画化。キューバの海兵隊基地で隊員が殺害される。調査にのり出した新米弁護士キャフィー中尉（トム・クルーズ）は、軍の腐敗構造に指令官（ジャック・ニコルソン）が絡んでいることをつきとめる。法廷シーンでクルーズとニコルソンの対決が圧巻の人間ドラマ。

ハイ淀川です　ロブ・ライナーが監督だから村のやさしい美しい話かと思ったら大間違いでした。海軍の裏側を怖く見せた名作でした。トム・クルーズとデミ・ムーアの弁護士が二人の報告を助けようとする。でも二人は助けてもらわなくてもいいような顔をしている。そのあたりが面白いですね。でも、調べて調べて裏側を暴いていくところが見どころですね。それとトム・クルーズ。あの少年みたいな俳優が立派になりました。ジャック・ニコルソンも負けるものかとその力を発揮しました。それにデミを加えての三人の演技の火花。舞台劇だっただけにこの芝居の面白さ。その演技比べ。それを見てください。でも、トムがここまでやると思いませんでした。

アフリカの女王
The African Queen

D＝IVC

51／米・英／監・脚＝ジョン・ヒューストン／脚＝ジェームズ・アギー、他／撮＝ジャック・カーディフ／出＝ハンフリー・ボガート、キャサリン・ヘプバーン、ロバート・モーリー／V＝FOX

解説　C・S・フォレスターの海洋冒険小説をジョン・ヒューストン監督が映画化。第一次世界大戦下のドイツ領東アフリカ奥地。オンボロ蒸気船「アフリカの女王」の船長チャーリー（ハンフリー・ボガート）に、ドイツ軍の砲撃で宣教師の兄を殺されたローズ（キャサリン・ヘプバーン）が、ドイツの砲艦に復讐しようともちかける。

ハイ淀川です　アフリカの女王とはなんでしょう。アフリカの小さな河を下る蒸気船のことなんですね。それで郵便とか日用品を運搬するんですけれど、船といってもちっぽけなボートのボロ船なのね。そののんびり船長のハンフリー・ボガートと気の強い女宣教師のキャサリン・ヘプバーンが大変な冒険をやってのけるあたりが面白いんですね。この顔ぶれでこの冒険映画を映画の芸術に磨き上げました。どこかイギリス映画の香りがします。それはキャメラが名手のジャック・カーディフだからなのね。『赤い靴』をとったイギリスを代表するキャメラマン。コンゴとウガンダにロケして、はらはらドキドキのシーン。見事なキャメラワークを楽しんでください。

アポロ13
Apollo 13

B・D＝ジェネ

95／米／監＝ロン・ハワード／脚＝ウィリアム・ブロイルス・ジュニア、アル・レイナート、他／撮＝ディーン・カンディ／出＝トム・ハンクス、ケビン・ベーコン、ビル・パクストン、ゲイリー・シニーズ／V＝LDC／D＝LDC

解説　ロン・ハワード監督が、アポロ13号の衝撃的な事故を再現した感動作。七〇年四月、アポロ13号はジム（トム・ハンクス）ら三人の宇宙飛行士を乗せて打ち上げられるが、月まであと一歩のところで爆発事故が発生。NASA司令センターの管制官(エド・ハリス)が中心になり、総力をあげ三人の救助作戦を敢行する。

ハイ淀川です　この作品の面白さはアポロ13号の事件をそのまま再現しているところですね。乗組員三人の顔をぎりぎり一杯のクローズアップでとらえているキャメラはすごいなあ。三人の鼻の穴の毛から髭まで顔中が手でさわれる。恐怖が目の前に迫ってきますね。というわけで、この映画の見どころは三人が無事に帰還するラストの二十分ですね。月への着陸が失敗して、あらゆる空の恐怖を逃れて、やっと地球に戻ってきて、海面にパラシュートで降りるあたりは呼吸が止まってしまうような興奮ですね。実話なので脚本もむずかしかったでしょうけれど、いま、アメリカがこういう映画を誇らしげにつくっているあたりが面白いところですね。

アポロンの地獄
Edipo Re

67／伊／監・脚＝ピエル・パオロ・パゾリーニ／撮＝ジュゼッペ・ルッツォリーニ／出＝フランコ・チッティ、シルヴァーナ・マンガーノ、アリダ・ヴァリ／V＝SPE／D＝イマジカ

B＝KAD　D＝LDC

解説　ギリシャの古典劇『オイディプス王』をピエル・パオロ・パゾリーニ監督が映画化。「お前は父を殺し、母と交わるだろう」という神託を受けたオイディプス（フランコ・チッティ）は、旅の途中で王（実は父）を惨殺し、その王妃（シルヴァーナ・マンガーノ）と関係をもつが、王妃が実の母とわかり、彼は両目をえぐり、王妃も自殺する。

ハイ淀川です　これはなんとも知れん男の映画。オイディプスは病気の神を突き殺して英雄になって王妃と一緒になりました。二人の子供ができて幸せでしたね。ところがその王妃は実の母だったと知ってびっくりする。このあたりの怖いこと。オイディプスはこの人間の業、苦しみに、そして自分が犯した罪に耐えられなくなって、わが手で自分の両眼をえぐって、さまよって行きます。この映画は男が勝負に勝つこと、みんなに頼られること、そして美しい女をめとること、我が家を立派に守ることをこのオイディプスに託して男のなかの男の姿を見せながら地獄の世界に突き落としました。これは男への戒め。パゾリーニの人間探求、男の探求に驚きました。

甘い生活
La Dolce Vita

60／伊・仏／監・原・脚＝フェデリコ・フェリーニ／脚＝エンニオ・フラアーノ、他／撮＝オテッロ・マルテッリ／出＝マルチェロ・マストロヤンニ、アニタ・エクバーグ、アヌーク・エーメ、アラン・キュニー／V＝ポニー

B＝IVC　D＝東北

解説　作家志望のマルチェロ（マストロヤンニ）はゴシップ記者になりさがり、富豪の娘（アヌーク・エーメ）と情事、ハリウッドの映画女優（アニタ・エクバーグ）と夜明けまで騒ぐが空しい。フェリーニがローマの上流社会の退廃をニーノ・ロータのメロディにのせて描く。カンヌ映画祭グランプリ受賞。

ハイ淀川です　ローマの空を低くヘリコプターが飛んで行きますね。よく見ると教会におさめるキリスト像を鎖で吊るしている。あれはあたかもイエスが空の上から腐りきったローマを見下ろしているよう。このファーストシーンの見事なこと。マストロヤンニの三文記者はお金持ちの娘とホテルに泊まったり、ハリウッドのグラマー女優と乱痴気パーティ。それに同棲している女が精力をつけるために卵ばかり食べさせるあたり。ラストの腐った大きな魚を見ているとこれはイタリアのモダン。フェリーニはイタリアン・リアリズムに反抗して見せること、ショーの楽しさ、美しさで盛りあげた。まるでセシル・B・デミル監督のような語り口で人生を描きました。

アマデウス
Amadeus

84／米／監＝ミロス・フォアマン／原・脚＝ピーター・シェーファー／撮＝ミロスラフ・オンドリチェク／出＝F・マーリー・エイブラハム、トム・ハルス、エリザベス・ベリッジ／V＝WHV／D＝WHV

B・D＝WHV

解説　モーツァルトの謎の死を題材にしたピーター・シェーファーの戯曲を彼自身で脚色し、ミロス・フォアマンが監督。宮廷作曲家サリエリ（F・マーリー・エイブラハム）は、神童の誉れは高いが、下卑た傍若無人な振舞いをする青年モーツァルト（トム・ハルス）に嫉妬し苦悩する。アカデミー作品賞、監督賞など八部門受賞。

ハイ淀川です　チェコ生まれのミロス・フォアマンは、外国のロケに加えて、その時代色の美しさ、オペラ上演の美しさを出しました。しかし、それ以上に目を釘づけにさせたのが、ほとんど無名の二人、サリエリ役のF・マーリー・エイブラハムと、モーツァルト役のトム・ハルスの名演技です。モーツァルトの人物像がなんとも鮮やかに画面に生きかえってくる。名曲をさらりとやりとげる才能の底知れない豊かさと、陽気で常に笑いころげて、天才とは思えないその子供っぽさ。しかも女には目がないといった俗っぽさ。これが偉大なるモーツァルトかと驚きの目で見せます。この脚色、監督、名演の才能のすばらしいこと。絶賛の拍手を送りたい名作ですね。

アミスタッド
Amistad

97／米／製・監＝スティーブン・スピルバーグ／脚＝デビッド・フランゾーニ／撮＝ヤヌス・カミンスキー／出＝モーガン・フリーマン、アンソニー・ホプキンス、ナイジェル・ホーソーン、マシュー・マコノヒー／V＝C－C　B・D＝パラマ

解説　一八三九年、スペイン人に奴隷として買われ、ラ・アミスタッド号で運ばれる五十三人の黒人は反乱を起こすが捕らえられ殺人と海賊行為の罪で裁判にかけられる。奴隷廃止論者にモーガン・フリーマン、米大統領にアンソニー・ホプキンス。スティーブン・スピルバーグ監督が実話を雄大なスケールと詩情を溢らせて描いた感動作。

ハイ淀川です　『ロストワールド／ジュラシック・パーク』を見ても、スピルバーグは、ここのところ少し鼻についてきた感じで嫌いだったんですけれど、この映画はアメリカの初期の歴史を描いていささか教育的になっていましたが上出来の作品でした。見どころは船の中の奴隷の動物的な扱いですね。奴隷を目方で買う。重すぎれば何人かを洋上に捨ててしまう。食べ物はお皿もなくって投げつけて食わせるシーンもある。そして、奴隷の反乱。やがて、モーガン・フリーマンとアンソニー・ホプキンスの名演を使って法廷での裁きになって、男の映画になっていくあたり。まさにこれはアメリカ勉強の目で見るテキストといった感じの作品ですね。

雨
The Rain

32／米／監＝ルイス・マイルストン／脚＝マックスウェル・アンダーソン／撮＝オリヴァー・T・マーシュ／出＝ジョン・クロフォード、ウォルター・ヒューストン、ウィリアム・ガーガン／V＝IVC／D＝カルチ　D＝IVC

解説　原作はサマセット・モームの小説。南海の孤島ツツイラ島の一軒宿、南の島をわたり歩く娼婦サディ・トンプソン（ジョン・クロフォード）は同宿の牧師（ウォルター・ヒューストン）から神の道を説かれるが鼻であしらう。しかし、牧師の熱狂的な説教でやさしい女になっていくが、土砂降りの夜、牧師は彼女の寝姿を見て獣と化した。

ハイ淀川です　牧師さんがバイブルを読んでいるうちにキャメラは彼女の首筋にいくのね。キャメラは牧師さんの目になっている。次の朝、島の岩に牧師さんの靴が脱いであった。この牧師さんは自殺しちゃったんですね。どうしてこうなったのか。牧師さんはこの女をやさしくやさしくいたわっているうちに欲情して女を犯しちゃったんですね。そして最後はウイスキーの瓶を持った女が飛び出してきて、「男ってバカだね」というところで終わる。男なんて牧師だろうがヤクザだろうがみんな同じだというあたりのすごさ。これはなんとも知れん怖いお話で、ルイス・マイルストン監督の見事な演出。それに応えたジョン・クロフォードの名演技で名作となりましたね。

雨に唄えば
Singin' in the Rain

52／米／監＝ジーン・ケリー、他／脚＝アドルフ・グリーン、他／撮＝ハロルド・ロッソン／出＝ジーン・ケリー、デビー・レイノルズ、ドナルド・オコナー、ジーン・ヘイゲン／V＝WHV／D＝WHV　B・D＝WHV

解説　サイレント時代からトーキーへの転換期の舞台裏を描いたミュージカル映画。無声映画の大スター、ドン（ジーン・ケリー）はリーナ（ジーン・ヘイゲン）とコンビを組んでいたが、トーキーになり、悪声の彼女に代えてコーラス・ガールのキャシー（デビー・レイノルズ）を起用。新作映画『闘う騎士』は大成功をおさめる。

ハイ淀川です　これはアメリカの活動写真のトーキー騒動を見事に映画化した作品。映画の歴史の一頁を見るような作品ですが、見どころはジーン・ケリーのダンスですね。あの雨の中で踊るジーン・ケリーのダンスの見事なこと。最高ですね。あれだけの芸術はジーン・ケリー以外にはちょっとできませんね。フレッド・アステアの踊りはエレガンス、ソフトケーションでいかにもやわらかい踊り。ところがジーン・ケリーはスポーツマンが踊っているみたい。アメリカ的なのね。その雨の中で踊るところをキャメラがずっとついてついていくあたり。映画の美術とはこれ、ダンスの芸術はこれだと思ったくらいすばらしかったですね。

雨の朝パリに死す
The Last Time I Saw Paris

54／米／監・脚＝リチャード・ブルックス／脚＝ジュリアス・J・エプスティン／撮＝ジョゼフ・ルッテンバーグ／出＝エリザベス・テーラー、ヴァン・ジョンソン、ドナ・リード、ロジャー・ムーア／V＝IVC／D＝カルチ　D＝IVC

解説　F・スコット・フィッツジェラルドの小説をリチャード・ブルックス監督が映画化。終戦の日のパリで、新進作家チャールズ（ヴァン・ジョンソン）はヘレン（エリザベス・テーラー）と知り合い結婚。子供も生まれるが派手好きのヘレンは夜ごと遊び歩きプレイボーイとの愛に溺れ、二人の生活はすさんでいく。当時、リズは二十二歳。

ハイ淀川です　エリザベス・テーラーの役はもう遊んで遊んで仕様がないプレイガール。最後の最後、遊んで家に帰ってくる。でも旦那はあんまり腹が立ったので、ドアを叩いても鍵を開けなかったの。雨の中でテイラーはずぶ濡れで震えている。それがもとで死んじゃいますねぇ。それがタイトルになっていますけれど、テーラーがこんな役の女を演じているところがこの映画の面白さですね。それともう一つ、内緒で教えましょう。実はリチャード・ブルックスはこの映画でこの夫婦が接吻するとき、初めて口を開けてやらせたの。びっくりした。あんな接吻は初めて見た。それ以来、こんなキッスは解禁になりましたけれど、それが面白かった。

雨のなかの女
The Rain People

69／米／監・脚＝フランシス・フォード・コッポラ／撮＝ウィルマー・バトラー／出＝シャーリー・ナイト、ジェームズ・カーン、ロバート・デュヴァル／V＝WHV

解説　結婚して一年というのに結婚生活になじめないナタリー（シャーリー・ナイト）は、ある雨の朝、夫を捨てて家出する。車を飛ばす彼女は途中で元フットボール選手ジミー（ジェームズ・カーン）を拾い、関係を持とうとするが…。人間の不在と孤独をフランシス・フォード・コッポラ監督が描く。セバスチャン映画祭グランプリ。

ハイ淀川です　この奥さんは夫を捨てて車で旅に出ました。でも夫を嫌ったわけじゃぁありません。だから、行き先から電話をしますけど、なぜかその場所は告げない。その奥さんはまるで自由をとり戻したかのように車をすすめる。アメリカの乾いた西部の町。そして雨の中をモーテルにやっと着く。この奥さんはヒッチハイクで拾った若者と一夜のセックスの冒険をまさぐろうとしました。この青年をやっているのがジェームズ・カーン。ところがこのスポーツマンあがりの学生はなんと不能だったんですね。このあたりの面白さと怖さ。この映画ご存知ないかたもいらっしゃると思いますが、まさにこれはコッポラ監督の隠れたる名作ですよ。

アメリカの伯父さん
Mon Oncle D' Amérique

83／仏／監＝アラン・レネ／脚＝ジャン・グリュオー／撮＝サッシャ・ヴィエルニ／出＝ジェラール・ドパルデュー、ニコール・ガルシア、ロジェ・ピエール、ネリー・ボルゴー　D＝東芝

解説　放送局の報道部長（ロジェ・ピエール）とその妻、新人女優（ニコール・ガルシア）の三人の行動を生物学者ラボリ教授が自らの論文をもとに分析していく。ときどき、登場人物が二十日鼠のぬいぐるみを着て図式的な行動を見せたり、教授自身が現われて心理学的に説明したりする。アラン・レネ監督独特の映像空間によるシニカルな喜劇。

ハイ淀川です　アラン・レネ監督の自由奔放な新しい演出。こういうつくり方もあるんだということを教えてくれました。映画の進行は過去と現代を入りまじらせて、あたかもペンで小説を書き続けているようなタッチ。そして、画面外から登場人物の批評をする。その人物の表情の驚き、哀しみ、恋情、それらのシーンに突如としてジャン・ギャバンやジャン・マレーの古い映画のワンシーンが一瞬のうちに飛び出します。人間を語り、動物を語る、人間の苦悩のシーンが、科学の実験動物にされている二十日鼠のシーンに急変するあたり。まさにこの映画は、映画の落書きのように見え、しかもすごい人間悲劇を描いた驚くべき名作です。

アメリカの友人
Der Amerikanische Freund

D＝東北

77／西独・仏／監・脚＝ヴィム・ヴェンダース／撮＝ロビー・ミューラー／出＝デニス・ホッパー、ブルーノ・ガンツ、ジェラール・ブラン、ダニエル・シュミット／V＝カルチ／D＝カルチ、イマジカ

解説 『太陽がいっぱい』『見知らぬ乗客』のパトリシア・ハイスミスの原作をヴィム・ヴェンダース監督が映画化したサスペンス・ロマン。贋作のブローカーのトム（デニス・ホッパー）はマフィア仲間ミノ（ジェラール・ブラン）に殺し屋を世話してくれと頼まれ、白血病の額縁職人ヨナタン（ブルーノ・ガンツ）に目をつける。

ハイ淀川です ヨナタンは妻と小さな息子がいて、自分が死ねば二人はどうなってしまうのか、かねがね心配しきって悩んでいる。そんなとき二十五マルクの金に心が動いて、殺しを引き受けてしまいます。ミノは、ついにやっちまったこのヨナタンの成功に安心して第二の殺しをミノ自身が頼み込んでくる。最初の殺しは地下鉄でしたが、今度は列車の進行中。ヨナタンはこの第二の殺人もついに果たしてしまう。この二つの殺人シーン。ヒッチコックとはまた違った緊張感で見事に恐怖を盛りあげていくあたりが面白いのね。というわけで、一人の男の哀れな人生を描いた。そのラストシーンは胸をつきます。まさにヴェンダースは映画通の監督ですね。

アメリカンプレジデント
The Americann President

D＝ジェネ

95／米／製・監＝ロブ・ライナー／脚＝アーロン・ソーキン／撮＝ジョン・シール／出＝マイケル・ダグラス、アネット・ベニング、マイケル・J・フォックス、リチャード・ドレイファス／V＝C-C／D＝SPE

解説 ロブ・ライナー監督がアメリカ大統領の恋を描いたラブストーリー。多忙な大統領アンドリュー（マイケル・ダグラス）は、環境問題のロビイスト、シドニー（アネット・ベニング）と知り合い恋におちて、二人は急接近。しかし次期大統領の対立候補のボブ（リチャード・ドレイファス）からスキャンダルとして攻撃されてしまう。

ハイ淀川です アメリカ大統領をこのように身近に描いたアメリカ映画は初めてですね。男やもめの大統領が惚れた女に花を贈る。これは私事なので、自分で花屋に電話して届けるように頼んだ。そして、電話口で「わたしはアメリカ大統領だが」と言ったとたんに、花屋は電話をガチャと切っちゃった。イタズラもはなはだしいと思ったからなのね。このあたりのユーモア。ラストでは大統領が名演説してアメリカ魂と品格のよさを見せる。というわけで、ロブ・ライナー監督の映画はどこかにハートがあるところがいいんですね。アメリカのデージー（ひな菊）の香りのような感じ。大統領が身近に立っているような映画でした。

雨を降らす男
The Rainmaker

56／米／監＝ジョゼフ・アンソニー／原・脚＝N・リチャード・ナッシュ／撮＝チャールズ・ラング・ジュニア／出＝キャサリン・ヘプバーン、バート・ランカスター、ウェンデル・コリー

解説 ヒットした舞台劇をジョゼフ・アンソニー監督が映画化。アメリカ西部の村は日照り続きで困っている。カリー家の長女リジー（キャサリン・ヘプバーン）は縁遠い三十女。そこへ山師スターバック（バート・ランカスター）がやってきて百ドル支払えば雨を降らせてやるという。やがて、彼の弁舌がリジーに幸運をもたらす。

ハイ淀川です バート・ランカスターのなんとも知れんやまかんで世を渡っていく男の面白さと、片一方ではキャサリン・ヘプバーンのオールドミスの哀しさ。その二つが見どころですね。陽気な詐欺師が、こんな顔じゃぁ一生、お嫁にいけないと嘆いている三十娘を励ます。「あんた、鏡に向かって、あたいはきれいと言ってごらん」「そんなこと言えないわ」「言うだけでいい。言ってごらん」「私は美人」この三十女が詐欺師にどんどん言わされていくあたり。彼女は変なリボンも取って髪型も変えた。それを見て男は「ほんまもんや」と言ったの。女の目から涙がこぼれた。この男は雨は降らさなかったけれど、幸せを一つ与えて、村を去っていきました。

アモク！
Amok!

81／モロッコ・ギニア・セネガル／監・脚＝スウヘイル・ベン・バルカ／撮＝ジロラモ・ラローサ／出＝ロベール・リーンソン、ミリアム・マケバ、ドゥタ・セック

解説　村の黒人教師マチュー（ロベール・リーンソン）は、病気の妹を引き取りに南アフリカ共和国のヨハネスブルクへ出るが、そこでの人種差別と有色人種の悲惨さは想像を超えていた。一九七六年に起きたソウェト虐殺事件に舞台をかりて、人種差別政策アパルトヘイトの実態を暴いた作品。スウヘイル・ベン・バルカ監督。

ハイ淀川です　監督もすべての出演者も知らない私にとって白紙の映画でした。しかし、このスウヘイル・ベン・バルカという監督の情熱にはびっくりしました。南アフリカの大人しい平凡な黒人教師マチューが、ヨハネスブルクへ行ったままの妹（ミリアム・マケバ）や、出稼ぎに行ったままの息子たちを探しにいくという肉親物語で、この親子の情がやがて大きな暗黒政治への怒りに燃えあがっていく。黒人教師マチューの息子ガーシャが白人に利用され、その果ては処刑されるという怖さ。映画は国々の垣根をとりこわし、たとえ皮膚の色が違っても同じ人間としての親しみを湧き立たせます。〝世界の人間を結ぶ〟と申しあげたい映画です。

荒馬と女
The Misfits

61／米／監＝ジョン・ヒューストン／原・脚＝アーサー・ミラー／脚＝チャールズ・シュニー／撮＝ラッセル・メティ／出＝クラーク・ゲーブル、マリリン・モンロー、モンゴメリー・クリフト、イーライ・ウォラック／V＝WHV　　D＝FOX

解説　劇作家アーサー・ミラーの短編小説を自身で脚色、ジョン・ヒューストンが監督した。離婚したいロザリン（マリリン・モンロー）はネバダ州リノに来て、カウボーイのゲイ（クラーク・ゲーブル）と修理工のギトー（イーライ・ウォラック）、それに風来坊のバース（モンゴメリー・クリフト）を加えて荒馬狩りを始める。

ハイ淀川です　クラーク・ゲーブルがパーッと投げ縄で荒馬を押さえつけるあたり、そのキャメラの見事なこと。マリリン・モンローはそれを見て、あんまりだ、あんまりだと言って泣いちゃうの。男と女の違いですね。この映画の原題は、二つが合わないという意味なんです。つまり、男の感覚と女の感覚が合いませんということなのね。女はやさしく生きようと思うのに男は荒っぽく、しかも働かなければ生きていけない。この二つの違いがわかるとこの映画は面白いんですね。クラーク・ゲーブルはこの作品の完成を見ないで亡くなりました。それからしばらくしてモンローも死んじゃった。この『荒馬と女』は二人の見事な遺作となりましたよ。

嵐が丘
Wuthering Heights

39／米／監＝ウィリアム・ワイラー／脚＝ベン・ヘクト、他／撮＝グレッグ・トーランド／出＝ローレンス・オリヴィエ、マール・オベロン、フローラ・ロブソン、デビッド・ニーブン／V＝東芝　　D＝IVC

解説　イギリスの女流作家エミリー・ブロンテ不朽の名作をウィリアム・ワイラー監督が映画化。北イングランドの嵐が丘と呼ばれる古い館を舞台に、養子として育てられたヒースクリフ（ローレンス・オリヴィエ）と名家の娘キャシー（マール・オベロン）との恋を、苦悩と悲しい運命の中で描く。アカデミー撮影賞。

ハイ淀川です　実はこの映画、最初は『駅馬車』の製作者ウォルター・ウェンジャーが映画化権を買い取っていたのね。ヒースクリフをシャルル・ボワイエ、という配役で考えていたんだけれど、困難になって悲鳴をあげ中止しようとしたら、サミュエル・ゴールドウィンがそれを知って買い取って映画化したんですね。そして、配役をすべてイギリス系の俳優でかためました。ローレンス・オリヴィエはこのとき三十二歳。全員をイギリス系にしたのは発声を大切にしたからですね。アメリカ人なまりでしゃべったら、生命を失ってしまうと思ったからなんですね。一九七〇年にカラーで再映画化されましたがワイラー映画には及びませんでしたねえ。

アラビアのロレンス
Lawrence Of Arabia

62／米／監＝デヴィッド・リーン／脚＝ロバート・ボルト／撮＝フレディ・A・ヤング／出＝ピーター・オトゥール、アレック・ギネス、オマー・シャリフ、アンソニー・クイン／V＝SPE　B・D＝SPE

解説　第一次大戦中、ドイツと同盟を結んだトルコ牽制のため、イギリス陸軍中尉T・E・ロレンス（ピーター・オトゥール）は砂漠に向かいアラブ軍に反乱を起こさせ、アラブの王子（アレック・ギネス）らの奮闘でトルコ軍を撤退に追い込む。ロレンスの苦悩と挫折を雄大なスケールで描きアカデミー作品賞、監督賞など七部門受賞。

ハイ淀川です　ファースト・シーンはロレンスの葬式。この男は英雄か俗物か。映画は壮麗な音楽にのって彼の人間像を追求する本題に入っていますが、この出だしの見事なこと。実はこのロレンスはホモセクシャルなんですよ。潔癖に育ち、内気でものが言えない。だから軍人に憧れたのね。そして彼がいちばん信用したのはアラビアの太陽と汚れなき砂。これほど純粋なものはないと思ったからなんですね。ロレンスのような考え方を持っている方はホモセクシャルなんですね。壮大なドラマとしても見事な作品ですが、ロレンスの人間像をじっとごらんなさい。ロレンスを演じたピーター・オトゥールは彼の生涯の代表作。名誉ある大役でした。

アラビアンナイト
Il Fiore Delle Mille E Una Notte

74／伊／監・脚＝ピエル・パオロ・パゾリーニ／撮＝ジュゼッペ・ルッツォリーニ／出＝ニネット・ダボリ、フランコ・チッティ、フランコ・メルリ、テッサ・ボウチェ／V＝WHV　D＝SPO

解説　ピエル・パオロ・パゾリーニ監督の『デカメロン』『カンタベリー物語』に続くエロチック三部作の第三作。美少年ヌレディンは、女奴隷ズールムッドを買い、幸福な生活を送っていた。しかし、彼女を青い目の男に奪われたために流転の旅に出る。その中に『アラビアンナイト』の挿話が綴られていく。

ハイ淀川です　ちょうど、ステンド・グラスの、あの色ガラスが、太陽光線を受けて虹色に変わっていくように、話が入り組んでくる。それだけにいかにも美術の匂いがします。人間の欲望というか、知恵というか、不思議なものが物語と物語がダブっていくなかに混ざり込んで、幻覚の世界に入っていく。しかも、ペルシア、インド、アラビアのロケーションのきれいなこと。お寺の鏡の間のきれいなこと。土の匂い、砂漠の匂い。なんとも知れん色彩感覚を持って、実に美術的なんです。その中に、夢のような古典とリアリズムとが一緒になって、見事に盛りあげられている。いかにもパゾリーニ美術。やっぱり、パゾリーニはただの監督じゃぁありませんね。

荒武者キートン
Our Hospitality

23／米／製・監＝バスター・キートン／脚＝クライド・ブルックマン／撮＝エルジン・レスリー、他／出＝バスター・キートン、ナタリー・タルマッジ／V＝ジュネス、IVC／D＝カルチ　D＝IVC

解説　これは一八三〇年代、幾代にもわたって続く粗野で傲慢な旧家同士の確執の物語。ニューヨークで教育を受けた青年紳士キートンは亡父の土地を相続することになり、南部に帰ってくる。ペダルのない自転車、不安定なレールを走る蒸気機関車のギャグ。さらに激流と滝から恋人を救いあげるキートンのアクロバット・シーンは圧巻。

ハイ淀川です　西部開拓のあとの時代に無茶苦茶に仲の悪い二代にわたる両家があったのね。その一方の息子はあることで一歳のときからニューヨーク育ち。そして、この子が二十歳になって故郷の村に帰ってくるところから両家の喧嘩が派手になっていく。つまり、アメリカの開拓精神のその頑固さの激しさを描いている。あのW・ワイラーの『大いなる西部』みたいだ。それを喜劇として超現実の死闘に近い大喧嘩で見せる。キートン映画が面白いのはその皮肉の脚本にもあるんですね。それとやっぱりすごいのはキートンの曲芸。激流の滝で恋人を助けるシーン。ロープでビューン、ビューンと飛ぶあたりのキートンの離れ業。いつ見てもハラハラの名場面ですね。

アリス
Alice

90／米／監・脚＝ウッディ・アレン／撮＝カルロ・ディ・パルマ／出＝ミア・ファロー、ウィリアム・ハート、ジョー・マンテーニャ、ブライス・ダナー、アレック・ボールドウィン／V＝SPE　D＝FOX

解説　ウディ・アレン監督の二十作目でミア・ファローとのコンビによる十一作目。ダグ（ウィリアム・ハート）と結婚して十六年、なに不自由のない生活をしていたアリス（ミア・ファロー）は心の空白を感じ、子供の同級生の父ジョー（ジョー・マンテーニャ）との不倫に走る。マンハッタンを舞台に描くコメディドラマ。

ハイ淀川です　この映画で、ミア・ファローがどんなに立派な女優になってきたかがわかります。前は下手くそだった。けれどウッディ・アレンと一緒になって見事な女優となった。おそらく最高の出来栄えだと思います。というわけで、見どころはミア・ファローの演技。それとアリスが旦那と一緒にいたら窒息するかもしれないと思っていながら、子供の同級生のお父っつあんの男との恋の冒険も続けたいと思って迷うところが面白いんです。あのベルイマン監督が、ニューヨークで映画を撮ったらこんな感覚の映画をつくるかもしれません。そのくらいよくできたウッディ・アレンの名人芸です。

アリスの恋
Alice Doesn't Live Here Anymore

74／米／監＝マーティン・スコセッシ／脚＝ロバート・ゲッチェル／撮＝ケント・ウェイクフォード／出＝エレン・バースティン、アルフレッド・ルター、クリス・クリストファーソン、ハーベイ・カイテル、ジョディ・フォスター／V＝WHV　D＝WBH

解説　夫に死なれた三十二歳の主婦アリス（エレン・バースティン）は、十二歳の息子トム（アルフレッド・ルター）を連れて故郷モンタレーに旅立つ。途中、若い男に迫られながら、ウェイトレスの職を見つける。中年女が男に対するもろさと気の強さで二度目のチャンスをつかむまでを描いた作品。マーティン・スコセッシ監督。

ハイ淀川です　この映画は子持ちの女の人生の旅。男の旅でないところが見どころですね。三十二歳の年配の女には落とし穴がいっぱい。アリスがレストランで歌っているとき、いやな男（ハーベイ・カイテル）が猫をかぶって口説きにかかる。女をモノにしたい男の怖さといやらしさ。しかも亭主に死に別れた子持ち女には蜜の味。いかに見かけは強くとも、女は男に弱い。男は女に弱く見せても女に強い。この落し穴が女を地獄に落すあたりの面白さ。結局アリスが一度結婚に失敗したけれど、デヴィッド（クリス・クリストファーソン）に救われて第二の人生が始まる。アリスは強く生きる女になっている。やったぞ！と言いたいこれは上等な作品ですよ。

ある愛の詩
Love Story

70／米／監＝アーサー・ヒラー／脚＝エリック・シーガル／撮＝ディック・クラティーナ／出＝ライアン・オニール、アリ・マックグロウ、レイ・ミランド、ジョン・マレイ／V＝CIC　B・D＝パラマ

解説　アーサー・ヒラーが監督、フランシス・レイのテーマ曲も大ヒットしたラブ・ストーリー。富豪の息子でハーバード大生のオリヴァー（ライアン・オニール）は、図書館のアルバイト女子大生ジェニー（アリ・マックグロウ）と恋におち、両親の反対を押し切って結婚。しかし、医者からジェニーが不治の病だと知らされる。

ハイ淀川です　この映画は、セックス、裸体、近親相姦などとは縁遠い気品がありますね。日本にも来たエール大学のエリック・シーガル教授自身が原作と脚色。この作家はビートルズの動画『イエロー・サブマリン』の脚本も書いた人で、そこが鍵なのね。あの動画の愛の美を、今度は生きた人間で見事に描きましたね。『おかしな夫婦』のアーサー・ヒラー監督が、またしても見事な才能を見せました。それにフランシス・レイの知りつくした音楽の甘美さ。ヒッピーばかりが若者の世界じゃぁありません。これは外国でも大当たりしました。やっぱり、人間はほんとうはこんな愛を見たいんですね。それを恥ずかしがる必要なんかまったくありません。

ある愚か者有りき

22／米／監＝エメット・J・フリン／出＝エステル・テイラー、エドワード・ホセ、リュイス・ストーン、アイリーン・リッチ

解説　世界ヘビー級チャンピオンのジャック・デンプシーと結婚したスパニッシュ系美人女優エステル・テイラーの主演作品。初老の富豪（リュイス・ストーン）は若い女（エステル・テイラー）に血迷い、妻子も捨てて入れあげる。しかし、彼女は金を使い果たすと未練もなくこの老人を捨てようとしたので、男は必死になって哀願する。

ハイ淀川です　豪華な邸宅の大階段。女はファー・コートを着て降りてきて家を出ていこうとするのね。それをおじいちゃんが見つけちゃった。「俺は嫁さんも子供も捨てた。その俺を捨てるのか」と言って怒鳴っても、女は何も言わないで笑ったの。階段を駆けあがっていってその女エステル・テイラーの顔を力いっぱい叩いたら、よろめいて転んで落ちて死んじゃったの。女は顔色一つ変えないでチラと眺めて降りていって、ファー・コートの裾が死体の上を撫でていくのね。そこで女は笑って赤いバラ一輪を「あんた、あげるわ」と言って顔の上にポンと投げ捨てて行っちゃうの。このシーン、エステル・テイラーの悪女ぶりがかっこいいのね。

ある貴婦人の肖像
The Portrait Of Lady

96／英／監＝ジェーン・カンピオン／脚＝ローラ・ジョーンズ／撮＝スチュアート・ドライバラ／出＝ニコール・キッドマン、ジョン・マルコヴィッチ、バーバラ・ハーシー、マーティン・ドノヴァン／V＝CIC　D＝JVC

解説　ヘンリー・ジェームズの小説をジェーン・カンピオン監督が映画化。莫大な遺産を相続したイザベル（ニコール・キッドマン）は幾多の求婚を断ってきたが、虚無的芸術家オズモンド（ジョン・マルコヴィッチ）に魅せられ結婚。しかしその影に陰謀が秘められていた。十九世紀、ヴィクトリア朝時代のイギリスを舞台に愛を描く。

ハイ淀川です　ジェーン・カンピオン監督は『ピアノ・レッスン』で女を見事に描きましたけれどこの作品も女の香りがムンムンしますね。富豪の女の悲恋。いや悲恋というよりも女の傲慢さが面白いんですね。この女は群がる男たちの求婚を蹴って、中年の富豪と結婚したものの、それも逃げてなおも追いすがる別の男からも逃れて自分の屋敷で初めてほんとうの孤独に襲われるあたりは怖い。それに十九世紀の英国の貴族階級の華麗なエレガンスも見どころの一つです。男性はこの主人公の女の貪欲さに、女は怖いと思うかもしれませんよ。原作者のヘンリー・ジェームズはオカマじゃあなかったかと思ってしまうほど、あまりにも女臭い映画でした。

アル・パチーノのリチャードを探して
Looking For Richard

96／米／監・脚＝アル・パチーノ／脚＝フレデリック・キンバル／撮＝ロバート・リーコック／出＝アル・パチーノ、アレック・ボールドウィン、ウィノナ・ライダー、ケネス・ブラナー／V＝FOX　D＝FOX

解説　アル・パチーノが、リチャード三世を演ずるが、これは『リチャード三世』の舞台のオーソドックスな映画化ではない。この芝居を上演する初日までの役者たちの稽古を追いながら、同時に芝居の内容も描き、現代人にとってシェイクスピアの存在とは何かを追求する構成で、ケネス・ブラナーやジョン・ギールグットにも取材している。

ハイ淀川です　私はアル・パチーノが嫌いなの。『ヒート』を見てもオーバーアウトでたまらない。最も見たくない男優の一人だったんです。だから、用心して見たら、なかなか着想がいいんです。この映画は舞台を見せるというよりも、劇の出演者たちの台詞、アクセントの苦闘、さらにシェイクスピア勉強に打ち込むその闘い。それをパチーノの力演とその演出で見せるあたりがよかった。アメリカでこんなようなスタイルでリチャード三世を観客に見せて教えた映画はありません。アメリカがシェイクスピアに頭を下げながら、シェイクスピアってなんやというウソブキも感じさせますけれど、『リチャード三世』を読みたくなるかもしれませんよ。

或る夜の出来事
It Happened One Night

D=SPE

34／米／製・監=フランク・キャプラ／脚=ロバート・リスキン／撮=ジョゼフ・ウォーカー／出=クラーク・ゲーブル、クローデット・コルベール／V=IVC／D=カルチ

解説　アカデミー作品賞など六部門受賞したフランク・キャプラの名作。大銀行家の一人娘（クローデット・コルベール）は父親に無断でパイロットと婚約。父の怒りから逃れ、彼に会いたい一心で長距離バスに乗りこむが車中で失業中の新聞記者（クラーク・ゲーブル）と知り合い、身分の差を超え恋が芽生えていく。

ハイ淀川です　まさにこれはアメリカ独特の明朗コメディ。キャプラ・タッチを見てほしいのね。たとえば、ヒッチハイクでコルベールがスカートをチラッとつまみ上げて車を止めてしまうシーンの面白さ。二人がだんだん仲良くなってきて道中であるモーテルに泊まることになった。でも一部屋しかないので同じ部屋になった。仕方がない。そこでゲーブルは部屋の真ん中にロープを張ってそこに毛布をかけて壁を作ったのね。二人はそれを境にして絶対にどっちのベッドにも行かないことにして寝たんだけれど、途中で毛布がとれてしまうというオチもあってなかなか面白いのね。ゲーブルの明るくって男性的な可愛いさは天下一品だ。

暗黒街の顔役
Scarface

D=IVC

32／米／監=ハワード・ホークス／脚=ベン・ヘクト、他／撮=リー・ガームス／出=ポール・ムニ、カレン・モーレー、アン・ボーザック、ジョージ・ラフト／V=CIC、IVC／D=カルチ

解説　アメリカのギャング映画史上に燦然と輝く作品。モデルは禁酒法時代にのし上がったアル・カポネ。その凄絶さのあまりプロダクション・コード（映倫規定）にひっかかった。用心棒のトニーは親分を暗殺し、押しも押されぬ暗黒街の顔役となっていくが…。製作がハワード・ヒューズ。監督が後に西部劇の巨匠となった、ハワード・ホークス。

ハイ淀川です　このトニー（ポール・ムニ）という男は自分の欲望のためにどんなことでもする血の気の多い男なんですね。情婦（カレン・モーレ）もいるけれど、自分の妹チェス（アン・ボーザック）を溺愛している。肉体的に愛しているんですね。そして、自分の子分リナルド（ジョージ・ラフト）をホモ的に愛している。この妙な人間関係がこの作品のすごいところでポイントですね。というわけで、これはすごい血だらけの映画。妹はリナルドが兄貴に殺されたので、兄貴を警察に売っちゃった。トニーは警察に包囲されて、もう断末魔。「助けてくれ。撃たないでくれ」と叫びますが殺されちゃう。凄まじいシーンだ。怖い映画でした。

暗黒街の弾痕
You Only Live Once

B・D=KAD

37／米／監=フリッツ・ラング／脚=ジーン・タウン、他／撮=レオン・シャムロイ／出=ヘンリー・フォンダ、シルヴィア・シドニー、ウォード・ボンド／V=IVC、クラウン／D=IVC

解説　ヨーロッパからハリウッドに移ったフリッツ・ラング監督のギャング映画。前科者エディ（ヘンリー・フォンダ）は定職にもつけず妻と苦しい生活だが、あるとき、銀行強盗事件が起こり、身に覚えのないエディは有罪を宣告される。しかし、潔白を証明しようと脱獄をはかる。

ハイ淀川です　ヘンリー・フォンダが脱獄して帰ってくる。無実なのに殺されるくらいなら逃げたほうがいいと言って、その嫁さんと逃げる場面。雨が降っている中を二人が逃げていく場面のきれいなこと。車が並んでいる。自動車のバックのトランクのところにパッと雨の跡。露の玉がつくところ。そのシーンのいいのにびっくりしました。そして最後の最後は、どんどん逃げて追いかけられる。でも、お前は無罪なんだ、あれは濡れ衣なんだというところで終わるのに、ヘンリー・フォンダはバーンと撃たれてしまいました。後の『俺たちに明日はない』のラストシーンよりもっとよかった。フリッツ・ラングの見事な映像美だ。

暗黒街のふたり
Deux Hommes Dans La Ville

73／仏・伊／監・脚＝ジョゼ・ジョバンニ／撮＝ジャン・ジャック・タルベ／出＝アラン・ドロン、ジャン・ギャバン、ミシェル・ブーケ、ジェラール・ドパルデュー／V＝アミューズ　B・D＝アネック

解説　銀行強盗で十二年の刑に服したジーノ（アラン・ドロン）は、老保護司ジェルマン（ジャン・ギャバン）の力添えで仮出所する。待っていた妻の励ましでまじめな生活を送るが、ジーノを逮捕したときの刑事がつきまとう。『地下室のメロディー』『シシリアン』に続くドロンとギャバン三度目の顔合わせ。ジョゼ・ジョバンニ監督。

ハイ淀川です　アラン・ドロンが主演してジャン・ギャバンが助演なんて、ドロンもえらくなりましたね。この映画の原名は『街のふたり』と言うんです。二人の人生、愛が描かれているだけに『暗黒街のふたり』ではしっくりしませんね。でも、ドロンが折角の生きがいを見つけたのに、強盗したときの係の刑事が、ずっとあとをつけ回して、疑って最後にこの青年を監獄に引き戻してしまうあたりは怖かった。最後の最後はどうなるのか。実は、ジョゼ・ジョバンニは、むかし暗黒街にいて牢獄生活を体験したことがあるんですね。それを『穴』という小説にまとめたぐらいの人で、暗黒街の人間をよく知っているだけにこの映画、なかなか面白かった。

アンダルシアの犬
Un Chien Andalou

28／仏／製・監・脚＝ルイス・ブニュエル／脚＝サルヴァドール・ダリ／撮＝アルベール・デュヴェルジャン／出＝シモーヌ・マルイユ、ピエール・バチェフ／V＝IVC／D＝カルチ　B・D＝IVC

解説　スペイン出身のブニュエル監督の第一作でアヴァンギャルド映画。剃刀の刃で真二つに切られる若い女性の眼球、路上に切り落とされた手首を見つめている女性、痙攣している掌を這い回っている蟻の群れなどショックを与えようとするメタモルフォーズされた映像で感情、心の状態を表現しようと試みている。

ハイ淀川です　二人の曲者、ルイス・ブニュエルと妙な妙な絵を描くサルヴァドール・ダリが組んでつくったんですね。たとえば、ピアノを弾いていると、その上に腐った馬の死体がのっていたり、意味はないけど感覚が怖いのね。女の目を男が押さえている。するとクリッと目の玉が出てくるの。その男が女の目を開かせ片っ方の手で細い細いとがったピカピカ光った剃刀でキュッと目を切ってしまうんですね。気持ちが悪い。けれど感覚的にいちばん怖いのは、その目の上で剃刀を当てる。そこがなんとも知れん感じなのね。大正の末から昭和のはじめにシュルレアリスムが流行した。筋よりもキャメラの感覚。これはそのころの代表的な作品ですよ。

アンナ・カレニナ
Anna Karenina

48／英／監・脚＝ジュリアン・デュヴィヴィエ、他／撮＝アンリ・アルカン／出＝ヴィヴィアン・リー、ラルフ・リチャードソン、キーロン・ムーア／V＝IVC／D＝カルチ　D＝ファースト

解説　ロシアの文豪トルストイの長編小説をジュリアン・デュヴィヴィエ監督が渡英して映画化。政府高官（ラルフ・リチャードソン）と政略結婚した美貌のアンナ（ヴィヴィアン・リー）は、愛のない生活の不安から貴公子ウロンスキー（キーロン・ムーア）と恋におちる。しかし、夫に対する罪の意識に苛まれ鉄道で自らの命を…。

ハイ淀川です　これをごらんになったら、ヴィヴィアン・リーの魅力がおわかりになると思います。政府の偉い人の嫁さん。いい嫁さんなのに貴公子の若いのを彼氏にして、どうにもこうにも困っちゃったんですね。つまり、スキャンダルですね。そういう映画ですけど見ているといかにも品があるのね。このアンナ・カレニナがどんなに苦しんだか、身に迫るヴィヴィアン・リーの名演技でみなさんをひきつけると思います。いうならばメロドラマですが、そうとは言えないトルストイの愛の怖さ、厳しさが出ています。もうこの時分から不倫問題があったんですね。というわけでデュヴィヴィエの代表作品です。

アンナ・クリスティ
Anna Christie

D＝IVC

30／米／製・監＝クラレンス・ブラウン／出＝グレタ・ガルボ、チャールズ・ビックフォード／V＝IVC／D＝カルチ

解説　北欧の美女、グレタ・ガルボのトーキー主演第一作。ニューヨーク、イーストリバー港。荷船の老船頭のところに十五年ぶりに、疲れきった娘アンナ（ガルボ）が戻ってくる。嵐の日、若い船員マット（チャールズ・ビックフォード）を難破船から助けたことが縁でマットはアンナに求婚するが…。

ハイ淀川です　クラレンス・ブラウンが監督することになった。トーキーだ。ガルボの言葉遣いが汚いのね。そこで監督は彼女を酔っぱらいの崩れた女にして主役させたの。港町の酒場に来て、酔っぱらいながら「アイ・ウォント・ウィスキー」。ウィスキーをちょうだいと言うシーンがあるのね。そのとき彼女は「アイ・ヴァント・ヴィスキー」とハスキーな声で言ったのね。その言い方の崩れた女の感じがよく出ていて、監督は彼女をうまく使った。このアンナ、若い船員の恋人ができて結婚を申し込まれたんだけど、自分は娼婦をしていた、そのことが言えない。その娘心をうまく演じて、ガルボはトーキー第一作を成功させ、いっぺんに有名になりましたね。

アンネの日記
The Diary Of Anne Frank

B＝ディズニー　D＝FOX

59／米／製・監＝ジョージ・スティーヴンス／脚＝フランセス・グドリッチ、他／撮＝ウィリアム・C・メラー／出＝ミリー・パーキンス、シェリー・ウィンタース、ダイアン・ベイカー／V＝FOX

解説　世界的ベストセラーとなったアンネ・フランクの『アンネの日記』をジョージ・スティーヴンス監督が映画化。第二次大戦下、ナチスの弾圧迫害を逃れて、オランダに亡命したユダヤ人のアンネ（ミリー・パーキンス）は、家族とともに屋根裏部屋に隠れて暮らす。アンネの短い青春を描く感動作でアカデミー助演女優賞など三部門受賞。

ハイ淀川です　もうこれはあまりにも有名なお話で舞台にもなりましたから、みなさんはストーリーはご存知だと思います。しかし、この映画のタイトル・バックを見て何を感じましたか。白いかもめが空をゆうゆうと舞っていましたね。これを見ただけで、屋根裏に閉じ込められたアンネとその家族たちの一歩も外へは出られない苦しみとかもめの自由さ。このコントラストが目に胸にしみた人は感覚の豊かな人ですよ。チャップリンの『モダン・タイムス』の大きな時計。これを見て現代人が時計に追いまわされて生きるのだとハッと胸を打つ。というわけで、タイトル一枚見るだけでハッとする人、ボヤッとする人。そこに感覚のあるなしが出てくるんです。

イヴの総て
All About Eve

B＝ディズニー　D＝ファースト

50／米／監・脚＝ジョゼフ・L・マンキーウィッツ／撮＝ミルトン・クラスナー／出＝アン・バクスター、ベティ・デイヴィス、ジョージ・サンダース、セルスト・ホルム、マリリン・モンロー／V＝FOX

解説　田舎からニューヨークへ出て来た娘イヴ（アン・バクスター）は、劇作家夫人カレン（セルスト・ホルム）の紹介で憧れの大女優マーゴ（ベティ・デイヴィス）に近づき、やがてマーゴの代役で舞台にデビュー。演出家や劇作家を次々誘惑して新人女優賞をとる。アカデミー作品賞、監督賞など七部門受賞。

ハイ淀川です　この年のアカデミー賞を『サンセット大通り』と競ったんですね。そしてみごとに作品賞をはじめ七部門もとってしまいました。監督のマンキーウィッツは『三人の妻への手紙』に続いて二年連続で監督賞と脚色賞をとってしまいました。これを見て当然だと思いましたね。ハイクラスの見事な名作です。芸能界のバックステージものです。この映画のタッチはブロードウェイの一流の舞台劇以上のものです。アン・バクスターのイヴという田舎の小娘がだんだん牙をむいて、マーゴの恋人の演出家を誘惑する。さらに劇作家も誘惑するあたり、やさしい顔をしながら牙をむいていくあたりの怖いこと。アン・バクスターの演技が見ものですね。

怒りの葡萄
The Grapes Of Wrath

B=ディズニー　D=ファースト

40／米／監=ジョン・フォード／製・脚=ナナリー・ジョンソン／撮=グレッグ・トーランド／出=ヘンリー・フォンダ、ジェーン・ダーウェル、ジョン・キャラダイン／V=FOX

解説　ジョン・スタインベックの同名小説の映画化。三〇年代半ば。殺人容疑で入獄していた小作人の息子トム（ヘンリー・フォンダ）は四年ぶりにオクラホマの農場に帰ってくるが、一家の生活は厳しい。ジョン・フォードが凶作と農業の機械化によって職を失った移住労働者のみじめな生活を描いた作品でアカデミー監督賞受賞。

ハイ淀川です　スタインベックの名作がジョン・フォードによって見事に生かされました。この題名は聖書からの言葉ですね。じわじわと怒りが広がっていくことなのね。葡萄の汁が布にしみ込んで広がっていくことですね。貧しい貧しいこの一家がオクラホマからカリフォルニアへ二〇〇〇マイルの道を移動する。西部へ流れていく怖い話です。こういった移動労働者を「オーキーズ」と呼びましたけれど、その連中が苦悶するあたり、胸を刺しますね。ヘンリー・フォンダと母役のジェーン・ダーウェルの演技の立派なこと。ジョン・フォードは西部劇の神様だけじゃぁありません。彼がいかなる監督か。肝に銘じて見てほしい名作です。

生きる

B・D=東宝

52／日／監=黒澤明／脚=橋本忍、他／撮=中井朝一／出=志村喬、小田切みき、金子信雄／V=東宝

解説　ベルリン映画祭で銀熊賞に輝いた黒澤明監督作品。三十年間無欠勤の市役所の市民課長、渡辺勘次（志村喬）は大病院で胃ガンを宣告される。男手一つで育てあげた息子にも冷酷に裏切られ、夜の街をさまよい酔いつぶれる。しかし、課の女事務員（小田切みき）のひとことで、残された時間を命の限り生きたいと考える。

ハイ淀川です　この作品の前に『白痴』がありました。野心的な映画でしたけれど、ちょっとバタ臭くって嫌いでした。ところがこの『生きる』は厳しかった。画面の動きの目。映画の命は目ですね。この映画でも、あの志村喬のおじいさんが児童公園のブランコに腰かけて乗るシーンがありますね。最後の力をふりしぼって町のために多少は役に立った。そう思ってブランコをこぎながら〝命短し、恋せよ乙女〟を歌って、秋の空を見ているところ、なんともすごい。生きている人間の最後でしたね。黒澤明の目のすごさを感じさせましたね。

居酒屋
Gervaise

B・D=IVC

56／仏／監=ルネ・クレマン／脚=ジャン・オーランシュ、他／撮=ロベール・ジュイヤール／出=マリア・シェル、フランソワ・ペリエ、マルマン・メストラル、シャンタル・ゴッジ／V=IVC

解説　ルネ・クレマン監督がゾラの文学に挑戦した作品。一八五〇年代のパリ。ジェルヴェーズ（マリア・シェル）は、内縁の夫に二人の子供を残して家出される。やがて彼女は屋根職人クポー（フランソワ・ペリエ）と結婚し、娘のナナ（シャンタル・ゴッジ）も生まれ幸せな日々を送るが、クポーが屋根から落ちて大怪我をする。

ハイ淀川です　ゾラの名作をルネ・クレマンがみごとな映画の名作に磨き上げました。母（マリア・シェル）は内縁の男に捨てられて、二人の子供を抱えて、屋根職人と結ばれましたね。この二人の間に生まれたのがナナという女の子。この映画はこのナナの母のどん底生活にあえぐ姿を見事に描いています。怪我した旦那は働く気がなくなって居酒屋に入りびたり。アル中になって発狂してしまう。長男はこの母に愛想をつかして旅に出ちゃう。いろいろありますが、怖いのは子供のナナ。頭にリボンを結んで男の子を集めて遊ぶ。しなをつくって悪童たちの中へ消えていきました。やがてこの子がパリの夜の蝶となって飛ぶ運命になる、このラストのすごい余韻。

石の花
Kammennyi Tsvetok

46／ソ連／監＝アレクサンドル・プドゥシコ／脚＝パーヴェル・パジョフ／出＝ウラジーミル・ドルージニコフ、タマーラ・マカーロワ、ミハイル・トロヤノフスキー／V＝IVC　D＝IVC

解説　ソ連で初めて製作されたカラー長編。若い孔雀石の細工師は、銅山の女王に「年に一度だけ咲く石の花を見せてあげる」と誘惑され、女王の住む洞窟に幽閉されるが、婚約者への愛を貫き魔力から解放され、二人はめでたく結ばれる。ウルラ地方の民話を題材にしたファンタジー映画で、監督はアレクサンドル・プドゥシコ。

ハイ淀川です　昭和二十一年に日本で初めて封切られたテクニカラーですね。ソ連はこのテクニカラーの技術を最初につかんでこの作品が生まれました。石細工の若者が恋人にプレゼントしてやりたいと思って、石の洞窟の中に入っていって、きれいなきれいな石を取ろうとしたとき、石の女王様が、その男をつかんで自分のものにしようとした。けれど、この石細工屋さんの恋人のことを知って、心をほだされて、石をプレゼントしてやるというお話ですが、その洞窟の中のきれいなこと。見事なカラーです。この色彩を見てみんなびっくりしました。というわけで、これは記念碑的作品です。一度はごらんなさい。

イージー・ライダー
Easy Rider

69／米／監・脚＝デニス・ホッパー／製・脚＝ピーター・フォンダ、他／撮＝ラズロ・コバックス／出＝ピーター・フォンダ、デニス・ホッパー、ジャック・ニコルソン、カレン・ブラック／V＝SPE／D＝SPE　B・D＝SPE

解説　メキシコから麻薬を密輸し、一儲けしたキャプテン・アメリカ（ピーター・フォンダ）とビリー（デニス・ホッパー）は、途中で飲んだくれの弁護士（ジャック・ニコルソン）を拾い、オートバイで一路南へ放浪の旅に出る。ドラッグ、人種差別、ベトナム戦争などアメリカが抱える問題を描いたアメリカン・ニューシネマの代表作。

ハイ淀川です　ピーター・フォンダが製作、脚本、主演。デニス・ホッパーが脚本、監督、主演。それにジャック・ニコルソンが加わりました。この三人が自由の旅に出る。ヒッピーとも違って思うがままの宿なしのフリー。しかし村の連中はそんな連中を許さない。三流弁護士のジャック・ニコルソンは殴り殺されてしまう。残った二人もただオートバイで走っているだけなのに撃ち殺される。何も悪いことはしていないのにね。というわけで、この映画は七〇年代の行きどころがなくって、落ち着かないアメリカの時代が見事に出ています。このあたりの面白さ。アメリカはいつも映画の中に今日の空気を入れようとしていることがわかります。

イースター・パレード
Easter Parade

48／米／監＝チャールズ・ウォーターズ／脚＝フランセス・グッドリッチ、他／撮＝ハリー・ストラドリング／出＝フレッド・アステア、ジュディ・ガーランド、アン・ミラー／V＝WHV　B＝WHV　D＝WBH

解説　一時引退していたフレッド・アステアがジュディ・ガーランドと組んだミュージカル。イースターを明日にダンサーのドン（アステア）はパートナーのヘイル（アン・ミラー）が引き抜かれがっかりだが、踊り子ハンナ（ガーランド）を抜擢。彼女は踊りの基本も知らなかったが、来年のイースターまでにはプリマドンナになると心に誓う。

ハイ淀川です　昭和二十五年に日本で封切られましたが、これは戦後最初に公開されたミュージカルの傑作。ゴキゲンいっぱいの作品でした。回転ダンスのお得意のアン・ミラーのダンスも見事でしたが、なんと言ってもアステアのエレガントとジュディ・ガーランドの歌いっぷりに酔いましたねぇ。アービング・バーリンの名曲も美しい。当時、私は「映画の友」誌で双葉十三郎さん、岡俊雄さんと座談会をしたことがありました。私がこの映画の欠点を話して下さいと言ったら、双葉さんは、あと三巻は欲しい。それが欠点だよと話してくれましたが、音楽にうるさい野口久光さんが言ったら大変な騒ぎになるなぁと話したくらいの傑作でした。

苺とチョコレート
Fresa Y Chocolate

93／キューバ・メキシコ・スペイン／監＝トマス・グティエレス・アレア、ファン・カルロス・タビオ／原・脚＝セネル・パス／撮＝マリオ・ガルシア・ホヤ／出＝ホルヘ・ペルゴリア、ウラジーミル・クルス、ジョエル・アンヘリノ／V＝アップ

D＝アップ

解説 キューバ映画界の鬼才トマス・グティエレス・アレア監督がホモセクシャルへの偏見問題を描く。感性豊かなゲイのアーティストの青年と共産主義者の大学生が偶然出会い、学生は相手に嫌悪感を抱くが、いつしかやさしい人柄にひかれ、二人は心を通わせていき友情で結ばれる。ベルリン映画祭銀熊賞受賞。

ハイ淀川です 共産党員の学生が、ホモ男を部屋に誘ったら、そのホモ男が「ボクは男が好きなんだ」と告白しましたね。私は長い間映画を見てきましたが、画面からこんな台詞を聞いたのは初めてでした。『トーチソング・トリロジー』『モーリス』『熱いトタン屋根の猫』もこの手の映画はホモセクシャルの苦しみをじりじりと描いていましたが、このキューバ映画は、バサリとホモと言わせたあたりびっくりです。『蜘蛛女のキス』に描かれた劇的なホモセクシャルよりも軽くって楽しくって面白いのね。このトマス・グティエレス・アレアという監督はハバナのカトリック信者の家の生まれですけれど、このキューバ映画はまさに注目作ですね。

一日だけの淑女
Lady For A Day

33／米／製・監＝フランク・キャプラ／脚＝ロバート・リスキン／撮＝ジョゼフ・ウォーカー／出＝メイ・ロブソン、ウォーレン・ウィリアム、ガイ・キビー、グレンダ・ファレル、ジーン・パーカー／V＝IVC、ジュネス／D＝カルチ

D＝IVC

解説 笑わせホロリとさせるフランク・キャプラ監督の人情喜劇。ニューヨークで暮らすリンゴ売りの貧しい中年女アニー（メイ・ロブソン）は、爪に火をともすようにして娘をスペインに留学させているが、久しぶりに伯爵の婚約者を連れて帰ってくるという。貧乏な姿を見せるわけにはいかずアニーは困り果てるが…。

ハイ淀川です このおばあちゃん、いつも娘にホテルの便箋を使って手紙を書いていたので、娘はいつもホテルに泊まっている金持ちの貴婦人と思っているらしい。だから帰ってくると言うので困っちゃうんですね。この話を聞いたホテルにたむろしているギャング五、六人が相談をするの。そして、ばあさんを貴婦人にしてやる。ということになって、レースの着物を買ってやったり、ホテルに部屋をとってやったりして、娘が来ている間、ほんとうに淑女にしてみせたというお話。涙がいっぱい溢れる心の映画になりました。ギャングが拳銃で人を殺して泣かすよりは温かい心で泣かすほうがいいということに目覚めた映画。キャプラ・タッチの名作です。

一日の行楽
A Day's Pleasure

19／米／製・監・脚＝チャールズ・チャップリン／撮＝ローランド・トザロー／出＝チャールズ・チャップリン、エドナ・パーヴィアンス／V＝朝日、ポニー／D＝IVC

＊

解説 夫婦が日曜日に子供を連れて遊園地に行き、その一日を楽しむが、クタクタになって帰宅。子持ち夫婦のスケッチを描いた小品で、夫にチャップリンが扮し、妻はエドナ・パーヴィアンス。エドナは『犬の生活』『担え銃』『サニー・サイド』このあと『キッド』などチャップリンの相手役をほとんど務め、生涯を捧げた女優。

ハイ淀川です チャップリンが子供を連れて世話をして苦労いっぱいだけの映画でしたが、この子供の中に『キッド』の名子役ジャッキー・クーガンがいるの。ここを注目して下さい。実は『サニー・サイド』のあとチャップリンは新しいアイディアに困っていたのね。そんなとき、チャップリンの秘書の高野虎市さんがロスの劇場で映画の幕間に四歳の男の子がタップダンスを踊っているのを見たのね。お茶目で可愛いので大拍手、アンコール。この話をチャップリンは高野さんから聞いて見にいっていっぺんに気に入っちゃって契約しちゃった。それで『キッド』の脚本が生まれたんですけど、その前にこの作品でテストとして使っていたんですね。

1492 コロンブス

1492 Conquest Of Paradise

92／米・仏・スペイン／製・監＝リドリー・スコット／製・脚＝ロザリン・ボッシュ／撮＝エイドリアン・ビドル／出＝ジェラール・ドパルデュー、シガニー・ウィーバー、アンヘラ・モリーナ、フェルナンド・レイ／V＝松竹　D＝松竹

解説　地球が球体であることを確信したコロンブス（ジェラール・ドパルデュー）は、一四九二年八月、西回り航路でアジアに向かって出航。一行は十月にグァナハニ島（現サルバドル）に上陸し、インディアンと交流を結ぶ。リドリー・スコット監督がアメリカ大陸を発見したコロンブスの人間像を冒険スペクタクルの中で描いた野心作。

ハイ淀川です　海岸でコロンブスが手に持ったオレンジを回しながら子供に地球は丸いんだと教えるところがいいんですね。そして出航する。長い長い航海。大きな太陽が西に沈むところのキャメラの美しさ。船が陸に着いて、みんなが飛び降りて、足が靴が海面を歩くあたり。ジャブジャブジャブといくところのこのタッチ。陸に着いたんだという感じが見事です。原住民と向かい合っても言葉がわからない。それで怖いけれどコロンブスが笑え笑えと言うあたり。この二つの笑いがクライマックスです。敵と敵じゃあないのね。同じ人間同士なんだ。この人間と人間を結びつけたシーン。さすがにリドリー・スコット。まさにこれは名絵画の美しさのある作品です。

Ｅ．Ｔ．

E. T. The Extra Terrestrial

82／米／製・監＝スティーブン・スピルバーグ／脚＝メリッサ・マティスン／撮＝アレン・ダヴォウ／出＝ヘンリー・トーマス、ドリュー・バリモア、ディー・ウォーレス／V＝CIC　B＝ジェネ　D＝UPJ

解説　地球探査に訪れたＵＦＯは、地球人に発見されることを恐れ、一人の異星人を置き去りにし飛びたつ。しかし、その異星人は十歳の少年エリオット（ヘンリー・トーマス）と出会い、家にかくまってもらう。少年と宇宙人の心温まる交流を描き、世界的に大ヒットしたスピルバーグのＳＦファンタジー。

ハイ淀川です　スピルバーグが、今度はヒッチコック・タッチに併せてここにディズニーを呑み込みました。『未知との遭遇』と比較すると、この映画は少年とＥ．Ｔ．の友愛を手でさわって見せるタッチに変わってきた。満月の空。走る少年たちの自転車のシルエット。『未知との遭遇』の一大シンフォニーを『Ｅ．Ｔ．』ではピアノ・ソロに変化させました。この愛のピアノを奏でる楽しさと美しさ。ただのＳＦスペクタクルではありませんね。少年はＥ．Ｔ．をボクの友だちとして守りとおした。この映画が記録的に大ヒットしたのは世界中が愛に飢えていたからです。Ｅ．Ｔ．がグロテスクなだけにこの作品はいっそう美しさが増した。まさに世界にばらまかれた愛の爆弾。

従妹ベット

Cousin Bette

98／米／監＝デス・マカナフ／脚＝リン・シーファート、他／撮＝アンジェイ・セクラ／出＝ジェシカ・ラング、エリザベス・シュー、アデン・ヤング、ボブ・ホスキンス、ジェラルディン・チャップリン

解説　十九世紀半ばのパリ。貴族ヒューロット家の後妻の座を逃したベット（ジェシカ・ラング）は、年下の貧乏画家（アデン・ヤング）を金で恋人にするが、ヒューロット家の娘ウェンセラス（ケリー・マクドナルド）に奪われてしまう。ベットは自分を裏切った連中に巧妙な罠を仕掛けて復讐していく。原作はバルザックの「人間喜劇」の一部。

ハイ淀川です　この映画はパリの下町、富豪のパーティのその時代色を見るだけでも楽しい。しかしお話は怖いんですね。男が欲しくって仕様がないのに男に裏切られて、捨てられたので復讐していくあたり。毒婦みたいな女。ラストは男をそそのかして殺人までさせて、「人生って退屈ね」というところの怖さ。このベットをジェシカ・ラングが見事に摑みました。毒のある女をやったら天下一品です。ジャンヌ・モローやベティ・デイヴィスがやるような役ですね。女優なら誰でもやってみたかったでしょう。それに女の相手になる若者のアデン・ヤングがなかなかいいんです。というわけで、これは絢爛たる女の怖い映画。これを見てバルザック勉強してください。

愛しのロクサーヌ

Roxanne

D＝復刻

87／米／監＝フレッド・スケピシ／製・脚＝スティーブ・マーチン／撮＝イアン・ベイカー／出＝スティーブ・マーチン、ダリル・ハンナ、リック・ロゾヴィッチ／V＝SPE

解説　エドモンド・ロスタンの名戯曲『シラノ・ド・ベルジュラック』をモチーフにしたコメディ。大きな鼻にコンプレックスのある消防団長C・D（スティーブ・マーチン）は、天文学者ロクサーヌ（ダリル・ハンナ）に一目惚れ。しかし若い消防士クリスも熱をあげているので、橋渡し役を買って出る。フレッド・スケピシ監督。

ハイ淀川です　この原作は、今からざっと百年ぐらい前に書かれた五幕ものの名作。お話はご存知でしょう。それをスティーブ・マーチンが現代ものにした。シラノはワシントン州ネルスンの消防団長。ロクサーヌはこの別荘地の富豪の娘。ロクサーヌを恋するクリスは新入りの消防団長。かくしてこの新シラノのラストシーン。舞台ではシラノは暗殺者の手で殺され、その場に泣き崩れる尼僧ロクサーヌ。満場の客の涙をしぼり幕となりますが、こちらは二人の恋が結ばれハッピーエンド。くしゃみすれば町が吹っとび、鼻毛は芝刈り機で、小鳥の止まり木に最高という大鼻が、ハッピーキッスの邪魔になるというオチ。この無責任シラノ。気軽にごらんなさい。

田舎の日曜日

Un Dimanche A La Campagne

B・D＝紀伊國屋

84／仏／監・脚＝ベルトラン・タヴェルニエ／脚＝コロ・タヴェルニエ／撮＝ブルーノ・ド・ケイゼル／出＝ルイ・デュクルー、サビーヌ・アゼマ、ミシェル・オーモン／V＝カルチ

解説　一九一二年の秋。パリ郊外に住む老画家ラドミラル（ルイ・デュクルー）は、数年前に妻と死別し家政婦と二人暮らし。そこにパリから長男（ミシェル・オーモン）と嫁が三人の孫を連れ、娘イレーヌ（サビーヌ・アゼマ）は新型の自動車でやってくる。久々の家族団欒の日曜日の一日を描いたベルトラン・タヴェルニエ監督長編第一作。

ハイ淀川です　時代は明治末から大正初めの一九一二年ごろ。映画全体がその時代色を見事に出してまるでルノワールの絵のような美術が香ります。これは七十歳をすぎた老画家の家を訪れる息子や娘、そして息子の子供たちの家族スケッチ。その楽しげな一家団欒に見とれながら、この老画家が元気な娘からの刺激を受けて、もう一度ほんとうの自分の絵を描こうと決心して自分の両手を見るところで画面がにじんだ。不覚にも私は泣いてしまいました。この監督はまだ四十四歳なのに風格と品格を見せ、すでに枯れきった完成度に達した名人芸の力量を見せました。久々にフランス映画の名作が戻ってきたことに感激しました。

イナゴの日

The Day Of The Locust

D＝パラマ

75／米／監＝ジョン・シュレシンジャー／脚＝ウォルド・ソルト／撮＝コンラッド・ホール／出＝ドナルド・サザーランド、ウィリアム・アサートン、カレン・ブラック／V＝CIC

解説　『真夜中のカウボーイ』の製作、監督、脚本トリオが、黄金のハリウッドの実態と空しい夢に翻弄される人間たちを描いた。撮影所の美術部に就職したトッドは、エキストラ女優フェイに夢中だが、彼女は内気な男ホーマーと同棲。しかしホーマーは彼女が浮気したので、故郷へ帰ろうとする。ジョン・シュレシンジャー監督。

ハイ淀川です　撮影所の美術係のトッド（ウィリアム・アサートン）と、アイオワの田舎から出てきた経理事務のホーマー（ドナルド・サザーランド）。この二人の男にハリウッドを見つめさせ批判させ、やがてラストで姿を消す。つまり、ここに住めないアウトサイダーですね。ホーマーは群衆をかきわけ駅のほうへ行こうとしたら、生意気なジャリが目ざとく見つけて立ちはだかったので、血が頭に上り、子供を殺してしまった。群衆の一人が目撃して叫んだ。大群衆が動物のようなスピードでホーマーを襲い、群衆の手で残酷な死体となった。パール・バックの『大地』のイナゴを感じますね。このイギリス人監督は、ハリウッドの臭味をかがしました。

犬の生活
A Dog's Life

B＝KAD　D＝朝日

18／米／製・監・脚＝チャールズ・チャップリン／撮＝ローランド・トザロー／出＝チャールズ・チャップリン、エドナ・パーヴィアンス、トム・ウィルソン、シドニー・チャップリン／V＝朝日　ポニー／D＝カルチ、LDC

解説　チャップリンがミューチュアルからファースト・ナショナルに移った第一回作品で、これ以降チャップリンの生粋の喜劇が生まれていく。野良犬を助けた放浪者チャップリンはつらい日々を送るが…。キャメラのローランド・トザローはエッサネイ時代からよき協力者でありこれ以降も撮影を担当している。

ハイ淀川です　働き口を求めるチャップリン、いよいよ窓口が開いた。あわてて手を伸ばした瞬間に大男が後ろからチャップリンを突き倒して採用の伝票を横取りしてしまいました。再びルンペンになった。チャップリンは自分が食べるのをあきらめて野良犬にソーセージを投げてやった。小犬は喜んでそれに飛びつこうとした瞬間、横から大きな犬がソーセージをくわえて逃げていった。「あっ、お前と俺は同じだねぇ」というあたり。最後の最後はチャップリンと酒場の娘は結婚して農園で暮らしますね。揺りかごがある、もう子供が出来たのかと思ったら、その中にあの犬にも沢山の子犬が生まれていたのね。これは貧しき者への哀歌であり同時に愛の讃歌。

イノセント
L'Innocent

B・D＝IVC

75／伊・仏／監＝ルキノ・ヴィスコンティ／脚＝スーゾ・チェッキ・ダミーコ／撮＝パスクァリーノ・デ・サンティス／出＝ジャンカルロ・ジャンニーニ、ラウラ・アントネッリ、ジェニファー・オニール／V＝ヘラルド、ポニー

解説　イタリアの耽美派作家ガブリエレ・ダヌンツィオの小説をルキノ・ヴィスコンティ監督が映画化し、遺作となった作品。十九世紀末のローマ。貴族トゥリオ（ジャンカルロ・ジャンニーニ）は妻ジュリアーナへの情熱はさめ、伯爵夫人テレーザと関係をもつ。しかし、妻が別の男の子供を産んだことで苦悩する。

ハイ淀川です　『家族の肖像』が超モダン映画なら、『イノセント』は超クラシック映画。ヴィスコンティは、いま一度イタリア映画が生まれてまもないころのイタリア映画の祖先の誇りを摑んでみせました。トゥリオの死体に孤独の影が残酷に落ちる。ヴィスコンティは敗北の人間を描き続けてこの世を去りました。けれども、その敗北ゆえに愛は痛ましく、激しく悲しく美しく強いんですね。ジャンカルロ・ジャンニーニは、見事な演技です。『イノセント』とは〝罪なき者〟という意味。この映画では生まれ出た赤ん坊のことでしょう。しかし、この映画の主人公を逆に暗示させたのではないかと思ってみるのも決して無謀なことではありません。

if もしも…
If

B・D＝復刻

69／英／製・監＝リンゼイ・アンダーソン／原・脚＝デヴィッド・シェルウィン／撮＝ミロスラフ・オンドリチェク／出＝マルコム・マクダウェル、デヴィッド・ウッド、リチャード・リーウィック／V＝CIC

解説　イギリスの伝統を誇る全寮制私立中・高等学校の厳しい校則に反抗するミック（マルコム・マクダウェル）ら三人組は、下級生の美少年やコーヒー店の女の子を仲間に入れ革命を起こす。開校五百年祭記念式典襲撃のシーンは圧巻。リンゼイ・アンダーソン監督が怒れる若者たちの心情を強烈に描いた。カンヌ映画祭グランプリ。

ハイ淀川です　むかしの『制服の処女』のような、なまぬるい青春像ではありません。十三歳から二十歳ぐらいまでの男の子のなま臭いまでの生態を、この監督はイギリス人らしいシャープな男の目でドキュメンタリータッチで見事に描いています。身体検査のシーンは思春期のなま臭い匂いが溢れている。美少年の下級生と上級生が一緒のベッドで寝るあたり。寄宿舎のセックス劇ではないけど、性の成長の中でよりどころのない孤独の痛みが爆発します。学生の乱闘で突如、娘が加わりその銃で寮長の額の真ん中を撃って…終わる。どうして女の子が来たのなんて考えるのは的外れの見方です。この映画は現実より一オクターブ上げた描写がいいんです。

妹の恋人
Benny & Joon

93／米／監＝ジェレマイア・S・チェチック／脚＝バリー・バーマン／撮＝ジョン・シュワルツマン／出＝ジョニー・デップ、メアリー・スチュアート・マスターソン、アイダン・クイン／V＝WHV　D＝FOX

解説　神経を病み情緒不安定で心を閉ざした娘ジューン（メアリー・スチュアート・マスターソン）と、妹を面倒みる兄（アイダン・クイン）。そんな兄妹の前に無表情で無口な青年サム（ジョニー・デップ）が現われ、いつしかジューンは彼に惹きつけられていく。ファンタスティックでハートウォーミングなラブストーリーの傑作。

ハイ淀川です　ジューンに恋人ができました。ところがこの青年も風変わりで失語症と言ってもいいくらいの無口。読み書きさえもできないけれど、チャップリンとかキートンに憧れていてパントマイムをやったり手品をして自分で目いっぱい自己表現をしているのね。面白いもので人間嫌いだったジューンがその青年を好きになって自然に結ばれていきます。こんな二人。世間から見れば、はみだしの。でも人を本気で愛するのにノーマルでなければならないなんていう決まりはありませんね。この二人が障害を乗り越えて愛を勝ちとるあたり。どんな境遇の人だって勇気をもって行動して明るく生きましょう、というこの映画、私の大好きな名作です。

イルカの日
The Day Of The Dolphin

73／米／監＝マイク・ニコルズ／脚＝バック・ヘンリー／撮＝ウィリアム・A・フレイカー／出＝ジョージ・C・スコット、トリッシュ・バン・ディーヴァー、ポール・ソルヴィーノ／V＝東北　B・D＝キング

解説　フランスの作家ロベール・メルルの小説をマイク・ニコルズ監督が映画化。フロリダでイルカの知能に取り組む海洋動物学者（ジョージ・C・スコット）は、二頭のイルカに人間の言葉を理解させ、言葉を発する研究に成功する。この成果を知った機関は、イルカの頭に磁力付きの機雷をつけて、大統領専用船の爆破を企む。

ハイ淀川です　『イルカの日』だなんて題名がくせ者ですね。イルカというのは、ワンちゃんより頭がよくって、人間の言うことはなんでもわかるんですね。それにちょっとはしゃべれる。飼い主の顔を見て、水面から半分顔を出して、パーとマーと言う。私はあれ見ていたら、イルカと寝たくなりました。この可愛いイルカを使って、大統領を殺そうとしました。人間はなんて悪いことを考えるんでしょう。この映画は、人間の汚い知恵とイルカのきれいな知恵をほんとうに見せたところが面白い。『愛の詩人』の監督のマイク・ニコルズが、こんな動物映画をつくったことが面白い。外国の監督の幅の広さには感心しました。

イワン雷帝
Ivan Grozny

44／ソ連／監・脚＝セルゲイ・エイゼンシュテイン／撮＝エドバルド・ティッセ／出＝ニコライ・チェルカーソフ、セラフィマ・ビルマン、リュドミラ・ツェコフスカヤ／V＝IVC／D＝IVC　D＝IVC

解説　史上最大の暴君と言われたイワン雷帝をエイゼンシュテインは単なる暴君として描かず、十六世紀のロシア統一国家をつくりあげるために手を汚し、あえて暴君と呼ばれるような強力な独裁政治を行った苦悩する偉大な君主として描いた。第一部は一九四四年に発表、第二部は四六年に完成したが、五八年まで公開が禁止されていた。

ハイ淀川です　まさしくロシア美術。登場人物それぞれの衣装のすごさ。カメラが光と影の〝クラシック〟をとらえている。それを力強さで描き出したエイゼンシュテインの見事で圧倒的な演出。このクラシックの美術を超える世界の名作が他にあったろうかと思うほどの名作。どのシーンも名場面ですが、一五四七年のモスクワの大寺院でのイワンの戴冠式。全ロシアを支配する十八歳のイワン。金貨銀貨をイワンの頭上から降りそそぐクラシック。しかも、イワンの伯母とその知恵遅れの息子の哀れで愚かしい顔。この表現はオランダのレンブラントの美術よりも日本の歌舞伎の世界。胸さわぎを覚え恐怖と美への陶酔を感じないわけにはいきませんねぇ。

イングリッシュ・ペイシェント

The English Patient

B・D＝WHV

96／米／監・脚＝アンソニー・ミンゲラ／撮＝ジョン・シール／出＝レイフ・ファインズ、ジュリエット・ビノシュ、ウィレム・デフォー、クリスティン・スコット・トーマス／V＝アミューズ／D＝アミューズ、東芝

解説　マイケル・オンダーチェの「イギリス人の患者」をアンソニー・ミンゲラ監督が映画化。一九四四年のイタリア。大火傷を負った冒険家アルマシー（レイフ・ファインズ）は、カナダ人看護婦（ジュリエット・ビノシュ）に看護を受け、サハラ砂漠で人妻と不倫した記憶が蘇ってくる。アカデミー作品賞、監督賞など九部門受賞。

ハイ淀川です　これは絢爛たるメロドラマですよ。アルマシーは砂漠の中で美しい人妻と激しく愛し合った。その旦那は嫉妬して小型飛行機で二人の間に突っ込んで自分も死んでその人妻も死んでしまう。九死に一生を得たこの男の生涯の恋だったのね。その看護をしているこのカナダの看護婦はアルマシーを見守りながら自分の運命の怖さから救われたいと思っている。この二つの恋を砂漠、飛行機、探険隊というノスタルジーで見せるあたり、あの『武器よさらば』を思い出させますね。というわけで、愛とは何か。恋とは何かを追求していています。だから、これを見てオスカーの審査員は参っちゃったんですね。まさに涙の溢れる名作となりました。

インタビュー・ウィズ・ヴァンパイア

Interview With The Vampire

B・D＝WHV

94／米／監＝ニール・ジョーダン／原・脚＝アン・ライス／撮＝フィリップ・ルスロ／出＝ブラッド・ピット、トム・クルーズ、アントニオ・バンデラス、スティーブン・レイ／V＝WHV／D＝WHV

解説　アン・ライスの小説をニール・ジョーダン監督が映画化したゴシック・ファンタジー。ヴァンパイアを名乗るルイ（ブラッド・ピット）は、取材の若者に自分の過去の秘密を話す。それによると十八世紀の昔、レスタト（トム・クルーズ）というヴァンパイアに出会い、魅せられ、深い愛で結ばれていったという。

ハイ淀川です　吸血鬼映画というのは、日本の歌舞伎の演技の見せどころみたいなところがあるんですね。どんな吸血鬼映画かと思ったら、これはこれまでの映画の中でもっとも異色でした。赤い血のしたたる怖さ。爪が歯が人間の皮膚にグイと刺し込んで血が噴き出す生々しさを、この映画は舌なめずりして楽しんでいるのね。見どころはブラッドの咽喉にトムが唇を近づける。いまにもトムの唇がブラッドの咽喉ではなく唇を吸いとるかに見せるその瞬間。このブラッドとトムの二人の吸血鬼はともに熱演しました。しかし、ブラッド・ピットが悲しく、つらい苦痛いっぱいの吸血鬼を演じて、まさしくこの映画のすべてを食ってしまいました。

インディアン・ランナー

The Indian Runner

D＝SPE

91／米／監・脚＝ショーン・ペン／撮＝アンソニー・B・リッチモンド／出＝ヴィゴ・モーテンセン、サンディ・デニス、チャールズ・ブロンソン、バレリア・ゴリノ、デニス・ホッパー／V＝SPE

解説　ハリウッドの若手スター、ショーン・ペンの第一回監督作品。アメリカ西部ネブラスカで、妻子ともに幸せな生活を送っている実直なパトロール警官ジョー（デヴィッド・モース）と、ベトナム帰りの弟フランク（ヴィゴ・モーテンセン）。兄は粗暴な性格で問題ばかり起こす弟を正業につかせようと必死に説得するが…。

ハイ淀川です　ショーン・ペンは演出が見事で監督をしても合格だ。問題はこの弟。もしもベトナムで弟が心の傷を負わなかったら、どんなに幸せだろうとやさしい兄貴の警官は思う。いくら親身になって世話をしても荒れ狂うので兄貴はつらいし悩む。その弟は娘と結婚して赤ちゃんができる。というときにまた荒れて暴れちゃう。酒場で酒を飲んでバーテンダーに瓶を投げつけ、椅子でその主人を叩き殺す。このシーンがすごい。あと少しでほんとうの幸せになれるというのにまた不幸になってしまうあたり。この弟の生きざまをじっくりと見て下さい。アメリカがどんなにベトナムの傷を訴えているのかが怖いほどわかります。

インディ・ジョーンズ　最後の聖戦

Indiana Jones And The Crusade

B・D＝パラマ

89／米／製総＝ジョージ・ルーカス／監＝スティーブン・スピルバーグ／脚＝ジェフリー・ボーム／撮＝ダグラス・スローカム／出＝ハリソン・フォード、ショーン・コネリー、リバー・フェニックス、アリソン・ドゥーディ／V＝CIC

解説　ヒットメーカーのジョージ・ルーカス製作、スティーブン・スピルバーグ監督による人気シリーズ第三弾のアクション。無類の冒険好きの考古学者インディ（ハリソン・フォード）が、行方不明の父（ショーン・コネリー）と、キリストが最後の晩餐で使ったという聖杯の行方を追って、ナチス軍を相手に大活躍する。

ハイ淀川です　ルーカスが総指揮、スピルバーグが監督。もうこれ以上儲けなくってもいいじゃないかと思いましたが、この映画見てびっくり仰天しました。まさにアクション・ギャグの連続。しかし、この映画で注目したのはショーン・コネリー。力を入れないで肩をすっかり落したコメディ。その台詞はパパの年齢を思わせる見事な名人芸ですね。この貫禄の演技。インディがどんな冒険を見せるか。カメラと演出と、体をはったすごい冒険が画面いっぱいに迫ってくる。モーターボートが大きな船の間を走り抜ける。大きな飛行船。危機一発の連続で、昔の連続活劇の面白さ、怖さを現代に蘇らせましたね。まるでお盆と正月がいっぺんに来たような映画。

インデペンデンス・デイ

Independence Day

B・D＝ディズニー

96／米／監・脚＝ローランド・エメリッヒ／製・脚＝ディーン・デブリン／撮＝C・W・リンデンラウブ／出＝ウィル・スミス、ビル・プルマン、ジェフ・ゴールドブラム、メアリー・マクドネル／V＝FOX

解説　巨大な宇宙船が世界各地を襲う。アメリカのコンピュータ技師デヴィッド（ジェフ・ゴールドブラム）は、宇宙船から発する攻撃のカウントダウンの電波を突き止めるが、ニューヨークやロサンゼルスが攻撃され壊滅状態に陥る。七月二日から四日まで絶滅の危機に陥った人類が団結して闘うSFアクション。

ハイ淀川です　まるで静岡県くらいの宇宙船がやってきて、都会がまっ暗になってしまうあたりの怖さ。このトリックは今までになかったぐらい怖いデザインでした。そして、このキャメラのすごいこと。それと同時に私が面白かったのは、宇宙船を敵にまわして、アメリカもフランスもドイツも地球全部が一つになって戦うところですね。このあたりにこの作品の新しさがあります。七月二日に始まって七月四日のアメリカ独立記念日にやっつけて、アメリカ万歳！　このあたりは面白くって憎たらしいけれど、この映画自身に力がありります。そのあたりは見事です。というわけで、娯楽映画だけれど、アメリカ映画史に残る作品です。ごらんなさい。

インテルビスタ

Federico Fellini's Intervista

D＝東芝

87／伊／監・脚＝フェデリコ・フェリーニ／撮＝トニーノ・デリ・コリ／出＝フェデリコ・フェリーニ、マルチェロ・マストロヤンニ、アニタ・エクバーグ、セルジオ・ルビーニ

解説　映画都市、チネチッタ撮影所創立五十周年を記念してフェデリコ・フェリーニ監督がチネチッタに捧げた作品。日本のテレビ局の取材班がフェリーニにインタビューするところから始まり、駆け出し時代や新作の撮影風景などが描かれる。『甘い生活』のマルチェロ・マストロヤンニ、アニタ・エクバーグが特別出演。

ハイ淀川です　この映画はフェリーニの楽屋裏ですね。チネチッタの門が開いて、人工の霧が流れ出すあたり。映画のスタジオとはこういうところだよというその前衛的な見せ方。フェリーニ好みの太った女たちをたっぷりと見せたと思ったら、大きな魚でイタズラをする。面白い映画美術ですね。最後に六十三歳のマストロヤンニとアニタ・エクバーグが出てくる。校長さんが呼んだから出てきた感じ。彼女は五十六歳。太った太ったおばさんになっている。そして、『甘い生活』のあの噴水の場面をみせる。彼女は二十九歳。その美しさ。こんな使い方をするのかという名演出。いかにもこの監督の名人芸。フェリーニは粋なイタリア映画をつくりました。

イントレランス
Intolerance

B・D＝IVC

16／米／監＝D・W・グリフィス／脚＝D・W・グリフィス／撮＝G・W・ビュッツァー、他／出＝リリアン・ギッシュ、エメ・マーシュ、ミリアム・クーパー、コンスタンス・タルマッジ／V＝IVC／D＝カルチ

解説　『国民の創生』『散り行く花』など名作を監督したD・W・グリフィスが壮大な構想のもとに製作した歴史的な作品。現代と過去の四つの時代を交錯させた脚本構成と演出は後の映画界に　大きな影響を与えた。バビロンの巨大なセットをはじめ当時考えられる映画技術をすべて駆使した傑作。出演者もリリアン・ギッシュなど多彩。

ハイ淀川です　『イントレランス』とは許さぬこと。人間の狭い心、虚栄心、すべて人間の愛のない憎しみの心が、最後には悲劇を生むことを訴えているのね。グリフィスはキャメラという万年筆で小説を書いているみたいで、そのキャメラ効果は驚きですね。〝バビロン編〟の目もくらむ巨大な宮殿の広場をはるか上空から撮影し、次々にキャメラは地上に下りてくる。宮殿のはるかなる城の上を馬車が走り、見上げる何百人もの人の群れ。バビロンの襲来の戦車の狂走。キャメラが超スピード移動で撮影していくあたりは、あの『駅馬車』に迫る効果を早くも出していたのね。まさにアメリカのモダン美術の感覚で撮った傑作ですよ。

ヴァリエテ
Variété

D＝IVC

25／独／監・脚＝E・A・デュポン／脚＝レオ・ビリンスキー／撮＝カール・フロイント／出＝エミール・ヤニングス、リア・ド・プティ、ウォーウィック・ウォード／V＝IVC／D＝カルチ

解説　世界の映画界に大きな話題を投げかけたドイツのE・A・デュポン監督作品。ハンブルクのサーカス団の団長は若い娘に夢中になり女房にするが、彼女がブランコ乗りのスターと関係したため殺してしまう。中年の団長と若い娘の官能描写、空中高く揺れ続けるブランコのスリルなどカール・フロイントのキャメラがすばらしい。

ハイ淀川です　「ヴァリエ」とはショーのことですが、この映画はサーカスですね。太ったエミール・ヤニングスがサーカス団の団長。そこにどこからか流れて若い娘がやってきた。この娘をブランコ乗りに使っているうちにこのおっさん、自分の女房があまりにも貧相な女なので乗り換えちゃった。この娘、リア・ド・プティがやっていますけれど体格のいい豊満な女。二人で空中ブランコに乗って、終わって彼女の体を拭いてやっているうちに惚れ込んでしまった。このあたりは『嘆きの天使』、その老教授が踊り子に惚れる、あの匂いを持っていますね。そのうちにこの娘に男ができたので最後の最後は女を殺しておっさんは囚人になっちゃう怖い話。名作ですよ。

ヴァンパイア
Vampyr

D＝IVC

32／独・仏／監・脚＝カール・テホ・ドライヤー／脚＝クリスティン・ジュル／撮＝ルドルフ・マテ、他／出＝ジュリアン・ウエスト、ヘンリエッタ・ジュラルド、モーリス・シュルツ、レナ・マンデル／V＝IVC／D＝カルチ

解説　吸血鬼を扱った作品は今日まで数多く映画化されているが、このカール・ドライヤー監督の怪奇映画のヴァンパイアはなんと女性。かつてこの世で犯した罪によって墓に入った女性が静穏を得られず、夜になると墓から出て人間の生き血を吸う。主人公が現実と夢の中で交錯する幻想的なシーンは前衛的な手法で映像化されている。

ハイ淀川です　カール・ドライヤーのこの映画は目で見て怖く、目で見て感覚で怖いんですね。たとえば、白い白い納屋の壁に鍬や鋤や車輪が吊ってある。その壁に影が動くあたりの映像感覚。男が死んで寝棺に入る。その男を上から撮っている。デンマークの棺桶は顔のところだけ穴があいている。その男が目を開くあたり。そして最後の最後、吸血鬼が逃げ場がなくなって材木切りの工場に入ってくる。おが屑の網の中に落ちた。機械が動き出すと、おが屑が落ちていく。どんどん増えていく。とうとう吸血鬼はつかまっちゃった。でもその表面だけが動いている。こういう残酷な殺し方はちょっとないね。目に見える恐怖。ヒッチコックとよく似ているのね。

ヴァンパイア・イン・ブルックリン
Vampire In Brooklyn

95／米／監＝ウェス・クレイヴン／脚＝チャールズ・マーフィ、他／撮＝マーク・アーウィン／出＝エディ・マーフィ、アンジェラ・バセット、アレン・ペイン／V＝CIC

解説　エジプトを追放された吸血鬼一族のマクシミリアン（エディ・マーフィ）は、アメリカにいるはずの一族唯一の女を探しにブルックリンに上陸。女刑事リタ（アンジェラ・バセット）に一目惚れしてしまうが、彼女こそが一族の女だった。マーフィが製作、原案を手掛け、憧れのヴァンパイアを演じたホラー・コメディ。

ハイ淀川です　エディ・マーフィがヴァンパイアをやる。そこがこの映画の狙いですね。それとブルックリンというのも曲物ですね。ふつう、ヴァンパイアはペンシルヴァニアから来るというのにこれはエジプト。それもバミューダ海峡を通って、拳銃がバンバンするブルックリンに来るあたり。いかにも奇想天外の面白さがありますね。このヴァンパイアが狙ったのは女刑事。でも彼女には同僚の刑事の恋人がいる。そこで三角関係になるあたり。エディ・マーフィがエロチックに彼女に迫るあたりも面白い。というわけでセクシー、グロテスク、ナンセンスをハイセンスで見せようとしたあたり。エディ・マーフィはまた新しい役柄を広げましたね。

ウィンダミア夫人の扇
Lady Windermere's Fan

D＝IVC

25／米／製・監＝エルンスト・ルビッチ／脚＝ジュリアン・ジョセフソン／撮＝チャールズ・バン・エンガー／出＝メイ・マカヴォイ、アイリン・リッチ、ロナルド・コールマン、バート・エイテル／V＝IVC／D＝カルチ

解説　オスカー・ワイルドの戯曲をエルンスト・ルビッチ監督が洗練された映像表現を駆使、サイレント映画のコスチューム・プレイをつくった。スキャンダルで悪名高い母親（アイリン・リッチ）がロンドンの社交界に戻ろうとして娘のウィンダミア夫人（メイ・マカヴォイ）の幸福に風を入れる。夫役には人気のドナルド・コールマン。

ハイ淀川です　ルビッチという監督は紳士淑女の描き方が実にうまいのね。ウィンダミア夫人、主人がどうも冷たいので友人の貴族ダーリントンと彼の家で火遊びしようとしたのね。でも帰った。エラいことをしてしまった。扇を忘れちゃった。もしもこれが社交界に知れたら困るなあと思っていたときに、上品な粋なおばさんが出てきて、私があの家に扇を忘れてきたのよと言ってこの若い夫人を助ける。実はそのおばさんがウィンダミア夫人のママだったといういかにもきれいなお話。英国のプレイだけれどこのあたりが面白い。ルビッチは恋の駆け引きの神様。私は十六歳の時にこの映画を見ましたがその巧さがわかった。ルビッチ・タッチを楽しむ作品ですね。

ウエスト・サイド物語
West Side Story

B＝ディズニー　D＝FOX

61／米／製・監＝ロバート・ワイズ／監・原＝ジェローム・ロビンス／脚＝アーネスト・レーマン／撮＝ダニエル・L・ファップ／出＝ナタリー・ウッド、リチャード・ベイマー、ジョージ・チャキリス、リタ・モレノ／V＝WHV

解説　ニューヨークのスラム街でイタリア系のジェット団とプエルトリコ系のシャーク団が対立。ジェット団の元団長トニー（リチャード・ベイマー）とシャーク団のボス（ジョージ・チャキリス）の妹マリア（ナタリー・ウッド）が恋におちたことから悲劇が起こる。アカデミー作品賞、監督賞など十一部門受賞のミュージカル超大作。

ハイ淀川です　ファースト・シーンのセントラルパークの俯瞰撮影のそのキャメラの美しいこと。そこから現代の『ロミオとジュリエット』が始まっていきますが、見どころはダンス、ダンスのすごいこと。いままでのミュージカル映画は舞台本位。ところがこれは外へ外へ飛び出しているんです。それだけでなく手、足、腰が細かくカット割りされて映画自身がダンスをしている感じ。そのリズム感。ニューヨークの街そのものが舞台ですね。まるで見ているほうは自分の手でダンスを触っている感じ。ニューヨークをこの映画は飲み込んじゃいました。まさにミュージカル映画の革命ですね。ジェローム・ロビンス監督は振付けをしましたが、まさに永遠の名作。

ヴェニスにおける子供自動車競走
Kid Auto Races At Venice

D＝IVC

14／米／監＝ヘンリー・レアマン／出＝チャールズ・チャップリン、ヘンリー・レアマン／V＝IVC

解説　チャップリン二本目の出演作品。ロス海浜のリゾートで行われた自動車競走にやってきたチャップリンは、撮影隊のカメラの前でチョロチョロしたりポーズをとったり勝手気ままな行動に出る。この作品であのチョビ髭、だぶだぶのズボンとドタ靴、山高帽の浮浪者スタイルが登場する。全一巻五分。

ハイ淀川です　チャップリンのおなじみのあのスタイルはどうして生まれたのか。実は撮影のとき、チャップリンが即興的に考えたんですね。彼の仲間のデブ君こと、大人気者ロスコー・アーバックルのズボン、フォード・スターリングの靴、ミンタ・ダーフィー（デブ君夫人）の父のステッキをとっさに無断借用して使っちゃったのね。チャップリンは最初から最後までカメラの前に立ちふさがって、自分を撮らせますね。お前は邪魔だと怒鳴られても、パッと画面に出てくる。これはチャップリンが自分で自己宣伝しようとしていたのね。アメリカではまだ顔が売れていない。それで頑張りましたが、このあたりが見ていて面白いのね。

浮き雲
Kauas Pilvet Karkaavat/Drifting Clouds

D＝キング

96／フィンランド／製・監・脚＝アキ・カウリスマキ／撮＝ティモ・サルミネン／出＝カティ・オウティネン、カリ・ヴァーナネン、エリナ・サロ、サカリ・クオスマネン／V＝ユーロ

解説　フィンランドのヘルシンキ。夫のラウリ（カリ・ヴァーナネン）は市電の運転手。その妻イロナ（カティ・オウティネン）はレストランの給仕長。幸せな生活を送っていたが不況のあおりで二人とも解雇され失業してしまい職探しを始める。逆境の中で自分たちを見失うまいとする夫婦の情愛をアキ・カウリスマキ監督が描く。

ハイ淀川です　市電の運転手が電車に乗っている女の客と接吻するんですね。まあ、なんだろうと思っていたら、この二人は夫婦だった。こんなびっくりした出だしから始まりますけれど、これは貧乏物語。この夫婦が不景気でクビになって仕事を探しまわる映画なのね。ちょっと平凡だと思っているとどんどん引き込まれてしまう。この旦那はいつも自分の家の犬を抱いて仕事を探している。その犬がうれしそうに短い尾を振っているのがいいのね。このしみじみした夫婦がいい。どこか映画の懐かしさを感じさせてうれしくなりましたが、このアキ・カウリスマキ監督は、フランク・キャプラと小津安二郎とバスター・キートンのファンだったんですね。

失われた週末
The Lost Weekend

D＝ジェネ

45／米／監＝ビリー・ワイルダー／脚＝チャールズ・ブラケット／撮＝ジョン・F・サイツ／出＝レイ・ミランド、ジェーン・ワイマン、フィリップ・テリー、ドリス・ダウリング／V＝CIC

解説　アルコール中毒で精神不安定な主人公、売れない小説家ドン・バーナムの苦悩を、不安と緊張感の中に描いた作品。ビリー・ワイルダー監督の出世作となった。それまで二流俳優だったレイ・ミランドが酒と縁を切ろうとする男を迫真の演技で見せアカデミー主演男優賞を獲得。他にアカデミー作品賞、監督賞、脚色賞を受けている。

ハイ淀川です　誰も手がけようとしなかったものをビリー・ワイルダーが大胆にも映画にしたんですね。ドン・バーナムというアル中の小説家の描写が残酷なくらい怖いんですね。この男、酒で、もうタイプも打てなくなってきた。兄貴と恋人ヘレンが男を病院に入れた。そこでネミスの夢、蛇の夢を見ながら苦しみに苦しみ、病院を逃げ出しました。ヘレンはあきらめた。そんなに飲みたければ飲みなさいと言って、彼の目の前で酒をコップになみなみとついだ。ヘレンの顔を見ていたこの男は、火のついた吸いさしの煙草をコップにジュッと放り込んだ。これで彼が助かるかどうかわからないというラストシーン。呑んべえの方には身に沁みる映画ですよ。

うず潮
Le Sauvage

B・D＝ポニー

75／仏／監・脚＝ジャン・ポール・ラプノー／撮＝ピエール・ロム／出＝イヴ・モンタン、カトリーヌ・ドヌーヴ、ダナ・ウィンター、トニー・ロバーツ、ルイジ・バヌッチ／V＝TDK

解説　ベネズエラのクラブの踊り子ネリー（カトリーヌ・ドヌーヴ）は、孤島で自給自足の生活をしている調香師マルタン（イヴ・モンタン）を知り、島に押しかける。やがて二人は愛するようになるが、マルタンには香水会社を経営する妻がいた。文明社会を風刺しながら現代人の悲劇を描いたジャン・ポール・ラプノー監督作品。

ハイ淀川です　この映画をごらんになると、オールドファンは、懐かしいサイレント映画へのノスタルジーにひたるに違いありません。セシル・B・デミル監督の『男性と女性』でも孤島に行った都会人たちのロマンスを描いていました。けれども、それをご存知ないお方でも、この映画は、原始的な孤島で、ナイトクラブの女が第一流の香水屋を相手に〝じゃじゃ馬馴らし〟を演じる。その遊びが面白いんですね。映画をコチコチに見て、深刻一点張りの人ほど貧しいものはありません。映画は心の洗濯。心のぜいたく。このジャン・ポール・ラプノー監督の粋さを楽しむ。その〝遊び心〟を見てください。面白いですよ。

美しき獲物
Knight Moves

D＝コムス

92／米／監＝カール・シェンケル／脚＝ブラット・マーマン／撮＝ディートリッヒ・ローマン／出＝クリストファー・ランバート、ダイアン・レイン、トム・スケリット／V＝ポニー

解説　シアトルの小島で猟奇殺人事件が発生。警察はチェスの世界選手権大会に出場する天才プレイヤーのピーター（クリストファー・ランバート）を容疑者としてマーク。しかし証拠が見つからなかったため女性心理学者キャシー（ダイアン・レイン）に精神鑑定を依頼する。いったい犯人は誰か。謎が謎を呼ぶサイコ・スリラー。

ハイ淀川です　女が惨殺されて犯人は誰か、刑事が調べていくあたり。どうもこの事件はこの主人公の子供のころのチェスの試合に関係していることがわかってくる。ドキュメンタリー・タッチでどの場面も怖がらせるようにつくっています。でも、私は妙なところが面白かった。シアトル沖の観光地だから女市長が捜査なんか早くやめなさい、犯人をつくりあげたらいいんじゃあないの、と言うと刑事が怒っちゃう。観光地として繁栄しているから殺人事件なんか迷惑だというあたり。映画って意外な面白さがあるのね。この監督はいかにも映画好き。ラストの対決の迫力も見事。これは探偵もの。アクション好きの方にはもってこいの作品です。

うなぎ

D＝KSS

97／日／監・脚＝今村昌平／脚＝富川元文、他／撮＝小松原茂／出＝役所広司、清水美砂、佐藤充、常田富士男、柄本明／V＝KSS

解説　今村昌平監督が八年ぶりに演出し、カンヌ映画祭グランプリに輝いた話題作。妻を殺した拓郎（役所広司）は、仮出所すると理髪店を開業。うなぎを唯一の話し相手としていたが、自殺を図った桂子（清水美砂）を助け、一緒に働き始める。心を閉ざした中年男が周りの人たちと交流を持ち、新しい人生を歩む姿を描く。

ハイ淀川です　今村映画は『復讐するは我にあり』や『神々の深き欲望』にしてもドロドロの脂ぎった印象があるのね。ところが、この作品は油絵じゃあなくって、エンピツのスケッチでした。この主人公が猫とか金魚を相手にしていたんではなんにも面白くないのね。うなぎというだんまりヌラリクラリして、あの水底で呼吸しているドジョウのお化けみたいなうなぎだったから、カンヌの目を摑んだんですね。散髪屋さんという設定もフランス的。見終わったあと、これはモノクロかと思ったくらいサラリとしていたところがよかった。でも、これがカンヌで賞をとったのにびっくり仰天。というわけで、うなぎが水を蹴ちらかしてカンヌ川をのぼったんですね。

チャールズ・チャップリン『キッド』(21)

チャールズ・チャップリン『チャップリンの移民』(17)

チャールズ・チャップリン『サーカス』(29)

チャールズ・チャップリン『黄金狂時代』(25)

チャールズ・チャップリン『街の灯』(31)

チャールズ・チャップリン『ライムライト』(52)

チャールズ・チャップリン『モダン・タイムス』(36)

チャールズ・チャップリン『独裁者』(47)

ウーマン
Woman

18／米／監＝モーリス・ターナー

解説　舞台演出家モーリス・ターナーが同年の「青い鳥」と同時に発表したオムニバス映画の問題作。「アダムとイブ」「ローマ時代」「フランス宗教革命」「アメリカ南北戦争」の五編で女の物語。貧しい女、遊びにふける女、労働に励む女など、女の運命、性と愛を描いている。日本で最初に公開されたオムニバス映画。

ハイ淀川です　これで私は映画の洗礼を受けました。当時十歳。「あっ、映画ちゅうものはなんたる面白いものか」と。これ以来、映画に魂を完全に食べられちゃったのね。ファーストシーン。一人の老教授が現われ「そも、女とはいかなるものぞ」と問い掛ける。やがて大きな辞典を取り出して、ペラペラと頁をめくりウーマンなる文字の上を指し、それに天眼鏡をかざすとWOMANの文字が画面いっぱいに広がってタイトルとなる。何という見事な演出。モノクロ映画ですが黒ダイヤの光沢を感じさせるほどキャメラは美しい。これこそ映画で見る文学だと思い私はすっかり感激してしまったんですね。今日あるのもこの映画のおかげです。

裏窓
Rear Window

54／米／製・監＝アルフレッド・ヒッチコック／脚＝ジョン・マイケル・ヘイズ／撮＝ロバート・バークス／出＝ジェームズ・スチュアート、グレース・ケリー、レイモンド・バー／V＝CIC　B＝NBC　D＝ジェネ

解説　コーネル・ウールリッチの小説をアルフレッド・ヒッチコック監督が映画化。報道カメラマンのジェフ（ジェームズ・スチュアート）は、事故で足を骨折しアパートで車椅子の生活を送っている。退屈凌ぎに望遠レンズで向かいのマンションの部屋を眺めているが、そこに見たものは……。ヒッチコックのお得意の心理サスペンス。

ハイ淀川です　この映画の題名はふつうの『窓』ではなく『裏窓』。人間の舞台裏を覗き見するようなスリルを感じるんです。主人公は退屈しているものだからあっちこっちの窓を望遠レンズで覗きますね。あるとき、きれいな奥さんを見ていると、掃除しているところに妙な男がやってきて、その奥さんの首を絞めようとする。「危ない」と言おうと思っても望遠レンズで見ているから目の前に奥さんがいるような気がするけれど、実際は遠い向こうにいる。いくら叫んでも聞こえるはずがありませんね。このあたりキャメラの面白さ、目の感覚の面白さ。これがヒッチ・タッチですね。この映画はストーリーも立派ですが、この怖がらせ方を見てほしい作品です。

麗しのサブリナ
Sabrina

54／米／製・監・脚＝ビリー・ワイルダー／原・脚＝サミュエル・テーラー、他／撮＝チャールズ・ラング・ジュニア／出＝オードリー・ヘプバーン、ハンフリー・ボガート、ウィリアム・ホールデン、ジョン・ウィリアムズ／V＝CIC　B・D＝パラマ

解説　ビリー・ワイルダー監督のロマンチック・コメディ。ロングアイランドの大富豪ララビー家の運転手の一人娘サブリナ（オードリー・ヘプバーン）は二年のパリ生活を送り、洗練されたスタイルで戻ってくる。ララビー家の長男（ハンフリー・ボガート）と次男（ウィリアム・ホールデン）は変身したサブリナの虜になってしまう。

ハイ淀川です　『ローマの休日』でアン王女を演じた次の作品ですね。今度は王女の役から、誰にも見つめられたりはしない運転手の鼻たれ娘。お屋敷の若旦那たちを遠くから眺めて憧れているガキ娘の役。それがパリに行った。毛虫が蝶になった。このオードリーの美しさを、ワイルダー監督が見事に見せましたね。まるで花開く驚きの美しさ。このあたりが面白い。これは大人のおとぎ話。リアリズムで見たらつまりませんよ。それにあの「ラ・ヴィ・アン・ローズ」のテーマ曲。ワイルダーはうまい使い方をしました。しかも相手役がウィリアム・ホールデンとハンフリー・ボガートの超一流。オードリーとしては生涯のハッピータイムでしたね。

噂の二人
The Children's Hour

62／米／製・監＝ウィリアム・ワイラー／脚＝ジョン・マイケル・ヘイズ／撮＝フランツ・プラナー／出＝オードリー・ヘプバーン、シャーリー・マクレーン、ジェームズ・ガーナー／V＝WHV

D＝FOX

解説　リリアン・ヘルマンの舞台劇『子供の時間』をウィリアム・ワイラー監督が映画化。寄宿制私立学校を共同で経営するカレン（オードリー・ヘプバーン）とマーサ（シャーリー・マクレーン）は学生時代からの親友。ところが、二人が同性愛という噂が広がり、生徒が全員退校する事態にまで発展。マーサは自殺に追い込まれる。

ハイ淀川です　ウィリアム・ワイラー監督は、むかし『この三人』という映画で一度、映画にしているんですよ。これはリリアン・ヘルマンの舞台劇の映画化です。それを今度はオードリー・ヘプバーンとシャーリー・マクレーンを使って撮りました。この二人の愛にレズビアンを感じさせて、その愛が谷川の流れではなく、泉のまわりの岸のコケのように湿った匂いを感じさせます。というわけでこの映画はレズビアンへの理解を求めた映画。感情の生まれつき繊細な女性同士の愛は、さもあろうと、すぐに理解ができます。しかし、男二人の愛の場合は、見ていて厳しい愛を感じますが、いずれにしてもこの女と女の映画を見てください。

運命の饗宴
Tales of Manhattan

42／米／監＝ジュリアン・デュヴィヴィエ／脚＝ベン・ヘクト、他／撮＝ジョゼフ・ウォーカー／出＝シャルル・ボワイエ、リタ・ヘイワース、ヘンリー・フォンダ、ジンジャー・ロジャース、チャールズ・ロートン

D＝ジュネス

解説　ドイツ軍占領下のフランスからアメリカに渡ったジュリアン・デュヴィヴィエ監督のオムニバス作品。一着の夜会服が主役で、それが転々と人手にわたるとともに六つのストーリーが展開されていく。第一話は服の持ち主の二枚目舞台俳優が人妻となった昔の愛人の家で、その夫にピストルで撃たれてしまうが…。

ハイ淀川です　第一話はシャルル・ボワイエ、リタ・ヘイワース、トーマス・ミッチェルが共演。人妻をそそのかした人気絶頂の舞台の二枚目（ボワイエ）。夫に撃たれた死の瞬間、うぬぼれの強いこの役者は恋に狂った人妻が自分に抱きついてくると思ったら、彼女は夫にしがみつき、夫婦でこの死を事故死にしようと相談したんですね。ところがこの役者はカラカラと笑って立ち上がって「お二人さんよ。弾はそれて壁に当たった。心配無用」。夫婦はホッとした。役者は自分の車に乗りましたが、それは死の迫る苦しみを抑えた一世一代の芝居。彼は走る車の中で死にました。この作品でボワイエは名優としての貫禄を十分に見せましたよ。

映画に愛をこめて アメリカの夜
La Nuit Américaine

73／仏・伊／監・脚＝フランソワ・トリュフォー／脚＝シュザンヌ・シフマン、他／撮＝ピエール・ウィリアム・グレン／出＝ジャクリーン・ビセット、ヴァレンチノ・コルテーゼ、ジャン・ピエール・レオ／V＝WHV

D＝WBH

解説　ニースの撮影所でメロドラマの撮影が始まる。しかし、台詞を忘れてしまった女優、スタントマンと駆け落ちするスクリプターなどで撮影ははかどらない。一本の映画製作のために集まったスタッフ、出演者たちのさまざまなトラブルを見せながら映画への愛をフランソワ・トリュフォー監督が描く。アカデミー外国語映画賞。

ハイ淀川です　この映画の英語の原名が「デイ・フォー・ナイト」。夜のための昼という意味なんです。映画というものは昼に撮影しても夜のシーンをつくることができますということなのね。トリュフォーは映画づくりのむずかしさや楽しさを見せました。たとえば、猫が一匹やってきてお皿のミルクをなめる。パッとなめるだけだけど実際の撮影になると、猫だってそう簡単になめてくれない。何度も何度も撮影するというあたり。雪だってあの大雪を人工でどうしてつくるのか。人間だって長期撮影しているとロマンスも生まれるし、セックスの問題が起こるかもしれない。まぁ、映画って面白いでしょうということをトリュフォーが語りかけたユニークな作品です。

栄光
What Price Glory

25／米／監＝ラオール・ウォルシュ／脚＝ジェームズ・T・オドノホー／撮＝バーニー・マッギル／出＝ヴィクター・マクラグレン、エドマンド・ロウ、ドロレス・デル・リオ／V＝FOX

解説 明るいタッチで戦争を風刺したウォルシュの異色作。ブロードウェイの大ヒット舞台劇を映画化した戦争映画。海兵隊の大尉（マクラグレン）と軍曹（ロウ）はライバル同士。シャルメイン（デル・リオ）というヒロインをめぐって色好みのやりとりが展開される。この作品でウォルシュは女性映画から男性派監督に変貌した。

ハイ淀川です 一九二五年。この同じ年にMGMはキング・ヴィダー監督で『ビッグ・パレード』をつくったのね。こちらは大真面目な戦争映画で、いかにも戦争というものの苦しさが出ていたのね。ところがフォックスの『栄光』は戦争ってなんや、勲章ってなんや。という面白い面白い舞台劇の映画化なのね。ヴィクター・マクラグレンとエドマンド・ロウの二人の兵隊のやくざっぽいところが面白いんだね。若い女の子を見たら、すぐに誘ったりするあたり、いかにもアメリカのヤンキー気質が出ていて、そのエロチックな笑いがなんとも知れんよかった。わたしは『ビッグ・パレード』より『栄光』のほうが粋で、ずっと好きですね。

栄光何するものぞ
What Price Glory

52／米／監＝ジョン・フォード／脚＝フィービー・エフロン／撮＝ジョー・マクドナルド／出＝ジェームズ・キャグニー、ダン・デイリー、コリンヌ・カルヴェ／V＝FOX
D＝ファースト

解説 一九二五年のラオール・ウォルシュ監督『栄光』をジョン・フォード監督が再映画化。第一次大戦中、フランス戦線のアメリカ海兵隊に鬼軍曹ジェームズ・キャグニーが着任。隊長の大尉ダン・デイリーとことごとくに、特に女コリンヌ・カルヴェをめぐって張り合う。ミュージカルタッチの作品で音楽はアルフレッド・ニューマン。

ハイ淀川です ジェームズ・キャグニーがこの作品を撮る前に、私はフォックスのスタジオで会ったのね。この人、柔道が好きなのね。いろいろとお話ししたけれど、ちょうど、この『栄光――』の主役に選ばれてジョン・フォード監督に相談に行くところだったのね。そんな想い出もありますけれど、この作品はキャラクターがいいですね。フランスの田舎町の話で兵隊が若い女とできちゃうあたりも面白いけれど、キャグニーが兵隊仲間からいやがられる軍曹をやっているところがいいんだね。なんだ！　あの野郎と言われる悪役をやっているのね。と言ってもあの顔ですから可愛い悪役といった感じが楽しい。キャグニーの芝居を楽しんでもらう映画ですね。

英国万歳！
The Madness Of King George

94／英・米／監＝ニコラス・ハイトナー／脚＝アラン・ベネット／撮＝アンドリュー・ダン／出＝ナイジェル・ホーソーン、ヘレン・ミレン、イアン・ホルム、アマンダ・ドノホー

解説 アラン・ベネットのヒット舞台劇の映画化。一七八八年、国民から親しまれていた五十歳の国王ジョージ三世（ナイジェル・ホーソーン）は突然、錯乱状態に陥る。この異変に王妃（ヘレン・ミレン）は悲しみにくれ、皇太子は王位を狙おうと画策。英国王室の姿をシニカルに描いたニコラス・ハイトナーの監督デビュー作。

ハイ淀川です イギリスのジョージ三世の狂気を見るがままに描いてみせましたね。この役を演じたナイジェル・ホーソーンはこれを舞台で三年間も演じたとあって、見とれるばかりの名演です。権力者がおのれに負けていく人間の怖さをうまく出しました。ヘレン・ミレンの王妃は美しいだけじゃあなくって厳しさがあり悲しさがある。まさに時代劇的なメークアップのこの演技がこの映画の見どころですね。それとマーク・トンプソンの衣装がすごい。というわけで、これはただの娯楽映画じゃぁありません。王室のスキャンダルを、宝石をビロードの布に包んだようにして、王室の地獄と王室美術を見せてくれました。

エイジ・オブ・イノセンス／汚れなき情事

The Age Of Innocence

B・D＝SPE

93／米／監・脚＝マーティン・スコセッシ／脚＝ジェイ・コックス／撮＝ミヒャエル・バルハウス／出＝ダニエル・デイ・ルイス、ミシェル・ファイファー、ウィノナ・ライダー、ジェラルディン・チャップリン／V＝SPE／D＝SPE

解説　イーディス・ウォートンのピュリッツァー賞受賞作の映画化。弁護士ニューランド（ダニエル・デイ・ルイス）と幼なじみのエレン伯爵夫人（ミシェル・ファイファー）との叶わぬ恋。現代のニューヨークを描き続けるマーティン・スコセッシ監督が十九世紀末のニューヨークの社交界を絢爛と描いたラブストーリーの傑作。

ハイ淀川です　これはニューヨークの社交界を舞台に、男と女の恋を描いたお話ですけれど、それより面白かったのは、そこに出てくるインテリアなのね。オペラ、舞踏会、晩餐会など当時の社交界が絢爛と出てまいります。あの家で舞踏会が開かれるので、たくさんの貴族がやってくる。その玄関を入ります。キャメラは主観移動で部屋の中を映し出します。壁には貴族趣味の肖像画や風景画が何枚も何枚も飾られているのね。もうのどから手が出そうなものばかり。他にはシャンデリア、テーブル、椅子、じゅうたんも逸品揃い。その豪華なこと。このクラシックの美しさ。その美術のすばらしさ。これだけでもこの映画は価値がありますねえ。

エイリアン3

Alien 3

B＝ディズニー　D＝FOX

92／米／監＝デヴィッド・フィンチャー／脚＝デヴィッド・ガイラー、他／撮＝アレックス・トムソン／出＝シガニー・ウィーバー、チャールズ・ダンス、チャールズ・S・ダットン／V＝FOX

解説　このシリーズで女性アクションのヒローとなったシガニー・ウィーバーがスキンヘッドで熱演。リプリー（ウィーバー）が乗っていた非常救命艇がある惑星に不時着。そこは全宇宙から追放された凶悪犯が住む惑星だった。そんな連中にエイリアンが襲ってくる。二十七歳の新人監督デヴィッド・フィンチャーのSFアクション。

ハイ淀川です　今度はエイリアンの出かたが変わりましたね。前のエイリアンは、なまこのようでウニのようにネットリとして、まるで伊丹十三さんとかウッディ・アレンみたいでしたけれど、今度は四本の足で走る、走る、飛びつく。キャメラがエイリアンの目になって走るところが怖くて楽しいなあ。この監督は二十七歳でこんな大作を撮りましたが、このスタイルは舞台劇ですね。そして盛りあがってラストはびっくり仰天だ。シガニーは髪を刈ってスキンヘッドになりました。男みたいに走る、走る。このとき四十二歳ですけれど頑張っている。というわけで、単なる活劇だけじゃあなく、彼女の演技力のすごさを見てください。そこも見どころですよ。

ええじゃないか

D＝松竹

81／日本／監・原・脚＝今村昌平／脚＝宮本研／撮＝姫田真佐久／出＝緒方拳、桃井かおり、泉谷しげる、草刈正雄／V＝松竹

解説　慶応二年、江戸・両国界隈の歓楽街。旗本くずれで虚無的な古川（緒方拳）、その妻で女芸人イネ（桃井かおり）、アメリカ帰りの源次（泉谷しげる）らを中心に、仕事を放棄した群衆が幕府の役人たちの止めるのもきかずに、〝ええじゃないか〟と踊り狂う。今村昌平監督が民衆の無目的なエネルギーの高揚とその空しさを描く。

ハイ淀川です　これは慶応のころのお話ですが、この中にそのころのストリップのような見世物が出てきたのでびっくりしました。見物客が火吹き竹の長い棒のようなものを口にあて、狭い舞台に腰かけている女の裾のあたりを思い切り吹くと、裾がめくれ、股のあたりまでさっと開く。この女を「それ吹け太夫」というんだそうです。私は今村監督にこのストリップのことを聞きましたら、当時ほんとうにあったんですって。歌舞伎とか文楽は時代色を出しやすいんですけれど、映画でそれを感じさせるのもなかなか難しい。しかし、うまくいけば実に楽しいものになる。というわけで、この映画は幕末の時代色、風俗をエネルギッシュに見せてくれました。

駅馬車
Stagecoach

39／米／監＝ジョン・フォード／脚＝ダドリー・ニコルズ／撮＝バート・グレノン／出＝ジョン・ウェイン、トーマス・ミッチェル、クレア・トレバー、ジョージ・バンクロフト／V＝東北／D＝東北
B・D＝復刻

解説　一八八五年、アリゾナのトント市からニューメキシコのローズバークまで、九人の乗客を乗せた駅馬車が大平原を走るが、途中でアパッチインディアンに急襲される。切迫した状況のもとで、さまざまな人間模様が繰り広げられる。西部劇の王様ジョン・フォード監督と、西部の王者ジョン・ウェインのコンビ第一作にして代表作。

ハイ淀川です　いちばん怖い場所を馬車は通り過ぎた。ホッとした。ところが、キャメラはその走る馬車を撮りながら崖の上にいるジェロニモが大勢の部下を連れて見つめているのを映した。何も知らない馬車は走る。インディアンが見つめている。馬車の中では、よかった、よかった、バンザイと言ったときに、ウイスキー商人の胸にブスーッと矢が刺さった。馬車は逃げる。インディアンがどんどん追う。このときのキャメラの感覚のすごいこと。馬車のスピードにキャメラが合うとインディアンがじりじりと迫ってくる。このタッチ。追われるものの恐怖を見事に表現しました。これは西部劇としてではなく、人間ドラマ。映画史上に残るフォードの名作です。

エクソシスト
The Exorcist

73／米／監＝ウィリアム・フリードキン／製・原・脚＝ウィリアム・ピーター・ブラッティ／撮＝オーウェン・ロイズマン、他／出＝リンダ・ブレア、マックス・フォン・シドー、エレン・バースティン／V＝WHV／D＝WHV
B・D＝WHV

解説　ウィリアム・ピーター・ブラッティの同名小説をウィリアム・フリードキン監督が映画化。女優マクニール（エレン・バースティン）の十二歳の娘リーガン（リンダ・ブレア）が、ある日突然奇怪な言動にでる。彼女にとり憑いた悪魔を祓うために悪魔祓い師との死闘が始まる。オカルト・ブームを生んだ超ヒット作。アカデミー脚色賞、録音賞。

ハイ淀川です　この映画はえらい当たりました。ジャリがいっぱい行きました。どうして当たったのかと言うと、一口で言えるからなんです。「悪魔がつくんだ。女の子に」とか「舌を出すんだ。長い長い舌を」とか「十字架で自分の股の真ん中を突き刺すのだ」とか「ベッドが宙に浮くんだ」とか「首がぐるりと一回りするんだ」とか、いろいろの言い方ができますね。それならいっぺん見に行こうということになる。話題がいっぱいあるのも当たる映画の条件です。というわけで、この映画はオカルト・ブームのきっかけをつくった作品。それが社会現象にまでなりました。このあとシリーズにして三作もつくってしまいました。でもちょっと欲張りすぎましたね。

エーゲ海の天使
Mediterraneo

91／伊／監＝ガブリエーレ・サルヴァトレス／脚＝ヴィンチェンツィオ・モンテレオーネ／撮＝イタロ・ペットリッチョーネ／出＝ヴァンナ・バルバ、ディエゴ・アバタントュオーノ、クラウディオ・ビガリ

解説　第二次大戦たけなわの一九四一年。モンティーニ中尉（クラウディオ・ビガリ）ら八人のイタリア兵は、エーゲ海の孤島に上陸。やがて、彼らは島の生活に慣れ、島民と仲良くなり戦争を忘れて平穏な日々を過ごす。イタリアン・ニューシネマの旗手ガブリオーレ・サルヴァトレス監督の日本初公開作。アカデミー外国語映画賞受賞。

ハイ淀川です　島に流されたこの八人。故郷恋しさに男泣きする男は一人もいませんね。この村に娼婦がいるのでその女を抱いたりして、あるがままにのんびりと生きるのね。まさに日だまりで田舎の戯歌を聞いているような感じの映画なんです。戦後すぐに『戦火のかなた』のような映画をつくったイタリアも、このようなのんびりとした映画をつくる時代がきたんですね。でも、これは退歩ではありませんよ。進歩ですね。戦火や暴力がなくお色気だけがあった。というわけで、これは大人の童話。あたかも春の野に昼寝して目を覚ましてアクビした感じですけれど、この映画を見ながら眠ってはいけませんよ。このノンビリに見とれて遊んでください。

エデンの東
East of Eden

B・D＝WHV

55／米／製・監＝エリア・カザン／脚＝ポール・オズボーン／撮＝テッド・マッコード／出＝ジェームズ・ディーン、レイモンド・マッセイ、ジュリー・ハリス、リチャード・ダバロス／V＝WHV

解説　二十四歳の若さで急逝したジェームズ・ディーンの初主演作。カリフォルニアの農場主アダムには二人の息子がいるが、兄のアーロンへの信頼があついため弟のキャル（ディーン）は悩み屈折していく。ジョン・スタインベックの〝旧約聖書〟を題材にした小説をエリア・カザン監督が大胆に映画化。テーマもメロディも大ヒットした。

ハイ淀川です　キャルは秀才型のお兄さんの彼女（ジュリー・ハリス）を愛してしまった。でも好きだとは言えない。その彼女とお兄さんが氷室の中で抱き合う。それをじっと見ているキャルの感覚。忘れられないシーンです。キャルは別れたお母さんを探して会いに行った。でもお母さんはやさしい言葉もかけないでお父さんのところに帰れと言った。キャルが泣きながら帰るあたり。哀れな青春が見事に出ました。お父さんに叱られ冷たい顔でにらまれたとき、キャルは飛び出して木の下で声を出して男泣きする。ディーンの演技が見事です。なんとも知れん子供っぽい純情が溢れて、エリア・カザン監督の見事な名作です。

エド・ウッド
Ed Wood

D＝ブエナ

94／米／監＝ティム・バートン／脚＝スコット・アレクサンダー、ラリー・カラゼウスキー／撮＝スティーブン・チャプスキー／出＝ジョニー・デップ、マーティン・ランドー、サラ・ジェシカ・パーカー／V＝ブエナ

解説　ティム・バートン監督が、〝史上最低の映画監督〟と言われたエド・ウッドの映画人生を描く。エド（ジョニー・デップ）は往年のドラキュラ俳優ベラ・ルゴシ（マーティン・ランドー）を起用し、性転換の話『グレンとグレンダ』を完成させるがこれが最悪。そんなとき、尊敬するオーソン・ウェルズと偶然出会い励まされる。

ハイ淀川です　生涯で一本も当たらなかったという監督エド・ウッドと、これも二流スターのベラ・ルゴシのなんとも奇妙な人生スケッチが面白いのね。二人とも実在の人物だったんですよ。エド・ウッドがレストランで憧れのオーソン・ウェルズとばったり会って、頑張れと言われて張り切るシーン。もちろん、本物のオーソン・ウェルズではありません。そっくりさん。これがよく似ているんだ。すべて二流のムードがよく出ているんです。ハリウッドへのノスタルジーがプンプンするのね。こんな映画をつくれるのはティム・バートンしかいませんね。モノクロで五〇年代の二流スタイルを出しているあたりはいかにも映画ファン。近ごろの傑作ですよ。

エビータ
Evita

D＝パラマ

96／米／製・監・脚＝アラン・パーカー／脚＝オリヴァー・ストーン／撮＝ダリウス・コンジ／出＝マドンナ、アントニオ・バンデラス、ジョナサン・プライス、ジミー・ネイル／V＝CIC

解説　大ヒットしたミュージカルの映画化。三十三歳で世を去った〝エビータ〟ことエバ・ペロン（マドンナ）。貧しさの中から這い上がり、美貌と野心を武器に、ついにはペロン大統領（ジョナサン・プライス）の夫人になり、名声、富、権力を掌中にした半生を、アラン・パーカー監督が描き上げた愛と感動のドラマ。

ハイ淀川です　マドンナがエビータをやれるのかと思いました。ところが見たらこれがいいんだね。どの曲どの曲もいいのね。特に「ドント・クライ・フォー・ミー・アルゼンティナ」のメロディのきれいなこと。群衆の前で歌うマドンナの姿に涙が出ます。エビータが女の力で大統領夫人になるあたりはサラサラと描かれていますけれど、そこに「熱」が溢れている。民衆の神様となったエビータの雨の中の葬式のシーンは映画の詩。アントニオ・バンデラスを説明役にしたシナリオも巧い。というわけで、これはオペラでもミュージカルでもない不思議な映画。私の胸に音楽をしみ込ませてくれたアラン・パーカーの、そしてマドンナの代表的名作です。

エマニエル夫人
Emmanuelle

74／仏／監＝ジュスト・ジャカン／脚＝ジャン・ルイ・リシャール／撮＝ロベール・フレース／出＝シルヴィア・クリステル、アラン・キュニー、クリスチーヌ・ボワッソン／V＝ギャラリー、IVC　B・D＝KAD

解説　エマニュエル・アルサンのポルノ小説をファッション写真家のジュスト・ジャカンが映画化。外交官の夫に呼ばれバンコックにやってきたエマニエル（シルヴィア・クリステル）は、老プレイボーイ（アラン・キュニー）に仕込まれセックスに目覚める。それは性の解放か、飼育か。モデル出身のクリステルは一躍スターとなった。

ハイ淀川です　この映画がこんなに当たるとは思いませんでした。これを配給した日本ヘラルドも、まさかこれほどまで当たるとは予想していなかったんですね。どうして当たったのか。それはこの会社の宣伝がうまかった。ポスターにしてもセックス映画だと言うのに、主演のシルヴィア・クリステルのポーズをいやらしくなく、オッパイも見えてましたけど、なんとも知れん美術的でした。題名も『濡れたエマニエル』だとかしなかったのがよかったのね。お客さんって面白いもんです。というわけで、この作品、私も見ましたけれど監督がファッションの写真家だけあって中身はいやらしいけど映像がきれい。それにクリステルが素人っぽくて妙に新鮮でしたね。

M
M

31／独／監＝フリッツ・ラング／脚＝ティア・フォン・ハルボウ／撮＝フリッツ・アルノ・ワーグナー／出＝ピーター・ローレ、オットー・ヴェルニケ／V＝IVC／D＝カルチ　D＝紀伊國屋

解説　殺人鬼Mの口笛が「ペール・ギュント」の旋律を奏でるとき、少女たちに魔の手が伸びる。小学校の女生徒が次々と殺される事件が起き、町は恐怖に襲われる。ある日、盲目の風船売りが聞き覚えのある口笛を聞く。その曲は殺された少女と一緒に風船を買いに来た客が吹いていたものだった。フリッツ・ラング監督の犯罪恐怖映画。

ハイ淀川です　風船売りの老人が通りすがりの青年に口笛のことを告げるのね。青年はとっさに白墨で手に〝M〟と書いて、街で行きかったその男の肩にバーンと叩いて〝M〟という字をつけちゃうの。あれが絶対に犯人だと言って街の人たちがその男を探すことになるんですけれど、そのスリル、サスペンスのうまいこと。子供は殺されたけれど死体がない。エッ！　と思っているとキャメラが上がっていくの。そこに電線の上にその子供が持っていた風船が引っかかっている。みんながびっくりするあたりの怖さ。ラングはヒッチコックに負けないどころか、ヒッチコックがラングを真似たと思うほど見事なタッチ。そこを見てほしい作品です。

エルビス・オン・ステージ
Elvis : That's The Way It Is

70／米／監＝デニス・サンダース／撮＝ルシアン・バラード／出＝エルヴィス・プレスリー／V＝WHV／D＝WHV　B＝WBH　D＝WHV

解説　アメリカのスーパースター、エルヴィス・プレスリーが一九七〇年八月ラスベガスのインターナショナル・ホテルのステージに出演したときの記録ドキュメンタリー。リハーサル場面やファンの肉声などが織り込まれ、プレスリーの人間的魅力も描かれている。三十曲歌われるなかでも圧巻は「ポーク・サラダ・アニー」。

ハイ淀川です　プレスリーは映画に出ると甘っちょろい役が多かった。でもこの作品は違います。ほんまもののプレスリーですね。この映画の監督デニス・サンダースは、『チェコスロヴァキア』という映画でアカデミー・ドキュメンタリー映画賞を獲っているんですね。腕はこれもほんまものですね。プレスリーのステージに賭ける情熱が伝わってきます。その歌いっぷり、歌いながら見せる両手両足の美しい躍動。熱狂的なファンにこたえる地獄とも言えるエネルギー。私たちにロックを最も美しく楽しませてくれたプレスリーは、七七年に心臓発作で亡くなってしまいました。ですから、この映画はまさにプレスリーのファンにとっては貴重な貴重な財産です。

エレクトラ
Electra

61／ギリシャ／製・監・脚＝マイケル・カコヤニス／撮＝ウォルター・ラザリー／出＝イレーネ・パパス　アレカ・カツェリ、ヤニス・フェルチス

解説　エウリピデスのギリシャ古典悲劇をマイケル・カコヤニス監督が映画化。トロイ戦争で勝利を収めた王国アガメムノンは、妻クリスタイムネストラとその不倫相手である家臣に暗殺される。王の娘エレクトラ（イレーネ・パパス）と息子オレステス（ヤニス・フェルチス）は苦悩に満ちた歳月を送るが、復讐のチャンスが来る。

ハイ淀川です　ある祭礼の夜に、オレステスは旅人に化ける。義理のお父さんに近づいて、見事にほんとうの父の敵をうちました。そして、この不幸な姉と弟はお母さんも殺しました。厳しい復讐ですね。このなんとも知れんうらみの一念というものが、このギリシャ劇のなかに見事に出ています。この映画はギリシャ悲劇のオリジナルを私たちに教えてくれました。マイケル・カコヤニスは自分で脚色して監督して、ギリシャの感覚を見事に出しました。これでこの人はギリシャ映画の代表として世界的に有名になりました。ギリシャ映画というものはなかなか見る機会がありませんけど、質の高い作品が多い。機会があったら是非とも見ておいてください。

エレファント・マン
The Elephant Man

80／英・米／監・脚＝デヴィッド・リンチ／脚＝クリストファー・デボア、他／撮＝フレディ・フランシス／出＝ジョン・ハート、アンソニー・ホプキンス、アン・バンクロフト／V＝WHV　B・D＝KAD

解説　二十七歳で数奇な生涯を閉じたジョン・メリックの実話をデヴィッド・リンチ監督が映画化。十九世紀末のロンドン。外科医トリーヴス（アンソニー・ホプキンス）は見世物小屋で発見した〝象人間〟メリック（ジョン・ハート）を隔離病棟で研究。やがて人間的な交流が生まれるが、メリックは再び見世物小屋の世界に連れ戻されてしまう。

ハイ淀川です　サーカスの見世物にさらされていたこの異様な顔の男エレファント・マンを、アンソニー・ホプキンスの外科のお医者さんがどうにかしてまともな顔にしてやろうとしますね。でも結局は社交界のさらし者にされてしまうあたりの怖さ。このお医者さんの、いや、この映画のヒューマニズムが私の胸を刺しました。実は私はこの話をブロードウェイの舞台で見たんです。映画はその舞台よりも、もっと写実的だった。だから、少し質を落して描いているのかと思ったら大間違いでした。デヴィッド・リンチ監督が描いた十九世紀のイギリスのムードの摑みかたの見事だったこと。これはこの監督の代表作とも言える名作ですよ。

エンジェル・アット・マイ・テーブル
An Angel At My Table

90／ニュージーランド／監＝ジェーン・カンピオン／脚＝ラウラ・ジョーンズ／撮＝スチュアート・ドライバラ／出＝ケリー・フォックス、アレクシア・キオーグ、カレン・ファーガソン／V＝東宝　D＝東北

解説　ニュージーランドの女流作家ジャネット・フレイムの原作を女性監督ジェーン・カンピオンが映画化。子供のころから鳥の巣のような頭のジャネットは、やがて文学少女として頭角を現わす。その後、教師を目指すが断念。自殺未遂を図り、精神病院に送られる。他人の目には精神異常としか映らなかった女の数奇な運命を描く。

ハイ淀川です　まずニュージーランドでこれだけの立派な映画をつくったことに拍手をしたい。原作者が女で監督が女。頑丈で顔がまずくって髪がもじゃもじゃした娘が大人になっていく女の運命物語。だからなんとも知れん女の匂いがします。というわけで、この映画は娘が苦労しながら学校の先生になり、ほのかな恋をしたりして大人になっていく話。誰もが持っている心のコンプレックスを、あんな『若草物語』なんかよりももっとリアルにした映画。若いお方が、これからの人生を生きていく上で手本にしたいくらいの映画。画面から女の匂いをつかみとってほしい名作です。

お熱いのがお好き
Some Like It Hot

B・D＝FOX

59／米／監・脚＝ビリー・ワイルダー／脚＝I・A・L・ダイアモンド、他／撮＝チャールズ・ラング／出＝ジャック・レモン、トニー・カーチス、マリリン・モンロー／V＝WHV

解説　三〇年代のギャング映画をパロディにしたビリー・ワイルダー監督のコメディ。迫ってくるギャングの目をくらますために、ジャック・レモンとトニー・カーチスが女装して女性だけのバンドにもぐり込む。そこでカーチスは金髪の女性歌手マリリン・モンローに一目惚れしたが、なんたって女装の身では…。

ハイ淀川です　ジャック・レモンとトニー・カーチスを女装させました。トニー・カーチスはどんなに有名になっても男の相手役がいるの。バート・ランカスターとかカーク・ダグラスとか。だから世間では「あいつはホモか」と言ったくらいですから、その彼を女形にしたあたり。この二人にマリリン・モンローを共演させた。どんなにジャック・レモンが女らしくなってもモンローにはかないません。二人が粋な女になって澄ましているところにモンローが通るあたり、ワイルダーの憎らしい残酷ないたずらがある。モンローの歌うシーンは昔々のベティ・ブゥプという女優の真似。こんな芸当ができるのはワイルダーしかいません。そのいたずらが見どころです。

黄金
The Treasure Of The Sierra Madre

D＝ファースト

48／米／監・脚＝ジョン・ヒューストン／撮＝テッド・マッコード／出＝ハンフリー・ボガート、ウォルター・ヒューストン、ティム・ホルト、ブルース・ベネット、バートン・マクレーン／V＝WHV

解説　名優ウォルター・ヒューストンの息子ジョン・ヒューストン監督の出世作。ならず者のドブス（ハンフリー・ボガート）は相棒、それに黄金に夢をかけた老人（ウォルター・ヒューストン）と三人でシエラ・マドレの山奥に砂金を探しに行き、探し当てるが、メキシコの山賊に襲われる。女が一人も出ない異色作でアカデミー監督、脚本、男優助演賞。

ハイ淀川です　三文宿。一人のじいちゃんが「こんなところにいるより金を掘ったほうがずっと儲かるぞ」と言っているのがウォルター・ヒューストン。息子のためにお父っつあん役で出ているのね。そして、この老人とボガートと若い男三人で金を掘りに行く。その三人のすごいこと。俺だけが金を奪ってやろうとして三人が殺し合いをする。とうとう金を摑んだ。そのとき山賊が来てみんな殺られちゃう。残ったのは巾着だけ。メキシコの山賊があけたら砂だった。パーッとまいちゃった。実はこれが砂金だったのね。風が吹いて黄金が散らばっていくあたりのすごいこと。怖い怖い映画で、シュトロハイムの『グリード』に似ている。傑作でしたよ。

黄金狂時代
The Gold Rush

B＝KAD　D＝朝日

25／米／製・監・脚＝チャールズ・チャップリン／撮＝ローランド・トザロー／出＝ジョージア・ヘイル、マック・スウエイン、トム・マレー／V＝IVC、朝日、クラリ／D＝カルチ

解説　チャップリンが人気絶頂の中で撮った作品。このとき三十六歳。ゴールドラッシュにわくアラスカを舞台に放浪者チャーリーの一攫千金の夢と恋物語。チャップリンは友人のダグラス・フェアバンクスからアラスカ金鉱のドキュメンタリー・スライドを見せられそれがヒントになった。

ハイ淀川です　私の生涯のベストワンを選べと言われたらこの『黄金狂時代』ですね。これは残酷と貪欲と愛の悲しさ美しさを描いた人間ドラマの名作中の名作。ゴールドラッシュを描くのではなく人間の運命、飢えの恐怖、愛の美しさを凄まじいほど見せました。この作品の二つのポイントは、「靴を食べる」ところと「ロールパンのダンス」。至芸とはまさにこれ！　飢えはチャップリン映画の悲しい笑いの種（シード）でしたが、靴を食べるほどの飢えはなかった。自分のトレードマークを食べた。私はこれを見たとき、チャップリンはもう映画を撮るのをやめるのかと思ったぐらい怖かった。その陰惨な地獄図をチャップリンは笑いの中で見せました。

黄金の腕
The Man With The Golden Arm

D＝ファースト

55／米／製・監＝オットー・プレミンジャー／脚＝ウォルター・ニューマン／撮＝サム・リービット／出＝フランク・シナトラ、エレノア・パーカー、キム・ノヴァク、アーノルド・スタング／V＝IVC／D＝カルチ

解説 カード賭博のディーラー、フランキー（フランク・シナトラ）は麻薬療養を終え、車椅子の妻（エレノア・パーカー）のもとに帰ってくる。カタギの仕事につこうとし、酒場の女（キム・ノヴァク）も手助けするが、罠にはまり再び賭博と麻薬の世界へ。麻薬中毒者の陰惨な生活をさめたタッチで描いた心理サスペンス。

ハイ淀川です 音楽がエルマー・バーンスタイン。西海岸のジャズですね。そのジャズにのって、タイトルバックのソウル・バスの粋なこと。これを聴いただけでどんな映画なのかわかりますね。フランク・シナトラは〝黄金の腕〟といわれた賭博の名人ディーラーですね。でも麻薬中毒。キム・ノヴァクの酒場の女が自分の部屋に閉じ込めて、なんとか抜け出さそうとするあたりがなんとも知れんいいんですね。シナトラはいろいろと問題のあった人ですが、その禁断症状で苦しむあたり、名演技だ。それにエレノア・パーカーの嫁さんが実は悪い女だったというあたりも面白い。シカゴの魔の世界の怖さが見事に出たオットー・プレミンジャーの最高傑作です。

黄金の馬車
Le Carrosse D'or

B・D＝IVC

53／仏・伊／監・脚＝ジャン・ルノワール／脚＝ジャック・カーランド、他／撮＝クロード・ルノワール／出＝アンナ・マニャーニ、オドアルド・スパダーロ、ポール・キャンベル、ナーダ・フィオレッリ／V＝東宝、キネマ

解説 十八世紀、スペインの植民地だった南米のある町に、イタリアの旅芸人一座がやってくる。土地の総督は、一座のスターのカミーラ（アンナ・マニャーニ）を黄金の馬車に乗せてご機嫌をとる。さらに闘牛士、旅芸人が加わり彼女をめぐって恋の争奪戦が展開される。日本では長い間、未公開だったジャン・ルノワール監督作品。

ハイ淀川です この映画はイタリアの即興仮面劇をのみこんでいないと理解が半減するかもしれません。もちろん何も知らないで見ても爆笑ですけれど、仮面劇を知っていると、ひと味ふた味違います。真っ赤な幕が上がって、いかにも仮面劇向きのこぢんまりした舞台から始まる。ルノワールは、舞台のコメディを映画にしながら、舞台のムードを守りました。マニャーニをめぐるすべての出演者も、いささかオーバーに演技しますけれど、そのあたりが面白い。マニャーニは、まさにダイヤモンドです。私の大好きな女優。ルノワールは、彼女を見事に使って、この作品を立派な美術品としました。

王女メディア
Medea

D＝紀伊國屋

69／伊／監・脚＝ピエル・パオロ・パゾリーニ／撮＝エンニオ・グァルニエリ／出＝マリア・カラス、ジュゼッペ・ジェンティーレ／V＝IVC／D＝イマジカ

解説 ギリシャ神話の復讐劇をピエル・パオロ・パゾリーニ監督が映画化。巫女メディア（マリア・カラス）は、若き英雄イアソン（ジュゼッペ・ジェンティーレ）を狂おしく愛し結婚。二人の子供をもうけるが、イアソンが他の国の王女と婚約したので、復讐の虜になり王女を呪い殺し、最愛のわが子まで殺してしまう。

ハイ淀川です これはパゾリーニ監督の名作。王女メディアにはあの有名なオペラ歌手マリア・カラスが扮し見事な演技を見せました。メディアは自分の二人の子供を風呂に入れ、白い着物を着せて寝かせたとき、刀を出しました。この子は私を裏切ったイアソンの血を継いでいる子供。許せ、許せと言いながら、残酷にも殺してしまう。メディアは泣き崩れる。窓の外は三日月。そのとき、日本の地唄の、あの太棹の伴奏と歌が入りました。それがメディアの苦しみ、悲しみにぴったりでした。最後の最後、メディアは炎の中で焼け死ぬ。夫に対する裏切りへの嫉妬。女とはこんなに怖いものなのかをパゾリーニはなんとも知れん映像美で見せました。

桜桃の味
Taste Of Cherry

D＝TC

97／イラン／監・脚＝アッバス・キアロスタミ／撮＝ホマユン・パイヴァール／出＝ホマユン・エルシャディ、アブドルホセイン・バゲリ、アフシン・バクタリ、アリ・モラディ／V＝ユーロ

解説　中年男バディ（ホマユン・エルシャディ）は、車を走らせながら多額の報酬と引き換えに自殺の手伝いをしてくれる人を探し、ある男を乗せるが断わられてしまう。イランのアッバス・キアロスタミ監督が、悪戦苦闘の末、バディが生きることの意味を見出す心の旅を淡々としたタッチで描く。

ハイ淀川です　自殺の場所を探す中年男バディが、田舎道をゆるやかに一人で運転しながら、歩いている男を車の中に誘い込んで「このあたりに穴はないか。そこにわしが眠って、あくる朝に起きてこなかったら土をかけてくれよ」と頼みますね。最初の青年も次の男も気持ち悪がって車から逃げてしまいましたが、三人目の老人は自殺のむなしさを諭します。『オリーブの林をぬけて』のラストは青い草の道。こちらはジグザグの砂と石の道。このファーストシーンのスリルいっぱいの映画感覚の見事だったこと。映画の始まりがいかに大事かがわかります。というわけで、この中年男の死を突き詰めた覚悟を厳しく美しく描いて、私の胸を刺しました。

大いなる遺産
Great Expectations

D＝IVC

97／米／監＝アルフォンソ・キュアロン／脚＝ミッチ・グレイザー／撮＝エマヌエル・ルベズキ／出＝イーサン・ホーク、グウィネス・パルトロウ、アン・バンクロフト、ロバート・デ・ニーロ／V＝FOX

解説　画家志望の青年フィン（イーサン・ホーク）は、資産家ディンズム夫人（アン・バンクロフト）と知り合い、彼女の姪エステラ（グウィネス・パルトロウ）を恋するが翻弄され、彼の人生は気づかぬうちにじわじわと侵略されていく。チャールズ・ディケンズの同名小説を現代のアメリカに移し替えた愛の物語。

ハイ淀川です　この映画の見どころはアン・バンクロフトが演じている富豪の老女ですよ。若いころ結婚式場で花婿に逃げられたこの老女が、その悔しさから生涯かけて若い男と女を苦しめる喜びに溺れるところが怖いんですね。もう美を失ってしまった老女が、しわで埋もれた顔に口紅をさす残酷なメーキャップ。その顔でバレエの踊りを見せる演技のすごかったこと。というわけで、この老女のエサになるのがイーサン・ホークとグウィネス・パルトロウの娘なのね。二人ともいい演技をしていきます。それにデ・ニーロもいい芝居をしている。メキシコ人のエマヌエル・ルベズキのキャメラがきれい。バレエの香りにつつまれ、目にしみ込み香水のような映画ですよ。

大いなる幻影
La Grande Illusion

B＝IVC　D＝ファースト

37／仏／監・脚＝ジャン・ルノワール／脚＝シャルル・スパーク／撮＝クリスチャン・マトラ／出＝ジャン・ギャバン、ピエール・フレネー、エーリッヒ・フォン・シュトロハイム／V＝カルチ、東北

解説　ジャン・ルノワール監督を世界的に有名にした作品。第一次大戦中、フランスの飛行士と貴族の大尉は敵情視察中にドイツ貴族の飛行士に射ち落され捕虜となり収容所から収容所に移されたが、たまたま収容所長となったドイツ貴族と再会する。やがてフランスの飛行士は仲間と脱走し、あるドイツの農家の妻にかくまわれる。

ハイ淀川です　フランスの飛行士がジャン・ギャバン。貴族の大尉がピエール・フレネー。フランスの舞台の名優です。それにドイツの収容所長がエリッヒ・フォン・シュトロハイム、映画史上に輝く名監督で名優。この豪華な顔ぶれがこの映画の見ものです。この農婦をデイタ・パーロが演じていますが、ギャバンとの間にほのかな愛が芽生えていきます。逃げていくときに、ギャバンは「俺は平和になったら必ずここに戻ってくる」と言います。すると相棒が、「それは大いなる幻影だよ。人間なんて戦争をしないでいられるものか」と言いましたが、その言葉の厳しかったこと。これはなんとも知れん人間愛に溢れたジャン・ルノワールの名作です。

大いなる西部
The Big Country

58／米／製・監＝ウィリアム・ワイラー／脚＝ジェームズ・R・ウェッブ、他／撮＝フランツ・プラナー／出＝グレゴリー・ペック、チャールトン・ヘストン、キャロル・ベイカー、ジーン・シモンズ／V＝WHV　B・D＝FOX

解説　ウィリアム・ワイラー監督の『西部の男』以来、十八年ぶりの西部劇で原作はドナルド・ハミルトン。マッケイ（グレゴリー・ペック）は牧場主テリルの娘パット（キャロル・ベイカー）と結婚するために東部からやってくるが、テリル家とヘネシー牧場は水源地をめぐって対立している。大いなる西部への賛歌をうたいあげた作品。

ハイ淀川です　ワイラーの代表的な名作。言うならばシェイクスピアの西部劇ですね。両家の争いは水。西部で大事なものは拳銃でも馬でもない。ほんとうに大切なものは水だということを語っているんですね。牧場の娘に美男子の結婚相手がやってきたものだから、彼女に惚れている牧童頭（チャールトン・ヘストン）が焼きもちを焼いて相手を馬鹿にする。果てしない広い草原で二人が格闘する。男と男の対決もすごかった。しかし、この映画は私たちに開拓精神を教え、両家の争いを教え、水というものがいかに大事なものかを教えてくれました。非常に面白い西部劇になりました。それにテキサスがいかに広いところかも教えてくれましたよ。

大いなる勇者
Jeremiah Johnson

72／米／監＝シドニー・ポラック／脚＝ジョン・ミリアス、他／撮＝アンドリュー・キャラハン／出＝ロバート・レッドフォード、ウィル・ギア、アリン・アン・マクレリー／V＝WHV　D＝WBH

解説　一八五〇年代の西部。ジェレマイア（ロバート・レッドフォード）は、文明を逃れ猟師として雄大なロッキーの山中で生きることを決意。両親をインディアンに殺された白人の少年を引き取り、インディアンの族長の娘を花嫁に迎え三人で暮らすが数々の苦難と闘わなければならなかった。シドニー・ポラック監督の代表作。

ハイ淀川です　このジェレマイアという男、当時にしてもちょっと変わった男だったかもしれませんね。文明を嫌って山の奥へ自ら入っていくような男。でもそれがいいんですね。世間の煩わしさも、お金の欲もなくして、ただ無欲で生きようとするこの生きざま。でもそれをこの男は自分から孤独だとは言いません。むしろ自分から孤独を求めていく。そのあたりがすばらしい。その男に扮しているロバート・レッドフォードがいい味を出しています。シドニー・ポラック監督とはこの他に『愛と哀しみの果て』『追憶』『コンドル』などのコンビを組みましたが、この作品が一番いい。この監督はレッドフォードの孤独の影みたいなものをうまく撮る人ですね。

狼たちの午後
Dog Day Afternoon

75／米／監＝シドニー・ルメット／脚＝フランク・ピアスン／撮＝ヴィクター・J・ケンパー／出＝アル・パチーノ、ジョン・カザール、チャールズ・ダーニング／V＝WHV／D＝WHV　B・D＝WHV

解説　シドニー・ルメット監督が実話を映画化。うだるような暑さのブルックリン。ソニー（アル・パチーノ）とサル（ジョン・カザール）は銀行強盗に入るが、どじをふみ、警察に包囲され銀行員を人質に立てこもる。ソニーは警察に妻を呼ぶ要求を出すが、犯行の動機はいったい何か。午後三時から十二時間の緊迫ドラマ。

ハイ淀川です　ソニーの最愛の妻が実はオカマで、精神病院に入っている男。ソニーはその男が女になりたがっているので、その費用をかせぐつもりで強盗をする。一方のサルは少しいかれていて、無教養な底辺男。この二人が面白い。銀行の中と外の警察との電話のやりとり。テレビで報道されこの強盗に人気が出てきちゃった。警察の後ろから「ガンバレ！」のヤジが飛ぶ。ソニーがホモだというので、オカマがいっぱい集まってきて、グロテスクなかっこうでこれまた声援を送る。強盗をこのように可愛がってはいけませんけれど、憎々しい反感が起こらない。アメリカ社会の断面を銀行の内と外の両方から見せる。ルメットがカムバックを果たした力作です。

おかしな・おかしな・おかしな世界
It's A Mad, Mad, Mad, Mad World

63／米／製・監＝スタンリー・クレイマー／脚＝ウィリアム・ローズ／撮＝アーネスト・ラズロ／出＝スペンサー・トレイシー、ミッキー・ルーニー、ジェリー・ルイス、バスター・キートン／V＝WHV　D＝FOX

解説　ハイウェイで事故死した強盗犯人の残した大金をめぐり、事故現場に偶然居合わせた五人の男と、強盗を追っていたはずの鬼警部カルペパー（スペンサー・トレイシー）が大騒動をくり広げる。バスター・キートンが特別出演。人間とお金という浅ましい関係が巻き起こすスタンリー・クレイマー監督のドタバタ・コメディ。

ハイ淀川です　スタンリー・クレイマーが、あのサイレント時代の喜劇をみなさんにお見せしようとしてつくった大作でした。死にかけていた男から三十五万ドルをロジタ公園に埋めたと聞かされて、親切な善人たちが、カァーッとなってお金を探しにいってドタバタの大騒ぎになる。ドタバタ喜劇の精神は追っかけ。この映画はものすごい追っかけ映画です。堅物のスペンサー・トレイシーが悪い男になっているあたりも面白い。どうしてかと言うと『ニュールンベルグ裁判』でいい役をやったのでこれに引っ張り出されたんですよ。それに懐かしいバスター・キートンやミッキー・ルーニーが応援した。というのはドタバタ喜劇にみんな憧れていたんですね。

オクラホマ！
Oklahoma!

55／米／監＝フレッド・ジンネマン／脚＝ソーニャ・レビン、他／撮＝ロバート・サーティース／出＝シャーリー・ジョーンズ、ゴードン・マクレイ、ロッド・スタイガー、グロリア・グラハム、ジーン・ネルスン／V＝FOX　D＝FOX

解説　大ヒットしたロジャースとハマースタイン二世の舞台ミュージカルをフレッド・ジンネマン監督が映画化。オクラホマの農場の娘（シャーリー・ジョーンズ）と牧童（ゴードン・マクレイ）の恋。彼女に惚れる下男（ロッド・スタイガー）。アリゾナ野外ロケによる当時としては異色作で、ナンバーのほとんどがスタンダード化。

ハイ淀川です　単なる映画向けのオリジナルのミュージカルと違って、五年間も上演された舞台のアメリカ名物ですから、さびのきいたクラシックの匂いがいいんですね。その曲一つ一つの美しさ。名俳優の持ち役の強烈な個性の型がいいんですね。特にグロリア・グラハムのイカレた娘は大変な儲け役で爆笑が起こるでしょう。さらに、オクラホマの停車場で都会帰りの粋な牧童が都会の話を踊りで語る。そのジーン・ネルスンの踊り。走り出す汽車や駅まで使っての踊りの快調さにはただただ見とれるばかりですね。アリゾナの目もくらむばかりの緑を出したロバート・サーティースのキャメラの見事さ。その実景を活かしたアメリカならではのミュージカルです。

オクラホマ巨人
Oklahoma Crude

73／米／監＝スタンリー・クレイマー／脚＝マルク・ノーマン／撮＝ロバート・サーティース／出＝フェイ・ダナウェイ、ジョン・ミルズ、ジョージ・C・スコット、ジャック・パランス　D＝復刻

解説　スタンリー・クレイマー監督が石油に取り憑かれた人間の内面を描いた作品。広大な油田地帯を背景に、小さなやぐらを立て石油採掘に執念を燃やす女リナ（フェイ・ダナウェイ）、突然戻ってきた父（ジョン・ミルズ）、父に雇われた流れ者（ジョージ・C・スコット）。この三人に大石油会社はさまざまな妨害を加えてくる。

ハイ淀川です　これは石油が出てきたころのアメリカのお話でした。フェイ・ダナウェイの扮している女が、自分の持っている土地から石油を見つけるためにどんなに闘ったことか。この女のすごい生き方がいいですね。この女は鉄砲を片手に持って自分の土地をとられまいとして生きて生きて生き抜いて、最後の最後は、命がけで守ったこの土地から黒い石油が噴きあがりましたね。女は喜んだ。石油を摑んだと思った。ところがしばらくすると石油が止まっちゃった。ここで女はがっくりして泣き崩れるかと思ったら、また別の土地を探して、石油を見つけるんだというあたり。アメリカの女の強さが見事です。スタンリー・クレイマーのこのタッチ。

オーケストラの少女
One Hundred Men And A Girl

37／米／監＝ヘンリー・コスター／脚＝ブルース・マニング、他／撮＝ジョゼフ・ヴァレンタイン／出＝ディアナ・ダービン、アドルフ・マンジュー、レオポルド・ストコフスキー、アリス・ブラディ／V＝CIC　D＝ジェネ

解説　ヘンリー・コスター監督のアメリカン・ドリームをテーマにした作品。十六歳の娘パッシー（ディアナ・ダービン）は失業楽士の父（アドルフ・マンジュー）たちを明るく励まし演奏のチャンスを狙っている。そして世界の名指揮者レオポルド・ストコフスキーにアタック。努力が報われカーネギーホールの舞台に立つ。アカデミー編曲賞。

ハイ淀川です　見どころはなんといってもディアナ・ダービンのアメリカの少女らしい明るさと率直さですね。彼女はカナダ生まれ。やがてロスに移ってMGMのタレント係にピックアップされて、そのテスト的第一作として『アメリカの少女』でジュディ・ガーランドと共演しました。それからユニヴァーサルに移って『天使の花園』で人気が出て、この作品は大ヒットしたんですね。劇中で「ハレルヤ」「椿姫」「乾杯の歌」を熱唱しますが、その豊かな声量には驚きですね。当時、ディアナ・ダービンはクラシック、ジュディ・ガーランドはホット・ジャズを歌い人気を二分していたんですけれど、とにかく、彼女の可愛さがたまりませんね。

オーケストラ・リハーサル
Paova D' Orchestra

78／伊・西独／監・脚＝フェデリコ・フェリーニ／脚＝ブルネロ・ロンディ／撮＝ジュゼッペ・ロトゥンノ／出＝ボールドウィン・バース、クララ・コロシーモ、チェーザレ・マルティニョーニ／V＝東北　D＝IVC

解説　音楽のニーノ・ロータの急死によりフェデリコ・フェリーニ監督とのコンビの最後となった作品。十三世紀に建てられた名寺院の礼拝堂で演奏会が開かれることになり、リハーサルが行われるが、演奏者たちは指揮者（ボールドウィン・バース）に不満の声をぶつけ、喧嘩になり大混乱となり、さらに異様な事態に…。

ハイ淀川です　これは楽団というか、まるで村祭に集まってきたかのような一つの集団に目をすえた映画。偉大な音楽家は一人もいない。指揮者が来るまで一回も調子合わせをする様子もない。でも楽器に対する愛は持っているあたりが面白い。十三世紀の礼拝堂の中から一歩も外に出ないキャメラ演出はクラシックなイタリア喜劇のスタイル。その中でフェリーニは、このオーケストラ集団に汗の匂いを嗅ぐような人間を感じさせて描いている。指揮者が「ダ・カーポ」をヒステリックに繰り返して、やがてオーケストラの完成へ育てあげていくあたり。これは映画づくりとそっくりで、フェリーニ自身、映画撮影中にどれほど繰り返してきたことか。

ＯＫ牧場の決斗
Gunfight At The O. K. Corral

57／米／監＝ジョン・スタージェス／脚＝レオン・ユリス／撮＝チャールズ・ラング・ジュニア／出＝バート・ランカスター、カーク・ダグラス、ロンダ・フレミング、デニス・ホッパー、ライル・ベドガー／V＝CIC　D＝パラマ

解説　一八八〇年代のアリゾナ。保安官ワイアット・アープ（バート・ランカスター）は、牛泥棒アイク・クラントン（ライル・ベドガー）一味に末弟を闇討ちされたため、肺病に冒された賭博師ドク・ホリディ（カーク・ダグラス）らの助っ人を得て、一味とＯＫ牧場で対決する。ジョン・スタージェス監督。

ハイ淀川です　ＯＫ牧場の決斗というのは西部劇の檜舞台ですね。この話、アリゾナで実際にあったんです。それをジョン・フォード監督が『荒野の決闘』という題でつくりました。ワイアット・アープがヘンリー・フォンダ。ドク・ホリディをヴィクター・マチュアがやりました。このジョン・スタージェスの時はバート・ランカスターとカーク・ダグラスですね。この作品でも四対七で悪党連中と戦う決斗シーンがすごい。『荒野の決闘』ではドク・ホリディが死んでしまいますが、この映画では生き残ります。というわけで、この二人の男の友情がよく出ています。フランキー・レインの主題歌もよかった。二つの作品を比べてみるのも面白いと思いますよ。

お琴と佐助

35／日本／監・脚＝島津保次郎／撮＝桑原昂／出＝田中絹代、高田浩吉、上山草人、斎藤達雄／V＝松竹　D＝KAD

解説　谷崎潤一郎の「春琴抄」を島津保次郎が監督。大阪の薬種問屋の娘お琴（田中絹代）は幼くして失明するが三弦の名手。丁稚佐助（高田浩吉）は三味線を教わるが教え方は厳格。お琴は妊娠するが相手の名を言わない。ある夜、何者かがお琴の顔に熱湯を浴びせる。醜い顔を見せたくない心情を察した佐助は自らも目を突いて盲目になる。

ハイ淀川です　谷崎さんの原作はまさに名作ですね。佐助はお琴にいじめられっぱなし。よく我慢していると思いますね。お琴は絶対に肌を見せない女ですね。病気で寝ていても尼さんみたい。絶対に男には許さない女。自分は一生、夫なんか持つ気はないし、まして佐助など思いも寄らないと言って断わりますね。それなのに妊娠しちゃうところが面白いし傑作なのね。でも、お琴は佐助の子を産んでいるんですね。周りからいくら責められても違いますと言うんだけれど、お琴は佐助以外の男と絶対に通じていないの。小説には二人のベッドシーンの描写は書かれていませんけれど、その場面を想像したらエロチックだ。ぜひ、原作も読んでごらんなさい。

オズの魔法使
The Wizzard Of Oz

39／米／監＝ヴィクター・フレミング／脚＝ノエル・ラングレー、他／撮＝ハロルド・ロッソン／出＝ジュディ・ガーランド、バート・ラー、ジャック・ヘイリー、レイ・ボルジャー／V＝WHV／D＝WHV　B＝WHV　D＝ファースト

解説　当時十六歳のジュディ・ガーランドが主人公の少女に扮して一躍その名を知られたミュージカル・ファンタジー。カンサスに大竜巻が起こり、巻き上げられた少女ドロシーが、魔法の国オズに着き、そこで案山子、ブリキ人形らに会い、冒険と奇抜さに満ちた愉快で不思議な旅をする。アカデミー三部門（作曲・主題歌・特別）受賞。

ハイ淀川です　これはハートウォーミングな映画。登場人物がアニメじゃあなくって人間がやっているところが面白い。それにジュディ・ガーランドの歌う「虹の彼方に」のきれいだったこと。これは彼女のトレードマーク・ソングにまでなりました。MGMは『風と共に去りぬ』の巨匠ヴィクター・フレミングに監督させました。それにレイ・ボルジャー（かかし人形）、バート・ラー（弱虫のライオン）、ジャック・ヘイリー（ブリキ人形）、フランク・モルガン、ビリー・バークなど一流の腕達者を共演させました。その豪華なこと。ジュディはアカデミー特別賞をとり、この一作でミュージカル・スターの第一人者となった。彼女の生涯の記念すべき大作です。

オセロ
Othello

95／英／監・脚＝オリヴァー・パーカー／撮＝デヴィッド・ジョンソン／出＝ローレンス・フィッシュバーン、ケネス・ブラナー、イレーヌ・ジャコブ／V＝アスミ、東和

解説　シェイクスピア四大悲劇の一つ。ムーア人の将軍オセロ（ローレンス・フィッシュバーン）は、部下イアーゴ（ケネス・ブラナー）の奸計にはまって妻デスデモーナ（イレーヌ・ジャコブ）の貞操を疑い殺害してしまう。何回か映画化された原作をオリヴァー・パーカー監督が現代的表現で描いた意欲作でフィッシュバーンが熱演。

ハイ淀川です　もうこれは何回も映画になりましたからお話はご存知でしょう。五五年にソ連でつくって、六六年にイギリスでローレンス・オリヴィエがやりましたが、『オセロ』と言えばイギリスですね。オセロがイアーゴにだまされてデスデモーナを殺すシーンは見どころですけれど、ほんとうの見どころはイアーゴですね。ケネス・ブラナーがやりました。待ってましたという感じでうまいなあ。オセロも可哀相だけれど、イアーゴの芝居を見るほうがもっと上等ですね。だからオセロを見に行くというよりも、イアーゴを見に行こうという言葉を使って下さい。というわけで、この作品もケネス・ブラナーでグッと重みがでました。

恐るべき親たち
Les Parents Terribles

48／仏／監・脚＝ジャン・コクトー／撮＝ミシェル・ケルベ／出＝イヴォンヌ・ド・ブレー、ジャン・マレー、ジョゼット・デイ、マルセン・アンドレ、ガブリエル・ドルジュア／V＝東北　D＝ジェネ

解説　『美女と野獣』のジャン・コクトーが自らの戯曲を脚色、監督した。イヴォンヌ（イヴォンヌ・ド・ブレー）は溺愛している息子ミシェル（ジャン・マレー）がマドレーヌ（ジョゼット・デイ）という娘を愛していることを知り仰天する。しかもその娘は夫の愛人だった。こうした葛藤の中でイヴォンヌの妄想は高まっていく。

ハイ淀川です　自分の息子を独占したいためにその母親は息子の結婚で自殺しちゃいますね。この母はしゃべりながらタバコを吸い、タバコに火をつけたマッチを半分開いたタンスの中の下着の上に気にもとめないで捨てるような女。息子が恋した女が、実は父の彼女であったことでお父さんがあわてだす。両親が息子を愛していながら、好き勝手にその息子を滅茶苦茶にする感覚。フランス人はこの感覚表現の鋭さを肌にしみ込ませていますけれど、それがコクトーのような詩人の手になると、他の国では考えられない常識を超えた愛の溺れ方となってきます。愛をつきつめた狂気とでもいうような純粋さなんです。コクトーのこの映画感覚を見て下さい。

オーソン・ウェルズのフェイク
F For Fake

75／イラン・仏・西独／監・脚＝オーソン・ウェルズ／撮＝クリスチャン・オダッソ、他／出＝エルミア・デ・ホーリー、クリフォード・アーヴィング、オヤ・ゴダール、オーソン・ウェルズ、ジョゼフ・コットン／V＝東北／D＝イマジカ　D＝IVC

解説　マティスなど一流画家の絵を簡単に描きあげてしまう贋作画家エルミア・デ・ホーリー。ハワード・ヒューズのニセ伝記事件を起こした作家クリフォード・アーヴィング。ピカソに自分の肖像画を二十二枚も描かせた美女オヤ・ゴダール、さらにオーソン・ウェルズ監督までが画面に登場し、どこまでがフェイクなのか真実なのか。

ハイ淀川です　ウェルズ自身が、子供の前で手品をやって見せたファーストシーン。これがこの映画のすべてを代表しています。一口で言えば、ダマシの楽しさ。映画とか芝居とか小説はダマシの芸術ですね。ダマスことの面白さほどその作者にとって楽しいものはありません。ところが、そのダマスことを知りながら、ダマサレルことに喜ぶことも観客のおしゃれ哲学。ウェルズはまさにダマシの天才。最後には天下のピカソまでをもダマスお遊びにまで発展する。そのフィルム編集の巧みさ。フィルム自身がその流れをもってしゃべる映画でそのリズム感覚の見事なこと。ダマシの芸術とはまさにこれ。ウェルズは万年青年。この若々しさには驚くばかりです。

オータム・ストーリー
Six Weeks

82／米／監＝トニー・ビル／脚＝デヴィッド・セルツァー／撮＝マイケル・D・マギュリーズ／出＝キャサリン・ヒアリー、ダドリー・ムーア、メアリー・タイラー・ムーア

解説　『マイ・ボディガード』のトニー・ビルが監督。下院議員候補のダルトン（ダドリー・ムーア）は、ふとしたことから不治の病に冒されている十二歳の少女ニコル（キャサリン・ヒアリー）を知る。彼女のバレエの才能を惜しむダルトンは、クリスマスの日、リンカーンセンターでバレエ『くるみ割り人形』に出演させるが…。

ハイ淀川です　妻子ある下院議員ダルトン（ダドリー・ムーア）が、不治の病の十二歳の少女ニコルと彼女の母（メアリー・タイラー・ムーア）と親しくなっていく。二人に同情して協力してやろうとしたんですね。二日も三日も家に帰らないで二人に清らかな愛を尽くす。しかし、ダルトンの妻はそれが理解できない。あのニコルという女の子とその母に奪われたと思い込んでしまう。二人に会わせてくれと夫に迫る。ニコルの母が真実を語っても妻は信じようとしない。ダルトン、ニコル、その母、ダルトンの妻と子はどうなっていくのか。アメリカがこのようなホームドラマを生んでいくところにアメリカの悲劇を感じます。

落ちた偶像
The Fallen Idol

D＝ビデオメーカー

48／英／製・監＝キャロル・リード／原・脚＝グレアム・グリーン／撮＝ジョルジュ・ペリナール／出＝ラルフ・リチャードソン、ミシェル・モルガン、ボビー・ヘンリー、ジャック・ホーキンス／V＝IVC、クラリ

解説　キャロル・リードが製作、監督したサスペンス・ドラマ。ロンドンの某国大使館の執事ベインズ（ラルフ・リチャードソン）は大使館の若いタイピストのジュリー（ミシェル・モルガン）と深い仲。それを嫉妬したペインズ夫人はベランダから彼女の部屋を覗こうとして墜落死するが、大使の令息はペインズの犯行と思ってしまう。

ハイ淀川です　グレアム・グリーンの小説を自分自身でシナリオにしました。監督はキャロル・リード。この人はエリートで非常に上品で見事な監督。初めてコンビを組んだんですね。この映画の面白さは少年の目から見た大人の世界ですね。ロンドンの大使のこの息子は、いつも執事を見て、「あのおじちゃん、偉い人だなぁ」と尊敬しているんですね。ところが若いジュリーと通じていたのね。それがわかってあきれかえって、がっかりする。そんな人だったのか。執事の奥さんが死んで執事をかばっているうちに最後の最後はえらいことになってくる。大人の偽善がよく描かれている。少年の心になってみると面白い作品。キャロル・リードの傑作です。

オテロ
Otello

D＝紀伊國屋

87／伊・米／監・脚＝フランコ・ゼフィレッリ／撮＝エンニオ・バルニエリ／出＝プラシド・ドミンゴ、カティア・リッチャレッリ、フスティーノ・ディアス、ペトラ・マコラバ

解説　シェイクスピアの戯曲を作曲家G・ヴェルディが歌劇化した『オテロ』。このオペラ史上の名作歌劇をフランコ・ゼフィレッリ監督が映像化。ベネチアの将軍でムーア人のオテロは、部下イアーゴの奸計にはまり、嫉妬に狂って愛する妻デスデモーナを殺害してしまう。オテロ役は世界的テノール歌手プラシド・ドミンゴ。

ハイ淀川です　これは愛するすべを知らなくって、愛しすぎた男の話。そのあたりが面白いんですね、この大悲劇。それをプラシド・ドミンゴが、ほんとうに力強く歌います。怒りの歌、嫉妬の歌。きれいな声で歌いあげるときに涙が溢れます。しかも、デスデモーナの歌、わたしはほんとうに主人を愛していたんです、あの主人と結婚した衣装をもういっぺん見せて下さい、というあたりの可哀相な歌の見事だったこと。この悲しさを盛りあげるには、普通の映画じゃあできませんね。それをドミンゴの歌で盛りあげたあたりはさすがですね。『オテロ』はほんとうのオペラの名作。しかも、シェイクスピアの永遠の名作。この芸術を見て勉強して下さい。

男と女
Un Homme Et Une Femme

B・D＝ハピネット

66／仏／監・原・脚＝クロード・ルルーシュ／脚＝ピエール・ユテローバン／撮＝クロード・ルルーシュ／出＝アヌーク・エーメ、ジャン・ルイ・トランティニャン／V＝WHV

解説　男（ジャン・ルイ・トランティニャン）はレーサー。女（アヌーク・エーメ）は映画のスクリプトガール。お互いに過去をもった二人が知り合い逢いびきを重ねていく。フランシス・レイのボサノバ調のテーマ曲が大ヒット。クロード・ルルーシュ監督を一躍有名にし、アカデミー外国語映画賞、オリジナル脚本賞、カンヌ映画祭グランプリ受賞。

ハイ淀川です　この男と女にはそれぞれの過去がありましたね。女は夫と死に別れた。レーサーの男は事故を起こしてしまったショックからノイローゼになって妻に自殺されてしまう。こんな二人がそれぞれの子供を寄宿学校にあずけていて、学校を訪ねた行き帰りに顔見知りになって恋が二人を包んでいく。この男と女の痛々しいほどの心遣いがこの映画のポイントですね。それにフランシス・レイの音楽が花の香りを感じさせ、大人の恋の苦しみを見事に描きました。クロード・ルルーシュ監督のいかにもフランス映画という香りの名作です。このときルルーシュは二十八歳でしたが、この作品でルルーシュとフランシス・レイは世界的に有名になりました。

男の敵
The Informer

35／米／製・監＝ジョン・フォード／脚＝ダドリー・ニコルズ／撮＝ジョゼフ・H・オーガスト／出＝ヴィクター・マクラグレン、ヘザー・エンジェル、プレストン・フォスター／V＝東北　D＝ジュネス

解説　アイルランドの作家ライアム・オフラーティーの原作をジョン・フォード監督が映画化。霧深いダブリンの町。二十ポンドという賞金つきの自治独立党員フランキーをジッポ（ヴィクター・マクラグレン）が密告したため、フランキーは母と妹の前で殺される。裏切り者の末路を描いた作品でジョン・フォードはアカデミー監督賞。

ハイ淀川です　これはジョン・フォードを世界的にした作品ですね。一九二二年のダブリンの一夜の物語なのね。ジッポという男がアメリカへ移住したいための金欲しさに、アイルランド独立運動の仲間の名を警察に売ってしまいますね。ジッポは良心に苦しみ酒で紛らしたり派手に金を使ったりしますが、最後の最後は仲間に殺される。ジッポが自分の愚かな過ちを恥じて、裏切り者の苦しさから解放されるあたりの男の姿が見事に出て怖かったですね。ジョン・フォードは西部劇の神様ですが、アイルランドの男の映画史上でも、彼以外には見当たらないくらいの名人ですね。最高の監督だと思います。

男はつらいよ・寅次郎恋歌

71／日／監・脚＝山田洋次／撮＝高羽哲夫／出＝渥美清、倍賞千恵子、森川信、三崎千恵子、前田吟、池内淳子、志村喬／V＝松竹　B・D＝松竹

解説　「フーテンの寅」シリーズの第八作目。なつかしの柴又に帰ってきた寅さん（渥美清）は、子持ちの喫茶店のママ（池内淳子）と知り合い恋してしまう。中年美女のほうもまんざらではないが、風来坊の自分をさとった寅さんはお互いのために結婚をあきらめて旅に出る。笑いの中に哀愁をもりこんだ山田洋次の脚本、監督作品。

ハイ淀川です　俳優はときどき芸でないものがひょいと表に出る。しかし、渥美清の素顔がひょいと出ても、寅さんはけがされない。それは寅さんの人情が、そのままこの俳優の心がけとして生きているからなのね。ジョン・ウェインは映画の中でほとんど素顔。渥美清もこのはまり役をいかに大事にしているか、その誠実さが人気の第一ですね。柴又に戻ってきた寅さんが、新しいコーヒー店の未亡人に惚れる。その惚れ方の哀れと可愛らしさが面白い。寅さん映画が愛されるのは、映画館の中と表がつながっているからなのね。故郷に思わず帰らなければ我慢ができないフーテンの寅の行動が、間違いもない日本人の心情だからウケないわけはないんです。

大人は判ってくれない
Les Quatre Cents Coups

59／仏／監・脚＝フランソワ・トリュフォー／脚＝マルセル・ムーシー、他／撮＝アンリ・ドカエ／出＝ジャン・ピエール・レオ、クレール・モーリエ、アルベール・レミー、ギイ・ドゥコンブ／V＝カルチ、ポニー／D＝カルチ　B＝KAD　D＝ヘラルド

解説　二十七歳のヌーヴェル・ヴァーグの旗手フランソワ・トリュフォー監督の自伝的作品でデビュー作。十二歳のアントワーヌ（ジャン・ピエール・レオ）はせまいアパートで口うるさい母（クレール・モーリエ）と無神経な父（アルベール・レミー）と三人暮らし。家庭も学校も面白くない。やがて彼は非行に走り少年院に送られる。

ハイ淀川です　この十二歳の男の子。ある日、街でお母さんが他人のおじさんと接吻していたのを見てしまった。学校の先生に叱られたとき、昨日、お母さんは死んじゃったと言った。親への憎しみがパッと出ちゃう。怖いなあ。少年のいたましい受難が始まる。最後の最後。少年は少年院にいられなくなって孤独になって逃げていく。この少年の姿を追うあたりのキャメラのすごいこと。大きな海に出た。もう行くところがないと思ったらその少年はどうしたらいいのだろうという顔になりストップモーションになった。神経が止まっちゃうこの怖いラスト。童心を傷つける怖さが見事に出ました。まさにこれは映画史上に残るラストシーンであり映画詩の名作。

乙女の湖

La Caux Dame

34／仏／監＝マルク・アレグレ／脚＝コレット／撮＝J・クリューゲル／出＝シモーヌ・シモン、ジャン・ピエール・オーモン、ロジーヌ・ドレアン　D＝ジュネス

解説　シモーヌ・シモンの可愛いコケットリィの魅力で話題を呼んだラブストーリー。夏のチロルの湖。湖畔の別荘に住む貴族の娘パック（シモーヌ・シモン）はアルバイトの水泳教師エリックと恋におちるが、彼に恋人がいることを知る。急に淋しくなったパックは、彼の愛が離れていったことを悲しみボートを漕いで湖心に向かう。

ハイ淀川です　シモーヌ・シモンの決定的な代表作で実にきれいなのね。あのブリジット・バルドーからすべての女の欲を取り除いたフランスの白い花、あの『麗しのサブリナ』のオードリー・ヘプバーンからそのすべての少女的野心を洗い流して生まれたての動物のような感じの女ですね。ラストシーン、シモーヌ・シモンのパックは若い水泳教師エリック（ジャン・ピエール・オーモン）に女ができたことを知って湖水に身を沈めますねぇ。青年は娘の名前を叫びながらボートで捜します。そのオールの水をかく音、水の音が終わるその美しいこと。ところがパックが救われ生き返るバージョンもあったんですけれど、日本に来たのは自殺したほうでした。

鬼火

Le Feu Follet

63／仏／監・脚＝ルイ・マル／撮＝ギスラン・クロッケ／出＝モーリス・ロネ、アレクサンドラ・スチュアルト、ジャンヌ・モロー／V＝カルチ／D＝カルチ　B・D＝IVC

解説　ドリュ・ラ・ロシェルの小説をルイ・マル監督が映画化。かつて社交界の花形だったアラン・ルロワ（モーリス・ロネ）は、いまはアル中患者として療養所で暮らしているが死にとり憑かれている。自殺を決意した男の死に至るまでの二日間の行動と苦悩を描いた作品で、日本での公開は七七年だった。

ハイ淀川です　日本でなぜなかなか公開されなかったのか。それは一人の男の自殺映画だったからなのね。でもこの作品は映画文学とでも呼びたい名作です。この男が住むところは一見下宿屋ふうの精神病院。医者がこの男の部屋に入ってふと枕の上のマッチを取りあげると軸は一本もない。窓際のマッチにも軸は一本もない。ただそれだけでこの男が肌にしみます。でも医者は机上の絹のネッカチーフに包んでいた拳銃に気がつかなかった。男はその拳銃を手にしてシャツのボタンをはずし、胸のあたりに入れて拳銃を胸に向ける。死の瞬間のむなしさをこわいくらい淋しくまた厳しく見せた映画も珍しいと思いました。

オーバー・ザ・ヒル

Over The Hill

20／米／監＝ハリー・ミランド／脚＝ポール・ストーン／撮＝ハルジェツェニッチ／出＝ジョニー・ウォーカー、ノエル・ティアール

解説　親と子の愛情を美しく謳いあげた作品。ニューイングランドの寒村、ベントン夫人は怠け者の夫をかかえながら六人の子供たちを立派に成人させる。夫の死後、三男ジョンは長男に母の世話を頼み、西部へ出稼ぎに出るが、兄は老母を邪魔者扱いする。ついに意を決した老母はひとり寂しく丘の養老院へ入っていく。

ハイ淀川です　この三男、五年目に故郷に帰ってくるのね。ところがお母さんは家にいないの。聞いたら丘の上の養老院に行っている。お母さんにちゃんと小遣いあげてるはずなのに。調べた調べた。兄貴が猫ババしていた。もう我慢できなくなって養老院へ飛んでいった。ドアを開けたら、お母さんは腰を折り曲げて雑巾を絞って床を拭いている。あんまりだ。養老院でベッドに寝ているのではなく、掃除婦になっている。三男は水の入ったバケツを力いっぱい〝バーン〟と蹴った。サイレント映画ですけど、その蹴る音が私には聞こえたのね。そして、三男は兄貴を探しだして、その首筋を摑んで、養老院の掃除はお前がやれ！　このあたりがいいんですね。

オペラ座の怪人
The Phantom Of The Opera

25／米／監＝ルパート・ジュリアン／脚＝エリオット・クローソン、他／撮＝バージル・ミラー／出＝ロン・チャニー、メアリー・フィルビン／V＝IVC／D＝カルチ D＝IVC

解説 ブロードウェイやロンドン、日本でも上演されたミュージカルの名作だが、これは怪奇映画。パリ・オペラ座に出没する怪人は楽団員だったが解雇され、仮面に黒マント姿で地下の下水に隠れ住んでいる。怪人には美しい一人娘クリスチーヌをプリマドンナにしたい夢があった。

ハイ淀川です パリのオペラ座の舞台できれいなバレエをやっているの。キャメラがどんどん地下に入っていくと、地下の水溜まりがあってそこに顔が半分焼けただれた怖い男がいる。それが怪人。自分の娘を可愛がってスターにしたかったのね。それで、あと一歩というところで他の人に代えられちゃった。それで怪人は怒って、劇場の天井からシャンデリアをパッと落して、舞台も客も一緒につぶしちゃおうとする。その場面の怖いこと。この映画、一九四三年にもクロード・レインズ主演で再映画化され、舞台ではいまだに上演されていますね。私もロンドンで見ましたけれど、それはガストン・ルルウの原作が面白くって、エレガンスだからなんですね。

おもいでの夏
Summer Of '42

71／米／監＝ロバート・マリガン／脚＝ハーマン・ローシャー／撮＝ロバート・サーティース／出＝ゲーリー・グライムス、ジェニファー・オニール、ジェリー・ハウザー／V＝WHV D＝WBH

解説 一九四二年の夏。ニューイングランドの小島で夏休みを過ごす十五歳のハミー（ゲーリー・グライムス）は、丘の上に住む新婚夫婦の美しい若妻ドロシー（ジェニファー・オニール）と知り合い、魅せられてしまい買物を手伝ったりする。性に憧れる思春期の少年の、年上の女への思慕を描いたロバート・マリガン監督作品。

ハイ淀川です 夫が戦死したと知ったとき彼女は少年を抱きしめて体を与えました。もう一度、訪ねると彼女は別れの手紙を残してその家にはいませんでした。『青い麦』は、少年が中年女にセックスの手ほどきを受け、ある日突然にもうお帰りとあっさり突き放されてしまう。少年の童貞のなま皮をむしるような残酷がフランスらしかった。これも同じようなアメリカ映画。フランス製と違うところは、女のむなしさと少年のいちずさが手さぐりで結びつく。愛は夏の嵐のように去って残酷さは感じられない。思い出が初体験のうずきとして、少年の心にもしみついたという感傷。自然の春のめざめを思い出させようとしているところに新しさが逆にあるのですね。

想い出のマルセイユ
Trois Places Pour Le 26

88／仏／監・脚＝ジャック・ドゥミ／撮＝ジャン・パンゼール／出＝イヴ・モンタン、マチルダ・メイ、フランソワーズ・ファビアン／V＝ポニー

解説 『シェルブールの雨傘』『ロシュフォールの恋人たち』の名コンビ、ジャック・ドゥミ監督と音楽ミシェル・ルグランが久々に組んだ作品。イヴ・モンタンは自分が育った港町マルセイユで、ミュージカル公演をすることになり、恋人役にマリオン（マチルダ・メイ）を抜擢する。モンタンの自伝的ミュージカル・ファンタジー。

ハイ淀川です ジャック・ドゥミがイヴ・モンタンをどう使うか。この映画はモンタンがマルセイユのオペラ座で公演するためにやってくるところから始まる。マルセイユの広場で、パッと踊って歌う。モンタンは六十七歳。歌えるかな、踊れるかなと思わせておいて、パッと出てきてきれいに踊るあたりはさすがだ。実生活でもこの歳で赤ちゃんをつくったわけですから、そんなことは当たり前かもしれませんね。そのダンスを見ていると、ジャック・ドゥミのいつものダンスじゃあない。どこかアメリカン・スタイルのジーン・ケリー・スタイル。モンタンがアメリカで仕込んだその匂いが出ているんです。ジャック・ドゥミの粋さがわかりますね。

泳ぐひと
The Swimmer

D＝SPE

68／米／監＝フランク・ペリー／脚＝エレノア・ペリー／撮＝デヴィッド・クエード、他／出＝バート・ランカスター、マージ・チャンピオン、キム・ハンター／V＝SPE

解説　ある夏の暑い午後、会社重役のネッド（バート・ランカスター）は、水泳パンツ姿で友人や近隣のエリートたちの家のプールを次々と泳いで家路につくことを思いつき、一軒一軒と回るが、彼らは生活に疲れ人生への情熱を失っていた。アメリカの上流階級の堕落と倦怠を描いたフランク・ペリー監督のアメリカン・ニューシネマ。

ハイ淀川です　バート・ランカスターのもう成功した中年の男が、まるで少年のような夢を抱いて、立派に立ち並ぶ邸宅のプールからプールへと泳いでいきます。どこまで行けるだろうかと考えます。それをみんなが馬鹿にする話ですね。けれど、この中年男はどこまで行けるのか。俺は頑張って頑張ってやってみるぞっというあたりになんとも知れんみずみずしさが出ているんです。この男の感じがとってもいいんですが、こんな映画は一般のお客さんにとっては興味がなかったんですね。だから、この作品が公開されたときも、なんだこんな映画ということで当たりませんでした。悲しいことです。もしビデオで見られたら、是非とも見ておいてほしい作品ですよ。

オリヴィエ オリヴィエ
Olvier Olvier

92／仏／監・脚＝アニエシュカ・ホランド／撮＝ベルナール・ジツェルマン／出＝ブリジット・ルアン、マリナ・ゴロヴィーヌ、グレゴワール・コラン、エマニュエル・モロゾフ

解説　南フランスの田舎町。母から溺愛されていた少年オリヴィエは、ある日お使いに出掛けたまま帰らず行方不明になる。それから六年後、彼（グレゴワール・コラン）は男娼窟で発見される。これをキッカケに家族の絆が崩れ始める。女流監督アニエシュカ・ホランドが家族の苦悩を流麗かつ繊細なタッチで描いた異色作。

ハイ淀川です　このオリヴィエの六年間の行方をさぐるところが、この監督の狙いであり巧いところなんですね。オリヴィエがゲイボーイになっていて、夜な夜なゲイのたまり場で客をとっていたことがわかってくる。どうして、この子がこうなったのか。その真相をあらわにしていくあたり、見事な脚本と演出ですね。さらに、ラスト近くで思いもかけないことがわかってくる。そこに現代の感覚のすごさと古き活動写真のころの肌ざわりを見せます。この女流監督はペンをとったら、みごとな女性小説を書き上げるだろうと思うくらい、映画の流れ、語り口のうまさはすばらしい。この監督の演出の手口を味わってください。

オリーブの林をぬけて
Through The Olive Trees

B・D＝TC

94／イラン／監・脚＝アッバス・キアロスタミ／撮＝ホセイン・ジャファリアン、ファルハット・サバ／出＝ホセイン・レザイ、タヘレ・ラダニアン、モハマッド・アリ・ケシャバーズ、ザリフェ・シバ／V＝LDC

解説　撮影の雑用係ホセイン（ホセイン・レザイ）は『オリーブの林をぬけて』の夫役に抜擢されるが、妻役は以前から恋しているタヘレ（タヘレ・ラダニアン）だった。ホセインは撮影の合間をぬって彼女に求婚。クランクアップの日。彼女の返事をもらうためにオリーブの林をぬけひた走る。アッバス・キアロスタミ監督のラブストーリー。

ハイ淀川です　この若者の恋の一念、男の恋のはかなさ、命がけの恋のいじらしさが目にしみ込み胸にくい込んできますね。この若者が女を忘れられないで、毎夜、彼女の家の窓の下で口笛を吹いて誘うむなしさと苦しさ。それを聞く相手の女はもっと苦しいでしょう。愛とは何か。恋とは何かを見事に描きました。そして、ラストシーンはイエスかノーか。相手の女はどう返事をするか。この映画はワイラーの『コレクター』に迫り、デヴィッド・リーンの『旅情』を思わせます。それにこの構成はヒッチコック映画のムード。イランのキアロスタミ監督は、野趣的な手法の中にモダンさを感じさせました。これは私のおすすめの愛の名作です。

オール・ザット・ジャズ
All That Jazz

79／米／監・脚＝ボブ・フォッシー／製・脚＝ロバート・アラン・アーサー／撮＝ジュゼッペ・ロトゥンノ／出＝ロイ・シャイダー、ジェシカ・ラング、アン・ラインキング、クリフ・ゴーマン／V＝FOX　B・D＝ディズニー

解説　ブロードウェイ・ミュージカルの振付師、演出家で時には映画監督もする初老の男ジョー・ギデオン（ロイ・シャイダー）は、酒と女に明け暮れし、薬で不規則な生活と過労を補い新しいショーと映画の仕事を並行していく。ショー・ビジネスの世界の哀歓を描いたボブ・フォッシー監督の自伝的映画。

ハイ淀川です　主人公のジョー・ギデオンをロイ・シャイダーが演じていますけれど、マスクはボブそっくりのメーキャップなんですね。ボブが過労で倒れ死の迫るベッドが、ファン・ダンサーたち七人の白い羽根の扇にとり囲まれる。ダンスシーンはこのように幻覚的に、あるいは実際のレッスンシーンに登場してダンスファンを楽しませますが、この映画はダンス映画ではありません。ボブの舞台裏のイライラに狙いをおいています。だから、ストーリーを楽しむ見方は間違いです。フィーリング感覚、それがこの映画の味わい。ブロードウェイの芸能界の人生を味わって下さい。メイド・イン・ニューヨークの香りがあなたに伝わってくると思います。

オルフェ
Orphée

49／仏／監・脚＝ジャン・コクトー／撮＝ニコル・エイエ／出＝ジャン・マレー、マリー・デア、マリア・カザレス、エドアール・デルミ／V＝CIC／D＝IVC　D＝IVC

解説　ギリシャ神話のオルフェウス伝説をヒントにジャン・コクトーが脚本、監督したシュルレアリスム映画。詩人オルフェ（ジャン・マレー）は死の王女に魅せられるが、ある日、妻（マリー・デア）はオートバイにはねられて死ぬ。オルフェは不思議な手袋の力で鏡を突破し死の国に入り込み、妻を現世に連れ戻そうとする。

ハイ淀川です　これはコクトーの美に陶酔してその感覚を摑んでほしい映画。たとえば、オルフェが自分の妻が死んだので追いかけて死の世界に入っていきますね。その死の世界がモダンな建物なのね。そこをガラス屋が背中にガラスを背負って通る。何枚もある大きなガラスが大、中、小という感じになって重なっているの。その重なり具合がキラキラと光って濃淡ができている。それは天使の羽根に見えてくるんですね。ガラスの羽根です。そばで子供がなわ飛びをしていますが、その子供まで天使に見えてくる。こういう感覚。この作品や『美女と野獣』のファンタジーを見ていると、フランスの香り、匂いがする透きとおったコクトー美術がわかってきますね。

俺たちに明日はない
Bonnie And Clyde

67／米／監＝アーサー・ペン／脚＝デヴィッド・ニューマン、他／撮＝バーネット・ガフィ／出＝ウォーレン・ベイティ、フェイ・ダナウェイ、ジーン・ハックマン、エステル・パーソンズ／V＝WHV／D＝WHV　B・D＝WHV

解説　不況の一九三〇年代。テキサス州ダラス。感化院あがりのクライド（ウォーレン・ベイティ）とウェイトレスのボニー（フェイ・ダナウェイ）は、コンビを組んで思いつくままに銀行強盗をはたらき、殺人も犯し凶悪犯として指名手配、凄絶な最期をとげる。アーサー・ペンが監督し、アメリカン・ニューシネマの先駆となった問題作。

ハイ淀川です　裸のボニーが二階からクライドを見下ろし、彼が見上げる出会いのシーン。ボニーがクライドの本能を初めて知る昼間のベッドシーン。ボニーが実の母と対面するあたりはまさに詩ですね。そして八十七発ぶち込まれるラストの射殺シーンの残酷さ。そのむごさ。アーサー・ペンはゆがんだ青春、アメリカの悲劇、そして教育のない青春の怖さを見事なひらめきで描きました。これはハリウッドではなくニューヨーク派のギャング映画。彼の代表的名作です。ウォーレン・ベイティとフェイ・ダナウェイはこの作品で一躍スターになりましたが、クライドの兄夫婦に扮したジーン・ハックマンとエステル・パーソンズの名演も見逃せませんよ。

愚なる妻
Foolish Wives

22／米／監・原・脚＝エーリッヒ・フォン・シュトロハイム／撮＝ベン・F・レイノルズ／出＝デュ・ポン、ルドルフ・クリスティアンズ、デイル・フラー／V＝IVC／D＝カルチ　D＝IVC

解説　完全主義者エーリッヒ・フォン・シュトロハイム監督の快作。ニセ伯爵カラムジン（シュトロハイム）はモンテカルロの豪華なホテルに二人の情婦と滞在し、そこに集まる富豪夫人を誘惑して金品を巻き上げているが、魔の手はアメリカの親善大使夫人（デュ・ポン）に向けられる。モンテカルロの街は本物そっくりのセット。

ハイ淀川です　アメリカ映画はグリフィスの芸術とデミルの娯楽があって、もう一人、忘れてならない人がシュトロハイムですね。グロテスクのサディズムの芸術の偉大な作家。この人を知らないと映画ファンだなんて絶対に言えませんよ。カラムジン伯爵がヒューズ夫人を誘惑して散歩していると夕立になって小屋に飛び込んだ。女が衣服を脱いでテーブルクロスで体をふく。カラムジンあらぬ方向を向いていたけれど、銀のシガレットケースを出してタバコを口にした。ところがそのシガレットケースの蓋の裏が鏡になっていて、夫人の裸身を楽しむシーンの怖いこと。この映画、どの場面も怖い。なんという汚い男たちと女たちのリアリズムの描写の凄さ。

愚か者の楽園
Foolish Paradise

22／米／監＝セシル・B・デミル／出＝ミルドレッド・ハリス、コンラッド・ニーゲル、テオドル・コズロフ

解説　セシル・B・デミルの娯楽大作。バレリーナを愛している詩人が酒場女に熱愛され、それを知った酒場の主人が彼を嫉妬し、失明させてしまう。しかし回復した詩人はバレリーナを追ってタイ国へ行くが、やがて酒場女の真の愛を知る。チャップリンの最初の夫人ミルドレッド・ハリスが悪女的なバレリーナに扮している。

ハイ淀川です　やがて酒場の娘に目を治してもらったその詩人はタイへ行くのね。やっと見つけたバレリーナは王様の妾になっている。詩人（コンラッド・ニーゲル）は「お前が好きで憧れていた。結婚してアメリカに帰りましょう」と言うの。王様は俺の女だと言ってはなそうとしない。困った女はハンカチをワニのいる谷に投げ捨てて、これを取ってきた人と結婚すると言うの。宮殿の中の谷。ワニがいっぱい。純情女優のミルドレッド・ハリスがこんな悪女っぽい役をやったのが見どころですね。この女、実生活でも怖い女でチャップリンと離婚するとき、チャップリンが金を出さないと言うと、製作中の『キッド』を売ろうとしたんですよ。

女

48／日／監・脚＝木下恵介／撮＝楠田浩之／出＝小沢栄太郎、水戸光子／V＝松竹　D＝松竹

解説　オール・ロケーション、しかも登場人物がほとんど二人しか出ないという木下恵介監督の異色作。男（小沢栄太郎）の設定は意志が弱く、それ故に悪事しか働けない人物。その男を頼りないと思いながらついていく女（水戸光子）。女は最後に男を見捨てるが、その生き方がドラマチックに巧妙に組み立てられている。六十七分。

ハイ淀川です　人殺しをした男が自分の彼女の日劇の踊り子を呼び出して逃げるのね。女はいやよいやよと言ったけれど強引に汽車に乗せられちゃった。道中いろいろあって熱海で降りた。ちょうど、通りかかったトラックに乗せてもらったの。女は怒ってる。ところがトンネルに入って出てきたら女の様子が変わっているの。男がキッスしたらしい。女は怒っているけれどやさしい顔になっている。またトンネルに入る。出てきたら今度はくっついているの。このあたりの描写のうまいこと。女はだんだんほだされていく。女の手を握っている男の手のアップ。爪は垢だらけで下品なのね。このあたりの描写のデリケートなこと。木下監督は面白い映画をつくった。

女相続人
The Heiress

49／米／監＝ウィリアム・ワイラー／脚＝オーガスタ・ゲーツ／撮＝レオ・トヴァー／出＝オリヴィア・デ・ハヴィランド、モンゴメリー・クリフト、ラルフ・リチャードソン／V＝CIC　D＝ジュネス

解説　ヘンリー・ジェームズの中編小説『ワシントン広場』をウィリアム・ワイラー監督が映画化。ニューヨークに住むスロッパー博士（ラルフ・リチャードソン）は、一人娘キャスリン（オリヴィア・デ・ハヴィランド）に冷たく、モリス（モンゴメリー・クリフト）との結婚も許さない。オリヴィアは二度目のアカデミー主演女優賞。

ハイ淀川です　キャスリンはモリスと駆け落ちすることになった。でも見事に振られて捨てられました。さぁ、キャスリンはいかにも老けこんで、いやないやな女になった感じがすごい。やがて、キャスリンは財産を全部相続して女相続人になった。それから五年。あのモリスが尾羽打ち枯らして、訪ねてくる。キャスリンはドアのところに行って、わざと「どなた」。「モリスだ。君が死ぬほど好きなんだ」という言葉を繰り返す。しかし、キャスリンはこの男はわたしの財産が目当てだと思いながら、一歩一歩後ろにさがる。後ろは階段。表ではモリスがドアをたたきながら叫んでいる。このラスト。この段切りの階段の使い方のうまさ。

女の都
La Città Delle Donne

80／伊・仏／監・脚＝フェデリコ・フェリーニ／脚＝ベルナルディーノ・ザッポーニ／撮＝ジュゼッペ・ロトゥンノ／出＝マルチェロ・マストロヤンニ、エットーレ・マンニ、アンナ・プリュクナル、バーニス・スティーガーズ／V＝東宝　B・D＝IVC

解説　フェデリコ・フェリーニ監督がマルチェロ・マストロヤンニと十八年ぶりにコンビを組んだ作品。汽車がトンネルに突入し、抜けると女の都。スナポラッツ（マストロヤンニ）は同乗していた巨大なバストの女を追っていき次から次へと女たちに翻弄される。フェリーニはこの映画に二千六百六十三人の女性を出演させたという。

ハイ淀川です　この映画は理屈で見たら面白くない。目で楽しめばいい。溢れ散る女たちの噴水。女のお尻のパレード。女たちのローラースケートのシーンはまさしくモダンバレエの大群舞。なんたるその美しさ。三人のクリクリ坊主のジャリが海水浴場の脱衣場で女のオッパイを覗くシーン。これはフェリーニ自身の幼年時代の告白かもしれない。大きな美女のヌードのゴム人形のバルーンに吊り下がるスナポラッツ。それを地上から女がマシンガンで撃つとゴム人形に命中。とたんに胸も手も足もしぼんで崩れて美女がみるみるうちに醜悪な老女と化す怖い残酷。というわけで女と男の位置が逆転するフェリーニのショー・テクニックを楽しんで下さい。

女はそれを待っている
Nära Livet

58／スウェーデン／監＝イングマール・ベルイマン／原・脚＝ウッラ・イーサクソン／撮＝マックス・ビレーン／出＝イングリッド・チューリン、エヴァ・ダールベック、ビビ・アンデルソン／V＝朝日、ポニー

解説　イングマール・ベルイマンがカンヌ映画祭で最優秀監督賞を受賞した作品。夫に不満だらけのセシリア（イングリッド・チューリン）、男にだまされ妊娠したヨルディス（ビビ・アンデルソン）、出産を楽しみにしているスチーナ（エヴァ・ダールベック）の三人は同じ産院に入院。しかし皮肉にもスチーナの赤ん坊は死産してしまう。

ハイ淀川です　妊産婦がうめいてうめいて子供を産む、その苦しみのありったけを描いた映画。それだけの映画でストーリーはあってなきがごときでしたが、死産する女のうめきはただごとではありません。七転八倒の汗びっしょり。見たあと、「ああ。男に生まれてよかったなあ」と思わず口にしてしまいました。しかし、これは女そのもの、男には経験できない人間劇なの。男はただの協力者にしかすぎませんね。この陣痛が母と子をしっかり結びつけます。母と子の宿命。母こそが子供の運命のスタートの糸を切るのね。母と子の怖さが、この陣痛のうめきからわかり、死ぬこと生まれることに、スウェーデン映画が常に目をすえているあたりがすごいですね。

海外特派員
Foreign Correspondent

40／米／監＝アルフレッド・ヒッチコック／脚＝チャールズ・ベネット、他／撮＝ルドルフ・マテ／出＝ジョエル・マックリー、ラレイン・デイ、ハーバート・マーシャル／V＝クラウン　B＝ポニー　D＝紀伊國屋

解説　『レベッカ』につぐヒッチコックのアメリカでの第二作目。欧州秘密同盟条約の中心人物、オランダの老政治家はアムステルダムの平和会議に出席したとき何者かに射殺されてしまう。しかし、それは替え玉でナチのスパイに誘拐されたことが判明。アメリカの特派員ジョニー（ジョエル・マックリー）は事件の謎を追う。

ハイ淀川です　ヒッチコックはアメリカに迎えられ、『レベッカ』とこの『海外特派員』で早くもそのすべてをお披露目しました。『レベッカ』は心の中に押しつけられてくる恐怖。この映画は目に迫ってくる恐怖。まさにこの作品はヒッチ全集です。ヒッチコック映画は目で見る感覚の面白さなのね。たとえば、一人の男が五、六人の刑事みたいな男に追われて五階か六階のマンションの部屋に逃げた。追っ手は戸を破って中に入った。シャワーの音がする。あわててカーテンを開けると人がいなくてシャワーは流れっぱなし。どこを探してもいない。これがヒッチコック・タッチ！　というわけで、この映画は新聞の中の白黒写真のような映画ですよ。

会議は踊る
Der Kongress Tanzt

31／独／監＝エリック・シャルレ／脚＝ロベルト・ソーブマン、他／撮＝カール・ホフマン／音＝ヴェルナー・R・ハイマン／出＝ヴィリー・フリッチュ、コンラート・ファイト、リリアン・ハーヴェイ／V＝IVC／D＝カルチ　D＝IVC

解説　ドイツのオペレッタ映画。一八一四年、ナポレオンが失脚し諸国の代表が集まりウィーン会議が開かれるが、列席したロシア皇帝は売り子の娘と知り合い、逢いびきを楽しむ。しかし、ナポレオンのエルバ島脱出の報が伝えられ皇帝はロシアに帰っていく。歴史的な事件を舞台に、ロシア皇帝と町娘のロマンスを華やかに描いた名作。

ハイ淀川です　ドイツのウーファーのオペレッタ映画の名作。ウィーンの都にロシア皇帝（ヴィリー・フリッチュ）がやって来た。その皇帝が街の手袋屋の売り子（リリアン・ハーヴェイ）に一目惚れしちゃったのね。彼女は国賓館へ遊びに行くことになった。見どころはその差し廻しの豪華な馬車に娘が乗って出かけて行くシーン。見事なキャメラの移動、移動の大移動。娘は「ただ一度だけ」という歌を歌うのね。その声、そのメロディの見事なこと。その場面の移動、まわりの人たちが手を振るところ、歌うところ。キャメラが画面とともに流れ動く感じは最高ですね。ドイツの音楽とトーキーのすばらしさを浴びるように教えてくれたのはこの映画でした。

外人部隊
Le Grand Jeu

33／仏／監・脚＝ジャック・フェデー／脚＝シャルル・スパーク／撮＝ハリー・ストラドリング／出＝ピエール・リシャール・ウィルム、マリー・ベル、フランソワーズ・ロゼー／V＝CIC／D＝IVC　D＝IVC

解説　ピエール（ピエール・リシャール・ウィルム）はパリで愛人のフロレンス（マリー・ベル）にふられモロッコに流れて外人部隊に身を投じる。絶望と空しさの中で酒と女が唯一の慰めであったが、酒場でフロレンスと瓜二つのイルマ（マリー・ベル二役）と出会い愛し合い更正の道を見出すが…。

ハイ淀川です　これを見て「外人部隊」というものがハッキリわかりました。そこは、人種も国籍も関係ない絶望した流れ者の吹き溜まり。そんな連中が酒場にやってくる。はやっているのね。その酒場のおかみさんがフランソワーズ・ロゼー。うまいんだね。小さな手持ちの扇風機を腋の下にいつも抱えているのね、暑いから。私は子供のころ、このシーンを見たとき、すごいエロチシズムを感じちゃったの。とにかく、モロッコ、暑いのになんとも知れん肌寒い感じがよく出ている。女の運命、女に捨てられた悲しい男の運命、兵隊の流されていく運命、ジャック・フェデーの演出は見事です。私はこの作品を見てから、この監督を尊敬するようになりましたね。

海底王キートン
The Navigator

24／米／監＝バスター・キートン／脚＝クライド・ブラックマン、他／撮＝エルジン・レスリー、他／出＝バスター・キートン、キャサリン・マクガイア／V＝IVC、ジュネス

D＝IVC

解説　全世界で大当たりした作品で、原題は巨大な客船の船名。その客船がある陰謀で太平洋に漂流。たまたま乗っていたのはキートンの富豪と彼のプロポーズを断わった令嬢。人喰い人種の襲撃などあり、二人はてんやわんやの大騒ぎ。巨船が漂流してからラストまでキートン・ギャグの連続で笑わせる。すぐれたギャグの宝庫のような喜劇。

ハイ淀川です　キートンは彼女に結婚を打ち明けたんですけど、見事にふられちゃった。ところがキートンは気が早いのね。ホノルル行きの新婚旅行の切符を買っていたの。それで仕方なく一人で新婚旅行に行く決心をする。ところがその船が朝早く出るので前の晩からその船にもぐりこんで寝てしまうの。さて、目を覚ますとそれが間違って別の船。その船はギャングの船というわけで大騒ぎとなるお話。この映画の面白さはキートンがキャスリン・マクガイアという女優を相手にしての入れ違い、入れ違い。二人の芝居がいいんですね。私がこの作品を初めて見たのは十六歳のとき。あまりにも立派なので驚きました。

海底二万マイル
20,000 Leagues Under The Sea

54／米／監＝リチャード・フライシャー／脚＝アール・フェルトン／撮＝フランツ・プラナー／出＝ジェームズ・メイスン、カーク・ダグラス、ピーター・ローレ、シャルル・ボワイエ、ポール・ルーカス／V＝キング

D＝ディズニー

解説　ジュール・ヴェルヌの古典的科学小説を映画化。西太平洋で船舶沈没事件が続発。異様な怪物が航行し、スコティア号は突如船底にショックを受け穴をあけられ浸水。あやうく沈没はまぬがれるが、実はその怪物はネモ船長（ジェームズ・メイスン）が指揮する潜水艦ノーティラス号だった。リチャード・フライシャー監督。

ハイ淀川です　ヴェルヌ原作をなんとウォルト・ディズニーが製作したんですね。ジェームズ・メイスン、カーク・ダグラス、ピーター・ローレ、シャルル・ボワイエというそうそうたる顔ぶれ。一八六九年（明治二年）に書かれたこの原作の科学知識が今でもその生命を失っていないことにびっくりですね。潜水艦内の巨大なパイプオルガンやネモ船長の書斎、潜水服を着て狩猟に出る男たち。最後はメールストレームの大渦巻きに巻き込まれて謎のノーティラス号は最後を迎えますが、SF映画の面白さがいっぱいあります。これを見るとSFが映画の花形であることがうなずけますね。

カイロの紫のバラ
The Purple Rose Of Cairo

85／米／監・脚＝ウッディ・アレン／撮＝ゴードン・ウィリス／出＝ミア・ファロー、ジェフ・ダニエルズ、ダニー・アイエロ、エド・ハーマン、ダイアン・ウィースト／V＝ポニー

B＝ポニー　D＝FOX

解説　一九三〇年代。映画館に通いつめ、何度も同じ映画を見続けていたセシリア（ミア・ファロー）に、突然、画面のヒーロー（ジェフ・ダニエルズ）が語りかけスクリーンを抜け出してくる。スクリーンのヒーローやヒロインとじかに語り合い、恋をしたい。そんな夢をかなえてくれるウッディ・アレン監督のラブ・コメディ。

ハイ淀川です　場所がマンハッタンの対岸のニュージャージー。ここは思えば活動写真のアメリカ撮影所の誕生第一号の土地なんです。ウッディ・アレンは懐かしき映画クラシックに目をつけました。言うならばこの作品は、手回しの蓄音機の、そのレコードのすり切れた板の上にこの題名を使って、映画クラシックを呼び戻したんですね。『キートンの探偵学入門』という映画がありましたけど、そのトリックをウッディ・アレンはもっと輝いたマジックにして才能をみせましたね。女の珍ロマンスが展開されるあたり、これぞウッディ・アレンの映画芸術、映画マジックですね。

帰らざる河
River Of No Return

B＝ディズニー　D＝FOX

54／米／監＝オットー・プレミンジャー／脚＝フランク・フェルトン／撮＝ジョゼフ・ラシェル／出＝マリリン・モンロー、ロバート・ミッチャム、ロリー・カルホーン／V＝FOX

解説　マリリン・モンローが主演し、オットー・プレミンジャーが監督した西部劇。ゴールド・ラッシュのころのカナディアン・ロッキーを背景に開拓農場のマット（ロバート・ミッチャム）と酒場の歌手ケイ（モンロー）の恋。それに彼女の情夫で無法者の賭博師ハリー（ロリー・カルホーン）がからむ。主題歌がヒットした。

ハイ淀川です　『紳士は金髪がお好き』『百万長者と結婚する方法』など都会の女を演じたマリリン・モンローが西部劇に出たあたりが見どころですね。彼女は酒場の歌手。それが農夫のまじめな男、それを息子の情にほだされて、だんだん仲よくなっていくあたり。農場のはずれを流れる激流。そこをモンローとこの農夫の親子が筏で下ってどんどん逃げていくところ。途中の両岸からインディアンが矢で攻めていくあたりはいかにも面白いシーン。すごい激流に流れていくモンロー。まだシネマスコープの大画面が珍しいころの映画でしたが、そのきれいなきれいな大自然の中のマリリン・モンローはすばらしかったですね。

カオス・シチリア物語
Kaos

D＝紀伊國屋

84／伊／監・脚＝パオロ・タヴィアーニ、ヴィットリオ・タヴィアーニ／撮＝ジュゼッペ・ランチ／出＝マルガリータ・ロサーノ、クラウディオ・ビガリ、マッシモ・ボネッティ

解説　イタリアのパオロ&ヴィットリオ兄弟監督が、生まれ故郷シチリアの自然、風土、生活風習の中で生きる人たちの喜怒哀楽を温かく描いた三時間余の大作。第一話「もう一人の息子」、第二話「月の痛み」、第三話「瓶」、第四話「レクイエム」の四話とプロローグとエピローグで構成されている。原作ルイジ・ピランデッロ。

ハイ淀川です　三人の荒くれ男の一人がカラスの首にヒモをまわした。絞め殺すのかと思ったら、ポケットからリン（鈴）をとり出して、カラスの首にゆわえつけてカラスを空に放ちました。これで三人が牛か羊の群れの番人だとわかる。逃げたカラスは首のリンを鳴らしながら遠ざかっていく。このファーストシーン。見ていると、このオムニバス・スタイルはどんな話なのかと思わせます。この映画の語り口の巧さ。まさに文豪小説の第一頁の書き出しです。私にはどの話もシチリアの匂いがあって面白かったけれど、第二話の月を見ると気がおかしくなってしまう男の話が面白かった。というわけで、これはこの兄弟監督の目で見せてくれた名作です。

鍵
The Key

D＝復刻

58／米／監＝キャロル・リード／脚＝カール・フォアマン／撮＝オズワルド・モリス／出＝トレヴァー・ハワード、ウィリアム・ホールデン、ソフィア・ローレン

解説　キャロル・リード監督が『空中ぶらんこ』についで監督した作品。第一次大戦中、クリス（トレヴァー・ハワード）とデヴィッド（ウィリアム・ホールデン）はドイツ軍のために航行不能となった輸送船団を軍港に運ぶ命がけの仕事をしている。クリスは不思議な女ステラ（ソフィア・ローレン）とアパートに住んでいるが…。

ハイ淀川です　海軍の兵隊さんの恋人代わりみたいな女、兵隊さんを次から次へと渡っていく女がソフィア・ローレンですね。トレヴァー・ハワードもその女が好きだけれど、海に出たら明日にも死ぬかもわからないというので、自分の持っている彼女のアパートの鍵をウィリアム・ホールデンにやるのね。この鍵はソフィア・ローレンと遊べる鍵なのね。でもホールデンも自分が海に出ていくことになったので友だちにやっちゃうの。そしたら彼女は「なぜ？」と怒った。ここらに男と女の愛の違いがよくでているの。男は俺が死んだあと、その女の生活を誰かに見てほしい、だからこの鍵は俺の仲間にやるんだと勝手に考えるのね。でも女はそんな愛は嫌いなのね。

鍵
La Chiave

84／伊／監・脚＝ジョヴァンニ・ティント・ブラス／撮＝シルヴァーノ・イッポリーティ／出＝ステファニア・サンドレッリ、フランク・フィンレイ、フランコ・ブランコチャローリ／V＝松竹　D＝ハピネット

解説　谷崎潤一郎の同名小説をジョヴァンニ・ティント・ブラス監督が映画化。一九四〇年のベニス。貞淑な妻（ステファニア・サンドレッリ）に不満を感じ彼女の性を目覚めさせようとする老教授（フランク・フィンレイ）と、彼の計略にはまり、娘の許婚者との情事に溺れていく妻との異常ともいえる性行動をコミカルに描く。

ハイ淀川です　谷崎文学の映画化というと、エロを主役に見せようとする。あるいはきれいごと一点張りでお嬢さん映画にしようとする。なんたる浅い谷崎文学の映画化でしょう。このイタリア製も、エロのありったけを見せ、芸術作品気どりで見せようとしましたね。妻役のサンドレッリの四十歳のオッパイをバッチリ見せ、しかも、お相手の許婚者（フランコ・ブランコチャローリ）のパンツのエレクション（勃起）をあざやかに見せたりする。この監督の谷崎文学の映画化は、ベニスの美しさをヴェールのカーテンとして、裸身遊びの楽しさになるなあと思って、ちょっと肩を落とせば面白いでしょう。谷崎の世界を映画にするのは難しいものです。

限りなき前進

37／日／監＝内田吐夢／脚＝八木保太郎／撮＝碧川道夫／出＝小杉勇、轟夕起子、江川宇礼雄

解説　小津安二郎の原作を八木保太郎が脚色、内田吐夢が監督した。二十四年勤続の老社員野々宮保吉（小杉勇）は定年まぢかだが出世できない。結婚期を控えた娘（轟夕起子）のことを考えたりすると不安に陥る。やがて彼の神経はその不安に耐えられなくなり狂っていく。サラリーマンの哀れな末路を描き、この年のベストテン第一位。

ハイ淀川です　ある日、このお父さんは会社の仲間を隅田川の川岸の料理屋に連れて行ったの。食事がすんだころに、岐阜提灯に灯を入れたのね。そしたら「灯なんかいらん」と言ったのね。そのうち「さんさ時雨」を歌いだすのね。ざーっと雨が降ってきても、このお父さんは歌っている。みんなが「これはおかしい」と思って、どうしよう、どうしようと騒いでいても、本人はわからないで歌っているの。そこがすごいです。その「さんさ時雨」のメロディがなんとも知れんいいのね。普通の映画なら人間が狂っていく姿をいかにも狂った芝居で見せますね。これはそうじゃあない。いかにもデリケートに異常神経を見せました。内田吐夢監督の代表作で名作です。

かくも長き不在
Une Aussi Longue Absence

60／仏／監＝アンリ・コルピ／脚＝マルグリット・デュラス、他／撮＝マルセル・ウェイス／出＝アリダ・ヴァリ、ジョルジュ・ウィルソン／V＝ポニー　B・D＝KAD

解説　『二十四時間の情事』の名編集者アンリ・コルピの監督デビュー作。パリ郊外でカフェを営むテレーズ（アリダ・ヴァリ）は、店に立ち寄った浮浪者（ジョルジュ・ウィルソン）が戦争中ナチに拉致されたまま帰らなかった夫にそっくりなのに驚くが、男は記憶を喪失していた。テレーズは彼の記憶を呼び戻そうとする。カンヌ映画祭グランプリ。

ハイ淀川です　この奥さんは男をカフェに呼んでご馳走してやりました。それでも思い出してくれない。もうたまらなくなって、ずっと前に二人で踊った思い出の曲のレコードをかけました。踊っているときにこの奥さんは鏡を見ました。夫の首筋の上のほうに三日月型のキツイ傷跡があった。これだ！　この傷がすべての過去をもぎとったんだというあたり。男が外に出たとき夫の名を呼んだらその男は両手を上げた。塹壕の中で敵に捕らえられたかと思ったのね。そのとき、トラックが来て下敷きになった。妻と意識できないまま死んでしまう。戦争の苦しみを何の戦場も見せないで残酷にこの夫妻の愛を描きました。なんて見事な反戦映画の名作でしょう。

ジョン・フォード『駅馬車』(39)

ジョン・フォード『果てなき船路』(40)

ジョン・フォード『タバコ・ロード』(41)

ジョン・フォード『わが谷は緑なりき』(41)

ジョン・フォード『荒野の決闘』（46）

ジョン・フォード『静かなる男』（52）

ジョン・フォード『黄色いリボン』（49）

ジョン・フォード『長い灰色の線』（54）

影武者

D＝東宝

80／日／製・監・脚＝黒澤明／脚＝井手雅人／撮＝斎藤孝雄、他／出＝仲代達矢、山崎努、萩原健一／V＝東宝

解説　武田信玄（仲代達矢）が、自らの死を三年間秘密にせよという遺言を残したために家臣たちは影武者（仲代の二役）を使う。彼は信玄として振る舞うが、側室の一人に見破られ追放される。黒澤明が五年ぶりに監督した戦国絵巻。海外版製作はフランシス・コッポラとジョージ・ルーカス。カンヌ映画祭グランプリ受賞。

ハイ淀川です　『羅生門』の能スタイルが、この作品ではもっと鮮明に出ました。合戦の激流の渦を思わす荒々しさと能の静けさが見事に合体しました。虫けら同然の影武者が敵の弾で倒れ、死体となって川の流れに身をまかす。それを高所から俯瞰撮影したところは、まさに映画の詩が溢れています。この映画は合戦と影武者の能プレイを見るべきでしょう。人間の描写をクローズアップにしないで、つっぱなして見つめる手法をとりました。それは主役が戦場だから。影武者は戦場が生んだ悲劇の一つにすぎない。だから俳優の印象はすべて絵の中にとけ込ませているあたり。この三時間はまさに厳しくも美しい映画。すぐれた美術画です。

カサノバ

Il Casanova Di Federico Fellini

B・D＝ハピネット

76／伊／監・脚＝フェデリコ・フェリーニ／脚＝ベルナルディーノ・ザッポーニ／撮＝ジュゼッペ・ロトゥンノ／出＝ドナルド・サザーランド、ティナ・オーモン、マルガレート・クレマンティ／V＝WHV

解説　十八世紀の色事師ジャコモ・カサノバをドナルド・サザーランドが演じ、フェデリコ・フェリーニが監督。カサノバは、覗き趣味の大使のために情婦の尼僧（マルガレート・クレマンティ）を相手に性技を披露し、宗教裁判の審議官に逮捕され入獄。二年後に恋人（ティナ・オーモン）の性を満足させ、宮廷に名を轟かせる。

ハイ淀川です　フェリーニがカサノバなる男の歴史にくいこんだ野心作。フェリーニ初めての大時代劇で、「カサノバ情史」とでも呼びたい作品です。面白いのはカサノバにアメリカ俳優のドナルド・サザーランドを起用したこと。それとカサノバ始めどの登場人物も思い切ったこのメーキャップ。ヨーロッパ十八世紀の色欲に染まった貴族たちを、あたかも毒蛾のごとく金色に羽ばたかせ、カサノバの周囲をとりまく。色欲の地獄絵にして見せるあたり、フェリーニの幻覚的な映画美術ですね。ロトゥンノの色彩キャメラの美しさでまるで麻薬的美術にまで染めあげた。フェリーニのセクシー・バレエとでも言いたい映画です。

カサブランカ

Casablanca

B・D＝WHV

43／米／監＝マイケル・カーティス／脚＝ジュリアス・J・エプスタイン、他／撮＝アーサー・エディスン／出＝イングリッド・バーグマン、ハンフリー・ボガート、ポール・ヘンリード、クロード・レインズ／V＝WHV／D＝WHV

解説　第二次大戦下フランス領モロッコの首都カサブランカは、アメリカへ亡命する人々の寄港地。クラブの経営者アメリカ人のリック（ハンフリー・ボガート）は昔の恋人イルザ（イングリッド・バーグマン）と再会したが、彼女は反ナチ運動家ラズロの妻だった。リックは私情を捨ててイルザ夫妻の脱出計画に協力する。アカデミー作品、監督、脚色賞。

ハイ淀川です　これは映画を愛した誰の胸にも今も生きる追憶の名作です。あまりにも有名だからどんな映画かはご存知でしょう。カサブランカから戦乱を避けてアメリカに渡ろうとする人々のスリルとサスペンスの見事なこと。ボガートとバーグマンの空港の別れ。男の愛のなんたるかを涙をもって見せたラストシーンでした。実はバーグマンは『ジキル博士とハイド氏』で酒場女をやって失敗していたの。それでワーナーがこの作品で主演させた。もともとはラナ・ターナーの役だったの。しかし、彼女はこの映画で永遠の生命を持ちました。品格あり、哀愁あり、美しさに溢れ、彼女以外この役は考えられないほどの当たり役となったんですね。

カジノ
Casino

B・D＝ジェネ

95／米／監・脚＝マーティン・スコセッシ／原・脚＝ニコラス・ピレッジ／撮＝ロバート・リチャードソン／出＝ロバート・デ・ニーロ、シャロン・ストーン、ジョー・ペシ／V＝CIC／D＝SPE

解説　一九七〇年、ラスベガス。カジノを任されているギャング上がりのサム（ロバート・デ・ニーロ）は、妖艶なハスラー（シャロン・ストーン）に魅せられ結婚。しかし彼女は酒と麻薬に溺れ、サムの相棒ニッキー（ジョー・ペシ）と関係を持つ。マーティン・スコセッシ監督がカジノの裏側とともに男の栄光と転落を描いた大作。

ハイ淀川です　これはいやらしいほどアメリカの男の映画ですよ。ロバート・デ・ニーロをはじめすべての男がシャロン・ストーンの誘いにのってしまうその怖さ。命がけの火遊びですね。もう男たちがシャロン・ストーンの網にひっかかって食い殺されるあたり。シャロンの毒婦ぶりが面白いんですね。もう女は自由気まま。もしも、この『カジノ』にフランスの男でも加われば、シャロンも用心したでしょうけれど、アメリカ男はこんな女にかかればいちころですね。というわけで、この映画を見ていると、アメリカは男が女にひざまずく国だということがわかりますね。こんな娯楽映画の中にもアメリカ人気質が見られるところがあるんですね。

ガス燈
Gaslight

D＝WBH

44／米／監＝ジョージ・キューカー／脚＝ジョン・ヴァン・ドルーテン、他／撮＝ジョゼフ・ルッテンバーグ／出＝イングリッド・バーグマン、シャルル・ボワイエ、ジョゼフ・コットン／V＝IVC、WHV

解説　ジョージ・キューカー監督の心理サスペンス・スリラー。ロンドンで女性歌手が殺され、その姪のポーラ（イングリッド・バーグマン）は叔母の遺産を継ぎ、音楽家（シャルル・ボワイエ）と結婚。しかし、何者かの罠が忍び寄っている。夫のやさしい慰めが逆に彼女を窮地へ追い込んでいく。バーグマンがアカデミー主演女優賞。

ハイ淀川です　私のバーグマン映画のベストスリーに入る作品ですね。ガス燈が使われていたころのロンドンが舞台ですね。音楽家の旦那さんと結婚したバーグマンの若い奥さんのまわりに次々と不思議なことが起こる。彼女のカバンから首飾りがなくなったり、部屋のガス燈が急に暗くなったり。旦那はそれは彼女の神経の異常のせいだと言いますね。そして自分の精神状態に自信が持てなくなってくるあたりが怖いね。旦那を愛して、旦那を信じたその夫に殺されようとするあたりはヒッチコックのスリル。キューカー監督の舞台劇的な演出が見事に成功しました。バーグマンのたぐいまれなる美貌と清らかさがあってこそ、この作品は生きましたね。

風と共に去りぬ
Gone With The Wind

B・D＝WBH

39／米／監＝ヴィクター・フレミング／脚＝シドニー・ハワード／撮＝アーネスト・ホラー、他／出＝ヴィヴィアン・リー、クラーク・ゲーブル、レスリー・ハワード、ハティ・マクダニエル／V＝WHV／D＝WHV

解説　マーガレット・ミッチェルの原作をデヴィッド・O・セルズニックが製作、ヴィクター・フレミングが監督した超大作。ジョージア州アトランタの地主の娘スカーレット・オハラ（ヴィヴィアン・リー）は青年アシュレー（レスリー・ハワード）を慕っていたが、失恋した彼女は、やがてレット・バトラー（クラーク・ゲーブル）と結婚するが…。

ハイ淀川です　ストーリーはよくご存知でしょうが、南北戦争の時代背景を頭に入れて見てほしいね。スカーレットはとっても気の強い女。男というものがみんな自分に憧れていることは知っている女ですね。実は、この役を選ぶのに、セルズニックは一四〇〇人の女をテストしたのね。結局、スカーレットの役が決まらないまま撮影がスタートしたのね。そしてアトランタの火災のシーンをMGMのセットで撮っていたとき、ヴィヴィアン・リーが見学に来た。セルズニックは彼女の感情の激しい横顔を見て、いっぺんに決めちゃったの。アメリカ南部の女をイギリスの女優がなんでやるのか、大変な話題になった。裏話、話題に溢れた大作ですね。

風の輝く朝に
等待黎明／Hong Kong 1941

84／香港／監＝レオン・ポーチ／脚＝チェン・カンチャン／撮＝ブライアン・ライ、デヴィッド・チャン／出＝チョウ・ユンファ、イップ・トン、アレックス・マン、ウー・マ／V＝日映／D＝ポニー　D＝UPJ

解説　一九四一年の香港。密航に失敗した若者フェイ（チョウ・ユンファ）は、熱血漢のカン（アレックス・マン）と出会い、互いに好感をもつ。カンには幼なじみの恋人ナン（イップ・トン）がいるが、フェイも彼女に心をよせる。日本占領下の香港で三人の若者は固い絆で結ばれながら生きていくが…。レオン・ポーチ監督。

ハイ淀川です　カンが私刑を受けるシーン。爆竹を耳に突っ込まれて耳を吹き飛ばされる。それを親友のフェイが助けて連れて帰ってくる。苦しんで寝ていると、彼女のナンが阿片を吸って、煙を彼の口に移して痛みをとってやる。それをフェイがじっと見ている。ナンは「ありがとう。あんたのおかげであの人、助かったわ」と言いながら、二人は思わず抱き合っちゃった。自分の彼がそこに寝ているのに、その場で接吻する。いやらしくなくって可愛くって涙があふれるシーンです。男と女の愛、男と男の親友の愛がどんなにきれいに流れていることか。戦場の中でも愛というものは殺されない。香港はなんというやさしい映画をつくったことでしょう。

家族の気分
Un Air De Famille

96／仏・監・脚＝セドリック・クラピッシュ／脚＝アニエス・ジャウィ、他／撮＝ブノウ・ドゥロム／出＝ジャン・ピエール・バクリ、ジャン・ピエール・ダルッサン、カトリーヌ・フロ、クレール・モーリエ／V＝C－C　D＝紀伊國屋

解説　一九九四年にパリで初演され大ヒットした舞台劇の映画化。フランスの片田舎でメナール家の長男アンリ経営のカフェに家族が集まる。母と妹のベティ、弟フィリップとその妻ヨヨ。しかしアンリは妻が家出してしまったことを言い出せない。セドリック・クラピッシュ監督が一家の絆をユーモアと皮肉をまじえて描く。

ハイ淀川です　舞台の劇を映画にするというのはなかなか難しいんです。ウィリアム・ワイラーはその名人でしたけれど、この監督も実にうまいんだね。舞台劇のよさが映画の中にしみ込んでいるんです。パリの片田舎の、日本で言えば一膳飯屋みたいなカフェの感じがよく出ているのね。出演者全員が舞台そのままの役だからその台詞の見事なこと。舞台で練って練った台詞だけにすばらしいんです。まさに言葉の洪水ですね。まるで『グランド・ホテル』みたいな映画。一つの場所で、金曜日の夕方から夜までの中に人間のドラマをみせます。それなのに全然倦きません。この監督のエネルギーに感心しました。見ごたえのある傑作です。

家族の肖像
Gruppo Di Famiglia In Un Interno

74／伊・仏／監・脚＝ルキノ・ヴィスコンティ／脚＝スーゾ・チェッキ・ダミーコ、他／撮＝パスカリーノ・デ・サンティス／出＝バート・ランカスター、シルヴァーナ・マンガーノ、ヘルムート・バーガー、アラン・ドロン／V＝東芝　B・D＝KAD

解説　ルキノ・ヴィスコンティ監督が、孤独な老人と家族の関係を描いた作品。ローマの宏壮な邸宅で老教授（バート・ランカスター）はひっそり暮らしているが、富豪夫人ビアンカ（シルヴァーナ・マンガーノ）が、愛人のコンラッド（ヘルムート・バーガー）のために強引に二階の部屋を借りたことから、教授の生活は一変する。

ハイ淀川です　この舞台劇手法の映画の回転のフラッシュバックが出てきますが、それがこの映画の鍵。美しい妻（クラウディア・カルディナーレ）がウェディングドレスの白いベールをうれしげにとるところ。その妻が泣くところ。もう一つは黒いベールをつけた母が少年に向かって言い聞かせるシーン。この老教授には離婚した妻、母もいた。長年、孤独を頑固に守りながら教授の心が抱きしめ続けている憧れは〝家族〟だということがわかる。ヴィスコンティの愛がランカスターにしみ込んでいる。見ているうちに現実と芝居が二重の興奮を盛りあげてくるあたりがまた面白い。この作品はヴィスコンティの演出美の陶酔を感じさせる貫禄を溢らせた名作です。

カッコーの巣の上で
One Flew Over The Cuckoo's Nest

75／米／監＝ミロス・フォアマン／脚＝ローレンス・ホーベン、他／撮＝ハスケル・ウェクスラー／出＝ジャック・ニコルソン、ルイーズ・フレッチャー、ウィル・サンプソン／V＝WHV／D＝WHV　B・D＝WHV

解説　ケン・キージーのベストセラー小説をミロス・フォアマン監督が映画化。刑務所の強制労働を逃れたマクマーフィー（ジャック・ニコルソン）は、オレゴン州立精神病院に送られるが、患者たちが看護婦長ラチェット（ルイーズ・フレッチャー）に抑えつけられているのを見て、彼らを生き返らせようとする。アカデミー作品賞など五部門受賞。

ハイ淀川です　製作があのマイケル・ダグラスですね。お父っつあんがご存知のようなカーク・ダグラスですが、親の七光りって関係ありません。この映画を見ただけで彼の秀才ぶりがわかります。チェコスロヴァキア出身のミロス・フォアマンがアカデミー監督賞、ジャック・ニコルソンが主演男優賞を獲った名作ですね。ほんとうに冷酷な看護婦と医者。何から何まで自由を奪われたこの精神病院の哀れな患者たちを勇気づけ反抗するマクマーフィー。その勇気のすごいこと。というわけで、この映画は病院が病人をさらに救われない病人にしてしまうあたりの恐怖がどんどん伝わってくる。ほんとうに怖い怖い作品です。ニコルソンの演技も立派でした。

喝采
Applause

29／米／監＝ルーベン・マムーリアン／脚＝ギャレット・フォート／撮＝ジョージ・フォルシー／出＝ヘレン・モーガン、ジョーン・ピアーズ／V＝ジュネス　D＝パラマ

解説　舞台演出家でNY派ルーベン・マムーリアンの第一回監督作品。ミュージカル歌手ヘレン・モーガンが主演した。キチイ（モーガン）はレビューの花形だったが、今はしがない寄席芸人に成り下がっている。そこに母はニューヨークの一流の舞台女優と思いこんでいる一人娘（ジョーン・ピアーズ）がやってくる。

ハイ淀川です　ヘレン・モーガンの名作です。人がいいので男にだまされては酒をあおり、今は一人娘を生きがいの五十女。娘が飲んだくれの母に代わって舞台に出る羽目になった。若い娘が飛び出したので客席からすごい拍手。それを聞いてこの母は楽屋から飛び出して舞台のそでに這い出てよろめいて倒れた。でも、自分の喝采だと思って笑顔をつくって両手を広げてそのまま母はこと切れました。そこへ娘の恋人の水兵が故郷の母からの手紙を持ってきた。二人の背後に全盛時代の笑顔で両手を広げたポスターが貼ってある。二人の足元には母の死体が転がっている。でも二人は母が酔いつぶれたと思って「お母さんを幸せにしてあげましょうね」と囁きあう。

喝采の陰で
Author! Author!

82／米／監＝アーサー・ヒラー／脚＝イラエル・ホロビッツ／撮＝ヴィクター・J・ケンパー／出＝アル・パチーノ、チューズデイ・ウェルド、ダイアン・キャノン、アラン・キング／V＝FOX　D＝FOX

解説　一児を持つブロードウェイの劇作家トラバリアン（アル・パチーノ）は、四人の子持ち女性グローリア（チューズデイ・ウェルド）と再婚。しかし、妻は画家と不倫し、子供たちをおいて家出。劇作家は悪戦苦闘しながらも親子の情愛を深め、台本を書きあげ初日を迎える。監督は『ある愛の詩』のアーサー・ヒラー。

ハイ淀川です　ボブ・フォッシー監督の『オール・ザット・ジャズ』は、ミュージカルの振付師が命をすりへらす苦悩映画でしたが、これも、芝居の作家の苦悩映画。五人の子供たちが劇作家の女とどう生活していくか。家庭の内幕を皮肉に覗くマンハッタン人種を皮肉に描き、そして、舞台の主役のダイアン・キャノンの劇を書くパチーノと彼女との愛。しかし、アーサー・ヒラーはこの映画をコメディにしようか、マンハッタン人種のシャープなスケッチにしようか迷ったところがないでもない。初日、「ニューヨークタイムズ」が発売、それを五人の子が摑みどりして劇評をむさぼり読み、〝パパ〟と叫ぶあたりのブロードウェイの舞台裏風景は面白いシーン。

葛飾砂子

20／日／監＝栗原トーマス（喜三郎）／脚＝谷崎潤一郎／撮＝稲見興美／出＝上山珊瑚、豊田由良子、中尾鈫郎、岡田時彦

解説　泉鏡花の原作を谷崎潤一郎が脚色、アメリカ帰りの栗原トーマスが監督したサイレントの名作。三味線屋の一人娘菊枝は若手の歌舞伎役者橘之助を慕っていたが、彼は肺病で他界。看病していた菊枝の親友看護婦お縫は形見として浴衣をもらう。菊枝はそれを見つけだし身にまとい後追い自殺をはかるが船頭に助けられる。

ハイ淀川です　ラストシーンがすごいねえ。秋晴れだ。女二人、菊枝とお縫が並んで歩いている。橋の上に来た。上から撮っている。二人は欄干に身を寄せた。キャメラは今度は下から撮っている。お縫が手にしている風呂敷包みを開く。中にはきれいに洗って糊付けした橘之助の浴衣があった。二人は顔を見合わせる。「二人で思い出を流しましょう」と言って、橋の下へ投げ捨てる。浴衣はゆるやかに川面に浮いて、しばらく流れてやがて沈んで消えた。そこに「完」の字幕が出たのね。私は今でもどの場面も空で言えるくらい覚えておりますけれど、これはまさにフランス映画の感覚なのね。当時、こんなレベルの高い作品があったんですよ。

勝手にしやがれ

A Bout De Souffle

B・D＝KAD

59／仏／監・脚＝ジャン・リュック・ゴダール／脚＝フランソワ・トリュフォー、他／撮＝ラウール・クタール／出＝ジャン・ポール・ベルモンド、ジーン・セバーグ、ダニエル・ブーランジェ／V＝アミューズ／D＝アミューズ、東芝

解説　ジャン・リュック・ゴダールが監督した代表的なヌーヴェル・ヴァーグ作品。虚無的な青年ミシェル（ジャン・ポール・ベルモンド）は自動車泥棒の常習犯。白バイに追われたのであっさり警官を射殺。パリへ出てアメリカの留学生パトリシァ（ジーン・セバーグ）とベッドを共にするが、彼女は彼のことを警察に密告してしまう。

ハイ淀川です　ジャン・リュック・ゴダールの長編第一作で、今までの映画の常識を破りましたね。十六ミリのキャメラで思うがままにゴダール呼吸で撮って画面を集めましたね。ヌーヴェル・ヴァーグの代表作で、サイレント時代からのフィルムの流動美を失いました。この手法が他の映画にいろいろの影響を与えました。大胆といえば大胆ですね。映画を乾いたドライな感覚に導きました。ただし、このラストシーン、ミシェルは警官に撃たれ、「最低だ」と言って息をひきとる。タバコの煙をぷかりと吐いて自分の手でまぶたを閉じて死ぬあたり。犯罪者としての罪の意識なんかまったくない。あっけらかんとした馬鹿な男の詩でしたね。

哀しみのトリスターナ

Tristana

B・D＝KAD

70／伊・仏・スペイン／監・脚＝ルイス・ブニュエル／脚＝ジュリオ・アレジャントロノ／撮＝ホセ・フェルナンデス・アグアイオ／出＝カトリーヌ・ドヌーヴ、フェルナンド・レイ、フランコ・ネロ／V＝クラウン

解説　多難な人生を歩んだ薄幸の美女の愛と憎しみを通して、人間存在の恐ろしさを問うルイス・ブニュエル監督作品。二〇年代末のスペイン。十六歳の孤児トリスターナ（カトリーヌ・ドヌーヴ）は、好色な没落貴族ドン・ロペ（フェルナンド・レイ）に引きとられるが、ロペは彼女を養女としてではなく女として見るようになる。

ハイ淀川です　トリスターナはこの養父と抵抗もなく寝てしまいます。しかし、町で若い画家（フランコ・ネロ）と知り合い、駆け落ちしますけれど、足に腫れものができ、苦しみ抜いて養家に戻って、片足を切断されます。画家と別れて養父と正式に結婚します。しかし、愛はみじんもないんですね。養父の急病の枕辺で、医者も呼ばないで雪が降っているのに窓を開いて老いた養父を見殺しにしてしまう。このあたりの怖さ。ドヌーヴが熱演しました。これはスペインの文豪ベニト・ペレス・ガルドスの代表作の映画化。ブニュエルはこのとき七十歳。作品に艶が消えましたが枯れた美しさを見せ、前作『昼顔』をしのぐ作品にしました。

悲しみよこんにちは

Bonjour Tristesse

D=SPE

57／米・英／製・監=オットー・プレミンジャー／脚=アーサー・ローレンツ／撮=ジョルジュ・ペリーナール／出=ジーン・セバーグ、デヴィット・ニーヴン、ミレーヌ・ドモンジョ、デボラ・カー／V=SPE

解説　フランスの作家フランソワーズ・サガンの処女作をオットー・プレミンジャー監督が映画化。十七歳の早熟な娘セシール（ジーン・セバーグ）を中心に彼女の恋と、父親（デヴィッド・ニーヴン）とその愛人（ミレーヌ・ドモンジョ）の関係を思春期特有の嫉妬を絡めて描く。主人公のセシール・カットが女性の間で評判になった。

ハイ淀川です　これはアメリカとイギリスの合作ですけれど、原作はフランスの流行作家フランソワーズ・サガンの十八歳の時の小説ですね。この主人公の女の子セシールは、お父さんをとっても愛していました。お母さんを亡くしたあとは父と二人きりで生活を楽しんでいました。彼女はお父さんの浮気にも平気だったのに、そのお父さんが本気で一人の女を恋したときに、その女を自殺させてしまう。思春期の女のなんとも知れん嫉妬。そのあたりが怖いんです、この映画。現在の場面をモノクロで、回想シーンはテクニカラーにした。このスタイル手法が当時は評判になりました。セバーグはこのあとに『勝手にしやがれ』に出演、有名スターになりました。

彼女たちの関係

A La Folie

D=LDC

94／仏／監・脚=ディアーヌ・キュリス／脚=アントワーヌ・ラコンブレーズ／撮=ファビオ・コンヴェルジ／出=アンヌ・パリロー、ベアトリス・ダル、パトリック・オリニャック、アラン・シャバ／V=LDC

解説　アリス（ベアトリス・ダル）は、恋人と同棲しているが、そこに姉エルザ（アンヌ・パリロー）が転がり込んでくる。アリスは姉の威圧的な態度に苛立つ。アパートの一室を舞台に姉妹の愛憎と、二人の間で揺れる青年との三角関係をからめてスリリングに描いた異色のラブ・サスペンス。ディアーヌ・キュリス監督。

ハイ淀川です　この二人がほんとうの姉妹か、と思ってしまうほど怖い映画です。この姉妹はレズビアンかもしれない。問題はこの姉さんですね。学校の級長さんみたいな怖い顔。この顔が見ものでこの映画の命を保ちました。姉さんは妹をいじめる。妹を外にくくって、妹の恋人とベッドインして、その声を聞かせるあたり。この女の感触、残酷。姉さんは妹を愛して自分のものだけにしておきたい。他人の男になんかとられたくない。この愛がほんものだけに怖いんですね。姉さんの誘惑に簡単にのってしまうあたり男は馬鹿ですね。女の人はこれを見てこんな女になっちゃあダメですよ。これは女の匂いが見事な、言葉は悪いけれど、掘り出しものの映画です。

鞄を持った女

La Ragazza Con La Valigia

B・D=復刻

61／伊／監・脚=ヴァレリオ・ズルリーニ／脚=ベンベヌティ・ベナッティ／撮=ティノ・サントーニ／出=クラウディア・カルディナーレ、ジャック・ペラン、ルチアーナ・アンジェディロ

解説　クラブ歌手のアイーダ（クラウディア・カルディナーレ）は、最愛の夫を亡くし、プレイボーイのマルチェロを本気で愛するが捨てられてしまう。そんな失意の彼女に献身的に尽くしたのはマルチェロの弟ロレンツォ（ジャック・ペラン）だったが、アイーダは彼の将来を思い身を引く。監督は『家族日誌』のヴァレリオ・ズルリーニ。

ハイ淀川です　年下の男ロレンツォに愛されたアイーダが、彼のために別れようとする。その駅での別れのシーンはイタリアン・センチメンタルが溢れていて実にいいんですね。アイーダはロレンツォから離れて、自称映画監督だと言っている遊び人の男と結婚しようとするんですが、あの年下の男が追ってくる。彼女はその年下の男の気持ちがわかっているだけにつらい。泣いた。でも去って行く。この哀感、いや哀痛の描写の見事なこと。ヴァレリオ・ズルリーニ監督のロマンチシズムいっぱいの演出。このころのイタリア映画には独特の個性が溢れていました。そしてこの作品でクラウディア・カルディナーレは一躍有名になりました。

カビリア
Cabilia

D＝コスミ
14／伊／製・監・脚＝ジョヴァンニ・パストローネ／撮＝セグンド・デ・チョーセン／出＝リディア・クァランタ、ウンベルト・モッツァート、アルミランテ・マンツィーニ、バルトロメオ・パガーノ

解説　イタリア史劇映画の代表的な作品。紀元前二世紀、エトナ山の噴火で五歳の娘カビリアは乳母とともに逃れたが、運悪くカルタゴの大聖殿に売り飛ばされてしまう。しかし、再三にわたり屈強な若者マチステに助けられる。宮殿の豪華なセット、戦闘シーン、豊満な南欧女優の容姿に当時の日本の観客が圧倒された群衆劇。

ハイ淀川です　イタリアの文豪ガブリエーレ・ダヌンツィオがシナリオを書きましたが、もうこれは活動写真の初期の初期のころの映画です。エトナ山が噴火して町中が灰だらけになってカビリアが逃げる道中のすごいこと。それを体の丈夫なマチステという男がいたわっていたわって、最後の最後は成人したカビリアを助ける話なのね。私は七歳の時、この映画を初めて見ましたがびっくりした、その宮殿の見事なこと。大きな池に島が浮かんでいて、ぐるりには大理石の家の柱が並んでいる。なんというぜいたくなセットだろう。このイタリアの大作に仰天しましたが、D・W・グリフィスもこれを見て刺激されて、あの『イントレランス』をつくったんですね。

カビリアの夜
Le Notti Di Cabiria

B・D＝KAD
57／伊／監・原・脚＝フェデリコ・フェリーニ／脚＝エンニオ・フライアーノ、他／撮＝アルド・トンティ／出＝ジュリエッタ・マシーナ、アメディオ・ナザーリ、フランソワ・ペリエ／V＝東北

解説　フェデリコ・フェリーニ監督が無垢な心をもった娼婦を通して人間の魂の救いに光を当てた作品。カビリア（ジュリエッタ・マシーナ）は男に河に突き落されても、その男が自分を殺してお金を奪おうとしたなどとは考えない人の好い夜の女。有名なスターに拾われ夢のようと喜ぶが、その男に恋人がいてその夢も消える。

ハイ淀川です　カビリアはいつも天使のような心を、このいじましい残酷な人生の中にあっても失わない女ですね。好きな男ができて自分のなけなしの家財道具を売って持参金をつくりました。ところがこの男はカビリアを崖から突き落してその金をとろうとしたんですね。もう泣いて泣いてお金の入ったハンドバッグを投げ出して叫ぶあたりのすごいこと。もう疲れ切って森をさまよっていると、ギターやアコーディオンに合わせ踊っている子供たちを見た。カビリアは一文無しになったくせに顔いっぱい笑いを浮かべて子供たちと一緒に踊り出す。神に与えられた純真を持ち続けなさいと、フェリーニは言っているような気がしますね。

ガープの世界
The World According To Garp

D＝WHV
82／米／製・監＝ジョージ・ロイ・ヒル／脚＝スティーヴ・テシック／撮＝ミロスラフ・オンドリチェク／出＝ロビン・ウィリアムズ、グレン・クローズ、メアリー・ベス・ハート、ジョン・リスゴー／V＝WHV

解説　ジョン・アーヴィングのベストセラー小説をジョージ・ロイ・ヒル監督が映画化。第二次大戦中、看護婦ジェニー（グレン・クローズ）と瀕死の兵士との一方的な性的行為で生まれたガープ。やがて成長したガープ（ロビン・ウィリアムズ）はレスリングに夢中になりヘレン（メアリー・ベス・ハート）と結婚。ジェニーは作家に。

ハイ淀川です　従軍看護婦のジェニーが、子供が欲しいばかりに重傷兵にレイプした。今にも死にそうな兵隊のくせにペニスは勃起したまま。ジェニーはこの兵隊にまたがった。こんなひどいことをしないで、普通に結婚相手を摑めばいいと思うのに。それは、ジェニーは結婚生活で自分が家庭にしばりつけられるのが大嫌いだからなのね。彼女は妊娠して、やがて男の子を産む。その子の名前がガープ。最後はこの母のジェニーも射殺され、さらにガープも撃たれてしまう。この映画は、結婚を嫌い子供のみを欲しがった女のホームドラマの運命劇。家庭の崩れる怖さ。その中にしみ込んだ愛の厳しさ。ホームドラマも時代とともにどんどん変わってきました。

カプリコン・1
Capricorn One

77／英／監・脚＝ピーター・ハイアムズ／撮＝ビル・バトラー／出＝エリオット・グールド、ジェームズ・ブローリン、ブレンダ・バッカロ／V＝東北　B・＝キング　D＝東北

解説　世界初の有人火星着陸は、NASAが仕組んだ大芝居だった。三人の乗組員の火星着陸の様子がセットで撮影され、それがテレビ中継され世界中がだまされる。このトリックに気づいた新聞記者（エリオット・グールド）は真相究明に乗り出す。国家の陰謀を描いた近未来アクション。ピーター・ハイアムズ監督。

ハイ淀川です　火星に向かってカプリコン・ワンのロケットを発射する。いよいよ出発するというので家族たちもみんな見ています。ところが、発射の前に飛行士をひそかに降ろしちゃったんですね。そうして、発射したあとで、遠い遠い土地に、大きなセットをつくって、宇宙飛行士が火星に第一歩を印したという大芝居して、それをテレビ中継して世界中に放送しました。不思議な不思議なお話ですね。そうして、この三人の飛行士は生きているとまずい、殺されるかもしれないと思って逃げるあたりの怖いこと。このあたりの描写は面白くって怖い。というわけで、このピーター・ハイアムズ監督の代表作となりました。

髪結いの亭主
Le Mari De La Coiffeus

91／仏／監・脚＝パトリス・ルコント／撮＝エドゥアルド・セラ／出＝ジャン・ロシュフォール、アンナ・ガリエナ、トマ・ロシュフォール／V＝ポニー／D＝アミューズ、東芝　D＝メディアリンクス

解説　パトリス・ルコント監督の日本初公開作。子供のころから女の床屋さんと結婚したいと思っていたアントワーヌ（ジャン・ロシュフォール）は、中年になって美人の理容師マチルド（アンナ・ガリエナ）に突然プロポーズし夢が実現。働きもしないで彼女に見とれている愛の日々は続く。理髪店を舞台に夫婦の愛を官能的に描く。

ハイ淀川です　奥さんが一人で働いて亭主はずっと見ているだけで働きませんね。でもこの映画は理詰めで、生活費はどうなっているかなんて思って見たらいけません。男の目と、女がうれしそうに頭を刈っているところを見ればいい。そうすると二人の結婚、愛がだんだん見えてきます。世の中にこんな夫婦がいるのか。これがこの映画のほんとうの狙いなんですね。二人は店の中で激しくセックスをして、奥さんは出ていってしまう。そうか。奥さんは愛をこんなに大事にしていたのか。愛が壊れないうちに光に輝いていたうちにと思ったこの夫婦の心掛け。それをこんな形で見せたあたり、まるで結婚の水晶ですね。このフランスの感覚を見てほしい名作です。

カミーユ・クローデル
Camille Claudel

88／仏／監・脚＝ブリュノ・ニュイッテン／脚＝マリリン・ゴールディン／撮＝ピエール・ロム／出＝イザベル・アジャーニ、ジェラール・ドパルデュー、アラン・キュニー　B・D＝キング

解説　十九世紀末のパリ。女性彫刻家カミーユ・クローデル（イザベル・アジャーニ）は、著名な彫刻家ロダン（ジェラール・ドパルデュー）に師事するが、世間からはロダンの愛人としか見られない。ロダンとの恋、さらに作家としての生き方に悩む。ブリュノ・ニュイッテン監督の第一回作品で、イザベル・アジャーニの代表作。

ハイ淀川です　彫刻家というのはどんなに苦しいものなのか。ロダンがどんどん有名になっていくのに、カミーユはその下になって苦しむ。しかし、ロダンが自分を愛しているのか、利用しているのか。それが見事な男と女のドラマになっているあたりがこの映画の見どころですね。そして、製作の現場を見ていると、彫刻家はモデルを全裸にしてああいう格好をさせるのか。股を広げさせたりしてあんなポーズまでとらせるのか。この名作は細かく教えてくれますね。ジェラール・ドパルデューの手の動きがきれい。アジャーニも見事な演技。この新人監督の画面はきれいです。というわけで、ロダンの、カミーユの勉強にこれほど生きた教材はありませんね。

カメレオンマン
Zelig

83／米／監・脚＝ウッディ・アレン／撮＝ゴードン・ウィリス／出＝ウッディ・アレン、ミア・ファロー、ギャレット・ブラウン、デボラ・ラッシュ／V＝WHV　D＝FOX

解説　ウッディ・アレンが監督、脚本、主演。人種国籍を問わずあらゆる人間に変身してしまうという特異体質を持った男セリグ（アレン）が巻き起こすコメディで、一九二〇年代のニュース映画がふんだんに挿入され、当時の有名人ヒトラー、ベーブ・ルースなどたくさんの人が出てくるが、その画面の中にセリグがいつもいるのだ。

ハイ淀川です　これはマンハッタン・カクテルとでも呼びたい男性の大人の娯楽映画。面白いのは誰かに人間がのり移るというこの発想。昔、ダニー・ケイが『虹を掴む男』でミュージカルに仕立ててこんなことをやりましたが、ウッディはわざとモノクロで、しかもインタビューの相手の本物を出すときのみカラーという具合で、これがいい効果を出しました。セリグが本物のデムプシーのそばにいたり、ヒトラーの大演説のうしろから、手を振ったりの驚くばかりの映画遊び。一九二〇年代のアメリカの香りをたっぷりと見せ、ニューヨーク製品の高級な立派さを燦然と出しました。ニューヨークにウッディありという天才ぶりを感じさせました。

仮面の男
The Man In The Iron Mask

98／米／製・監・脚＝ランダル・ウォレス／撮＝ピーター・サシツキー／出＝レオナルド・ディカプリオ、ジェレミー・アイアンズ、ジョン・マルコヴィッチ、ジェラール・ドパルデュー、ガブリエル・バーン／V＝WHV／D＝WHV　B・D＝FOX

解説　アレクサンドル・デュマの原作をベースに映画化。悪の化身となったルイ十四世（レオナルド・ディカプリオ）は、双子の弟フィリップ（ディカプリオ二役）を地下に幽閉。このことを知ったダルタニアン（ガブリエル・バーン）ら元四銃士は腐敗政治立て直しのため立ち上がる。ランダル・ウォレス監督の歴史ロマン。

ハイ淀川です　まさにサイコロ映画。あの小さなサイコロを振って、①が出るか⑥が出るのか出たとこ勝負。ディカが『タイタニック』でバカ当たりして『ロミオ&ジュリエット』で大ヒットしたので、この冒険企画に賭けたわけね。それに四銃士のジョン・マルコヴィッチ、ジェレミー・アイアンズ、ジェラール・ドパルデューの海千山千の猛優たちでディカを助けようという趣向です。ロスの麦畑を裸足で駆けているようなディカをルイ十四世時代の悲劇の王子さまにさせ、しかも二役。美術も衣装にも近ごろこれだけの金をかけた大時代劇は珍しい。ディカの演技を見るのがこの映画のお楽しみですけれど、ディカの童顔が消えたときのディカの運命やいかに！

から騒ぎ
Much Ado About Nothing

93／米／製・監・脚＝ケネス・ブラナー／撮＝ロジャー・ランサー／出＝ケネス・ブラナー、エマ・トンプソン、デンゼル・ワシントン、キアヌ・リーブス／V＝アスミ　B・D＝FOX

解説　イタリア、トスカーナの町メッシーナを舞台に、伯爵クローディオと知事の娘、独身主義者ベネディック（ケネス・ブラナー）と知事の姪ベアトリス（エマ・トンプソン）の情熱的な恋が展開される。ケネス・ブラナーがシェイクスピアの戯曲を映画化。デンゼル・ワシントンをはじめオールスター・キャストで見せる傑作喜劇。

ハイ淀川です　三十三歳のケネス・ブラナーが製作、監督、脚色、主演しましたが、あっ気にとられるほど見事でした。これはまるで西部劇ですね。男の映画。これほど男が惚れ惚れとあっぱれな映画も珍しい。馬のいななき、馬のひづめ、それが画面から溢れそのカッコいいこと。それだけでなく名作のバレエを思わせます。仲を引き裂かれた男と女が再びめでたく結ばれるまでのお話ですけれど、その台詞が面白くって楽しいこと。このあたりが見もの、聞きどころですね。いかにも品格が溢れた映画。ケネス・ブラナーの演出がなんともうまい。映画美術が溢れた名作です。これを見てまたシェイクスピアの戯曲を貪欲にむさぼってほしいと思います。

ガラスの動物園
The Glass Menagerie

50／米／監＝アーヴィング・ラッパー／脚＝テネシー・ウィリアムズ、他／撮＝ロバート・バークス／出＝ガートルード・ローレンス、ジェーン・ワイマン、アーサー・ケネディ、カーク・ダグラス

解説　劇作家テネシー・ウィリアムズの出世作となった同名戯曲の映画化。暗い家庭を嫌って飛び出した息子トム（アーサー・ケネディ）の回想から、セントルイスの裏町に住む一家の母（ガートルード・ローレンス）、妹（ジェーン・ワイマン）、そしてトムの三人暮らしの生活が描かれていく。監督はアーヴィング・ラッパー。

ハイ淀川です　テネシー・ウィリアムズは映画界では引っぱりダコなんですね。この作品で、お母さんは若いころは美人で南部でも評判娘。だから男には不自由しなかった。それだけに、いじいじした娘がみじめで心配なの。それで息子に頼んで工場で一緒に働いている青年ジム（カーク・ダグラス）を連れてきてもらうの。ところがその若者に婚約者がいた。それを聞いたお母さんは、なんという男を連れてきたのかと言って泣きわめく。このあたりはすごいのね。この娘は自分に言いきかすのね。「あたしは自分で男を見つけるわ」。見事なストーリー展開。それと同時に女性への手厳しい鞭と女性への底知れぬ哀感をこめた愛情が溢れています。

カルメン
Carmen

D＝東北

83／スペイン／監・脚＝カルロス・サウラ／脚＝アントニオ・ガデス／撮＝テオ・エスカミーリャ／出＝アントニオ・ガデス、ラウラ・デル・ソル、パコ・デ・ルシア／V＝東北

解説　現実とオペラを交錯して描くダンス映画。『カルメン』をフラメンコ・ダンスで上演する舞踊団の主宰者アントニオ（アントニオ・ガデス）は、主役のカルメンに若いダンサー（ラウラ・デル・ソル）を抜擢。稽古が進むにつれて、ホセ役のアントニオはドラマと同じようにカルメンにひかれていく。カルロス・サウラ監督。

ハイ淀川です　フラメンコのありとあらゆるテクニックと激情を画面に燃やし、目もくらむばかりに盛りあげながら、アントニオ・ガデスの至芸を見せます。フラメンコはこれまで何度も映画の中の一場面に登場したものの、これは真正面からフラメンコを見せつくした。その点では『赤い靴』をさえしのぐものがあります。カルロス・サウラ監督は、フラメンコから野性をとりのぞき、ショーの絢爛さをはぎとり、スペインの誇るべき芸術として、巧みな脚本構成、キャメラ、セットを使い世界に誇るハイセンスで、このダンスをフィルム美術に仕上げました。それにパコ・デ・ルシアのギター。まさにこの映画は最高のダンスのテキスト。後世に残る記念碑的な名作。

華麗なるギャツビー
The Great Gatsby

B・D＝パラマ

74／米／監＝ジャック・クレイトン／脚＝フランシス・F・コッポラ／撮＝ダグラス・スローカム／出＝ロバート・レッドフォード、ミア・ファロー、ブルース・ダーン、カレン・ブラック／V＝CIC

解説　一九二〇年代を背景に、成金青年の出世欲や挫折感を上流社会の非情さの中で描いたメロドラマ。ギャツビー（ロバート・レッドフォード）はロング・アイランドに豪壮な邸をかまえ毎夜のようにパーティを開くが、すべては対岸に住む富豪トムの妻ディジー（ミア・ファロー）のためだった。ジャック・クレイトン監督。

ハイ淀川です　これは『嵐が丘』の男の現代版。原作はF・スコット・フィッツジェラルドで、すでに二度映画化されています。ギャツビーは自分の屋敷に彼女を連れていき何百着あるかわからないワイシャツを見せました。このワイシャツの意味。ギャツビーはお前のためにここに家を建ててもう一度戻ってもらいたいために命をかけたんだという気持ち。ディジーは、こんないい生地のシャツを見たことがないと言ったのは、こんなすごい愛は知らなかったということ。それをワイシャツで表わしているんですね。このあたりのうまさ。命がけでディジーを守り抜いた男の悲劇。恋のクラシックをレッド・フォードとミア・ファローが演じたところが面白かった。

華麗なる相続人
Bloodline

79／米／監＝テレンス・ヤング／脚＝レアード・コーニング／撮＝フレディ・A・ヤング／出＝オードリー・ヘプバーン、ジェームズ・メイスン、ロミー・シュナイダー、オマー・シャリフ／V＝CIC　D＝パラマ

解説　人気作家シドニー・シェルダンのベストセラー小説をテレンス・ヤング監督が映画化。世界的に有名な製薬会社の社長が事故死。娘のエリザベス（オードリー・ヘプバーン）は大株主となり莫大な財産を受け継ぐが、株主たちは会社の乗っ取りや財産を虎視眈々と狙う。ロミー・シュナイダー、ジェームズ・メイスンなど大スターが共演。

ハイ淀川です　女優さんにインタビューするとき、「あなたは、おいくつですか」というのは禁句なんですね。美人女優で売った人は年齢がこたえてきますけれど、エリザベス・テーラーぐらいになると、いくら太っていようがこれがわたしよと開きなおったりするのね。オードリーはこの映画のとき五十歳。さすがに老けたと思いました。むかしの『ローマの休日』がいまだに頭にこびりついているだけに残酷な気もしましたが年齢じゃぁない。個性で勝負しているところがいい。というわけで、この映画はストーリーよりもロミー・シュナイダー、ジェームズ・メイスン、オマー・シャリフといった渋い渋い実力派スターの演技が見どころ。それを楽しんでください。

彼をめぐる五人の女

27／日／監＝阿部豊／脚＝田中栄三／撮＝碧川道夫／出＝岡田時彦、岡田嘉子、梅村蓉子、原光代、徳川良子、夏川静江

解説　アメリカ帰りの阿部豊監督のハイカラ映画。岡田時彦の医学士が岡田嘉子の女優に恋をするが純情を踏みにじられ、そこから女性遍歴が始まる。原光代の芸者、梅村蓉子の妾、夏川静江の令嬢、徳川良子の婆やの娘が現われ、純情だった彼が女たちを手玉に取るプレイボーイぶりを発揮する。日本映画史に残るみずみずしいモダニズム作品。

ハイ淀川です　阿部豊がエルンストン・ルビッチの『結婚哲学』を見て、もう我慢ができなくなって撮った日活最高のモダン映画ですね。この人、アメリカでジャッキー阿部といってキャメラマンをやっていたことがあるのね。これはまるでパラマウント映画。キャメラがきれいでなんと粋な映画をつくったかと思いました。メーキャップのきれいなこと。たとえば梅村蓉子があの人を絶対に奪ってやろうと思って美容院に行って、頭の感じを直してもらうところ。鏡を見たらどうも肉体美じゃないので、もっと肉体美になろうと苦労するあたり。まあ、それぞれの女たちが工夫をこらし岡田時彦の彼を誘惑するところの面白さってなかった。まさにルビッチでした。

河
The River

51／米／監・脚＝ジャン・ルノワール／脚＝ワーマ・ゴッデン、他／撮＝クロード・ルノワール／出＝パトリシア・ウォルターズ、アドリエンヌ・コリー、ラーダ、アーサー・シールズ、ノラ・スウィンバーン／V＝IVC／D＝カルチ　D＝IVC

解説　インド、ガンジス河が流れるベンガル地方。ハリエット（パトリシア・ウォルターズ）、バレリー（アドリエンヌ・コリー）、メラニー（ラーダ）の仲よし三人娘と、第二次大戦で片足を失った青年将校ジョン（トーマス・ブリーン）との淡い交流を描く。ルノワール監督初のカラー作品。サタジット・レイが助監督。ベネチア映画祭国際賞。

ハイ淀川です　ルノワールの見事な名作です。三人のお嬢ちゃんがいて二人は英国人。あとの一人がインドとアメリカの混血ですね。この三人がアメリカの将校に憧れるあたり、あの『若草物語』の世界と同じですね。それよりもこの作品の見事なことはインドのガンジス河が流れる風景の美しさ。花火をあげて楽しむお祭りのきれいなこと。混血の娘がインドのダンスを踊るところ。あの手の動き、頭の動き、これがインドという感じ。インドの詩です。キャメラがきれい。実はこの映画、ルノワールにいっぺんきれいな映画を撮ってもらおうと、ロサンゼルスの花屋さんが集まってお金を出してつくってもらったんですよ。

河
河流

B＝竹書房

97／台湾／監・脚＝ツァイ・ミンリャン（蔡明亮）／脚＝ヤン・ピーイン、他／撮＝リャオ・ペンロン／出＝リー・カンション、ミャオ・ティエン、ルー・シアオリン、チェン・チャオロン／V＝IVC、ユーロ

解説　青年シャオカン（リー・カンション）は、女友だちに頼まれ映画ロケで河に浮かぶ死体役を引き受けるが、翌日から首が曲ったままになってしまう。父（ミャオ・ティエン）はゲイのサウナに通い続け、母（ルー・シアオリン）は愛人と密会を続ける。台湾のツァイ・ミンリャン（蔡明亮）監督が都会に生きる人間の孤独と愛の渇望を描く。

ハイ淀川です　題名の『河』は人生の流れを指しているんですね。これは父、母、息子の、この三人の孤独を見せる映画。息子は首の奇病で友だちもなくって孤独に陥っている。母は祈とうをしたりして、なんとかしようと思うけど効き目がない。父は疲れてきてゲイのサウナのようなところに行って疲れをいやそうとする。あるとき、その父がサウナの個室に忍び込んで男を抱きしめたら、それが息子だったというシーンもある。これはちょっとグロテスク趣味ですけれど、この三人の舞台演技っぽいところが気になりますけれど、力演している。この監督はまだ若いところもあるけれど、その映画への情熱にみとれてしまいます。まさにこれはこの監督の野心作。

可愛い悪魔
En Cas De Malheur

58／仏／監＝クロード・オータン・ララ／脚＝ジャン・オーランシュ／撮＝ジャック・ナットー／出＝ジャン・ギャバン、ブリジット・バルドー、エドウィジュ・フイエール

解説　ジョルジュ・シムノンの小説をクロード・オータン・ララ監督が映画化。名弁護士ゴヒョ（ジャン・ギャバン）は宝石商の妻を襲ったパリの小娘イヴェット（ブリジット・バルドー）を弁護し無罪にするが、これがきっかけでゴヒョは彼女の虜になっていく。B・Bの持味が生かされたペシミスティックな風俗ドラマ。

ハイ淀川です　ジャン・ギャバンとブリジット・バルドーの共演が面白かった。ギャバンは弁護士で奥さんとはとても仲がいい夫婦。ギャバンがなんとも知れんフランスの香りを放っていい中年男を演じています。この夫婦の間に、バルドーのいかれた女が入り込んできたのね。この女、宝石店に盗みに入って見つかったので、店主の奥さんをスパナで殴って逃げたんですね。その女の弁護士になったのがギャバン。この男が弁護して無罪にしてやっていくうちにバルドーにだんだん心を奪われていくところ、このギャバンの心の動揺、迷うところの中年男の感じがこの映画の面白さですね。それにバルドーの小悪魔的な魅力もなかなかよかったでしたねえ。

川の流れに草は青々
在那河畔青草青

D＝紀伊國屋

82／台湾／監・脚＝ホウ・シャオシエン（侯孝賢）／撮＝リー・スージュアン／出＝ケニー・ビー、ジャン・リン、ジュウ・ピンチュン／V＝ポニー

解説　台湾のホウ・シャオシエン監督の長編三作目。青年教師ダーニェン（ケニー・ビー）は、田舎の小学校に赴任してくる。生活環境や個性の違った生徒たちとの交流、自然破壊に対する村人たちの怒り、恋人との悶着など日々の出来事を通して、教師と子供たちとのふれあいを美しい自然の中で描いた初期の傑作。

ハイ淀川です　小学四年ぐらいの少年たちがいきいきと描かれているので、ほんとうに面白かった。貧しい父の子もいるし、豊かな家庭の子もいる。学校と家庭がよく結びついて巧く描かれているのね。貧しい父が川に電流を流して魚を川の上に浮かびあがらせてアミですくってとって商売をしている。その子供が学校で仲間からいじめられるので身をちぢめてしまうあたりの哀れ。健康診断でウンコを小箱に入れて学校に持っていくのに、この子供は家の冷蔵庫に入れてしまった。朝食のときお母さんがフタを開けてキャーッと叫ぶ。ウンコが映画に出たのはこれと『ラストエンペラー』ぐらいですけれど、とにかく子供たちの天真爛漫さが見事でした。

カンタベリー物語
The Canterbury Tales

D＝SPO

72／伊／監・脚＝ピエル・パオロ・パゾリーニ／撮＝トニーノ・デリ・コリ／出＝ヒュー・グリフィス、ジョゼフィン・チャップリン、ニネット・ダボリ、フランコ・チッティ、ピエル・パオロ・パゾリーニ／V＝WHV

解説　ピエル・パオロ・パゾリーニ監督のエロチック三部作の第二作。十四世紀のイギリスの大詩人ジェフリー・チョーサーの原作を脚色したオムニバス映画で、カンタベリー寺院に巡礼に行く人たちが、ロンドンの宿屋に泊まり合わせて、めいめいが男と女の愉快な物語をする。パゾリーニ自身もチョーサー役で出演している。

ハイ淀川です　パゾリーニはなぜ、これを取り上げたか。原作者のチョーサーが、『デカメロン』の作家ボッカチオに非常に影響を受けたんです。だから通じ合うところがあって、好きだったんですね。六十歳ぐらいのおじいちゃん（ヒュー・グリフィス）が、十六、七歳くらいの嫁と楽しい夫婦生活をしていたので、疲れちゃって目が見えなくなった。ところが嫁さんには若い彼氏がいた。この二人が木の上でいちゃつくの。その光景を見ていた神様が可哀相に思って、目をあかしてやった。そうしたら嫁さんは「あなたは幻覚を見たのよ。でも目があいてよかったね」。この中に色と欲と、人間の善良さと悪徳が見事に描かれている。パゾリーニの感覚はすごい。

がんばれ！ベアーズ
The Bad News Bears

D＝パラマ

76／米／監＝マイケル・リッチー／脚＝ビル・ランカスター／撮＝ジョン・A・アロンゾ／出＝ウォルター・マッソー、テイタム・オニール、ジャッキー・アル・ヘイリー、ヴィック・モロー／V＝CIC

解説　マイケル・リッチー監督の痛快コメディ。プールの巡回掃除屋で元マイナーリーグ投手のバタメイカー（ウォルター・マッソー）は、少年野球の最低チーム〝ベアーズ〟の監督に就任。猛特訓しながら、十二歳の娘アマンダ（テイタム・オニール）や不良少年テリーをスカウトし、チームをたたきあげ優勝決定戦に出場する。

ハイ淀川です　ウォルター・マッソーが少年野球チームのコーチに扮する。この映画の面白さはこれだけでもおつりがきますが、共演がテイタム・オニール。この組み合わせにうれしい感覚があります。この少女の子役が今度は名投手の役。この企画の面白さ。誰もが『ペーパー・ムーン』を想像して、ウォルター・マッソーのコーチとこの女の子の名投手が、頭を使って〝ベアーズ〟を勝たすのだなどと思ったら大間違い。〝遊ぶ〟というのはもっと粋なもの。この野球団の出来の悪さはあきれるばかり。コーチがジャック・レモンなら、面白すぎてそれでつまらない。これがウォルター・マッソーだから面白い。その〝遊びごころ〟を楽しむ映画です。

黄色いリボン
She Wore A Yellow Ribbon

B＝IVC　D＝ファースト

49／米／製・監＝ジョン・フォード／脚＝フランク・ニュージェント、他／撮＝ウィントン・C・ホック、他／出＝ジョン・ウェイン、ジョーン・ドルー、ハリー・ケリー・ジュニア、ジョン・エイガー、ヴィクター・マクラグレン／V＝東北、IVC／D＝IVC

解説　ジョン・フォード監督の抒情派西部劇。退官の日を迎えた隊の大尉（ジョン・ウェイン）はひとり淋しく砦を去りかけるが、その夜十二時までは在職期間がきれないのを知り、ひそかに部下と合流してインディアンを夜襲し馬を奪ってしまう。『アパッチ砦』『リオ・グランデの砦』と並ぶ騎兵隊三部作の一つで主題歌も大ヒットした。

ハイ淀川です　騎兵隊の勇敢と同時に男の感傷を見事にジョン・フォードは描きました。ジョン・ウェインは騎兵隊で人生のほとんどを過ごして退役しなくちゃならない。けれど、俺はインディアンに女房も娘も殺されてしまった。これから何をしたらいいのだろうか。老眼鏡を取り出して自分の懐中時計を見るところ。女房と娘のお墓参りをするところ。赤い夕日が沈もうとするなかで、もう髪の毛が白くなったジョン・ウェインが自分の女房の墓に退役の報告をするシーン。老け役のジョン・ウェインが実にいい。いかにも老人の男の、男一匹が枯れていく姿が見事に描き出されました。ジョン・フォードの名作の一つですね。

黄色いロールス・ロイス
The Yellow Rolls Royce

65／英／監＝アンソニー・アスキス／脚＝テレンス・ラティガン／撮＝ジャック・ヒルドヤード／出＝レックス・ハリスン、ジャンヌ・モロー、アラン・ドロン、シャーリー・マクレーン、ジョージ・C・スコット、オマー・シャリフ　D＝WHV

解説　一九三〇年から四一年にかけて黄色いロールス・ロイスにまつわる三つの物語を綴ったオムニバスのラブロマンス。三〇年はロンドンでは国務大臣、四一年はアメリカの上流夫人と持ち主が変わる。アラン・ドロン、ジャンヌ・モロー、レックス・ハリスン、イングリッド・バーグマンなど豪華スターが共演。アンソニー・アスキス監督。

ハイ淀川です　シャーリー・マクレーンはアメリカのギャングの二号さんの役で、いかにも甘ったれでマリリン・モンローみたいな役でした。その旦那がジョージ・C・スコット。二人はイタリアの名所見物するんだけど面白くないの。ところがアラン・ドロンの街頭写真屋と知り合って、ロールス・ロイスに乗っているうちにドロンとマクレーンはだんだん仲良くなっていく。でもこのドロンと一緒に寝たら旦那が怒って、この青年を殺すかもしれないと思って、この二号さんは、あの坊やみたいな青年が好きだけど離れていく。このあたりにホッとさせるものがあって、なかなか面白くて粋な作品でした。スターの顔を見ているだけでも楽しめる映画ですよ。

木靴の樹
L'Albero Degli Zoccoli

78／伊／監・脚・撮＝エルマンノ・オルミ／出＝ルイジ・オルナーギ、フランチェスカ・モリッジ、オマール・ブリニョーリ、カルメロ・シルバ、フランコ・ピレンガ／V＝東北／D＝東北　B・D＝紀伊國屋

解説　エルマンノ・オルミ監督が、北イタリアの農村生活を自然主義的リアリズムで描いた作品。小作人の父親が、地主の財産であるポプラの木を切って、息子（オマール・ブリニョーリ）に木靴を作ったことが地主にわかり、一家は追い出される。貧しく悲しい農夫たちのさまざまな人間模様を見せながら地主制を告発している。

ハイ淀川です　少年のころ感激した長塚節の『土』を感じました。美しい流れのなかで、悲劇を、怒りを隠して描いた演出の巧さ。この映画の中で、ただひとにぎりの平和と言えば、若者の船出と、冬の夜の農民家族が集っての夜話。それが温かく迫ってきますけれど、このほかは悲しいことばかり。それなのに温かいんです。それは北イタリアをかくも美しく描きあげたエルマンノ・オルミの芸術感、人間を温かく抱きしめて描いた彼の人間愛的な体質。これがこの映画にみなぎっていたからですね。チャップリンの喜劇に泣いて笑ったように、それに似た貧しい者へのいたわりが、見る者の胸を暖めてくれる。私の胸の中に映画愛を溢れさせてくれた名作です。

キスへのプレリュード
Prelude To A Kiss

92／米／製・監＝ノーマン・ルネ／原・脚＝クレイグ・ルーカス／撮＝ステファン・チャプスキー／出＝アレック・ボールドウィン、メグ・ライアン、キャシー・ベイツ／V＝FOX　D＝FOX

解説　クレイグ・ルーカスのヒット舞台劇をノーマン・ルネ監督が映画化。雑誌記者ピーター（アレック・ボールドウィン）とリタ（メグ・ライアン）は知り合って数ヶ月で結婚。ところが結婚式でリタが見知らぬ老人と祝福のキッスを交わした途端、リタと老人の魂が入れ替わってしまう。ファンタスティックな異色ラブコメディ。

ハイ淀川です　これは言ってみれば不思議な精神分析映画ですよ。なぜ、彼女がおじいちゃんから接吻されたから性格が変わったのか。実は人間というものは、好きで惚れ合って結婚しても、しばらくするとどこか違っていたと思うことがあるだろう。食い違ったら寝姿までいやになっちゃう。それで別れてしまうこともあるだろう。だから、表面的な貧しい愛で結ばれたってダメですよ、ということを言っているんですね。人間の機微、愛の恋の怖さをこんなにやわらかいタッチで描きました。だから、あのおじいちゃんは神の使いだったのかもしれませんね。愛の深さ、夫婦の生き方をこんなタッチで見せた映画は珍しい。地味だけどデリケートな映画ですよ。

奇跡の海
Breaking The Waves

B・D＝キング

96／デンマーク／監・脚＝ラース・フォン・トリアー／撮＝ロビー・ミューラー／出＝エミリー・ワトソン、ステラン・スカルスゲールド、カトリン・カートリッジ、ジャン・マルク・バール／V＝アミューズ／D＝アミューズ、東芝

解説　一九七〇年代初頭、スコットランド北西の村。カルヴィン主義の信者ベス（エミリー・ワトソン）は、よそ者のヤン（ステラン・スカルスゲールド）と結婚するが、ヤンは油田採掘事故で全身麻痺となる。ヤンはベスに愛人をつくるように説得し彼女の愛に報いようとする。極限の愛を描いた傑作。

ハイ淀川です　不能になった旦那が奥さんに、お前、誰でもいいから男とやれ。僕だと思ってやれ。そのセックスの一部終始を自分に話してくれというあたりは怖いなあ。そして、この女はバスに乗って見ず知らずの男のズボンのボタンを外して手をやるような女になる。どんどん男と関係して疲れ切って死んでしまう。これは愛の奉仕、反対に言えばひどい不倫ですね。この両方が燃えあがっているところがすごいんですね。教会の牧師にも追放されてしまいますが、この教会になぜ鐘がないのかもごらんになればわかってきます。というわけで、人間の欲望に若い人もびっくりなさるでしょう。デンマークはこんなに怖い映画をつくった。是非見て下さい。名作です。

奇跡の人
The Miracle Worker

D＝ディズニー

62／米／監＝アーサー・ペン／原・脚＝ウィリアム・ギブソン／撮＝アーネスト・カバロス／出＝アン・バンクロフト、パティ・デューク、ビクター・ジョリー／V＝WHV

解説　アラバマ州の大地主の娘ヘレン（パティ・デューク）は、生まれたばかりで熱病にかかり目、耳、口が不自由な三重苦の少女。全盲の経験を持つアニー・サリバン（アン・バンクロフト）が家庭教師になり、わがまま放題の彼女に人間の心をうえつけようと献身的な努力を続ける。アンがアカデミー主演女優賞、パティが助演女優賞。

ハイ淀川です　このヘレンはなんでも手で食べる。スプーンを渡しても投げてしまう。また持たせると投げる。サリバン先生が無理やり押さえつけて口に入れても食べない。先生に向かってダァーッとかける。平気で先生に向かってツバもかける。先生は、私が教えたことがわからないのか。悪い子だと言ってそばにあった水さしをとってジャーッとかける。そして先生が顔をバーンとたたいた。このアン・バンクロフトの演技が見事だったこと。子供はひっくりかえった。あれが愛ですね。すごい愛。最後はきれいにまとまるけど勉強というものが、愛というものがヘレンを立派な少女にしていく。アメリカ精神が見事に描かれた愛の名作です。

キッズ・リターン

B・D＝バンダイ

96／日／監・脚＝北野武／撮＝柳島克巳／出＝安藤政信、金子賢、石橋凌／V＝バンダイ／D＝バンダイ

解説　北野武監督が落ちこぼれの若者たちの孤独を描いた青春映画。高校生のシンジ（安藤政信）とマサル（金子賢）は、学校をさぼってカツアゲや悪ふざけの日々を過ごしているが、ある日、ボクシングジムに入門。素質のあったシンジはボクシングの道を進み、マサルはヤクザの道に入る。やがて、二人は再会するが…。

ハイ淀川です　この二人の若者が、一人は前向き、もう一人は後ろ向きになって自転車に乗るシーンがあるんです。このシチュエーションになんとも知れん淋しさを感じました。行くあてがない二人。俺たちはどうしたらいいんだろうという感覚が溢れ出ました。というわけで、この映画は若い落ちこぼれの二人がどんなに悲しいつまらない人生を送っているかという孤独が見事に出ました。ボクシングでポンポン打つところも男の悲しみ、怒り、むなしさ、誰かにすがりたい気持ちが溢れました。これは男の映画。北野武はまさに映画の詩人です。日本映画の中でもずば抜けています。この映画を笑いながら面白がりながら、この若者の悲しさを涙で見て下さい。

キッド
The Kid

21／米／製・監・脚＝チャールズ・チャップリン／撮＝ローランド・トザロー／出＝チャールズ・チャップリン、エドナ・パーヴィアンス、ジャッキー・クーガン／V＝朝日、ポニー、IVC／D＝カルチ　D＝IVC

解説　チャップリン初の長編喜劇。ロンドンの下町、男に捨てられた若い娘（エドナ・パーヴィアンス）は赤ん坊を車の中に置き去りにするが、浮浪者のチャップリンがその子を拾い育てる。五年後、成長した子供キッド（ジャッキー・クーガン）はチャップリンを助けインチキ商売に精を出す。そこへ今や人気オペラ歌手の生母が…。

ハイ淀川です　すっかり成長した子供（ジャッキー・クーガン）がパンケーキを焼いて朝食の支度。チャップリンはそのパンケーキをよく数えて皿に分ける。さあ、食べよう。チャップリンはこのシーンに二週間もかけたんです。クーガンが飢えて喜んでパンにありつく表情がなかなかでないの。このあたりチャップリンが〝食べること〟への執念、真剣さをいかに大切にしていたかがうなずけます。そういうわけでこの作品の面白さは、この二人が一緒に組んで働くところ、あるいはチャップリンが子供を夜通し捜し疲れきって眠りこけてからの夢のシーンなど、きりがありません。愛すること、働くこと、食べることの大切さを私に教えてくれた愛の名作です。

木と市長と文化会館 または七つの偶然
L'Arbre, Le Maire Et La Mediatheque Ou Les Sept Hasards

92／仏／監・脚＝エリック・ロメール／撮＝ディアーヌ・バラティエ／出＝パスカル・グレゴリー、ファブリス・ルキーニ、ミシェル・ジャウワン／V＝日活

解説　エリック・ロメール監督の風刺のきいた人間喜劇。フランスの片田舎、市長（パスカル・グレゴリー）の文化会館建設計画に、教師マルク（ファブリス・ルキーニ）は予定地にある樹齢百年の木が伐採されることを恐れ猛反対。マルクの娘（ギャラクシー・バルブット）が公園づくりを提案したため市長は考え込む。

ハイ淀川です　この映画は政治と文化教育を説きながら、それが演説口調ではないんですね。いかにも柔らかくってさわやかな感じ。そこがいいんですね。ジャン・ルノワールとルネ・クレールを思い出させてくれるようなフランス映画です。まさに台詞がどんどん飛び出してきますけれど、それを聞いている顔が笑顔。そして笑顔で答えるあたり。このフランスの村の物語に惚れぼれしてしまいます。監督のエリック・ロメールは七十四歳なのにこの若さにびっくりですね。まるで大人の童話を思わせるようなこのタッチ。アメリカのつくり方とえらい違いです。この監督のタッチこそその芸術。題名は幼児の絵本のようですけれど、中身は違いますよ。

キートンのカメラマン
The Cameraman

28／米／監＝エドワード・セジウィック／脚＝リチャード・スケイヤー／撮＝エルジン・レスリー、他／出＝バスター・キートン、マーセリン・デイ、ハロルド・グッドウィン、ハリー・グリボン／V＝IVC、ジュネス　D＝IVC

解説　キートンのカメラマンはニュース映画社のOLに恋をする。たまたまその娘が彼氏と快速艇でデートするところをキートンが撮影していると転覆。娘を残して彼だけが陸に上がってくる。キートンは撮影を中断して海へ救助に。ところがこの一部始終をキートンの助手の猿がカメラに撮っていた。ギャグとスタントに溢れた傑作。

ハイ淀川です　キートンは娘を助けるんですけれど、気を失っていたので薬を買いに行ったの。ところがその間に娘は元気になった。それで身勝手な彼氏とどこかへ行っちゃう。娘は彼が助けてくれたものと思っていたんだけれど、あの猿が撮った証拠のフィルムを見て、すべてがわかって彼女とハッピーエンドになるのね。そして最後の最後、キートンは紙吹雪が舞っている町を気分よく歩く。まわりの人たちが騒いでくれるので自分は英雄だと思っていたら、その後にリンドバーグがいたのね。まさにキートンの笑いはヨーロッパ的。ハイセンス。キートンがナタリー・タルマッジと結婚してMGMに戻ったときだけにあれもこれもで盛りあがった作品ですよ。

キートンの蒸気船
Steamboat Bill Jr.

28／米／監＝チャールズ・F・リースナー／脚＝カール・ハーボー、他／撮＝J・デヴロー・ジェニングス、他／出＝バスター・キートン、アーネスト・レイン／V＝IVC、ジュネス／D＝IVC　D＝IVC

解説　ミシシッピーの大河沿いの田舎町。〝蒸気船ビル〟の船主アーネスト・レインは新興の商売仇にいじめられているが、そこに大学を卒業した息子のキートンが帰ってくる。父は息子に仕事を仕込もうとするがキートンはドジばかり。その数々のギャグ、台風シーンはジョン・フォードの『ハリケーン』にも劣らないスペクタクル。

ハイ淀川です　アーネスト・レインが扮しているお父っつあん。そろそろ落ちぶれてきた。キートンが来るというので大喜びしました。どんなに立派な息子になっただろうと待っていると、いやらしい息子になっている。髭を生やしてウクレレを持って、妙な上着を着ているので、もうお父っつあんは泣きましたねえ。まあ、この映画、最後の嵐の場面もすごうございますけれど、あのお父っつあんを息子の人情で、むしろほろっとさせます。キートンの映画はそういう親子の人情を見せてもう、実にうまい。キートンの笑わない、泣かない、べそもかかないで、ただじっといるあの顔で、あれだけの芝居を見せるところが何とも知れんすごいんです。

キートンの将軍
The General

27／米／監＝クライド・ブルックマン・バスター・キートン／脚＝クライド・ブルックマン、他／撮＝J・デヴロー・ジェニングス、他／出＝バスター・キートン、マリオン・マック／V＝IVC、ジュネス　D＝コスミ

解説　南北戦争時代に機関車〝将軍〟号の機関士キートンが、南軍のために大活躍するといったストーリー。キートンは恋人（マリオン・マック）と二人で機関車に乗り込んで走り、あらゆるプロのテクニックを使って北軍の追跡をまく。奪われた〝将軍〟号を追う往路、奪い返した〝将軍〟号で追ってくる敵の機関車の走路を妨害し走る復路の痛快さ。

ハイ淀川です　〝将軍〟号の機関車がこの映画の主役なんですねえ。つまり、キートンは相手役に汽車を選んだんですねえ。このあたりのアイディアはさすがキートンだ。キートンは戦場の中をその〝将軍〟と一緒に奮闘する。そのあたりの面白いこと。画面は汽車がまるで狂ったように走ります。前進、前進。今度は後退。移動する移動するの連続。サイレント映画なのに、その汽車の音がいつもつきまとっているのね。この作品を見ていると、まさに映画は目で楽しむもの。キートンが〝映画〟を目にしみ込ませ、いかに愛しているかがよくわかります。この大列車追跡。スラプスティック喜劇の傑作の一つですね。

キートンのセブン・チャンス
Seven Chances

25／米／監＝バスター・キートン／脚＝ジーン・ハーベッツ他／撮＝エルジン・レスリー、他／出＝バスター・キートン、バース・ドワイヤー、ロイ・バーンズ、ジーン・アーサー／V＝IVC／D＝カルチ　D＝IVC

解説　『キートンの栃綿棒』と言った作品。金融ブローカーのキートンは仕事に失敗し破産寸前。そこに祖父の遺言状が届き七百万ドル相続できることになった。しかし、二十七歳の誕生日午後七時までに結婚すればという条件付き。金が欲しいキートンは新聞に「花嫁募集」の広告を出したら、何百人もの女性が殺到してしまった。

ハイ淀川です　これはキートンが花嫁志願の女たちに追われて追われて逃げまくる映画。えっ、そんな馬鹿な。あんなに不細工で劣等感の塊みたいなキートンがと思われるでしょうが、そこがキートンのアイディア、狙いですね。もう、生まれてからこんな何百人の女たちに追いかけられることは二度とあるまいというコメディをつくったのね。山の裾野を逃げていると、上から大きな岩石がどんどん落ちてくる。その中をキートンが逃げまくる。ころげ落ちる岩石を女たちがちょうど、重なるようになって逃げていくあたり、風刺がきいた見事なシーンですね。キートンはアメリカよりもフランスタッチ。この粋な感覚を見てほしい。喜んでほしい。

キートンの大学生
College

27／米／監＝ジェームス・W・ホーン／脚＝カール・ハボー／撮＝J・デヴロー・ジェニングス、他／出＝バスター・キートン、アン・コーンウォール／V＝IVC　D＝ファースト

解説　元来、運動神経がよく器用なキートンが好みで取り組んだ作品。高校卒業の式辞で「未来は頭脳が重要でスポーツ選手が幅をきかす時代ではない」と演説したため、ガールフレンドが怒ってしまった。そこでキートンは苦手なスポーツに挑戦。悪戦苦闘の末、めでたく恋人を手中に収め、幸福な家庭を築き上げてハッピーエンド。

ハイ淀川です　キートンはスポーツ選手になるんだけれどヘマの連続。槍を遠くへ投げるつもりが上に飛んで、足元に突き刺さる。砲丸投げでは砲丸と一緒にひっくりかえっちゃう。ボートのコックスになり右に左に器用に尻を水につけて舵代わりにボートをリードしましたね。そのおかげで優勝の大感激。選手たちは待っていた彼女たちとキッス。その間を彼女のいないキートンはヒョコヒョコ歩いていく。でも最後は必死のスポーツ選手姿に高校時代の彼女が両手を広げて彼を受けとめます。キートンは不器用で不細工。人間のコンプレックスの代表がキートン扮する痛ましい主人公なんです。これが大活躍して成功するところが面白いんですね。

キートンの探偵学入門
Sherlock Jr.

24／米／監＝バスター・キートン、カサリン・マクガイア／脚＝クライド・ブラックマン、他／撮＝エルジン・レスリー、他／出＝バスター・キートン、キャサリン・マクガイア、ワード・クレイン／V＝IVC／D＝カルチ　D＝IVC

解説　「忍術キートン」の改題。映画のみ可能なトリックを最大限に生かしたキートン・ギャグの傑作。名探偵に憧れている映写技師のキートンは恋人（キャサリン・マクガイア）の父から泥棒の濡れ衣を着せられてしまうが、映写中に眠ってしまい分身がスクリーンの中へ。その中にも登場する恋人と恋敵。名探偵キートンが大活躍。

ハイ淀川です　映写技師のキートンが映画を映している間に、うつらうつら眠ってしまうのね。そして自分の分身が体から離れて映画の画面の中に入っていく。このあたりの面白いこと。私たちだって映画を見ていて、向こうにオードリー・ヘップバーンがいるなと思えば、側にいってさわれたらどんなにうれしいだろうと思いますねぇ。キートンがスクリーンの中に入ると、自分が画面のサイズと違うので困ったりするシーン。目が覚めると彼女が飛んできて愛の接吻。映画の場面も甘き恋のラストシーンなど、キートンは映画を食べてなめまわしているあたりがすごい。この面白さをウッディ・アレンは『カイロの紫のバラ』で見事にカムバックさせましたねぇ。

キートンの恋愛三代記
The Three Ages

23／米／監＝バスター・キートン、エディ・クライン／撮＝ウィリアム・マクガン、他／出＝バスター・キートン、ウォーレス・ビアリー／V＝IVC／D＝カルチ　D＝IVC

解説　ハリウッドの巨匠D・W・グリフィス監督の大作『イントレランス』や大作主義のセシル・B・デミル監督を皮肉って、パロディに取り組んだ作品。石器時代、ローマ帝国時代、現代が巧みに構成され、恋のもつれ、恋の成功、結婚などが面白く描かれている。キートン初の本格的長編喜劇の記念的な作品。

ハイ淀川です　キートン映画の面白さは遊びの精神、パロディですね。これも四つの時代を交互に見せた『イントレランス』を上手に茶化して三代記にしたんですね。石器時代は大男（ウォーレス・ビアリー）との決闘が面白い。そして娘の髪の毛をひきずって結婚してしまう恋の勝利。ローマ時代は戦車競走ですね。犬ゾリのキートンが戦車に勝っちゃうあたり、これは『ベン・ハー』のパロディだ。現代ではキートンが走って走って結婚式に行って、もう彼女の指に指輪がはまるところへ「待った」。彼女をひったくって式場から連れ出す。後に『卒業』という映画がありましたけれど、キートンは早くにこんな映画をつくっていたんですね。

昨日・今日・明日
Ieri, Oggi, Domani

63／伊／監・脚＝ヴィットリオ・デ・シーカ／脚＝チェザーレ・サヴァッティーニ／撮＝ジュゼッペ・ロトゥンノ／出＝ソフィア・ローレン、マルチェロ・マストロヤンニ／V＝東北　D＝SPO

解説　ヴィットリオ・デ・シーカ監督のオムニバス人情喜劇で、ソフィア・ローレンがそれぞれの女主人公を演じた。一話は刑を免れるために年中妊娠している腹ぼて女の話。二話は金持ちの人妻と浮気相手の作家とのトラブル。三話は高級コールガールに夢中になった神学生とその伯母の心配。アカデミー外国語映画賞受賞。

ハイ淀川です　貧乏長屋のおかみさんが闇で煙草を売っているんですけれど、イタリアの法律では妊娠しているときは捕まらないの。だから、亭主のマストロヤンニはおかみさんから子供をつくれつくれと攻められて、やせてげっそり。そのあたりのスケッチの面白いこと。二話はがらりと変わって、ソフィア・ローレンは有閑マダム。男と乗っていた自動車が事故を起こしたとき、このマダムは自分のいちばん大事なものは男でも亭主でもなく自分の車だというあたり。そして、三話は網のストッキングと濃い口紅のコールガール。なんとも知れんあだっぽさ。下品なところが面白い。デ・シーカは脂の乗りきった演出で、おしゃれな映画をつくりました。

きのうの夜は…
About Last Night

86／米／監＝エドワード・ズウィック／脚＝ティム・カズリンスキー、他／撮＝アンドリュー・ディンテンファズ／出＝ロブ・ロウ、デミ・ムーア、エリザベス・パーキンス、ジェームズ・ベルーシ／V＝SPE／D＝カルチ　B＝SPE　D＝ハピネット

解説　デヴィッド・マメットの戯曲をエドワード・ズウィックが映画化した監督第一作品。恋はしたいが束縛は避けたい。そんな意見が一致して食器会社の営業マン、ダニー（ロブ・ロウ）と広告代理店のOLデビー（デミ・ムーア）は、男の部屋で共同生活を始めるが…。彼と彼女の奇妙な心のズレを描いたラブストーリー。

ハイ淀川です　いろいろあって二人は別れる決心をする。別れたあとで男はしみじみと考えたら、どうしてもあの女でないと我慢できないと知ったとき、これが恋だ！　男は雨のなかを「愛している」と言いながら追いかける。ずぶ濡れの男を見て女もこれがほんとうの愛だと知るあたり。『嵐が丘』みたいになっていくあたりがすごい。この二人がほんものの恋をするあたりに、この映画が非常にモダンなくせにクラシックな愛というものを賛美しているところが面白いのね。一緒に寝たらいいんだというような無責任な感じの映画に見せかけて、実はアメリカの青春はまだこんなに健康ですよと呼びかけるところがいいですね。

騎兵隊
The Horse Soldiers

59／米／監＝ジョン・フォード／製・脚＝マーチン・ラッキン、他／撮＝ウィリアム・クロージア／出＝ジョン・ウェイン、ウィリアム・ホールデン、コンスタンス・タワーズ、アリシア・ギブソン／V＝WHV　B・D＝FOX

解説　ジョン・フォード監督がジョン・ウェイン、ウィリアム・ホールデンの二大スターの顔合わせでつくった南北戦争劇。北軍のマーロウ大佐（ウェイン）は一隊を率いて南軍の駅を破壊する作戦に出るが、その決死隊に軍医ケンドール（ホールデン）が同行する。二大スターの個性の対照が生かされているフォード晩年の作品。

ハイ淀川です　ジョン・ウェインの騎兵隊の男、実は自分の愛する妻を医者の手違いで殺されたというので、医者を憎んでいますね。そこへ、ウィリアム・ホールデンの軍医がやってきて、二人は一緒にこの北軍の軍隊の中で働くことになる。お互いに憎しみ合うところ、このあたりが面白いところですが、この作品の中にも愛する妻を失った男の哀しさが見事に出ていますねえ。ジョン・フォードはいかにもミリタリズム、戦争愛好者のように思われる方もいらっしゃるでしょうが、そうじゃないんですね。この作品の中にも、哀しい男、男の哀しさが不思議に出てくるんです。ここがこの監督のすばらしさ、よさでしょうね。

戯夢人生
The Puppetmaster

93／台湾／監＝ホウ・シャオシエン（侯孝賢）／脚＝ウー・ニェンジェン／撮＝リー・ピンビン／出＝リー・ティエンルー、リン・チャン／V＝フジ、ポニー

解説　ホウ・シャオシエン監督が台湾伝統の人形芝居、布袋戯の名手だった李天禄翁の波瀾に満ちた半生を描く。映画は李翁の絶妙な語りによって、李（リー・ティエンルー）の幼年時代、劇団を結成して結婚した青年時代、苦難の終戦のころなどが台湾の近現代史の中で描かれていく。カンヌ映画祭審査員特別賞。

ハイ淀川です　この映画は面白く楽しく見せながら台湾の悲劇を訴えていますね。でもテーブルを叩いて叫ぶようなタッチではありません。八十四歳の人形を操る老人が語りかけてお話を進めていきますね。この老人の語り口が実にうまい。時には日本語も出ますけれど、これも監督の狙いなのね。町の女が楽しげに笑っているところで日本の流行歌「忘れちゃいやよ」が流れる。日本人の胸にトゲを刺しますけれど、画面は詩情を溢れさせて日本支配下の台湾を淡々と描いています。ホウ・シャオシエンは、これまでの作品はどこかに童顔っぽいところがありました。しかし、この作品は立派に大人になった感じ。彼の真価が発揮された傑作です。

キャバレー
Cabaret

72／米／監＝ボブ・フォッシー／脚＝ジェイ・プレッソン・アラン／撮＝ジェフリー・アンスワース／出＝ライザ・ミネリ、マイケル・ヨーク、ジョエル・グレイ／V＝クラウン　D＝JVC

解説　ファシズム漂う三〇年代初頭のベルリンを舞台に、安キャバレーのショーガール（ライザ・ミネリ）と英国留学生（マイケル・ヨーク）の恋、退廃ムードの中に生きる人間たちを描いたミュージカル。ダンサー出身の振付師ボブ・フォッシーが監督、ミネリがパワフルな魅力を発揮。アカデミー監督賞、主演女優賞など八部門受賞。

ハイ淀川です　この映画をごらんになって、ライザ・ミネリのあの歌い方、あの足、あのオッパイがいいという見方もあるでしょうけれど、いちばん面白いのは、ドイツのあの時代を感覚的につかまえることですね。ドイツがだんだんナチに蝕まれていく。だんだん傷がついて腐っていくころのムードを、この映画は見事に出していますね。ですから、あのライザ・ミネリのメーキャップもすごくどぎついんですね。彼女がキャバレーで歌っているときのほかの連中、グロテスクな肥った女、醜い女、女装している男、その感じにあの映画の生命があるんです。グロテスクな、怖いドイツ美術をもっているんです。それを肌で感じとってもらいたい作品ですね。

キャリー
Carrie

76／米／監・脚＝ブライアン・デ・パルマ／脚＝ローレンス・D・コーエン／撮＝マリオ・トッシ／出＝シシー・スペイセク、パイパー・ローリー、エイミー・アーヴィング、ナンシー・アレン、ジョン・トラボルタ／V＝WHV　B・D＝ディズニー

解説　スティーヴン・キングのホラー小説をブライアン・デ・パルマ監督が映画化。十七歳のキャリー（シシー・スペイセク）は、超能力の持ち主。母（パイパー・ローリー）から悪魔の子として嫌われ、学校でもいじめられる。しかし、ダンス・パーティの夜、キャリーの怒りが爆発。超能力を使って会場を惨劇の場にしてしまう。

ハイ淀川です　映画はファーストシーンがいかに大切か。一流監督はその映画の始まりの見せ方で早くも名人の腕をみせます。ですから、巧いと見る目と感じる心が吸い込まれてしまいます。この『キャリー』のファーストシーンから数分の描き方のうまさ。黒衣の女、イエス・キリストの伝道師の女、そしてその娘のキャリー。母親のためにいじけきったこの娘。彼女の学校、運動会、脱衣室の生徒たちのシャワー。そして十七歳のキャリーは全身で水を浴び、手で全身を撫でる。片足をあげ、その間からぬるぬるした石鹸の水の手が出たとき、彼女の足、そして股のあたりから突然血が流れだす…。物語の活かし方をわきまえた出だしは見事です。

キャリア・ガールズ
Career Girls

D＝紀伊國屋

97／英／監・脚＝マイク・リー／撮＝ディック・ポープ／出＝カトリン・カートリッジ、リンダ・ステッドマン、ケイト・バイアーズ／V＝C－C

解説　大学時代ルームメイトだった外向的なハンナ（カトリン・カートリッジ）と、内気なアニー（リンダ・ステッドマン）は六年ぶりにロンドンで再会。二人は思い出話を語り、また過去に関係した男たちとも遭遇する。マイク・リー監督が二人の女の友情を現在と過去を回想しながらユーモアとノスタルジーをこめて描いた好編。

ハイ淀川です　これはイギリスの匂いの溢れた女の映画です。最近女の映画がなかったのをマイク・リー監督が呼び戻しました。女の明暗の二人芝居。見どころはこの女二人が、現在と過去の中で、女の冷たさと温かさを一緒に出しているあたりですね。イギリスの女はどう生きるのか。ハンナを演じたカトリン・カートリッジは理性があってちょっと乱暴な女の匂いを見事に出しました。最高の演技です。私はこの監督に会いましたが、真面目で絵や小説も書くいかにもイギリスの匂いを持った人でした。なるほど、だから、こういう映画がつくれたのかと思いましたが、これはこの監督の『秘密と嘘』と甲乙つけがたい見事な傑作です。

キャリントン
Carrington

95／英・仏／監・脚＝クリストファー・ハンプトン／撮＝ドニ・ルノワール／出＝エマ・トンプソン、ジョナサン・プライス、スティーヴン・ウォーディントン／V＝C－C

解説　一九一五年、イギリス南岸の片田舎で女流画家は十五歳も年上の作家と出会う。イギリスの女流画家ドーラ・キャリントン（エマ・トンプソン）と、ホモセクシャルの作家リットン・ストレイチー（ジョナサン・プライス）の奇妙な共同生活を、クリストファー・ハンプトン監督が描いた異色のラブストーリー。

ハイ淀川です　リットンは髭だらけのオジサマふう。キャリントンは一見少年に見えるくらいのモダンな女。この二人はお互いに好きなのに、あちらのほうはダメなんですね。それはこの作家がホモセクシャルで女の肉体には興味がないからなのね。キャリントンは苦しんだけれど、作家を尊敬して愛はますます深くなっていく。この女画家は他の男にひきつけられても、ほんとうに命がけで好きなのは一緒に暮らしているリットン。苦しんだはてに女はどうなるのか。この映画はイギリスの女の苦しみの生きざまを見事に描いた名作です。フランスの恋の映画はいつまでも花のようですけれど、イギリスは怖く異常になっていく。このあたりが面白いんですね。

吸血鬼
The Fearless Vampire Killers, Or: Pardon Me, But Your Teeth Are In My Neck

D＝WHV

68／米・英／監・脚＝ロマン・ポランスキー／脚＝ジェラル・ブラッシュ／撮＝ダグラス・スローカム／出＝シャロン・テート、ジャック・マクゴーワン、ロマン・ポランスキー／V＝ポニー

解説　ロマン・ポランスキーが監督し、夫人のシャロン・テートの代表作となった作品。吸血鬼退治の旅に出た老教授（ジャック・マクゴーワン）と助手（ポランスキー）は、トランシルヴァニアの宿に一泊するが、宿の娘（テート）が吸血鬼の伯爵にさらわれる。そこで二人は助けるために伯爵の古城に乗り込み大騒ぎとなる。

ハイ淀川です　これは怪奇映画だと思ったら大間違い。原題『不敵な吸血鬼殺したち』でもわかるように滑稽なものなんです。この映画の面白さは、吸血鬼を求めてやってくる老学者のあたかも童画のようなメーキャップ。ワンシーン一コマ一コマのまるで古典美術の美しさ。それを「笑い絵」のエロチックの香りの中で、グロとスリル。さらに音楽的演出で一気に見せます。吸血鬼たちの舞踏会、吸血鬼の息子のホモ趣味、その父と子が眠るベッドの棺桶。なにもかもがいたずら文学の戯作の筆のさえで洒落飛ばす感じ。ポランスキーのこのユーモア芸術が楽しめるかどうか。楽しめる方は心の豊かな人。その徳を大切にして生きてほしいと思いますね。

給料日
Pay Day

22／米／監・脚＝チャールズ・チャップリン／出＝チャールズ・チャップリン、エドナ・パーヴィアンス／V＝朝日、ポニー

解説　ファースト・ナショナル時代（一九一八〜二二）の作品は、脚本にはっきりとしたテーマを持っており、今日のチャップリン喜劇のオリジナルであると言っていい。この作品も小品だが、サラリーマンのやりきれないわびしさと悲哀を皮肉を込めてユーモラスに描いている。奥さん役はまさしく女房役のエドナ・パーヴィアンス。

ハイ淀川です　誰もが誰もが胸にくる映画でした。朝、チャップリンの勤め人は嫁さんに叩き起こされるの。給料日だから早く会社へ行け、会社へ行け。チャップリンはもっと寝ていたいんだけれど仕方がない。起きた。でも会社へなんて行く気がしないの。嫁さんの目を盗んで風呂の中で寝る。それを見つけられて出かけて行くあたりのおかしいこと。会社で給料袋をもらったら気の強い嫁さんが手を出して待ち構えていたのね。悲しい滑稽ですね。私は一生独りを通してきましたけれど、この作品は嫁さんと暮らしていたらどんなに辛いか。どんなに辛いか。それが皮肉、皮肉の中に出た傑作でしたね。

恐怖の報酬
Le Salaire De La Peur

52／仏／監・脚＝アンリ・ジョルジュ・クルーゾー／撮＝アルマン・ティラール／出＝イヴ・モンタン、シャルル・ヴァネル、フォルコ・ルリ／V＝カルチ、東北／D＝イマジカ　B・D＝IVC

解説　アンリ・ジョルジュ・クルーゾー監督のサスペンス・ドラマ。メキシコに近いラス・ピエドラスの町から五百キロ離れた山上の油田に大火災が発生。ニトログリセリンの爆風で消火することが決まり、賞金欲しさにマリオとジョー、ルイジとヒンバがコンビを組み、二台のトラックがニトロを積んで一触即発の恐怖を背に出発。

ハイ淀川です　この映画で絶対に面白いのは、クルーゾー好みの人間関係。イヴ・モンタンのマリオは医者くずれというクズ的な存在の男。でもマリオは太っちょの大工のルイジ（フォルコ・ルリ）からも惚れられている。相棒というよりも稚児さん的。つまりホモセクシャル。ところがマリオは、パリからやって来たジョー（シャルル・ヴァネル）という男に夢中になった。同じ穴のムジナということでこの二人の男は共鳴して結びつく。結局、違った相手と車で進んでいく微妙な人間関係。そう思ってみるとこの映画はさらに面白いんです。これは上等とびっきりの活動写真の面白さと、不思議な人間像のからみ合い。映画を知りつくしているクルーゾーの傑作です。

恐怖のメロディ
Play Misty For Me

71／米／監＝クリント・イーストウッド／原・脚＝ジョー・ヘイムズ、他／撮＝ブルース・サーティーズ／出＝クリント・イーストウッド、ジェシカ・ウォルター、ドナ・ミルズ／V＝CIC　B＝NBC　D＝ジェネ

解説　カリフォルニアのラジオ局のDJデイブ（クリント・イーストウッド）は、精神異常の女イブリン（ジェシカ・ウォルター）のリクエスト曲「ミスティ」をかけたことから出会い、一夜をともにしてしまう。その後もこの女につきまとわれ、思いもかけない事件へと進んでいく。イーストウッド監督第一作のサイコ・ミステリー。

ハイ淀川です　イーストウッドがなじみのバーでジェシカ・ウォルターと出会うシーン。そこのバーテンに扮しているのがドン・シーゲル監督なんです。『ダーティハリー』の名監督ですが友情出演しているあたりも面白い。それにしてもこの女は怖い。もう恋人というか女房気取りでイーストウッドの家に押しかけてきたり、別れ話をすると自殺未遂までしちゃう。仕事も邪魔するし、お手伝いさんまで肉切り包丁でメッタ刺しにしてしまう。ジェシカ・ウォルターがこの怖い女を見事に見せました。「ミスティ」というのは有名なジャズピアニストのエロール・ガーナーの名曲。これもこの映画のもう一つの主役。イーストウッドの見事なデビュー作です。

狂恋の女師匠

25／日／監＝溝口健二／脚＝川口松太郎／撮＝横田達之／出＝酒井米子、中野英治、岡田嘉子

解説　円朝の怪談『累ケ淵』を原案に川口松太郎が溝口健二のために書き下ろした。三味線屋の新吉（中野英治）は清元の女師匠（酒井米子）と深い仲だが、弟子のお久（岡田嘉子）を恋してしまう。女師匠は二人を嫉妬するが腫れ物が悪化して病死。新吉は女師匠の亡霊にたたられ、お久を女師匠と見誤って斬り、自らも落雷で死ぬ。

ハイ淀川です　清元のお師匠さんは嫉妬して新吉をバチで叩いているうちに、それが自分の顔に当たってしまう。それで顔が腫れ上がってきて、便所へ行ったときに転んで頭を打って死んじゃった。そこへ新吉が帰ってきた。見たら死んでいる。引きずって蚊帳の中に入れて寝かすんだけれど、これで可哀相だけど女師匠が死んで助かったという顔と、新しい女と暮らせると思う両方の顔をする。そして、便所に行ってその隙間から小便をしながら祭りの残り花火を見ているところ。この感覚は今の日本映画にはありませんね。お話はこれから本題に入りますが、この溝口健二の演出のうまさ。昭和二年の作品ですが、溝口はすごい映画をつくりました。

去年の夏　突然に

Suddenly, Last Summer

59／米／監＝ジョゼフ・L・マンキーウィッツ／脚＝テネシー・ウィリアムズ／撮＝ジャック・ヒルドヤード／出＝エリザベス・テイラー、キャサリン・ヘプバーン、モンゴメリー・クリフト／V＝SPE　D＝ハピネット

解説　テネシー・ウィリアムズの戯曲を映画化。精神科医は、地元の有力者ビネブル婦人（キャサリン・ヘプバーン）から姪キャサリン（エリザベス・テイラー）のロボトミー手術を依頼される。婦人の息子でセバスチャンが去年の夏、旅行中に突然死亡し、妻のキャサリンがショックのあまり、早発性痴呆症にかかっているというのだ。

ハイ淀川です　この医者にはモンゴメリー・クリフトが扮しています。どうしてセバスチャンがそうなったのか、家庭はどんなだったのかが医者の調べでだんだんわかってきます。この旦那はホモだったんですね。嫁さんなんかどうでもいい。若い男の子をエサにしていたのね。それでみんなから殺されてしまう。それを見ていた嫁さんが発狂するあたりは怖い。そして、お母さんが自分の体の中に入れてしまいたいくらい息子を愛していたことがわかってくる。息子はホモなんかじゃぁないというお母さん。最後はその医者を自分の息子と錯覚してしまうあたり。キャサリン・ヘプバーンが見事な演技を見せます。グロテスクなお母さんを演じて見事でした。

キー・ラーゴ

Key Largo

48／米／監・脚＝ジョン・ヒューストン／脚＝リチャード・ブルックス／撮＝カール・フロイント／出＝ハンフリー・ボガート、ローレン・バコール、ライオネル・バリモア、エドワード・G・ロビンソン、クレア・トレヴァー／V＝WHV　D＝WBH

解説　マックスウェル・アンダーソンの戯曲をジョン・ヒューストン監督が映画化。復員将校ハンフリー・ボガートが亡き戦友の遺族、ライオネル・バリモアと未亡人ローレン・バコールを見舞いにフロリダ半島のキー・ラーゴに行く。二人はホテルを経営していたが、そこは凶悪ギャングのエドワード・G・ロビンソンの隠れ家でもあった。

ハイ淀川です　脚色がリチャード・ブルックス。キャメラがカール・フロイント。すごいスタッフが集まって新しい監督に協力している。やっぱりお父さんのウォルター・ヒューストンのおかげですね。親の七光りなんていうのは嫌いですけれど、この人にとって出世の早道だったのね。欧州大戦で戻ってきたハンフリー・ボガートが戦友の戦死を知らせにキー・ラーゴに行く。ところがそこにギャングがいて警察に追われて逃げる話ですけれど、この作品の面白さは、なんとも知れんむなしい男のボガート、ギャングのエドワード・G・ロビンソン。その情婦のクレア・トレヴァーの演技ですね。みんな一流。面白い作品になりましたよ。

霧の中の風景
Topio Stin Omichi

88／ギリシャ・伊／製・監・脚＝テオ・アンゲロプロス／脚＝トニーノ・グエラ、他／撮＝ヨルゴス・アルヴァティス／出＝タニア・パライオログウ、ミカリス・ゼーケ、リトラトス・ジョルジョログウ／V＝SPE　B・D＝KAD

解説　十一歳の姉ヴーラ（タニア・パライオログウ）と五歳の弟アレクサンドロス（ミカリス・ゼーケ）はアテネから汽車に乗り、ドイツにいると信じている父探しの旅に出る。二人はさまざまな出会いや別れを体験する。『旅芸人の記録』のテオ・アンゲロプロス監督の中でも比較的わかりやすいロード・ムービーで、これが長編七作目。

ハイ淀川です　この十一歳の女の子と弟が父がドイツにいるというのでアテネからドイツに向かいますね。でも子供だからどれほど遠いかもわからないのね。でも父さんはいないの。私生児ですね。それなのに会いたがって行くところ。この二人のたどる道が私たちの人生ですね。途中でこの女の子がトラックの運転手に犯される。でも、そんないやらしい場面は見せないで、トイレから出てきた女の子の血だらけの手を見せる。海岸の波の上に引っぱってきたのは人間の大きな手。というわけで、この映画は意味を考えたらいけません。感覚です。目の前にある世間の怖さがありながら、この流れは夢の中のようなもの。これがこの監督の狙い。まさに名作です。

ギルバート・グレイプ
What's Eating Gilbert Grape

93／米／製・監＝ラッセ・ハルストレム／脚・原＝ピーター・ヘッジス／撮＝スヴェン・ニクヴィスト／出＝ジョニー・デップ、レオナルド・ディカプリオ、ジュリエット・ルイス／V＝アスミ／D＝アスミ、東芝、LDC　B・D＝キング

解説　スウェーデンのラッセ・ハルストレム監督がアメリカで撮った青春映画の秀作。青年ギルバート（ジョニー・デップ）は、父が自殺して以来、過食症の母、知的障害のある弟アーニー（レオナルド・ディカプリオ）と姉妹の面倒をみる毎日が続き、恋人（ジュリエット・ルイス）ができても家族を捨てて、この小さな町から離れることもできない。

ハイ淀川です　二十四歳のギルバートには、十八歳の脳に障害のある弟、過食症で鯨のように動けなくなった母もいて、結婚どころじゃあないし、町から出ることもできませんね。このギルバートの悲しさ、苦しさを実に温かく描いているところがいいんですね。田舎町の風景。弟が見上げるような給水タンクに昇ってしまってハラハラさせるところ。スヴェン・ニクヴィストのキャメラがなんと美しい。そしてラストでギルバートの母の厳しい愛のすごさを見せるあたり。ラッセ・ハルストレムは、人間の美しさ、すべての愛、そして人間はやがて死ぬということをおかしくも悲しく描いていますね。これほど美しい映画は最近なかった。この監督は映画の詩人です。

疑惑の影
Shadow Of A Doubt

43／米／監＝アルフレッド・ヒッチコック／脚＝ソートン・ワイルダー、他／撮＝ジョゼフ・バレンタイン／出＝ジョゼフ・コットン、テレサ・ライト、マクドナルド・ケリー／V＝CIC　B・D＝ジェネ　D＝ファースト

解説　『レベッカ』以来、一作ごとに地位を築いてきたアルフレッド・ヒッチコック監督の恐怖心理映画。カリフォルニアの小都市、ニュートン家の長女（テレサ・ライト）の前に突如、母の弟のチャーリー叔父さん（ジョゼフ・コットン）が現われる。快く迎えた叔父の正体がわかるにつれて無邪気な娘心に疑いが芽ばえていく。

ハイ淀川です　姪は叔父さんからきれいなきれいな指輪をもらって、何気なく裏を見たら「M・T」と刻まれていた。「誰なの?」と聞いても、叔父さんは「うん、友だちだよ」と言うのね。でも気になって調べているうちに、新聞に出ていた未亡人殺しの女の頭文字と同じことに気づいて怖くなってくる。この姪は出かけるたんびに危ない目にあったりするのね。姪は可愛がってくれる叔父さんが犯人だということに気づく。このあたりからますます怖くなってきます。というわけでヒッチコック映画の中には、目に迫ってくる恐怖と心の中に押しつけてくる恐怖がいつも同居しているところが面白いんですね。

キング・コング

King Kong

B・D＝IVC

33／米／監・脚＝メリアン・C・クーパー／撮＝エドワード・リンドン／出＝フェイ・レイ、ロバート・アームストロング／V＝IVC／D＝カルチ

解説　一九七六年にもジェシカ・ラング主演で映画化されたが、これはキング・コング映画の記念すべき第一作。ジャングルで人間どもに捕らえられたキング・コングはニューヨークで大暴れ。摩天楼の頂上でコングが飛行機と渡り合うシーン、有史前の巨獣のトリック撮影などまさにSFX映画の原点。主演の美女はフェイ・レイ。

ハイ淀川です　これはRKOの作品でデヴィッド・O・セルズニックが製作総指揮に当たりましたね。全世界中の映画ファンを喜ばせましたが、日本で公開されたのは昭和八年。日本国中の街の塀には大きな大きなポスターが貼られ、日本中をかき散らすくらいの大評判となったんですね。フェイ・レイというきれいなきれいな女優さんがキング・コングの手の上に乗せられ、キャー、キャーと泣き叫ぶシーン。そのすごいこと、すごいこと。フェイ・レイはこの叫び声で有名な女優になったんですよ。また、この『キング・コング』は、『ロストワールド』（一九二六）、ジャングルで大きな恐竜が出てくる映画、そのアイディアをヒントにして生まれたんですね。

キングコング

King Kong

B・D＝KAD

76／米／監＝ジョン・ギラーミン／脚＝ロレンゾ・センプル・ジュニア／撮＝リチャード・H・クライン／出＝ジェシカ・ラング、ジェフ・ブリッジス／V＝東北

解説　一九三三年に前作が製作されて以来、四十三年ぶりにリメイクされた。ストーリーはほとんど変わっていないが、ラストシーンの舞台がエンパイア・ステートビルから世界貿易センタービルになっている。ジェシカ・ラングが美女役でデビュー。製作ディノ・デ・ラウレンティス。監督ジョン・ギラーミン。アカデミー特別賞受賞。

ハイ淀川です　製作費が六十六億円ですって。まぁ、お猿さんによくもそんなにかけました。プロデューサーのディノ・デ・ラウレンティスは執念をかけてつくりました。コングが機関銃を受けてビルのてっぺんから落ちて死ぬところをニューヨークの貿易センタービルで撮影しました。二万人ほどのエキストラ、見物している人が必要だったんですけど、その日のうちに集まっちゃった。それも無料だったんです。この映画の面白さはただの巨猿じゃぁなくって人間的感情があって自分の大好きな女を大事にするあたりですね。これでジェシカ・ラングは人気が出ましたが、こういう映画は馬鹿馬鹿しいと思っても見に行っちゃう。ここが人間の弱いところですね。

禁じられた遊び

Jeux Interdits

B＝KAD　D＝IVC

52／仏／監・脚＝ルネ・クレマン／脚＝ジャン・オーランシュ、他／撮＝ロバート・ジュリアート／出＝ブリジット・フォセー、ジョルジュ・プージュリー、シュザンヌ・クールタル、ジャック・マラン／V＝IVC、東北

解説　ドイツ軍の空襲で両親と小犬を失った少女ポーレット（ブリジット・フォッセー）は農家の少年ミシェル（ジョルジュ・プージュリー）と親しくなる。少年は死んだ小犬を水車小屋の近くに埋めて木の十字架を立ててやる。それから二人は墓地の十字架を盗んで葬式ごっこをするが禁じられてしまう。ルネ・クレマンが詩情ゆたかに描いた反戦映画。

ハイ淀川です　これはルネ・クレマンの映画詩ですね。幼いポーレットは雑踏の駅の中で初めてすがる人もいない恐怖におびえて「ミシェル、ミシェル」と農家の少年の名を呼びますねぇ。戦争の怖さを静かに訴えています。でもこの作品、もっと面白いのは十字架遊びですよ。この映画を最初見たとき、子供は兵士が死んだらこんなことをするのかと思っていましたけれど、いま見たら違うんだね。パリから来たこの女の子は、田舎の少年を、あんた十字架持っていらっしゃいとか言ってアゴで使っているのね。う〜ん。それを見てフランスの女いうものはこんな小さいときから男をこんなに扱っているんだと思った。その怖さが見事に出ているところが面白いなぁ。

クイズ・ショウ
Quiz Show

94／米／監＝ロバート・レッドフォード／脚＝ポール・アタナシオ／撮＝ミヒャエル・バルハウス／出＝レイフ・ファインズ、ロブ・モロウ、ポール・スコフィールド、バリー・レビンソン／V＝ブエナ　D＝ブエナ

解説　監督第四作目のロバート・レッドフォードが、実際にあった全米テレビ界のスキャンダルを暴いた問題作。人気クイズ番組「21」で、大学講師チャーリー（レイフ・ファインズ）は無敵のチャンピオンを破りクイズ王となる。しかし、立法委員会のディック（ロブ・モロウ）は、その裏に視聴率稼ぎの不正があることを突きとめる。

ハイ淀川です　ロバート・レッドフォードがテレビ局の内幕、クイズ番組の舞台裏を暴く映画をつくりましたね。この話は今さら珍しいものではありませんね。この映画はそうした内幕を暴くよりもアメリカの堕落を底深い井戸の闇から覗くような感じで厳しく描いているところが小気味いいんです。調査員のロブ・モロウが最高の演技を見せましたが、その他の男優の演技の競いもこの映画をハイクラスにしました。これはかつての名作『イヴの総て』の男性版と思ってもいいでしょう。アメリカ映画がベトナムとかアウシュヴィッツに夢中になっているときにこんな心地よさの映画はうれしいのね。レッドフォードの力作。その演出に拍手をしたい。

空中ぶらんこ
Trapèze

56／米／監＝キャロル・リード／脚＝ジェームズ・R・ウェッブ／撮＝ロバート・クラスカー／出＝バート・ランカスター、トニー・カーチス、ジーナ・ロロブリジーダ／V＝WHV　B・D＝復刻

解説　バート・ランカスターが製作に加わり、キャロル・リードが監督した娯楽大作。ヨーロッパ第一のサーカス団。若いブランコ芸人ティーノ（トニー・カーチス）、ベテランのマイク（ランカスター）、アクロバット芸人ローラ（ジーナ・ロロブリジーダ）は人気トリオ。ティーノはローラに夢中だが、彼女はマイクを愛している。

ハイ淀川です　『第三の男』のキャロル・リードが監督、そのときのロバート・クラスカーがキャメラを担当していますから、カラーのきれいなこと。お話は三大スターの恋の三角関係ですけれど、この映画の面白さは、そんなストーリーよりもサーカスの表現ですね。三人がそれぞれ心に重荷をしょって空中ブランコに乗りますねえ。その心の悩みが危機一髪の、サーカスの命がけの演技のところに出てこないだろうか、落ちはしないだろうか、ハラハラするところが面白いですね。バート・ランカスターがブランコから手を放したり、摑んだりするあたりいかにも上手ですね。実はバート・ランカスターは映画界に入る前にサーカス団にいたんですよ。

孔雀夫人
Dodsworth

36／米／監＝ウィリアム・ワイラー／脚＝シドニー・ハワード／撮＝ルドルフ・メイト／出＝ウォルター・ヒューストン、ルース・チャタートン、メアリー・アスター、グレゴリイ・ゲイ、マリア・オースペンスカヤ／V＝ジュネス　D＝IVC

解説　シンクレア・ルイスの舞台劇をウィリアム・ワイラー監督が映画化。二十年間の自動車会社経営で富を築いたダズワース（ウォルター・ヒューストン）は、妻フラン（ルース・チャタートン）と欧州旅行に出る。財力にものをいわせるフランの行動は夫婦の危機を幾度も引き起こし、フランはウィーンで貴族の青年と恋におちる。

ハイ淀川です　フランは貴族が好きになって結婚したくなった。親の許可がいるというので、彼の母親に会ったら、「あなた、おいくつですか。まだ子供が産めますか」と真正面から言われたので怒っちゃった。このシーンは怖くって面白い。この旦那は妻のわがままが、だんだんいやになって我慢できなくなったのね。そして船から「俺、降りる」と言ったのね。フランは「まさか」と思ったけれど、旦那は船から降りてしまった。船はボーッと霧笛を鳴らして出ていった。ここに人生の新しい破滅があったのね。この奥さんはヨーロッパに来て、遊んで遊んでアメリカにないものを知っていい気になっていたの。いまの日本の人たちに見せたいワイラーの名作です。

グース
Fly Away Home

96／米／監＝キャロル・バラード／脚＝ロバート・ロダット、他／撮＝カレブ・デシャネル／出＝アンナ・パキン、ジェフ・ダニエルズ、ダナ・デラニー／V＝SPE／D＝SPE　B・D＝SPE

解説　『ピアノ・レッスン』で十一歳にしてアカデミー助演女優賞を受賞したアンナ・パキンが主演。母を亡くした十四歳のエイミー（パキン）は、森で親を亡くしたグースの卵を発見。父（ジェフ・ダニエルズ）と孵化した十六羽のヒナたちを育て、グースとともに五百マイルの旅に出る。大空を飛ぶグースが圧巻のファンタスティック好編。

ハイ淀川です　これほど気持ちがさわやかになった映画も珍しい。少女が野ガモの卵を森の中で見つけて、自分の部屋の机の引き出しにそっと隠して、電灯の光と毛糸の布で暖めて、見事にヒヨコにかえすあたりのさわやかなこのタッチ。やがて、少女とお父さんが協力して、グライダーで飛び方を教えるあたり。そして、空高く飛んでいくグライダーのあとを一列に並んでグースが飛んでいく。この空の色とグースのシンフォニー。全部が実写かどうかわかりませんけれど、このキャメラの美しいこと。私はあまり期待していなかっただけに、このキャロル・バラード監督の心のやさしさに脱帽。楽しみながら最後は涙がこぼれました。

くたばれ！　ヤンキース
Damn Yankees

58／米／製・監・原・脚＝ジョージ・アボット、スタンリー・ドーネン／撮＝ハロルド・リップスタイン／出＝グエン・バートン、タブ・ハンター、ロバート・シェイファー、シャノン・ボーリン／V＝WHV　D＝WHV

解説　ジョージ・アボット演出の舞台ミュージカルをアボット自身とスタンリー・ドーネン監督で映画化。セネターズ狂の老人ジョー（ロバート・シェイファー）は悪魔に魂を売って、若者（タブ・ハンター）に変身。セネターズの選手となりヤンキースを悩ますので悪魔の弟子ローラ（グエン・バートン）が誘惑するがのらない。

ハイ淀川です　グエン・バートンが扮したこのローラが面白いのね。百八十歳のしわくちゃばばあ。色気は天下一品。その彼女が野球場の控室にやってきて誘惑するところ。メキシコ・スタイルのいかにも安っぽい衣装をつけて田舎のお姉ちゃんみたいな姿になって「ねえ。あたいと遊ばない？」なんて言うのね。ところがこの選手はいつも奥さんのことを思っているからのらない。さあ、そこでローラは手袋をとって靴下をぬいで、ストリップになってがっちり〝ローラの踊り〟を踊る。腰をひねって踊るところが、ちょうどサロメの「七つのベールの踊り」になってくるのね。振付けがバートンの旦那のボブ・フォッシーですね。楽しいミュージカルでしたね。

グッドモーニング・バビロン！
Good Morning Babilonia

87／伊・仏・米／監・脚＝パオロ＆ヴィットリオ・タヴィアーニ／脚＝トニーノ・グエッラ／撮＝ジュゼッペ・ランチ／出＝ヴィンセント・スパーノ、ジョアキム・デ・アルメイダ、グレタ・スカッキ／V＝SPE　B・D＝紀伊國屋

解説　イタリアの大工の息子ニコラ（ヴィンセント・スパーノ）とアンドレア（ジョアキム・デ・アルメイダ）の兄弟はアメリカに渡り、D・W・グリフィス監督の『イントレランス』のセット建設に参加。二人とも無名女優と結婚するが、第一次大戦が起こり参戦する。パオロ＆ヴィットリオ・タヴァーニ監督が兄弟愛を描いた叙事詩。

ハイ淀川です　私は子供のころ、『イントレランス』を見て、バビロン宮殿の白象にびっくりしましたが、その白象は三人のイタリア人がつくったんですね。この実話からこの脚本が生まれました。この兄弟が白象をつくるあたりがいいんですね。そして、グリフィスも登場して、ハリウッドのサイレント初期の撮影所の風景をほほえましく再現してみせてくれました。もう懐かしいなあ。最初のほうで父が息子たちに別れを告げるシーンはイエスの晩餐を思わせます。というわけで、この映画は宗教の香りをこめて、この兄弟はどう生きていくだろうか。親子夫婦子供三代の絆をみせてくれます。この兄弟監督にバンザイ。見事な愛の名作になりました。

靴みがき
Sciuscià

D＝ヘラルド

46／伊／監＝ヴィットリオ・デ・シーカ／脚＝チェーザレ・ザヴァッティーニ／撮＝アンキーゼ・ブリッツィ／出＝フランコ・インテルレンギ、リナルド・スモルドーニ／V＝ヘラルド、ポニー

解説　敗戦直後のローマ。二人の少年、パスクアーレとジュゼッペは街頭の靴磨きで金をため、馬を買うことが夢だったが……。仲のよかった少年たちの信頼と友情が混乱期の薄汚れた大人たちの手によって、無残にも踏みにじられていく姿を描いたヴィットリオ・デ・シーカ監督のネオレアリズモ作品。アカデミー特別賞。

ハイ淀川です　十二、三歳の二人の浮浪児のような少年。お金が欲しいので進駐軍の物資を横流しして闇屋をして捕まりました。二人は別々の部屋で取り調べられました。ところが調べられている間に、片一方の部屋で少年がウウンとうめいている声が聞こえてくるのね。拷問だ。とうとう一人の少年が白状しちゃった。実はこれは取り調べ官の芝居だったのね。このあたりが怖い。「クソ、あいつ、しゃべりやがったな」と怒って、二人はあんなに仲が良かったのにジュゼッペはパスクアーレを捨てて脱走しました。どうなるか。というわけで、現実の厳しさに踏みにじられていく悲しさを、デ・シーカは見事に描きました。ほんとうに怖い名作でした。

蜘蛛女のキス
Kiss Of The Spider Woman

B＝ポニー　D＝紀伊國屋

85／ブラジル・米／監＝ヘクトール・バベンコ／脚＝レナード・シュレイダー／撮＝ロドルフォ・サンチェス／出＝ウィリアム・ハート、ラウル・ジュリア、ソニア・ブラガ／V＝FOX

解説　アルゼンチンの作家マヌエル・プイグの同名小説をヘクトール・バベンコ監督が映画化。南米のある国の刑務所。反体制グループの政治犯バレンティン（ラウル・ジュリア）と、一人の少年を犯したホモセクシャルのモリーナ（ウィリアム・ハート）は同じ監房に収容されているが、いつしか二人の間に反発を超えた感情が生まれる。

ハイ淀川です　たとえば『熱いトタン屋根の猫』にしても、昔はホモセクシャルの映画は遠慮がちでしたけれど、どんどん増えてきました。この映画はモリーナとバレンティンが同じ監獄の中でお互いに反発しながらも愛におちていく感情をはっきりと見せました。ホモというのは、たとえそれが男と男の関係だろうが、愛に差別はない。男と女の枠にはめないで純粋に愛に生き、それを貫こうとしているんですね。愛がなければ人間は生きられません。だからホモの愛だって決して悪い愛じゃあないということなのね。というわけで、これはホモセクシャルを考えさせる問題作。ウィリアム・ハートの演技が見どころで、これで彼はオスカーをとりました。

蜘蛛巣城

B・D＝東宝

57／日／製・監＝黒澤明／脚＝橋本忍、他／撮＝中井朝一／出＝三船敏郎、山田五十鈴、志村喬、千秋実／V＝東宝

解説　シェイクスピアの『マクベス』を黒澤明監督が日本の戦国時代に翻案。武将の武時（三船敏郎）は森の中で出会った魔性の老婆の予言と冷血な妻（山田五十鈴）にそそのかされ主君を暗殺し蜘蛛巣城主となる。しかし、武時の勢いも日に日に傾き、罪の呵責に半狂乱となる。そこに主君の子息を将とする敵軍が押し寄せてくる。

ハイ淀川です　『七人の侍』はフォード・タッチ、この作品はドイツ映画感覚ですね。一番すごいのは、城主が囲まれちゃって敵がどんどん来るところ。上から見たら森が動いている。みんなが木の枝を持って攻めてくる。『マクベス』ですね。城主は困った。怖いなぁこのあたり。城主は一段一段上から降りてくる。みんなは動いている。キャメラはドから撮っている。人間がみんな下から上がっていく感じだ。どんどん迫ってきて、城主の首に矢が飛んできて当たる。中井朝一のキャメラがすごい。血が飛んだ。それは昔々の源平合戦の錦絵の感じ。監督がいかに戦を勉強していたかがわかりますね。このシーンだけでもすごい美術。見事な時代劇ですね。

フレッド・ジンネマン『真昼の決闘』(52)

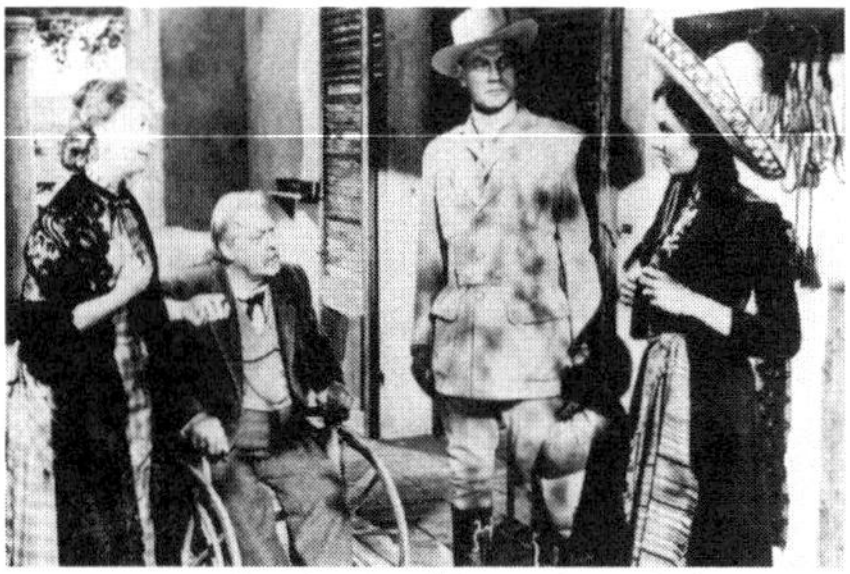

キング・ヴィダー『白昼の決闘』(46)

ハワード・ホークス『リオ・ブラボー』(59)

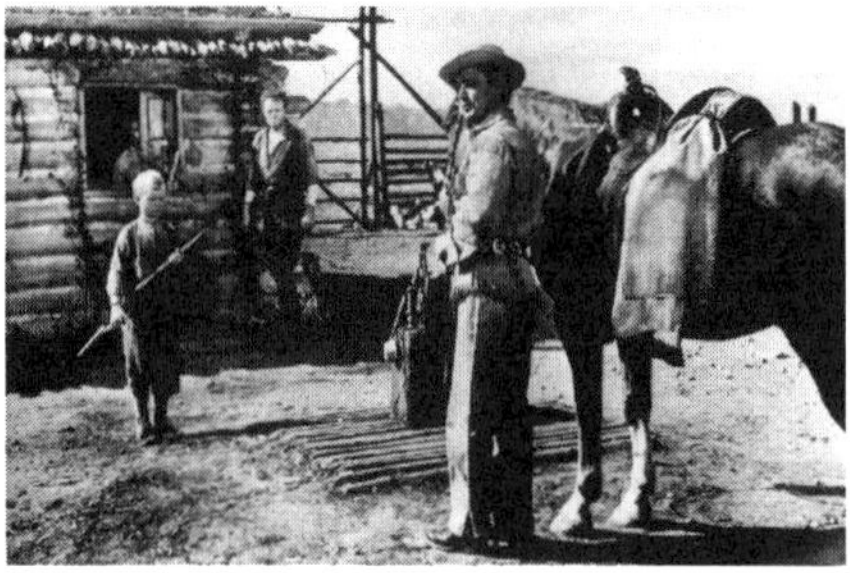

ジョージ・スティーヴンス『シェーン』(53)

ウィリアム・ワイラー『大いなる西部』(58)

クリント・イーストウッド『許されざる者』(92)

ジョン・スタージェス『荒野の七人』(60)

サム・ペキンパー『ワイルドバンチ』(69)

雲の中で散歩
A Walk In The Clouds

95／米／監＝アルフォンソ・アラウ／脚＝マーク・ミラー、他／撮＝エマニュエル・ルベズキー／出＝キアヌ・リーヴス、アイタナ・サンチェス・ギヨン、アンソニー・クイン、ジャンカルロ・ジャンニーニ／V＝FOX　B・D＝FOX

解説　キアヌ・リーヴスが本格的なラブロマンスに初登場。第二次大戦直後、ポール（リーヴス）は、妊娠しながら恋人に捨てられた傷心のビクトリア（アイタナ・サンチェス・ギヨン）と出会う。彼は彼女の父親を納得させるために婚約者になりすまし、実家のブドウ園を訪れる。やがて、二人はこの地でほんとうの恋におちてゆく。

ハイ淀川です　『赤い薔薇ソースの伝説』のアルフォンソ・アラウ監督はどこかクラシック。この映画も明治大正の絵物語ふうの味があるんですね。私はそこが気に入りました。もちろん、キアヌが主役で濡れ場も見せますけれど、見どころはブドウ園ですね。霜が降ると何十人もの使用人が火をたいて、その熱を送るのね。そのとき、全員が両手に白い布をつけて蝶の羽のように動かす。その美しいこと。キアヌが両腕を動かしたとき、腋の下の毛が丸みえ。そしてブドウが実り、大きな樽に放りこみ、男女が素足で踏むメキシコのブドウ祭り。この風習の美しさに見とれてしまいます。いかにもこの監督らしい好み満点の傑作でした。

クライング・ゲーム
The Crying Game

92／英／監・脚＝ニール・ジョーダン／撮＝イアン・ウィルソン／出＝フォレスト・ウィテカー、スティーブン・レイ、エイドリアン・ダンバー、ミランダ・リチャードソン／V＝ポニー　D＝東宝

解説　IRAのテロリスト、ファーガス（スティーブン・レイ）は、英国軍の黒人兵ジョディ（フォレスト・ウィテカー）を誘拐するが二人は奇妙な友情で結ばれる。ジョディが事故死したためファーガスは、彼との約束を守り彼の恋人に会いに行き、その女に心を奪われる。意表をついた結末のニール・ジョーダンのラブ・サスペンス。

ハイ淀川です　ウィティカーの黒人男は妙な小屋に連れてこられるの。朝になった。黒頭巾をかぶされていたので見張りの白人に首から口のところまでめくってもらう。このとき、黒人男は「あっ、うめえなあ。朝の空気」と言って唇をなめて息を吸い込む。そして、小便をしたくなったんだけど両手を縛られているので、白人にアソコを手でつまんでもらって小便をしてボタンをしめてもらった。この黒人は映画の始まりのほうで死んでしまいますが、この小便のシーンの面白さですべてをさらってしまった。最後はあっという結末が待っていますが、この黒人と白人を見ているだけで映画の匂い、セクシー、悲しさがいかにわかりますね。映画は語り出しがいかに大事か。

暗くなるまで待って
Wait Until Dark

67／米／監＝テレンス・ヤング／脚＝ロバート＆ジャン・ハワード・キャリントン／撮＝チャールズ・ラング／出＝オードリー・ヘプバーン、アラン・アーキン、リチャード・クレンナ、エフレム・ジンバリスト・ジュニア／V＝WHV　D＝WHV

解説　ブロードウェイの大ヒット舞台劇をテレンス・ヤング監督が映画化したサスペンス。夫の旅行中にあずかった人形の中に麻薬が縫い込まれていた。それを奪い返そうと盲目の妻スージー（オードリー・ヘプバーン）に三人の男が近づくが、ついに男たちも仲間割れし、生き残った男（アラン・アーキン）がスージーを襲う。

ハイ淀川です　オードリーの扮しているこの嫁さん。わたしは殺される。どうしよう。大きな男が後ろから首を絞め殺そうとしました。神様、助けて。と言ったときにお前にしか持っていないものがあるよと神様が教えたんですね。そうだ、わたしは目が見えない。そうだ、わたしは光がなくともいいんだ。そこで彼女は命がけになって、それは一秒の一瞬ですよ。スタンドランプをたたいてスイッチを切りました。真っ暗になった。這って逃げた。助かりましたね。人間、やったらやれる。それを見事に出しました。私はこの作品だけでなく、アメリカ映画は私に、やったらやれる、あきらめちゃあいけないの精神をどれだけ教えてくれたことか。

グランド・ホテル
Grand Hotel

B・D＝WHV　D＝ファースト

32／米／監＝エドマンド・グールディング／脚＝ヴィッキ・バウム／撮＝ウィリアム・H・ダニエルズ／出＝グレタ・ガルボ、ジョン・クロフォード、ジョン・バリモア、ライオネル・バリモア／V＝IVC／D＝カルチ

解説　ベルリンの一流ホテルに集まった人間の交錯を描いた作品。人気が落ち自殺を考えているバレリーナのクルージンスカヤと男爵の宝石泥棒との恋、会社が不況の重役と彼が雇った女速記記者、妻を裏切った会計係など、様々な人間の悲喜劇が展開される。作劇法のグランド・ホテル形式はこの映画から生まれた。アカデミー作品賞。

ハイ淀川です　これは映画史上に残る名作ですが、面白い裏話があるのね。MGMは世界注目の作品にしようとエライことを考えた。グレタ・ガルボとジョン・クロフォードを共演させようとしたの。撮影の初日、ホテルのセットが出来上がって、ガルボが一段高いところに立っていたの。そこにクロフォードが入ってきて、ガルボのところに行って「お早うございます」と言ったら、ガルボは上から見おろして「ご苦労さん」と言ったのね。もう、クロフォードはかんかんに怒っちゃった。「私だって主役だ。何がご苦労さんなの。絶対にこんな映画なんか出ません」と言って大騒ぎになった。それでこの作品、二人が一つの画面に出ているところがないですね。

クリスマス・キャロル
Scrooge

B・D＝パラマ

70／米／監＝ロナルド・ニーム／脚＝レスリー・ブリッカス／撮＝オズワルド・モリス／出＝アルバート・フィニー、アレック・ギネス、ケネス・モア、スーザン・ニーブ、エディス・エヴァンス、バディ・ストーン／V＝FOX

解説　チャールズ・ディケンズの名作をロナルド・ニーム監督が映画化したミュージカル。ロンドンの下町、いじわる老人スクルージ（アルバート・フィニー）はクリスマスにふと過去の世界に戻る。そして、現実に戻るや人が違ったように人々に温かい思いやりを与える人間に変わり、自らも新しい人生への喜びをかみしめる。

ハイ淀川です　アルバート・フィニーが扮しているスクルージは、けちんぼで金ばっかり勘定して汚い汚い寝床で寝ている男。この役は難しくって名優しかやれないですが、フィニーがうまいなぁ。スクルージが独りで寝ているときアレック・ギネス、エディス・エヴァンスの幽霊が出てきて、いじめるところが面白いのね。「人生は金だけじゃあない、お前はもっと大切なものを忘れているぞ。それが愛というものだ」なんて幽霊に言われてスクルージは汗でびっしょりになって、朝起きたらクリスマス。このスクルージがすっかり目覚めて、たくさんのクリスマス・プレゼントを貧しい子供たちに持っていく。いかにもディケンズのクリスマスらしい映画ですね。

グリード
Greed

D＝IVC

24／米／監・脚＝エーリッヒ・フォン・シュトロハイム／撮＝ベン・レイノルズ／出＝ギブスン・ゴーランド、ジーン・ハーショルト、ザス・ピッツ／V＝IVC、ジュネス／D＝カルチ

解説　シュトロハイム監督がフランク・ノリスの小説を映画化した破天荒なリアリズム大作。サンフランシスコの偽歯医者マクティーグ（ギブスン・ゴーランド）は友人マーカス（ジーン・ハーショルト）の愛人トリーナ（ザス・ピッツ）に心奪われ結婚。しかし宝くじで大金を手にした女は貪欲な悪妻に変貌していく。

ハイ淀川です　映画史上に残る名作、超大作ですね。トリーナは富くじが当たって、大金が転がり込んできた。もうなんとも知れん貪欲。グリードな悪妻になっていきます。十年たって歯医者はもぐりがばれて営業停止となってしまった。女は夫から逃れていく。風呂から上がってベッドの上に金貨をいっぱい並べますね。チャランチャラン、サイレントですが音が聞こえるようだ。そのうれしそうな顔。金貨を下に敷いて寝るような女になっていく。すごい映画。私はこの映画、十四歳の時初めて見ましたが、もう見終わったあと手も体も汗ビッショリになったことを覚えています。シュトロハイムはなんてすごい作家だ。映画は文学に負けないと思いました。

クリフハンガー
Cliffhanger

B・D＝KAD

93／米／監＝レニー・ハーリン／脚＝マイケル・フランス、シルベスター・スタローン／撮＝アレックス・トムソン／出＝シルベスター・スタローン、ジョン・リスゴー、マイケル・ルーカー、ジャニン・ターナー／V＝LDC／D＝LDC

解説　ロッキー山脈を舞台にくり広げられるレニー・ハーリン監督の山岳アクション。友人の恋人を転落死させてしまったレスキュー隊員ゲイブ（シルベスター・スタローン）と雪山に散った三億ドルの入ったトランクを回収しようとする犯罪集団が死闘を展開する。スタローンが久々のハマリ役で果敢なアクションを見せる。

ハイ淀川です　クリフハンガーとは絶体絶命、危機一髪のことですね。昔の大連続活劇は二巻ごとにクリフハンガーだったんですね。その連続活劇の精神を持っているのがこの映画。しかも、舞台が四千メートル級の高山。そこでのアクション、サスペンス。そのハラハラドキドキが見どころですね。岩の間にしがみつく。手も足も滑る。ロープのぶら下がり。橋の大爆発。そして札束が高山の白雪の中に散るあたり。ふつうこんな汚い金はシカゴあたりの地下室でバラまかれるのに、シカゴではなくって山の頂上だからしゃれになる。このあたりがいいんですね。スタローンがよくやっている。特にファーストシーンがいいんですよ。

クリムゾン・タイド
Crimson Tide

B＝ディズニー　D＝LDC

95／米／監＝トニー・スコット／脚＝マイケル・シーファー／撮＝ダウリス・ウォルスキー／出＝デンゼル・ワシントン、ジーン・ハックマン、ジョージ・ズンザ、ヴィゴ・モーテンセン／V＝ブエナ／D＝LDC

解説　米海軍の原子力潜水艦アラバマが、旧ソ連の反乱軍を押さえるために出動して敵艦を発見。艦長ラムジー（ジーン・ハックマン）と副艦長ハンター（デンゼル・ワシントン）は核ミサイルの発射ボタンを押すか否かで対立する。トニー・スコット監督が原潜の内部をリアルに描き、対立する二人の男のサスペンスを盛りあげる。

ハイ淀川です　キャメラが狭い潜水艦内を一刻もたるむことなく走りまわるあたり。そして、副艦長が艦長を一室に閉じ込めてしまうという緊迫感。その美術セットとキャメラはすばらしかったですけれど、この映画の見どころはデンゼル・ワシントンとジーン・ハックマンの対決的な演技の競演です。艦長は小さな愛犬を艦内に持ち込んで可愛がっている。その艦長の煙草の吸い方。一方の副艦長の若さと決断力。この対比の面白さ。この名演。まるで舞台で楽しむばかりの名演を見せてくれます。やっぱり、映画というものはこけおどしのスケール、サスペンスじゃぁありませんね。それよりも演技。出演者も生きがいを感じたことでしょう。

クレイマー、クレイマー
Kramer vs. Kramer

B・D＝SPE

79／米／監・脚＝ロバート・ベントン／撮＝ネストール・アルメンドロス／出＝ダスティン・ホフマン、メリル・ストリープ、ジャスティン・ヘンリー／V＝SPE

解説　ある日突然、結婚して八年目のサラリーマンの妻（メリル・ストリープ）が家出。残された夫（ダスティン・ホフマン）は、七歳の息子（ジャスティン・ヘンリー）を抱え、仕事と家庭の両立に大奮闘。裁判の結果、子供は妻に引きとられることになるが…。アカデミー作品賞、監督賞など五部門受賞。

ハイ淀川です　これは映画が活動写真に帰った記念すべき注目作。夫婦、親子の人情を今日のマンハッタンの新しい夫婦に蘇らせました。この人情劇でありながら今日の夫婦に見せた術と「人形の家」のノラのラストからスタートした試み。脚色が見事にきめ細かく、計算のゆきとどいたこの監督の才能には注目に価します。ダスティン・ホフマンのその小柄な全身から匂うやさしさと人のいい哀れさ。シャープで冷たいストリープの夫婦の対決の面白いこと。子供に演技を抑えさせた芝居をさせたこともこの映画を新鮮にしました。この配役のうまさ。いつの世も人間の人情には変わりなく、これは古器から新酒を溢れさせた名人芸ですね。

クレオパトラ
Cleopatra

B・D＝ディズニー

63／米／監・脚＝ジョゼフ・L・マンキーウィッツ／脚＝ラナルド・マクドーガル／撮＝レオン・シャムロイ／出＝エリザベス・テーラー、レックス・ハリスン、リチャード・バートン／V＝FOX／D＝カルチ

解説　紀元前四八年、内乱の続くエジプトに進攻したローマ帝国の闘将シーザー（レックス・ハリスン）は美女クレオパトラ（エリザベス・テーラー）と出会い、恋の虜になる。さらにローマの権利者アントニー（リチャード・バートン）も彼女の虜になる。有名なクレオパトラ伝説を映画化。空前の製作費を投じた一大スペクタクル。

ハイ淀川です　前に『或る夜の出来事』のクローデット・コルベールがやりました。可愛らしいクレオパトラでしたが今度はテーラー。テーラーは『熱いトタン屋根の猫』あたりからよくなってきましたが、この大役の美しさはさすがという感じでした。と同時にこの映画はスペクタクル・シーンが見ものですね。実はこの撮影があまりにも長びいたので、闘技場に野生の猫が何十匹も住みついてしまったんですね。なぜか。エキストラが闘技場のスタンドで隠れて食った食べ残しで、ネズミが増えたからなんです。それで、この闘技場はあらためて場所を変えてつくりなおされたというエピソードもあるんです。まあ、それぐらい時間をかけてつくられた大作でした。

クレティネッティの借金返済法
How Cretinetti Pays His Debts

11／伊／出＝アンドレ・ディード／V＝フォノグラム

解説　イタリアのチネス、アンブロジオと並び三大映画会社の一つであるイタラ社製作の短編。主演のフランスのアンドレ・ディードは一九〇八年から一一年にかけてイタラ社に雇われ一連の「クレティネッティ」喜劇に出演しているが、これもそのうちの一本。借金で困った男が鞄の中に消え、その鞄が逃げ出す傑作トリック。

ハイ淀川です　大正二年の夏。両親に連れれて別府の天幕がけの活動写真館で、この〃走る鞄〃を見たんです。私が四歳のとき。ホテルの一室で借金取りに追われている髭の紳士が、呪文を唱えるとパッと体が消えて鞄の中に入っちゃうの。その鞄がドアの隙間から廊下へ滑り出して、右に左にゴツンゴツンとぶつかり二人の借金取りの男の間をかいくぐって玄関へ走る。そのトリックに笑いころげました。わたしは常々、四歳から映画を見てきたと申してきましたが、数年前にイギリス人が集めた活動写真のビデオを見たらこのシーンがあったの。四歳の記憶は間違っていなかった。同時に、ビデオが活動写真を墓場から蘇らせてくれたこともうれしかったですね。

グレートレース
The Great Race

D＝WBH

65／米／監・脚＝ブレイク・エドワーズ／脚＝アーサー・ロス、他／撮＝ラッセル・ハーラン／出＝トニー・カーチス、ジャック・レモン、ナタリー・ウッド／V＝WHV

解説　二〇世紀初頭。ニューヨーク・パリ間の自動車レースに、ライバル同士のレズリー（トニー・カーチス）とフェイト（ジャック・レモン）が参加。それに男勝りの女性記者マギー（ナタリー・ウッド）も加わり奇想天外なレースが続く。音楽ヘンリー・マンシーニ。サイレント喜劇の面白さを再現したブレイク・エドワーズ監督の代表作。

ハイ淀川です　『おかしな、おかしな、おかしな世界』ができて二年たって、俺だってやれるぞといって、モダンなブレイク・エドワーズ監督がつくった野心作ですよ。もう自動車の追っかけ。自動車があの手この手でひっくり返ったり、妙なカルバニアという国が出てきたり、不思議なアラスカに行ったりして、ほんとうのリアリズムで考えたら、こんなおかしな景色はないよというのがどんどん出てくる。そのクラシック・サイレントのころのタッチが見事に出ていました。トニー・カーチスとジャック・レモンの芝居も楽しい。自動車のできたての昔のころを映画にして、エドワーズはもう一度、スラプスティックを取り戻しました。面白かった。

紅の翼

B・D＝復刻

58／日／監・脚＝中平康／脚＝松尾昭典／撮＝山崎善弘／出＝石原裕次郎、二谷英明、中原早苗／V＝日活

解説 中平康が監督した航空アクション。セスナ機のパイロット（石原裕次郎）が、破傷風の血清を八丈島に運ぶ。女記者（中原早苗）とこの機をチャーターした男（二谷英明）が同乗するが、途中でこの男が殺人犯とわかり、機は不時着。しかし、子供を助けたいパイロットの活躍で血清は無事に送り届けられる。

ハイ淀川です 八丈島の瀕死の子供のところへ血清を持って行かなければいけないギリギリの緊迫感がやや薄いんですね。この人間のからみ合いが、もっと計画されて、セスナの八丈行きに絶対の緊迫感があったら、この映画はこの年のベストワンになったでしょう。しかし、日本映画ではほとんど画面に使ったことのないセスナを徹底的に見せてくれます。その操縦が見ているほうにじかにひびいてきますね。乗りたくなって若い人たちは胸が高鳴るでしょう。さすが裕次郎はあの柄で役者臭さがなくって、実にパイロットの若さを出しています。裕ちゃんから拳銃やナイフをとっちまっただけでも楽しい。セスナを楽しむ傑作ですよ。

黒いオルフェ

Orfeu Negro

B・D＝IVC

59／仏／監＝マルセル・カルネ／脚＝ジャック・ビオット／撮＝ジャン・ブールゴワン／出＝ブレノ・メロ、マルペッサ・ドーン、ルールデス・デ・オリベイラ／V＝C－C／D＝IVC、ビーム

解説 ギリシャ神話「オルフェ」の愛の物語をマルセル・カルネ監督が現代化。リオデジャネイロの名物カーニバルの日、田舎から姉を訪ねてきたユーリディス（マルペッサ・ドーン）は、町で知り合った電車の運転手オルフェ（ブレノ・メロ）に心ひかれ、二人はカーニバルの興奮の中で恋におちていく。カンヌ映画祭グランプリ。

ハイ淀川です リオのカーニバル。もうこれだけでも映画の美の花を咲かせてくれましたね。しかもそれに加えてあまりにも有名なギリシャ神話の「オルフェ」を現代に移しました。オルフェは市電の運転手。ユーリディスは田舎から姉を訪ねてきた娘ですね。この神話を現代化しているあたりが見事で面白いんですね。オルフェの恋と死。ギリシャの神話が、リオの祭りの夜に青く赤く、まるで死の虹を見せるかのようなマルセル・カルネの名作です。ボサ・ノバ、サンバの調べとリオの美しい風景をとらえたジャン・ブールゴワンのキャメラの美しさも最高です。「オルフェの歌」や「悲しみよ、さよなら」の曲は大ヒットしましたよ。

黒水仙

Black Narcissus

B＝ポニー　D＝ファースト

46／英／製・監・脚＝マイケル・パウエル、エメリック・プレスバーガー／撮＝ジャック・カーディフ／出＝デボラ・カー、ジーン・シモンズ、キャスリン・バイロン、デヴィッド・ファーラー／V＝東北

解説 ルーマー・ゴッデンの同名小説の映画化。ヒマラヤ山麓に近い高地の村に尼僧院がつくられることになり、リーダー格のクローダー（デボラ・カー）ら、五人の尼僧が希望に燃えて赴任。しかし、尼僧たちは信仰と誘惑のはざまで苦悩する。デボラ・カーがこの作品で日本初登場。アカデミー色彩撮影、美術監督、装置賞受賞。

ハイ淀川です 水仙というと自己陶酔におちること。ナルシシズムなのね。ところが黒がつくと麻薬的な香り。もっと言うとお稚児さんのことなのね。王様が可愛がっている少年のこと。つまりセックスがわりのことなの。黒水仙にはそんな意味があるの。壁に裸の男と女が抱き合っている絵がいっぱいあったんですね。それを見てしまった尼さんの一人が、山男の体に夢中になって気が狂いそうになっていくところが怖いのね。最後、尼さんたちは自分たちは人間だったと思って村を去っていくのね。池には蓮の花がいっぱい咲いている。その蓮の葉が揺れて葉の裏が見えた。黒水仙の尼さんの人間敗北ですね。そこがこの作品の面白いところです。

クローズ・マイ・アイズ
Close My Eyes

91／英／監・脚＝スティーヴン・ポリアコフ／撮＝ビトルド・ストック／出＝アラン・リックマン、サスキア・リーヴス、クライブ・オーエン／V＝ポニー

解説　両親の離婚で別々に育てられた姉ナタリー（サスキア・リーヴス）と弟リチャード（クライブ・オーエン）は久しぶりに再会。上流社会の夫と結婚生活に嫌気がさしていたナタリーは、弟の愛に溺れ関係を結んでしまう。許されぬ愛、さらにエイズや環境問題などイギリスの悩みを織り込んだ問題作。スティーヴン・ポリアコフ監督。

ハイ淀川です　人間のやったらいけないシミがだんだんと濃くなって深くなるんですね。けれど人間がやったらいけない恋、愛がそんなに罪になるとは言えないのね。この映画はそれを訴えているんですね。姉さんのサスキア・リーヴスがうまい。女の目のところにその痛ましさが出ているあたり。この面白さは近親相姦なのに画面が明るいところですね。朝の明るい中で姉と弟が抱き合う。それを地獄絵でなくパラダイスで見せたあたり、この監督の新しい感覚があります。しかし、これが地獄かパラダイスかわからない。しかし、最近はイージーラブばかり。そんな中で、もっと厳しいもの、人間の苦しさを考えようとしたこの映画。イギリスの問題作です。

クロッシング・ガード
The Crossing Guard

B・D＝WHV　D＝東北

95／米／監・脚＝ショーン・ペン／撮＝ヴィルモス・ジグモンド／出＝ジャック・ニコルソン、デヴィッド・モース、アンジェリカ・ヒューストン、ロビン・ライト／V＝東北／D＝東北

解説　ショーン・ペンの監督第二作。フレディ（ジャック・ニコルソン）は、六年前に愛する娘を交通事故で亡くし、荒れた生活を送り、妻（アンジェリカ・ヒューストン）も家を出てしまう。そんなある日、娘をひき殺したジョン（デヴィッド・モース）が出所。フレディは復讐を宣言。ジョンをほんとうに殺すことができるのか。

ハイ淀川です　監督がショーン・ペンというので興味がわきました。この人は『インディアンランナー』を監督してベトナム戦争帰りの若者の怖さを見せました。なかなかよかった。今度はその怖さをもっと身近な内容で見せましたね。アメリカも日本も車、車、車。車の事故はいつ起きるかわからない。子供をひき殺した男は出所しても、その罪に悩んで苦しんでいる。一方のひき殺された娘の父は、その男を憎み続けて殺さないと気がすまない。この二人の葛藤を対決している形で見せているあたりが見どころですね。非常にわかりやすい映画。アメリカ映画なのに日本の人情的なものも入っていますね。あの『罪と罰』の感じをいまの空気の中で描いた作品です。

グローリー
Glory

B・D＝SPE

89／米／監＝エドワード・ズウィック／脚＝ケビン・ジャール／撮＝フレディ・フランシス／出＝マシュー・ブロデリック、デンゼル・ワシントン、ケーリー・エルウェス、モーガン・フリーマン／V＝SPE／D＝SPE

解説　一八六〇年代初頭、南北戦争が激化。名家出身で白人の北軍ショー大佐（マシュー・ブロデリック）は、史上初めて組織された黒人部隊を組織。過酷な訓練をつみ難攻不落の南軍の砦フォート・ワグナーを攻撃する。自由と栄光を勝ちとるために命を賭けた彼らの愛と戦いを描く戦争スペクタクル。エドワード・ズウィック監督。

ハイ淀川です　この映画自身は、北軍が黒人を集めて、黒人部隊をつくった面白さ。北軍の若い指揮官がみんなに馬鹿にされたり、冷たい目で見られてたのに、頑張って頑張って、最後に黒人の兵士から愛されるようになる、その軍人魂がいいんです。しかし、それよりもどうして今ごろになって南北戦争を撮ったのか。昔『国民の創生』という南北戦争のすごい映画がありましたが、アメリカはベトナム戦争で国が腐りました。そんなときにもういっぺん、アメリカを呼び戻そう、蘇らそうとしたんですね。アメリカは南北戦争でとんでもない目に遭っている。だから、もう一度、南北戦争から考え直せ！　と訴えているような作品。そこに注目しました。

グロリア
Gloria

80／米／監・脚＝ジョン・カサヴェテス／撮＝フレッド・シュラー／出＝ジーナ・ローランズ、ジョン・アダムズ、バック・ヘンリー、ジュリー・カーメン／V＝SPE／D＝ポニー　D＝SPE

解説　ヴェネチア映画祭金獅子賞に輝いたジョン・カサヴェテス監督の代表作。サウスブロンクスのアパートでプエルトリコ人一家が惨殺。生き残った六歳の少年を謎の女グロリア（ジーナ・ローランズ）がかくまったことから二人は組織に追われる。タフな女と生意気な少年の絶妙なハードボイルド。九九年にシャロン・ストーンでリメイクされた。

ハイ淀川です　ジョン・カサヴェテス監督の奥さんのジーナ・ローランズがギャングの情婦役で活躍する話ですけれど、このローランズが実にうまい。タクシーから降りるときには絶対にツリは取らない。ハンドバッグに札束を無造作にまるめて突っ込み、ときには百ドル札を運転手に手渡して、おつりと言われても、「いいわよ。とっておきな」と言っちゃうあたり。ギャングの出入りで一家が全滅になって、一人生き残った六歳の男の子を助けて逃げる。目の前に立ちふさがった男三人を、アッという間に拳銃をぶっぱなして殺してしまう。映画の中であねご女優というのは見ていて楽しいですね。まさにこれはローランズの当たり役になりました。

群衆
Meet John Doe

41／米／製・監＝フランク・キャプラ／脚＝ロバート・リスキン／撮＝ジョージ・バーンズ／出＝ゲーリー・クーパー、バーバラ・スタンウィック、エドワード・アーノルド、ウォルター・ブレナン／V＝IVC／D＝カルチ　D＝IVC

解説　マスコミによって偶像に仕立て上げられてしまった男の苦悩と再起する姿を通して、民衆の恐ろしさとアメリカン・デモクラシーの不屈の強さをダイナミックに描く。女記者（バーバラ・スタンウィック）が社会に抗議する失業者のでっちあげ記事を書いたことから大騒ぎとなる。監督はフランク・キャプラ、脚本は名コンビのロバート・リスキン。

ハイ淀川です　女記者がジョン・ドーという失業者の架空の名前を使って、クリスマスの夜に市庁の屋上から飛び降り自殺をするという投書記事を書いたら夕刊に出て大反響になった。さぁ困った。ジョン・ドーを仕立てなければいけない。そこで失業者の野球選手（ゲーリー・クーパー）を見つけてきたの。さぁ、それが新聞に出てジョン・ドーは人気者になってラジオで演説するしファンクラブもできる。女記者が書いた原稿を読んでアメリカ中を演説してまわる。そのうちこの男は原稿を読まなくとも自分の言葉で言えるようになってきたの。この男がだんだんジョン・ドーになっていくあたりが面白いのね。キャプラの名作です。

刑事ジョン・ブック／目撃者
Witness

85／米／監＝ピーター・ウィアー／原・脚＝ウィリアム・ケリー、他／撮＝ジョン・シール／出＝ハリソン・フォード、ケリー・マクギリス、ルーカス・ハース／V＝CIC　B・D＝パラマ

解説　フィラデルフィア駅構内で、少年サム（ルーカス・ハース）は殺人事件を目撃。事件担当のジョン刑事（ハリソン・フォード）は、捜査の協力を頼むが少年の母（ケリー・マクギリス）は非暴力主義のアーミッシュの村以外の社会と関わることを恐れ協力を拒む。ピーター・ウィアー監督の人間味溢れるサスペンス。

ハイ淀川です　あの南京豆みたいな顔。ハリソン・フォードは『スター・ウォーズ』や『レイダース』を見ても、まあ、よく体が動く。よくやるもんだぐらいしか思っていませんでしたけれど、この映画で彼のパーソナリティがよくでてました。見事な演技者になりましたね。監督がオーストラリアのピーター・ウィアーだから、この映画はアメリカ映画のくせにどこか異国の肌ざわりがあるんですね。古いオランダ人が集まっている田舎の厳しい宗教の生活を見せながら、この殺人事件を見てしまった少年の恐怖がうまくからんでいるあたりが面白いんです。それにキャメラの美しいこと。これはサスペンス映画としても第一級の作品です。

汚れなき悪戯
Marcelino Pan Y Vino

D＝IVC

55／スペイン／監・脚＝ラディスラオ・ヴォホダ／脚＝J・M・サンチェス、他／撮＝エンリケ・ゲルネル／出＝パブリート・カルヴォ、ラファエル・リベリュス／V＝IVC／D＝IVC

解説　戦禍に荒れた村に老僧たちは僧院を建てるが、ある朝、門前に捨子があった。老僧たちはその子を育てる。五歳になったその子マルセリーノ（パブリート・カルヴォ）は無垢ないたずらっ子で、僧院中のアイドルになっていく。当時六歳のカルヴォ少年の愛くるしさと、奇蹟の美しさに溢れたラディスラオ・ヴォホダ監督作品。

ハイ淀川です　このお寺の屋根裏に十字架のキリスト像があるんです。マルセリーノがそのキリストに自分が食べるパンを隠し持っていってあげる可愛らしさ。すっかり仲よくなってキリスト像がしゃべり出す。坊さんたちはマルセリーノがいなくなって心配したら、像の前で死んでいた。隙間から光が後光のように射しているこのシーンの美しさ。この映画をどう見たらいいのか。一生懸命に僧院を建てようとした坊さんたちを神様が見てマルセリーノを与えた。五歳になるまで可愛がるようにさせて、もういいだろうと判断して神の世界に戻した。この子は神の使いだったと思うと味わいのある映画になります。黒いダイヤモンドのような輝きのある名作です。

激突！
Duel

B＝NBC　D＝ジェネ

71／米／監＝スティーブン・スピルバーグ／原・脚＝リチャード・マシスン／撮＝ジャック・マータ／出＝デニス・ウィーヴァー、ティム・ハーバート、チャールズ・ピール／V＝CIC

解説　当時二十五歳だったスティーブン・スピルバーグ監督を世界的に有名にしたサスペンス・アクション。平凡なセールスマンのデビッド（デニス・ウィーヴァー）は、車でカリフォルニアから南下するハイウェイにのるが、大型タンクローリーを追い抜いたことから、そのタンクローリーに執拗に追われ、二台の車は死闘を展開する。

ハイ淀川です　トラックと自家用車が走っていく。この男は家を出かける前に奥さんとちょっとやり合って、車に乗って出発した。初めはなんでもないんですね。それが見ているうちにどんどん怖くなってくる。一本道のハイウェイで、小さな車が大きなトラックに追いかけられる。しかも、そのトラックに乗っている運転手の顔が、全然映らない。それがよけいに怖いんですね。この映画には現代の社会の縮図があります。私たちのもっている強迫観念、それと同時に、ともかく相手をやっつけちゃうんだという残酷趣味が見事に描かれている。もともとはテレビ映画だったんですけれど、あんまりにもいいので劇場で公開した。スピルバーグの傑作です。

激流
The River Wild

B＝NBC　D＝ジェネ

94／米／監＝カーティス・ハンソン／脚＝デニス・オニール／撮＝ロバート・エルスウイット／出＝メリル・ストリープ、ケビン・ベーコン、デヴィッド・ストラザーン／V＝CIC／D＝SPE

解説　ゲイル（メリル・ストリープ）は息子の誕生祝いに故郷で川下りをすることになったが、逃亡中の凶悪犯（ケビン・ベーコン）に拉致されてしまい恐怖の川下りとなる。カーティス・ハンソン監督が一家の決死の脱出を描いたサスペンス・アドベンチャー。ストリープが本格的なアクションに初挑戦し新境地を開いた。

ハイ淀川です　これはあの『スピード』の激流版ですね。ファーストシーンは静かな川。そこを行くボートのオールを見せておいて、それが後半の大激流になって荒れ狂う。このリズム感は見事です。激流にのみ込まれていくこの妻のスリルと断崖にいる夫のスリル。このあたりも見どころですけれど、この映画の狙いはメリル・ストリープですね。あのギョロ目のゴールディ・ホーンが演じたら娯楽冒険映画になってしまいますけれど、これを都会派のメリルを主役にしたあたりが面白いんですね。このとき四十六歳のメリルが素足まるだしになって頑張っているあたり。この役、『アフリカの女王』のキャサリン・ヘプバーン気取りだぞと思い感心しました。

月光の女
The Letter

D＝ジュネス

40／米／監＝ウィリアム・ワイラー／脚＝ハワード・コッホ／撮＝トニー・ゴーディオ／出＝ベティ・デイヴィス、ハーバート・マーシャル、ジェームズ・スティーブンソン

解説　サマセット・モームの小説をウィリアム・ワイラー監督が映画化したサスペンスタッチのメロドラマ。東南アジアでゴム園を経営する夫（ハーバート・マーシャル）の妻（ベティ・デイヴィス）が、一人の男を射殺した。しかし、彼女が書き送った手紙から、この犯罪が愛憎のもつれから起きたことが明らかになる。

ハイ淀川です　これは有名なサマセット・モームの小説の映画化です。原作があまりにも面白いので舞台劇にもなっています。それをワイラー監督が映画で名演出を見せて、彼の代表作の一つになりました。善良で社交界でも評判のいい女が、実は殺人犯だったという話ですが、このベティ・デイヴィスの妻を信じて必死にかばう役をハーバート・マーシャルがうまくやりました。中国人の運転手をなぜ妻が射殺したのか法廷で暴き出される。そのときの夫のショック。ワイラーは見事な裁判劇をつくりました。裁判ものは俳優の演技が見どころであり、命ですね。ベティ・デイヴィスもべっとりとした名演技を見せ、彼女の代表作になりました。

結婚哲学
The Marriage Circle

D＝IVC

24／米／監＝エルンスト・ルビッチ／脚＝ポール・バーン／撮＝チャールズ・J・バン・エーガー／出＝アドルフ・マンジュー、マリー・プレヴォー、モンテ・ブルー、デール・フラー、ハリー・マイヤーズ／V＝IVC

解説　ハリウッドに迎えられたドイツのルビッチ監督がその才気を遺憾なく発揮したソフィスティケイティッド・コメディ。倦怠期の夫婦、夫は妻と離婚したがり妻も浮気を始める。それにもう一組の夫婦が入り乱れて…。離婚を考えたり思いとどまったり、そんな心の揺れ。アメリカ映画になかったドラマの深さを感じさせる作品。

ハイ淀川です　アドルフ・マンジューは教授を演じました。五十歳ぐらい。その嫁さんがマリー・プレヴォーで二十五、六歳。ところがこの嫁さんが甘ったるくって、チャーミングなんだけどしつこい。旦那は嫌気がさした。でも離婚する理由がない。困っていたらこの嫁さん、浮気な女で自分の親友の医者モンテ・ブルーと仲良くなってきた。この教授の嫁さんは女の塊。男を自分の部屋に呼ぶ時も、どうしたら自分が一番きれいに見えるだろうか。椅子の位置、ライトを考えたりする。香水はあの香りなら男をひっかけられるとか…。こんなシーンを見ているとアメリカ映画にこれだけのデリケートなラブプレイはなかった。ルビッチの絢爛たる面白さだ。

結婚の夜
The Wedding Night

D＝ジュネス

35／米／監＝キング・ヴィダー／脚＝エディス・フィッツジェラルド／撮＝グレッグ・トーランド／出＝ゲーリー・クーパー、アンナ・ステン、ラルフ・ベラミー

解説　サミュエル・ゴールドウィンが製作、キング・ヴィダーが監督したラブストーリー。仕事に行き詰まったニューヨークの小説家（ゲーリー・クーパー）は原稿執筆のために旅に出るが、雪の日、ある田舎の駅で若い村娘（アンナ・ステン）と出会う。二人の間に恋が芽生えるが、娘は許婚者と近く結婚式をあげることになっていた。

ハイ淀川です　ゴールドウィンがロシアの女優だったアンナ・ステンをドイツから呼んで、なんとかスターにしようと考えたのね。雪の降っている中でクーパーとステンがラブシーンをするような映画にしようと思ってできたのがこの作品ですね。ステンの田舎の娘さんが丘を越えて手を振ってクーパーのところに来るあたりのきれいなこと。クーパーには奥さんがいる。これはいかんと思ったのね。そして、ステンはラルフ・ベラミーの田舎のおっさんと結婚することになった。そして、結婚式の初夜の晩に大変な事件が起こってしまうのね。クーパーとベラミーが喧嘩になった。さあ、どうなったか。いかにもキング・ヴィダーのセンチメント溢れた作品でしたね。

ゲット・ショーティ
Get Shorty

B・D＝FOX
95／米／製・監＝バリー・ソネンフェルド／脚＝スコット・フランク／撮＝ドン・ピーターマン／出＝ジョン・トラボルタ、ジーン・ハックマン、ダニー・デヴィート、レネ・ルッソ／V＝WHV／D＝WHV

解説　映画ファンの取り立て屋チリ（ジョン・トラボルタ）は、B級映画プロデューサーのハリー（ジーン・ハックマン）の借金取り立てを依頼されるが彼と意気投合。映画製作を思いつき元大スターのマーティン（ダニー・デヴィート）に出演交渉する。バリー・ソネンフェルド監督が映画製作をめぐる騒動を描いたコメディ。

ハイ淀川です　この映画の面白さはハリウッドの裏をコメディで見せたところですね。それと同時に見どころは、男三人の競演。名演技ですね。トラボルタは若いころはお茶目だったけれど今は立派な個性を生かして、この映画では借金とりのヤクザ。ジーン・ハックマンは金のない映画プロデューサー。それよりいいのはダニー・デヴィートですね。この映画で主役なのに控え目に演技しているあたりが粋です。品格というのか人のよさがよく出ました。この三人の男の個性を見事に掴んで、ハリウッドのバックステージを見せるあたりはさすが『アダムス・ファミリー』のバリー・ソネンフェルドです。この監督のセンスのよさを楽しんで下さい。

ゲーム
The Game

B＝NBC　D＝東宝
97／米／監＝デヴィッド・フィンチャー／脚＝ジョン・ブランケート、マイケル・フェリス／撮＝ハリス・サビデス／出＝マイケル・ダグラス、ショーン・ペン、デボラ・カーラ・アンガー、キャロル・ベイカー／V＝東宝

解説　孤独な実業家ニコラス（マイケル・ダグラス）は、四十八歳の誕生日に弟（ショーン・ペン）からCRS社のカードを贈られる。人生が一変するすごい体験ができる、という誘いに乗りゲームに参加するが、その日から奇怪な出来事が続発する。話が二転三転するテビッド・フィンチャー監督のサスペンス・スリラー。

ハイ淀川です　ある夜にニコラスが家に帰ってくると、家の前に死体らしいものがある。駆け寄ってみたら等身大のピエロの人形。笑っていて気持ちが悪いのね。というわけで、ニコラスが次々と恐怖に襲われる。そしてだんだんと混乱していくあたりが面白いんですね。そして、最後は申しませんけれどあっと驚くことになるのね。この映画はむかし、一九一〇年代にパティ社がつくっていた連続活劇の運命劇を思わせるんですね。それと同時にヒッチコックへの憧れがおかしいくらい目についてきます。主演のマイケル・ダグラスは五十三歳。もう貫禄十分ですね。硬い映画も軟らかい映画も両方やれるところがこの人の強味。この映画でも全力投球していました。

ケロッグ博士
The Road To Wellville

D＝紀伊國屋
94／米／監・脚＝アラン・パーカー／撮＝ピーター・ビジウ／出＝アンソニー・ホプキンス、ブリジット・フォンダ、マシュー・ブロデリック、ジョン・キューザック／V＝SPO

解説　コーンフレークの発明者として知られるケロッグ博士（アンソニー・ホプキンス）は、菜食主義と禁欲生活が長生きの秘訣と主張。彼が主宰する健康センターでは高圧電気風呂治療、浣腸など奇妙な治療法が行われ、盲信する患者たちで賑わっていた。アラン・パーカー監督がそこで展開される騒動を描いたブラック・コメディの快作。

ハイ淀川です　腹をかかえて笑いました。健康療養所のコメディ的スケッチ。その時代色のムードの面白いこと。名優アンソニー・ホプキンスだけでなくマシュー・ブロデリック、ジョン・キューザックの意気のいい若い二人もスッポンポンの全裸を見せる。アラン・パーカーの美術はオッサンたちのブルンブルンのお尻をキャメラ移動で柔らかく撮っていく。そのオジサンたちの全裸の電気ショック。それに妙な仕掛けの浣腸まで登場します。というわけで、これは男の裸のお楽しみ映画。ようやく男の時代がジワリジワリと映画の画面に登場してきました。ですから、男の映画の見方、味わい方も捨てたものではありません。研究して下さい。

現代人

52／日／監＝渋谷実／脚＝猪俣勝人、他／撮＝長岡博之／出＝池部良、山田五十鈴、山村聰、小林トシ子、多々良純／V＝松竹

解説　渋谷実が監督した汚職官吏の社会劇。土建屋の贈賄に建設省の課長（山村聰）と事務官小田切（池部良）は抱き込まれる。しかし、課長の娘を愛していたこの青年官吏はアプレぶりを発揮し、課長と愛人（山田五十鈴）の手を切らせるために自ら情交を結ぶ。そして課長を泥沼から脱出させようとし土建屋を他愛なく殴殺する。

ハイ淀川です　この映画は脚本と、脂の乗った渋谷実演出が見事に手を組んだ傑作です。この若いアプレ役人は、課長の娘を知って以来、彼女の美しい家庭愛の心根にひかれて、その家庭を守ろうとして、課長の情婦を横取りして、土建屋と争ってその男を殺害。さらに役所にまで放火して獄につながれますね。その姿を冷酷でなくむしろ同情の目で追っているあたりが面白い。しかし、圧巻は情婦の山田五十鈴。女優という仕事の楽しさを見る者にまで羨ましがらせるほどの演技と台詞のエロキューションのすばらしさ。情婦が旦那の娘と対面するシーン。つくられたお芝居臭さがありません。山田五十鈴を見るだけでも一見の価値のある作品です。

建築家の腹
The Belly Of An Architect

B＝キング　D＝ポニー

87／英・伊／監・脚＝ピーター・グリーナウェイ／撮＝サッシャ・ヴィエルニー／出＝ブライアン・デネヒー、クロエ・ウェブ、ランベール・ウィルソン、セルジオ・ファントーニ、ステファニア・カッシーニ／V＝カルチ

解説　アメリカの建築家クラックライト（ブライアン・デネヒー）は、ローマで開催される十八世紀の幻想的な建築家ブレーの展覧会の監修に、若い妻ルイザ（クロエ・ウェブ）とやってくる。しかし、クラックライトは突然の腹痛におそわれる。独特な映像構図でエキセントリックな雰囲気が漂うピーター・グリーナウェイ監督作品。

ハイ淀川です　これはローマの古典建築美が映画を支配し、映画全体がクリーム・イエローの大理石の肌を持っているグリーナウェイ趣味。アメリカの建築家がローマに列車で着くその中で夫婦のむつごとを見せます。この巨大な男が歓迎の宴のデザートのいちじくを食べたのがもとで腹痛の苦しみ。上半身を裸にして初めは宴席で腹を叩いて笑っていたんですが、やがてこれが本物の腹痛になる。この映画はいったい何を見せようとしたのか。それは間違いもなくブライアン・デネヒーのエロチック・ヌード。大理石の巨大な彫刻を舞台にして、建築の研究に苦しみぬく、その大男の肉体をあたかもヌードショーさながらに見せる。男のたいこ腹の美術。

現金《げんなま》に手を出すな
Touchez Pas Au Grisby

B・D＝IVC

54／仏・伊／監＝ジャック・ベッケル／原・脚＝アルベール・シナモン／撮＝ピエール・モンタゼル／出＝ジャン・ギャバン、ジャンヌ・モロー、リノ・ヴァンチュラ、ルネ・ダリー／V＝IVC、東北

解説　パリの下町を舞台にしたギャング映画でジャック・ベッケルが監督した。若い相棒の命と引き換えにせっかく奪った金をあきらめる老ギャングにジャン・ギャバンが扮しているが、こんな役では彼の右に出るものはいない。このとき五十歳。男の哀愁をにじませて、さすが貫禄十分。主題歌「グリズビーのブルース」はムーディーだった。

ハイ淀川です　ギャング渡世の男の匂いを見事に描いたベッケル監督の名作です。ギャバンの老ギャングのマックスと若いやくざのリトン（ルネ・ダリー）の二人が五千万フランを盗み出して、ほとぼりのさめるまで隠しておこうとします。ところがリトンには情婦がいたのね。それをジャンヌ・モローがやってます。ジャンヌ・モローの男にリノ・ヴァンチュラが扮していますけれど、この映画で初めて出たんですよ。この映画の面白さは、パリの下町の味ですね。ジャン・ギャバンの本質が見事に出てギャングの生活の匂いが最高でした。ベッケルという人は、リアリズムというのかその地方色というのか、それを見事に描き出す監督ですね。

ケン・ラッセルのサロメ
Salome's Last Dance

87／米／監・脚＝ケン・ラッセル／撮＝ルービ・ハリソン／出＝グレンダ・ジャクソン、ストラットフォード・ジョーンズ、ニコラス・グレース／V＝ポニー　D＝キング

解説　オスカー・ワイルドの一幕物をケン・ラッセル監督が新しい解釈で映画化。男娼の館に招待されたワイルド（ニコラス・グレース）の目の前で、当時上演禁止となった「サロメ」の舞台が始まる。小間使いのローズ（イモジェン・ミライス・スコット）がサロメを演じ、ヨハネの首を望むが、王の命令で殺されるという芝居だった。

ハイ淀川です　『サロメ』は何回も映画になりましたが、わたしが十三、四歳で見たアラ・ナジモヴァのサロメがよかった。それをケン・ラッセルが、イモジェン・ミライス・スコットという知らない女優で、男のような少年のようなサロメを演じさせました。絢爛たるサロメというよりもロックでも歌いそうなサロメ。そのあたりが面白いんです。レモン色の月、真っ赤な月をバックにして、サロメの真髄を見せようとしました。ワイルドの泥だらけの世界。しかも美しい虹のような世界。サロメというのは実は少年でした、という感じを見事に出しました。オスカー・ワイルドも出てきて男色のところも見せる。まさにワイルドの世界を描いた最高のサロメ。

ケン・ラッセルの白蛇伝説
The Lair Of The White Worm

88／英／製・監・脚＝ケン・ラッセル／撮＝ディック・ブッシュ／出＝アマンダ・ドノホー、ヒュー・グラント、サミ・デイビス、キャサリン・オクセンバーグ、ピーター・キャパルディ／V＝ポニー／D＝コムス　D＝TC

解説　『バレンチノ』『サロメ』のケン・ラッセル監督が、ブラム・ストーカーの怪奇小説『白蛇の巣』を映画化。イギリスの片田舎に伝わる白蛇伝説をめぐり、ケン・ラッセル独特の悪夢の世界が展開されるゴシックホラー映画で、腰をくねらせ壺の中から出てくる白蛇の女にアマンダ・ドノホーが扮している。

ハイ淀川です　ケン・ラッセル映画の『サロメ』系統の映画ですから、説明できるような作品ではありません。感じる映画。白蛇が美女に化けて男を食い殺す。その怪しき白蛇を演じるのが、『レインボウ』にも出演しているアマンダ・ドノホー。バレエダンサーあがりですから、その動くポーズの美しいこと。この女優を使って、ケン・ラッセルが舞台美術を展開させ、マジックショー的な化けもの恐怖をこの美しい女優にほどこしていくあたりの面白さ。若き日にバレエ界に入ろうしたケン・ラッセルのバレエ舞台への野心がここに燃え、しかも、わいせつのユーモアを忘れないで加えているあたり。この映画は、まさにケン・ラッセルのダイヤモンドです。

恋
The Go-Between

71／英／監＝ジョゼフ・ロージー／脚＝ハロルド・ピンター／撮＝ゲリー・フィッシャー／出＝ジュリー・クリスティ、アラン・ベイツ、ドミニク・ガード、マーガレット・レイトン／V＝SPE　D＝復刻

解説　二〇世紀初めのイングランド東部ノーフォークの美しい田園地帯。大地主の一人娘マリアン（ジュリー・クリスティ）と小作人テッド（アラン・ベイツ）の階級を超えた恋は、マリアンに憧れた十二歳の少年レオ（ドミニク・ガード）の幼い心に衝撃と傷痕を残した。ジョゼフ・ロージー監督の代表作。

ハイ淀川です　原名は「文づかい」。レオは小作人からマリアンに手紙を渡してくれと頼まれ、マリアンからも頼まれる。何回目かにその手紙の中を覗いたら、それはマリアンから小作人への恋文。レオは小作人の小屋で、マリアンと小作人が全裸で重なっているところを見てしまう。小作人と大地主の娘の恋は、そのころイギリス富豪階級では許されなかったこと。でも十二歳の少年には思いもよらなかった深手。その十二歳の傷が、六十歳になったレオにとどめを刺します。この映画、レオが立派な紳士になって登場。マリアンが白髪の男爵夫人になっている場面がでてきますが、このシーンが重要なところですね。カンヌ映画祭でグランプリを受賞しました。

恋多き女
Eléna Et Les Hommes

56／仏／監・脚＝ジャン・ルノワール／脚＝ジャン・セルジュ、他／撮＝クロード・ルノワール／出＝イングリッド・バーグマン、ジャン・マレー、メル・ファーラー、ジュリエット・グレコ／V＝IVC、東北　B・D＝紀伊國屋

解説　ジャン・ルノワール監督の〝ファンタジー・ミュージカル〟と言われた作品。ダンディな伯爵（メル・ファーラー）は政治上の取引のために将軍（ジャン・マレー）と美しい公爵未亡人（イングリッド・バーグマン）の仲をとりもつが、最後に自分がほんとうに愛していたのは彼女だと気づく。シャンソンのジュリエット・グレコが特別出演。

ハイ淀川です　二〇世紀初めのパリ。亡命貴族（バーグマン）をめぐる上流階級の恋とユーモアの皮肉が見どころですね。バーグマンがいかにも美しい。でもこのころ、全世界は彼女に厳しかったのね。それはバーグマンが夫と娘を捨ててイタリアの最高監督ロベルト・ロッセリーニのもとに走ったというスキャンダルがあったからなのね。ロッセリーニ監督の手で三本撮りましたが、清らかなイメージが叩きつぶされイタリアではボイコットを受けたの。彼女の地獄時代だ。それでルノワール監督に助けを求めたのがこの作品。にえ湯を飲まされ全身は焼けただれたけれど、彼女はそれに耐えたのね。その耐え抜いた力が彼女の演技につやを加えましたね。

恋におちて
Falling In Love

84／米／監＝ウール・グロスバード／脚＝マイケル・クリストファー／撮＝ピーター・サスチスキー／出＝ロバート・デ・ニーロ、メリル・ストリープ、ジェーン・カーツマレク、ハーベイ・カイテル／V＝CIC　D＝パラマ

解説　演技派ロバート・デ・ニーロとメリル・ストリープが共演したラブストーリー。マンハッタンを舞台に、同じ通勤電車で通っている建築技師フランク（デ・ニーロ）とグラフィックデザイナーのモリー（ストリープ）は、ふとした偶然から知り合い、互いに家庭を持つ身ながら次第に恋におちてゆく。ウール・グロスバード監督。

ハイ淀川です　この映画はデヴィッド・リーンの『逢びき』を下敷きにしているんです。どこが面白いのか。二人が愛を確かめようと、ベッドに入ったとき、その場になって、女は「できないわ。許して下さい」と断わり何もしなかった。そして、男が家に帰ってきたとき、その嫁さんによそよそしい態度に気づかれ、告白したとき、嫁さんは「まあ、よかったねぇ」と言わないで、旦那の顔をパーンと叩いた。それが今のアメリカです。可哀相に。あの女の人はどんなにつらかっただろうという感情と憎たらしい気持ちがいっぺんに爆発しました。このシーンは大人の揺れ動く心の感情が見事に出ました。これはアメリカの匂いをもった大人のラブストーリーです。

恋のエチュード
Les Deux Anglaises Et Le Continent

71／仏／監・脚＝フランソワ・トリュフォー／撮＝ネストール・アルメンドロス／出＝ジャン・ピエール・レオ、キム・マカム、ステーシー・テンデター／V＝カルチ、ポニー　D＝ポニー

解説　アンリ・ピエール・ロシェの小説をフランソワ・トリュフォー監督が映画化。フランス青年クロード（ジャン・ピエール・レオ）は、イギリス人姉妹アンヌ（キム・マカム）とミュリエル（ステーシー・テンデター）の二人と、それぞれに愛を交わし苦悩するが、挫折していく。八四年には完全版が公開されている。

ハイ淀川です　トリュフォーの描く恋は『恋のエチュード』でさらに残酷さを加えました。ふつうの映画の中の夢物語のような恋ではありません。二人の女と一人の男の恋の崩れ落ちていくさまを青春が老化する年齢まで追いつめて描いてます。この映画を見て感じたことはトリュフォーが『大人は判ってくれない』のあの少年の愛のもがきを今も持ちつづけたままでいるのではないか。あのときの愛の飢えをチャップリンとは違った形でフランス人らしく表現している。つまり、トリュフォーという人はいつまでも愛されたいもがきをその飢えのままずっと持って、悲しい心の映画を撮りつづけているような監督に思えてならないのです。

恋のためらい フランキーとジョニー

Frankie & Johnny

D＝パラマ

91／米／製・監＝ゲーリー・マーシャル／原・脚＝テレンス・マクナリー／撮＝ダンテ・スピノッティ／出＝アル・パチーノ、ミシェル・ファイファー、ケイト・ネリガン、ネイサン・レイン／V＝CIC

解説 ブロードウェイの舞台劇をゲーリー・マーシャル監督が映画化。詐欺罪で出所したばかりのジョニー（アル・パチーノ）と心を閉ざしているウェイトレスのフランキー（ミシェル・ファイファー）の二人が、愛、セックス、孤独、そして自尊心や過去の古傷に悩みながら、ともに美しい朝日を浴びるまでのラブストーリー。

ハイ淀川です 二人が盛りあがってベッドイン。男はこんなにデートがうまくいくと思わなかったから、女に「あれ、持っているの」と言われたとき「ゴムなんか持っていない」と言った。ところが女がゴム製品を持っていた。アメリカでエイズが流行っているから用意していたのかもしれない。このシーンの面白いこと。しかし、最後の最後はドビュッシーの「月の光」の音楽が流れる中で結ばれる。下町の荒っぽい中で、きれいなタッチで結ばれるあたりに今の新しい感覚が出ている。会話がいかにもきわどいくせにきめ細かくって面白い。このあたりも見どころ聞きどころ。いろいろと教えてくれる、これは恋の教育映画ですよ。

恋の手ほどき

Gigi

B＝WHV　D＝WBH

58／米／監＝ヴィンセント・ミネリ／脚＝アラン・ジェイ・ラーナー／撮＝ジョゼフ・ルッテンバーグ／出＝レスリー・キャロン、モーリス・シュヴァリエ、ルイ・ジュールダン、ハーミオン・ジンゴールド、イザベル・ジーンズ／V＝WHV

解説 『巴里のアメリカ人』のアーサー・フリードが製作、ヴィンセント・ミネリが監督したミュージカル。少女ジジ（レスリー・キャロン）は、お祖母さん（ハーミオン・ジンゴールド）やその妹（イザベル・ジーンズ）に行儀作法を仕込まれ社交界にデビュー。プレイボーイのガストン(ルイ・ジュールダン)は彼女に心をひかれる。

ハイ淀川です コレットの有名な舞台劇の映画化。舞台ではジジを『ローマの休日』に出る前のオードリー・ヘプバーンがやりましたが、映画ではレスリー・キャロン。しかし、この映画の見どころはドミモンドと呼ばれる女。パリの最高の、日本で言えば一流芸者。お金持ちでほんものの宝石、衣装を身につけ一流のパーティに出掛けていく。ぜいたくで粋でほんまものばかり勉強している女。ジジがそんな前歴を持ったドミモンドに育てあげられるところが面白いんです。この映画のプロデューサーはMGMの黄金時代を築いたアーサー・フリードで、これが最後のミュージカルになりました。ルイ・ジュールダンが歌う主題曲も美しかったですよ。

恋のゆくえ ファビュラス・ベイカー・ボーイズ

The Fabulous Baker Boys

B・D＝キング　D＝東北

89／米／監・脚＝スティーヴ・クローヴス／撮＝ミヒャエル・バルハウス／出＝ミシェル・ファイファー、ジェフ・ブリッジス、ボー・ブリッジス、エリー・ラーブ／V＝CIC／D＝カルチ

解説 シアトルのクラブで働くピアノ・デュオのフランク（ボー・ブリッジス）とジャック（ジェフ・ブリッジス）は、人気回復のために女性歌手スージー（ミシェル・ファイファー）を加入し成功する。しかし、ジャックとスージーが恋におちてしまう。ブリッジス兄弟が初競演したラブストーリー。スティーヴ・クローヴス監督。

ハイ淀川です この映画の見どころはなんと言ってもミシェル・ファイファー。モンローでもない、ブリジット・バルドーでもない、新しいタイプの女のセクシーな感じを出している。ブルースを歌うときのきれいなこと。弟のピアノの上にのって、私の大好きな「メイキン・ウーピー」を歌うあたり。真っ赤なドレスを着て粋に粋に今の調子でやわらかく歌う。この二十九歳の監督はなかなかの映画ファンだ。ピアノとブルースとシンガー。この弟と歌手が仲がいいくせに喧嘩して最後に別れようとするシーン。この監督がこれをやりたかったことがよくわかります。パラマウント・タッチとはこれ!! そのモダン・クラシックが帰ってきた粋な作品ですね。

恋人たち
Les Amants

B・D＝IVC

58／仏／監・脚＝ルイ・マル／脚＝ルイ・ド・ヴィルモラン／撮＝アンリ・ドカエ／出＝ジャンヌ・モロー、アラン・キュニー、ジャン・マルク・ボリー、ホセ・ルイ・ド・ヴィラロンガ／V＝カルチ

解説　『死刑台のエレベーター』につぐルイ・マル監督の第二作で愛と美の世界を描いた作品。ディジョンの新聞社主（アンラ・キュニー）の妻ジャンヌ（ジャンヌ・モロー）は生活に飽き、愛人のポロの名手（ホセ・ルイ・ド・ヴィラロンガ）と逢瀬を楽しんでいたが、若い学者ベルナール（ジャン・マルク・ボリー）と出会い愛し合う。

ハイ淀川です　ジャンヌはなんとも知れん雲の固まりみたいな女。夏の晩、この若い奥さんが屋敷の庭に出たら若い学者がついてきた。彼が興奮しているなあと思った。ラブシーンになった。このシーンの巧さ。風呂に入るとき、若奥さんは真珠の首飾りをはずしてマントルピースの上のワイングラスの中に入れると、カチカチと首飾りがガラスに当たる。すごい感覚。学者が入っているところに若奥さんが入ってくる。画面には見えないけどお風呂の水が増えていくので、二人は抱き合ったかもしれない。結局、二人は旦那もポロの選手も捨てて屋敷を出ていく。これから先どうなるか。マルのすごい女の感覚の映画。男よりも女の人が見たら、恋がよくわかりますよ。

恋人たちの予感
When Harry Met Sally

B＝FOX　D＝ディズニー

89／米／製・監＝ロブ・ライナー／脚＝ノラ・エフロン／撮＝バリー・ソネンフェルド／出＝ビリー・クリスタル、メグ・ライアン、キャリー・フィッシャー、ブルーノ・カービー／V＝ヘラルド

解説　出会ってから五年後に再会し、さらに五年後の再会で美しい友情で結ばれたペシミストの男ハリー（ビリー・クリスタル）とオプティミストの女サリー（メグ・ライアン）。セックス抜きで男女の愛情は成立するのか否かをマンハッタンの四季を背景に、ロブ・ライナー監督が自らの体験をもとに描いたラブストーリー。

ハイ淀川です　この映画はまるで昔のパラマウント映画のタッチ。そのハリウッドのオリジナルをロブ・ライナーというモダンな監督が撮っているところが面白いんですね。堅物の男と堅物の女が一体どうなっていくのか。セントラルパークの紅葉いっぱいの秋をどんどん見せながら、やがて、二人が男の部屋で一緒に寝たときにえらいことが起こってしまって、やっぱりダメじゃあないのというところで吹き出しちゃう場面があるんだけど、本人たちはとっても真面目。だからこの映画はセックスなしで男と女は暮らせませんという皮肉があるんですね。というわけで、この映画は現代のイソップ。新しさもあるし古さもある。なかなか粋なタッチの映画ですよ。

好奇心
Le Souffle Au Cœur

D＝IVC

71／仏／監・脚＝ルイ・マル／脚＝クロード・ネジャール／撮＝リカルド・アロノヴィッチ／出＝レア・マッサリ、ブノワ・フェルー、ダニエル・ジェラン、マルク・ビノクール／V＝カルチ

解説　十四歳で末っ子のローラン（ブノワ・フェルー）は、産婦人科の父（ダニエル・ジェラン）があまり好きになれず、母クララ（レア・マッサリ）が大好きだった。やがて母と息子は……。若く美しい母に対して女を感じ始めるという、思春期の少年にありがちな微妙な心の動きを描いたルイ・マル監督作品。

ハイ淀川です　この息子はお母さんが好きで好きで、自分の恋人みたいに好き。お母さんにお父さん以外の彼氏ができたことを、許してやるどころか喜んでいる。お母さんが幸せなら、ボクもうれしいといった具合なんですね。フランスですね。そして、ある日、この息子はお母さんに抱かれて寝て、セックスを教わるところがすごいなぁ。なんとも知れんその不潔な怖い感覚が、まるで春風のように描かれている。お母さんは「この瞬間を後悔したらだめよ。やがて、これが貴重な思い出になるのよ」と息子に言って、実際的にセックスを教えましたね。このルイ・マルの感覚のすごいこと。フランスですね。『好奇心』は怖い映画でした。

恍惚の人

D＝東宝

73／日／監＝豊田四郎／脚＝松山善三／撮＝岡崎宏三／出＝森繁久弥、高峰秀子、田村高広、乙羽信子、市川泉

解説　ボケ老人と嫁の温かい心のふれあいを描いた有吉佐和子のベストセラー小説を、松山善三が脚色、豊田四郎監督が映画化。八十四歳の茂造（森繁久弥）は老妻の死以来、ますます老化が激しく奇怪な行動が多く、老人性うつ病になり、同居の息子夫婦（田村高広・高峰秀子）を困らせるが、嫁は献身的に老人の面倒をみる。

ハイ淀川です　老人が一人で飛び出し、それを追う嫁が見つけて連れて帰る途中、白い花に見入る森繁の演技。一瞬、この老人のとぼけたもうろく以前の素顔が見えて、この品のいい老人のあの妙な上品言葉、それが嫌味を消して哀れさが溢れた。ここが森繁の見せどころ。それに高峰の嫁がまた巧い。膳を片づけながら膳の上の残りをひょいとひと口、つまみ食いする主婦のスケッチ。老人に連夜呼び起こされて、ついに睡眠薬を飲ませ、翌朝「あぁ、よく眠れたわ」のあくびと背のびが巧い。花とあくびでこの映画は生きた。野原の木の下で嫁と老人が抱き合う雨の風景。二日後に老人は死にましたが、泣いたのは嫁一人。重厚にして軽やかさのある苦心の作です。

荒野の決闘

My Darling Clementine

BD＝ディズニー　D＝ファースト

46／米／監＝ジョン・フォード／脚＝サミュエル・G・エンゲル、他／撮＝ジョゼフ・P・マクドナルド／出＝ヘンリー・フォンダ、ヴィクター・マチュア、リンダ・ダーネル、キャッシー・ダウンズ／V＝FOX

解説　復員したジョン・フォード監督が戦後、最初に手がけた西部劇。西部史上伝説の保安官ワイアット・アープ(ヘンリー・フォンダ)は親友で医者くずれのドク・ホリディ（ヴィクター・マチュア）の協力を得て牛泥棒のクラントン（ウォルター・ブレナン）一家とOK牧場で死闘を展開。ドクは死ぬが敵を全滅させる。

ハイ淀川です　『駅馬車』から七年、ジョン・フォードはウェスタンを芸術に磨きあげました。まさに第一級の名作ですね。西部男のたくましさと哀愁。長い手足で無器用そうに歩くヘンリー・フォンダの猫背の後ろ姿。白いハンカチを持った都会男ぶりのヴィクター・マチュア。マチュアの生涯に一度の名演、最高の名演も見どころですね。フォードは男の哀愁を見事に描きました。なんたる名手か。ワイアットとクレメンタインの一本道での別れのラストシーン。「俺はクレメンタインという名前が好きだ」とひとこと言い残していくところ。アメリカ民謡「マイ・ダーリング・クレメンタイン」このメロディ。見終わったあと胸に残って消えませんでした。

荒野の七人

The Magnificent Seven

B＝ディズニー　D＝FOX

60／米／製・監・＝ジョン・スタージェス／脚＝ウォルター・ニューマン／撮＝チャールズ・ラング／出＝ユル・ブリンナー、スティーブ・マックィーン、チャールズ・ブロンソン、ジェームズ・コバーン／V＝WHV

解説　ユル・ブリンナーが黒澤明監督の『七人の侍』に惚れこみ翻訳権を買いとり、ジョン・スタージェス監督が映画化。メキシコの寒村イストラカンは、毎年収穫期になると山賊一味に襲われるので、村人たちはヴィン（スティーブ・マックィーン）ら七人のガンマンを雇う。彼らは男の誇りと意地にかけて山賊一味と死闘を展開する。

ハイ淀川です　ユル・ブリンナー、スティーブ・マックィーン、ジェームズ・コバーン、ブラット・デクスター、ロバート・ヴォーン、それにチャールズ・ブロンソンといったこのぜいたくな顔ぶれ。と言っても単なる顔合わせじゃぁありません。このスターたちがそれぞれの個性をもっているのがこの映画の見どころです。ジョン・スタージェス監督が張りきって張りきってつくり、彼の代表作となりました。これは黒澤明監督の『七人の侍』がヒントになりましたが、リバイバルで『七人の侍』を見た若者が、なんだ『荒野の七人』の焼き直しじゃないの、と言いましたがとんでもない勉強不足。黒澤さんにいかにアメリカが惚れこんだのか知ってほしい。

氷の微笑
Basic Instinct

B＝ジェネ　D＝KAD

92／米／監＝ポール・ヴァーホーヴェン／脚＝ジョー・エスターハス／撮＝ヤン・デ・ボン／出＝マイケル・ダグラス、シャロン・ストーン、ジョージ・ズンザ／V＝LDC／D＝LDC

解説　元ロックスターが惨殺され、サンフランシスコ市警のニック刑事（マイケル・ダグラス）は、被害者の恋人で作家のキャサリン（シャロン・ストーン）を疑うが、次第に彼女の甘い罠にはまっていく。ハリウッドのヒットメーカーとなったポール・ヴァーホーヴェン監督のサスペンス。この作品もストーンのセクシーな魅力が受け大ヒット。

ハイ淀川です　試写室に行ったら超満員。はじめから何もつけない男と女がもつれ合っているのね。上になったり横になったり。そして女はアイスピックで男を殺して血だらけになる。というわけで、犯人は一体誰なのか。その推理の面白さを見にきているのかと思ったら違うの。シャロン・ストーンとマイケル・ダグラスのオールヌードがお目当てだったの。私はそんな趣味はありませんよ。最後にマイケル・ダグラスがシャロンに殺されるかどうかわかりませんけれど、シャロンがクモの糸を操るような粋な女。あのキム・ノヴァク以上に怖い女を演じたところがいいんですね。この監督はこれでえらい人気が出ました。出世作となった作品ですよ。

黒衣の花嫁
La Mariée Était En Noir

D＝紀伊國屋

68／仏・伊／監・脚＝フランソワ・トリュフォー／脚＝ジャン・ルイ・リシャール／撮＝ラウール・クタール／出＝ジャンヌ・モロー、ジャン・クロード・ブリアリ、ミシェル・ブーケ／V＝WHV

解説　コーネル・ウールリッチの同名小説をフランソワ・トリュフォー監督が映画化したサスペンス・ミステリー。南仏コートダジュール。どこか陰のある妖艶な女（ジャンヌ・モロー）が、独身男を転落死、銀行員を毒殺、政治家を窒息死させるなど五人の男を次々に冷酷に殺していく。その目的は何か。ジャンヌ・モローの名演が光る。

ハイ淀川です　この女が結婚式をあげて教会から出てきたとき、向かいのビルの上で五人の男が教会の上の風見鶏をライフルで撃とうとしていたんですが、銃が暴発してしまって花婿さんの胸を射抜いてしまった。さあ、それでジャンヌ・モローの花嫁さんがその連中を次から次へと澄ました顔で冷静に殺していく。なんとも知れん女の執念がすごいなあ。そして最後の男が監獄に入っていることを知って、わざと自分も警察に捕まって監獄に入り相手をナイフで殺すラスト。というわけで、死刑になったっていい、自分の愛した男を殺した連中を殺すことが愛であり、手向けだったというあたり。女というものは怖いですね。トリュフォーのこの女の描き方の見事なこと。

子熊物語
The Bear

B・D＝パラマ

88／仏／監＝ジャン・ジャック・アノー／脚＝ジェラール・ブラッシュ／撮＝フィリップ・ルスロ／出＝チェッキー・カリョ、ジャック・ウォレンス、アンドレ・ラコンブ／V＝カルチ、東北

解説　カナディアン・ロッキーの山中。落盤事故で母熊をなくした一匹の子熊。でも彼は蝶を追い、カエルを追って草原を駆けまわり、孤独な大熊と出会ったりして、過酷な大自然に立ち向かっていく。『薔薇の名前』のジャン・ジャック・アノー監督が一億六千フラン（三十三億円）と六年の歳月をかけ、野生の物語を映像化した。

ハイ淀川です　ジャン・ジャック・アノーが、ほんとうに映画を愛し、動物を愛している魂がどの画面からもにじみ出てくる。まさに映画の詩ですね。ただの動物映画じゃぁありません。お母さん熊に死なれた子熊がどうやって生きていくのか。この子熊の可愛いこと。実はこの映画を撮るまでに四年かかって熊を一生懸命に馴らしたんですね。一本の小枝のところを渡ったり、黒ヒョウが出てきたりする危険な場面。これはヤラセかと思われるぐらいな感じですけれど、ヤラセじゃぁありませんね。この映画のキャメラタッチ。この監督の『人類創生』を見たとき、わたしは涙が出ました。この人は美術家。美術のほんとうの才能がある人です。

國民の創生
The Birth Of A Nation

B・D＝IVC

15／米／監＝D・W・グリフィス／脚＝フランク・ウッズ／撮＝G・W・ビッツァー／出＝リリアン・ギッシュ、ヘンリー・B・ウォルソール、メェ・マーシュ、ラオール・ウォルシュ／V＝IVC／D＝カルチ

解説　D・W・グリフィスがヨーロッパ映画に敢然と挑んだ長編ロマン。南部キャメロン家のベン（ヘンリー・B・ウォルソール）と北部ストーマン家のフィル（エルマー・クリフトン）は親友だが、南北戦争により敵味方になって戦う。やがて、リンカーン大統領の暗殺で南部は大混乱となり、解放された奴隷は粗暴になっていく。

ハイ淀川です　実はD・W・グリフィスは南部の人なんです。だから黒人がどんどん奴隷から解放されて暴れまくるのを嫌がっていたんですね。面白いのはこの映画に出てくる黒人は白人がスミを塗っているのね。なんで実際の黒人を使わなかったのか。このころは白人が黒人を映画の中で使うことを嫌がっていたからなのね。だから白人が全部黒人になった。画面見たらあれもこれもスミを塗っているのがわかる。差別があったんですよ。ですからこの作品は歴史劇の超大作でしたが、黒人を差別しているということで各地で上映禁止の憂き目を見たんですねえ。でもこの時代にグリフィスがこんな作品をつくったエネルギーはすごい。そこが面白いところですね。

コクーン
Cocoon

D＝FOX

85／米／監＝ロン・ハワード／脚＝トム・ベイネデク／撮＝ドン・ピーターマン／出＝ドン・アメチー、ヒューム・クローニン、ウィルフォード・ブリムリー／V＝FOX

解説　フロリダで余生を送っている老人たちが、プールの中で不思議な繭のようなものを発見。それは数千年前、地球に降り立ち遭難した異星人の入ったカプセルで、仲間の異星人が海中から回収してプールに入れておいたものだった。養老院の老人たちと異星人との心温まる交流を描いたSFドラマ。ロン・ハワード監督。

ハイ淀川です　このプールは生命を元気にする不思議なエネルギーを持っちゃったんですね。そこへ老人クラブの人たちが遊びに来てプールの中で泳ぎ始めると、エネルギーを受けて元気になっちゃう。七十、八十歳のおじいちゃんやおばあちゃんがペチャクチャしゃべりまくるところの面白さ。もっと面白いのは、おじいちゃんとおばあちゃんが一緒にベッドに寝て、おじいちゃんが掛け布団を開いて「おまち、ここにおいで」と言うのね。おばあちゃんは「まあ！」と言いながらうれしそうに入っていくのね。怒らないんだね。そこがいいんですね。やはり、外国だね。日本とえらい違いですね。というわけで、この映画は面白かった。ごらんなさいよ。

子鹿物語
The Yearling

D＝ARC

47／米／監＝クラレンス・ブラウン／脚＝ポール・オズボーン／撮＝チャールズ・ロシャー／出＝グレゴリー・ペック、ジェーン・ワイマン、クロード・ジャーマン・ジュニア

解説　マージョリー・キーナン・ホーリングスのベストセラーをクラレンス・ブラウン監督が映画化。フロリダ北部の村で自然と戦いながら農作をするペニー（グレゴリー・ペック）と台所仕事に追われる妻（ジェーン・ワイマン）、子供のジョディ（クロード・ジャーマン・ジュニア）を中心に開拓生活を愛情こめて描いた作品。

ハイ淀川です　この映画にリアリズムを求めて憤慨する方はケチな根性の人。ペックの役は、実はスペンサー・トレイシーがやることになっていたんです。でも彼を使ってこの映画を撮ったら、スタイルは変わってきて、あの美少年ジョディでは困るし、カラーでは美しすぎるということになりますね。でも、そんなこととしてこの美しさをこわす必要はありませんね。天国のコーラスを聞くような、愛の調べを楽しめればいい。ジョディが仔鹿を見つけた瞬間。その仔鹿を抱いて帰る。その「一幅の絵」は生涯忘れられない美しさです。十歳から六十歳まで人を楽しませる映画をつくるのは生やさしいことではありません。ブラウンはワイラーと違った大人の作家です。

ゴースト　ニューヨークの幻
Ghost

B・D＝パラマ

90／米／監＝ジェリー・ザッカー／脚＝ブルース・ジョエル・ルービン／撮＝アダム・グリーンバーグ／出＝デミ・ムーア、パトリック・スウェイジ、ウーピー・ゴールドバーグ／V＝CIC

解説　銀行員のサム（パトリック・スウェイジ）は、恋人のモリー（デミ・ムーア）と共同生活を始めるが、その矢先に暴漢に殺されてしまう。幽霊になったサムは恋人を守るために、インチキ女霊媒師（ウーピー・ゴールドバーグ）の協力を得て犯人探しに奔走する。大ヒットしたラブ・ファンタジーでアカデミー助演女優賞など三部門受賞。

ハイ淀川です　幽霊の映画は昔からたくさんありましたけれど、幽霊がずっと最後まで彼女を守ってやるという映画は珍しかった。幽霊が彼女は殺されると思っても通じない。そこで神通力を使って、一ペンスのお金を廊下の壁づたいに押しあげて彼女の前に持っていくんですね。彼女は不思議に思うんですけど、彼が死ぬ前に一ペンスはラッキーコインだと言っていたことを思い出す。ひょっとしたら、あの人はどこかにいるかもしれないと思うあたりのいじらしさ。この感覚の見事なこと。幽霊の映画なのにコメディじゃぁなくってラブストーリーになっている。モダンな粋な映画。若いお嬢ちゃんがごらんになったらいっぱい涙をためるでしょう。

コックと泥棒、その妻と愛人
The Cook, The Thief, His Wife & Her Lover

D＝ジェネ

89／英・仏／監・脚＝ピーター・グリーナウェイ／撮＝サッシャ・ビエルニー／出＝リシャール・ボーランジェ、マイケル・ガンボン、ヘレン・ミレン、アラン・ハワード／V＝ポニー

解説　フランス高級料理店の一番の顧客は傍若無人な泥棒アルバート（マイケル・ガンボン）とその美しい妻（ヘレン・ミレン）の一行。夫の残忍さから逃れたい妻は常連客の学者（アラン・ハワード）と恋におち、二人は夫の目を盗み情事を続ける。独特な映像美と色彩へのこだわりをみせたピーター・グリーナウェイ監督作品。

ハイ淀川です　この映画は滑稽と思ってもいいし、残酷と思ってもいいし、セクシーな狂恋、グランドオペラと思ってもいいんです。その色彩感覚のすごいこと。レストランは真っ赤なビロードのタッチ。この深川の芸者上がりみたいな妻がトイレに行くと今度は真っ白。そこでこの妻と学者が裸になる。勘づいた亭主が入ってくると、二人は便器の上にあがった。男のズボンの前は女の鼻っ先。そして、コックが助けて二人の情事の場所へ案内する。肉の固まりの腐ったようなところでのセックス。そしてラストの怖かったこと。白とグリーンの調理場で小さな子供がカン高い声で歌うあたりは天使の声です。これに見事な美術品、ダイヤモンドの名作です。

ゴッドファーザー
Godfather

B・D＝パラマ

72／米／監・脚＝フランシス・フォード・コッポラ／撮＝ゴードン・ウィリス／出＝マーロン・ブランド、アル・パチーノ、ジェームズ・カーン、ダイアン・キートン、タリア・シャイア／V＝CIC

解説　マリオ・プーゾの同名小説をフランシス・コッポラ監督が映画化。シチリアからアメリカに渡って一代で巨万の富を築いたコルレオーネ（マーロン・ブランド）は、マフィアの雄として君臨し、三人の息子がいる。製作費六百二十万ドルをかけ、マフィアの抗争と家族愛を描いた作品で、アカデミー作品、脚色、主演男優賞受賞。

ハイ淀川です　マーロンのゴッドファーザーと三男のアル・パチーノが、この中で主役の貫禄ですね。この映画、人物スケッチが鮮やかに生かされて、ただのマフィアの内幕だけじゃぁなく人間ドラマとなっているところがいい。孫と戯れながら心臓発作で、一人寂しく庭に倒れて息たえるゴッドファーザーの寂しい遠景。一場面一場面の人物描写が実にうまい。そして、あのおとなしい三男が、ゴッドファーザーとして、一家の主として決意するラストには、救いようのない悲哀がこみあげ、まさにこれはシチリアの哀歌を聞くようなマフィアの映画。血と暗黒の奥にその悲哀が詩となった見事なコッポラの力作。今でもあのテーマ曲が忘れられませんね。

孤独の報酬
This Sporting Life

63／英／監＝リンゼイ・アンダーソン／脚＝デヴィッド・ストーリー／撮＝デニス・クープ／出＝リチャード・ハリス、レーチェル・ロバーツ

解説　炭鉱夫をやめプロのラグビー選手になったメイチン（リチャード・ハリス）は、夫と死別し下宿屋をやっている未亡人ハモンド（レーチェル・ロバーツ）と関係をもつ。しかし、未亡人は教養もなく粗野で傲慢な態度の青年が許せない。労働階級の若者の疎外感と怒りを描いたリンゼイ・アンダーソン監督の本格的監督第一作。

ハイ淀川です　この後家さんがメイチンに無茶苦茶に好かれて、二度、三度身を許すも結婚はしない。ちょっと奇妙な感じがしますが、実はこの映画のいちばん面白いところは、この奇妙さがいかにもイギリス映画らしい人間像を描いているからなんです。彼女の亭主は自殺したのね。それで後家が陰気で湿っぽい。亭主の靴を大切に磨いているのは愛のつぐないかもしれない。最後はその後家は脳溢血で死ぬ。その間際にメイチンは女の手をとってもだえた。一匹の蜘蛛が女の枕の下に走り込んだ瞬間、女は血を吐いた。医者が「亡くなりました」。あの蜘蛛がまたサラサラと這い出してくる。メイチンは力いっぱい、こぶしでその蜘蛛を叩きつぶす。このラスト。

木洩れ日
Aujourd'Hui Peut-Être

91／仏／監・脚＝ジャン・ルイ・ベルトゥチュリ／脚＝イザベル・メルゴー、他／撮＝ベルナール・リュティック／出＝ジュリエッタ・マシーナ、ベロニック・シルベール、エバ・ダルラン、ジャン・ポール・ミュール／V＝ポニー

解説　名女優ジュリエッタ・マシーナがフランス映画に初出演。フランスの片田舎。七十歳に近い老婆ベルティーユ（マシーナ）が、行方不明の息子に会いたいために住みなれた屋敷の売却広告を新聞に出したため、老婆の身内が大勢集まってくる。家族の絆や交流を笑いと涙の中で描いたジャン・ルイ・ベルトゥチュリ監督作品。

ハイ淀川です　ある秋晴れの日に親戚の人たちが集まる家族映画。お前も来たか。坊っちゃんも来たか。嬢ちゃんも来たのか。あれもこれもお食べ。いかにも内輪だけの家族が集まって、まるで家族の大風呂のような映画ですね。しかし、問題はおばあちゃん。明るく振る舞いながら、見事に母の芸を見せます。これは銀のリボンで結んだ花束のようなマシーナの映画。このとき、七十一歳でしたが、彼女の晩年の名作となりました。

コーラスライン
A Chorus Line

85／米／監＝リチャード・アッテンボロー／脚＝アーノルド・シェルマン／撮＝ロニー・テイラー／出＝マイケル・ダグラス、マイケル・ブレビンズ、アリソン・リード／V＝東北　B・D＝KAD

解説　ブロードウェイでロングラン記録を更新したミュージカルを『ガンジー』のリチャード・アッテンボロー監督が映画化。コーラス役のオーディションに集まった若いダンサーたちが、おのおの熱い思いをこめ、夢と運命を舞台に賭ける。ダンサー役はほとんど無名の新人だが、演出家役にマイケル・ダグラスが扮している。

ハイ淀川です　アッテンボローは話題主義の興行価値を狙うような監督ではありません。この作品を見ても、アッテンボローの品格を貫いた真面目さに気づかれるでしょう。ロングランのミュージカルを映画化したということよりも、あのステージに居並ぶテストを受ける若者たち。アメリカ人だけでなく、各国から世界中から集まってくる。黒人のすぐ隣には中国人もいるというこのダンサーたちのタマゴたち。アッテンボローはそこに心を動かされたんですね。ステージオンリーの映画の中にワンシーンだけブロードウェイのタイムズの上に群がって飛ぶ鳩のシーンを入れました。それが平和の意味ということは言うまでもないことですね。

ゴルフ狂時代（のらくら）
The Idle Class

＊

21／米／監・脚＝チャールズ・チャップリン／撮＝ローランド・トザロー／出＝チャールズ・チャップリン、エドナ・パーヴィアンス、アラン・ガルシア、マック・スウェイン／V＝朝日、ポニー／D＝IVC

解説　この作品は日本では大正十年十二月三十日に『のらくら』の邦題で封切られた。チャップリンは倦怠で愛も希望もない富豪と、自由に溢れた陽気な放浪者の二役を演じている。富豪人種の空しさを描いた作品で心理的な深い洞察が盛り込まれており、これが後に監督した『巴里の女性』の名演出に発展していった。

ハイ淀川です　チャップリンは汽車から降りて、どこへ行く当てもない放浪者。それが金持ちの屋敷にもぐり込んだ。その富豪、これもチャップリン。酒飲んで酔っ払っている。何もすることがない世捨て人、怠け者。一方の放浪者は働きたい働きたい。明日は幸せがくると思っているのね。たまたま放浪者が富豪の身代わりになって仮装舞踏会に出ることになった。仮装で誰が誰だかわからず、奥さんまでがわからないシーンがある。なんたる富豪のスケッチ。その世界がどんなにつまらないかを見せた傑作だ。これはモーリス・ロネのお坊っちゃん、アラン・ドロンの貧乏青年の『太陽がいっぱい』。チャップリンは早くもこんな映画をつくっていたのね。

コレクター
The Collector

D＝SPE

65／米／監＝ウィリアム・ワイラー／脚＝スタンリー・マン、他／撮＝ロバート・サーティース、他／出＝テレンス・スタンプ、サマンサ・エッガー、モーリス・バリモア／V＝SPE

解説　蝶の収集が唯一の趣味である孤独な銀行員フレディ（テレンス・スタンプ）は、田舎に別荘を買い、地下室で美しい蝶のコレクションをしているが、ある日、かねがね狙っていた女画生ミランダ（サマンサ・エッガー）を誘惑。地下室に閉じ込めてしまう。ウィリアム・ワイラー監督が倒錯した男の異常心理を描いたサスペンス。

ハイ淀川です　ファーストシーンは、この男が白いアミで一匹の蝶を捕まえて、まだ生きている蝶をガラスの瓶につめ込む。やがてこの男が女をさらう映画になっていきます。無口で陰気なこの男の楽しみは蝶のコレクト。ひとり眺めてその美しさを楽しんでいるうちに赤い髪の美しい娘が蝶に見えてくるあたりの怖さ。この男は女を屋敷に監禁して、女の喜ぶあらゆるものを用意した。でも、女は男の下品な趣味の悪さにゾーッとした。この女はどうなるのか。というわけで、女を自分一人のものにしようとする狂愛を描きました。これはアメリカ映画ですけど、イギリスにもこんな男がいるのだろうと思わすくらい怖かった。ワイラーの名作の恐怖映画です。

コントラクト・キラー
I Hired A Contract Killer

D＝キング

90／フィンランド・スウェーデン／製・監・脚＝アキ・カウリスマキ／撮＝ティモ・サルミネン／出＝ジャン・ピエール・レオ、ケネス・コリー、マージ・クラーク／V＝東宝

解説　フィンランドのアキ・カウリスマキ監督の長編第九作目。水道局を突然クビになったアンリ（ジャン・ピエール・レオ）は、人生に失望し、自殺するがうまくいかず、プロの殺し屋（ケネス・コリー）に殺してもらおうと依頼する。ところが契約したあと、花売り娘マーガレット（マージ・クラーク）と恋におちてしまう。

ハイ淀川です　水道局に勤めている若者がクビになって、自殺しようと思って、そのロープを引っ掛けても引っ掛けても掛からない。今度はガス自殺しようと思って、ガス台の中に首を突っ込んだら、ガスが止まっちゃった。ガス会社のストライキでガスが出なかった。このあたりを言葉を使わないで目で見せるタッチ。この男はレストランで花売り娘と会う。バラを抱えた金髪の花売りが女神に見えて好きになっちゃった。このあたりはチャップリンの『街の灯』みたいになる。この映画はサイレント映画のペーソス、目で見せる楽しさ、美しさを溢れさせた詩です。海岸で拾った石が宝石だったという楽しさがある。粋な粋な映画ですね。

西鶴一代女

52／日／監＝溝口健二／脚＝依田義賢／撮＝平野好美／出＝田中絹代、三船敏郎、沢村貞子、菅井一郎、進藤英太郎／V＝キネマ　D＝東宝

解説　井原西鶴の『好色一代女』を溝口健二が宿願の映画化。老醜を厚化粧にかくした夜鷹お春（田中絹代）の男性遍歴の回想から始まる。封建社会の中で、お春は御殿女中、踊り子、側室、島原の太夫、商家の女中など、男から男へと運命に流されるままに生き、夜鷹におち果て、さらにどこへともなくさまよっていく。

ハイ淀川です　この夜鷹はしょぼしょぼと寺の横の入口の五百羅漢のところを通り抜けて帰っていく。自分と昔、契ったか恋した男たちを羅漢の顔を見ながら思い出すんですね。そして、夜鷹は露地を通って一軒家の格子戸を開けますね。向こうにいる三人の夜鷹らしい女が火鉢を囲んで茶をすすりながら「また、お茶をひいたんか」。すると、この夜鷹は「へぇ」と言って、頭からかぶった手ぬぐいをパラッと取ると、無残な六十もちかい女の厚化粧。次のシーンでは京都のさるお店のきれいな娘。つまり、そのきれいな娘が、いまのなれの果て。見事なファーストシーン。語り出しでこの映画のすべてがわかります。田中絹代の老女の夜鷹が実にうまい。

サイコ
Psycho

60／米／製・監＝アルフレッド・ヒッチコック／脚＝ジョゼフ・ステファノ／撮＝ジョン・L・ラッセル／出＝アンソニー・パーキンス、ジャネット・リー、ベラ・マイルズ／V＝CIC／D＝SPE　B・D＝ジェネ

解説　女秘書マリアン（ジャネット・リー）は恋人のために四万ドルを横領し逃げる途中で、さびれたモーテルに泊まる。そこの主人ノーマン（アンソニー・パーキンス）は母親と二人で住んでいるというが、マリアンは突然何者かに刺し殺されてしまう。犯人は誰か。異常心理をテーマにしたヒッチコック監督の恐怖スリラー。

ハイ淀川です　これはヒッチコックが怖い顔をしてつくった映画ですね。彼にしては珍しくグロテスクなところがあります。まさに狂って狂ってしまって、もはや救いのない恐怖です。アンソニー・パーキンスが気持ちの悪い男、何とも知れん陰惨な男ですね。お母さんと二人でやっているらしいモーテルでえらい事件が起こります。ジャネット・リーがシャワーを浴びていると石鹸を落しちゃった。あらと思って拾おうとしたら後ろからナイフで突かれてしまう。シャワーの下に赤い血がザーッと流れるこの殺しの怖いシーン。後にブライアン・デ・パルマ監督が『殺しのドレス』でこれを真似したけれど、ヒッチコックの驚かせ方をじっくり見て下さい。

最後の人
Der Latzte Mann

24／独／監＝フリードリッヒ・W・ムルナウ／脚＝カール・メイヤー／撮＝カール・フロイント／出＝エミール・ヤニングス、マリー・デルシャフト、マックス・ヒラー、エミリー・クルツ／V＝IVC／D＝カルチ　D＝IVC

解説　ドイツ映画界の大スター、エミール・ヤニングスが主演し、F・W・ムルナウが監督。ドイツの一流ホテルの老ドアマンは金モールの制服に誇りを持って働いていたが、ある日、仕事をドジり便所の掃除夫にまわされる。娘には内緒にしていたがバレてしまう。台詞の字幕はラストの一枚だけという大胆な試みが成功した作品。

ハイ淀川です　これはラストシーンが二種類つくられた珍品。ドイツの将軍だった男（エミール・ヤニングス）がおちぶれ、ホテルのドアマンをやっている。金ピカの軍服まがいの制服が気に入って、いそいそ働いているのね。ところが老人ボケしてきて使いものにならなくなって、便所掃除夫に格下げされた。ショックだ。目をショボつかせ涙をにじませぼんやり考え込む日々。このラストシーン。これでは哀れだというので、もう一つ。この老人に遺産が転がり込み、大富豪になって豪華な食事をしてホテルの前を通るラストがつくられたのね。日本で公開されたのは哀れなラストのほうでしたけれど、名優エミール・ヤニングスの演技は立派でしたねぇ。

最後の楽園
L'Ultimo Paradiso

57／伊／監＝フォルコ・クイリチ／撮＝マルコ・スカルペ

解説　タヒチ島やボラ・ボラ島などの美しい島々に恵まれた南太平洋で撮影したフォルコ・クイリチ監督の四部構成のドキュメンタリー。命を賭けた成人の儀式やさまざまな珍しい風習。海を恐れる少年に自然の厳しさと尊さを説く父など、島民の生への営みと感動を美しい映像で綴る。ベルリン映画祭銀熊賞受賞。

ハイ淀川です　映画は劇映画だけじゃありませんね。いい記録映画もたくさんあります。イタリアはこの記録映画をずいぶんつくりました。ヤコペッティという残酷でなんとも知れん感覚の監督もいますけれど、この監督フォルコ・クイリチは、ほんとうにきれいなきれいな映画を撮りました。南太平洋に浮かぶあのタヒチ島ですね。その自然の美しいこと。でもこの映画はそれだけではありません。島から離れていこうという男たちも見せて島の生活を見せました。もう、タヒチが疲れて疲れて、だんだん原始的なきれいな大自然の美しさがなくなっていく姿を見せるあたりは怖い。現地の民族音楽をアレンジした「パーティの夜明け」という音楽がよかったですね。

サイレント・ボイス　愛を虹にのせて
Amazing Grace And Chuck

87／米／監＝マイク・ニューウェル／製・脚＝デヴィッド・フィールド／撮＝ロバート・エルスウィット／出＝ジョシュア・ゼルキー、アレックス・イングリッシュ、ジェイミー・リー・カーチス、グレゴリー・ペック／V＝SPE

解説　十二歳のリトルリーグのエース、チャック（ジョシュア・ゼルキー）は、ミサイル基地で核兵器の恐ろしさを目撃、核廃絶の日まで好きな野球をやめると宣言。その新聞記事を見たプロバスケットのスーパースター、アメイジング（アレックス・イングリッシュ）も参加し一大ムーブメントとなっていく。マイク・ニューウェル監督。

ハイ淀川です　この平和運動の波紋がどんどん広がって、アメリカ大統領にまで伝わって、ホワイトハウスに少年を呼ぶあたりはいかにもアメリカらしいですね。その大統領がなんとグレゴリー・ペック。貫禄を出しました。大統領は少年を説得するけど言うことを聞かない。大統領がその少年の平和愛にだんだん目覚めていくというよりも、感じていくあたりがいいんですね。そして、ラストは少年が怒りと悲しみをこめて、集まった報道陣の前で、サイレント・ボイス。無言の抗議に入るあたり。この映画はいかにも少年の心、必死に生きようとする愛の波紋が広がっていくところがいいんです。イギリスの監督が見事なタッチで描いているあたりも面白い。

サウス・キャロライナ　愛と追憶の彼方
The Prince Of Tides

91／米／製・監＝バーブラ・ストライサンド／脚＝パット・コンロイ、他／撮＝スティーブン・ゴールドブラット／出＝バーブラ・ストライサンド、ニック・ノルティ、ブライス・ダナー／V＝SPE　D＝SPE

解説　パット・コンロイのベストセラー小説を自らが脚色、バーブラ・ストライサンドが監督、主演した。トム（ニック・ノルティ）は、姉の自殺未遂の報を聞いて、サウス・キャロライナからニューヨークに来て、姉の主治医の精神科医スーザン（バーブラ・ストライサンド）に相談する。やがて二人の間に恋が芽生える。

ハイ淀川です　トムはあの南部のねっとりとした複雑な家庭の男。母も姉も強盗に犯されてしまった暗い過去をもっている。一方のスーザンも旦那とうまくいっていなくって問題をもっている。そんなスーザンがトムを精神分析していくあたりが面白いなぁ。そして、ほんとうの人生を知り尽くした二人が結ばれていくあたりは大人の映画です。バーブラが久しぶりに監督しました。この人はただの女優じゃぁありませんね。芸術家です。今度は得意の歌はこの中で歌ってません。そのあたりが憎いのね。というわけで、男と女のこころの心理を追求していくところ。見ごたえがある作品ですね。バーブラの野心作。身体と頭で勝負しました。見事な作品です。

サウンド・オブ・ミュージック
The Sound Of Music

B・D＝ディズニー

65／米／製・監＝ロバート・ワイズ／脚＝アーネスト・レーマン／撮＝テッド・マッコード、他／出＝ジュリー・アンドリュース、クリストファー・プラマー、リチャード・ヘイドン／V＝FOX

解説　ブロードウェイ・ミュージカルをロバート・ワイズ監督が映画化。七人の子供の家庭教師となった修道女マリア（ジュリー・アンドリュース）が音楽を通して厳格なトラップ大佐（クリストファー・プラマー）の家庭に明るさを吹き込む。ワイズは『ウエスト・サイド物語』に続いてアカデミー監督賞、他に作品賞など五部門受賞。

ハイ淀川です　マリアが家庭教師になってトラップ大佐の家に行くところ。アルプスの美しい山々の空撮。草原でマリアが歌うこのファーストシーン。もう目を見張るばかりの美しさです。このシーンを見ただけで引き込まれてしまいます。マリアが七人の子供に対して明るく楽しく教えていくその家庭教師ぶり。自転車に乗ったりして音楽や歌を身をもって教えますね。マリアと子供たちが歌う「ド・レ・ミの歌」は文句なく楽しい。やがてマリアはこの七人の子のパパに恋してしまうあたり。いろいろあって結婚して、戦禍を逃れ一家揃って国外へ逃亡するこの冒険物語。パパが歌う「エーデルワイス」は感動的です。まさにこれは娯楽映画の最高傑作です。

サーカス
The Circus

B＝KAD　D＝LDC

28／米／監＝チャールズ・チャップリン／撮＝ローランド・トザロー／出＝チャールズ・チャップリン、マーナ・ケネディ、ハリー・クロッカー、ヘンリー・バーグマン／V＝朝日、ポニー

解説　チャップリンが『黄金狂時代』のあと三年目につくった作品。チャーリーはサーカス団に迷い込み道化師をやらされるがドジばかり。しかし、それが観客に受け一座のスターとなる。そして団長の義理の娘（マーナ・ケネディ）を恋するが、彼女は新入りの綱渡りの青年を愛してしまう。ペーソスとドタバタ喜劇の面白さがいっぱい。

ハイ淀川です　トーキー時代になってきたので、みんながトーキーで撮れと言うのでチャップリンは怒っちゃった。よし、それじゃあ私が目で見てわかる映画をつくってあげようと言って撮ったのが『サーカス』ですね。というわけで、これは〝目で見せる映画〟。中でもライオンの檻のギャグのエネルギーのすごいこと。ライオンから逃げようと別の小窓をあけて這い出そうとすると、そのチャップリンの顔の横に今度は大きな虎。この恐怖の積み重ねの巧みさ。さらに目を伏せたくなる危険なロープ渡り。よく見ると下に網が張ってない。これはチャップリン自身がやったので身代わりではないのね。これこそチャップリンの必死の執念。命がけの映画です。

魚が出てきた日
The Day The Fish Came Out

D＝FOX

67／米／製・監・脚＝マイケル・カコヤニス／撮＝ウォルター・ラサリー／出＝トム・コートネイ、コリン・ブレークリー、キャンディス・バーゲン

解説　ギリシャ映画の名匠マイケル・カコヤニス監督のSF的異色作。一九七二年の夏、ギリシャのエーゲ海上を飛んでいた米軍爆撃機が墜落。二人のパイロット（トム・コートネイ、コリン・ブレークリー）は積んでいた二個の原爆と一個の箱をパラシュートで落す。二人も島に泳ぎつき必死に捜索を始めるが、島中は大騒ぎとなる。

ハイ淀川です　一九六七年の作品ですが、近未来の恐怖を描こうとしたんですね。アメリカ軍部が島にやってきて、原爆だけは発見したんですけど、もう一つの箱が問題なのね。どこを探しても見つからない。ところがこの島の山の上に羊飼いの夫婦がいて、その旦那が妙な箱を見つけました。なんだろうと思って石で叩いても開かないので岩の上から海へ捨ててしまった。それだけのこと。けれどその箱は海底で開いたかもしれない。まもなくその海岸に魚の死体がどんどんあがってくるのね。誰もそのわけがわからない。実はもしも箱のフタが開いたならば、地球は毒されて滅びるかもしれないというような問題を残して終わりますが、怖い映画でした。

酒とバラの日々

Days Of Wine And Roses

D＝WBH

62／米／監＝ブレイク・エドワーズ／脚＝J・P・ミラー／撮＝フィリップ・H・ラスロップ／出＝ジャック・レモン、リー・レミック、ジャック・クラグマン／V＝WHV

解説　宣伝会社に勤めるジョー（ジャック・レモン）は、妻のカースティン（リー・レミック）と幸せな日々を送っていたが、仕事の辛さを酒によってまぎらわすようになる。その夫に感化された妻も酒を覚え、二人は酒浸りの生活を送る。アルコール依存症の地獄にはまり込んでいく姿をブレイク・エドワーズ監督がリアルに描く。

ハイ淀川です　ジャック・レモンは会社の接待役でお酒をどんどん飲みますね。奥さんのリー・レミックも旦那を理解しようとしてお酒を飲んで二人ともアル中になってしまいます。この二人がその地獄の中であえぐ恐怖。なんとかアル中から逃げようとするあたりの怖さ。このアメリカ映画は二人の恐怖を残酷に描きました。お酒のお好きな方々にはドキッとするお話ですよ。というわけで、この監督のブレイク・エドワーズは『ティファニーで朝食を』とか『テン』で大人向けのコメディを得意にしていた人ですが、この作品ではそんなタッチを捨てて、アメリカのパーティ族に斬り込みをかけました。それにヘンリー・マンシーニの主題曲も胸にしみました。

叫びとささやき

Viskningar Och Rop

D＝キング

72／スウェーデン／製・監・脚＝イングマール・ベルイマン／撮＝スヴェン・ニクヴィスト／出＝イングリッド・チューリン、リヴ・ウルマン、ハリエット・アンデルソン

解説　十九世紀末のある大邸宅。両親が死んだあと財産を管理してきた独身で三十七歳の次女アグネス（ハリエット・アンデルソン）が、ガンのため危篤に陥り、長女カーリン（イングリッド・チューリン）と三女マリア（リヴ・ウルマン）が駆けつけてくる。イングマール・ベルイマン監督が三人姉妹を通して人間の生と死を厳しく描く。

ハイ淀川です　この映画のタイトルデザインは、血の色の壁と時を刻む時計の金属音だけれど、この中に生きている人間の生命を感じさせているんですね。というわけでこの作品は三人の女の話。長女のカーリンはずっと年上の夫がいますけれど性欲に嫌悪感を持っている。自分の局部をコップの破片で傷つけ夫をこばむ。末娘のマリアは医者と浮気したりして男あさりのやまない女。それに死の訪れにあえいでいる次女。この三人にみる人間像はなんたる人間臭さでしょう。ベルイマンほど、人間を見すかし、摑みとりあばき哀しむ映画作家も他にはいないでしょう。それに死を常に見つめているところがすごい。厳しい名作です。

ザ・シークレット・サービス

In The Line Of Fire

B・D＝SPE

93／米／監＝ウォルフガング・ペーターゼン／脚＝ジェフ・マグワイヤー／撮＝ジョン・ベイリー／出＝ジョン・マルコヴィッチ、クリント・イーストウッド、レネ・ルッソ、ディラン・マクダーモット／V＝SPE／D＝SPE

解説　米大統領を警護するシークレット・サービスのフランク（クリント・イーストウッド）は、元ＣＩＡ工作員ミッチ（ジョン・マルコヴィッチ）が大統領暗殺を企てていることを知り、彼の隠れ家を急襲するが取り逃がしてしまい、相棒の命までも失ってしまう。しかし、フランクは男のプライドを賭けミッチに戦いを挑む。

ハイ淀川です　シークレット・サービスのホリガンと大統領を狙う殺し屋ミッチ。この二人の追う者と追われる者のアクションとサスペンスが、この映画の見どころですね。監督が『U・ボート』のウォルフガング・ペーターゼンだけあって映画は黒っぽくってサスペンスを盛りあげました。エンニオ・モリコーネの音楽もなかなかいい。クリントのキザなところをカッコよく見せましたが、それよりいいのはマルコヴィッチですね。わかりきった映画を見事に救いました。映画の中で殺られるのはこの殺し屋のマルコヴィッチですが、演技の点で殺されたのはお気の毒にもクリントでしたね。というわけで、『許されざる者』よりもこっちのほうがずっと面白かった。

サタデー・ナイト・フィーバー
Saturday Night Fever

B・D＝パラマ

77／米／監＝ジョン・バダム／脚＝ノーマン・ウエクスラー／撮＝ラルフ・D・ボード／出＝ジョン・トラボルタ、カレン・ゴーニー、ドナ・ペスコー／V＝CIC

解説　ジョン・トラボルタを一躍アイドル・スターにした青春映画。ブルックリンの塗装屋店員トニー（トラボルタ）は、給料も安く、家庭も面白くないが、土曜の夜だけはディスコ・キングでコンテストでも優勝。しかし、むなしさを知り過去との決別を決意する。全編を彩るヒット曲はビージーズもの。ジョン・バダム監督。

ハイ淀川です　これはジョン・トラボルタの出世作。あのファーストシーンがいいんですね。ブルックリンの街。彼が歩いているのを後ろからカメラが撮っている。尻を左右に動かしてリズムをつくって、片手にはジャムパンか何かを持って、かじりながら尻を振ってダンスのリズムを楽しんでいるこの出だし。この若者の元気いっぱいのムードが出ていておかしかった。そして、土曜日の朝、まだぐっすり寝込んでいるところを、ママに起こされて、ベッドから起き上がったときに、片手をパンツの下に押し込んだ。なにをしていたかはひと目でわかる。彼の直立したものを手で押さえたのね。このシーンは爆笑でしたが、いかにも若者の感じが見事な映画。

殺意の瞬間
Voici Le Temps Des Assassins

D＝IVC

55／仏／監・脚＝ジュリアン・デュヴィヴィエ／脚＝モーリス・ベシー／撮＝アルマン・ティラール／出＝ジャン・ギャバン、ダニエル・ドロルム、ジェラール・ブランノV＝ビクター

解説　ジュリアン・デュヴィヴィエ監督がジャン・ギャバンと二十年ぶりにコンビを組んだ悪女もの。パリ中央市場のレストラン経営者アンドレ（ギャバン）をカテリーヌ（ダニエル・ドロルム）が訪ねる。彼女の母はかつてアンドレの妻だったが、二十年前に別れ他の男との間にカテリーヌをもうけた。アンドレはそんな娘にひかれていくが…。

ハイ淀川です　カテリーヌという娘は大変なしたたか者。ギャバンの養子の青年を誘惑するんですね。実はこの娘とお母さんはギャバンを殺して養子と一緒になって、このレストランを乗っ取ろうとしていたんです。そんな怖い女にギャバンがどんどん惹かれていくあたりの芝居のうまいこと。いろいろあってその娘はギャバンをうまく殺せないので養子を殺しちゃう。このあたりから怖くなっていきます。この殺しの現場を養子がいつも連れていた犬が見ていた。そして最後の最後、その犬が追いかけて娘を噛み殺してしまうあたり。なんともむごい映画で、まるで歌舞伎の鶴屋南北の世界のような映画。ギャバンの中年男がよかった。彼の名作です。

殺人狂時代
Monsieur Verdoux

B＝KAD　D＝LDC

47／米／製・監・脚＝チャールズ・チャップリン／撮＝ローランド・トザロー／出＝チャールズ・チャップリン、マディ・コーレル、マーサ・レイ、アダ・メイ、イソベル・エルソム／V＝朝日、ポニー／D＝LDC

解説　チャップリンの八十本目の作品で、友人のオーソン・ウェルズ、さらにフランスの青ひげと呼ばれた殺人鬼の貴族ランドリュの生涯からヒントを得て、脚本に丸二年を費やし完成させた。不況になり三十五年間も勤めた銀行をクビになったベルドー（チャップリン）は次々に女をだまして金をまき上げ、その末に殺してしまう。

ハイ淀川です　主人公のベルドーは殺人を仕事として冷静に割り切っているのね。あたかもヒッチコック映画を見るような恐怖と残酷さで各場面にスリルを盛りあげていますね。ベルドーが妻のアナベラを殺そうとボートに連れ出し、ロープに石をくくりつけ、そのロープを彼女の首に絞めつけようとするシーンなんか面白くって怖いのね。主人公はたしかに数人の女を殺したが、思えばその殺しはアマチュアだ。プロはもっと上手に多くの人を殺して商売にしている。それが戦争だと言っているのね。戦争を強烈に皮肉っている。チャップリン映画の生命とも言える人間愛をどの作品よりも、むしろ厳しく肌を刺すように描いている。チャップリンの偉大さに脱帽。

ザッツ・エンタテインメント
That's Entertainment

74／米／製・監＝ジャック・ヘイリー・ジュニア／出＝フレッド・アステア、ジーン・ケリー、フランク・シナトラ、エリザベス・テーラー、ジュディ・ガーランド、ライザ・ミネリ、ビング・クロスビー／V＝WHV　D＝WBH

解説　ハリウッドの黄金時代を築いたMGM傑作ミュージカルの名場面を中心に綴ったエンタテインメント集大成。フレッド・アステア、ジーン・ケリー、フランク・シナトラ、ジュディ・ガーランド、エリザベス・テーラー、ジェームズ・スチュアートなどスターが出演した七十五本の映画が登場する。ジャック・ヘイリー・ジュニア製作・監督。

ハイ淀川です　この映画の生命は、芸人の魂溢れたその芸の魅力。ジャック・ヘイリー・ジュニアの目のすえどころが立派ですね。レビューのダンスの歴史を感じさせる面白さ。アン・ミラーの回転リズム。ドナルド・オコンナーのエネルギッシュなアクロバットダンス。エリノア・パウエルのカスタネット・タップ。中でもアステアの踊りの線を見ているとリズムがアステアの全身にのり移り、その足その手その腰さばきのなんたるエレガント。ジーン・ケリーの百パーセントの躍動。これはおおげさではなく世紀の見もの。クラーク・ゲーブルの『愚者の歓喜』の中のダンスは日本で公開されなかっただけに貴重。まさにこの映画は三十年間分のエネルギー。

ザ・デッド　「ダブリン市民」より
The Dead

87／米／監＝ジョン・ヒューストン／脚＝トニー・ヒューストン／撮＝フレッド・マーフィ／出＝ドナルド・マッキャン、アンジェリカ・ヒューストン、キャスリーン・ディレイニー、ヘレナ・キャロル、ドナル・ドネリー　D＝LDC

解説　八十歳で逝去したジョン・ヒューストン監督の四十作目で遺作となった作品。一九〇四年、アイルランドの港町、ダブリン。ガブリエル夫妻（ドナルド・マッキャン、アンジェリカ・ヒューストン）は、年一回恒例のクリスマスの舞踏会に出席。穏やかなひとときを過ごすが…。原作はジェイムス・ジョイスの同名短編小説。

ハイ淀川です　晩ごはんのとき、十四、五人のお方がそれぞれの会話を交わす。それがなんとも知れん上品でインテリジェントで、しかもダブリンの人の愛情が出ました。人と人の馴れ合い、さすり合いがいいんですね。そして、ラスト。夫婦がホテルに戻ってきたら奥さんは泣いている。それは十七歳のとき、好きな恋人が死んだことを想い出していたの。旦那は、ぼくはなんだというその夫婦のなんとも知れん雪のクリスマスの晩の風景。やがて、みんなお墓になるんだよとばかり海岸の雪の中で遠くに墓が見えるところで終わる。ほんとうの名作とはこれ。ジョン・ヒューストンは自分の息子のシナリオ、娘の出演で永眠の世界に入った。幸せな監督でしたね。

サテリコン
Satyricon

70／伊／監・原・脚＝フェデリコ・フェリーニ／脚＝ベルナルディーノ・ザッポーニ／撮＝ジュゼッペ・ロトゥンノ／出＝マーチン・ボッター、ハイラム・ケラー、マックス・ボーン／V＝WHV　B＝KAD　D＝FOX

解説　暴君ネロのローマ時代。同性愛者の二人の青年（マーチン・ボッターとハイラム・ケラー）は、美少年を奪い合ったり、酒池肉林の大宴会に遊んだり、貴婦人を犯したりし退廃と堕落の世界をさまよう。フェデリコ・フェリーニ監督が古代ローマの詩人ペトロニウスの原作を題材にして描いた一大デカダン叙事詩。

ハイ淀川です　ジャン・コクトー監督はフランスの香水の匂い。透きとおったような美術を見せますけど、フェリーニはいかにも赤、青、黄色、紫を全部織りまぜたような、ちょうどミラノの色ガラスの感じ。べっとりとした美術を見せる人ですね。ここにジャン・コクトーのフランス的美術と、フェリーニのイタリアの美術の違いがありますね。さぁ、『サテリコン』とは、いったいなんでしょう。これはちょうど、熟した柿がもう熟し切ってバタッと落ちる前の美しさ。『地獄に堕ちた勇者ども』とか『ベニスに死す』のような雰囲気があります。というわけで、フェリーニのべっとりとした美術に酔ってほしい作品です。

サニーサイド
Sunny Side

19／米／監・脚＝チャールズ・チャップリン／出＝チャールズ・チャップリン、エドナ・パーヴィアンス、トム・ウィルソン／V＝朝日、ポニー　D＝IVC

解説　「サニーサイド」とは陽の当たる側。アメリカ西部の美しい水仙の花が丘の上に咲き競う田舎の村の物語だったため「田園喜劇」と呼ばれた。しかし、チャップリン扮するホテル兼雑貨屋は一日中休む暇もない重労働。人生の皮肉を描くとともにチャップリンのカルーノ座で磨かれたダンスのすばらしさで人気を呼んだ作品。

ハイ淀川です　チャップリンは夜中の四時に目覚ましをかけましたが今がすでに四時。目覚し時計を投げて足で蹴っちゃったこのシーン。笑って怖かったですけれど、見どころはクライマックスでチャップリンが踊るシーン。牛に突き落とされて河原で気を失ったところから夢になって四人の女神が現われ踊りますね。ニジンスキーのバレエの「牧神の午後」をもじって見せました。マーガレットの花一輪を口にくわえて、耳にさし、流し目のような女のしぐさ。泳ぐような踊りの見事なこと。チャップリンはニジンスキーから「あなたは立派な舞踏家になれますよ」と言われて、このシーンをつくったんですが、これは明るいカリフォルニアの太陽の下の悲喜劇ですよ。

裁かるるジャンヌ
La Passion De Jeanne D'Arc

28／仏／監＝カール・テホ・ドライヤー／脚＝ジョゼフ・デルテーユ／撮＝ルドルフ・マテ／出＝マリア・ファルコネッティ、ウジェーヌ・シルヴァン／V＝IVC／D＝カルチ　D＝IVC

解説　デンマークのカール・ドライヤー監督がフランスでつくった作品で、イギリスの侵略からフランスを救ったジャンヌ・ダルクが処刑される長い一日を描いている。ジャンヌの頬を流れる涙、異端検察官の歪んだ口元、燃えさかる炎、おののき震えながらも信念に殉ずるジャンヌの顔、群衆の顔など大胆なクローズアップでとらえている。

ハイ淀川です　カール・ドライヤーはデンマークの一流監督。映画の歴史を勉強する人はその第一頁に書くぐらいの人ですね。この作品は力が入っています。ジャンヌ・ダルクが宗教裁判にかけられて火あぶりになる。その場面がすごいですね。髪の毛を切られるところ、白い布に毛が落ちていきますね。その怖さ。丸坊主にされて、薪の上にのせられ火をつけられ、パチパチと燃えるシーンのアップの迫力。この恐怖は映画美術、映画の芸術ですね。この映画を見たら映画とは何かがわかると思います。物語よりも目で見せて怖がらせる。いっぺん話のタネ、いやそれ以上に映画の勉強、勉強になりますよ。絶対に見てごらんなさい。

ザ・ファーム　法律事務所
The Firm

93／米／製・監＝シドニー・ポラック／脚＝ロバート・タウン、他／撮＝ジョン・シール／出＝トム・クルーズ、ジーン・トリプルホーン、ホリー・ハンター、ジーン・ハックマン／V＝CIC／D＝SPE　B・D＝パラマ

解説　ジョン・グリシャムのベストセラー小説をシドニー・ポラック監督が映画化したサスペンス。ハーバード大学をトップで卒業したミッチ（トム・クルーズ）は、一流法律事務所に就職するが、その事務所で謎の死を遂げた五人の弁護士がいたことを知る。単身調査を始め、事務所がシカゴのマフィアと密接な関係があることをつきとめる。

ハイ淀川です　これはサスペンスとスリルとエロチックを少々まぜた娯楽映画。ポラック監督のスピーディな演出とトム・クルーズの顔を見ているだけで飽きないでしょう。そしてジーン・ハックマンが上司の役でちょっとだけ共演しています。苦心して苦心して今日を築いた長距離ランナーのハックマンとスタートから人気をつかんだ短距離の名人トムが共演しているところが面白かった。しかし、この映画、超人気のトムに振り回された感じ。これは映画会社の作戦というか計画でしょうけれど、これではトムが危ないと感じました。すでにこの手でエディ・マーフィもウーピー・ゴールドバークも人気の上にあぐらをかいているあたりが鼻についているからね。

ロイド・ベーコン『四十二番街』(33)

ロバート・ワイズ『ウエスト・サイド物語』(61)

ロバート・スティーブンソン『メリー・ポピンズ』(64)

ジーン・ケリー他『雨に唄えば』(52)

ジャック・ドゥミ『シェルブールの雨傘』(64)

ロバート・ワイズ『サウンド・オブ・ミュージック』(65)

アラン・パーカー『エビータ』(96)

ウッディ・アレン『世界中がアイ・ラヴ・ユー』(96)

ザ・ファン
The Fan

96／米／監＝トニー・スコット／脚＝フォフ・サットン／撮＝ダリウス・ウォルスキー／出＝ロバート・デ・ニーロ、ウエズリー・スナイプス、エレン・バーキン、ジョン・レグイザモ／V＝ヘラルド、ポニー／D＝ヘラルド、ポニー

D＝SPE

解説　トニー・スコット監督とロバート・デ・ニーロ初コンビの大型サスペンス・アクション。ナイフ・セールスマンのギル（デ・ニーロ）は、ジャイアンツに復帰した強打者ボビー（ウエズリー・スナイプス）の大ファンで、ボビーのスランプの原因だったライバル選手を刺殺。ついにはボビーの息子まで誘拐し、彼をおどす。

ハイ淀川です　これはひいきのひき倒しですね。だから、ギルは黒人選手のライバルを風呂場でナイフで刺し殺しちゃいますね。この男はナイフの行商人。商売に行ってその切れ味を見せるために自分のスネ毛をそぐシーンが出てきたりしますが、このあたりはトニー・スコットの演出が巧いなあ。ナイフの怖さを見せました。ギルは自分の子供に野球を教えますが、あまりにも厳しいのでついていけない。もう野球に夢中。野球の狂人です。それをデ・ニーロが見事に演じ適役です。この監督は男の描き方が巧い。ラストはすごいサスペンス、スリラーになっていきますけれど、これは野球映画であり、男の映画の傑作です。野球ファンは必ずごらんなさい。

サブリナ
Sabrina

95／米／製・監＝シドニー・ポラック／脚＝バーバラ・ベネディク、他／撮＝ジュゼッペ・ロトゥンノ／出＝ハリソン・フォード、ジュリア・オーモンド、グレッグ・キナー／V＝C－C

D＝パラマ

解説　オードリー・ヘプバーンが主演した『麗しのサブリナ』をシドニー・ポラック監督がリメイク。仕事一途の堅物でララビー家の長男にはハリソン・フォード、次男のプレイボーイには新人グレッグ・キナー。運転手の娘サブリナにはジュリア・オーモンドが起用され、この兄弟が美しく成長したサブリナに夢中になっていく。

ハイ淀川です　ビリー・ワイルダーの名作のお伽噺を、シドニー・ポラック監督がどう料理するのか、そこが見どころですね。いったい、オードリーの役を誰がやるのかと思ったらジュリア・オーモンドでした。この女優はイギリスの舞台出身のエリート。パリから戻るやいなや蝶になるという柄ではないのね。初めから若いおばさんという感じ。だから、ポラックは男二人の映画にしましたね。ハリソン・フォードと新人グレッグ・キナーの男対男の共演にして、サブリナは棚上げ。ノエル・カワードの舞台劇のようなタッチでつくりました。というわけで、この話はちょっと時代はずれの感じもしますけれど、前作と比較して見るのも面白いかもしれませんよ。

サミー南へ行く
Sammy Going South

63／英／監＝アレクサンダー・マッケンドリック／脚＝デニス・キャノン／撮＝アーウィン・ヒリヤー／出＝ファーガス・マクリーランド、エドワード・G・ロビンソン、コンスタンス・カミングス

解説　イギリスのスエズ紛争の戦火で両親を失った十歳の少年サミー（ファーガス・マクリーランド）は、南アフリカのダーバンでホテルを経営する伯母のもとに預けられることになる。サミーは方位磁石を頼りにエジプトのポートサイドから南へ旅立つ。セミ・ドキュメンタリータッチの冒険映画。アレクサンダー・マッケンドリック監督。

ハイ淀川です　サミーという少年が一人でアフリカを縦断するという面白い映画ですが、見どころはこの少年の勇気というか根性のあっぱれさですね。少年は貨物列車にただ乗りしたり、砂漠で野宿したり、こわい男に襲われたりして逃げる。大変な子供の一人旅ですね。それをアフリカ南端のダーバンの伯母さんが知って、行方のわからなかったサミーのことがわかって胸をなでおろしほっとする。この映画はここからがいいんです。あと二日歩き通せば伯母さんの家。でも、この伯母さんは車でサミーを迎えに行くことをやめました。サミーに最後まで歩き通させたかったのね。このラストのあっぱれさ。やったらやれるのアメリカ魂がこの映画にもありました。

サラトガ本線
Saratoga Trunk

44／米／監＝サム・ウッド／脚＝ケイシー・ロビンソン／撮＝アーネスト・ホーラー／出＝ゲーリー・クーパー、イングリッド・バーグマン　D＝ジュネス

解説　アメリカの女流作家エドナ・ファーヴァーのベストセラー小説の映画化。十九世紀の中ごろのニューオリンズとサラトガを舞台にサラトガ本線鉄道の利権をめぐる血なまぐさい争いをからませ、パリ仕込みの奔放で激情的な女（イングリッド・バーグマン）と意志の強い野人クリント(ゲーリー・クーパー)との恋愛を描いたロマンチックドラマ。

ハイ淀川です　貧しい生まれの女が、ニューオリンズの名門の息子と結婚するんだけど、二人の仲は引き裂かれてしまい、その女は屋敷から追放されてしまうのね。彼女は妊娠していて遠く離れた寂しい町で一人娘クリオを産んで死んでしまいます。そのクリオが美しく成長してお金をためて二人の使用人を連れて、母の復讐のためにニューオリンズに乗り込んできますね。目的は大富豪と結婚して母を追放した一家を苦しめるためなのね。そんなとき牧場主クリントが現われお互い好き合う。この女と男の運命物語。クーパーのテキサス男とバーグマンの素性あやしき女の顔合わせが面白いところですね。でもバーグマンの謎の女はいまいちの感じかな。

さらば青春
Good Bye Youth

18／伊／監・脚＝アウグスト・ジェニーナ／撮＝ジョヴァンニ・トマチス／出＝マリナ・ヤコビーニ、リード・マネッティ、エレナ・マコウスカ

解説　史劇を得意とするイタリアは現代劇の傑作は少なかったが、この作品は現代が息づき、しかも青春の痛みをなまなましく描いている。法学生のマリオは下宿の娘ドリナと恋仲になり青春の夢を語り合うが、突然現われた妖艶な夫人の色香に誘惑される。多感な青春時代を過ごす男と女。やがて二人に永遠の別れのときがくる。

ハイ淀川です　これは下宿の娘さんドリナ（マリナ・ヤコビーニ）の話ですね。この映画は恋の手ほどきも教えてくれますけれど、見どころはラストシーン。下宿の娘さんは学生と別れなければならない。学生がトランクを持って出ていった後、娘さんは故郷に帰るその学生も乗っている汽車を陸橋で待ちました。向こうから汽車が来た。娘さんは泣きながら手にした白い花を一輪一輪、汽車の上に投げ捨てましたねぇ。「さらば恋よ」。列車が橋の下を通り過ぎる。一輪、また一輪。昔ですねぇ。汽車がゆっくり走っていたころですねぇ。このラストシーンの見事だったこと。名作はどれもラストシーンが実に巧いのね。一つの〝芸〟ですねぇ。

さらば友よ
Adieu L'Ami

68／仏／監＝ジャン・エルマン／原・脚＝セバスチャン・ジャプリン／撮＝ジャン・ジャック・タルベ／出＝アラン・ドロン、チャールズ・ブロンソン、ブリジット・フォセー／V＝東宝　B・D＝KAD

解説　アラン・ドロンとチャールズ・ブロンソンが共演し、男の友情をクールに描く。アルジェリア戦争帰りの軍医（ブロンソン）と戦争を商売している男（ドロン）は、ひょんなことからある広告会社の金庫に債権を戻す仕事を頼まれる。しかし、二人は債権よりも金を盗もうと思いつくが金庫の中に死体が…。ジャン・エルマン監督。

ハイ淀川です　アラン・ドロンという人は不思議な人で、自分の美しさをもっともっと鮮やかに見せてやろうという野心みたいなものを持っていたんですね。この映画はドロンが三十三歳のときですが、相手役にチャールズ・ブロンソンを選んだんですね。可哀相にチャールズ・ブロンソンはこのとき四十八歳。あんな南京豆みたいな顔。あれと共演したら俺のきれいな顔がもっと引き立つと思ったのかもしれない。ところがそのブロンソンが実によかった。皮肉にもブロンソンをこの世に生み出してしまう結果になってしまったんです。だから、ブロンソンはドロンのおかげで今日の地位を得たと言えないこともないんですね。このあたりの面白いこと。

さらば、わが愛／覇王別姫
覇王別姫／Farwell To My Concubine

B・D＝TC

93／香港／監＝チェン・カイコー（陳凱歌）／脚＝リー・ピクワー、他／撮＝クー・チャンウェイ／出＝レスリー・チャン、チャン・フォンイー、コン・リー、ルオ・ツァイ／V＝アスミ

解説　京劇十八番『覇王別姫』の人気コンビの女形チョン・ティエイー（レスリー・チャン）は、男役シャオロウ（チャン・フォンイー）と子供のころから兄弟のように生き、恋心を抱いていたが、シャオロウが娼婦（コン・リー）と結婚、嫉妬する。中国の近、現代史の流れの中で二人の生きざまをチェン・カイコー監督が壮大に描く。

ハイ淀川です　これは京劇の女形と男優のホモ物語。ストーリーは絢爛たる虹色。それが中国の戦争の歴史の中で語られていく。チェン・カイコーの重厚な演出は見事でまさに大作。中国の溝口健二ですね。この中国のエネルギーはただごとではありません。子供たちが厳しい訓練を受けるシーンがありますが、私としては同性愛の話よりも京劇の舞台、音楽、歌唱をもっと専門的に見たかった。しかし、映画としては悲愛も同性愛も用意しなければならなかったのでしょう。京劇が大好きな私にはこの映画が目にしみ込みました。まだ一度も京劇を見たことのないお方は、機会があったら是非とも見て、京劇を勉強してくださ い。

猿の惑星
Planet Of The Apes

B・D＝ディズニー

68／米／監＝フランクリン・J・シャフナー／脚＝マイケル・ウィルソン、他／撮＝レオン・シャムロイ／出＝チャールトン・ヘストン、キム・ハンター、ロディ・マクドウォール／V＝FOX

解説　フランスのピエール・ブールの同名小説をフランクリン・J・シャフナー監督が映画化。ケープ・ケネディから打ち上げられた宇宙船は、一年六ヶ月後にある惑星に不時着。この星では高度文明をもつ猿が支配し、人間は下等動物だった。奇抜な着想とリアルな猿のメイクが受けてヒットし、シリーズ化された。アカデミー特別賞。

ハイ淀川です　ケープ・ケネディから打ち上げた宇宙船が、一年六ヶ月空を飛んで、ある惑星に無事に着陸したんですね。ところがそこはなんと猿が高度な文化をもって支配していたんですね。乗員の飛行士はびっくり仰天したんですね。一体ここはどの惑星だろうと思いましたがわかりません。けれど、最後の最後はそこがどこだったのかもうおわかりでしょう。実は地球だったんですね。一年六ヶ月飛んだつもりが幾世紀も飛んじゃったんですね。その間に地球は原爆ですっかり破壊されて猿の世界になっていた。この怖いラスト。この映画はただ面白いアイディアで当たっただけでなく、そこに未知に対する恐怖がしっかりと描かれていました。

ザ・ロック
The Rock

B＝ディズニー　D＝ブエナ

96／米／監＝マイケル・ベイ／脚＝デヴィッド・ウェイスバーグ、他／撮＝ジョン・シュワルツマン／出＝ニコラス・ケイジ、ショーン・コネリー、エド・ハリス／V＝ブエナ／D＝LDC

解説　ニコラス・ケイジとショーン・コネリー共演の大型サスペンス・アクション。テロ集団がアルカトラズ島を占拠し政府に一億ドルを要求。FBIのグッドスピード（ケイジ）とアルカトラズ脱獄に成功した唯一の囚人ジョン（コネリー）は島に潜入。ミサイル発射を阻止しようと、テロのリーダー（エド・ハリス）と死闘を展開する。

ハイ淀川です　『ザ・ロック』とは有名なアルカトラズの監獄のこと。その監獄から脱走した男が、今度はFBIに頼まれて入っていくあたりが面白いのね。さあ、最後はサンフランシスコがVXミサイルで全滅か。このハラハラの危機。でも、この映画の見どころはショーン・コネリーとニコラス・ケイジの共演。二人ともいいなあ。ショーン・コネリーは六十六歳ですけれどまだまだ元気だ。製作もしているんです。まるで『００７』にカムバックしたように大活躍します。この人は兵隊から戻ってブラブラしていたとき、『南太平洋』の舞台でコーラスラインが一人足りないので起用されたのね。その後のことはご存知でしょうが、これは彼の最近の傑作です。

三仮面
Le Trois Masques

21／仏／監・脚＝アンリー・クロース／出＝アンリー・クロース

解説　シャルル・メレエの原作をフランス映画初期を代表した名優アンリー・クロースが監督、脚色、主演した。コルシカ名家の一人息子が下女のスペランツォと恋におちるが、父は身分が違うと許さない。このためカーニバルの夜、スペランツォの三人の兄たちのために二人は殺されてしまう。息が止まるような場面が続く恐怖映画。

ハイ淀川です　仮面が不気味に使われているところが怖いのね。たとえばカーニバルの夜。三人の男が死体に仮面をかぶせてその父親の家に放り込んだのね。仮面をかぶったままの死体。年老いたお母さんは自分の息子がただ眠っているものとばかり思って、針仕事をしてるのね。死んでいるなんて思っていない。ランプの光がその仮面に当たって光っているの。「あんた。早く寝なさい。いつまでもそんなところで笑っていないで」とお母さんは言うのね。でもその仮面はいつまでもジーッと笑ったままなの。表情が変わらないで笑っている仮面、怖かった。フランスのサイレントの傑作でした。非常に濃度のある映画。ねっとりした濃いスープでしたよ。

34丁目の奇蹟
Miracle On 34th Street

B＝ディズニー　D＝FOX

47／米／監・脚＝ジョージ・シートン／撮＝チャールズ・G・クラーク／出＝モーリン・オハラ、ジョン・ペイン、エドモンド・グウェン／V＝FOX

解説　ニューヨークのメイシー百貨店の感謝祭パレードでサンタクロースに雇われたクリス（エドモンド・グウェン）は本物そっくりと評判。商売敵から狂人と訴えられたので、デパートの係員（モーリン・オハラ）と弁護士が協力して法廷でサンタの存在を認めさせる。ジョージ・シートン監督。アカデミー助演男優賞など二部門受賞。

ハイ淀川です　クリスマス映画の中でもこれは名作でした。ニューヨークの有名なメイシー百貨店がクリスマスシーズンのパレードにサンタクロースになった老人を先頭に立たせました。そのメイク、衣装も本物そっくり。子供たちはこれが本物だと信じ込んで、そのデパートにサンタへの子供たちからの手紙が殺到しましたね。ところが、サンタを本物に思わせる罪ということで、法廷に持ち込まれ裁判沙汰にまで発展してしまいます。しかし、この映画のすばらしいのはサンタの夢をこわさないでサンタはこの世の中にいるんですよ、ということで終わるところですね。夢というものが生きていくうえでいかに大切なことかを教えてくれた幕切れが見事だった。

サンセット大通り
Sunset Boulevard

B＝パラマ　D＝ファースト

50／米／監・脚＝ビリー・ワイルダー／脚＝チャールズ・ブラケット、他／撮＝ジョン・F・サイツ／出＝グロリア・スワンソン、ウィリアム・ホールデン、エーリッヒ・フォン・シュトロハイム／V＝CIC

解説　製作チャールズ・ブラケット、監督ビリー・ワイルダーのコンビがハリウッド・スターの内幕を描いた。サイレント時代の大女優ノーマ（グロリア・スワンソン）はかつての大監督で夫でもあった召使いと邸宅に住んでいたが、そこに若い脚本家ジョー（ウィリアム・ホールデン）が入り込み悲劇を招く。グロリア・スワンソンの自伝を思わせる作品。

ハイ淀川です　若い脚本家のホールデンに惚れた落ちぶれた大女優グロリア・スワンソン扮するノーマ・デズモンドが、裏切られたので殺してしまいますね。まるでサイレント時代の名女優がやるようなジェスチャーで撃つあたり。ワイルダーはスワンソンにサイレントの演技をさせて、ホールデンにはトーキーの演技をさせた。この違いが面白いですね。それでデズモンドは気が変になってきた。サロメの扮装をして階段を降り始めた。そのとき、シュトロハイムの召使いが「アクション・スタート」と言いましたね。その声を聞いて、デズモンドはいよいよ自分の出番だと思って、本物の撮影だと思って演技しますね。このすごいシーン。まさに名作とはこれ。

サンドロット　僕らがいた夏
The Sandlot

93／米／監・脚＝デヴィッド・ミッキー・エヴァンス／脚＝ロバート・ガンター／撮＝アンソニー・B・リッチモンド／出＝ジェームズ・アール・ジョーンズ、トム・グアリー、パトリック・リーナ／V＝SPE

解説　一九六二年夏。引っ越してきた少年スコッテイ（トム・グアリー）は、遊び友だちがいなかったが野球チームに入り近所の子供たちと仲良しになっていく。デヴィッド・ミッキー・エヴァンス監督が少年時代のひと夏の思い出を六〇年代の音楽にのせてノスタルジックに描いた愛すべき友情ドラマの好編。

ハイ淀川です　子供と野球と犬とそれに父の愛。もう決まりきったお話ですけれど、この映画はさわやかなところがいいんですね。このひ弱な男の子は野球なんか全然知らないのね。みんなから馬鹿にされたので、お父さんにキャッチボールをせがんだの。このお父さんもうるさがっていたけれど、次第にこの子が可愛くなっていくあたり。お父さんのベーブ・ルースのサイン入りのボールを向こうの家の中に投げ込んじゃった。あの庭には怖い犬がいる。父の大切なボールをどうしようとするあたり。この映画は笑って無邪気に見せながら、チームワーク、父と子、勇気、やったらやれるの精神を見せて、五月の青空さながらのいかにもアメリカ映画ですよ。

三人の妻への手紙
A Letter To Three Wives

49／米／監・脚＝ジョゼフ・L・マンキーウィッツ／撮＝アーサー・C・ミラー／出＝リンダ・ダーネル、アン・サザーン、ジーン・クレイン、ジェフリー・リン、カーク・ダグラス、ポール・ダグラス／V＝FOX　D＝ファースト

解説　「コスモポリタン」に掲載されたジョン・クレンプラーの小説を映画化した人間喜劇。一通の奇妙な手紙を受け取った三人の若い人妻デボラ（ジーン・クレイン）、リタ（アン・サザーン）、ローラ（リンダ・ダーネル）は三人三様の結婚生活をふり返る。ジョゼフ・L・マンキーウィッツがアカデミー脚色、監督賞の二部門受賞。

ハイ淀川です　この三人の奥さん、リンダ・ダーネル、アン・サザーン、ジーン・クレインが面白いのね。仲のいい三人が船でピクニックに出掛けることになった。そうしたら、親友のアディ・ロスから、「あなたたちのご主人のうちの一人と駆け落ちします」という一通の手紙をもらったの。三人はびっくりしますが船は出ていく。実は三人とも旦那に逃げられてもおかしくない弱みを持っているんだけれど、三人ともあわてる姿を見せまいとするあたりが面白いんですね。そして、この映画は三人の女の夫婦像を巧みにオムニバス風に見せていきますね。脚色と演出が見事に巧い。憎い憎い痛快コメディの傑作です。

三人の名付親
Three Godfathers

48／米／監＝ジョン・フォード／脚＝ローレンス・スターリングス／撮＝ウィントン・C・ホック／出＝ジョン・ウェイン、ペドロ・アルメンダリス、ハリー・ケリー・ジュニア、ウォード・ボンド／V＝WHV　D＝WHV

解説　ジョン・フォード監督が淡々とした中に、ほのぼのとした人間愛を描いた作品。ジョン・ウェイン、ペドロ・アルメンダリス、ハリー・ケリー・ジュニアの三人は、ある町の銀行を襲撃し保安官に追われ砂漠に逃げ込む。やっと見つけた幌馬車に妊婦がいたが、彼女は出産すると、三人に名付親になるように頼んで死んでしまう。

ハイ淀川です　三人の悪党がネバダ砂漠の中に逃げ込んだら、インディアンにやられた一台の幌馬車の中に、赤ちゃんを産んだばかりの息を引き取りかけた若い母親がいましたね。このお母さんは三人に「赤ちゃんを助けて下さい」と言って、とうとう死にました。この三人は死んでしまったお母さんのために、自分たちが保安官に捕らえられるのに、この赤ちゃんを町まで届ける話ですね。途中で一人死んで二人死んで、最後の一人が残った。それがジョン・ウェイン。頑張って頑張ってとうとう町の教会に赤ちゃんを届けにいって倒れていきます。ジョン・ウェインは男の映画の大将だ。ジョン・フォードは男にはこういう思いやりがあるということを見せました。

サンライズ
The Sunrise

27／米／監＝フリードリッヒ・W・ムルナウ／脚＝カール・マイヤー／撮＝チャールズ・ロシャー、他／出＝ジョージ・オブライエン、ジャネット・ゲイナー、マーガレット・リヴィングストン／V＝ジュネス　D＝IVC

解説　ドイツ映画界からアメリカに招かれたF・W・ムルナウ監督が、ヘルマン・ズーデルマンの原作を映画化した。湖畔の村に仲のいい若夫婦が住んでいるが、そこへ避暑に来た都会の女が夫（ジョージ・オブライエン）を誘惑する。その女にそそのかされ夫はボートに妻を乗せて湖に沈めようとする。

ハイ淀川です　都会の女（マーガレット・リヴィングストン）から「あんたの奥さんを殺しなさい。そしたら私のものよ」と、この田舎者の亭主が言われ、嫁さんを殺しにいくシーン。すごいなあ。急に風が吹いて、湖面にサッと波が立った。そのキャメラが美しい。嫁さん（ジャネット・ゲイナー）はびっくりした。「あんた、私を殺すのね」見どころですね。なぜ「サンライズ」なのか。最後はハッピーエンドになる。朝が来てすべてが片づいた。そのとき田舎者の旦那をそそのかした女が怖くて怖くて一人で逃げていくところに朝日が射している。このシーン、後になって、ヴィスコンティが『イノセント』のラストでちゃんと使っているのね。

サン・ロレンツォの夜
La Notte Di San Lorenzo

82／伊／監・脚＝パオロ&ヴィットリオ・タヴィアーニ／撮＝フランコ・ディ・ジャコモ／出＝オメロ・アントヌッティ、マルガリータ・ロサーノ、ミコル・グイデッリ／V＝東北／D＝東北　D＝紀伊國屋

解説　トスカーナ地方には八月十日サン・ロレンツォの夜に愛する人のために流れ星に願いをかけると叶うという伝説がある。一九四四年の夏、若い母親が幼い子を寝かしつけながら、ドイツ軍のファシストたちによって平穏な村が襲われた戦争の悲劇を語り、平和への願いを伝えようとする。パオロ&ヴィットリオ・タヴィアーニ監督。

ハイ淀川です　この兄弟監督はトスカーナの田舎に起こった戦争地獄をまるで童話と等しい柔らかさで描きました。逃亡の一行の中に初老の男女がいる。この男は若いころ、ひそかにこの女をかなわぬ恋と知りつつも愛していた。その娘が年はとったとはいえ昔の面影を失っていないで今ここにいる。この二人は夫婦と思われて、農家の二階で偶然にも一緒になった。でも男はひとりベッドで夜を明かす。そのただひと夜の思いもかけなかったこの幸せ。この男のはかないとは言え愛のいとしさが匂い出ていたこのシーン。この映画は戦争地獄をかかる人間映画で見せおわせました。なんとも実にすばらしい作品です。

幸福（しあわせ）
Le Bonheur

65／仏／監・脚＝アニエス・ヴァルダ／撮＝ジャン・ラビエ、他／出＝ジャン・クロード・ドルオー、クレール・ドルオー、マリー・フランス・ボワイエ　B・D＝IVC

解説　実直な大工フランソワ（ジャン・クロード・ドルオー）は、妻テレーズ（クレール・ドルオー）と二人の子供があり幸せな毎日を送っていたが、近くの郵便局の女事務員（マリー・フランス・ボワイエ）と知り合い愛し合うようになる。彼は自分の行動を隠さず妻に話す。女流監督アニエス・ヴァルダが男と女の愛を美しく残酷に描く。

ハイ淀川です　この大工さんは単純でいい男だから、奥さんとピクニックに行ったとき、女のことを打ち明けました。そして、旦那さんが昼寝をしているときに奥さんは池に入って死んでしまいます。奥さんの溺死体に抱きついて泣いているとき、旦那の頭の中の感覚がカットバックで出てくる。それは奥さんが助けてくれと叫んであやまって死んでいく姿。しかし違うんです。ほんとうはこの奥さんは旦那に打ち明けられて、自分の幸せは終わったけど夫の幸せを大事に守ってやろうと思ったのね。自分があやまって死んだことにしよう。これが夫へのほんとうの命をかけた愛だったのね。というわけで、女のやさしさがなんとも知れん形で出た名作です。

幸福《しあわせ》の条件
Indecent Proposal

B・D＝パラマ

93／米／監＝エイドリアン・ライン／脚＝エミー・ホールデン・ジョーンズ／撮＝ハワード・アサートン／出＝ロバート・レッドフォード、デミ・ムーア、ウッディ・ハレルソン、シーモア・カッセル／V＝C－C

解説　マイホーム実現を夢みる好人物の夫婦と謎めいた富豪との三角関係を描いたラブロマンス。ラスベガスで全財産をすってしまった夫婦の前に億万長者ジョン（ロバート・レッドフォード）が現われ、妻のダイアナ（デミ・ムーア）と一夜を共にすれば百万ドルを支払うと申し出たので二人は受け入れてしまう。エイドリアン・ライン監督。

ハイ淀川です　この映画は一九四一年につくられたウィリアム・ディーターレ監督の『悪魔の金』にそっくり。アメリカ映画が四〇年代のハリウッドを恋しがりだしたんですね。レッドフォードの億万長者が現われて、夫婦は笑って断わりましたが、それ以来二人はしっくりと抱き合えなくなって、妻は旦那と合意の上で悪魔と寝てしまう。『悪魔の金』ではウォルター・ヒューストンが演じた悪魔役を現代のハンサムな富豪にしてみせました。この悪魔と人妻の濡れ場もたっぷり。こんな役は名優の腕の見せどころ。だからレッドフォードも引き受けたんでしょうけれど、やっぱり怖さのない悪魔というのは面白くない。しかし、監督と主役の狙いは買いましょう。

JFK
JFK

B・D＝ディズニー

91／米／製・監・脚＝オリヴァー・ストーン／脚＝ザガリー・スクラー、他／撮＝ロバート・リチャードソン／出＝ケビン・コスナー、シシー・スペイセク、ジョー・ペシ／V＝WHV／D＝WHV

解説　一九六三年十一月二十二日、ダラスでケネディ大統領が暗殺された。オズワルド（ゲイリー・オールドマン）の単独犯行として解決したかに見えたが、ニューオリンズ地方検事ギャリソン（ケビン・コスナー）は疑問を抱き自ら調査に乗り出す。オリヴァー・ストーン監督がニュースの実写をまじえながら、その謎に大胆に挑んだ大作。

ハイ淀川です　オズワルドが殺された。それはいまだに謎ですね。けれどオリヴァー・ストーンはこの映画でそれを思い切り見せようとしました。実写と映画が結びついた編集、撮影、それに狙撃の音の録音など見事です。わたしはこの監督、押しつけがましくって嫌いなんです。この映画はそれを別にしても、アメリカの姿を世界に訴えていますね。ケビン・コスナーのラストの演説で正義とは何か、思いを訴えています。私はケネディ暗殺事件からアメリカが、言葉は悪いですけれど、堕落したと思っています。そのアメリカを見直そうとしたこのオリヴァー・ストーンのエネルギーは大したものです。というわけで、やはりこれは問題作ですね。

ジェニーの肖像
Portrait Of Jennie

D＝ジュネス

48／米／監＝ウィリアム・ディターレ／脚＝ポール・オズボーン、他／撮＝ジョゼフ・H・オーガスト／出＝ジョゼフ・コットン、ジェニファー・ジョーンズ、リリアン・ギッシュ

解説　ロバート・ネイサンの幻想小説をウィリアム・ディターレ監督が映画化。貧しい画家（ジョゼフ・コットン）は、たまたま出会った少女ジェニーの肖像を描いたことで一躍有名になるが、彼女の生いたちには意外な事実が隠されていた。きめ細かなタッチで綴ったラブロマンス。製作デヴィッド・O・セルズニック

ハイ淀川です　ジョゼフ・コットンの画家が公園で十歳ぐらいの少女と出会って写生しますね。次の日にまた会うと、その女は十七歳くらいに見えた。びっくりしてまた数日後に会うと、その彼女は二十何歳になっている。そして、自分の名前はジェニーと言って、実はメイン州の海で嵐の日に死んだのだというんですね。怖い話だ。画家はそのメイン州の海岸まで出向いていって人に聞いてみたら、それはほんとうのことで、もう何十年前の出来事だったということがわかるのね。むかし、『幽霊西へ行く』という面白い映画がありましたが、この映画は幻想的な幽霊映画。日本の『雨月物語』みたいな話です。アメリカにもこんな話があるあたりが傑作ですね。

シェルタリング・スカイ
The Sheltering Sky

B＝キング　D＝KAD

90／英／監・脚＝ベルナルド・ベルトルッチ／脚＝マーク・ペプロー／撮＝ヴィットリオ・ストラーロ／出＝デブラ・ウィンガー、ジョン・マルコヴィッチ、キャンベル・スコット／V＝松竹

解説　ポール・ボウルズのベストセラー小説を、ベルナルド・ベルトルッチ監督が映画化。一九四七年、作曲家ポート（ジョン・マルコヴィッチ）と妻で劇作家のキット（デブラ・ウィンガー）は、若者タナー（キャンベル・スコット）を同行し北アフリカにやってくる。そこからサハラ砂漠を舞台にした壮大な愛のドラマが展開される。

ハイ淀川です　この若者は夫婦の「エサ」ですね。旦那は現地の女を買うし、奥さんは若者にチョッカイを出す。自分たちの愛を摑もうとするのね。そして、旦那が死んだとき、この奥さんは無になっちゃって、キャラバン隊に拾われて、どんな男と寝てもいいような女になっていく。夫への愛情が死んで蘇ってくるあたりの怖さ。その道中の砂漠のキャメラの美しいこと。この映画は旦那が死んでからの後半が見どころです。愛にしがみつく夫婦の姿を厳しいタッチで見せました。変な言い方ですけれど、西洋人の愛というものがよくわかりました。これは『嵐が丘』のような怖い鬼のような愛。ベルトルッチ監督の見事な大作。見事な名作です。

シェルブールの雨傘
Les Parapluies De Cherbourg

B・D＝ハピネット

64／仏／監・脚＝ジャック・ドゥミ／撮＝ジャン・ラビエ／出＝カトリーヌ・ドヌーヴ、ニーノ・カステルヌオーヴォ、マルク・ミシェル／V＝ヘラルド、ポニー／D＝ヘラルド、SPE

解説　イギリス海峡に面した港町シェルブール。雨傘屋の娘ジュヌヴィエーヴ（カトリーヌ・ドヌーヴ）と若者ギイ（ニーノ・カステルヌオーヴォ）は恋人同士。だが、男に送られてきた召集令状が、二人の人生を大きく変えてしまう。ジャック・ドゥミ監督の映像美とミッシェル・ルグランの音楽が見事に調和したミュージカル。

ハイ淀川です　この映画はオペレッタでもなく、ミュージカルでもなく、悲しいロマン物語を、会話のすべてを、歌で表わすスタイルをとりました。ジャック・ドゥミ監督の大胆な試みが見事に成功しました。これがこの作品の見どころですね。まるで流れる雲のごとく、浮かぶ虹のごとく、また降り出した雨のごとく、男と女の人生の移り行く姿をジャック・ドゥミの独特な詩情で見せました。ミシェル・ルグランの音楽のすばらしいこと。見事な愛の讃歌ですね。それにカトリーヌ・ドヌーヴとニーノ・カステルヌオーヴォがとってもいい。港町シェルブールが雨の彼方に涙で濡れます。この詩情。絶対に忘れることのできないジャック・ドゥミの傑作です。

シェーン
Shane

B＝復刻　D＝ファースト

53／米／製・監＝ジョージ・スティーヴンス／脚＝A・B・ガスリー・ジュニア／撮＝ロイヤル・グリッグス／出＝アラン・ラッド、ヴァン・ヘフリン、ジーン・アーサー、ブランドン・デ・ウィルデ、ジャック・パランス／V＝CIC

解説　ジョージ・スティーヴンス監督の情感ゆたかな西部劇。開拓民と牧場業者が対立しているワイオミングに一人のガンマン、シェーン（アラン・ラッド）が流れてくる。そこで彼は開拓者一家の少年ジョーイになつかれ、主婦（ジーン・アーサー）とほのかな愛情の交流をおぼえ、主人とは平和のため悪と闘う意気を合わせる。主題歌が大ヒット。

ハイ淀川です　広い草原で子供がライフルを出して鹿を狙っている。危ないと思ったら、子供は自分の口で、バンバンと言っている。あれがいいですねぇ。子供が遊んでもいいように弾が抜いてあるのね。親の子供への心遣いが出ているのね。そこへシェーンの登場ですね。遠くからたった一人で寂しいカウボーイが来た。一人で遊んでいる子供とロンリー・カウボーイの孤独と孤独の握手。そして最後に二人が別れて「カムバック・シェーン、カムバック・シェーン」で終わる。見事なファーストシーンとラストシーン。というわけで、こんなやさしいドラマの中に、シェーンとジャック・パランスの格闘がある。このあたりの演出はにくいですね。

市街
City Streets

31／米／監＝ルーベン・マムーリアン／脚＝オリヴァー・H・P・ギャレット／撮＝リー・ガームス／出＝ゲーリー・クーパー、シルヴィア・シドニー、ウェイン・ギブソン／V＝WHV
D＝ジュネス

解説 ダシール・ハメットの原作を『喝采』で鋭い描写を見せたルーベン・マムーリアンが監督した。射的屋の若者ゲーリー・クーパーはビール密造一味の娘シルヴィア・シドニーと恋仲、射的の才能が認められ頭角を現わしていく。一九二〇年にアメリカで禁酒法が公布され多数のギャングが出たが、これはその背景の下に生まれた作品。

ハイ淀川です これは見事なギャング映画。ゲーリー・クーパーとシルヴィア・シドニーが共演しましたけれど、胸のすくパラマウント映画の傑作でしたね。ギャングの親方の娘が、クーパーの射的屋の若者と恋におちました。親方は子分の情婦（ウェイン・ギブソン）をなんとか手に入れようと思って、クーパーの射的屋のその若者を雇うんですね。そして、このクーパーが次第にギャングの顔役にのし上がっていくあたりが見ていて面白いところですね。それに禁酒法時代のムードがなんとも知れんほどいいの。そこに描かれている人間描写、映画のタッチの見事さ。マムーリアンは粋な映画をつくりましたね。

ジキル&ハイド
Mary Reilly

96／米／監＝スティーヴン・フリアーズ／脚＝クリストファー・ハンプトン／撮＝フィリップ・ラスロ／出＝ジョン・マルコヴィッチ、ジュリア・ロバーツ、グレン・クローズ／V＝SPE
D＝SPE

解説 十九世紀末のロンドン。メアリー（ジュリア・ロバーツ）は、メイドとしてジキル博士（ジョン・マルコヴィッチ）に仕えていたが、屋敷に博士の助手というハイドが出入りしてから奇怪な事件が起こる。古典の名作『ジキル博士とハイド氏』を、メアリーの視点から見たスティーヴン・フリアーズ監督のサスペンス・ホラー。

ハイ淀川です 原作がヴァレリー・マーチンという女の人ですね。そのクラシックをこの原作でどう見せるのか。ジュリア・ロバーツの召使いの悲しい怖い話になっています。そのロバーツの怖がり方が見どころですね。この女が屋敷に奉公する前にお父さんからいじめられるあたりから怖くなっていきます。そして、彼女がジキルとハイドにどんなに苦しむか。グレン・クローズが女郎屋のおかみさんになって出てくるあたりも面白いですけれど、主演のジョン・マルコヴィッチの演技も見ものですね。イギリスで一流のスティーヴン・フリアーズ監督が、このクラシックを怖くって、しかもきれいに見せました。この監督は注目ですよ。

ジキル博士とハイド氏
Dr. Jekyll And Mr. Hyde

32／米／製・監＝ルーベン・マムーリアン／脚＝サミュエル・ホフスタイン、他／撮＝カール・ストラウス／出＝フレドリック・マーチ、ミリアム・ホプキンス／V＝ジュネス／D＝カルチ
D＝IVC

解説 ブロードウェイ出身のルーベン・マムーリアン監督はこの作品で音の持つリアリティを映像表現と同等にまで高めた。ジキル博士（フレドリック・マーチ）は精神を善と悪に分ける薬品の開発に成功し、自らを善のジキル博士と悪のハイド氏に分離する。許婚者も商売女も二人が同一人物とはわからない。アカデミー主演男優賞受賞。

ハイ淀川です ジキルが薬をつくって飲むほどに変わってくる。怖くなって身の毛もよだちますね。顔の相があの上品な博士の顔から変わっていくところ。フレドリック・マーチは舞台の人ですけれど、その演技がすごい。この男、ハイドになって酒場に行きますね。上品な博士のときに自分をなぶった女がいる。その女を呼び寄せて背中を引きむしって爪で掻く。女が「キャーッ」と言うところ。この博士、いっぺん成功したからまた薬を飲んで酒場へ行く。もう女はビックリ仰天だ。体中が震えている。その気の強い酒場女がハイドの前で震えるところがなんとも知れんすごい。ミリアム・ホプキンスがやっているけれどマムーリアンの演出の巧さのおかげだ。

死刑台のエレベーター
Ascenseur Pour L'Échafaud

57／仏／監・脚＝ルイ・マル／脚＝ロジェ・ミニエ、他／撮＝アンリ・ドカエ／出＝ジャンヌ・モロー、モーリス・ロネ、リノ・ヴァンチュラ／V＝カルチ　B・D＝アネック

解説　ヌーヴェル・ヴァーグの旗手、二十五歳のルイ・マル監督の処女作で、二つの殺人事件を微妙に絡ませながら完全犯罪が徐々に崩れていくサスペンス映画。社長夫人（ジャンヌ・モロー）と密通している技師（モーリス・ロネ）は社長を射殺し自殺に偽装。エレベーターで逃げるが途中で止まってしまう。音楽はマイルス・デイヴィス。

ハイ淀川です　奥さんに頼れたモーリス・ロネは社長を完全無欠に殺しちゃった。エレベーターに乗った。ところがビルの管理人がスイッチを切っちゃったので止まってしまった。困った。外には車を用意していた。ところがアプレの男の子と女の子がその車を盗んじゃった。その奥さんがパリの夜の街を歩く。そのときのジャズの演奏のすごかったこと。奥さんは夜の女と間違えられて警察に引っ張られる。一方のチンピラの少年と少女はドイツの金持ちをモーテルで殺しちゃう。エレベーターの中、留置場へ入る女、殺人を起こした若い男と女。この三つの事件が同時進行していく巧さ。これは『イントレランス』なの。マルの映画感覚が見事にでた名作です。

地獄の黙示録
Apocalypse Now

79／米／製・監・脚＝フランシス・フォード・コッポラ／脚＝ジョン・ミリアス、他／撮＝ヴィットリオ・ストラーロ／出＝マーロン・ブランド、マーチン・シーン、ロバート・デュヴァル／V＝C－C　B・D＝KAD

解説　ウイラード大尉（マーチン・シーン）は、ジャングルの奥地で王国を築いて君臨するカーツ大佐（マーロン・ブランド）を暗殺するために河を上っていくが、途中で兵士たちの狂気、無秩序な行動を目撃する。ベトナム戦争の極限状況の中で人間心理を見つめたフランシス・フォード・コッポラ監督の戦争大作。カンヌ映画祭グランプリ。

ハイ淀川です　ジェット・ヘリコプターで、ワーグナーの「ワルキューレの騎行」をガンガンかけながらベトコンを攻撃するところ。ロバート・デュヴァルの中佐が戦争を楽しんでベトコンを攻撃するあたり。兵隊が麻薬をやっているのは当たり前というこの狂気がどんどん出てきます。そして、マーチン・シーンが会ったマーロン・ブランドは丸坊主で原住民の神になっている。アメリカにしてみればこんな男がいたのでは困るので、シーンがブランドを殺してしまうあたりの怖さ。というわけで、この映画は戦争のほんとうの怖さ、戦争でトリップしてしまう狂気の怖さを真正面から描きましたね。フランシス・F・コッポラ監督の代表作です。

ジゴマ
Zigomar

12／仏／監＝ヴィクトラン・ジャッセ

解説　原作はレオン・サージーで、パリのル・マタン新聞に連載された探偵小説。凶悪な快盗ジゴマが殺人・放火・強奪などあらゆる手口を使い縦横無尽に大活躍。名探偵ポーラン、その親友ニック・カーターの手を巧みにすり抜ける犯罪映画。上、中、下巻の世界最初の連続活劇でフランスのエクレール会社が製作した。

ハイ淀川です　連続活劇の元祖はフランスなのね。犯行の後に必ず残るZのひと文字。ZとはZIGOMARの頭文字。変装自在で神出鬼没。探偵に追い詰められて悪漢が部屋に逃げ込むや、柱のかげに隠れた瞬間、その男の面相が全く別人の男に早変わりしているのね。そのトリックの面白さ。フランスは活動写真誕生と同時に発見したトリックを連続活劇に取り入れ、見せものにしたんですね。それともう一つ、エロチックなの。たとえば『プロティア』（一九一二）は女賊が大活躍する。体にぴったりの黒のタイツ。それが煙突から入ってきた！　壁に身を寄せた！　まるで黒い裸体が歩いている感じ。もう私には完全に裸に見えた。

醜女《しこめ》の深情
Tille's Punctured Romance

14／米／製・監＝マック・セネット／脚＝ハンプトン・デル・ルース／撮＝フランク・D・ウィリアムズ／出＝チャールズ・チャップリン、メアリー・ドレスラー、メーベル・ノーマンド／V＝IVC　D＝IVC

解説　有名な舞台女優メアリー・ドレスラーが主演し大当たりをした舞台劇の映画化。チャップリン扮する都会育ちのペテン師が莫大な遺産を相続した純情な田舎娘を、情婦とぐるになってだますというお話。上流社会のパーティでの大騒動やラストの海岸でのドタバタシーンなど見どころはいっぱいで、ストーリー展開も巧み。

ハイ淀川です　このころは一巻ものでしたが、これは六巻ものでチャップリンのイギリス感覚と匂いがでた作品ですね。チャップリンは、金が欲しくって欲しくって、奇妙に太った田舎娘テリー（メアリー・ドレスラー）をひっかけちゃおうと思って色目を使うのね。その演技の見事なこと。チャップリンには情婦（メーベル・ノーマンド）がいたのね。この二人がぐるになってその金を盗んで逃げまくる。この映画はテリーがえらい目に遭う悲劇なんですが、チャップリンが金を奪って女を捨てて別の女と逃げる悪党を演じたことが面白いのね。人間愛を説くことよりもむしろ人間残酷のコメディですね。マック・セネットが監督したアメリカ最初の長編喜劇映画です。

シザーハンズ
Edward Scissorhands

90／米／製・監＝ティム・バートン／脚＝キャロライン・トンプソン／撮＝ステファン・チャプスキー／出＝ジョニー・デップ、ウィノナ・ライダー、ヴィンセント・プライス、ダイアン・ウィースト／V＝FOX／D＝ポニー　B・D＝ディズニー

解説　発明家の博士（ヴィンセント・プライス）によって生み出された人造人間エドワード（ジョニー・デップ）。だが博士が完成前に急死したため、彼は両手がハサミのまま。親切な一家に引きとられ、ハサミを使った特技で人気者になり、娘のキム（ウィノナ・ライダー）を恋するが。ティム・バートン監督のラブファンタジー。

ハイ淀川です　ハサミといっても先が鶴のくちばしよりも大きいのね。だからハサミ男がお嬢ちゃんと抱き合っても抱きしめられない。このあたりは可哀相だね。でも、植木をきれいな形で刈るので大歓迎されるあたり、みんなが怖がらないで「キャーキャー」と喜ぶところが粋なんですね。ジョニー・デップがうまいんだ。これから先が楽しみな俳優です。というわけで、この映画からハート・やさしさ・ヒューマンを感じとって下さい。ティム・バートンはディズニー・プロにいた人。『ビートル・ジュース』『バットマン』をつくりましたが、また変わった映画をつくりました。まさに粋な感覚で、私の大好きな作品の一つです。

史上最大の作戦
The Longest Day

62／米／監＝ケン・アナキン、ベルンハルト・ヴィッキ、アンドリュー・マートン、エルモ・ウィリアムズ／脚＝ジェームズ・ジョーンズ、他／撮＝ジャン・ブールゴワン、他／出＝ジョン・ウェイン、ヘンリー・フォンダ、ロバート・ミッチャム／V＝FOX　B・D＝ディズニー

解説　第二次大戦のノルマンディ上陸作戦の全貌を連合軍、独軍の双方の立場からパノラマ的に描いた戦争超大作。製作者ダリル・F・ザナックは四人の監督を使い、製作費に三十六億円を投じ、ジョン・ウェイン、ヘンリー・フォンダ、ロバート・ミッチャム、リチャード・バートンら、米、英、仏を代表するスターたちが共演した。

ハイ淀川です　プロデューサーのダリル・F・ザナックはなんでこんな大作をつくったのか。実はザナックはフランスの有名な歌手ジュリエット・グレコに夢中で毎日のように高価な贈り物をしていたんです。『陽はまた昇る』にも出演させました。あるとき、すごい毛皮のコートを贈り、次の日に彼女を訪ねたら、その毛皮を床に敷いて素足で踏んでカーペット代わりにしていたのね。つまり、グレコにふられたわけ。それでザナックは自分がいかに大プロデューサーであるかをわからせるためにこの作品をつくったんです。という裏話もありますが、プロデューサーの第一条件はいかに映画を知りつくしているかです。さすがザナックだという感じの大作でした。

静かなる男
The Quiet Man

52／米／製・監＝ジョン・フォード／脚＝フランク・S・ニュージェント／撮＝ウィントン・C・ホック／出＝ジョン・ウェイン、モーリン・オハラ、ヴィクター・マクラグレン、ミルドレッド・ナトウィック／V＝東北　B・D＝復刻

解説　ジョン・フォード監督がアイルランドを舞台にアイルランド気質をユーモラスに、繊細に描いた作品。プロボクサーのショーン（ジョン・ウェイン）は故郷イニスクリーに帰り、生家を未亡人から買い戻したので、彼女に惚れている乱暴者デナハー（ヴィクター・マクラグレン）は面白くない。アカデミー監督、撮影賞。

ハイ淀川です　ジョン・フォードはアイルランド系移民。これはそのフォードのアイルランドものの代表作です。彼がお気に入りのヴィクター・マクラグレンとジョン・ウェインにあきれるばかりの長時間の格闘をさせました。野を越え山を越え、二人がくたくたになるまで殴り合って、初めてこの男同士が友情で結ばれるあたり。これはウェスタンのクラシック『スポイラース』のパロディなんですね。そして、ウェインが惚れちゃう女がマクラグレンの妹のモーリン・オハラ。二人の名演技も見どころですね。それにフォード一家のバリー・フィッツジェラルドはじめみんながアイルランドなまり。このアイリッシュ・ムードが楽しいんですね。

シーズ・ソー・ラヴリー
She's So Lovely

97／米・仏／監＝ニック・カサヴェテス／脚＝ジョン・カサヴェテス／撮＝ティエリー・アルボガスト／出＝ショーン・ペン、ロビン・ライト・ペン、ジョン・トラボルタ／V＝アスミ　D＝KAD

解説　妻モーリーン（ロビン・ライト・ペン）が隣人に暴行され、夫エディ（ショーン・ペン）は激怒するが取り押さえられ精神病院へ。十年後、エディは退院し、モーリーンが裕福なジョーイ（ジョン・トラボルタ）と家庭を持っていたことを知り乗り込む。ニック・カサヴェテス監督がエキセントリックなタッチで描いた異色ラブストーリー。

ハイ淀川です　ニック・カサヴェテスは、ニューヨーク派の監督だったジョン・カサヴェテスの息子なのね。そのお父さんの脚本でこの映画を撮りました。「彼女はなんて可愛いんだろう」というやさしい題名のくせに中身はサボテンの花。トゲの花です。モーリーンが朝起きて夫がいないので、もがいて暴れまくって酒も煙草もやって夫エディを探すところ。ほんとうに愛している気持ちが出たこのシーンがいいんです。そして、彼女はトラボルタと結婚したところに刑務所からエディが戻ってくる。そのラストシーン。どんなに美しくってしかも悲しいか。ああ、女はそうなのかなあと思って終わるあたり。これは見事な名作です。是非ともごらんなさい。

私生活
Vie Privée

62／仏／監・脚＝ルイ・マル／撮＝アンリ・ドカエ／出＝ブリジット・バルドー、マルチェロ・マストロヤンニ

解説　ジル（ブリジット・バルドー）はカバーガールとして売り出し人気女優になるが、スキャンダルでマスコミに追われたため故郷に逃げ帰る。そこで、初恋の男ファビオ（マルチェロ・マストロヤンニ）演出の野外劇に出演することになるが群衆に押しかけられ稽古もできない。ルイ・マル監督がBBを主演させBBを描いた異色作。

ハイ淀川です　いちばん面白いところは、ジルが追われ追われて自分の生活がなくなっていくあたり。そして、野外劇を屋根の上で見ていたとき、ライトを浴びせられ足を踏みはずして地上に落ちて死にました。このジルが最も幸せだったのは、なんと屋根の頂上から落ちる瞬間だったんですね。そのとき、彼女は幸せのなかにうずくまっているように見えました。このときのアンリ・ドカエのキャメラの美しいこと。スローモーションで彼女が髪をふり乱してそれが海底の海草のようにやわらかく揺れてうす笑いを浮かべて落ちていく。その姿は恋の天使のよう。ほんの数秒間。それは彼女の生涯の幸せとして死んでいく感じで、ルイ・マルのすごい映画。

七人の侍

B・D＝東宝

54／日／監・脚＝黒澤明／脚＝橋本忍、他／撮＝中井朝一／出＝三船敏郎、志村喬、宮口精二、加東大介、津島恵子／V＝東宝

解説　戦国時代。貧しい農村が、収穫期に野盗に襲われるのを防ぐために七人の侍を雇って村を防衛する。野生児の三船敏郎、知将の志村喬、ストイックな剣豪の宮口精二など多彩な登場人物の性格の面白さと、人馬が入り乱れての戦闘シーンが圧巻。国際的に評判となり、外国に大きな影響を与えた黒澤明監督の代表作。

ハイ淀川です　まさにアメリカ映画ですね。もう絢爛たる映画。これで黒澤さんは、初めて馬を使いました。もう大騒ぎして日本中から馬を集めたらしい。その馬がダーッと走るところ。中井朝一のキャメラが馬と雨を見事に撮りました。そして、七人の侍が集まってくるところ。その七人がみんなきれいな男。といっても美男子じゃあない。男の中の男。その男の顔のすごさ。日本の男の美しさに西洋人は驚いたでしょう。ウェスタンどころじゃあない。このキャメラ美術は最高ですね。若い男と女がちょっとラブシーンするところは黒澤さんは役者にいろいろと演技させたらしいけどこのあたりもおかしい。早坂文雄の音楽が今も耳にしみ込んでいます。

七年目の浮気
The Seven Year Itch

B＝ディズニー　D＝FOX

55／米／監・脚＝ビリー・ワイルダー／原・脚＝ジョージ・アクセルロッド／撮＝ミルトン・クラスナー／出＝マリリン・モンロー、トム・イーウェル／V＝FOX

解説　ブロードウェイでヒットしたジョージ・アクセルロッドの舞台劇をビリー・ワイルダー監督が映画化。出版社勤めのリチャード（トム・イーウェル）は結婚七年目。妻子を避暑に出したあと浮気の虫がムズムズ。そこにマリリン・モンローそっくりの娘（本人）が現われチャンス到来。モンローのセクシーぶりが話題となった作品。

ハイ淀川です　地下鉄の通気孔の上でモンローのスカートがまくれあがる有名なシーン。でもあんなのは序の口なのね。もっとうまいのはモンローが小型扇風機を持って玄関の階段を登ろうとする。扇風機のひもと彼女の足が階段を上がっていく。その腰あたりをキャメラが舌なめずりしながら撮ってる。エロチックでスカートめくりより感じちゃいます。彼女がお風呂で蛇口に手と足を入れて抜けなくなっちゃうあたりはドタバタ喜劇スタイル。男が夢の中でモンローを想像すると真っ赤なイブニングドレスで腰を振りながら長いシガレットホルダーをくわえて出てくるあたり。モンローのすごさと可愛らしさの両面を見せたワイルダーの演出の見事なこと。

十誡
The Ten Commandments

D＝IVC

23／米／監＝セシル・B・デミル／脚＝ジェニー・マクファーソン／撮＝J・ペバレル・マーレイ、他／出＝チャールズ・デ・ロッシュ、エディス・チャップマン、リチャード・ディックス、ロド・ラクー、ニタ・ナルディ／V＝IVC／D＝カルチ

解説　スペクタクル映画の巨匠セシル・B・デミル監督の作品。二つの物語で構成され古代編は「旧約聖書」。モーゼはイスラエル軍を率いてエジプトを脱出。神に祈って紅海を二つに裂きエジプト軍を全滅させる。現代編はこの聖書の物語を母から聞かされた正直な兄と利己主義な弟のドラマでモーゼの教えを説いている。

ハイ淀川です　紅海が真二つに裂けるあたりはすごいですけど、実はモーゼの古代編は前座で現代編がトリだったのね。「汝、だます勿れ」という場面が出て、現代ではどうなっているんだろうということになるのね。兄さん（リチャード・ディックス）は親孝行の建築家。弟（ロド・ラクー）は利己主義の不良。羽振りのいい建築請負業者で、お兄ちゃんを現場監督に使って教会をつくった。出来上がった。ところが突如、大音響とともに壁が崩れ落ちた。サイレントだが音が聞こえる。たまたまそこにいた兄弟のお母さんが下敷きになって死んでしまった。実は弟が悪い奴で粗悪なセメントを使っていたからなのね。さあ、それからどうなっていくのか。

シティ・スリッカーズ
City Slickers

D＝FOX

91／米／監＝ロン・アンダーウッド／脚＝ローウェル・ガンツ／撮＝ディーン・セムラー／出＝ビリー・クリスタル、ダニエル・スターン、ジャック・パランス、ブルーノ・カービー／V＝東和

解説　仕事に疲れたニューヨークのビジネスマン、ミッチ（ビリー・クリスタル）、フィル（ダニエル・スターン）ら三人は、ニューヨークのカウボーイ体験ツアーに参加。老カウボーイ（ジャック・パランス）に教わりながら少年のころの無邪気さを取り戻していく。ロン・アンダーウッド監督が中年の男たちの危機をユーモラスに描く。

ハイ淀川です　「シティ・スリッカーズ」とは人生の迷い子のことですね。さぁ、この三人が西部へ行って難行苦行するところ。牛のスタンピードをはじめ西部劇のさわりがコメディで出てくるあたりがなんとも面白いなぁ。懐かしい『シェーン』のジャック・パランスが老人カウボーイになって、この三人にウェスタンの作法や、人生で大切なことは「考える」ことだと教えるあたり。『ローハイド』の音楽も出てくる、『ララミー』の曲が出なかったのは腹が立ったけれど、この青い空、あの谷の西部劇スタイル。この三人がいかにもいい。きっと続編が生まれるでしょう。というわけで、気楽に笑いながら楽しんで下さい。ごきげんな作品ですよ。

シテール島への船出
Taxidi Sta Kithira

D＝紀伊國屋

83／ギリシャ／製・監・脚＝テオ・アンゲロプロス／撮＝ヨルゴス・アルバニティス／出＝マノス・カトラキス、ジュリオ・ブロージ、ドーラ・ヴァラナキ

解説　映画監督が『シテール島への船出』の撮影準備をしているところから話の本筋に入っていく。三十二年前ソ連に亡命し、年老いてギリシャの村に帰ってきたスピロ（マノス・カトラキス）は、村をリゾート地にする計画を知って反対し村人と対立。国外追放されるが老婆だけが夫と行動を共にする。テオ・アンゲロプロス監督。

ハイ淀川です　この映画は行くところがなくなった無国籍人間の、その孤独と言うよりも生きていながら殺されてしまった人間の恐ろしさを、アンゲロプロスは沈んだ色彩の美術画を見せるような美しさで描きました。行く先もないこの老人の船出。一度ははっきりと夫スピロから去った老妻が、村中に聞こえるような大きな声でマイクから「わたしはあの人のそばに行きたい」と言って、老夫の乗ったいかだのような小さな板に乗る。二人は抱き合った。霧の深い沖へ向かって流れ出す。このラストに圧倒されます。人間の力と人間の愛に目がくらんだこれだけのすごいラスト。わたしはこの年のベストワンに入れた。これは秀作です。

自転車泥棒
Ladri Di Biciclette

B・D＝IVC

48／伊／製・監＝ヴィットリオ・デ・シーカ／脚＝チェーザレ・ザヴァッティーニ／撮＝カルロ・モントゥオーリ／出＝ランベルト・マジョラーニ、エンツォ・スタヨーラ、リアネッタ・カレッリ／V＝IVC

解説　ヴィットリオ・デ・シーカ監督が『靴みがき』に次いで発表したネオレアリズモの代表的作品。アントニオはやっとのことで仕事にありつき、六歳の息子ブルーノと自転車に乗って映画のポスター貼りをしていたが、ちょっとした隙に自転車を盗まれてしまう。しかし自転車は見つからず、やけになり他人の自転車を盗んでしまう。

ハイ淀川です　デ・シーカは生活の匂いを実際に持っている人を使ってこの映画を撮ったんですね。お父さんは一台の自転車をサッと盗んで乗りました。しかし見つかって男たちに袋だたきにあいましたね。息子は走っていって、お父さんのズボンにしがみつきました。そして、息子がお父さんの手を引っぱったときの悲しさ。お父さんと息子がとぼとぼ帰っていくこのラストシーン。これでこの少年は一生涯、お父さんが泥棒して殴られたことをずっと胸にやきつけてしまうでしょう。お父さんも子供に見られたことをどんなに辛く思うでしょう。戦争というものがこんな悲惨な家庭を生みましたね。まさに『靴みがき』と並んでデ・シーカの傑作ですね。

死と処女《おとめ》
Death And The Maiden

D＝紀伊國屋

95／米／監＝ロマン・ポランスキー／原・脚＝アリエル・ドーフマン／撮＝トニーノ・デリ・コリ／出＝シガニー・ウィーバー、ベン・キングスレー、スチュアート・ウィルソン／V＝CIC

解説　アリエル・ドーフマンの戯曲を映画化したロマン・ポランスキー監督の心理サスペンス。弁護士の妻ポーリナ（シガニー・ウィーバー）の前に偶然、医師ミランダ（ベン・キングスレー）が現われるが、彼はかつて反独裁政権の学生運動をしていたポーリナを拉致し、名曲「死と処女」が流れる中で強姦した男だった。

ハイ淀川です　シューベルトの名曲「死と処女」を使ってポランスキーがどんな魔術をみせるのかがこの映画の見どころですね。シガニー・ウィーバーの弁護士の奥さんがキングスレーの顔を見たとたんに「死と処女」を想い出すあたり。そして、学生運動でいじめられた男を、今度はいじめていじめていじめ抜くところの怖さ。彼女の夫はどうしていいのかわかりませんね。名曲の「死と処女」で始まって、最後もその曲で終わります。しかし、中身はそんなやさしいものではありません。死の海、地獄のような怖さです。フロイト的な問題が入っているこの映画は胸にしみ込む悲しい映画です。ポランスキーのすごさを見つめて下さい。

シナラ
Cynara

D＝ジュネス

32／米／監＝キング・ヴィダー／脚＝フランシス・マリオン、他／撮＝レイ・ジューン／出＝ロナルド・コールマン、ケイ・フランシス、フィリス・バリー

解説　キング・ヴィダー監督が上流階級の夫婦の危機を描いた作品。妻（ケイ・フランシス）のある年上の紳士（ロナルド・コールマン）を愛した下町娘（フィリス・バリー）は自殺してしまう。この事件が会社に知られ、紳士は南アフリカへ左遷されることになるが…。三人三様の善人性が美しくムーディーにセンチメンタルに描かれている。

ハイ淀川です　別れの映画のクラシックですね。品のいい旦那がロナルド・コールマン。そのころ人気のあった二枚目スターで髭のコールマンと言われたのね。ある時、この旦那の奥さんが四週間ほど故郷に帰ったんですね。その間に若い娘と知り合って映画を見たりして、優しく娘のように可愛がっていたら、そのうちにこの十七歳の娘は本気にこの紳士が好きになってきたのね。紳士はこれは危ないと思った。「明日、妻が帰ってくる。今日でお別れだよ」とデートの時に言ったら、娘はうなずいたのね。奥さんのいることを知っていたから。雨の中、男はタクシーを拾って車に乗った。娘はいつまでもその車を見つめていました。可哀相なシーンでした。

シベールの日曜日
Cybèle Ou Les Dimanches De Ville D'Avray

B＝KAD　D＝紀伊國屋

62／仏／監・脚＝セルジュ・ブールギニョン／脚＝アントワーヌ・チュダル／撮＝アンリ・ドカエ／出＝ハーディ・クリューガー、ニコール・クールセル、パトリシア・ゴッジ／V＝東芝

解説　フランスの作家ベルナール・エシャスリオーの小説をセルジュ・ブールギニョン監督が映画化。インドシナ戦争で記憶を喪失した三十一歳のピエールは、田舎町で看護婦をしている女と暮らしていたが、ある日、十二歳の少女シベールと知り合う。そして日曜日ごとに、池のほとりで無邪気な逢瀬を重ねる。アカデミー外国語映画賞受賞。

ハイ淀川です　この十二歳の女の子シベール（パトリシア・ゴッジ）は、父親に寄宿学院に放り込まれたんですね。つまり、父親から見捨てられた子。だから兵隊帰りの記憶を失ったピエール（ハーディ・クリューガー）が、その過去を忘れてしまったことを幸いに自分の彼氏にしてしまうんです。そして最後の最後、森の小屋で二人きりでいたときに、ピエールは変質者と思われ警察に射殺されてしまいます。そのとき、この少女は「あたいはもう無くなった」と叫びました。このシーン。十二歳で命を賭けた恋ができたんですね。このフランスの恋の描き方の見事なこと。それとアンリ・ドカエの白黒のキャメラ・タッチの美しさ。

市民ケーン
Citizen Kane

B・D＝IVC

41／米／製・監・脚＝オーソン・ウェルズ／撮＝グレッグ・トーランド／出＝オーソン・ウェルズ、ジョゼフ・コットン、ドロシー・カミンガー／V＝東北、IVC／D＝IVC

解説 新聞王ケーンの生涯を描いたオーソン・ウェルズ監督のデビュー作。ケーンは青年時代、破産寸前の新聞社を買いとり、友人（ジョゼフ・コットン）らとニューヨーク一の新聞に育てあげる。しかし、彼のエゴから妻は去り、愛人も自殺する。ウェルズが製作、脚本、主演をかねた作品で映画技術の集大成とされている。

ハイ淀川です これはアメリカの有名な新聞王ハーストをモデルにした作品ですね。この映画ではケーンにオーソン・ウェルズが扮してますけれど、厳しい厳しい富豪のむなしい姿がよく出ていますね。なんでもかんでも自由にできて、女も自由にできた。力であらゆるものを征服しました。けれども自分には、ほんとうに幼年時代、少年時代、もっともっと昔のあの純真さ、生まれたてのきれいな純真さは、今の自分のどこにもないなぁと苦しむあたり。ごらんになったらわかりますが、見事な名作です。まさに『第三の男』と並ぶ映画の教科書です。作品の持っている力は、今でも色あせていません。映画を勉強する人には必見の映画です。

ジャイアンツ
Giant

B＝WHV　D＝WBH

56／米／製・監＝ジョージ・スティーヴンス／脚＝ジェームス・R・ウエッブ／撮＝ウィリアム・C・メラー／出＝ジェームズ・ディーン、エリザベス・テーラー、ロック・ハドソン、デニス・ホッパー、キャロル・ベイカー／V＝WHV

解説 ジョージ・スティーヴンス（アカデミー監督賞）が一九二〇年代から三十年間、生き抜いた人間の葛藤を描いた大河ドラマ。テキサスの大牧場主ビック（ロック・ハドソン）は東部の娘レズリー（エリザベス・テーラー）と結婚。牧童ジェット（ジェームズ・ディーン）はもらった土地から石油がふき出し大金持ちに。ディーンの遺作。

ハイ淀川です きれいな嫁さんのレズリーにみとれているのが牧童のジェットですが、遺言で小さな土地をもらう。そこを測って喜ぶあたり。ジェームズ・ディーンが若い牧童の痛ましい感じをよく出しました。そして彼が嫁さんに紅茶を淹れるシーン。テキサスは紅茶を使わないのね。コーヒーだけ。牧童がどうにか手に入れて紅茶を淹れるあたりの感じがいいのね。そして嫁さんが帰るとき足元を見たら泥水がギラギラ光っている。石油だ。わしはお金持ちになるぞ。いかにもアメリカの石油の噴出時代の雰囲気が見事でした。というわけで、この映画は絢爛となっていって、最後はジェットは大富豪となるけど、悲しい終わりを告げる。この監督の名作でした。

シャイニング
The Shining

B・D＝WHV

80／米／製・監・脚＝スタンリー・キューブリック／脚＝ダイアン・ジョンソン／撮＝ジョン・オルコット／出＝ジャック・ニコルソン、シェリー・デュヴァル、ダニー・ロイド／V＝WHV

解説 キューブリックが『バリー・リンドン』以来、五年ぶりに監督したホラー映画。コロラド山中の大ホテルに小説家（ジャック・ニコルソン）と妻（シェリー・デュヴァル）、息子（ダニー・ロイド）が、冬期の留守管理にやってくるが、ここは前の管理人が家族を殺したホテル。一家は不気味な魔力にとりつかれる。スティーヴン・キング原作。

ハイ淀川です この映画の本体は「静けさ」。雪に埋もれた客のいない冬のホテルの静けさの恐怖ですね。子供が三輪車だったか子供自動車で廊下を走るところの「静けさ」が怖い。キャメラが子供の後ろから追う。そのキャメラの目が幽霊を思わせますね。ジャック・ニコルソンの作家が、しだいに狂ってくる。彼の幻覚が現実のようになってくる。ホテルの大食堂で客たちがガヤガヤ話し合っている。そして、ニコルソンは正面のバーテンのそばに座る。その男の顔は、下からの白い光線で一瞬のっぺらぼうに見えるあたりのすごいこと。キューブリックは、さすがに怪奇をいわば芸術の手法をもって描こうとしました。私をハッとさせた怪奇映画です。

シャイン
Shine

95／オーストラリア／監＝スコット・ヒックス／脚＝ジャン・サルディ／撮＝ジェフリー・シンプソン／出＝ジェフリー・ラッシュ、アーミン・ミューラー・スタール、ノア・テイラー、ジョン・ギールグッド／V＝LDC／D＝LDC　B・D＝KAD

解説　スコット・ヒックス監督が、実在の天才ピアニスト、デヴィッド・ヘルフゴットの半生を描いた秀作。デヴィッドは幼年時代から父（アーミン・ミューラー・スタール）から猛特訓を受ける。父の反対を押し切ってロンドンに留学。しかし、精神に異常をきたすが、十年後に再起する。成人後を演じたジェフリー・ラッシュがアカデミー主演男優賞。

ハイ淀川です　この映画は私の心に釘を刺しました。ユダヤのアウシュビッツの恐怖を知っているこの父は、家族がひきちぎられていくことの怖さを骨にしみ込ませていたんです。だから息子のピアニストを英国が招こうがアメリカが迎えようが断わってしまう。息子を一歩たりとも外へ出しません。この父はピアノを理解しているくせにですよ。だから、息子はモノがはっきり言えなくなってしまうあたりの怖さ。ピアノ・コンサートのシーンも美しく名曲に心を温めながらも、この父が胸を刺します。アーミン・ミューラー・スタールがずばぬけて巧い。この映画を見ながら、私はわが父のことを思い出してしまいましたが、この映画のエネルギーにびっくりりだ。

ジャグラー　ニューヨーク25時
Night Of The Juggler

80／米／監＝ロバート・バトラー／脚＝ビル・ノートン・ジュニア、他／撮＝ビクター・J・ケンパー／出＝ジェームズ・ブローリン、クリフ・ゴーマン、リチャード・カステラーノ

解説　異常な男ガス（クリフ・ゴーマン）は、不動産業者の娘を誘拐しようとしていたが、間違って、トラック運転手ボイド（ジェームズ・ブローリン）の十五歳の娘を誘拐してしまう。それを目撃したボイドはガスを追いカー・チェイスを展開。ニューヨーク市街でオール・ロケをして朝から事件解決までをドキュメンタリータッチで描く。

ハイ淀川です　わたしは映画の中で食べるシーンが出てくると、思わず見つめてしまうんです。『クレイマー・クレイマー』の父と子の朝食のフレンチトースト。父と子の愛を結ぶ食べもの。よかったなあ。というわけで、この映画のファーストシーンも面白かった。一人の男がスナックで朝食を注文して、出された皿の二つの卵の上に小さなソーセージを二本つまんで置きました。その上にソーセージやフライドポテトで鼻や口をこしらえて、頭に当たるところにケチャップをぶっかけて、人形の顔のようにした。この男はこれから狙った少女をかっぱらいに行く。これがこの恐怖映画の始まり。本筋を暗示させる面白いファーストシーンでした。

ジャズ・シンガー
The Jazz Singer

27／米／監＝アラン・クロスランド／脚＝アルフレッド・A・コーン／撮＝ハル・モーア／出＝アル・ジョルスン、メイ・マカヴォイ／V＝IVC／D＝カルチ　B・D＝WHV　D＝カルチ

解説　トーキー時代の幕開けとなった映画史上、記念すべき作品。主演のアル・ジョルスンはユダヤ系移民で初めてエンターテイナーとして大成功を収めたが、これは彼の自伝に基づいてつくられている。父は厳格なユダヤ教の指導者だったが、アルはその地位を継がないでショービジネスの世界に飛び込む。アカデミー特別賞受賞。

ハイ淀川です　これはトーキー第一作ですよ。一九二七年にワーナー・ブラザースが発表しました。そのときフィルムから音を出す、映画が同時録音で歌をうたうというので、アメリカでは大騒ぎとなったのね。それまではワーナーはルビッチ監督の都会喜劇が成功したぐらいで破産寸前だった。それが大当たりして当時、三五〇万ドルという興行成績を上げたんですね。この映画、初めはサイレント。あれっ、トーキーなのにと思っていると途中から会話で声を出しますね。そして、アル・ジョルスンが「マミー」を見事に歌い出す。お客さんはびっくりした。映画は声を出すんだ。ストーリーよりも初めてのアメリカン・トーキー映画として見ると面白いですね。

ジャッキー・ブラウン
Jackie Brown

97／米／監・脚＝クエンティン・タランティーノ／撮＝ギレルモ・ナヴァロ／出＝パム・グリアー、サミュエル・L・ジャクソン、ロバート・デ・ニーロ、ブリジット・フォンダ／V＝アミューズ／D＝東芝　D＝WHV

解説　中年のスチュワーデス、ジャッキー・ブラウン（パム・グリアー）は、武器密売人オデール（サミュエル・L・ジャクソン）の現金密輸を手伝っていたが、連邦保安官に目をつけられたことから、彼女やオデール、彼の手下のルイス（ロバート・デ・ニーロ）らの運命が変わっていく。クエンティン・タランティーノ監督のハードボイルド。

ハイ淀川です　タランティーノのこの映画はジョン・ヒューストン監督を感じさせました。スチュワーデスの運び屋がどうやって大金を運ぶのかのスリルとサスペンス。四十八歳のパム・グリアーという女優の貫禄はすごいですね。しかし、面白いのはデ・ニーロのボケ男で残酷なギャングの手下。それに頭の弱い肉体のかたまりみたいな情婦になったブリジット・フォンダの演技がいいんですね。というわけで、この犯罪映画の俳優たちが一人一人個性を持ってみんないい。タランティーノだから張り切っている感じがよくわかります。それに脚本の巧さ。映画の面白さを十分に味わわせてくれます。まさに、この監督はアメリカのダイヤモンドです。

ジャック
Jack

96／米／監＝フランシス・フォード・コッポラ／脚＝ジェームス・デ・モナコ、他／撮＝ジョン・トール／出＝ロビン・ウィリアムズ、ダイアン・レイン、ブライアン・カーウィン／V＝ブエナ　D＝ブエナ

解説　通常の人の四倍の速さで成長してしまうジャック（ロビン・ウィリアムズ）は、まだ十歳なのに外見は四十歳の立派な大人。両親は彼を小学五年生に入学させ、学園生活が始まる。フランシス・フォード・コッポラ監督が笑いと涙で綴ったヒューマン・コメディで、ウィリアムズが少年から老人までを好演したのはさすが。

ハイ淀川です　ロビン・ウィリアムズが十歳の子供になるのね。この人はまあ毛深いのね。でもそれがいやらしくなくって面白い。最後はこのジャックがおじちゃんになって頭の髪は真っ白。これはコメディですけれど見ていてだんだん怖くなってくる。人間の怖さを感じさせます。なぜコッポラがこんな映画をつくったのか。実はコッポラは子供好き。それなのに実の息子をプールで溺死させてしまったのね。それで私が会ったときもしょげていました。だから、この作品は子供の魂に吸いとられるようにつくられていますね。子供への愛情をこのファンタジーで見事に見せました。コッポラがこの映画を息子に捧げたことがよくわかりますね。

ジャック・ナイフ
Jacknife

89／米／監＝デヴィッド・ジョーンズ／脚＝スティーブン・メトカルフ／撮＝ブライアン・ウェスト／出＝ロバート・デ・ニーロ、エド・ハリス、キャシー・ベイカー、チャールズ・S・ダットン／V＝ポニー　D＝映像文化社

解説　コネチカットの小さな町。自動車修理工のメグス（ロバート・デ・ニーロ）と、トラクターの運転手デイヴ（エド・ハリス）はベトナム時代の戦友。だが、デイヴはメグスに憎悪をもち、妹マーサ（キャシー・ベイカー）がメグスと交際することにも反対する。ベトナム戦争の傷の深さを描いたデヴィッド・ジョーンズ監督作品。

ハイ淀川です　ベトナム戦争の傷痕を消そうとデイヴはお酒をがぶがぶ飲む。エド・ハリスが演じていますが、なかなかいいんですね。そして、メグスと会えばいつも喧嘩になる。それは戦場で二人の目の前でもう一人の仲間が撃ち殺されてしまったから。そのとき助けられたら死なせずにすんだ。それはお前に愛情がなかったからだとお互いに言い合って喧嘩になる。二人は友情を持っていながら憎しみ合うところが怖いんです。男の憎しみ、兄と妹の愛がよく出てベトナム映画のくせに愛の映画になっています。それにこの監督はイギリス人だけにタッチがイギリス的でデリケート。愛国精神の映画というよりも、ヒューマニティ、人間の愛の映画です。

Shall We ダンス?

D＝KAD

96／日／監・脚＝周防正行／撮＝栢野直樹／出＝役所広司、草刈民代、竹中直人、渡辺えり子／V＝東宝

解説 内気な中年サラリーマンの杉山正平（役所広司）は、通勤電車から見かけたダンス教室の教師舞（草刈民代）に魅せられ社交ダンスを習い始める。最初はとまどうが教室仲間の青木（竹中直人）らに励まされ本気でダンスに取り組む。役所が無器用な中年男を好演。周防正行監督のユーモアが溢れた大ヒット作。

ハイ淀川です この映画を見ていると、可愛くって笑ってしまいました。これでこの監督のハートがつくづくわかりました。まだ彼の映画づくりは幼いところがありますけれど、この前の『シコふんじゃった。』にしても、お相撲さんのマワシのしめ方や、しこを踏むしぐさを画面から教えてくれました。今度のダンス映画もクイック・スローのステップの初歩から親切にダンスのABCを教えながら笑わせて楽しませるあたり。この監督は日本のビリー・ワイルダーになるかもしれない。日本映画には楽しくって明るいコメディがないだけに、この人と『寅さん』はほんとうに貴重な存在です。この監督にこれからも大いに期待したいと思っています。

シャレード
Charade

B・D＝ツイン　D＝ジェネ

63／米／製・監＝スタンリー・ドーネン／原・脚＝ピーター・ストーン／撮＝チャールズ・ラング／出＝オードリー・ヘプバーン、ケーリー・グラント、ウォルター・マッソー、ジェームズ・コバーン、ジョージ・ケネディ／V＝CIC

解説 離婚を決意しパリのアパートに戻ったレジーナ（オードリー・ヘプバーン）は、夫が殺されたことを知らされる。葬儀に三人の見知らぬ男が現われるが、彼らも次々に殺されていく。この事件の真相は…。ミュージカルの名手スタンリー・ドーネン監督がオードリーとケーリー・グラントのコンビで撮ったミステリー・ロマン。

ハイ淀川です 『雨に唄えば』のミュージカルの大家スタンリー・ドーネン監督がミステリーを撮ったことが面白いですね。ヒッチコックとは違って、やわらかく、しかも怖く描いているあたりがいいんですね。アメリカ映画ファンにとっては永遠の宝物です。この映画の見どころはなんと言ってもヘプバーン。ジバンシーの衣装を見ているだけで楽しいなあ。粋でおしゃれで、まるで「ヴォーグ」の表紙みたいな感じ。それにヘンリー・マンシーニの音楽が最高です。きれいなきれいなヘプバーンと美男子のケーリー・グラントのコンビを楽しみながら謎解きの面白さも十分。きれいなサスペンス・ロマンに仕上がりました。

上海特急
Shanghai Express

D＝IVC

32／米／監＝ジョゼフ・フォン・スタンバーグ／脚＝ジュールス・ファースマン／撮＝リー・ガームス／出＝マレーネ・ディートリッヒ、クライブ・ブルックス／V＝IVC／D＝カルチ

解説 スタンバーグとディートリッヒのコンビはエキゾチシズムの世界を求めるが、これは動乱絶えない中国が舞台。北京を発って上海へ向かう特急列車に乗り合わせた上海リリーの異名をとる謎の女とアメリカの軍将校ドナルドとのかりそめの恋、賭博師、混血商人、アメリカ帰りの中国娘など、不安におののく人々を描いたサスペンス・ラブロマン。

ハイ淀川です このころスタンバーグはディートリッヒでどれだけ撮ったか。『間諜X27』『ブロンド・ヴィーナス』『西班牙狂想曲』など。『上海特急』は彼女が最もきれいなときですね。ただならぬ美しさをきらめかせた妖艶な美しさだ。彼女のすべてに魂を奪われてしまいスタンバーグは自分というものを燃やしきったんですね。謎の女上海リリーとアメリカの将校のラブストーリーですが、それよりもすごいのはリー・ガームスのキャメラですね。家がいっぱいつまっているところを汽車が走るところ。屋根をさわるように行くところ。映画のミラクル。撮影のミラクル。リー・ガームスはアカデミー賞をとりましたが、スタンバーグの見事な感覚が出ていました。

終着駅
Stazione Termini Indiscretion Of An American Wife

D＝ファースト

53／米・伊／製・監＝ヴィットリオ・デ・シーカ／脚＝チェザーレ・ザヴァッティーニ／撮＝G・R・アルド／出＝ジェニファー・ジョーンズ、モンゴメリー・クリフト、リチャード・ベイマー／V＝IVC／D＝カルチ

解説　ローマのテルミニ駅を舞台にヴィットリオ・デ・シーカ監督がきめ細かな恋愛描写を見せ、ドラマの進行時間と上映時間が一致している作品。ローマの姉夫婦を訪ねたアメリカ人の人妻（ジェニファー・ジョーンズ）がイタリア青年（モンゴメリー・クリフト）の誘いにのり深い仲になる。青年は彼女の出発を引き止めに駅に駆けつける。

ハイ淀川です　この映画はローマ、ローマということが頭に入っていないと面白くありませんよ。ジェニファー・ジョーンズがイタリアの青年と火遊びをしました。けれども、これではいけないんだと思って逃げました。ところがイタリア青年は駅に追いかけてきました。そして、この男がアメリカの夫人をこっぴどく殴りつけるシーン。みんなの見ている前で張り倒しましたね。このあたりがいいんですね。イタリアの青年はほんとうに純粋に恋に生きようと考えているんですね。そしてモンゴメリーが泣きますねぇ。デ・シーカはこの駅を実にうまく使いました。まるで人生の縮図。いろいろの運命がありますけれど、これは別れの映画の名作ですよ。

十二人の怒れる男
12 Angry Men

B・D＝FOX

57／米／監＝シドニー・ルメット／脚＝レジナルド・ローズ／撮＝ボリス・カウフマン／出＝ヘンリー・フォンダ、リー・J・コッブ、エド・ベグリー、E・G・マーシャル／V＝WHV

解説　テレビの演出家だったシドニー・ルメット監督のデビュー作で、アメリカの陪審員制度による十七歳の少年の父親殺しの有罪か無罪の評決をめぐるディスカッション・ドラマ。暑い夏の夕方、ニューヨークの裁判所で十二人の陪審員は議論を交わすが、予備投票で第八陪審員（ヘンリー・フォンダ）だけが無罪に投票する。

ハイ淀川です　八番の陪審員のヘンリー・フォンダがこの少年の有罪説を崩していくあたりの迫力のすごいこと。三番のリー・J・コッブがそれに喰い下がる。この二人の熱演ぶりに胸うたれます。最後の最後、少年は無罪になった。夜明けになって陪審員たちがフラフラになって部屋から出ていく。議論が終わったテーブルの上には鉛筆、紙、インク瓶が散らばっている。キャメラが移動でとらえてますが、それは神の目のような感じ。十二人の男たちが戦って少年を助けたという感じが見事で、その十二人がイエス・キリストの弟子に見えました。そして名乗り合う十二人の陪審員たち。このラストの幕切れの見事なこと。シドニー・ルメット監督の名作です。

自由を我等に
A Nous La Liberté

D＝紀伊國屋

31／仏／監・脚＝ルネ・クレール／撮＝ジョルジュ・ペリナール／出＝レイモン・ゴルディ、アンリ・マルシャン、ロルラ・フランス／V＝IVC

解説　ルネ・クレールのミュージカル・タッチの風刺喜劇。ルイとエミールは脱獄を計るがあと一歩のところで発見され、ルイ一人だけが脱走に成功する。娑婆に出たルイは商才を発揮しレコード会社の社長にまで出世。一方、刑期を終えたエミールは工員になるがその社長がなんとルイ。二人は再会を喜び合うが…。

ハイ淀川です　工場の流れ作業のシーン。チャップリンは五年後の『モダン・タイムス』でそっくりそのまま使いました。クレールの盗作だと騒がれたとき、クレールは「私はいつもチャップリンの盗作をやっています。この映画の二人の男もチャップリンです。チャップリンこそが私の師です」と発表したんですね。そのラストシーンの見事なこと。はるかに続く田舎の一本道を二人はまるで踊るように「自由を我等に」を歌いますね。どんなにお金持ちになっても、何よりも欲しいものは自由だ。金なんかなくたって自由があればいい。青い空を見てごらん。あの鳥を見てごらん。みんな自由だと言って、遠くへ去っていく。風刺のきいた名作ですね。

ジュニア・ボナー
Jonior Bonner

72／米／監＝サム・ペキンパー／脚＝ジョー・ローゼンブルック／撮＝ルシアン・バラード／出＝スティーブ・マックィーン、ロバート・プレストン、ベン・ジョンソン、アイダ・ルピノ／V＝クラウン　D＝JVC

解説　ロデオの名手ジュニア・ボナー（スティーブ・マックィーン）は、久しぶりに故郷のアリゾナに帰ってくるが、両親は離婚、弟も俗物になっていた。失われいく西部への哀感、父親（ロバート・プレストン）への絶ちがたい情、ロデオに託す男のロマンを描いたサム・ペキンパー監督のアメリカン・ニューシネマの西部劇。

ハイ淀川です　サム・ペキンパー監督だから血だらけの映画だろうと思ったら大間違いですよ。これは西部の男の中の男のお父っつあんと息子の話です。ジュニア・ボナーのお父っつあんも昔はロデオの名人だったんですね。ところが今は疲れ果ててしまって元気がない。でも夢はオーストラリアで暮らしたいというのね。そこで息子のジュニア・ボナーがロデオの大会に出て、お父っつあんの夢をかなえてやる。この父と子の感じが見事に出てます。スティーブ・マックィーンとロバート・プレストンの演技がうまい。男の感覚が見事にでたサム・ペキンパーの異色作。『ワイルドバンチ』『ゲッタウェイ』もいいけれど、こうしたタッチの作品もごらんなさい。

ジュラシック・パーク
Jurassic Park

93／米／監＝スティーブン・スピルバーグ／脚・原＝マイケル・クライトン／脚＝デヴィッド・コープ／撮＝ディーン・カンディ／出＝サム・ニール、ローラ・ダーン、リチャード・アッテンボロー／V＝CIC　B・D＝ジェネ

解説　コスタリカ近くの孤島。遺伝子工学によって恐竜を蘇らせるジュラシック・パークを建設中だったが、恐竜を制御するコンピュータ・システムが破壊され、肉食恐竜が人間に襲いかかってくる。スティーブン・スピルバーグ監督が特殊技術の粋を尽くして映像化したSF恐竜ワールド。原作はマイケル・クライトンのベストセラー小説。

ハイ淀川です　まさにジャングルの中の驚異。あの恐竜もみんなコンピュータ・グラフィックスだとわかると面白くなくなってしまいますけれど、あのトリックの見事さには舌を巻きました。だから、この映画も活動写真の始まり、原型に戻ったなあと思えばいいでしょう。スピルバーグはこれこそが映画、その誇りを見せました。私も楽しんで見たものの、なにか偉ぶったものを感じてしまったのね。面白い独特な映画なのに、この作品の中にスピルバーグの儲け仕事だという考え方がちらついてしまった。この監督には悪いけれど、私は憎らしい見方をしてしまいました。みなさんはどうでしたか。

ジュリア
Julia

77／米／監＝フレッド・ジンネマン／脚＝アルヴィン・サージェント／撮＝ダグラス・スローカム／出＝ジェーン・フォンダ、ヴァネッサ・レッドグレーヴ、ジェイソン・ロバーツ、メリル・ストリープ／V＝FOX　D＝ディズニー

解説　女流劇作家リリアン・ヘルマンの回顧録をフレッド・ジンネマン監督が映画化し、二人の女性の生涯にわたる友情を描いた作品。リリアン（ジェーン・フォンダ）とジュリア（ヴァネッサ・レッドグレーヴ）は幼なじみ。劇作家として成功したリリアンは、ベルリンにいるジュリアへ反ナチ運動の資金を、危険を覚悟で運ぶ。

ハイ淀川です　二人の女性の友情を描きながら、あらゆるシーンにはジュリアの影がつきまといます。ジュリアの育ち、家庭、少女時代、そしてジュリアとリリアンの厳しくも美しい友情へ進んでいくあたりの演出タッチの見事なこと。身を隠したジュリアを命がけで訪ねていくリリアンの行動には、質度の高いサスペンス映画の緊迫感がありますけれど、この監督はサスペンスでこの映画を売ることの愚かしさは避けました。ついにジュリアに会えた。この二人の再会はこの映画の最高の美しさ。変わり果てたジュリアの手を握るリリアン。嘘いつわりのない友情の強さを、愛という美しさで描き切った。秀作とはまさにこの作品のことですね。

情事
L'Avventura

60／伊／監・脚＝ミケランジェロ・アントニオーニ／脚＝エリオ・バルトリーニ、他／撮＝アルド・スカバルダ／出＝モニカ・ヴィッティ、ガブリエレ・フェルゼッティ、レア・マッサリ
B・D＝アネック

解説　上流社会の娘アンナ（レア・マッサリ）が、恋人の建築家サンドロ（ガブリエレ・フェルゼッティ）と親友クラウディア（モニカ・ヴィッティ）を伴って地中海をヨットで旅行中、行方不明になってしまう。残された二人は彼女を捜しながら情事を重ねる。現代人の愛の不毛を描いたミケランジェロ・アントニオーニ監督の問題作。

ハイ淀川です　ミケランジェロ・アントニオーニ監督はこの作品と『夜』『太陽はひとりぼっち』の三部作で愛の不毛について描き、イタリア映画界のリーダーとなった人ですね。この映画、アンナがシチリア諸島の旅行中に姿を消してしまいました。死んだのか身を隠してしまったのかよくわからない。そこで恋人のサンドロとクラウディアが彼女を捜すうちに二人は愛し合うようになってしまう。このあたり、今村昌平監督の『人間蒸発』が同じ人間の運命を描いたのとよく似ています。アンナはいたのか。そしてこの二人は結ばれるのか。何の暗示もないまま映画は終わってしまいますが、イタリア映画の人間描写の深さを見る作品です。

情婦
Witness For The Prosecution

57／米／監・脚＝ビリー・ワイルダー／脚＝ハリー・カーニッツ、他／撮＝ラッセル・ハーラン／出＝タイロン・パワー、マレーネ・ディートリッヒ、チャールズ・ロートン／V＝WHV
D＝FOX

解説　推理作家アガサ・クリスティの舞台劇「検察側の証人」をビリー・ワイルダー監督が映画化。金持ち未亡人殺害容疑で逮捕されたヴォール（タイロン・パワー）の弁護を、老弁護士（チャールズ・ロートン）が引き受ける。ところがヴォールの妻（マレーネ・ディートリッヒ）は夫に不利な証言をするがラストは意外な結末に。

ハイ淀川です　見るからに善良な男ヴォール（タイロン・パワー）を、懸命に懸命にとことん救って弁護してやった老弁護士ウィルフリッド（チャールズ・ロートン）を見事に敗北に落してしまいます。このロートンの名演技が光っていますね。一見どうしようもないガンコおやじですけれど、心はやさしくって気の毒な被告のために本気になってどなります。この演技の見事なこと。裁判劇映画の面白さは事件の解明とともに俳優の弁舌演技。堂々たる弁護士の熱の溢れた追及ぶりが見ものですね。そして、観客は最後の最後にアッと驚く善良男の不良ぶりを知るという、ラストの思わざるドンデン返しが興味溢れさせます。見事な裁判映画です。

情婦マノン
Manon

48／仏／監・脚＝アンリ・ジョルジュ・クルーゾー／脚＝ジャン・フェリ、他／撮＝アルマン・ティラール／出＝ミシェル・オークレール、セシル・オーブリー、セルジュ・レジアニ／V＝IVC
D＝IVC

解説　十八世紀のアベ・プレヴォーの小説『マノン・レスコー』を現代化した恋愛悲劇。レジスタンスの運動家ロベール（ミシェル・オークレール）は、ぜいたくな生活に憧れ、真面目な結婚生活を嫌う魔性の女マノン（セシル・オーブリー）の魅力の虜になり、破滅していく。監督は名匠アンリ・ジョルジュ・クルーゾー。

ハイ淀川です　死んだ女を抱いて砂漠をさまようロベール。死んだ女マノンは、さんざんロベールを苦しめた女。しかし、男はこの女が忘れられなくって、彼女の死体を抱きしめてどこまでもさまよっていく。ついに両腕がしびれ、彼女をかついで歩く。もう疲れはてた。男は死体のマノンを砂漠の中に埋めた。しかし、両手でマノンの顔だけは砂をかきわけ見えるようにした。この埋めるシーンの恐ろしかったこと。愛するマノンよ。この死せるマノンの顔に一匹のハエが。この悲しくも残酷なシーン。あの『グリード』や『モロッコ』の名シーンとともに、砂漠の風の美しさと恐ろしさを見せてくれた印象的なラストシーンは強烈。さすがクルーゾーです。

ショウボート
Show Boat

36／米／監＝ジェームズ・ホエール／脚＝オスカー・ハマースタン二世／撮＝ジョン・J・メスコール、他／出＝ヘレン・モーガン、アイリーン・ダン、チャールズ・ウィニンジャー、ポール・ロブスン／V＝WHV　D＝ジュネス

解説　ジーグフェルドのミュージカルの名作を、ユニヴァーサルがトーキー化した。ミシシッピー河を上下する遊覧船の中でくり広げられる人生模様をセンチメンタルに描きながらミュージカルのヒットナンバーをたっぷり聴かせる。ヘレン・モーガン、アイリーン・ダンの名花と黒人オペラ歌手ポール・ロブスンが気を吐いている。

ハイ淀川です　これはアメリカのミュージカルの元祖ですね。三回映画になりましたけれども、みんないい。この作品、ユニヴァーサルが本舞台の連中を呼んできたんですね。釜炊きのポール・ロブスンが川面を見ながら、俺は長いこと働いたなあと歌う「オール・マン・リバー」の歌の見事な詩情。ヘレン・モーガンが「キャント・ヘルプ・ラヴィン・ガット・マン」。この人を好かずにはおれませんという歌をうたうあたりのそのうまさ。彼女の歌の発音のきれいなこと。それにアイリン・ダンも歌がうまくってきれい。どうかこの映画でアメリカの古典のセンチメントを大いに満喫してくださいね。

上流社会
High Society

56／米／監＝チャールズ・ウォーターズ／脚＝ジョン・パトリック／撮＝ポール・C・ボーゲル／出＝ビング・クロスビー、グレース・ケリー、ジョン・ランド、フランク・シナトラ、セレスト・ホルム／V＝WHV　D＝WHV

解説　チャールズ・ウォーターズ監督が『フィラデルフィア物語』をミュージカル化。デクスター（ビング・クロスビー）は別れた妻（グレース・ケリー）の再婚披露パーティに招待される。彼女の新しい相手は堅物のジョージ（ジョン・ランド）だが、なぜか複雑な心境。しかし、最後は二人の愛が蘇りハッピーエンド。

ハイ淀川です　ビングとグレースが夫婦別れ。しかも彼女は隣の家に住んでいる。ジョン・ランドとの結婚のご披露パーティにビングも招かれるというややこしさ。これを取材する新聞記者がフランク・シナトラ。その女カメラマンがセレスト・ホルム。そのパーティの演奏の楽団がサッチモことルイ・アームストロング。そのファーストシーンはニューポートの邸宅へのり込む楽団の演奏と歌の「ハイ・ソサエティ・カリプソ」。パーティでビングとサッチモが歌う「ナウ・ユー・ハブ・ジャズ」、ヨットの上でビングとグレース・ケリーの歌う「トゥルー・ラブ」。それにシナトラの歌。ビング自身一番好きな映画。この豪華さに酔って下さい。

処女の泉
Jungfrukällan

60／スウェーデン／監＝イングマール・ベルイマン／脚＝ウラ・イサクソン／撮＝スヴェン・ニクヴィスト／出＝マックス・フォン・シドー、ビルギッタ・ペテルスン　D＝キング

解説　中世の北欧伝説をイングマール・ベルイマン監督が映画化。十六世紀、スウェーデンの寒村。豪農トーレ（マックス・フォン・シドー）の娘カーリン（ビルギッタ・ペテルスン）は教会に行く途中、三人の無頼漢に犯され殺されてしまう。トーレは男たちを殺し復讐を果たすが、罪の意識に苛まれる。アカデミー外国語映画賞受賞。

ハイ淀川です　この作品は性欲がもっとも残酷な形で描かれた名作です。娘が森の中で三人に襲われるシーン。その暴行は見るに耐えられないほどの恐ろしさです。娘の両股を開かせてそれに乗りかかる男。犯したあとで、こん棒で二人の男がその娘を殴り殺してしまう。全裸の娘の体に雪がふりそそぐ。やがて娘の身を案じるお父さんがこの森で無惨な娘を発見して泣き崩れ、神はあるのか、神はなぜかかる無惨を許されたのか、と叫ぶ。そのとき、死んだ娘の首の下の地面から水が湧き出しました。父はここに寺を建てることにしたんですが、このシーンの神々しい美しさ。ベルイマンは人間の哀れさと神の問題をここでも厳しく追求しています。

ジョーズ
Jaws

B・D＝ジェネ

75／米／監＝スティーブン・スピルバーグ／原・脚＝ピーター・ベンチュリー、他／撮＝ビル・バトラー／出＝ロバート・ショウ、リチャード・ドレイファス、ロイ・シャイダー／V＝CIC

解説　ピーター・ベンチュリーのベストセラー小説の映画化。夏の海水浴場に突如、巨大な人喰い鮫が出現。犠牲者が出る。警察署長（ロイ・シャイダー）、海洋学者（リチャード・ドレイファス）が鮫退治に挑むサスペンス映画でスティーブン・スピルバーグ監督の二作目。大ヒットした。

ハイ淀川です　スピルバーグ監督は沈黙の恐怖を海の鮫で見せました。海は陸からいったん沈むと無音の世界。音がありませんね。だから、海の上でみんなが泳いで遊んでいる騒がしさなんかありません。一方の水の上は泳いで遊んでいる連中がガヤガヤ。水の中は音がしない。その音のしない海の中を、鮫が泳いで人間に近づいてくる。この怖さ。スピルバーグは海、そして水の怖さを見事にとらえました。平和な平和なひとときが突然と恐怖に変わる怖さ。この監督は『激突！』でもその怖さを見事に描きましたが、これは海の怖さ。おそらくヒッチコック映画のスリルをこの監督は学んでいたのかもしれない。スピルバーグ監督の代表作です。

ジョニーは戦場へ行った
Johnny Got His Gun

D＝KAD

71／米／監・脚＝ダルトン・トランボ／撮＝ジュールス・ブレンナー／出＝ティモシー・ボトムズ、キャッシー・フィールズ、ダイアン・ヴァーシ、ドナルド・サザーランド／V＝SPE

解説　脚本家のダルトン・トランボは一九三八年に原作を書いたが、反戦小説とされ発禁処分を受けた。しかし野心は捨てず七〇年にいたり自らが資金を調達し脚本、監督して映画化した。西部戦線で砲火を浴び両手両足を失い、しかも顔面を焼かれたジョニー（ティモシー・ボトムズ）を通して、戦争を含めた体制への怒りをぶつける。

ハイ淀川です　トランボのまさに執念の映画。ジョニーは肉のかたまりになってしまったけれど不幸にも生きた。この悲惨をコブシを固めて怒り叫んで描いてはいません。ティモシー・ボトムズは、顔も布で隠され、ベッドの上で心のうちのひとりごとの台詞を言いますけれど、それが実に巧い。この生ける物体を医学はこれを実験の材料にしようとした。「助けてくれ」と物体が叫んだとて声が出るわけがない。看護婦（ダイアン・ヴァーシ）は、この物体にまだ感じる神経があることを発見し、今日はクリスマスですと伝えると、この物体が激しく頭を動かして喜ぶシーン。そして同情した看護婦が青年を殺そうとするあたりの怖さ。映画史上に残る問題作ですね。

白雪姫
Snow White And The Seven Dwarfs

B・D＝ディズニー

37／米／監＝デヴィッド・D・ハンド／脚＝テッド・シアーズ、他／V＝ブエナ

解説　ウォルト・ディズニーが製作した世界初の色彩長編動画。心やさしい白雪姫に七人のゆかいな性格を持った小人たちを配し愛の尊さを説く。大きな城に住む女王は白雪姫の美しさを妬み、毒リンゴを食べさせ仮死状態にさせるが、そこに素敵な王子が現われ、白雪姫は愛の接吻で生き返る。動画史上のエポックをなす作品。

ハイ淀川です　これは一九三七年（昭和十二年）につくった初めての長編ですね。それまでディズニーは短編ばかりだったの。二十一歳のときにハリウッドで『漫画の国のアリス』をつくって評判をとりました。それからトーキー時代の一九二八年に『蒸気船ウイリー』。あのミッキー・マウスが「ハロー・エブリボディ」という声を出した。びっくりしましたね。そして一九三二年に『森の朝』で初めて漫画に色をつけたの。そんなわけでこのほかにも短編ばかりつくっているうちに漫画だって立派だから映画館の添えものになるのは嫌だと言って、『白雪姫』をつくりました。グリム童話からヒントを得てきれいな感覚で大成功をおさめたのがこの作品ですよ。

知りすぎていた男
The Man Who Knew Too Much

B・D＝ジェネ

56／米／製・監＝アルフレッド・ヒッチコック／脚＝ジョン・マイケル・ヘイズ、他／撮＝ロバート・バークス／出＝ジェームズ・スチュアート、ドリス・デイ、ダニエル・ジェラン、クリス・オルセン／V＝C－C

解説　主題歌「ケ・セラ・セラ」が生かされたヒッチコックのサスペンス。ベン博士（ジェームズ・スチュアート）と夫人ジョー（ドリス・デイ）はモロッコで怪事件に巻き込まれ、某国首相の暗殺計画がロンドンのロイヤルアルバート・ホールの音楽会で実行されることを知る。オーケストラのシンバルが響く瞬間、拳銃が首相に…。

ハイ淀川です　この作品は珍しく本格的に音楽を使いました。ドリス・デイという歌手を使って徹底的に歌わせてお客さんを楽しませようとしたんです。実はこの映画のタネは一度使われていたんです。ヒッチコックがイギリスにいたころ『暗殺者の森』という映画をつくったのね。それはコンサートホールで演奏しているある瞬間に暗殺事件が起こるということなのね。でも、この奥さんはそのことを言いたいけれどたくさんの暗殺者がいるので言えない。この『知りすぎていた男』と同じ趣向なんですね。ヒッチコックもあのチャップリンと同じように、自分が昔につくった映画をもっともっと磨いて、もう一度磨きあげてつくるようなところがある人なんですね。

白い馬
Crin Blanc

D＝KAD

52／仏／監・脚＝アルベール・ラモリス／撮＝エドモン・セシャン／出＝アラン・エムリー／V＝東北

解説　カンヌ映画祭短編映画部門グランプリ、ジャン・ヴィゴ賞を受賞したアルベール・ラモリス監督の映像詩。フランス南部のカマルグ地帯に野生馬の一群が棲んでいたが、馬飼いの一団に捕らえられようとしたリーダー格の白い馬を、猟師の少年（アラン・エムリー）が救ったことから少年と馬は親友になっていく。

ハイ淀川です　馬と少年が戯れるところ。少年が馬に乗って楽しい楽しい遠出。砂丘の陰でひと休みして、うさぎをとって焼いて食べるあたり。フランスの南部の感じが見事に出てほんとうの詩ですね。馬捕りがまたやってきてどんどん追いかけてくる。少年は白い馬に乗って逃げました。このときのキャメラの美しいこと。もう逃げ場がない。このとき少年は馬に乗ったまま海へ海へと進んでいって、波打ち際から海の中へ入っていきました。その泳ぐ白い馬。やがて、その少年と馬の姿は波間遠く消えていきましたね。エドモン・セシャンの撮影もモーリス・ル・ルーの音楽もきれい。アルベール・ラモリスの見事な映像詩。白い馬が神秘的に見えましたね。

白き処女地
Maria Chapdelaine

D＝ジュネス

36／仏／監・脚＝ジュリアン・デュヴィヴィエ／撮＝ジュール・クリュージュ／出＝ジャン・ギャバン、マドレーヌ・ルノー、ジャン・ピエール・オーモン、A・リニョー

解説　カナダのケベック地方に住むフランス人開拓者一家のマリアは古い伝統とカトリックの厳しい教えを父母に受け年頃の娘になった。村の春祭でマリアは猟師の若者フランソワに逢い心をときめかせる。二人は再会を約束するが、フランソワは待ちきれず山を降りる途中、吹雪にまかれ凍死してしまう。ジュリアン・デュヴィヴィエ監督。

ハイ淀川です　ルイ・エモンの小説をジュリアン・デュヴィヴィエが脚色、監督しています。カナダの森林に住む人たちの物語でした。なんともきれいな話。フランスの移民の村があってその村娘がマドレーヌ・ルノー。その娘を好きになる森の樵にジャン・ギャバン。村娘を恋する都会の青年にジャン・ピエール・オーモンが扮しているのね。フランス映画大賞をとりましたが、私にジャン・ギャバンを印象づけたのがこの作品。なんとも妙な顔をしているなと思いましたがデュヴィヴィエが彼の個性を見事に引き出しました。この映画で二人が出会いましたが、デュヴィヴィエはギャバンをつかんで放さなかったのね。そしてこのコンビが傑作をつくっていくのね。

新学期・操行ゼロ
Zero De Conduite

33／仏／監・脚＝ジャン・ヴィゴ／撮＝ボリス・カウフマン／出＝ジャン・ダステ、ロベール・ル・フロン／V＝IVC　D＝IVC

解説　二十九歳で死んだジャン・ヴィゴ監督の全四作品の中の一本。破廉恥な大人たちに管理されている寄宿学校。新学期を迎え、新任のユゲ先生が着任するや、子供たちと一緒になってはしゃいだり、子供たちを町に連れだしたりして既存の権威に反抗する。フランスでは一九四六年まで十三年間にわたり上映禁止になっていた問題作。

ハイ淀川です　一九五一年にジャン・ヴィゴ賞というのが創設され、フランス映画の特色を示した作品に贈られているんですが、どんな映画作家なのか。この作品はヴィゴの脚本、編集、監督ですね。宿舎学校の生徒の日曜が外出禁止に。日曜以外全く自由を奪われた子供たちにとって、死の宣告同様なんですね。話がわかるのは新任のユゲ先生一人。この先生だけが人間なのね。ついに生徒たちは学園祭でありったけの反抗をやらかしますね。この映画を見ていると、人間は生きているのだという実感が溢れ盛りあがってきます。人間万歳、子供万歳、若いユゲ先生のなんという、自由の中に生きている人間のたのもしさ、おかしさ。まさにフランス映画ですね。

紳士協定
Gentleman's Agreement

47／米／監＝エリア・カザン／脚＝モス・ハート／撮＝アーサー・C・ミラー／出＝グレゴリー・ペック、ドロシー・マクガイア、セレスト・ホルム、ジョーン・ガーフィールド／V＝FOX　D＝ARC

解説　ニューヨークの雑誌に依頼された反ユダヤ主義を取材することになったルポライター（グレゴリー・ペック）は自らユダヤ人と称して実態を探るが、いたるところに暗黙の紳士協定なるものがあることを知らされ、婚約者（ドロシー・マクガイア）との間にも亀裂が入ってしまう。アカデミー作品、監督、助演女優賞受賞。

ハイ淀川です　この映画のプロデューサーはいつも問題作をつくるダリル・F・ザナックですね。協定とはなんでしょう。ユダヤ人を排斥して差別しようというなんとも知れん非文化的なことを考える連中がいるんですね。ユダヤ人じゃぁないけれど、ユダヤ人をもっと理解したいために、ユダヤ人になってしまってどんどん記事をとるんですね。そのグレゴリー・ペックがどんな目に遭うか。さぁ、これがこの映画の見どころですね。一流ホテルも断わるのか。アメリカ人は世界中の人間が集まっているのにそんなひどいことをするのか。怖いなぁ。アメリカ映画でつくったところが見事ですね。人類愛の正義の映画です。

真実の瞬間
Il Momento Della Verità

65／伊／監・脚＝フランチェスコ・ロージ／撮＝ジャンニ・ディ・ベナンツィオ／出＝ミゲール・マテオ・ミゲラン、リンダ・クリスチャン／V＝ビクター　D＝FOX

解説　アンダルシア地方の貧しい村。職にありつけない青年ミゲール（ミゲール・マテオ・ミゲラン）は、金ほしさに闘牛養成所に入り、厳しい訓練を受け闘牛士としてデビュー。名声と金を手にするが過密なスケジュールがミゲールを襲う。ほんとうの闘牛士ミゲールによる迫真の闘牛シーンは圧巻。フランチェスコ・ロージ監督初のカラー作品。

ハイ淀川です　この映画はスペインの闘牛士のお話で、いかにもスペインの香りをたたえていました。そのファーストシーンを見ただけで、はははあ、なるほどねえと思える人は鋭い感覚の持ち主ですよ。まず最初、スペインのお祭りの山車を見せ、その山車の先頭をかついでいる四人の足の動きをタイトルバックにじっくりと見せました。この祭りの山車を運ぶ男を見たとき、アッ、これがスペイン舞踊のオリジナルだと気づかなければいけないのね。というわけで、一流の監督は、そのファーストシーンから映画の生命を輝かせているんです。まあ、ファーストシーンに限らずどのシーンを見ても心から酔える人こそ感覚を身につけた幸せ者ですね。

紳士は金髪がお好き
Gentleman Prefer Blondes

53／米／監＝ハワード・ホークス／脚＝チャールズ・レデラー／撮＝ハリー・J・ワイルド／出＝ジェーン・ラッセル、マリリン・モンロー、チャールズ・コバーン／V＝FOX　B＝ディズニー　D＝FOX

解説　ジェーン・ラッセルとマリリン・モンローが共演したハワード・ホークス監督のミュージカル・コメディ。ナイトクラブの踊り子の二人は大の仲よし。最後はモンローが金持ちの息子、ラッセルが私立探偵と結ばれてめでたく幕。モンローが「ダイヤモンドは女性のベストプレゼント」を歌えば、ラッセルはなんとモンロー・ウォークを披露！

ハイ淀川です　このころはマリリン・モンローは映画界ではこれからの女優。ジェーン・ラッセルのほうがずっと人気があったんです。私はこの年にちょうどニューヨークに行っていたの。街のあちらこちらに二人の大きなポスター。大変な評判でした。さぁ、この二人が同じ衣装を着て同じ格好で同じステッキで踊るシーンの楽しいこと。でもモンローにするとちょっとしたテストでした。死ぬか生きるかの怖い作品でした。けれどもモンローは征服しましたね。モンローで当たった。ラッセルは怒っちゃったんですね。それでフォックスは大スターをなだめるためにこのあと『紳士はブルーネット娘と結婚する』をつくったという裏話もあるんですね。

ジンジャーとフレッド
Ginger Et Fred

85／伊・仏・西独／原・監・脚＝フェデリコ・フェリーニ／脚＝トニーノ・グエッラ／撮＝トニーノ・デリコリ、エンニオ・バルニエリ／出＝マルチェロ・マストロヤンニ、ジュリエッタ・マシーナ／V＝カルチ　D＝IVC

解説　五〇年代にジンジャー・ロジャーズとフレッド・アステアの物真似で人気を博した芸人コンビ、アメリア（ジュリエッタ・マシーナ）とヒッポ（マルチェロ・マストロヤンニ）は、ローマのテレビ番組に招かれ出演することになり、三十年ぶりに再会。いよいよ二人の出番となるが…。フェデリコ・フェリーニ監督作品。

ハイ淀川です　テレビのショー番組が始まり、二人は踊ります。女がしっかりと言っているのに男の足がもつれている。もうダメだと思ったときに停電した。この瞬間がいいんです。このとき男はここから逃げ出そうと言った。でもパッと電気がついたときに、二人の心は老醜を忘れて見事に踊る。まだ踊れますよという残酷ショーです。しかも、ニーノ・ロータの音楽ではなく「チーク・トゥ・チーク」で踊るあたり。ニーノ・ロータを失っても見事なショー美術を見せようというフェリーニの野心に驚きました。そして、二人に三十年前の愛が戻ってくるあたり。ハッピー・エンドになるアメリカ式の終わりを見せますが、フェリーニはまさに天才ですね。

シンデレラ・リバティ かぎりなき愛
Cinderella Liberty

73／米／製・監＝マーク・ライデル／原・脚＝ダリル・ポニックサン／撮＝ヴィルモス・ジグモンド／出＝ジェームズ・カーン、マーシャ・メイスン、カーク・キャロウェイ、イーライ・ウォラック、バード・ヤング　D＝FOX

解説　ダリル・ポニックサンの同名小説を原作者自身が脚色、マーク・ライデルが監督した。アメリカ海軍の甲板長ジョン・バッグズ（ジェームズ・カーン）は休暇で外出し、子持ちの売春婦マギー（マーシャ・メイスン）と知り合い、彼女の部屋に泊まる。そして、彼はこの不幸な境遇の親子を見て見ぬふりができなくなっていく。

ハイ淀川です　マーシャ・メイスンが扮しているあの泥だらけの女。十一歳になる息子（カーク・キャロウェイ）がいて売春婦しながら生活にあえいでいる女が、どんなに一生懸命生き抜いていることか。もう泥だらけになりながら、母親として、女として愛に生きますねぇ。そして、自分と自分の子供を愛してくれるやさしい水兵さん（ジェームズ・カーン）に対して、邪魔になると思ったら、ある日、置き手紙を残したまま息子を捨てて家を出ていきます。このなんとも知れん女の強さの怖いこと。それで水兵は船に戻ることをやめて、その息子と一緒にお母さんを探しにいく。その後ろ姿はほんとうの仲のいい親子に見えました。幕切れの見事な名作でした。

シンドラーのリスト
Schindler's List

93／米／製・監＝スティーブン・スピルバーグ／脚＝スティーブン・ザイリアン／撮＝ヤヌス・カミンスキー／出＝リーアム・ニーソン、ベン・キングスレー、レイフ・ファインズ／V＝C－C

B＝NBC　D＝ジェネ

解説　第二次大戦下のポーランド南部クラクフ。ドイツ軍のユダヤ人への迫害、惨殺を目の当たりにしたドイツ人実業家シンドラー（リーアム・ニーソン）は、莫大な金を投じ私設収容所を建設し千二百人のユダヤ人を救うが。スティーブン・スピルバーグ監督がシンドラーの生きざまを通して反戦を訴えた野心作。アカデミー作品賞など八部門受賞。

ハイ淀川です　この映画は世界中で当たる。当たるというよりも見ない人はいないでしょう。最高のヒューマン映画。しかし、私は偏屈なところがあってこれを見て腹が立ったのね。ときどき妙なことで怒ってしまうクセがあるんです。この映画はオスカー発表の直前に出来上がったのね。しかし、こんな話はこれまでにニュースで何度も見せられました。それをいまさらのように劇映画で見せられる。映画は心。心の映画をソロバンで見せられ、その恐怖を感じてしまったんです。スピルバーグが怖くなってきました。監督が私欲で観客をだましたり、おどしたり、金儲けのタネにしていることがわかると、私はヘトヘトになってしまうんです。

人類創世
Le Guerre Du Feu

81／仏・カナダ／監＝ジャン・ジャック・アノー／脚＝ジェラール・ブラッシュ／撮＝クロード・アゴスティーニ／出＝ナミール・エル・カディ、エヴァリット・マギル、ロン・パールマン、レイ・ドン・チョン

D＝紀伊國屋

解説　紀元前八万年。火をつくることを知らないウラム族の若者ガウ（ナミール・エル・カディ）、ナオ（エヴァリット・マギル）、アムーカー（ロン・パールマン）は、部族の長の命令で火を求めての旅に出る。台詞は一切なく、ボディ・ランゲージだけで語られていくジャン・ジャック・アノー監督の原始ファンタジー。

ハイ淀川です　会話もなんにもない。動きだけでやっているこのパントマイム。映画とはこれだという感じ。人間が生まれてまもないころ、まだ言葉がしゃべれないころのこと。男三人、女一人が「アアア、ウーウーウー、イイイイー」なんて言いながら、谷から谷へ。森から森へ歩いていくところ。人間の始まりが歩いていく感じ。それだけでもきれいなのに、夜になったとき、その中の一人がなんかやっている。ピカピカピカ。ボォーと火が出てきた。森の中の夕闇の中で、ファイアー。火というものを発見した。そして、この四人がびっくりするあたり。その光がなんともよくって、わたしはこの監督に首ったけで好きになりました。見事な作品です。

救いを求むる人々
The Solvation Hunters

25／米／製・監・脚＝ジョゼフ・フォン・スタンバーグ／撮＝エドワード・ゲラー／出＝ジョージ・A・アーサー、ジョージア・ヘイル

解説　オーストリア生まれのジョゼフ・フォン・スタンバーグ監督がなけなしの有り金をはたいてつくった作品。サイレント映画がキャメラワークやセットに技巧を凝らしていた時、彼は素朴なリアリズムを探求していた。貧しい青年（ジョージ・A・アーサー）と娘（ジョージア・ヘイル）と孤児の三人が人生を強く生きていくのがテーマ。

ハイ淀川です　ニューヨークの泥さらい船の運転手の話なのね。働いても働いても食えない。下宿にいてもめしがないから、道に落ちているものを探そうというので、娘と孤児の三人で歩くのね。でも落ちていっこない。男がポケットに手を入れたらチューインガムが一枚だけあった。それを三つに分けて口に入れる。それで腹の足しにしようとするこの場面がいいんですね。水が流れる。光の中をカモメが飛ぶ。ドキュメンタリー・タッチの作品なのね。スタンバーグはこの作品をチャップリンに見てもらったら、OKと言われユナイトで配給してもらったんですね。ジョージア・ヘイルはこれで認められてチャップリンの『黄金狂時代』の主役を摑んだんですね。

ヴィットリオ・デ・シーカ『自転車泥棒』(48)

ルネ・クレマン『禁じられた遊び』(52)

フランソワ・トリュフォー『大人は判ってくれない』(59)

アーサー・ペン『奇跡の人』(62)

ホウ・シャオシエン『冬冬の夏休み』(84)

ワリス・フセイン『小さな恋のメロディ』(71)

ジュゼッペ・トルナトーレ『ニュー・シネマ・パラダイス』(89)

クリス・コロンバス『ホーム・アローン』(90)

スケアクロウ
Scarecrow

D＝WHV

73／米／監＝ジェリー・シャッツバーグ／脚＝ゲリー・マイケル・ホワイト／撮＝ヴィルモス・ジグモンド／出＝ジーン・ハックマン、アル・パチーノ、アン・ウェッジワース、リチャード・リンチ、アイリーン・ブレナン／V＝WHV

解説　カメラマン出身のジェリー・シャッツバーグ監督の第三作目。南アフリカの田舎道でふと知り合ったマックス（ジーン・ハックマン）とライオン（アル・パチーノ）。二人の目的は違うが一緒に旅をすることになる。アメリカの乾いた風土を行く男二人が、物質よりも愛の本質を探し求める過程を描いたロードムービー。

ハイ淀川です　西部の真ん中の田舎道。大男のジーン・ハックマンがライターで煙草に火をつけようとしたんですね。パチパチやっても火がつかない。ところが、向こうに小男のアル・パチーノがいて、じっとそれを見ていて、道を横切ってやってきて、マッチを一本出して、二人の男が身体を寄せ合うようにしてマッチに火をつけましたね。この二人はやがて離れられない友だちになっていきます。冬の風のきつい曇天の中の道でお互いに知り合った。それを一本のマッチの火で表現しているあたりの見事さ。このシーンでこの映画の命を見せました。よく見ているとこの二人はホモの匂いを感じますね。二人の俳優はその感じを見事に出していましたね。

スタア誕生
A Star Is Born

D＝WBH

54／米／監＝ジョージ・キューカー／脚＝ドロシー・パーカー、他／撮＝サム・リーヴィット／出＝ジュディ・ガーランド、ジェームズ・メイスン、ジャック・カースン／V＝WHV

解説　一九三七年に製作された作品のリメイク。前座歌手エスター（ジュディ・ガーランド）はハリウッドのスター、ノーマン・メイン（ジェームズ・メイスン）に発掘され結婚、アカデミー賞のオスカーをとるほどの大スターになるが、ノーマンは酒に溺れ落ちぶれスターの座を失い入水自殺してしまう。ジョージ・キューカー監督。

ハイ淀川です　ジャネット・ゲイナーの役をジュディ・ガーランドがやりました。セミ・ミュージカルタッチでした。この映画でも男はアル中で入水自殺してしまう。そして、ラスト。彼女が再びステージに立って「私はノーマン・メイン夫人です」と言うあたりがいい。でも見どころはジュディ。この人は酒と薬で四十七歳の女ざかりで死んでしまいました。この映画で歌う「行ってしまった彼」という曲は彼女のトレードマークになりました。『オズの魔法使』では「オーバー・ザ・レインボー」を歌ってアカデミー主題歌賞をとりました。このとき十六歳だったんです。というわけで今や伝説のスターとなってしまったジュディの最後のヒット作でした。

スター・ウォーズ
Star Wars

B＝ディズニー　D＝FOX

77／米／監・原・脚＝ジョージ・ルーカス／撮＝ギルバート・テイラー／出＝マーク・ハミル、ハリソン・フォード、キャリー・フィッシャー、アレック・ギネス／V＝FOX

解説　ジョージ・ルーカス監督のSFXを駆使したSFファンタジー。はるか銀河系の彼方、ダース・ベイダー率いる帝国軍と、レイア姫（キャリー・フィッシャー）率いる共和国軍との闘いが展開される。ロボットのC－3POやR2－D2が活躍。アカデミー七部門受賞。その後『帝国の逆襲』『ジェダイの復讐』『ファントム・メナス』が製作された。

ハイ淀川です　『未知との遭遇』は哲学や文化的使命を訴えていますけれど、『スター・ウォーズ』はそれとは反対で、面白くって面白くって、これ以上面白いものはないぞ、といった映画ですね。まぁ、画面全部が玩具ですね。それが玩具のくせに面白い。中でもいいのは金色のロボットのC－3POとR2－D2。心をもっていない人造人間が人間のように動くあたり。このモダンさが最高ですね。というわけで、この映画は人間がこんな機械をいじめて、こんなに征服して、こんなに便利に使って、いささかの同情もなく、戦場にうっちゃらかして、また動かす。あぁ、哀れな機械、というところも見せていますよ。

スター・ウォーズ／帝国の逆襲
The Empire Strikes Back

B＝ディズニー　D＝FOX

80／米／監＝アーヴィン・カーシュナー／製・原・脚＝ジョージ・ルーカス／脚＝リー・ブラケッド、他／撮＝ピーター・サシツキー／出＝マーク・ハミル、ハリソン・フォード、キャリー・フィッシャー／V＝FOX

解説　ヒット・シリーズの第二作目。ルーク（マーク・ハミル）は、ジェダイの騎士ヨーダの住む星で理力を完全にマスターする修行を積み、レイア姫（キャリー・フィッシャー）とハン・ソロ（ハリソン・フォード）は互いの愛に気づく。ＳＦＸだけでなく人物描写にも力を入れた大作。製作総指揮ジョージ・ルーカス。

ハイ淀川です　ジョージ・ルーカスは三十二歳で第一作目。この『帝国の逆襲』は三十五歳のときの作品ですね。今度は製作にまわり、アーヴィン・カーシュナーが監督しましたけれど、その製作エネルギーには舌をまきます。第一作はおもちゃ箱をひっくり返したような子供っぽい楽しさがありましたが、今度はトーントーンという見上げるような背の高いラクダとカンガルーとヤギの混血のような武器運びの動物が出てくる。それにヨーダという背の低い老人も出てきますけれど、このトーントーンとヨーダが面白いですね。そのつくりものの動きがディズニー美術に迫ってきました。ルーカスは三年に一本の計算でこのシリーズをつくるそうですよ。

スター誕生
A Star Is Born

D＝ファースト

37／米／監＝ウィリアム・A・ウェルマン／脚＝アラン・キャンベル、他／撮＝ランシング・C・ホールデン／出＝ジャネット・ゲイナー、フレドリック・マーチ、アドルフ・マンジュー

解説　北ダコタの寒村に生まれた娘（ジャネット・ゲイナー）が、ハリウッドに憧れ、数々の苦労を体験して大スターになるまでのサクセス・ストーリー。結婚後、酒乱となった夫（フレドリック・マーチ）を妻として助けていく姿が感動を呼んだ。デヴィッド・O・セルズニック製作、ウィリアム・ウェルマン監督。アカデミー脚本賞。

ハイ淀川です　これはアカデミー賞のバックステージものですね。裏話ですね。それをハリウッドを知りつくしているデヴィッド・O・セルズニックが製作しているところが面白いなあ。田舎娘のジャネット・ゲイナーはもう頑張って頑張ってスターになっちゃう。二人は結婚するけれど男のほうは人気が下がっていって荒れて毎日、酒ばかり飲んでイライラする。反対に彼女はアカデミー女優賞をもらっちゃう。その式場に男が酔っぱらって乗り込んできて、なんだ、お前、こんなものがいいのか、とオスカーをポーンと投げちゃう。こんな場面は今までに一度もありませんでした。そのあたりがすごい。なんとも知れん美しい映画、名作でした。

スティング
The Sting

B・D＝ジェネ

73／米／監＝ジョージ・ロイ・ヒル／脚＝デヴィッド・S・ワード／撮＝ロバート・サーティース／出＝ポール・ニューマン、ロバート・レッドフォード、ロバート・ショウ、チャールズ・ダーニング／V＝CIC／D＝LDC

解説　一九三六年のシカゴ。仲間を組織に殺されたサギ師フッカー（ロバート・レッドフォード）は、往年の大物賭博師ゴンドーフ（ポール・ニューマン）の助けを借りて、復讐のために組織のボスをカモにする一世一代のイカサマを企てるが…。二転三転するどんでん返しがあるコメディで、監督はジョージ・ロイ・ヒル。

ハイ淀川です　スティングというのは、うまくだました瞬間のこと。相手のポケットからうまいこと財布を抜きとった瞬間を言うんですね。というわけで、この映画自体も、作品、監督、オリジナル脚本など七つのオスカーをかっぱらいました。衣装デザイン賞もとりましたが、一九三〇年代の男の衣装デザインがいい。ハンチングにサスペンダーの粋なこと。この当時、ポール・ニューマンは四十八歳、ロバート・レッドフォードは三十七歳。男の匂いがぷんぷんします。まさに男の映画。しかも海千山千の玄人をイチコロにだますそのあきれた計画。この知能犯の面白さ。痛快で粋な映画とはこれですね。

ステッピング・アウト
Stepping Out

91／米／製・監＝ルイス・ギルバート／脚＝リチャード・ハリス／撮＝アラン・ヒューム／出＝ライザ・ミネリ、シェリー・ウィンタース、ヴィル・アーヴィン／V＝C－C

解説　リチャード・ハリスの大ヒット舞台劇を自らが脚色、ルイス・ギルバート監督が映画化。ニューヨークのタップ教室のメイビス（ライザ・ミネリ）は、偏屈なピアノ演奏者（シェリー・ウィンタース）とともに八人の生徒たちにタップを特訓して発表会を目指す。タップ教師と生徒たちの交流をユーモラスに描いたヒューマン・ドラマ。

ハイ淀川です　面白いのは舞台がニューヨークの四十二番街でなく片田舎。そこがいいんだね。ダンスをしないで掃除ばかりしているおばちゃんがいたり、もっさりとした中年男もいる。それぞれが個性を持っているんですね。教える先生がライザ・ミネリ。この人は『キャバレー』でオスカーをとってのぼせあがっちゃった。でも今度はどぎついメイクもとってオーバーアクトでなく上品にやっています。大女優シェリー・ウィンタースがピアノの先生になって笑わせますね。そして、発表会で緊張して成功するところ。ライザも最後に歌って踊る。この幕切れの粋なこと。粋な映画とはこれ。私にはライザが戻ってきたのがうれしかった。

ステラ
Stella

90／米／監＝ジョン・エアマン／脚＝ロバート・ゲッチェル／撮＝ビリー・ウィリアムズ／出＝ベット・ミドラー、ジョン・グッドマン、スティーブン・コリンズ／V＝ヘラルド　D＝ヘラルド

解説　ハリウッドの大プロデューサーのサミュエル・ゴールドウィンが二度映画化した名作を息子のゴールドウィン・ジュニアがリメイクした。娘のために自分の夢を犠牲にしてしまう母親役を二五年作ではベル・ベネットが、三七年にはバーバラ・スタンウィックが演じ、今回はベット・ミドラーが熱演した。

ハイ淀川です　前の二作は立派な立派なプロデューサーのサミュエル・ゴールドウィン、三作目はその息子のサミュエル・ゴールドウィン。おやじの作品をまた映画にしたいという親孝行な気持ちにほだされて見ました。ステラを誰がやるのかと思ったらベット・ミドラーでした。人がよくって教養がなくって、そのくせ好きな人のために一生懸命尽くす女を見事に演じました。まさに適役。結婚式のあと、自分の実の娘と彼が玄関で抱き合っている。それを雨に濡れながら窓ガラス越しに見ているステラ。このラストシーンの悲しいこと。見事な愛のラストは永久に映画の歴史に残るシーン。それをこの映画でもちゃんと見せました。

ステラ・ダラス
Stella Dollas

25／米／監＝ヘンリー・キング／脚＝フランセス・マリオン／出＝ロナルド・コールマン、ベル・ベネット、ロイス・モーラン／V＝IVC　D＝IVC

解説　フランセス・マリオンの卓抜したシナリオをヘンリー・キングが監督した母性愛映画の名作。建築技師（ロナルド・コールマン）は地方に出張したとき、人のいい女ステラ・ダラスとの間に女の子をつくる。しかしこの技師は都会の名門の令嬢と結婚し、自分に隠し子のあることを打ち明ける。そして成長した娘を引き取ることになる。

ハイ淀川です　読み書きもろくにできない母親ステラ（ベル・ベネット）は、ここまで育てた娘（ロイス・モーラン）を誰が渡してなるものかと思った。でも考えたらいいお家でいい暮らしができたら、それでいいと思ってあきらめた。その母娘の別れのシーンがいいですね。最後の最後、娘が結婚する。立派なお家の名門の息子と結婚することをステラは新聞で見たのね。花嫁姿を一目見たい。ガラス窓の向こうを覗き込んだ。上品な連中の中で娘が幸せそうなのを見て、よかった、よかった。雨の中、傘もささずに濡れながら見ている。親と子、人情というものをヘンリー・キング監督は脂ののりきった鮮やかな演出で見せました。

ストラップレス
Strapless

89／英／監・脚＝デヴィッド・ヘア／撮＝アンドリュー・ダン／出＝ブレア・ブラウン、ブルーノ・ガンツ、ブリジット・フォンダ／V＝朝日

解説　イギリスの劇作家であり『ウェザビー』で監督デビューしたデヴィッド・ヘアのラブストーリー。四十歳になった有能な女医リリアン（ブレア・ブラウン）は、ミステリアスな男（ブルーノ・ガンツ）と出会い、とまどいながらも結婚を決意。一方、妹エイミー（ブリジット・フォンダ）は奔放な生活の果てに妊娠してしまう。

ハイ淀川です　この監督は女のコンプレックス、非常にひしがれた女の感覚をヒッチコック・タッチというのか新しいスタイルで狙いました。主人公の女は男のプロポーズを受けてしまいました。そして、男から金を貸してくれと言われたときに「いいわよ」と言ってしまった。このあたりからこの男の正体はどう変わっていくのか。まるでヒッチコック映画のような深い心理的な怖さに入っていく。ロマンチックな映画のくせに、その裏にはなんとも知れん刃がある。これがこの映画の面白さです。妹のほうはなんでも平気で言える今日の女。奇妙な男にふり回される姉との対比。このあたりの兼ね合いがなんとも面白い。これはまさに大人のラブストーリーですよ。

ストリート・オブ・ファイヤー
Streets Of Fire

B・D＝キング　D＝ジェネ

84／米／監・脚＝ウォルター・ヒル／脚＝ラリー・グロス／撮＝アンドリュー・ラズロ／出＝マイケル・パレ、ダイアン・レイン、リック・モラニス、ウィレム・デフォー／V＝CIC

解説　ウォルター・ヒルが監督した青春ロック・ファンタジー・アクション。久々にリッチモンドに戻ってきた流れ者トム（マイケル・パレ）は、かつての恋人でロックの女王エレン（ダイアン・レイン）が暴走族に誘拐されたことを知り、助っ人の女ガンマンのマッコイ（エイミー・マディガン）とともに敵地に乗り込んでいく。

ハイ淀川です　リッチモンドの舞台の幕開きからたけり狂う若者たちのエネルギーの火花。映画がリズムを打ち、あたかも映画自身がダンス。そしてなによりも胸を打つのはウォルター・ヒルの男っぽさ。その男の腕力が地ひびきするようなファイティング・スピリット。今度はロック歌手の危機を救うヒーロー。これに女兵士が加わって悪党一味をめった打ちにして、最後は大型ハンマーで相手のボスとブンブン唸りをあげての決闘のすさまじさ。『ウエスト・サイド物語』にウェスタンの香りを加え、さらにウォルター・ヒル・スタイルに徹しきり、「おいらは江戸ッ子よ」とたんかを切ったウォルター・ヒル芸術。胸のすくリズム感溢れた作品です。

ストレンジャー・ザン・パラダイス
Stranger Than Paradise

B・D＝バップ

84／米・西独／監・脚＝ジム・ジャームッシュ／撮＝トム・ディッチロ／出＝ジョン・ルーリー、エスター・バリント、リチャード・エドソン、セシリア・スターク

解説　三人の若者感覚を描いたジム・ジャームッシュ監督の長編第一作。ウィリーは、友だちエディと競馬や博打で稼ぎ、ニューヨークで生活しているが、そこにブダペストから来た十六歳のいとこエヴァが同居。一年後、クリーヴランドの叔母のところに行ったエヴァをウィリーとエディが訪ね誘いだし、フロリダでバカンス気分。

ハイ淀川です　十六歳の娘を演じたエスター・バリントは劇団の若手で映画はこれが初めて。いとこを演じたジョン・ルーリーは『パリ・テキサス』にも出演していましたけれどさすがに巧い。相棒のリチャード・エドソンは映画初出演。みんなが新人でみずみずしいところがいいんですね。映画自身が感情をいっさい避けてしらじらしく、この三人をキャメラで捉えて、若い三人のおかしな健康を出しています。スリルもサスペンスも見る方たちのご勝手にといった調子のしらじらしいばかりの演出ですが、それでいてサスペンス感があるのね。この映画が目で見つめる活動写真精神を持っていること。それがうれしいですね。

素直な悪女
Et Dieu... Créa La Femme

B・D＝アネック

56／仏／監・脚＝ロジェ・ヴァディム／撮＝アルマン・ティラール／出＝ブリジット・バルドー、クルト・ユルゲンス、ジャン・ルイ・トランティニャン／V＝IVC

解説　ロジェ・ヴァディムの監督第一作。十八歳の孤児ジュリエット（ブリジット・バルドー）は酒場の主人（クルト・ユルゲンス）に愛されているが、プレイボーイ（クリスチャン・マルカン）をひそかに恋している。しかし彼に真意がないとわかり、彼の弟ミシェル（ジャン・ルイ・トランティニャン）と結婚してしまう。

ハイ淀川です　ところがプレイボーイが戻ってきて、ふとしたことでジュリエットと肉体関係を結んでしまう。彼女はそんな自分に嫌気がさして町の酒場で飲んで踊る。しかし最後の最後はミシェルとジュリエットはほんとうに結ばれるという話。バルドーの全裸を画面一杯に見せたりしますが、この映画のエロチックがさらさらして健康的。これがBBの個性ですね。ヴァディムもモダンな感じの中にクラシックな味を出そうとしているあたりがいいのね。余談ですけれど、バルドーはヴァディムと離婚したと思ったら、この映画のトランティニャンと結婚してしまったのね。二人のラブシーンを演出したヴァディムのお気の毒なこと。

砂の器

B・D＝松竹

74／日／監＝野村芳太郎／脚＝橋本忍、他／撮＝川又昂／出＝丹波哲郎、森田健作、加藤剛、緒方拳、加藤嘉、島田陽子、山口果林／V＝松竹

解説　松本清張のベストセラー小説を橋本忍と山田洋次が脚色、野村芳太郎が監督した。迷宮入りと思われた殺人事件を執念で追いつづけるベテラン刑事今西（丹波哲郎）、若手刑事吉村（森田健作）の二人と、犯人である天才音楽家和賀（加藤剛）の宿命的な生い立ちを日本列島の四季をからませて描いたサスペンス映画。

ハイ淀川です　この「宿命」のクラシックにのって、過去が出てくるところがいいんですね。加藤嘉が扮している千代吉というじいさんが子供の秀夫を連れて、この親子が巡礼姿で村から村へと逃げていくところ。雨の中、隠れて笹やぶの中で、二人で土鍋のおカユを炊いて、二人が一つの茶碗でおカユをするところ。実はこの千代吉、当時は業病だと言われたハンセン病を持っていたんですね。その連れていた子供が今、ピアノを弾き指揮をしている和賀という男。この「宿命」という曲の中に自分の過去を取り入れて演奏している。というわけで、春、夏、厳しい冬も出てくる。そのキャメラの美しさ。日本映画の傑作です。

スヌーピーとチャーリー
A Boy Named Charlie Brown

D＝パラマ

69／米／製・監＝ビル・メレンデス／原・脚＝チャールズ・M・シュルツ

解説　アメリカの独創的なマンガ家チャールズ・シュルツの『チャーリー・ブラウン』を、ビル・メレンデスが監督した劇場用長編アニメ。チャーリーは小っちゃな男の子。凧も上げられず、子犬スヌーピーに馬鹿にされるし、ピッチャーをやってもダメ。さて勉強は…。人間のコンプレックスにやさしい共感を注ぎこんだ作品。話題の傑作アニメの第一弾。

ハイ淀川です　これを見て子供のマンガと思って馬鹿にする人は貧しい感覚の人ですよ。スヌーピーは憎らしいけどわれらの親友ですね。チャーリーは表向きは小学生ですけど、見方によっては都会のサラリーマンです。それもやるせないサラリーマン。女はみんなちゃっかりして腹が立つばっかり。けれども、女は最終的には母親に似た豊かな愛情の持ち主なんです。というわけで、このアニメの作品のモダンさを感じとった人は感覚を身につけている人だと思いますよ。一本のアニメ映画からこのような感覚の楽しいレッスンができるところに、動く絵、つまり映画のありがたさがあります。見てびっくりしたり、その美しさに酔うことが感覚を養う第一歩です。

スヌーピーの大冒険
Snoopy, Come Home

D＝パラマ

72／米／監＝ビル・メレンデス／原・脚＝／撮＝チャールズ・M・シュルツ

解説 『スヌーピーとチャーリー』に続く第二作の長編アニメ。今回はヒマさえあれば犬小屋の屋根に寝そべっているワキ役の子犬スヌーピーが中心。さらに秘書役としてキッツキ、ウッドストックが登場。犬なるが故に差別を受け、反抗的になっていたスヌーピーのもとに、前の飼い主の女の子ライラから一通の手紙が届く。

ハイ淀川です 子供が見たら面白いが、大人が見たら怖い映画ですね。ライラの手紙は、今病院に入院しているから寂しいから来てよ、ということでしたね。スヌーピーは飛べない小鳥を連れて勝手に家出した。びっくりしたチャーリーは「なんだ。俺が食わしているのにね。首輪だって買ってやったのに」。このあたりがすごいんです。ライラは可愛い女の子。でもスヌーピーの頭と心からは、チャーリーのことが忘れられない。それで戻りました。チャーリーは泣いて喜んで歓迎した。それだけの映画ですけれど、この映画に都会感覚を感じられる人は映画の見方がわかる人です。親友というもの、夫婦というもの、今日のアメリカの人間関係がにじみでています。

素晴らしい風船旅行
Le Voyage En Ballon

60／仏／監・脚＝アルベール・ラモリス／撮＝モーリス・フェル、ギイ・タバリー／出＝アンドレ・ジル、パスカル・ラモリス、モーリス・バケ

解説 『白い馬』や『赤い風船』で詩情ゆたかな映画詩をみせたアルベール・ラモリス監督の長編第一作。老科学者（アンドレ・ジル）は大空漫歩用の気球を発明し、孫の少年（パスカル・ラモリス）と一緒に北フランスのノールから飛びたち気球の旅に出る。大空から見おろした地球の広大な美しさと楽しさがいっぱいの冒険旅行。

ハイ淀川です 赤と黄の縞模様の気球。まるで大きなドロップ。真っ白な頭のおじいちゃんと可愛い坊やが乗ってどんどん上がっていく。地上を見ると、自動車が走る。人が動いている。それはまるで海底の珊瑚礁の間を魚が泳いでいる感じですね。ある村では洗濯物が風で飛ばされました。気球から見てると、それは空飛ぶ天使。白いシャツがダンスしている感じ。白鳥がいるなあと思ってよく見ていたら、それが真っ青な海に浮かぶヨットの群れだったりして。ラモリスは私たちにジェット機やすごいスピードの乗り物に乗ってばかりいて景色を楽しむ旅行を忘れていませんかといっている感じですね。映画詩人アルベール・ラモリスの空の詩です。

素晴らしき戦争
Oh! What A Lovely War

D＝パラマ

65／英／監＝リチャード・アッテンボロー／音＝アルフレッド・ロールストン／出＝ローレンス・オリヴィエ、ジョン・ミルズ、マギー・スミス、ラルフ・リチャードソン、ダーク・ボガード、ジョン・ギルグッド、ケネス・モア

解説 性格俳優のリチャード・アッテンボローの第一回監督作品。第一次大戦にまき込まれたイギリス政府は国力を挙げ国民を戦争に駆り立てる。しかし、戦争で利益を得るのは軍需資本家、勲章や名誉を得たのは戦場の悲惨さを体験しない将軍たちであり、犠牲者は庶民であった、という戦争の正体暴露を描いた反戦ミュージカル映画。

ハイ淀川です 監督になったアッテンボローはロンドンのレビューを映画化しました。この中に懐かしいロンドンの流行歌や軍歌を替え歌にした曲がどんどん出てきます。そして、一つ一つのエピソードを鮮やかな場面展開で見せてくれますね。さらに彼の監督第一作というのでなんと、ローレンス・オリヴィエ、ラルフ・リチャードソン、ジョン・ミルズ、マギー・スミス、ジョン・ギルグッド、ケネス・モア、ダーク・ボガードなど歌舞伎で言うならば顔見世興行のごとく派手に出てくるのも楽しい。しかし、このミュージカル映画の本心は若人をだましすかして美人の甘い囁きをもって戦場にかり出すという、軍部への手厳しい皮肉の見事な反戦映画ですよ。

素晴らしき日
One Fine Day

B・D＝FOX

97／米／監＝マイケル・ホフマン／脚＝テレル・セルツァー、他／撮＝オリヴァー・ステイプルドン／出＝ミシェル・ファイファー、ジョージ・クルーニー、チャールズ・ダーニング／V＝FOX

解説　新聞の人気コラムニストのジャック（ジョージ・クルーニー）と建築家メラニー（ミシェル・ファイファー）は、五歳の子供を抱えともにバツイチ。そんな二人が知り合い、仕事に追われ子供に振り回される。マイケル・ホフマン監督が一日の出来事を分刻みに追いながら、二人の恋をテンポよく描いたラブストーリー。

ハイ淀川です　ミシェル・ファイファーの顔。それとジョージ・クルーニーはアメリカの洋服屋の看板みたいな男だけど唇に色気があるのね。この二人がいつの間にか仲良くなって顔を合わせて、それも口を開けて接吻するところがこの映画の見どころですよ。二人の顔を見ているだけで、一時間五十分たってしまいますが、この映画のもう一つの見どころはニューヨークのマンハッタンの生活が丸見えのところですね。セントラルパークからラジオホールも出てくる。コーヒー茶碗一つにもマンハッタンの生活がでているところがいい。五歳の子供が走りまわって、チョロチョロ出てくるところはつらいけれど、この子供があって結ばれたんなら仕様がないね。

素晴らしきヒコーキ野郎
Those Magnificent Men In Their Flying Machines

B＝ディズニー　D＝FOX

65／米／監・脚＝ケン・アナキン／脚＝ジャック・デイヴィス／撮＝クリストファー・チャリス／出＝ジェームズ・フォックス、スチュアート・ホイットマン、石原裕次郎、ジャン・ピエール・カッセル、テリー・トーマス／V＝FOX

解説　人類が空を飛びたいと願いその夢が実現した一九〇〇年初頭。アメリカ、イギリス、フランス、ドイツ、日本などからヒコーキ野郎たちが自慢の愛機でロンドン～パリ間の飛行機レースに参加する。各国の個性的な飛行機が目を楽しませてくれる。オールスター・キャストで『史上最大の作戦』のケン・アナキンが監督。

ハイ淀川です　イギリスからはジェームズ・フォックスとテリー・トーマス、フランスからはジャン・ピエール・カッセル、アメリカからはスチュアート・ホイットマンといった第一級のスターが出てくる。それに日本からは裕ちゃんが参加する。面白い顔ぶれですね。そして見どころはなんといっても飛行機。これは舞台では絶対にやれないお話ですね。見ていると飛行機のレビュー。飛行機の花火。絢爛たる飛行機の展覧会です。役者も飛行機もオールスター・キャスト。もうこうなると飛行機も芸術です。それに監督がケン・アナキン。『史上最大の作戦』の名監督ですね。だから、この作品はどこかイギリスの匂いがある。そのあたりも面白いですね。

スピード
Speed

B・D＝ディズニー

94／米／監＝ヤン・デ・ボン／脚＝グラハム・ヨスト／撮＝アンジェイ・バートコウィアク／出＝キアヌ・リーヴス、サンドラ・ブロック、デニス・ホッパー、ジョー・モートン／V＝FOX／D＝FOX

解説　キャメラマン出身のヤン・デ・ボンの監督デビュー作。爆弾魔（デニス・ホッパー）は、市バスに時速八十キロ以下に落ちると爆発する時限爆弾を仕掛ける。バスに乗り込んだSWAT隊員ジャック（キアヌ・リーヴス）がアニー（サンドラ・ブロック）と連携プレーで大活躍するノンストップ・アクションの傑作。

ハイ淀川です　ヤン・デ・ボンの第一回監督作品ですが、もう最高の出来栄えでした。バスが時速八十キロ以下にスピードを落とすと爆発しちゃうのね。高速道路の未完成部分が十五メートルもあってそこを飛ぶあたりのスリル。そのサスペンス。これこそ映画のオリジナルです。キアヌ・リーヴスが車からバスに移ろうとして足を出す。バスも車も走っている。このあたりのハラハラ。そして、バスの下にもぐって時限爆弾のスイッチを探すところ。まさに『駅馬車』のジョン・ウェインですね。男らしさを見せました。デニス・ホッパーの犯人の怖さがまたいいんです。というわけで、これは映画以外には絶対にだせない恐怖。このエネルギーに脱帽しました。

スピード2
Speed2 : Cruise Control

B・D＝ディズニー

97／米／製・監＝ヤン・デ・ボン／脚＝ランダル・マコーミック、ジェフ・ネイサンソン／撮＝ジャック・N・グリーン／出＝サンドラ・ブロック、ジェイソン・パトリック、ウィレム・デフォー、テムエラ・モリソン／V＝FOX／D＝ポニー

解説　監督は前作に続いてヤン・デ・ボン。今回は豪華客船のスリルで、サンドラ・ブロックの相手役は『スリーパーズ』のジェイソン・パトリック。SWAT隊員アレックス（パトリック）と恋人アニー（ブロック）は豪華船でバカンスを楽しんでいたが、ガイガー（ウィレム・デフォー）にシー・ジャックされタンカーとの衝突が迫る。

ハイ淀川です　今度はどんな手を使うのかと思ったら、シー・ジャックでしたね。巨船と海のスリル、サスペンス。ヤン・デ・ボン監督は『スピード』にしても『ツイスター』にしてもこういう作品を撮らせたら天下一品です。さあ、犯人のコンピュータで操縦されている巨船がタンカーにぶつかるというあたりのすごさ。そのあとはカリブの海岸に乗り上げて住宅を破壊してしまうあたり。さらに水上飛行機のサスペンス。よくもこれだけ集めました。しかし、この映画のよさは重量感ですね。さらにキャメラの巧さ。まさに目で楽しませます。船だけでなくジェイソン・パトリックはセクシーな二枚目。犯人役のウィレム・デフォーは主役を食うぐらいによかった。

スミス都へ行く
Mr.Smith Goes To Washington

B＝SPE　D＝ファースト

39／米／製・監＝フランク・キャプラ／脚＝シドニー・バックマン／撮＝ジョゼフ・ウォーカー／出＝ジェームズ・スチュアート、ジーン・アーサー、クロード・レインズ、エドワード・アーノルド／V＝SPE

解説　青年スミス（ジェームズ・スチュアート）は地方政界のボスたちの策略により上院議員に祭り上げられ、誠心誠意人々のために尽くそうとするが、先輩議員にハメられ絶望。しかし、女性記者（ジーン・アーサー）の励ましで政治腐敗を告発する。ラストのスミス長丁場の大演説は圧巻。フランク・キャプラ監督の代表作。

ハイ淀川です　キャプラ映画はときにはキャプラ・コーンと言われたりするんですね。その叫んでいる甘ったるい理想主義が砂糖菓子みたいだという皮肉なんです。この映画でも上院議員（クロード・レインズ）がスミスの力によって負け、議会の衆人の前で悪徳を謝罪しました。でも現実はこんな美しい結末で終わるだろうか。といった気持ちでキャプラ映画を見たらいけませんね。キャプラ・タッチの流れるようなスピード感がそんな疑問をさしはさむ余裕を与えないようにできている。それがキャプラ映画の魔術。見ている目の前で正義が悪をほろぼす痛快さ。キャプラ・タッチの定石を知りながら、アメリカ精神の謳歌を見てほしいですね。

スモーク
Smoke

B・D＝ポニー

95／米・日／監＝ウェイン・ワン／脚＝ポール・オースター／撮＝アダム・ホランダー／出＝ハーヴェイ・カイテル、ウィリアム・ハート、フォレスト・ウィテカー／V＝ポニー

解説　ブルックリンの街角のタバコ屋を舞台に、毎朝店先の同じ場所で写真を撮り続けている店主（ハーヴェイ・カイテル）、常連客でスランプ気味の作家ポール（ウィリアム・ハート）、ギャングに追われている黒人少年トース（ハロルド・ペリノー）と彼を捨てた父などが織りなすウェイン・ワン監督の人間ドラマの好編。

ハイ淀川です　このタバコ屋に人の世の人情がしみ込んでいる。それがこの監督の狙いなんですね。タバコ屋が別れた女房から娘のことを聞く昼間の公園のシーンがいいんですね。亭主と別れて娘を育ててきたその生きざまと女のつらさが出ている。江戸芝居の芸者の女の香りを感じさせるストッカード・チャニングの女の香りが最高です。それに加えてハーヴェイ・カイテルとウィリアム・ハートと黒人のフォレスト・ウィテカーの競演がまた見どころです。というわけで、四十七歳のこのウェイン・ワン監督がほんものの芸を摑み出しました。まさにこの映画の心温かいクラシックは、捨てがたい映画の宝石です。

スラップ・ショット
Slap Shot

B＝NBC　D＝ジェネ

77／米／監＝ジョージ・ロイ・ヒル／脚＝ナンシー・ダウド／撮＝ヴィクター・J・ケンパー／出＝ポール・ニューマン、ストローザー・マーチン、マイケル・オントキーン／V＝CIC

解説　プロ・アイスホッケーの弱体チームが、コーチ兼プレイヤーのレジ（ポール・ニューマン）のリードで、全米一の暴力チームに変身。ラフ・プレイで人気を博し優勝してしまう。女流脚本家ナンシー・ダウドがダーティーな台詞を書き上げ、ジョージ・ロイ・ヒル監督がプロ・スポーツの男たちの猥雑な世界を描いた娯楽作。

ハイ淀川です　これはまさしく男を見せる映画。ジョン・トラボルタが主役した『アーバン・カウボーイ』という映画がありましたが、トラボルタが、ロデオ・マシーンの機械の馬にまたがって、スイッチを入れるとこれが跳ねまわる。それを乗りこなすトラボルタの腰の動き、股のしめ方になんとも知れん男の色気がありました。というわけで、この作品は、プロ・アイスホッケーの選手のメチャクチャ荒れほうだいの大試合が見どころ。まぁ、氷の上にすってん転んでひっくり返る。その際、股が開いた男のポーズ。しかもキャメラがそこを狙っているあたり。まさに男を売りものにした映画。ジョージ・ロイ・ヒル監督は面白い映画をつくりました。

スリ
Pickpocket

B・D＝IVC

60／仏／監・脚＝ロベール・ブレッソン／撮＝レオンス・アンリ・ビュレル／出＝マルタン・ラサール、マリカ・グリーン／V＝IVC／D＝IVC

解説　『抵抗』で脱獄の過程を描いたロベール・ブレッソン監督がスリの手口をクローズアップ。ソルボンヌの貧乏学生ミシェル（マルタン・ラサール）はスリの技術を修得。パリ、ミラノ、ロンドンで大いに稼ぐが、その金は賭博と女に使い果たしてしまい更生を誓うが…。インテリ青年の疎外感と孤独感を鮮明に描いた作品。

ハイ淀川です　ロベール・ブレッソンの映画の恐怖感覚を見てほしい作品ですね。いけない、いけないと思っていながら電車に乗ると必ず誰かのポケットへ手を入れたがる男。怖いね。たとえばこの男が競馬場に行った。群衆の中にショルダーバッグをさげている奥さんがいた。後ろにぴったりとついた。手がだんだんいって止め金をはずすクローズアップの手。奥さんはまさか泥棒がそばにいると思わないから競馬に夢中。明るい顔している。後ろの顔は怖い殺気だった顔。並んでいる。その二つの顔が一緒にキャメラに映る。バッグのふたを開けて指が二本入っていった。女は「勝つ勝つ」と言っている。怖い。これが映画の恐怖。フランスは見せ方が見事だね。

スリーサム
Threesome

D＝ハピネット

94／米／監・脚＝アンドリュー・フレミング／撮＝アレキサンダー・グルジンスキー／出＝ララ・フリン・ボイル、スティーブン・ボールドウィン、ジョシュ・チャールズ／V＝SPE

解説　カリフォルニアの名門カレッジの学生寮で同室のエディとスチュアートは仲がいい。そこにコンピュータの入力ミスで女子学生アレックスが入り込む。セクシーな彼女にスチュアートは夢中になる。しかし彼女はエディに惹かれ、またエディはスチュアートが好き。二人の男と一人の女の奇妙な関係を描いたラブストーリー。

ハイ淀川です　アメリカが『フィラデルフィア』でエイズ問題に目を向けたあたりから、同性愛を扱った映画をどんどんつくるようになりましたね。この映画も同性愛が題材になっていますね。男二人に女一人の三人の大学生がいます。この三人の大学生のうち男の一人がホモセクシャルなんですね。それでその学生が友人を女と結びつけようとして、男と男の真ん中に女を寝かせる。一つベッドで寝たこのラストシーン。ところが友人が女の体を越して手を伸ばして彼の手を握る。そこでこの映画は終わりますけど、もう同性愛はアメリカではアブノーマルでなくってノーマルになりつつあるみたい。アメリカは現実に目をすえて映画づくりしています。

スリーパーズ
Sleepers

96／米／製・監・脚＝バリー・レヴィンソン／撮＝ミヒャエル・バルハウス／出＝ケビン・ベーコン、ジェイソン・パトリック、ロバート・デ・ニーロ、ブラッド・ピット／V＝ヘラルド、ポニー／D＝ヘラルド、ポニー　B＝ジェネ　D＝NBC

解説　『スリーパーズ』とは少年院に九ヶ月以上収容された者を指すスラング。少年院で残忍な看守たちによって暴行と恥辱を受け心の傷を引きずり、地方検事になったマイケル（ブラッド・ピット）ら四人の若者は友情で結ばれ看守たちに復讐する。元記者ロレンゾ・カルカテラの大ベストセラーをバリー・レヴィンソン監督が映画化。

ハイ淀川です　この映画はむかしのウィリアム・ワイラー監督の『デット・エンド』とそっくりでしたが、この作品のほうがもっと現実的にしっかりできていますね。四人の子供たちが大人になって看守を殺すところから本舞台になっていますけれど、見どころは少年時代ですね。夏のニューヨークの水道管が破裂して子供たちが無邪気に遊ぶところ。ホットドッグを食べたいばかりに人を傷つけて少年院に入れられる。その少年院の怖さ。ケビン・ベーコンの看守が子供たちをどんどんいじめる。ホモのはけ口にさせられてレイプされてしまう。そのエロチックな怖さ。ゾッとします。実話だっただけになお怖い。この子供たちがどうなったのかを見る映画です。

スリーメン&リトルレディ
Three Men And A Little Lady

90／米／監＝エミール・アルドリーノ／脚＝チャーリー・ピーターズ／撮＝アダム・グリーンバーグ／出＝トム・セレック、スティーヴ・グッテンバーグ、テッド・ダンソン、ナンシー・トラヴィス、ロビン・ワイズマン／V＝ブエナ　D＝ブエナ

解説　『スリーメン&ベイビー』の続編。赤ちゃんのメアリーは、おしゃまなリトルレディ（ロビン・ワイズマン）に成長。彼女とママ（ナンシー・トラヴィス）をめぐって建築家ピーター（トム・セレック）、マンガ家（スティーヴ・グッテンバーグ）、俳優（テッド・ダンソン）の三人のパパが大奮闘。エミール・アルドリーノ監督。

ハイ淀川です　子供の映画というより子供のにわかパパの映画。アメリカでなぜ当たったか。そんな目でみると面白いのね。今、アメリカではお母さんたちが独立して社会へどんどん出ていく。パパが家に残って子供の世話をする。そんな家庭が多いのね。ですからあんたが子供を預かったらどんな扱い方をするだろうという同情もある。それと同時にお母さんたちからみれば、男ってなんてバカでしょう。子供にあんなにあわてていると思ったりするのですね。ロビン・ワイズマンのおしゃまな子役がうまい。もう一つの見どころはトム・セレック。あの髭の顔のアップを見たらクラーク・ゲーブル以上。色っぽい男だ。

聖衣
The Robe

53／米／監＝ヘンリー・コスター／脚＝フィリップ・ダン／撮＝レオン・シャムロイ／出＝リチャード・バートン、ジーン・シモンズ、ヴィクター・マチュア、マイケル・レニー、ジェイ・ロビンソン／V＝FOX　D＝FOX

解説　聖書にもとづいたロイド・C・ダグラスの小説をヘンリー・コスター監督が映画化。ローマ帝国の護民官マーセラス（リチャード・バートン）は奴隷市でディミトリアス（ヴィクター・マチュア）を買う。彼はキリスト教弾圧の急先鋒だったがキリスト処刑の際、聖衣に触れたことで神の愛に目覚める。シネマスコープ第一回作品。

ハイ淀川です　原題の「ザ・ローブ」というのはキリストの赤いガウンみたいなものですね。マーセラスがそのローブを手に入れたため、最後の最後はダイアナ姫（ジーン・シモンズ）に殉教してしまう話です。このキリスト劇のストーリーもさることながら、この映画の値打ちはシネマスコープの第一回作品だということです。映画はサイレントからトーキーになった。そしてカラーになったら、今度はテレビが出てきた。さぁ困った。映画はどうしよう。そこでシネマスコープになった。さぁ何を撮ったらいいのかというので、20世紀フォックスはこの大群衆劇をつくりました。この映画、物語だけでなくシネマスコープの画面の描き方を見て下さい。

成功争ひ
Making A living

14／米／監＝ヘンリー・レアマン／出＝チャールズ・チャップリン、ヴァージニア・カートレー、ヘンリー・レアマン／V＝IVC
D＝IVC

解説　チャップリンがキーストン映画に入り、初めてスクリーンに登場した作品。一九一四年二月二日、アメリカで封切られた。ドジョウ髭にステッキ。母と娘を手玉にとって誘惑するニセ紳士に扮装し、ドタバタのアクションの連続。全一巻で十一分の短編ですべての映画ファンにとって必見の作品。

ハイ淀川です　チャップリンはイギリスのフレッド・カルーノ一座のパントマイム役者だったんですね。たまたまアメリカ巡業に来たとき、ドタバタ喜劇の天才監督マック・セネットが、あご鬚を伸ばして、雨傘の柄で相手を引っかけたり、もたれかかってひっくり返ったりするチャップリンの芸を見てびっくりしたのね。それでマック・セネットは、チャップリンと契約して活動写真に入れちゃったの。チャップリンは二十五歳。ですからこの一作はイギリスの若い舞台の喜劇役者のテスト版だ。扮装も下品。太陽の照りつけるロケですから、お得意の雨傘が使えない。困ってこれに代わるステッキを思いついたんですね。

青春群像
I Vitelloni

53／伊／原・監・脚＝フェデリコ・フェリーニ／脚＝エンニオ・フライアーノ、他／撮＝オテッロ・マルテッリ／出＝フランコ・ファブリーツィ、アルベルト・ソルディ、レオノーラ・ルッフォ／V＝東北／D＝LDC
D＝IVC

解説　フェデリコ・フェリーニ監督が『道』の前年に撮った作品。イタリアの小さな町に生まれ育った五人の若者。若い娘を妊娠させてしまうファウスト（フランコ・ファブリーツィ）、姉から小遣いをせびることしか知らないアルベルト、作家志望のレオポルドなど、のらりくらり遊んでいる自堕落な若者たちの生態が描かれている。

ハイ淀川です　働くのがいやで自堕落に生きている五人の若者たちの話。町のカフェで美人コンテストがあった。急に雨が降ってきて、えらいことになるんだけれど、このあたりの描写がいい。ミス・セレナに選ばれた女が失神しちゃう。実は五人組の一人の男の種を宿して妊娠していたのね。とにかくこんな連中、なんとか金を儲けたいと思って教会の十字架を盗んで、別の教会に売りつけに行ったりする。でもモラルドという男だけがこの町に見切りをつけて出て行く。残りの連中は相変わらずブラブラと遊んで過ごすことでしょう。その哀れさ、バカさ加減が面白くって、いかにもフェリーニの感じがよく出ていた。ニーノ・ロータの音楽がよかったですよ。

聖処女
The Song Of Bernadette

43／米／監＝ヘンリー・キング／脚＝ジョージ・シートン／撮＝アーサー・C・ミラー／出＝ジェニファー・ジョーンズ、チャールズ・ビックフォード、ヴィンセント・プライス、リー・J・コップ／V＝FOX
D＝ディズニー

解説　ヘンリー・キングが監督、新鋭のジェニファー・ジョーンズがアカデミー主演女優賞を獲得した作品。西仏国境に近い村ルルド。農家のベルナデット（ジェニファー・ジョーンズ）は村外れの洞窟で白衣の聖女を見る。そして洞窟の泉が死にかけた赤ん坊の命を救ったことで全国から巡礼者が訪れるが、娘は魔女とされ裁判を受ける。

ハイ淀川です　ヘンリー・キングの傑作の一つです。いかめしい部屋に呼びつけられたベルナデットが「神を見たとは嘘だろう。嘘だと言え」とおどされるシーン。しかしこの乙女は「見ました」と答えますね。また次の部屋へ呼びつけられ、さらに厳しい質問を浴びせられても「見たのです」と答える。この場面で私は涙が溢れました。この映画は信念の美しさ。戦争に勝つにはその奇跡的信念のもとに生きぬけと言っているアメリカの国策映画ですね。それがこんな映画スタイルでつくられたことと、この病めるベルナデットの強さ。この二つの考え方が一つになって、私を妙に泣かせてしまったんです。

聖なる酔っぱらいの伝説
La Leggenda Del Santo Bevitore

B・D＝紀伊國屋

88／伊・仏／監・脚＝エルマンノ・オルミ／脚＝トゥリケ・ケツィク／撮＝ダンテ・スピノッティ／出＝ルトガー・ハウアー、アンソニー・クエイル、サンドリーヌ・デュマ、ソフィー・セガレン／V＝ヘラルド

解説　オーストリアの作家ヨーゼフ・ロートの原作を『木靴の樹』のエルマンノ・オルミ監督が映画化。セーヌ河の橋の下に住む酒浸りの浮浪者（ルトガー・ハウアー）は、老紳士（アンソニー・クエイル）から、返せるときがきたら教会に寄付するという条件で二百フランを借りる。それ以来、彼の身の上に奇妙なことが次々と起こる。

ハイ淀川です　昔の『失われた週末』とか『酒とバラの日々』は、酒と人間の苦しみをハッキリと見せましたが、この映画は非常に感覚的です。「聖なる」とはセイント。神のような心がある作品にしたところにオルミの匂いがあります。一文なしのルンペンが、全然知らない老人から金をもらって、なんでくれるんだろうというところから本題に入っていきます。このアンソニー・クエイルの老人が神じゃないかと思わせる。このルンペン男は、金は返さなければいけないと思いながらも、また飲んじゃう。この男の酒の人生。その姿をウイスキーのグラスの中から見ているような感じでこの男の運命をしみじみと見るあたり。名作を名作どおりに描きました。

征服されざる人々
Unconquered

D＝ブロードウェイ

48／米／製・監＝セシル・B・デミル／脚＝フレデリック・M・フランク、他／撮＝レイ・レナハン／出＝ゲーリー・クーパー、ポーレット・ゴダード、ボリス・カーロフ、ハワード・ダ・シルヴァ／V＝CIC

解説　一七六三年、独立前のアメリカ。ピッツ砦の騎兵隊クリス大尉（ゲーリー・クーパー）はヨーロッパから送られた奴隷女（ポーレット・ゴダード）を豪商から解放する。豪商はインディアンをそそのかしクリスを襲う。インディアンの襲撃に悪戦苦闘しながらも屈しない開拓者の姿を描いたセシル・B・デミル製作、監督作品。

ハイ淀川です　三十七年間、映画監督として絢爛たる大舞台を廻して楽しませますような演出は、いまの新しい感覚のファンでさえ思わず引き込んでいきますよ。インディアンのお伽噺スタイルでありながら、時代考証を勉強しているデミルのこり方が観客を引きずりこむのね。インディアンに囲まれて磁石を見せてだますクーパー。面白さの中に開拓者の苦悶の姿が見事に描かれている。それにデミルらしい遊びがある。たとえばポーレットの火あぶりの真っ最中へ白煙とともに現われるクーパー、城砦の火の矢が当たって太鼓が燃えるというおどけた演出、デミルが家族連れの観客をあくまでも楽しませようとする愛嬌とこの余興が見ていて面白いのね。

制服の処女
Mädchen In Uniform

D＝IVC

31／独／監＝レオンティーネ・サガン、カール・フローリッヒ／脚＝F・D・アダム／撮＝ライマル・クーンツ、他／出＝ドロティア・ヴィーク、ヘルタ・ティーレ／V＝IVC／D＝カルチ、IVC

解説　ドイツの女流作家クリスタ・ウィンスローの原作を女流監督レオンティーネ・サガンが演出。十六歳のマヌエラは女学校の寄宿舎に入れられ鉄格子の中のような生活を送るが、女生徒の気持ちを和ませてくれるのは女教師ベルンブルクだった。彼女はそんな先生に惹かれていく。先生役のドロティア・ヴィークの端麗な美しさが人気を呼んだ。

ハイ淀川です　ドロティア・ヴィークの女の先生、それとヘルタ・ティーレが扮している十六歳の生徒。おとなしい内気なこの娘とレズビアンになっていくのね。この生徒は先生に母のような姉のような思慕を抱くんですね。それが学校中の噂になっちゃった。そこで女の校長が先生を追放しようとするのね。それでこの生徒は自殺しかけたのね。この事件で全生徒が運動を起こして女の校長を追い出しちゃうという学校劇なんですね。このころは日本ではまだレズビアンが何かよく知らなかったころですね。それを女の原作で女の監督、女の出演者で同性愛をテーマにした。当時は名作として評判だったこの作品、一見の価値はありますよ。

西部戦線異状なし
All Quiet On The Western Front

B・D＝ジェネ

30／米／監・脚＝ルイス・マイルストン／脚＝マックスウェル・アンダースン、他／撮＝アーサー・エディスン／出＝リュー・エアーズ、ウィリアム・ベイクウェル、ラッセル・ダリースン／V＝IVC、CIC、ジュネス／D＝カルチ

解説　第一次世界大戦に従軍したレマルクのベストセラー小説の映画化。ドイツの田舎町、愛国心に燃える若者ポールは軍隊に志願し戦場へ向かうが、現実の戦場はなまやさしいものではなかった。敵のフランス兵を殺したポールは暗澹たる気持ちで休暇を故郷で過ごし、再び戦場に戻るが…。ルイス・マイルストンがアカデミー監督賞を受賞。

ハイ淀川です　これはルイス・マイルストン監督の出世作で戦争映画のクラシックですね。若い兵隊のポール（リュー・エアーズ）は志願して軍隊に入った。そして、最後の最後、一時休戦になった。右も左も鉄砲の音もしない。静かになった。ポールはホッとした。そのとき、蝶々が飛んできて塹壕のところに止まったの。この蝶々、いいなあと思って手を出してとった。ところがそのとき、敵の狙撃兵の弾がバーンと飛んできて死んじゃったのね。故郷でお母さんが待っているというのに死んでしまった。けれどその日の報告、前線司令部が本国へ送った電文には「西部戦線異状なし」。何も変わったことはありませんでした。このラストシーンのすごいこと。

世界中がアイ・ラヴ・ユー
Everyone Says I Love you

B・D＝KAD

96／米／監・脚＝ウッディ・アレン／撮＝カルロ・ディ・パルマ／出＝ウッディ・アレン、ゴールディ・ホーン、ジュリア・ロバーツ、エドワード・ノートン／V＝アスミ

解説　ウッディ・アレン監督初ミュージカルの傑作。作家ジョー（アレン）を中心に、離婚したステフィ（ゴールディ・ホーン）とその夫の弁護士との奇妙な関係、実の娘の恋、そしてジョー自身の人妻（ジュリア・ロバーツ）との恋などをニューヨーク、ヴェニス、パリを舞台に描くが、その中で展開するアレンならではの歌とダンスが秀逸。

ハイ淀川です　ミュージカルを忘れたアメリカは馬鹿だと思っていましたが、ウッディ・アレンが取り戻してくれました。その感覚のすごいこと。パーティでマルクス兄弟の仮装をして踊るシーン。病院の廊下で骨壺からまかれた灰が踊り出る幽霊のダンス。ウッディとゴールディ・ホーンの踊りはフレッド・アステアとジンジャー・ロジャースのパロディ。彼女をパッと投げて踊るあたりは真似なんかしていませんという誇り。ジュリア・ロバーツを口説くところは肩をつぼめていやらしいけれど巧い。まさにウッディの演技集ですね。というわけで、恋、恋、恋のミュージカルの傑作。アメリカはウッディがいる限り大丈夫ですね。是非ともごらんなさい。

セックスと嘘とビデオテープ
Sex, Lies And Videotape

B＝SPE

89／米／監・脚＝スティーヴン・ソダーバーグ／撮＝ウォルト・ロイド／出＝ジェームズ・スペイダー、アンディ・マクダウェル、ピーター・ギャラガー、ローラ・サン・ジャコモ／V＝ポニー

解説　二十六歳のスティーヴン・ソダーバーグ監督の第一作。弁護士ジョン（ピーター・ギャラガー）とアン（アンディ・マクダウェル）は一見して理想的な夫婦だが、夫は妻の妹シンシア（ローラ・サン・ジャコモ）と関係。そこに夫の旧友グレアム（ジェームズ・スペイダー）が来訪、次第に真実が露呈していく。カンヌ映画祭グランプリ。

ハイ淀川です　アンがグレアムの仕事は何かと聞くと、主婦たちにセックスについてインタビューしてビデオテープに収めているという。きわどい答えを女たちがしているので、アンはびっくりしちゃう。というわけで、この映画は、セックスに振りまわされている人間が普通の家庭の中で、どのように嘘をついていることか、あるいはインポの男とセックス嫌いの女が、ほんとうにインポでセックス嫌いなのかを、本人自身が問いつめる手段にビデオを使っているんです。この映画、実はすべて嘘で、このようなことはないけれど、人間を試験管に入れて、ある薬品を一滴落して、その結果を見る人間試験のこの脚本。さすがに面白い。

セプテンバー
September

88／米／監・脚＝ウッディ・アレン／撮＝カルロ・ディ・パルマ／出＝デンホルム・エリオット、ミア・ファロー、ダイアン・ウィースト／V＝SPE　D＝FOX

解説　バーモントの山荘。持ち主の独身女性レーン（ミア・ファロー）のもとに夏を過ごすために数人の男女が訪れる。そして、作家ピーター（サム・ウォーターストン）を中にはさんで、親友のステファニー（ダイアン・ウィースト）との恋のさやあてが展開される。ウッディ・アレン監督が愛の心理を哀感たっぷりに描く。

ハイ淀川です　ウッディ・アレンの映画はいつもニューヨークが舞台ですけれど、今度はバーモント。自分が出演しないで、きれいなきれいな女性的な映画をつくりました。いかにも寂しい別荘。寂しい寂しい寂しいミア・ファロー。九月。枯葉ですね。しかし柔らかい感じで、この名作の雰囲気を見せるあたりは、やはりウッディの腕前ですね。ミア・ファローが自分を愛した男、初めて愛した男が、自分じゃあなくほかの友だちと仲よくなっていく。その瞬間を見たときに、このミア・ファローはどんなに悲しかったでしょう。まさに秋ですね。そしてほんとうの冬になっていくあたり。それがこの作品によく出ました。ウッディ・アレンは天才だと思いました。

セブン・イヤーズ・イン・チベット
Seven Years In Tibet

97／米／製・監＝ジャン・ジャック・アノー／脚＝ベッキー・ジョンストン／撮＝ロバート・フレイズ／出＝ブラッド・ピット、デヴィッド・シューリス、B・D・ウォン／V＝ヘラルド／D＝ヘラルド　B・D＝SPE

解説　実在のオーストリアの登山家ハインリヒ・ハラーの数奇な体験を、ジャン・ジャック・アノー監督が映画化した人間ドラマ。ハラー（ブラッド・ピット）は英国軍の捕虜となるが脱出。チベットで若き宗教指導者ダライ・ラマ（ジャムヤン・ジャムツォ・ワンジュク）と七年間の交流を持ち、人間性に目覚めていく。

ハイ淀川です　ハラーはチベットに来て少年ダライ・ラマの家庭教師になりますね。そのラマがハラーの金髪を手でさわって珍しさに狂喜するあたり。そして、ハラーがこの純粋なラマに友愛以上の感情を抱きながらこの地を去っていきますね。というわけで、この映画の見どころは、男の友情。それも異国人二人の男の友情ですね。それをチベット美術、その宮殿の色彩、異国情緒で包み込みながら描いているのがいいんですね。愛こそは男女関係なく国を隔てても結ばれるんだ、というこの監督の愛の信念のすばらしさ。ブラッド・ピットはこの作品で男らしさを取り戻し、男の孤独感を出しました。これからは演技派スターとして成長してほしいと思います。

セブン・ビューティーズ
Pasqualino Settebellezze

74／伊／製・監・脚＝リナ・ウェルトミューラー／撮＝トニーノ・デリ・コリ／出＝ジャンカルロ・ジャンニーニ、フェルナンド・レイ、シャーリー・ストウラー／V＝WHV

解説　第二次大戦から戦後にかけてのナポリ。伊達男パスカリーノ（ジャンカルロ・ジャンニーニ）は、強制収容所に入れられるが、自慢の七人の妹たちのために生きのびる。しかし彼を迎えた妹たちは、みな進駐軍相手の娼婦に。しぶとく旺盛なサバイバル人生を描いた女流監督リナ・ウェルトミューラーの悲哀感に満ちたコメディ。

ハイ淀川です　七人の美女がうす絹をなびかせて踊っているかのように思える題名で、戦時下の怖い映画を喜劇で見せたこの監督の才能。ポマードで頭髪をピカピカさせ、やくざスタイルの町工場というか自家工場の主人が、七人姉妹の生き方を救ってやろうとする涙ぐましいその努力。残酷がいたるところで描かれ胸を刺しますが、そのシーンが爆笑で綴られるあたりの見事なこと。ジャンニーニの流し目。男をこれくらい、いたぶって演じさせたあたり。前作の『流されて…』はセシル・B・デミルの『男性と女性』を踏み台にしていましたけれど、この作品はイタリアの喜劇と悲劇が同居していることで、まさにチャップリンの流れをくんでいますね。

セルピコ
Serpico

B・D＝KAD

73／米／監＝シドニー・ルメット／脚＝ウォルド・ソルト、他／撮＝アーサー・イーニッツ／出＝アル・パチーノ、トニー・ロバーツ、ジャック・キホー、ビフ・マクガイア／V＝東北

解説　ニューヨーク・第八十七分署に配属されたセルピコ刑事（アル・パチーノ）は、警察内部に賄賂が横行しているのに驚き、一人で敢然と挑む。しかし、麻薬逮捕の銃撃戦でセルピコが倒れても、同僚は彼を助けない。市警に根強くはびこる汚職、腐敗に立ち向かうセルピコの正義と孤独をシドニー・ルメット監督が描いた作品。

ハイ淀川です　セルピコはイタリア系のお巡りさん。警察学校を出て、ニューヨークの分署に配属され誇りを持ちました。それがたちまち破れてしまう。他のお巡りさんのいやらしさといったらないですね。賄賂をもらっている。セルピコは絶対に欲しくないと言うんですけれど「もらっておけ」と言われる。それも部長から。いや俺はそんな警官になってたまるかと必死に闘う。しかし、最後の最後まで頑張ってるんですけれど、とうとう顔の真正面を撃たれてしまう。ここに男がありますね。賄賂を絶対にもらわないと貫き通す男がいるところでこの映画は面白くなります。まさしくこれは男の映画。

007／トゥモロー・ネバー・ダイ
Tomorrow Never Dies

B＝ディズニー　D＝FOX

97／米／監＝ロジャー・スポティスウッド／脚＝ブルース・フィアスティン／撮＝ロバート・エルスウィット／出＝ピアース・ブロスナン、ジョナサン・プライス、ミシェル・ヨー／V＝WHV／D＝WHV

解説　シリーズ第十八作で、ピアース・ブロスナンのジェームズ・ボンドとしては二作目。世界のメディアを支配、第三次世界大戦勃発を企むエリオット（ジョナサン・プライス）を相手にボンドが大活躍する。ニューボンドカーをはじめ秘密兵器も新趣向。ボンド・ガールには香港のセクシー女優ミシェル・ヨー（ミシェル・キングを改名）。

ハイ淀川です　『トゥモロー・ネバー・ダイ』、明日死なないという題ですね。八十八歳の枯葉みたいな私とは反対だ。しかし、タイトルのデザインはいつ見てもいいなあ。もう、爆弾、爆弾、よくもこんなに火薬があるなあと思いますね。火炎の中で映画を見ているような感じ。男のかたまりに女のエロチックを加えて。中国娘がボンドに負けないくらいのアクションの連続活劇。イギリスの本領が出ました。ピアース・ブロスナンはボンド役でこれが二作目。ハンサムで粋な男ですね。ショーン・コネリーは最高でしたけれど、この男もボンド・スターになるに違いありません。イギリスにはいい男がいるものなんだ。男性はこれを見て勇気をつけて下さい。

007／ロシアより愛をこめて
From Russia With Love

B・D＝FOX

63／英／監＝テレンス・ヤング／脚＝リチャード・メイボーム／撮＝テッド・ムーア／出＝ショーン・コネリー、ダニエラ・ビアンキ、ロバート・ショウ／V＝WHV／D＝WHV

解説　『007は殺しの番号』に次ぐシリーズ第二作目。『007／ゴールドフィンガー』と並んで評価が高い。犯罪組織スペクターのボンド抹殺計画。ソ連の女性秘密情報員（ダニエラ・ビアンキ）の正体は？　オリエント急行内での殺し屋（ロバート・ショウ）との対決。ヘリの銃撃戦、快速艇のハード・アクションなど見せ場がいっぱい。

ハイ淀川です　原作はイアン・フレミングのベストセラー小説ですけれど、この手の映画はストーリーなんかどうでもいいのね。イギリスの情報部のボンドがどんな活躍を見せるのか。その危機、危機が面白い。そしてタイトルのデザインの鮮やかさ。ジョン・バリーのタイトル・ミュージック。もうそれだけで胸がわくわくします。ショーン・コネリーは「007の男」と言われるのがいやで苦しんだ。俺はアクション・スターじゃあない。それで、『ロビンとマリアン』でその真価をみせましたが、なんといってもこれはコネリーの代表作。このあといろんなスターがボンドをやりましたが、コネリーにはかなわなかった。彼を大スターにした記念碑的作品です。

戦艦ポチョムキン
Bronenosets "Potyomkin"

B・D＝IVC

25／ソ連／監・脚＝セルゲイ・エイゼンシュテイン／撮＝エドアルド・ティッセ／出＝アレキサンドル・アントノーフ、グレゴリー・アレクサンドロフ／V＝IVC／D＝カルチ

解説　セルゲイ・エイゼンシュテイン監督はこの作品でモンタージュ技法の理論を確立し一躍世界最高の映画作家になった。一九〇五年の夏、ロシア艦隊の巡洋艦ポチョムキンで、日ごろ不当な扱いを受けていた水兵たちが戦艦を占拠。オデッサ港に市民が続々と結集するが、そこにコザックの軍隊が行進してくる。オデッサ階段の虐殺シーンは有名。

ハイ淀川です　映画史上でほんとうに好きな作品は何かと聞かれれば、一本はチャップリンの『黄金狂時代』。もう一本はこの作品です。どうして私が好きなのか。それは映画のモンタージュを初めて生んだ記念すべき作品だからなのね。まさに映画美の表現方法がどの場面にもどの場面にも溢れているんです。水兵のスープの中にうじ虫が入っていた。そのキャメラの目による感覚表現。オデッサの港にコザックの兵がやってくる。このときの大騒ぎ。群衆が逃げて逃げて石の階段をサッと降りていくところ。乳母車に赤ちゃんが乗ったまま滑り落ちていく。その感覚の鋭さに目を見張らずにはいられませんね。

1900年
Novecento

B・D＝紀伊國屋

76／伊・仏・西独／監・脚＝ベルナルド・ベルトルッチ／脚＝フランコ・アルカッリ、他／撮＝ヴィットリオ・ストラーロ／出＝ロバート・デ・ニーロ、ジェラール・ドパルデュー、バート・ランカスター／V＝FOX

解説　一九〇〇年の夏の同じ日に生まれた大農園の地主の孫息子アルフレード（ロバート・デ・ニーロ）と小作人頭の孫息子オルモ（ジェラール・ドパルデュー）は、成長するにつれ、引かれ合い反目しながら生きていく。左翼とファシズム、農民と地主の階級闘争のイタリア現代史を描いたベルナルド・ベルトルッチ監督の壮大な叙事詩。

ハイ淀川です　大地主の次男のアルフレードと小作人頭の孫のオルモ。幼児から幼年、そして少年を迎えたこの友愛の美しさ。やがて、北イタリアのポー河沿いのエミリア地方に吹き込んでくる時代の流れ。この歴史がさながら大河小説のようにたくさんの人物が登場して描かれていきます。そのタッチはメロドラマとかホームドラマの安易さを乗り越えたロマン美術ですね。一九四五年になって、今は七十六歳になりお互いに白髪だけど、少年時代の遊びにふけり楽しむ友情のラストシーンの美しいこと。映画が詩となって、歴史を謳い人生を語っていくその荘厳とも言えるこの美しい長編に拍手を贈りました。ベルトルッチのエネルギーに酔いました。

戦場
Battleground

D＝ファースト

49／米／監＝ウィリアム・A・ウェルマン／脚＝ロバート・ピロッシュ／撮＝ポール・C・ボーゲル／出＝ベン・ジョンソン、ジョン・ホディアック、マーシャル・トンプソン、リカルド・モンタルバン、ドン・テイラー

解説　戦争映画の名手ウィリアム・ウェルマン監督作品。一九四四年の末、ベルギー戦線のある村で休暇を夢みていたアメリカの第一〇一部隊は前線への出動を命じられる。隊員たちはドイツ軍の強力な攻撃にあい、攻防をくり広げるが、陣地を死守し、ついに勝利を得る。

ハイ淀川です　アメリカの戦争映画だからといって、派手な先頭シーンの連続だと期待されると的外れです。そこにウィリアム・ウェルマン映画の面白さがあるんですね。どちらかと言えば古めかしく地味ですけれど、その中に人間性を描いているんです。戦地で敵に囲まれて行きも戻りもできない小隊。つい一日前までは休暇をもらってパリで女の子と遊ぶつもりだったホーリー（ベン・ジョンソン）、間違って戦場へ来てしまったことを嘆いている田舎の新聞記者（ジョン・ホディアック）、入れ歯をガチガチいわせている初老の兵士。こんな人間たちをユーモアを入れて、悲壮さを避けて描いているところがいいんですね。戦争を冷静に批判していませんね。

戦場にかける橋
The Bridge On The River Kwai

B・D＝SPE

57／英／監＝デヴィッド・リーン／原・脚＝ピエール・ブール／撮＝ジャック・ヒルドヤード／出＝早川雪洲、アレック・ギネス、ウィリアム・ホールデン／V＝SPE

解説 フランスの作家ピエール・ブールの小説をデヴィッド・リーン監督が映画化。第二次大戦下、日本軍捕虜収容所の斎藤大佐（早川雪洲）はタイとビルマを結ぶ鉄道完成のためクワイ河に鉄橋を建設する命令を受け、日本軍と英兵捕虜は架橋建設のために一致協力するが…。アカデミー作品、監督、主演男優など七部門受賞。

ハイ淀川です デヴィッド・リーン監督の几帳面さが出た名作。単なる戦争活劇じゃありませんね。戦争というものの怖さ。むなしさを訴えていますねえ。早川雪洲の日本軍捕虜収容所長は、捕虜の英軍士官大佐のアレック・ギネスに工事をやらそうと命令しますね。この二人が問答するあたりが面白いなあ。というわけで、この映画はイギリスの軍人魂、アメリカの兵隊のおっちょこちょい、日本の兵隊の忠義な働きぶりが見どころですね。男、男、男の匂いがプンプンしているところがたまりませんね。それと捕虜収容所に送られてくるイギリスの兵隊が口笛で吹く「クワイ河マーチ」の見事なこと。今でも耳に残っていますねえ。

戦争のはらわた
Cross Of Iron

B・D＝キング

75／米／監＝サム・ペキンパー／脚＝ジュリアス・J・エプスタイン／撮＝ジョン・コキロン／出＝ジェームズ・コバーン、マクシミリアン・シェル、ジェームズ・メイスン／V＝WHV

解説 ドイツ軍がソ連軍の反攻にあい敗色を濃くしていた一九四三年のロシア戦線。ドイツ軍第二小隊を率いる人間味溢れるスタイナー伍長（ジェームズ・コバーン）と、名誉に異常な執念を燃やすストランスキー中隊長（マクシミリアン・シェル）との激しい確執が壮絶な戦闘の中で展開される。サム・ペキンパー監督作品。

ハイ淀川です まさに男の映画。『西部戦線異状なし』が、最も清らかな戦場映画とすると、これは最も汚い戦場映画。これくらい汚いと壮観と言うしかありません。『西部戦線…』は童話となっちゃう。このくらいハダカの戦場を見せたものはありませんね。マクシミリアン・シェルの秀才型とジェームズ・コバーンの学生型の使い方が実に巧い。戦争の残酷さが、男の残酷さにのめりこんで、男というものの醜さをこれほど見せれば、ペキンパーの芸術です。これはそのままウェスタンにもギャング映画にも置き換えられるでしょうが、これはグリフィスが『国民の創生』をつくったくらい面白い。戦争映画史上のベストテンに入れるぐらいの価値はありますね。

草原の輝き
Splendor In The Grass

D＝WBH

61／米／製・監＝エリア・カザン／製・原・脚＝ウィリアム・インジ／撮＝デヴィット・アムラム／出＝ウォーレン・ベイティ、ナタリー・ウッド、ゾーラ・ランパート／V＝WHV

解説 高校の同級生バット（ウォーレン・ベイティ）とディーン（ナタリー・ウッド）は恋人同士だが肉体的に結ばれていない。やがて、バットは他の女と結婚。ディーンも医師と婚約するがバットが忘れられない。経済恐慌の一九三〇年代を背景にエリア・カザン監督が青春の愛と性の苦悩を描く。

ハイ淀川です ナタリー・ウッドがウォーレン・ベイティのことが忘れられなくって訪ねて行くところ。その牧場に行ったら出てきたのはイタリア系の女でしたね。ああ、彼は結婚しているんだ。あきらめよう。この別れ。エリア・カザンだからいかにもメロドラマ風につくっていませんね。青春の嵐の去ってしまったあとのなんとも知れん孤独というか淋しさが見事に出ています。というわけでこの映画は今でもお好きな人たちが多い。それは若さ、青春がよく描けているから、ひとつも色あせないんですね。『草原の輝き』という原題はワーズワースの詩からとったものですけど、有名なウィリアム・インジの小説の映画化。エリア・カザンの名作です。

捜索者
The Searchers

56／米／監＝ジョン・フォード／脚＝F・S・ヌージェント／撮＝ウィントン・C・ホック／出＝ジョン・ウェイン、ジェフリー・ハンター、ナタリー・ウッド、ドロシー・ジョーダン、ヴェラ・マイルズ／V＝WHV／D＝WHV　D＝WHV

解説　南北戦争の三年後、南軍兵士イーサン（ジョン・ウェイン）は兄の家に帰ってくるが、一家はコマンチ族に襲われ虐殺されてしまい、末娘デビー（ナタリー・ウッド）だけが連れ去られた。イーサンは捜索の旅に出て、ついにデビーを発見するが…。ジョン・フォード監督が新境地を拓いた西部劇の名作。

ハイ淀川です　ジョン・ウェインの南軍兵士は南北戦争が終わっても三年も家に帰らなかった。その間に事件が起こったんですね。なんとナタリー・ウッドのデビーはコマンチ族の奥さんになってしまった。ジョン・ウェインは驚いて殺そうと思いました。しかし、娘探しに一緒に行った混血青年のジェフリー・ハンターがその娘をかばって仲良くなるので、ジョン・ウェインは一人で去っていこうと思うんですね。開拓時代、西部には白人だけどインディアンになっている人がいたんですね。ジョン・フォードがそこに中心をおいて、開拓のころの人間をきれいに悲しく描いているところが面白い。こんなこともあったのかぁと思って見て下さい。見事な作品ですよ。

ソウル・フード
Soul Food

97／米／監・脚＝ジョージ・ティルマン・ジュニア／撮＝ポール・エリオット／出＝ヴァネッサ・L・ウィリアムス、ヴィヴィカ・A・フォックス、ニア・ロング／V＝FOX　D＝FOX

解説　黒人一家の悲喜こもごもを笑いと涙で描いた感動作。毎週日曜日、マザー・ジョーの家に家族が集い、ソウル・フードの食卓を囲む。弁護士の長女（ヴァネッサ・L・ウィリアムス）、美容院経営の次女、前科者と結婚した三女。それぞれが生活に問題を抱えながら団結して生きていく。

ハイ淀川です　面白いのは日本の家庭とよく似ているんですね。日曜日にいろいろの家族がおばあちゃんのところにやってくるあたりは小津安二郎の映画のような感覚です。今まで黒人の家族生活をじっくりと見せてくれるような映画はなかった。しかし、これは黒人の食卓、コーンもなまずのフライもいっぱい食べる。そして、ダンスを楽しむ。その腰のふり方。女と男のセックスもどんどん出てくる。黒人のエネルギーを生活の中で香りをもってきめ細かくみせてくれました。『ソウル・フード』とはむかしは白人の食べ残したものを言いましたが、現代のシカゴではこんな一家が元気に暮らしているのね。ほんとうの黒人生活がみられる心温まる異色作です。

卒業
The Graduate

67／米／監＝マイク・ニコルズ／脚＝バック・ヘンリー、他／撮＝ロバート・サーティース／出＝ダスティン・ホフマン、キャサリン・ロス、アン・バンクロフト、リチャード・ドレイファス／V＝東北／D＝東北　B・D＝KAD

解説　成績優秀で一流大学を卒業した青年ベンジャミン（ダスティン・ホフマン）は、父親の友人ロビンソン夫人（アン・バンクロフト）と情事を重ねるが、ロビンソン夫人の娘エーレン（キャサリン・ロス）と知り合ったことから真実の愛に目覚めていく。原作チャールズ・ウェッブ。マイク・ニコルズ監督がアカデミー監督賞受賞。

ハイ淀川です　よくご存知の映画。何回見ても面白い。マイク・ニコルズ監督の傑作。大学の優等生を演じたダスティン・ホフマンとロビンソン夫人をやったアン・バンクロフト。この二人の名演技が話題になりましたが実にうまい。息子のようなベンジャミンを犯すロビンソン夫人の芝居が見どころの一つですね。そして、最後の最後は結婚式で花嫁をさらって逃げるベンジャミン。傷だらけになりながらも幸運を摑むあたり。このラストシーンは映画史に残ると思いますが、ここにアメリカの自由、アメリカの若者たちの青春が見事に描かれていました。この監督は『バージニア・ウルフなんかこわくない』でデビューしましたが、これが代表作です。

その男ゾルバ
Zorba The Greek

B・D＝FOX

64／米・ギリシャ／製・監・脚＝マイケル・カコヤニス／撮＝ウォルター・ラザリー／出＝アンソニー・クイン、イレーネ・パパス、アラン・ベイツ、リラ・ゲドロワ／V＝FOX

解説　ギリシャの現代作家ニコス・カザンザキスの小説をマイケル・カコヤニス監督が映画化。亡父の遺産である亜炭の山を採掘するためにクレタ島にやってきたイギリス人バジル（アラン・ベイツ）は、酒場で出会った豪放なギリシャ人ゾルバ（アンソニー・クイン）を現場監督として雇う。アカデミー撮影賞など三部門受賞。

ハイ淀川です　イギリス人のバジルがクレタ島のギリシャ人は田舎者だと馬鹿にしていたのに、最後にはゾルバに感化されてギリシャ魂を持つようになる。そのあたりが面白いんです。このバジルとゾルバが肩を組んで踊るところがいいんですね。それとこの島に古い旅館があって、そこの女をリラ・ゲドロワというギリシャの女優がやっていますがこれがすごい。ゾルバはこの女と結婚するんだけど、その晩に病気で死んでいく。そのときに村人がみんな拝みにきて、まだ生きているのに形見だと思ってランプや椅子まで持っていってしまう。いかにも怖い。というわけで、この映画はギリシャの地方色、クレタ島のなんとも知れん風習がよく出ていました。

ソフィーの選択
Sophie's Choise

B＝ジェネ　D＝NBC

82／米／製・監・脚＝アラン・J・パクラ／撮＝ネストール・アルメンドロス／出＝メリル・ストリープ、ケビン・クライン、ピーター・マクニコル

解説　ウィリアム・スタイロンの原作をアラン・J・パクラ監督が映画化。一九四七年、ブルックリン。作家志望のスティンゴ（ピーター・マクニコル）は、愛人同士のソフィー（メリル・ストリープ）、ネイサン（ケビン・クライン）と親友になるが、ソフィーには反ユダヤ主義の環境に育ちながらナチに踏みにじられた過去があった。

ハイ淀川です　ニューヨーク育ちのアラン・J・パクラは、ブロードウェイの注目の舞台劇を風格と品格をもって見事に映画化しました。まさしく本物の大人の映画です。ソフィーの現在と過去。ソフィーの夢をとらえるネイサン。この二人のなかで少年のごとく身の置きどころを失っていくスティンゴ。この三人をきめ細やかに演出し、メリル・ストリープ、ケビン・クライン、そしてピーター・マクニコルの好演。しかし見どころはストリープの演技。彼女以外には演じられない難役を見事にこなし、アメリカ映画の質度を高め、かけがえのない女優ぶりを発揮しました。パクラは間違いもなき実力者。パクラの映画趣味は実にいいですね。

存在の耐えられない軽さ
The Unbearable Lightness Of Being

D＝WBH

88／米／監＝フィリップ・カウフマン／脚＝ジャン・クロード・カリエール／撮＝スヴェン・ニクヴィスト／出＝ダニエル・デイ・ルイス、ジュリエット・ビノシュ、レナ・オリン／V＝WHV

解説　チェコの作家ミラン・クンデラのベストセラー小説をフィリップ・カウフマン監督が映画化。一九六八年、激動のチェコ。女好きの脳外科医トマシュ（ダニエル・デイ・ルイス）は、ウェイトレスのテレーザ（ジュリエット・ビノシュ）と同棲を経て結婚するが、一方で女画家ザビーナ（レナ・オリン）と自由なセックスを楽しむ。

ハイ淀川です　歴史の流れの中で人間の愛、欲、見せていきます。ほんとうに試験管の中に人間の血を入れて、ずっと検査している感じ。テレーザが旦那の浮気相手のザビーナと会うあたりが面白い。もし日本だったら、奥さんが髪をふり乱して喧嘩するかもしれないけど、この監督はそんなはしたないことはしません。テレーザはキャメラマンだからザビーナを裸にして床の上に寝かせてポーズをとらせてパチパチと写真を撮る。その不思議な感覚。そして撮り合うところの怖さ。谷崎潤一郎文学の匂いがする。三人のなんとも知れん愛欲はどうなっていくのか。若い人たちの心をギュッと摑むモダンで不思議な感覚の映画でなかなかの大作です。

大河のうた
Aparajito

D＝IVC

56／インド／監・脚＝サタジット・レイ／撮＝スブラト・ミットロ／出＝カヌ・バナージ、コルナ・バナージ、スマラン・ゴジャール、ピナキ・セン・グプト／V＝IVC／D＝カルチ

解説　サタジット・レイ監督の『大地のうた』に続く第二部。ベナレスという大都会に移ったものの八リ（カヌ・バナージ）一家の生活は相変わらず貧しい。その中で大学生になった息子オプー（スマラン・ゴジャール）は父の死、母（コルナ・バナージ）の死の悲しみを乗り越え成長していく。ヴェネチア映画祭でグランプリ。

ハイ淀川です　この田舎でオプーとお母さんが汽車を見るシーンがある。これはオプーが小さいころ、姉さんと一緒に見たあのシーンが蘇ってくるのね。実は、あの汽車が走る線路は、オプーの人生の一つのような感覚を与えているんです。やがて、オプーが学校で勉強していると、お母さんの危篤の知らせがきたので帰りました。家の中に入ったらお坊さんの姿。そのとき、オプーの後ろに古い古い木がありました。その木は、お母さんの身代わりになって、オプーを見守っている感じに見えました。このサタジット・レイの演出の見事なこと。みんな生きとし生けるもの、すべてが生命を持っているという、なんとも知れん東洋的な感覚が出ているんですね。

第三の男
The Third Man

B＝KAD　D＝ファースト

49／英／監＝キャロル・リード／原・脚＝グレアム・グリーン／撮＝ロバート・クラスカー／出＝オーソン・ウェルズ、ジョゼフ・コットン、アリダ・ヴァリ／V＝IVC／D＝カルチ

解説　第二次大戦後、米英仏ソの管理下のウィーン。アメリカの作家ホリー（ジョゼフ・コットン）は友人ハリー（オーソン・ウェルズ）が死んだと聞かされ埋葬に立ち会う。しかしその死に疑問を抱きハリーの恋人（アリダ・ヴァリ）などと会っているうちにハリーが生きていることに気づく。彼の死は偽装工作だった。カンヌ映画祭グランプリ。

ハイ淀川です　キャロル・リードの最高傑作。映画の永遠の教科書ですね。アントン・カラスのギターの伴奏で始まるファーストシーン。悪い男のニセのお葬式。最後はこの男の本物の葬式で終わる。このラストシーンとの対比がこの映画の面白さですね。あのラスト。並木には枯れ葉が散っていますねえ。秋だ。悪党が死んでその墓地からの一本道。女は死者につかれたようにまっすぐ歩いていく。そのときの主題曲の美しさ。それと名キャメラマンのロバート・クラスカーの撮影の見事だったこと。光と影のシャープなキャメラワークの美しさ。脚本、演出、キャメラ、音楽の見事さがこの映画を永遠のものにしていますねえ。

大樹のうた
Apur Sansar

D＝IVC

59／インド／監・脚＝サタジット・レイ／撮＝スブラト・ミットロ／出＝ショーミットロ・チャタジ、シャルミラ・タゴール／V＝IVC／D＝カルチ

解説　サタジット・レイ監督の『大地のうた』『大河のうた』に続く第三部。大学を卒業したオプー（ショーミットロ・チャタジ）は北カルカッタで独身生活をしていたが、友人の妹オプルナと結婚。幸せな生活を送るが、妻は子供を残して死んでしまう。人間の成長過程の中でインドの家族制度をみつめた完結編。

ハイ淀川です　オプーのインドの風習による結婚式の面白さ。二人の汚ないアパートでの新婚生活。朝、奥さんがベッドから立ち上がろうとしたら自分の寝間着の裾が旦那の体の下に入って離れない。オプーが知らん間に裾と裾を結んでいたのね。奥さんが笑いながら寝ている旦那の腕をパッと叩くあたり。エロチックなものを見せないで、いかにも二人の夜の感じが出ていました。やがてこの奥さんは男の子を産むと死んでしまいましたが、オプーが母を殺したのはこの子供だと思って好きになれないあたりの怖さ。そして父と子が五年ぶりに再会して、親と子の糸が結ばれているこのラスト。ほんとうの父親になったオプー。見ごたえのあるインドの名作です。

大脱走
The Great Escape

B＝ディズニー　D＝FOX

63／米／製・監＝ジョン・スタージェス／脚＝ジェームズ・クラベル、他／撮＝ダニエル・L・ファップ／出＝スティーブ・マックィーン、ジェームズ・ガーナー、リチャード・アッテンボロー／V＝WHV／D＝WHV

解説　第二次大戦下のナチス・ドイツ捕虜収容所。ヒルツ（スティーブ・マックィーン）、ヘンドレイ（ジェームズ・ガーナー）ら連合軍兵士たちは、脱走プランを立て絶対に脱走不可能といわれている捕虜収容所から大脱走を決行する。バーンスタイン作曲の「大脱走のマーチ」が大ヒット。監督は『荒野の七人』のジョン・スタージェス。

ハイ淀川です　イギリス軍のパイロットだったポール・ブリックヒルはドイツ軍の捕虜になったんですが、そのときの大量脱走の貴重な体験を書いたら、それがベストセラーになった。これはその映画化です。この映画の最高の見どころはこの脱走者たちの顔ぶれです。スティーブ・マックィーン、リチャード・アッテンボロー、チャールズ・ブロンソン、ジェームズ・ガーナー、ジェームズ・コバーン、デヴィッド・マッカラム。もうこれだけで映画ファンはうれしくなっちゃいます。それに監督がジョン・スタージェス。『荒野の七人』の監督ですが、この人は男を描いたら実にうまい。忠実に忠実に描いていますが、とにかく男の映画を見たいならこれを見て下さい。

タイタニック
Titanic

B・D＝ディズニー

97／米／監・脚＝ジェームズ・キャメロン／撮＝ラッセル・カーペンター／出＝レオナルド・ディカプリオ、ケイト・ウィンスレット、ビリー・ゼーン、キャシー・ベイツ／V＝FOX

解説　一九一二年四月十五日、処女航海中の超豪華客船タイタニック号は、北大西洋上で氷山に衝突し沈没。死者一五一七名。ジェームズ・キャメロン監督が世紀の遭難事故を画家志望のジャック（レオナルド・ディカプリオ）と資産家令嬢ローズ（ケイト・ウィンスレット）の恋を中心に描いたパニック悲劇。アカデミー作品賞など十一部門受賞。

ハイ淀川です　はじめにセピア調のモノクロに近いニュース・フィルムで、あの当時のタイタニックの出航のムードを出して、音楽も沈んだ調子。これで感心しました。もしも、派手で陽気な出航ムードから始まったらいかにも下品な演出だった。この映画の怖いところは実写だからですね。タイタニック号が氷山にぶつかって地獄絵になっていくあたり。それにディカプリオの貧乏青年とケイト・ウィンスレットのお嬢ちゃんのラブストーリーが入ってロマン映画にしたかったんでしょうけれど、私としてはもっと乗客たちの恐怖を見せてほしかった。船上で最後まで演奏する人たちの場面はありましたけれど。しかし、観客は百パーセント満足する大作です。

タイタンの戦い
Clasah Of The Titans

B・D＝WHV

81／英／監＝デズモンド・デイヴィス／脚＝ビヴァリー・クロス／撮＝テッド・ムーア／出＝ハリー・ハムリン、ジュディ・バウカー、ローレンス・オリヴィエ

解説　ギリシャ神話の若き英雄ペルセウス（ハリー・ハムリン）が、美しい王女アンドロメダ（ジュディ・バウカー）との愛を成就させるまでを描いた冒険ファンタジー大作。アニメ界の大御所レイ・ハリーハウゼンのダイナラマと呼ばれる特撮効果で怪獣が登場するところが見もの。デズモンド・デイヴィス監督。

ハイ淀川です　これはMGMの大作。ギリシャ神話をタネにして、空をかける天馬、頭髪が生き蛇の怪物。そのもろもろの怪物たちを特殊技術のありったけを使って見せました。主演はハリー・ハムリン。ところが脇役にローレンス・オリヴィエ、クレア・ブルーム、マギー・スミス、バージェスト・メディスといった颯爽たるスター。これで信用してしまうでしょう。私はこの映画をニューヨークで見て、あきれました。まさに、昔の浅草のお盆興行で「さあ、いらっしゃい、いらっしゃい」の呼び声のしのばれる映画で映画館は満員でした。マンハッタンがたちまち昔の浅草に、それも活動写真時代にひき戻されてしまったような感じがしましたよ。

大地のうた
Pather Panchali

D＝IVC

55／インド／監・脚＝サタジット・レイ／撮＝スブラト・ミットロ／出＝カヌ・バナージ、コルナ・バナージ、シュビル・バナージ、ウマ・ダ・グプト／V＝IVC／D＝カルチ

解説　インドの平原の寒村に住むハリ（カヌ・バナージ）は妻に助けられ、息子と娘の成長を楽しみにしていたが、生活力がなく先祖伝来の畑も家も失ってしまう。インドの階級制の空しさと人間の生と死の厳粛な展開を、輪廻の中に描ききったサタジット・レイの処女作で、この一作で世界的な監督となった。カンヌ映画祭ヒューマン・ドキュメント賞。

ハイ淀川です　七歳くらいの息子オプーが十歳くらいの姉と遊ぶところ。見渡す限りの白いススキが波打っている中で汽車を見に行こうとして走る。ススキの中を黒い煙を吐いて汽車が来る。インドの美術画です。この姉弟愛の美しいこと。やがてその姉が死んでしまう。オプーが死というものを初めて知るあたりはなんとも怖い。最後の最後は一家がこの家に住めなくなって引っ越す。草むらから一匹の蛇が体をくねらせて出てきてその荒れ果てた空家に吸い込まれていく。生きとし生けるもの。この空家を今度は神が蛇に与えたのだろうと思わすこのラストシーン。インドの香りと匂いが私の胸を打ちました。サタジット・レイの見事な名作です。

第七天国
The Seventh Heaven

D＝IVC

27／米／監＝フランク・ボーゼージ／脚＝ベンジャミン・グレーザー／撮＝アーネスト・パーマー、他／出＝チャールズ・ファレル、ジャネット・ゲイナー／V＝IVC／D＝カルチ

解説　オースティン・ストロングの舞台劇の映画化。パリの若い掃除夫チコは薄幸な娘ダイエンヌと知り合い、裏町のアパートの七階の屋根裏部屋に住むようになり、そこで結婚式を挙げる。二人は幸福だったがチコに召集礼状がくる。二人は毎晩寝る前にお互いの名を呼び合う約束をして別れた。戦争をはさんでくり広げられる愛の賛歌。

ハイ淀川です　チコという男はパリの下水道の地下で働いているの。だから地上で働きたい働きたいと憧れていたのね。それで七階の汚い部屋に住んでいる。そこが一番天国に近いところだからと思っているのね。そのチコがあることで可哀相な娘さんダイエンヌを助けて仲良くなってきて一緒に住むようになった。でもこの男は朴訥でものが言えない。お前が好きだなんてとても言えない。それでも「俺はチコ。お前、ダイエンヌ。ヘヴン」と言った。女はわかった。「イエス、イエス」。二人は抱き合った。そのラブシーンがとてもいいのね。女はジャネット・ゲイナー。彼女はこの作品で一躍スターになったんです。若手のこのコンビがとってもいいのね。

第七の封印
Det Sjunde Inseglet

D＝キング

57／スウェーデン／監・脚＝イングマール・ベルイマン／撮＝グンナール・フィッシャー／出＝マックス・フォン・シドー、ベント・エーケロート、グンナール・ビョルンストランド、グンネル・リンドブロム／V＝IVC

解説　イングマール・ベルイマン監督が幼いころ見た教会の壁画に想を得てつくった作品。十年間、十字軍に参戦した騎士アントニウス（マックス・フォン・シドー）は帰国の途中、死神（ベント・エーケロート）に狙われる。騎士は死神にチェスを挑み、勝負のつくまで人間の善意と生死の問題を考えようとする。

ハイ淀川です　この騎士は死にたくないの。そこで死神に頼んで、もしも自分がチェスをして負けたら死の世界へ行こうと言ったんですね。内心はなんとか逃げようと考えているのね。この騎士と死神がチェスをするシーン。古典的な美しさですね。結局、騎士はチェスに負けてしまった。死神は騎士の手を引っ張ってどんどん死の世界へ連れていきますね。そして遠くへ遠くへ行くうちに、この騎士はいかにも楽しげになって死の世界へ行ってしまう。これは何を意味しているんでしょう。人間はもう死の運命がはっきりと決まったんだと思ったときに、もがいても仕方がない。死ぬより方法がないと言っているんですね。怖い映画だ。

第二章
Chapter Two

79／米／監＝ロバート・ムーア／脚＝ニール・サイモン／撮＝デヴィッド・M・ウォルシュ／出＝ジェームズ・カーン、マーシャ・メイスン、ジョゼフ・ボローニャ／V＝SPE

解説 自らの体験をもとにした劇作家ニール・サイモンの脚本をロバート・ムーア監督が映画化。妻を亡くした中年の作家（ジェームズ・カーン）は、夫と別れたばかりの女優（マーシャ・メイスン）と知り合い、強引にデートを申し込み急接近。結婚にまでこぎつけるが……。男女の愛情の機微を描いた私小説的なラブストーリー。

ハイ淀川です これはニール・サイモンの舞台劇の映画化ですね。ニール・サイモンはブロードウェイの第一級の劇作家。その台詞の面白いこと。ずいぶん映画になりました。この映画の中でも面白い会話がやたらと飛び出してきますね。たとえば、この新婚夫婦がホテルの食堂で朝食。新妻がご主人に、「私ばっかりそう見つめないでよ」と笑うと、夫が「ほかの誰を見るんだい」と答えるあたり。私もニューヨークのパークアベニューをアメリカの男の子と散歩していたら、一本の木が根元から切られていた。「誰が切ったのかな」と言ったら、その男の子が「ジョージ・ワシントン」。というわけで、この映画は粋な会話の参考書ですよ。

大仏開眼

52／日／監＝衣笠貞之助／脚＝八木隆一郎／撮＝杉山公平／出＝長谷川一夫、京マチ子、大河内伝次郎

解説 長田秀雄の戯曲を衣笠貞之助が映画化。天正十七年、奈良に大仏が建立されることになり、天才彫刻師の国人（長谷川一夫）は働くが、建造反対派は国人の恋人麻夜売（京マチ子）を利用して邪魔をする。大仏の顔を鋳上げる日、反対派は銅汁の中に異物を混ぜる。銅汁の流れを防いだ国人は火傷を負い死んでしまう。

ハイ淀川です 大仏がどんどん出来上がって夜空に浮き上がっていきますね。そして、最後、一人の女（京マチ子）が大仏さんの身体を上っていく場面があるんですね。この哀れな女は恋人が死んで頭が変になってきたんですね。この大仏さんのために恋が破れた。その憎らしい大仏に上って、掌の上で踊るところ。あれを見たとき、私は『キング・コング』を思い出しました。大仏の掌の上で、狂った女が白い着物で長袴を引きずって、鈴を持って踊りながら落ちていくあたり。『キング・コング』じゃぁありませんけど、これは映画でないとできない表現、感覚ですね。そのあたりが実に見事だ。さすが衣笠監督ですね。

ダイヤルMを廻せ！
Dial M For Murder

B＝KAD　D＝WHV

54／米／製・監＝アルフレッド・ヒッチコック／原・脚＝フレデリック・ノット／撮＝ロバート・バークス／出＝レイ・ミランド、グレース・ケリー、アンソニー・ドーソン、ロバート・カミングス、ジョン・ウィリアムズ／V＝WHV

解説 フレデリック・ノットの舞台劇をアルフレッド・ヒッチコックが映画化。元テニス選手（レイ・ミランド）は財産家の若妻（グレース・ケリー）が若い推理作家と恋仲になったことを知り、離婚される前に妻を殺して遺産を手に入れようと考え、やくざ暮らしの男（アンソニー・ドーソン）に自分の留守中に妻の殺害を依頼する。

ハイ淀川です この映画はもともと飛び出す映画（立体映画）のためにつくられたんですね。ところが眼鏡をかけなくちゃあ見られないとかあってダメになったんです。グレース・ケリーの奥さんが受話器をとったとき殺し屋に女の靴下で殺されそうになった。奥さんはのけぞりながらハサミを摑み、思わず自分の首を絞めているその殺し屋の背中を突きました。男は死んでしまいました。旦那は外からの電話で声を聞いていたので、奥さんをうまく殺せたと勘違いするあたりも面白いところですが、実はハサミを突き刺すところが飛び出す映画で、その手とハサミが画面から飛び出してきたらしいのね。目で怖がらせるヒッチコック・タッチが活かされていました。

太陽がいっぱい
Plein Soleil

59／仏・伊／監・脚＝ルネ・クレマン／脚＝ポール・ジュゴフ、他／撮＝アンリ・ドカエ／出＝アラン・ドロン、モーリス・ロネ、マリー・ラフォレ／V＝バンダイ／D＝バンダイ　B・D＝KAD

解説　貧乏なアメリカ青年トム（アラン・ドロン）は自分をいじめぬく友人フィリップ（モーリス・ロネ）に憎悪を持つ。そして、ヨット遊びで婚約者（マリー・ラフォレ）とセックスにふけるのを見て殺意をいだく。ルネ・クレマン監督がヌーヴェル・ヴァーグに挑戦したサスペンス・スリラーで、ニーノ・ロータの主題曲が評判になった。

ハイ淀川です　これはスリラーじゃない。ホモセクシャルの映画ですよ。ないもの同士の男と男。金持ちの坊っちゃんモーリス・ロネは貧乏なアラン・ドロンをいじめていくうちに愛になっていく。ヨットの上でドロンが坊っちゃんを殺す。これは男同士の最高のラブシーン。ドロンはズックの帆に死体を包んで海に放り込むけど、その死体は紐がついたまままついてくる。これは愛する男といいたいという愛の執念。そしてラスト。船が港に着いて死体がついてきた。紫色に腐ったロネの手と、ワインを飲むドロンの手。これは愛の握手。二人は心中したのね。怖い怪談だ。ルネ・クレマンの見事な演出。こうした映画を舌なめずりして見られるようになったら最高です。

太陽に灼かれて
Outomlionnye Solntsem

94／露・仏／製・監・脚＝ニキータ・ミハルコフ／脚＝ルスタム・イブラギムベコフ／撮＝ヴィレン・カルータ／出＝ニキータ・ミハルコフ、オレグ・メーシコフ、インゲボルガ・ダプコウナイテ／V＝バンダイ　D＝パラマ

解説　ニキータ・ミハルコフが製作、監督、主演した意欲作。一九三六年の夏、ロシア革命の英雄コトフ大佐（ミハルコフ）のもとにドミトリ（オレグ・メーシコフ）が訪ねてくるが、彼は大佐の妻マルーシャ（インゲボルガ・ダプコウナイテ）のかつての恋人だった。来訪の真の目的、別離の秘話がロシアの広大な草原を舞台に描かれていく。

ハイ淀川です　この映画は春の日のコトフ一家のお茶の時間を、あたかもフランスのジャン・ルノワール映画を思わせるようなやわらかさで見せます。若き日のドミトリがマルーシャと川遊びに戯れるシーンの美しかったこと。ロシア映画の厳しい灰色の描き方ではありませんね。いかにもフランス映画タッチです。特にコトフがドミトリの黒い車に迎えられて死を覚るこのラストの描写のすごいこと。娘のチージャが可愛い笑顔でパパの車が出ていくのを見送る。ニコリと楽しげな瞬間もどこか悲しい。この映画は運命の悲しさの奥に温かさを感じさせてくれます。これはニキータ・ミハルコフ監督のまぎれもない名作ですよ。

ダウンタウン物語
Bugsy Malone

76／英／監・脚＝アラン・パーカー／撮＝マイケル・セラシン／出＝ジョディ・フォスター、スコット・バイオ、ジョン・キャシン、マーチン・レヴ、フロリー・ダガー／V＝東北　D＝ポニー

解説　一九三〇年代、禁酒法下のニューヨーク。暗黒街を牛耳る二大ギャングの抗争はエスカレートする。とは言ってもこれは情婦役のジョディ・フォスター（当時十四歳）はじめ、出演者は平均年齢十二歳の子供たちで、ミュージカルふうに踊り歌い、暗黒街のアクションを見せてくれる。アラン・パーカーの監督デビュー作。

ハイ淀川です　アメリカのギャング映画をごっそりいただいて、それをジャリでやらせたこの憎らしさはイギリスの匂いですね。少年少女たちにギャング映画のありとあらゆるしぐさを演じさせ、それをやってのけた演技力にびっくりです。イタリアだと子供たちはねばっこくなるでしょうし、アメリカなら学校芝居。しかしアラン・パーカーの演出タッチはまさにイギリス製。ジョディ・フォスターの情婦も達者ですけれど、ギャングの太った少年があきれるほど巧い。舞台志願の黒人少年が酒場の床掃除をしたあと、胸にダンス靴をかかえる歌いおさめの演出の憎さ。振付けのギリアン・グレゴリーの見事なこと。このミュージカルの演出に驚きました。

ダウン・バイ・ロー
Down By Law

86／米・西独／監・脚＝ジム・ジャームッシュ／撮＝ロビー・ミューラー／出＝ジョン・ルーリー、トム・ウェイツ、ロベルト・ベニーニ、エレン・バーキン　D＝バップ

解説　ジム・ジャームッシュ監督の長編第三作。ニューオリンズの刑務所で同じ監房に入れられたジャック（ジョン・ルーリー）、ザック（トム・ウェイツ）、ロベルト（ロベルト・ベニーニ）の三人は脱獄してしまう。そして放浪し、再びそれぞれの道を歩み出す。三人のはみ出し者の奇妙な友情をモノクロ画面で描いた作品。

ハイ淀川です　言ってみれば頭のいかれた善人三人。そのうち一番頼りなさそうなイタリア男の大胆な脱獄決心にのってしまって、三人の逃亡が始まる。といってもスリルとアクションのハリウッド式脱獄映画ではありませんね。この三人の言うならば〝やけっぱち〟と〝あきらめ〟と〝巧さ〟を、逃亡する道中に、この監督の見事な演出手法で描いてみせます。ジム・ジャームッシュというような映画監督のいることで、アメリカを馬鹿にできません。目で語り、キャメラの流動美で映画の詩を綴ります。ラストシーンの二筋道に見るジャームッシュの映画詩。私たちを椅子から立ち上がることを忘れさせてしまうほどの見事さ。是非ともごらんなさい。

誰が為に鐘は鳴る
For Whom The Bell Tolls

43／米／製・監＝サム・ウッド／脚＝ダドリー・ニコルズ／撮＝レイ・レナハン、他／出＝ゲーリー・クーパー、イングリッド・バーグマン、エイキム・タミロフ／V＝CIC　D＝ARC

解説　アーネスト・ヘミングウェイの小説をサム・ウッド監督が映画化。第二次大戦直前のスペイン内乱。スペイン義勇軍に身を投じたアメリカ人教授ロバート（ゲーリー・クーパー）はゲリラのジプシーの一団と行動をともにするが、スペイン娘マリア（イングリッド・バーグマン）と恋仲になる。野性的な恋とサスペンスに満ちたメロドラマ。

ハイ淀川です　バーグマンが扮しているスペイン娘はお父さんもお母さんもファシスト派に殺されゲリラ隊に入っていますね。クーパーのアメリカ青年も仲間に入って加勢しているうちに二人は仲良くなっていく。ヘミングウェイ文学の独特の死が明日に迫る中での激しい激しい恋ですね。クーパーの清らかさと、バーグマンのはかなくも気丈夫な強さがしみじみ出ています。岩の上でこの二人が接吻するシーンがありますね。二人とも鼻が高いのね。「この鼻が邪魔にならないかしら」なんていうあたりは面白い。『カサブランカ』で一躍スターになり、まさに輝ける時代のバーグマンのなんという美しさ。それを楽しんでほしい作品ですね。

タクシードライバー
Taxi Driver

76／米／監＝マーティン・スコセッシ／脚＝ポール・シュレーダー／撮＝マイケル・チャップマン／出＝ロバート・デ・ニーロ、シビル・シェパード、ハーヴェイ・カイテル、ジョディ・フォスター／V＝SPE／D＝SPE　B・D＝SPE

解説　ベトナム帰りで不眠症の男（ロバート・デ・ニーロ）は、タクシー・ドライバーとなり、深夜のニューヨークを流す。彼の楽しみはポルノを見ることだけ。やがて、麻薬患者、娼婦、ポン引きがはびこる街にうんざりしていく。汚れた大都会とそこに住む孤独な人間のかかわりを浮き彫りにしたマーティン・スコセッシ監督作品。

ハイ淀川です　この映画はマーティン・スコセッシとロバート・デ・ニーロの出世作となった秀作。しかし、このタクシー・ドライバーの青年をスコセッシは少しデフォルメして戦争帰りの哀れな無教育者を戯画化しすぎたきらいがある。でも、タクシーの運転手のたまり場とポルノ映画館と娼家。ようするにニューヨークの下町の汚い貧しさと、その生活の奥の匂いは見事なものです。言うならば、映画文学であり、スコセッシ好みという風景描写映画。デ・ニーロを完全主役にしながら、ポン引き役のハーヴェイ・カイテルが妙に印象に残る映画。あの小柄な身体のスコセッシから、あの演出エネルギーがいったいどこから出るのか、私はびっくりしました。

打撃王
The Pride Of The Yankees

42／米／監＝サム・ウッド／脚＝ジョー・スワリング、他／撮＝ルドルフ・マテ／出＝ゲーリー・クーパー、ウォルター・ブレナン、テレサ・ライト、ベーブ・ルース／V＝東芝　D＝ファースト

解説　学生野球で活躍していたルー・ゲーリック（ゲーリー・クーパー）は、スポーツ記者（ウォルター・ブレナン）に認められ名門ニューヨーク・ヤンキースに入団。終身打率3割4分1厘、本塁打四九四本を打ち名選手になるが、小児麻痺のため現役を引退することになり、三九年七月四日、引退試合にのぞむ。

ハイ淀川です　ルーは、ニューヨークのスラム街から苦労して苦労して、ついにヤンキースに入団しますね。グラウンドからいつも派手に野次を飛ばしている女性エリナー（テレサ・ライト）と仲良くなって、結婚してやがて打撃王になる。この映画のプロデューサーがアメリカで最高のサミュエル・ゴールドウィンですから、ただの野球伝記映画じゃぁありませんね。ルーがいかに野球を心にしみ込ませているか、夫婦の愛情がいかに大切なものかが見事に描かれています。六万人のファンの中で送別試合。このシーンの見事なこと。何度見ても涙が溢れます。ベーブ・ルースも顔を出します。昔の野球ファンにはたまりませんよ。クーパーの代表作となった名作です。

黄昏に燃えて
Ironweed

87／米／監＝ヘクトール・バベンコ／原・脚＝ウィリアム・ケネディ／撮＝ラウロ・エスコレル／出＝ジャック・ニコルソン、メリル・ストリープ、キャロル・ベイカー、トム・ウェイツ、マイケル・オキーフ／V＝カルチ／D＝カルチ　D＝カルチ

解説　ピュリッツァー文学賞を受賞したウィリアム・ケネディの小説を自らが脚色、『蜘蛛女のキス』のヘクトール・バベンコが監督。放浪生活をしている元プロ野球選手フランシス（ジャック・ニコルソン）と、落ちぶれてアルコールに溺れている元歌手ヘレン（メリル・ストリープ）が大恐慌の中で、自分自身を発見する姿を描く。

ハイ淀川です　バベンコ監督は、この二人を都会の影の風物詩のように描いている。どぎつい演技をさせないで、さめた目で描いてるところがいい。メリルがピアノを弾いて歌うシーン。私は十年ほど前にブロードウェイのミュージカル『ハピイ・エンド』で彼女の歌う姿を見て感心したことがありますが、この中でも実に巧い。また、家出した夫を二十二年も冷静に待つ妻に扮しているのがキャロル・ベイカー。『ジャイアンツ』に出たあの彼女が老け役で出演してるのが懐かしい。この原題は根なし草とか雑草。題材の放浪者、墓掘り、幽霊、いまアメリカはもう一度人間の映画を取り戻そうとしていることがよくわかりますね。

ダーティハリー
Dirty Harry

71／米／製・監＝ドン・シーゲル／脚＝ハリー・ジュリアン、他／撮＝ブルース・サーティース／出＝クリント・イーストウッド、アンディ・ロビンソン、ハリー・ガーディノ、ジョン・バーノン／V＝WHV／D＝WHV　B・D＝WHV

解説　クリント・イーストウッドをスーパースターに押しあげた彼の出世作。サンフランシスコ市警殺人課ハリー・キャラハン刑事と冷酷非情の連続殺人魔（アンディ・ロビンソン）の対決を描いたアクション映画で、手を汚すこともあえて辞さない汚れたヒーロー像が強烈で、このあとシリーズ化された。ドン・シーゲル製作、監督。

ハイ淀川です　まぁ、これくらい面白いアクションのきいた映画も珍しい。イーストウッドの活躍かとたかをくくって見ると大間違い。ヒッチコックと007の名調子を盛り込んでいるんですから驚きですね。この映画、今日の凶悪犯罪に激しい怒りをぶつけますね。明らかに犯人がわかっていて、凶悪犯なのに正式の法をくぐらない限り手も出せない。杓子定規の法にカンシャクを立てる。それがハリーに代表され、彼は俺の手で捕らえてやろうと立ち上がるんです。殺人狂はスクールバスを襲い、女の先生に拳銃を向け、舌なめずりして子供たちをさらってやろうと薄笑いするあたりの怖さ。まさにこれはドン・シーゲルがまたも男を上げた秀作です。

他人のそら似

Grosse Fatigue

94／仏／監・脚＝ミシェル・ブラン／撮＝エドゥアルド・セラ／出＝ミシェル・ブラン、キャロル・ブーケ、フィリップ・ノワレ、シャルロット・ゲンスブール、ロマン・ポランスキー／V＝コロムビア／D＝コロムビア　＊

解説　『仕立て屋の恋』で一躍日本で有名になったミシェル・ブランが、監督、脚本、主演したシニカルなコメディ。人気スターで映画監督のミシェル・ブランはある日、自分と瓜ふたつの男が名をなのって悪事を働いていることを知り、友人の女優キャロル・ブーケとともに真相解明に乗り出す。カンヌ映画祭脚本賞、技術賞。

ハイ淀川です　ミシェル・ブランの役は人気スター。誰かが自分になりすまして、女を片っぱしから口説いたりレストランの料金を踏み倒したりして悪いことをしているらしい。そこで頭にきた本物がニセモノを捕えてやろうとして真正面からからみ合う場面がある。もちろん二役。このあたりはフランス映画のお遊び感覚なのね。こんな映画は理の当然として見たら損なのね。シャンソンをのんびり聴く気持ちで見てほしい。それにフィリップ・ノワレやシャルロット・ゲンスブールがゲスト出演しているのもぜいたくだ。ごらんになったら楽しいですよ。まさにフランスのシュークリーム。マロングラッセの味。コメディの傑作ですよ。

タバコ・ロード

Tobacco Road

41／米／監＝ジョン・フォード／脚＝ナナリー・ジョンソン／撮＝アーサー・ミラー／出＝チャールズ・グレイプウィン、マジョリー・ランボー、ジーン・ティアニー、ウィリアム・トレイシー、ウォード・ボンド　D＝FOX

解説　三〇年代の初め。ジョージア州中西部はかつて、煙草の樽を転がすための道「タバコ・ロード」として繁栄したが、今は煙草の生産もすたれ土地は荒れ果てたまま。祖父の代には羽振りのよかったジーター・レスターの一家も生活に困っている。ジョン・フォード監督がプア・ホワイトの赤裸々な生活を描き出した人間喜劇。

ハイ淀川です　フォードの一九四一年度の名作。終戦後、日本にCMPEという官僚的なアメリカ新作輸入会社があったんです。ところがこの作品はアメリカの貧乏人を描いているので困るというあきれた理由で当時公開されなかったのね。これはアースキン・コールドウェルのベストセラーの小説。それをジャック・カークランドが舞台化して、ニューヨークでロング・ランしたのね。これを見た二十世紀フォックスのダリル・ザナックがフォードで映画化しました。当時、フォードは脂ののりきった言うならば芸術的野心に満々としていたころですからすごい作品となったのね。深沢七郎の文学から嗅ぎとる人間臭さを感じさせる名作です。

旅芸人の記録

O Thiassos

75／ギリシャ／監・脚＝テオ・アンゲロプロス／撮＝ヨルゴス・アルヴァニティス／出＝エヴァ・コタマニドゥ、ペトロス・ザルカディス、ストラトス・パキス　D＝東映

解説　テオ・アンゲロプロス監督が一九三九年から五二年までの十四年間、圧政、占領、叛乱などギリシャの生々しい歴史を、旅芸人一座に託して描いた叙事詩。十一人の小さな一座は各地で古典劇を演じつつ、いつしか時代の目撃者の役割を果たしていく。ワンシーン・ワンカットの長回しで、現代と過去が交錯する手法がとられている。

ハイ淀川です　アンゲロプロスの脚本と演出は、キラキラとサイレント時代のアーク燈の光と映写機の回転の音を感じさせます。三時間五十二分のこの長編の中にギリシャ人の執念が燃えているのね。ギリシャ悲劇のいうならば現代版。酒場での二派に分かれた党派の歌合戦やダンス合戦のシーンの斬新な演出。人間が歩いている間に年代が変わっていく面白さ。実に新しい手法をみせながら、このほんとうのギリシャ人の監督の岩のごときクラシック。こらえた怒り、生きるということ、この映画にはギリシャ魂がある。私はこの年のベストワンに入れたかったほどの作品でしたが、『木靴の樹』の美術に第一位をあげてしまいました。

旅路
Separate Table

D＝ファースト

58／米／監＝デルバート・マン／原・脚＝テレンス・ラティガン／撮＝チャールズ・ラング・ジュニア／出＝デボラ・カー、デヴィッド・ニーヴン、リタ・ヘイワース、バート・ランカスター／V＝WHV

解説　『王子と踊子』のテレンス・ラティガンの舞台劇の映画化。夏は海水浴客で賑わうが、冬は孤独な男女の避暑地となるイギリス海峡に臨む小さな海岸町を舞台に、デボラ・カーとデヴィッド・ニーヴンのカップルをはじめ数人の男女の出会いや、からみ合いを描く。監督は『マーティ』でアカデミー監督賞受賞のデルバート・マン。

ハイ淀川です　これは中流ホテルに泊まっている人たちの人生スケッチ。原題が「セパレイト・テーブル」。「別々のテーブル」、巧い題名。ホテルにはいっぱいの人たちが泊まって、食堂ではそれぞれが食べますけれど、みんな別々のテーブル。つまり、同じ一夜を同じ場所で明かしてもみんな他人。というわけで、ホテルをうまく使ったあたりがこの映画の面白さです。映画にはホテルがよく登場します。グレタ・ガルボとジョン・クロフォードが出た『グランド・ホテル』で、グランド・ホテル形式というスタイルができましたけれど、この映画のバート・ランカスター、リタ・ヘイワース、デボラ・カーなどの賑やかさもこのホテル形式映画のお楽しみですよ。

ターミネーター2
Terminator 2 : Judgment Day

B・D＝KAD

91／米／製・監・脚＝ジェームズ・キャメロン／脚＝ウィリアム・ウィッシャー、他／撮＝アダム・グリーンバーグ／出＝アーノルド・シュワルツェネッガー、ロバート・パトリック／V＝LDC

解説　前作『ターミネーター』同様、ジェームズ・キャメロンが監督。成長したジョン少年を守るために未来から現代のロスに送り込まれたターミネーター（アーノルド・シュワルツェネッガー）と少年を殺す使命を受けた形状記憶合金T－1000型（ロバート・パトリック）が対決。人類の未来を賭けての攻防が展開される。

ハイ淀川です　シュワちゃんが相手のターミネーターの顔を銃で撃つ。すると相手の顔に大きな穴があいちゃって、その穴を通して向こうの景色が見える。怖いなぁと思っていると、銀色の鉛みたいに溶けた顔が、ニューッと戻るあたり。また顔をバーンと撃ったら顔が七つぐらいに切れて西瓜みたいになっちゃう。まるでモダンアートだ。この特殊技術が見どころですね。悪いけど、この特撮技術を見ていると、シュワちゃんが喰われてしまう。それほどすごい。これはアメリカの美術。不思議な科学の美しさと映画の技術。それを人気者のシュワちゃんでみせるあたりが憎らしい。やっぱり映画は目で見て楽しむもの。映画とはこれだと思いました。

誰かがあなたを愛してる
秋天的童話／An Autumn's Tale

B・D＝パラマ

87／香港／監＝メイベル・チャン／脚＝アレックス・ロウ／撮＝ジェームズ・ヘイマン、デヴィッド・チャン／出＝チョウ・ユンファ、チェリー・チェン、ダニー・チャン／V＝ポニー

解説　香港からニューヨークに演劇の勉強にやってきたジェニー（チェリー・チェン）は、チャイナタウンでヤクザな暮らしをしている青年サンパン（チョウ・ユンファ）と知り合い、彼の魅力にひかれていく。香港の女流監督メイベル・チャンがニューヨークの街を舞台に、男と女の出会いと別れを細やかに描いたラブストーリー。

ハイ淀川です　ジェニーとサンパンという男がニューヨークで仲良くなっていくあたり。ニューヨークの生活がよく出ている。メイベル・チャンという女の監督は、ニューヨークで映画の勉強をしただけあって、その体験が生かされて、いかにも女らしい感覚のマンハッタンが見事です。ジェームズ・ヘイマンのキャメラタッチがいい。マンハッタンの地肌がきれいにきれいに撮れています。香港映画というとアクションものばかりと思ったら大間違い。こんな粋な人生スケッチを描く監督がいた。しかし、どこかにウッディ・アレンの人生スケッチみたいなものがでている。香港映画の質が上がってきて、映画の文学と言ってもいい作品ですよ。

アンリ・ジョルジュ・クルーゾー『恐怖の報酬』(52)

ルネ・クレマン『太陽がいっぱい』(59)

ジョン・シュレシンジャー『真夜中のカーボーイ』(69)

ルキノ・ヴィスコンティ『ベニスに死す』(71)

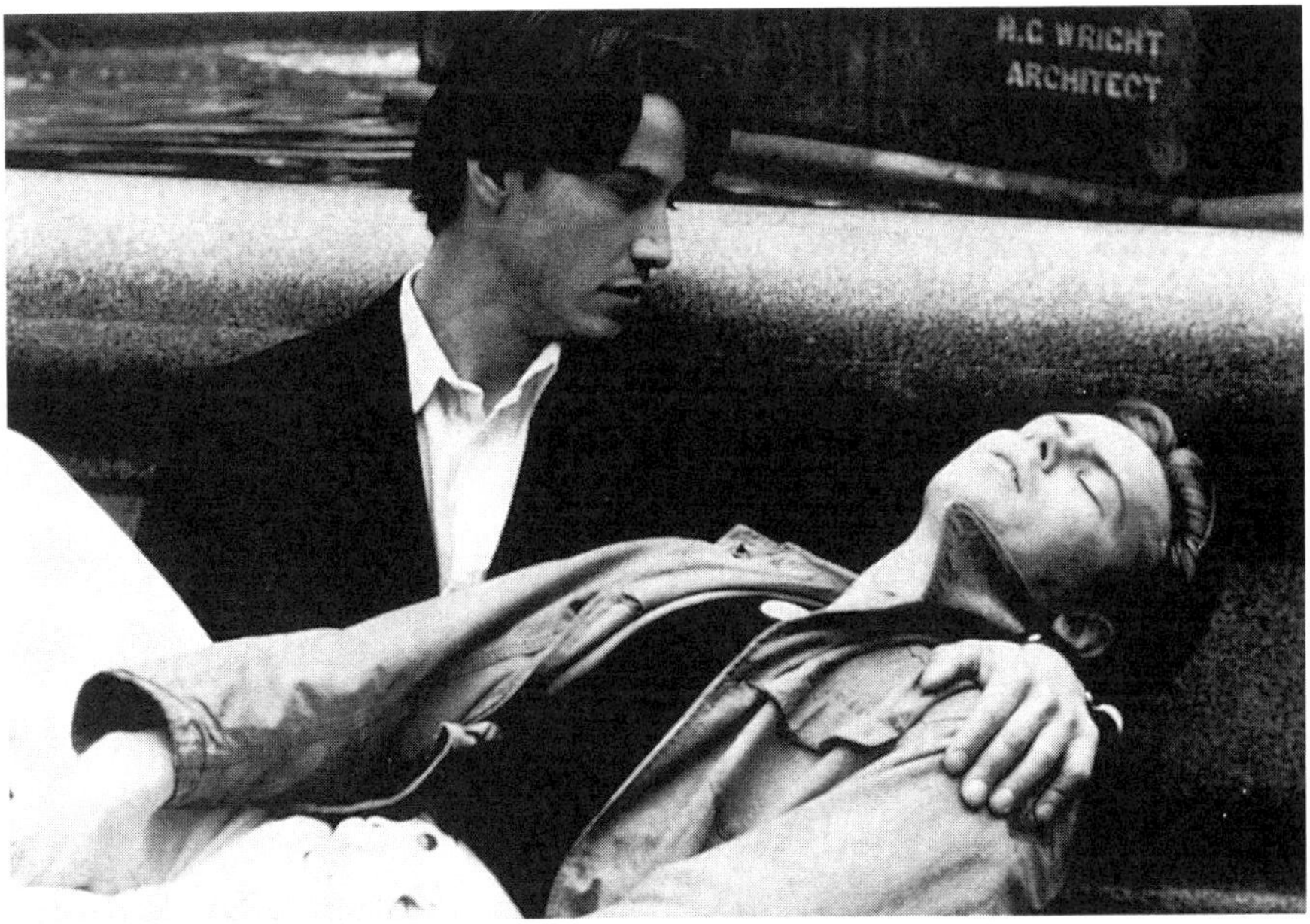

ガス・ヴァン・サント『マイ・プライベート・アイダホ』(91)

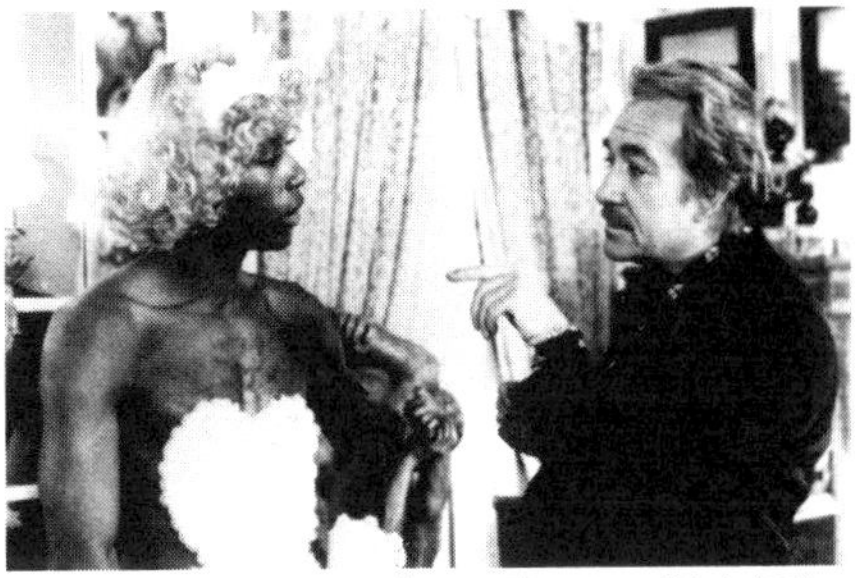

エドアール・モリナロ『Mr.レディ Mr.マダム』(78)

ジェームズ・アイヴォリー『モーリス』(87)

ヘクトール・バベンコ『蜘蛛女のキス』(85)

断崖
Suspicion

B＝IVC　D＝ファースト

41／米／監＝アルフレッド・ヒッチコック／脚＝サムソン・ラファエルソン、他／撮＝ハリー・ストラドリング／出＝ケーリー・グラント、ジョーン・フォンテーン、ナイジェル・ブルース／V＝IVC／D＝IVC

解説　アルフレッド・ヒッチコックがイギリスの推理作家フランシス・アイリスの『犯行以前』を映画化。リーナ（ジョーン・フォンテーン＝アカデミー主演女優賞）は、英国の社交界の人気者で詐欺常習者ジョニー（ケーリー・グラント）を恋し結婚するが、夫が管理を引き受けた従弟の財産を使い込んでいるのを知り不審を抱き始める。

ハイ淀川です　ジョーン・フォンテーンの奥さんは旦那に殺される、殺される。そればかり心配しているのね。そこで旦那は、お前は神経を使い過ぎているからと、温かいミルクを持ってきましたね。でも奥さんは私をミルクで殺すんじゃぁないかと思って震えています。この映画、奥さんが暗い部屋の中で、そのミルクをじっと見ているところが怖いんですね。奥さんの目もミルクも怖い。実はこのミルクの中に豆電球を入れて、ミルクの白さを強調して撮影したんですけれど、いかにも白い感覚が怖く感じられるのね。というわけで、ヒッチコックは画面の中の目で見える、目で訴える怖さを上手に見せてますね。

タンゴ
Tango

D＝パラマ

92／仏／監・脚＝パトリス・ルコント／撮＝エドゥアルド・セラ／出＝フィリップ・ノワレ、リシャール・ボーランジェ、ティエリー・レルミット／V＝ポニー

解説　飛行気乗りのヴァンサン（リシャール・ボーランジェ）は、浮気した妻を殺したが、エレガン判事（フィリップ・ノワレ）のお陰で無罪。ところがその判事から甥のポールの妻殺しを依頼され嫌々引き受けるはめに。かくしてその妻捜しの三人の殺人行が始まる。パトリス・ルコント監督のユーモアが絶妙な艶笑コメディ。

ハイ淀川です　面白いセックスシーンがあるのね。旦那はセスナの飛行機乗り。空に飛行機雲で広告の文字を書くのが仕事なんですね。そして、自分の家の上空を飛んできて、よく見ると、奥さんが窓から上半身をのぞかせて、旦那の飛行機を見ている。でも、驚いたことに奥さんの下半身は裸。後ろから若い男が激しく迫って腰を振ってセックスしたのね。奥さんは亭主は空の上にいるから平気だと思って燃えちゃうんですね。パトリス・ルコントは『髪結いの亭主』でも怖いセックスシーンを見せましたけれど、このシーンはユーモアがあって面白い。この監督の目で楽しませる映画感覚は見事です。わたしはすっかりルコントのファンになってしまいました。

ダンス・ウィズ・ウルブズ
Dances With Wolves

B・D＝ギャガ

90／米／製・監＝ケビン・コスナー／原・脚＝マイケル・ブレイク／撮＝ディーン・セムラー／出＝ケビン・コスナー、メアリー・マクドネル、グラハム・グリーン／V＝東和

解説　ケビン・コスナーが製作、監督、主演。一八六三年、南北戦争で惨劇を見た北軍の中尉ダンバー（ケビン・コスナー）は、心身の傷を癒すためにフロンティアに旅立つ。ダコタの草原に生きるスー族のインディアンと親しくなり、偏見を捨て彼らの生き方に共鳴していくが、この土地にも白人たちの侵略の手が伸びる。

ハイ淀川です　この作品のすごいシーンはバッファロー狩り。野牛が画面いっぱいに走る。三千五百頭の猛走。ケビン・コスナーたちが追う。男の世界。これぞ男の戦い。このスケールは見事。アメリカのウェスタンを見せてくれる。北軍の中尉が苦悩してどんな形でインディアンと仲良くなっていくのか。勝つか負けるかという戦争じゃぁない。インディアンと白人との愛の物語です。怖い怖い画面の中で、ケビン・コスナーは男の匂いを感じさせる。アメリカ大陸の広さがよくわかって映画の詩。三十六歳のケビン・コスナーがよくもこんな超大作をつくりました。私はあの『駅馬車』を見たときと、同じぐらい興奮しました。

男性と女性

19／米／監＝セシル・B・デミル／脚＝ジーニー・マクファーソン／撮＝アルヴィン・ヴィコフ／出＝グロリア・スワンソン、トーマス・ミーガン　D＝IVC

解説　娯楽映画の巨匠セシル・B・デミルがジェームス・バリーの戯曲「アドミラブル・クライトン」を映画化。英国の貴族一家がヨットで旅行中に難破し南海の無人島に漂流。そこで金の力だけで生きてきた貴族が、実行力のある召使いに使われてしまう。貴族令嬢にグロリア・スワンソンが起用され、以後デミルの看板女優となる。

ハイ淀川です　デミルは映画は女性に見せるもの、そのために必ず豪華な衣装を見せる。さらに三角関係も入れるという映画哲学を持っていたんですね。お嬢さんのメリー（グロリア・スワンソン）が風呂から上がるとパーティに着る衣装の品定め。ネックレス、イヤリング。この富豪の一族が無人島で生活することになっちゃった。木をこすって火を熾こすこともできないといった皮肉の描写の面白さ。ここで下男が実力を発揮したものだからメリーは筋骨隆々たる男に魅力を感じ始める。でも下男には下女の恋人がいた。下女はメリーに嫉妬する。三角関係だ。どうなるか。デミルは女性を喜ばせるのね。劇中にバビロン宮殿の豪華絢爛の古典劇が入ってます。

探偵物語
The Detective Story

51／米／製・監＝ウィリアム・ワイラー／脚＝ロバート・ワイラー、他／撮＝リー・ガームス／出＝カーク・ダグラス、エレノア・パーカー、リー・グラント／V＝CIC　D＝パラマ

解説　シドニー・キングスの舞台劇をウィリアム・ワイラー監督が映画化。ニューヨーク第二十一分署の刑事部屋という限定された空間にさまざまな犯罪者のドラマが展開される。犯罪を憎む鬼刑事ジム（カーク・ダグラス）は堕胎医を厳しく調べているうちに妻（エレノア・パーカー）の忌まわしい過去を知らされる。

ハイ淀川です　ジムは犯罪に対して厳格そのものですね。医者を調べているうちに、自分の奥さんが結婚する以前にこの男の堕胎手術を受けていたことがわかってしまいますね。さぁ、ジムは妻を許すことなんて到底できません。ジムの目は妻の犯罪を許さない目。それで奥さんは去っていく。というわけで、この映画は感傷をさらけ出さないで、冷静に大都会の悲劇、さらにジムの悲劇を描いているところがいいんですね。最後、ジムがギャングの弾にあたって倒れる。そのはずみでコップが転げ落ちて止まる。そのコップの止まる瞬間とジムの息の根が止まるのが同時。このあたりはいかにもワイラーらしい演出。舞台劇の映画化のうまい監督ですね。

小さな恋のメロディ
Melody

71／英／監＝ワリス・フセイン／脚＝アラン・パーカー／撮＝ピーター・サシツキー／出＝マーク・レスター、トレーシー・ハイド、ジャック・ワイルド、ジェームズ・カズンズ／V＝CIC　D＝KAD

解説　ワリス・フセイン監督をはじめ平均年齢二十七歳の製作スタッフがつくった少年少女の恋の物語。ロンドンの下町の小学校に通うダニエル（マーク・レスター）とトム（ジャック・ワイルド）は大の仲良し。ところがダニエルは女生徒のメロディ（トレーシー・ハイド）に恋し、結婚を宣言。大人たちはびっくりしてしまう。

ハイ淀川です　中産階級の坊やダニエルは、メロディという女の子を恋して学校から少し離れた荒れた工場の中で結婚式。ダニエルのお母さんも先生も校長も、この式を止めさせようと駆け出す。しかし二人はトロッコに乗って、花咲く野の彼方へ逃げていきました。このラストシーンがいいんですね。しかしこれがイギリスの小学校。ことのほか厳格なイギリスの学校だから、その面白さが大人への鞭にみえるんですね。若い映画作家たちが、力を合わせ、ザ・ビージーズ楽団のソフト・ロックを伴奏にして、このような少年少女の恋を描きあげたその製作の豊かさ。しかもその大人への反抗を、野の花のパステル画調で描きました。

チェンジリング
The Changeling

79／カナダ／監＝ピーター・メダック／脚＝ウィリアム・グレイ、他／撮＝ジョン・コキロン／出＝ジョージ・C・スコット、トリッシュ・ヴァン・ディーヴァー、メルヴィン・ダグラス　B・D＝TC

解説　交通事故で最愛の妻と娘を一瞬にして亡くした作曲家ジョン（ジョージ・C・スコット）は、心の傷を癒すため別荘を借りて休養をとるが、その別荘で不可思議な現象が続発する。調べてみると十数年前にその家で殺人事件があった。ポルターガイストに焦点をあてたサスペンスタッチのオカルト映画。ピーター・メダック監督。

ハイ淀川です　この映画にはヒッチコック・タッチがありますね。そのあたりが面白いんですね。ヒッチコックの恐怖描写はミルクをコップに満たして持ってきただけで、あのミルクは何だろうという恐怖を出しますね。この映画でも、お風呂に水を満たしているときに水を通してお風呂の底になんだかサビついた黒いものがゆらめいて見えました。どうも人間の顔みたいに見える。なんでもないようですけれどなんだか怖くなってきます。たいがいの恐怖の始まりは雷鳴が鳴りひびいて、嵐になって惨殺事件が起こる。さぁ、これからですよというわけでしょうけれど、私なんか笑ってしまう。ですから、何でもないさりげないような恐怖のほうが実感があるんです。

誓いの休暇
Ballada O Soldate

59／ソ連／監・脚＝グレゴリー・チュフライ／脚＝ワレンチン・エジョフ／撮＝ウラジーミル・ニコラーエフ／出＝ウラジーミル・イワショフ、ジャンナ・プロポレンコ、アントニーナ・マクシーモワ／V＝IVC　D＝IVC

解説　ソ連陸軍の十七歳の少年兵アリョーシャ（ウラジーミル・イワショフ）は、戦地での功労を認められ六日間の休暇を与えられる。故郷へ帰る途中、貨物列車で少女シューラ（ジャンナ・プロポレンコ）と知り合い淡い恋が芽生えたり、さまざまな人と出会い、母と再会した時にはもう時間が残されていなかった。カンヌ映画祭優秀賞。

ハイ淀川です　このお母さんは戦争に行った息子の名前をいつも道に立って向こうのほうを眺めて呼ぶ。そんなお母さん。そのお母さんに逢うために六日間の休暇をもらった。ところがこの息子はその途中でいろいろな人たちと会います。戦争で足を失い妻に会うのをいやがっている兵士とか見知らぬ少女たちに尽くしてやる。そのエピソードがいいんです。やっとお母さんに会えると思ったら時間がない。戦場から故郷まで往復で四日間もかかったのでお母さんのところにいられるのは二日間だけ。しかもお母さんと抱き合った息子はまた戦場に行ってしまい、二度と戻ってこなかった。これを見てソ連映画のやさしさにびっくりして、人情の美しさに涙しました。

地下水道
Kanal

57／ポーランド／監＝アンジェイ・ワイダ／原・脚＝イェジー・ステファン・スタビンスキ／撮＝イェジー・リップマン／出＝ヴィエンチスワフ・グリンスキ、タデウシュ・ヤンツァー、テレサ・イジェフスカ、エミール・カレヴィッチ／V＝朝日　D＝KAD

解説　ポーランド生まれのアンジェイ・ワイダ監督の出世作。第二次大戦末期、ワルシャワのレジスタンス組織は、ソビエト軍が援助にくる前にドイツ軍によって壊滅的な打撃を受ける。そしてドイツ軍に追われたレジスタンス軍は地下の下水道に逃げ込む。映画の三分の二は下水道のドブの中を這いまわる描写で占められている。

ハイ淀川です　三十一歳のアンジェイ・ワイダ監督の戦争地獄絵。ドイツ軍に見殺しにされる中で逃げるだけ逃げて反抗して、地下水道にもぐって、あげくの果てほとんどが死んでしまうポーランドの末路を描いた映画。こんな救いのない映画も珍しい。全編のほとんどが地下水道の中。金髪女と、その彼女の身持ちに不信を抱きながら愛情を持つ青年がその中を逃げる。二人は死期が迫る中で真実の愛を見つける。しかし、彼らのたどりついた出口は鉄柵のある行き止まり。目の前に流れる大河を眺めるだけだった。というわけで、この映画は反戦とか愛国とかの精神を超えて、サディズムかと思えるような激しさで生死をさまよう人間群像を追求した異色作です。

地下鉄のザジ
Zazie Dans Le Métro

B・D＝KAD

60／仏／監・脚＝ルイ・マル／脚＝ジャン・ポール・ラプノー／撮＝アンリ・レシ／出＝カトリーヌ・ドモンジョ、フィリップ・ノワレ、カルラ・マルリエ／V＝カルチ

解説 『死刑台のエレベーター』『恋人たち』につぐルイ・マル監督の第三作。ママと一緒に田舎からパリに来た十歳の少女ザジ（カトリーヌ・ドモンジョ）は、伯父ガブリエル（フィリップ・ノワレ）に迎えられパリ見物。お目あての地下鉄はストライキで乗れなかったが、ザジは田舎へ帰るまでの三十六時間さまざまな体験をする。

ハイ淀川です ドタバタスタイルで描かれていますけど、怖い映画です。ザジはパリの地下鉄に憧れている。そこでお母さんは近所のおかみさんに、ザジを地下鉄に乗せてやると言いふらしてパリに行くけど、実はお母さんは男に会うためだったのね。だからザジは放り出されちゃった。一人で下町を歩いていると中年男に誘われる。でもこの子は男を怖がるどころか平気でついていって食事をしたり早口でしゃべり出す。「あたいのママはパパを殺したのよ。あたいが部屋に行こうとしたら、パパがあたいをベッドに入れて妙なことをしたの。これを見てママがナタを持ってきてパパの頭を叩き割ったの。パパはその傷で死んじゃったの」というあたりの怖さ。

チコと鮫
Tico Joe Pesceane

D＝アネック

63／伊・米／監＝フォルコ・クイリチ／撮＝マルコ・スカルペ／出＝アル・カウエ、マルレーヌ・アマング

解説 『青い大陸』『最後の楽園』『南十字星の下』と南海に取材したドキュメンタリーを連作したフォルコ・クイリチ監督の四作目。タヒチの少年チコは、一匹の鮫の子に餌づけして飼いならし海に放してやる。そして、青年になったチコは、何年かぶりにその鮫と再会する。チコと鮫との世にも不思議な友情を描く。

ハイ淀川です チコと鮫がだんだん仲良くなって鮫の背中に乗って遊ぶあたりがいいんですね。そして鮫を海に放すところ。チコはボートに乗って黄色い凧を青空に揚げました。その凧の糸を、もう、お前とはお別れだよ、といって鮫のしっぽにくくりつけてやる。さあ、お行き。鮫は寂しそうに何度もふりかえりながら海の底へ潜っていく。やがてこの凧が引っ張られて海の中へ消える。この別れのシーンの面白いこと。そしてチコが成長して海の中で鮫と再会するところ。食いつくかと思ったらチコに体をこすりつけてくる。しっぽに凧の糸がかすかに残っていた。あの鮫だったと思うあたり。チコと鮫の友情が非常にきれいに出た名作です。

地上最大のショウ
The Greatest Show On Earth

D＝パラマ

52／米／製・監＝セシル・B・デミル／脚＝フレデリック・M・フランク／撮＝ジョージ・バーンズ、他／出＝チャールトン・ヘストン、ベティ・ハットン、コーネル・ワイルド、ジェームズ・スチュアート／V＝CIC

解説 セシル・B・デミルが製作、監督したスペクタクル大作。アメリカ最大のサーカス一座を舞台に、座長（チャールトン・ヘストン）、空中ぶらんこの第一人者（コーネル・ワイルド）、彼を恋する女軽業師（ベティ・ハットン）、道化師（ジェームズ・スチュアート）などがくり広げる豪華なショーと人間ドラマ。

ハイ淀川です デミルはまず大きなテントを張って、どんどん準備してさぁ明日からオープンだというあたりから見せますね。そしてサーカスとはこれだというあたり、ショー精神を心得ているデミルらしい演出ですね。さぁ、中でもすごいのはベティ・ハットンとコーネル・ワイルド、すごい空中ぶらんこの芸ですね。ベティ・ハットンはスタントなしであの高い所に上がっていったんですね。もっと面白いのはジェームズ・スチュアートが道化師に扮していることですね。嫁さんを殺してサーカスに逃げてきた男。だから顔を全部塗って道化師に化けて警察の目を逃れようとしているのね。デミルはまさにお客さんの楽しませ方をよく知っていますね。

父／パードレ・パドローネ

Padre Padrone

77／伊／監・脚＝パオロ＆ヴィットリオ・タヴィアーニ／撮＝マリオ・マシーニ／出＝オメロ・アントヌッティ、ファブリーツィオ・フォルテ、サヴェリオ・マルコーニ／V＝東北／D＝東北　D＝ポニー

解説　第二次大戦後のイタリアのサルジニア島。ガヴィーノ少年（ファブリーツォ・フォルテ）は、父フィジオ（オメロ・アントヌッティ）から学校へも行かせられず二十歳まで羊飼いの生活を強いられる。文盲のこの若者が言語学者に大成するまでのガヴィーノ・レッダの自伝をパオロ＆ヴィットリオ・タヴィアーニ兄弟監督が映画化した。

ハイ淀川です　小学校のわが子を学問などする必要はなしと言って、連れて帰る父。羊飼いの子は羊飼いになれ。六歳の子供を山を越え谷を渡り、その向こうの平原の石小屋にただ一人置き去りにして、羊飼いとして鍛えていく。都会人には想像もできないこの野性を、この映画は世界に訴えるように見せますが、これが残酷でもなく見るものに怒りすら感じさせない。ときには笑いすらおこさせてしまうこの父と子に見とれてしまいます。その演出力はすごい。この子が成人するにつれて父への反抗がきわだっていくくせに、それを涙で描かないこの兄弟監督の映画根性の片意地さと温かさ。そして再会した息子と父のラストの見事なこと。

チート

The Cheat

15／米／監＝セシル・B・デミル／脚＝ヘクター・ターンブル／出＝早川雪洲、ファニー・ウォード／V＝IVC／D＝カルチ　D＝IVC

解説　早川雪洲がスターの座をつかんだ記念すべき作品。上流社会の白人女性エディスは、日本人の大金持ち鳥居から巨額の借金をするが身を任せなかったために、焼きゴテを肩に当てられてしまう。その仕打ちに彼女は鳥居をピストルで撃つ。セシル・B・デミル監督の静的な洗練された様式美は高く評価されたが、日本では未公開。

ハイ淀川です　白人の肩に焼きゴテを当てるシーン。怖かった。それで日本人をよく描いていないというので輸入されなかったの。でも、今はビデオで見られるから一度はごらんなさい。この映画の見どころはなんと言っても早川雪洲。セシル・B・デミルがこんな美男子はいないと言って発見したんですね。ハリウッドの美男スター第一号は日本人だったのね。もう映画館は満員。女性は早川雪洲を見にいくのに白粉をつけていったの。驚きですね。画面から見つめられていると思うとドキドキしたんです。このあと『火の海』、桜島噴火をテーマにした作品に奥さんの青木鶴子と共演しましたがこれも大人気でしたよ。

血と砂

Blood And Sand

22／米／製・監＝フレッド・ニブロ／脚＝ジューン・マチス／撮＝アルヴィン・ワイコフ／出＝ルドルフ・ヴァレンチノ、ニタ・ナルディ／V＝IVC、クラリオン／D＝カルチ　D＝IVC

解説　サイレント映画史上最高の美男スター、ルドルフ・ヴァレンチノの代表作。名闘牛士ハラルドは、幼なじみのカルメンと幸せな生活を送っていたが、上流社会の妖艶なドナにとっては一つのゲーム。ハラルドは彼女をつなぎ止めるために猛牛に挑む。ハラルドの血が熱砂の上を赤く染める。

ハイ淀川です　タイトルの前にヴァレンチノが現われ、闘牛士のいでたちで両手でサッと布を開くと、その上にパラマウントのマークが出る。ファーストシーンのうまいこと。最後の最後は美男の闘牛士が牛に突き殺されてしまいますが、この映画の見どころは、ヴァレンチノ。三十一歳の若さで死にましたけれど、最高の美男スター。ラブシーンのものすごいこと。激情するニタ・ナルディをグッと力いっぱい引き寄せる。女はガバッと彼の胸に寄り添う。彼は片手で女の肩から腕へ撫でおろし、一方の手は女の首にまきつく。女の首筋から背中を撫でまわしながら熱き接吻をする。そのカッコのいいこと。早川雪洲とともに大人気だったんですよ。

地の果てを行く
La Bandera

D＝ジュネス

34／仏／監・脚＝ジュリアン・デュヴィヴィエ／脚＝シャルル・スパーク／撮＝ジュール・クリュージエ／出＝ジャン・ギャバン、アナベラ、ロベール・ル・ビガン

解説　ジュリアン・デュヴィヴィエ監督がピエール・マッコルランの小説を映画化。殺人を犯したピエール（ジャン・ギャバン）は追いつめられスペイン領モロッコの外人部隊に入るが、そこでリュカという男と知り合う。外人部隊の生活と熱帯砂漠の苛酷な自然環境の中で男と男の憎悪が友情へ急変する人間の心理がよく描かれている作品。

ハイ淀川です　リュカ（ロベール・ル・ビガン）という男は実は、刑事なのね。でも、刑事ということを隠して外人部隊にいるの。自分を捕らえようとしている男とも知らずに仲良くなっていくピエール。やがてピエールはモロッコの女と恋し結婚する。野性的な女で字一つ書けない女。この女をアナ・ベラが演じていますけれど、ピエールはやがてリュカが自分を追っている刑事だとわかる。そんなとき戦争が始まってピエールは弾に当たって死にました。リュカが泣いた。殺人犯と刑事の間に友情が生まれていくあたりが見どころですね。リュカが悲しみながら死体を葬って遺品を持ってモロッコの女を訪れるシーンもいい。いかにもデュヴィヴィエらしい映画。

チャイナタウン
Chinatown

B・D＝パラマ

74／米／監＝ロマン・ポランスキー／脚＝ロバート・タウン／撮＝ジョン・A・アロンゾ／出＝ジャック・ニコルソン、フェイ・ダナウェイ、ジョン・ヒューストン／V＝CIC

解説　ロサンゼルスの私立探偵ギテス（ジャック・ニコルソン）は、水源電力局部長の死の真相を夫人のイヴリン（フェイ・ダナウェイ）とともに捜査するが、事件の裏に夫人の実父で政界の黒幕クロス（ジョン・ヒューストン）の存在をつきとめる。三〇年代の退廃ムードが漂うロマン・ポランスキー監督のハードボイルドの傑作。

ハイ淀川です　この映画は探偵映画で謎を次から次へと解いていくところが面白いんですが、それと同時に一九三〇年ごろのチャイナタウンのムードがいいんです。そのころ、ロスのチャイナタウンに入って殺されたら死体も出てこないと言われたのね。この映画にも満月が真っ黒い雲の中に入っていって、竜の目が光るような怖さがある。なんとも知れん人間関係。ジョン・ヒューストンのお父さんが娘のフェイ・ダナウェイを犯したりするような湿りきった怖さ。その父は今の旦那さんに娘をどういう感じで紹介したか。この父がどんなに怖いボスか。ゾーッとするかたちでみえてくるあたり。ショックとチャイナタウンの雰囲気を感じさせる見事な名作です。

チャタレイ夫人の恋人
L'amant De Lady Chatterley

55／仏／監＝マルク・アレグレ／脚＝ジョセフ・ケッセル、他／撮＝ジョルジュ・ペリナール／出＝ダニエル・ダリュー、エルノ・クリーザ、レオ・ゲン／V＝IVC

解説　芸術かワイセツかで問題となったD・H・ロレンスの小説の映画化。英国の炭坑王チャタレイ卿（レオ・ゲン）は、大戦で重傷を受け下半身が永久にマヒ。妻コンスタンス（ダニエル・ダリュー）は夫との生活に不満を感じ、身分の差をのりこえ森番メラーズ（エルノ・クリーザ）と関係をもつ。マルク・アレグレ監督作品。

ハイ淀川です　皆さんご存知のこの名作は、一九八二年にジュスト・ジャカン監督、一九九五年にケン・ラッセル監督が映画化しましたが、これは第一回目の映画化。見ました。よかった。ダニエル・ダリューのチャタレイ夫人のきれいだったこと。品格がある。もう旦那さんは戦争で怪我してから下半身がダメ。車椅子の生活をしている。この奥さんはいろいろと面倒をみますけれど、夜の生活が楽しめない。可哀相だ。それで森番のきれいな男と仲良くなる。肉のかたまりみたいな男と燃えるあたりがすごいし、この映画の見どころですね。当時、どうしてこの原作が裁判騒ぎになったのか。ごらんになっていない方は勉強です。是非ともごらんなさい。

チャップリンの移民
The Immigrat

17／米／監・脚＝チャールズ・チャップリン／出＝チャールズ・チャップリン、エドナ・パーヴィアンス／V＝IVC／D＝カルチ　D＝IVC

解説　ミューチュアル時代の十一本目で、チャップリンが四日間の不眠不休の編集の末に完成させた作品。アメリカへ渡航する移民船の貧しい人たちをとらえ、自由の国への上陸目前でも、少しの自由も許されない哀れな移民の姿をチャップリン独特の厳しい皮肉で描いている。物語性と深い愛情に満ち溢れているあたりに注目。

ハイ淀川です　だんだんとニューヨークの自由の女神が見えてきた。みんな万歳だ。喜んだ。喜んだ。三等船客が一番下の甲板に寄ってきたので、監視人が大きなロープを張って、お前ら絶対にここから出たらあかんぞ！　と言って押さえつけました。なんという不自由でしょう。自由の女神を目の前に見ながら不自由の魂に縛られましたねぇ。このあたりの皮肉の怖さ。というわけでチャップリンは人間の機微と皮肉をうまく取り入れるようになった。アメリカがわかってきた。イギリスの皮肉にアメリカの人情味が加わったこの作品こそが本格的なチャップリン映画の愛の誕生なんですね。これから後のチャップリン喜劇につながる作品として注目されましたよ。

チャップリンの悔悟
The Police

16／米／監・脚＝チャールズ・チャップリン／出＝チャールズ・チャップリン、エドナ・パーヴィアンス、ラッグルス、ジェームズ・T・ケリー／V＝IVC　D＝IVC

解説　チャップリンの本領である「愛の美しさ」に眼が向けられ始めた作品。チャップリン扮する刑務所を出所した泥棒が、なんと宣教師に、働いた金を盗まれてしまって無一文。そこで昔の仲間に誘われるまま、ある屋敷に押し入るが、その家の美しい娘のやさしさと機知に助けられ、罪を深く恥じ反省しながら一本道を去っていく。

ハイ淀川です　私は七歳のころ、初めて見たときびっくり仰天した。よくもアメリカがこんな怖い映画を撮ったと思いましたが、それはファーストシーン。チャップリンは刑務所から出されて、これで自由だ、腹いっぱい空気を吸い込んだ。そこへ牧師が来て「神よ、この男に幸を与え給え」と言って抱きしめたので、チャップリンは泣いた。ハンカチがないので牧師の髭で涙を拭いた。そのとき、牧師は刑務所で働いてやっともらった金をポケットから盗み取っていたのね。神様のような人が実は泥棒だった。これは残酷だ。チャップリンはロンドンの幼年時代のどん底生活で世の中の汚いところを見ていたので、こんなシーンが生まれたんですね。

チャップリンの午前一時〈大酔〉
One A.M.

16／米／監・脚＝チャールズ・チャップリン／出＝チャールズ・チャップリン、アルバート・オースティン／V＝IVC　D＝IVC

解説　チャップリンはキーストン・フィルムで三十五本、エッサネイ・フィルムで十六本撮り、ミューチュアルに移るがこれは四本目の作品。深夜に帰宅した酔っぱらいが、家中の家具や小物を相手に格闘する。冒頭のタクシーの運転手とのやりとり以外は、すべてチャップリンが一人芝居するというユニークな作品。

ハイ淀川です　映画好きのわたしの両親は、チャップリンのことをアルコール先生と呼んで、「アルコール先生のチャリは巧いもんや」とほめていたのね。チャリというのは関西弁で〝面白がらせる仕草〟のこと。この作品はまさにそのチャリが傑作でチャップリンのワンマンショー。イギリス感覚の皮肉よりも、カルーノ一座で磨いたパントマイムの演技を見て、私はただのドタバタ役者ではありませんよということを示したんです。二巻を一人でもたせちゃった。体をどんどん張って野心のありったけを遠慮なんかしないでぶっつけまくった。俺の演技を見ろ！　これでチャップリンは格付けをして、チャップリン時代の前触れを感じさせました。

チャップリンの番頭
The Pawnshop

16／米／監・脚＝チャールズ・チャップリン／出＝チャールズ・チャップリン、エドナ・パーヴィアンス、ヘンリー・バーグマン／V＝IVC／D＝カルチ　D＝IVC

解説　十二本のミューチュアル喜劇の中でも特筆すべき作品で、公開当初から秀作の評判が高かった。チャップリンは質屋の新米店員。入れ替わり現われる質屋の珍客とのやりとり。目覚まし時計をはじめさまざまの小道具をギャグの材料に使う独創的なアイディアに満ちた爆笑喜劇。

ハイ淀川です　七歳でこれを初めて見たとき、私はチャップリンが嫌いになって怖くなったのね。『チャップリンの悔悟』よりもっと残酷喜劇。笑いがどこか陰気なの。チャップリンは質屋の番頭。主人にはペコペコ。娘には色目。店に来る貧乏人には冷たい。質の金魚鉢。金魚を指先で取ってブラシでふいて、こんな金魚は駄目だ、持って帰れ！　また、目覚まし時計はいじくりまわして叩きつぶして持ち帰らせるのね。憎たらしいチャップリンだ。いかにも貪欲な映画でした。今なら、チャップリンのイギリスの皮肉、ブラックユーモアがわかりますが、子供のころはきつかった。でも、私にとって生涯忘れ得ない作品の一つですね。

チャップリンの勇敢
Easy Street

17／米／監・脚＝チャールズ・チャップリン／出＝チャールズ・チャップリン、エドナ・パーヴィアンス／V＝IVC／D＝カルチ　D＝IVC

解説　ミューチュアル喜劇の中でも、最も有名な作品。善に目覚めた男が警官になり勇気をもって巨漢悪党を退治する話で、チャップリンはドタバタ喜劇の適役の警官に扮している。悪党と警官の追いつ追われつのシーンも見事だが、貧困、飢え、暴力といったテーマを取り上げ、そのイメージが強烈に印象に残る作品。

ハイ淀川です　ドタバタ喜劇の一番の憎まれ役の警官にチャップリンが扮しているのが面白いのね。八百屋で万引きした女にもっと万引きしろと言うの。キャベツをスカートの中にどんどん隠して妊娠しているように見せかけ、持っていかせたりして泥棒の応援をするのね。巨漢の悪党とどう勝負するのかと思っていると、街頭のガラスの中に頭を突っ込ませて勝っちゃったりするお巡りさん。コメディでいつも馬鹿にされている警官を勇敢にしちゃったんですね。皮肉とか風刺というよりもストレートに勇気が悪を叩きのめすアメリカ好みのチャップリンが登場し、これこそがチャップリンの映画という個性を出してきたんですね。

チャーリー
Chaplin

92／米／製・監＝リチャード・アッテンボロー／脚＝ウィリアム・ボイド、他／撮＝スヴェン・ニクヴィスト／出＝ロバート・ダウニー・ジュニア、ジェラルディン・チャップリン、ダン・エイクロイド、ダイアン・レイン／V＝LDC　B・D＝KAD

解説　リチャード・アッテンボロー監督がオールスターキャストで世界の喜劇王チャールズ・チャップリンの生涯を描いた伝記映画。ロンドンの貧しい下町で育った幼年時代からアメリカに渡り成功し、数々の名作を製作したエピソードが大河のように映し出される。チャップリン役は三年にわたるオーディションで選ばれたロバート・ダウニー・ジュニア。

ハイ淀川です　チャップリンの伝記映画は何回も企画されたけれど実現しなかったの。それはチャップリンが、あまりにも偉大だからやれるスターがいなかったんです。だから誰がやるのだろうと思ったら、ロバート・ダウニー・ジュニア。まったくの新人。これは怪しいと思って見ました。ところがいいんだね。背丈も腰から足までチャップリンの匂いを見事に摑みました。彼の名演が見どころです。でも幼年時代から始まって、彼女との結婚、離婚も描かれていますけれど駆け足で説明不足がつらい。一部二部三部六時間ぐらいの映画にしてほしかった。この中で本物のチャップリンの『キッド』などのシーンが出てくる。あらためて見たくなりました。

チャンス
Being There

79／米／監＝ハル・アシュビー／原・脚＝イェールジ・コジンスキー／撮＝カレブ・デシャネル／出＝ピーター・セラーズ、シャーリー・マクレーン、メルヴィン・ダグラス／V＝WHV　B・D＝WHV

解説　ポーランド生まれの人気作家イェールジ・コジンスキーのベストセラー小説をハル・アシュビー監督が映画化。数十年間、屋敷で庭師一筋に生きてきた無学文盲のチャンス（ピーター・セラーズ）の楽しみはテレビを見ることだけ。主人の病死を契機に外の世界に出るが、ふとしたことで富豪夫妻と知り合い意外な展開に…。

ハイ淀川です　富豪夫人（シャーリー・マクレーン）は、チャンスを立派な人だと思うんですね。おとなしくって余計なことは何も言わないから。この人は身分を隠した偉い人だと思ってしまう。夫人の旦那さんの老富豪は政財界の巨頭。それで彼を思いきって大統領に会わせた。そしたら、チャンスは質問に落ち着いて「悪い枝は早いうちに切り落したほうがいいです」と答えたので、大統領はこれは意味深い暗示なのだと感心してしまう。このあたりの面白いこと。こんなストーリーを理づめで見てもつまりませんよ。ほのぼのとした心やさしいおかしさで見てほしい。人に対してあるのは善意のみ。フランク・キャプラを思わす名作です。

チャンプ
The Champ

32／米／監＝キング・ヴィダー／脚＝フランセス・マリオン／撮＝ゴードン・カヴィル／出＝ウォーレンス・ヴィアリー、ジャッキー・クーパー、アイリン・リッチ／V＝IVC／D＝カルチ　D＝WHV

解説　元重量級チャンピオンのボクサー（ウォーレンス・ヴィアリー）と、その彼を「チャンプ」と呼び敬愛する息子（ジャッキー・クーパー）の強い親子の絆を描いた作品。落ちぶれても子供に虚勢をはる大人の悲哀をヴィアリーが好演しアカデミー主演男優賞、他に脚本賞。七九年にジョン・ヴォイトとリッキー・シュローダー主演で再映画化。

ハイ淀川です　キング・ヴィダーはやわらかくってやさしくって人情溢れる映画をつくる名監督。「チャンプ」というのはチャンピオンのこと、下町の言葉ですね。ウォーレンス・ヴィアリーは荒くれで飲んだくれのボクサー。それをジャッキー・クーパーの息子が、お父っつあん、がんばれというあたりがいい。子供はお父っつあんを誇りに思っているのに崩れていくところが悲しかったねぇ。お父っつあんが酔っぱらって試合に出て倒れるのを見て、パパ、パパというところがすごい。のちにジョン・ヴォイトが主演しましたが、甘ったらしくって子供の演技もオーバーアクト。でもストーリーがいいから、どちらをごらんになってもお泣きになるでしょう。

超音ジェット機
The Sound Barrier

52／英／製・監＝デヴィッド・リーン／原・脚＝テレンス・ラティガン／撮＝ジャック・ヒルドヤード／出＝ラルフ・リチャードソン、アン・トッド、ナイジェル・パトリック　D＝ジュネス

解説　デヴィッド・リーンが監督した航空映画の記念碑的作品。音速の壁を破る野望に燃え、超音速のジェット機を開発する男リッジフィールド（ラルフ・リチャードソン）の激しい生きざまを描く。当時、話題をさらっていたジェット機のコメット、アタッカー、バンパイヤ113など、懐かしい往年の名機も画面の中を飛び交う。

ハイ淀川です　これは男の感覚をつかんだ映画ですね。この超音速のジェット機研究をしているお父さんは、息子を空で亡くしました。そして娘の婿までテストパイロットに仕立て育てあげる。ところがその娘の夫もまた試験飛行で墜落して死んでしまう。娘はお父さんのもとを去っても、このお父さんはあきらめません。まるで神がかりみたいなこのお父さんがジェット機を成功させるだけの映画ですけど、非常に記録タッチ。成功するまでのジェット機のことが目で見てハッキリわかるんです。あの劇的な作品を得意にして、しかも非常にうまいデヴィッド・リーン監督がこういう実写的な映画をつくった。それもこの映画を征服しているあたりが面白いんですね。

長距離ランナーの孤独
The Loneliness Of The Long Distance Runner

D=紀伊國屋

62/英/製・監=トニー・リチャードソン/原・脚=アラン・シリトー/撮=ウォルター・ラザリー/出=トム・コートネイ、マイケル・レッドグレーヴ、ピーター・マッデン/V=ヘラルド

解説　一九六〇年代、イギリスの〝怒れる若者たち〟を代表する作家アラン・シリトーが自らの小説を脚色した青春映画。感化院に送りこまれたコーリン（トム・コートネイ）はクロスカントリー・レースのランナーに選ばれ出場するが、走行中に感化院送りになった経緯が挿入される。監督は『蜜の味』のトニー・リチャードソン。

ハイ淀川です　『蜜の味』が見事な女の感覚で描かれていましたが、この映画はギスギスした男の感覚。コーリンのランニングの中にしばしば回想がでてきます。嫌いなお母さん。汚い小さな弟や姉。ベッドの中で苦痛にひんまがっているお父っつあん。だからこの子は家を飛び出して女の子に誘いをかける。その歩く姿はなんの希望もない。誰が働いてやるもんか。こんな感情がコーリンの髪の毛一本一本の根の中にしみ込んでいる。不良少年の心の内側に完全に入り込んで描いているあたりはすごい。ラストでゴールイン直前で足に根が生えたように立ち止まった瞬間、私にはこの子の自殺に見えました。これからどうなるのか。怖い怖い映画です。

散り行く花
Broken Blossoms

D=IVC

19/米/製・監・脚=D・W・グリフィス/撮=G・W・ビッツァー/出=リリアン・ギッシュ、ドナルド・クリスプ、リチャード・バーセルメス/V=IVC/D=カルチ

解説　D・W・グリフィスに認められた可憐女優リリアン・ギッシュはこの一作で全世界の涙をしぼり不動のスターとなった。ロンドンのライムハウスに住む十三歳のルーシーは母の死後、ボクサー崩れの義父の暴力に耐えながら生きている。そんなとき、ルーシーは憎の修行をつんだ心やさしい中国青年のチェン・ハンと知り合う。

ハイ淀川です　娘は恐怖のあまり戸棚に飛び込み中から鍵をかけた。中で震えて震えている。お父っつあんは斧で戸棚を壊しはじめた。逃げ場がないから小さな箱の中でぐるぐる回りだした。キャメラが暗い灰色の中の彼女の顔をとらえる。汗だらけの顔。パッと明るくなった。それは扉が破れたからなのね。このシーンの怖いこと。うまいこと。娘は引っ張り出された。お父っつあんに力いっぱい殴られた。十三歳のルーシー。かすかに笑ってこときれた。死んじゃったリリアン・ギッシュの顔も手も足も、私の胸に焼き付いている。なんていいんだろう。涙が止まらなかった。十三歳の私が初めて声をだして泣いた映画です。

沈黙
Tystnaden

B・D=キング

63/スウェーデン/監・脚=イングマール・ベルイマン/撮=スヴェン・ニクヴィスト/出=イングリッド・チューリン、グンネル・リンドブロム、ヨルゲン・リンドストロム/V=ポニー

解説　イングマール・ベルイマン監督の『神の沈黙』三部作の三作目。独身の姉エステル（イングリッド・チューリン）と十歳の少年の母である妹アンナ（グンネル・リンドブロム）は、旅行中ホテルに泊まる。姉は自慰にふけり、自由奔放な妹は黒人とのセックスに溺れる。大胆な性描写で精神と肉欲の苦悩を描いた問題作。

ハイ淀川です　神でさえも沈黙する人間の業悪を描いた名作。十歳の少年の母はホテルの部屋で男狂い。その母の姉はセックスを馬鹿にして自慰にふける。さあ一人残された少年はどうなったか。ホテルをあっちこっち一人で歩き、廊下で裸体画を眺め、ホテルの使用人にワイセツな言葉を浴びせられ、数人の小人一座の芸人の部屋に連れ込まれ、いたずらされて廊下の隅で立ち小便してしまいます。というわけで性欲というものが人間が生きる限りつきまとう。それは生命を生きるエネルギーの根です。それを軽蔑しようが、それに溺れようが、人間は性欲から逃れることはできません。ベルイマンはそんな人間を哀れみを感じながら厳しく見ているんです。

沈黙の世界
Le Monde Du Silence

D＝コロムビア

56／仏／監＝ジャック・イヴ・クストー／監・撮＝ルイ・マル、他／撮＝エドモン・セシャン／V＝HRS

解説　世界的に有名な海洋学者ジャック・イヴ・クストーと、のちに『死刑台のエレベーター』で監督デビューした鬼才ルイ・マルが組んで海中の世界を神秘的にとらえたドキュメンタリーの傑作。沈んだ難破船、イルカの大群、鯨の死体に群がる鮫などが海中撮影によって綴られていく。カンヌ映画祭グランプリ。

ハイ淀川です　クストーという人はアクアラングを発明した人ですけど、この人はフランスの詩人という感じです。ですからこの記録映画はフランス的、詩的。詩的な撮り方をしました。まぁ、深い深い七十五メートルの深海に潜っていきます。こんなのどうして撮影したのかと思ってしまいます。私たちが絶対に行けない世界を見せてくれました。海の底、音のしない世界。その世界がどんなに神秘的か。どんなに美しいものか。ここらがイタリアの記録映画と違いますね。イタリアはいかにも、もの珍しく生臭い感じ。それに比べてフランスは詩。というわけで、記録映画一つにしても、その国のタッチが違います。そのあたりを勉強するのも面白いですよ。

ツイスター
Twister

B・D＝ジェネ

96／米／監＝ヤン・デ・ボン／脚＝マイケル・クライトン、他／撮＝ジャック・N・グリーン／出＝ビル・パクストン、ヘレン・ハント、ジャミ・カルツ、ケリー・ウェルス／V＝CIC／D＝SPE

解説　『スピード』に次ぐヤン・デ・ボン監督の第二作。子供のころ大竜巻で父を亡くしたジョー（ヘレン・ハント）は、竜巻観測チームの女性メンバー。チームは竜巻の中心部に入り込み竜巻観測機を置こうとして苦闘。それにジョーと別居中の夫との愛が絡む。暴れ回る巨大な竜巻が見もののアドベンチャー・ロマン。

ハイ淀川です　ツイスターとは、ねじることですね。この映画では竜巻、トルネードですね。さあ、見渡す限りの西部の町に竜巻がねじれながらやってくる。その恐怖。それをどう撮ったのか。この映画の見どころはジャック・N・グリーンのキャメラですよ。目の前で牛が巻きあげられ、トラックも家も飛ぶ。たとえ、それがつくりものでも驚きます。このキャメラのすごさは天下一品ですよ。それと面白いのは、竜巻から逃げるのではなく、それを追うところですよ。気象調査係が竜巻と対決するあたり。映画のできる限りの技術を使ってこれを見せました。これがヤン・デ・ボン監督の腕の見せどころ。まさに野心作でした。

追想
Anastasia

D＝ディズニー

56／米／監＝アナトール・リトヴァク／脚＝アーサー・ローレンツ／撮＝ジャック・ヒルドヤード／出＝イングリッド・バーグマン、ユル・ブリンナー、ヘレン・ヘイズ／V＝FOX

解説　イングリッド・バーグマンが、ユル・ブリンナーと共演、アカデミー主演女優賞を獲得。白系ロシア人ボーニンはロシア革命のとき逃れた大皇女アナスタシアが生存していると宣伝。大皇女のためにロシア皇帝が英国に預けた大金を搾取しようと企む。そのためアンナという女をアナスタシアに仕立て祖母の大皇妃と会わせる。

ハイ淀川です　バーグマン扮するアンナという女は自殺未遂した謎の女、過去の記憶を失っていて、自分自身の身の上もはっきりわからないの。その女がユル・ブリンナー扮する山師のエサになる。このブリンナーがなんとも知れん雰囲気があっていいんですね。アンナはロシア大皇女（ヘレン・ヘイズ）のところに連れていかれてテストを受けます。大皇女はアンナをアナスタシアとして認めるのね。そしてブリンナーの山師とアンナが愛し合っているのを見抜き、粋なはからいをするあたり。見ものは、バーグマンと名女優ヘレン・ヘイズの一騎討ちの演技です。バーグマンは、この一作で完全にカムバックして、再びアカデミー主演女優賞を掴みとったんですね。

月の輝く夜に
Moonstruck

87／米／製・監＝ノーマン・ジュイソン／脚＝ジョン・パトリック・シャンリー／撮＝デヴィッド・ワトキン／出＝シェール、ニコラス・ケイジ、ダニー・アイエロ、オリンピア・デュカキス、ヴィンセント・ガーディニア／V＝WHV　D＝FOX

解説　七年前に夫と死別した三十七歳のロレッタ（シェール）は、ジョニーと再婚することになったが、パン工場で働くジョニーの弟ロニー（ニコラス・ケイジ）と出会い、心の中で眠っていた激しい恋の炎に火がつきベッドを共にしてしまう。ニューヨークの満月の夜に起こったイタリア人一家を描くノーマン・ジュイソン監督作品。

ハイ淀川です　この二人がオペラに行く。あのニューヨークのリンカーン・センターでのオペラ。噴水が出ている。男はちゃんと盛装して女はイブニングドレスを着ている。二人が照れながら顔を合わせるあたりから、だんだん恋の花が咲くという演出、脚本がいかにうまいか。シェールとニコラス・ケイジがいかにうまいか。それが見事に出ました。というわけで、この映画は人間のよさ、ほんとうの愛を摑み、その面白さが月の夜の人々の間に出て、最後にシェールが弟のほうと結びつくところ。ハッピー、ハッピー、ハッピーのハッピーエンディング。ニューヨークの月の夜のお話。ノーマン・ジュイソンがこんな粋な監督とは思わなかった。まさに名人芸ですね。

つばさ
Wings

27／米／監＝ウィリアム・A・ウェルマン／脚＝ホープ・ロリング、他／撮＝ハリー・ペリー／出＝リチャード・アーレン、チャールズ・ロジャース、クララ・ボウ、ゲーリー・クーパー／V＝IVC、ジュネス／D＝カルチ　D＝IVC

解説　第一次世界大戦、ドイツの空中サーカスと呼ばれた戦闘集団と戦うアメリカの若い空軍を描いた作品。アメリカの田舎町の青年デヴィッド（リチャード・アーレン）とジャック（チャールズ・ロジャース）は空軍に志願し大活躍するが…。スリルたっぷりの空中シーンは圧巻。第一回アカデミー作品賞を受賞。

ハイ淀川です　これはパラマウントの超大作でしたねえ。昔の飛行機がどんどん飛んでいく。その動きがきれいで画面に流れている感じ。そのキャメラの見事なこと。アメリカ映画で本格的に見せた空の映画でした。主演はリチャード・アーレンとチャールズ・ロジャースですが、この映画にゲーリー・クーパーが見習い士官で出ているの。出撃することになった。「はい、行って参ります」と言って飛び立つけれど戦死しちゃった。「あいつ、やられたのか」と仲間の兵士が言っていると、机の上に食べ残したチョコレートが置いてあった。ただそれだけの役。でもこれでクーパーはいっぺんに有名になった。日本のファンに与えた印象が強かったんですよ。

翼よ！あれが巴里の灯だ
The Spirit Of St. Louis

57／米／監・脚＝ビリー・ワイルダー／脚＝ウェンデル・メイズ／撮＝ロバート・バークス・ジュニア／出＝ジェームズ・スチュアート、バートレット・ロビンソン、パトリシア・スミス／V＝WHV　D＝復刻

解説　大西洋無着陸横断を成しとげたチャールズ・A・リンドバーグの手記をビリー・ワイルダー監督が映画化。一九二七年五月二十日未明、二十四歳の郵便飛行士リンドバーグ（ジェームズ・スチュアート）は「スピリット・オブ・セントルイス」号で出発。悪天候、睡魔、孤独と戦いながら飛行時間約三十三時間半でパリに着く。

ハイ淀川です　ビリー・ワイルダーはジェームズ・スチュアートたった一人の飛行中のドラマに仕上げました。しかし、共演者がいました。それは一匹のハエでしたね。リンドバーグはサンドウィッチを持って飛行機に乗ったんです。その包みにハエがブーンと飛んできて止まった。洋上を一人で飛んでいるこの男の慰めはこのハエが動いていることですね。お前と俺の生命でこの飛行機は動いているんだよというあたりは見事です。この男がハエによってどれだけ勇気づけられたことか。ジェームズ・スチュアートは操縦桿を持ったままですね。ここにワイルダーの野心がありますす。俺は有名なこのスターを立派に演技させてみせるぞという野心ですね。

妻の恋人、夫の愛人
The Leading Man

D＝SPO

96／英／監＝ジョン・ダイガン／脚＝ヴァージニア・ダイガン／撮＝ジャン・フランソワ・ロバン／出＝アンナ・ガリエナ、ランベール・ウィルソン、ジョン・ボン・ジョヴィ、タンディ・ニュートン／V＝SPE

解説　高名な劇作家フィリックス（ランベール・ウィルソン）は、貞淑な妻エレナ（アンナ・ガリエナ）に新人女優との愛人関係を気づかれたため、舞台出演のハリウッドスター、ロビンに妻を誘惑してくれと頼む。ジョン・ダイガン監督が男女間の微妙な感情の揺れをミステリアスに描く。ロビン役のロック歌手ジョン・ボン・ジョヴィが映画初主演。

ハイ淀川です　イギリスの劇場の舞台裏。そこで働く人たちの匂いが見事に出ました。しかし、この映画の見どころはもっと怖い。劇作家の旦那に愛人がいて、奥さんに気づかれたので怖い罠をかけました。舞台で主役をしている友人に頼んで自分の妻を誘惑させるんですね。必要なお金は全部出す。この誘惑男は、その奥さんの好みをどんどん研究して口説いてしまう。これは『オセロ』のイヤゴーですね。なんとも知れん男の怖い映画。と同時にこの奥さんの女の哀れ。そして、ラストはえらいことになってくる。まさに冬の悲劇です。こんな映画はアメリカでは絶対につくれません。イギリスでしかできません。これはイギリス映画そのものですよ。

出逢い
The Electric Horseman

D＝ジェネ

79／米／監＝シドニー・ポラック／脚＝ロバート・ガーランド／撮＝オーウェン・ロイズマン／出＝ロバート・レッドフォード、ジェーン・フォンダ、ウィリー・ネルソン／V＝CIC

解説　シドニー・ポラック監督とロバート・レッドフォードの意気の合ったコンビで描く軽快な文明批判映画。元ロデオの世界チャンピオンのサニー（レッドフォード）は、いまはコーンフレークのCMタレント。マスメディアの仕事に嫌気がさした彼は、突然、愛馬にまたがってこの社会から逃げようとする。

ハイ淀川です　原題が「ジ・エレクトリック・ホースマン」。これで映画ファンは引っかかるでしょう。「電気の牧童」とは何じゃろうとか思う。うまい題名ですね。原題一つにもセンスが必要なんですね。というわけで、この映画はロデオの馬乗りの名人が自分の愛馬とともに食料品会社のコマーシャルに買われる。そして、馬もろとも本人の全身に豆電気をピカピカと光らせて馬にまたがり舞台に登場する。このあたりがいかにも面白い。言ってみればこれは広告用の牧童の物語。シドニー・ポラック監督とロバート・レッドフォードが、お互いを知りつくしているかのようにピッタリとしたコンビで、文明批判をさらりと描いているあたりがいいんですね。

ディア・ハンター
The Deer Hunter

B・D＝KAD

78／米／製・監・原＝マイケル・チミノ／脚＝デリック・ウォシュバーン／撮＝ヴィルモス・ジグモンド／出＝ロバート・デ・ニーロ、クリストファー・ウォーケン、ジョン・カザール、メリル・ストリープ／V＝WHV

解説　ペンシルベニアの鉄鋼所仲間マイケル（ロバート・デ・ニーロ）、ニック、スティーヴンの三人はベトナム戦争に参戦するが捕虜になってしまう。しかし、なんとか脱走するが三人は離ればなれになってしまう。マイケル・チミノ監督がベトナム戦争に巻き込まれたアメリカの青春の苦悩を描く。アカデミー作品、監督賞など五部門受賞。

ハイ淀川です　この映画はオリヴァー・ストーン監督の『7月4日に生まれて』のようなな見えすいたベトナム帰りの兵隊物語ではありませんね。鹿狩りに出かけて青春を楽しんだ三人がベトナムの戦場でどのような体験をしたのか。マイケルは無事帰国しましたが、スティーヴン（ジョン・カザール）は片足を失ってしまった。ニック（クリストファー・ウォーケン）はサイゴンで、もう廃人同様になっている。ウォーケンはアカデミー助演男優賞をとりましたが、見事な演技をしてくれました。というわけで、この映画は彼らが受けた肉体と心の傷を、ゾッとする恐怖で描きました。マイケル・チミノ監督の代表作になった傑作ですよ。

ディアボロス／悪魔の扉

Devil's Advocate

B＝WHV　D＝ヘラルド

97／米／監＝テイラー・ハックフォード／脚＝ジョナサン・レムキン／撮＝アンジェイ・バートコウィアク／出＝キアヌ・リーヴス、アル・パチーノ、チャーリズ・セロン／V＝ヘラルド／D＝ヘラルド、ポニー

解説　フロリダの弁護士ケヴィン（キアヌ・リーヴス）は、破格な報酬でニューヨークの大物弁護士ミルトン（アル・パチーノ）の法律事務所にスカウトされる。だが、彼の周りで不審な出来事が続発し、妻も幻覚に悩まされる。テイラー・ハックフォード監督が悪魔の罠に落ちた若き弁護士の恐怖を描いた異色スリラー。

ハイ淀川です　『ディアボロス』は日本題名で原題は「悪魔の弁護士」というんですね。実はアル・パチーノは悪魔なんです。悪魔が人間に化けて、キアヌ・リーヴスの若手弁護士を仲間に入れて悪に勝利を与えようとするんですね。それでキアヌの妻も幻覚状態に陥って自殺してしまいこの二人がどう対決するか。アクの強い毒気のパチーノと清純なキアヌの対決が見どころです。最後は悪魔がパッと消えたと思ったら、また出てくるあたりの怖さ。というわけで、サイレントのころ『悪魔全滅の日』とか『悪魔最後の日』というような映画がたくさんありました。そのクラシックとモダンな型でみようとしたあたりが面白いんですね。

ディーバ

Diva

B・D＝KAD

81／仏／監・脚＝ジャン・ジャック・ベネックス／脚＝ジャン・ヴァン・オム／撮＝フィリップ・ルスロ／出＝フレデリック・アンドレイ、ウィルヘルメニア・ウィギンズ・フェルナンデス、リシャール・ボーランジェ／V＝コロムビア

解説　当時三十五歳のジャン・ジャック・ベネックス監督のデビュー作。十八歳の郵便配達人ジュール（フレデリック・アンドレイ）は、黒人オペラ歌手シンシア（ウィルヘルメニア・ウィギンズ・フェルナンデス）を歌の女神＝ディーバとあがめ憧れ、コンサートで彼女の歌をこっそり録音したことから思わぬ事件に巻き込まれる。

ハイ淀川です　この映画、ヒッチコックもあればクレマンもあれば、トリュフォーもあれば、ときにはフリードキン・タッチすら匂わせる。この十八歳の男は、オペラ歌手に憧れる。私はこの郵便配達の背に天使の翼を見ました。愛を配る男が心に浮かんだんですね。この脚本の中の秘密は漫画です。それをまるで美術館の中のモダンアート展にしてみせたこの監督の才能。これはただごとではありませんね。この映画はパリの夜空に打ち上げられた紫色の花火。音楽のウラジミール・コスマ、カタラーニの「ワリー」やグノーの「アベ・マリア」がその花火に花をそえました。

ティファニーで朝食を

Breakfast At Tiffany's

B・D＝パラマ

61／米／監＝ブレイク・エドワーズ／脚＝ジョージ・アクセルロッド／撮＝フランツ・プラナー／出＝オードリー・ヘプバーン、ジョージ・ペパード、ミッキー・ルーニー　パトリシア・ニール／V＝C－C

解説　トルーマン・カポーティの同名小説の映画化。コールガールのホリー（オードリー・ヘプバーン）は、金持ちの人妻から経済的な援助を受けている作家志望のポール（ジョージ・ペパード）と恋におちる。ニューヨークの超一流宝石店ティファニーを観光名所にしたヘプバーンの代表作の一つ。主題曲は「ムーン・リヴァー」。

ハイ淀川です　この映画の面白さというか見どころは、オードリーをコールガールにしたことですね。朝帰りのオードリーをティファニーのウインドーの前に立たせパンをかじらせる。この夜明けのマンハッタン五番街のムードのすばらしさ。というようにニューヨークの感覚をよくとらえて、パラマウント・タッチを蘇らせました。相手役のジョージ・ペパードもなかなかいい演技をしています。それにアカデミー作曲賞と主題歌賞（ムーン・リヴァー）をとったヘンリー・マンシーニの音楽。これですっかり有名になりました。また、オールドファンには喜劇役者のミッキー・ルーニーが顔を出しているのもお楽しみ。ブレイク・エドワーズのベストワンです。

ディープ・インパクト
Deep Impact

D＝パラマ

98／米／監＝ミミ・レダー／脚＝ブルース・ジョエル・ルービン、他／撮＝ディートリッヒ・ローマン／出＝ロバート・デュヴァル、ティア・レオーニ、イライジャ・ウッド、モーガン・フリーマン

解説　巨大彗星が地球に衝突する恐怖を描いたSF大作。マンハッタンを襲う大津波をはじめとする驚異のスペクタクル映像とともに、アメリカ政府の苦悩、わずか百万人しか避難することができない地下都市の建設、さらに絶滅の危機から必死に逃れようとする人間の姿などを女流監督ミミ・レダーがヒューマンなタッチで描く。

ハイ淀川です　もう今はどんなトリックでもSFXで簡単にできる。どうも信用できなくなって見たくないと思っていたら、監督が女のミミ・レダー。別に男女差別をするわけではありませんけれど、女性監督が悲恋映画をつくるのはわかりますけれど、星が地球にボカンとぶつかって地球の恐怖を描く映画をつくった。それが面白いのね。監督はこの映画のプロデューサーのスピルバーグのお弟子さん。なるほどと思いましたが、津波がものすごい高さで襲ってきたり、自由の女神がこてんぱんになってしまう。まあ、あれこれと文句をつけたくなるところもありますけれど、これはいっぺん見ようと思わす映画。それに名優が共演しているあたりがいいんですね。

デイライト
Daylight

B・D＝ジェネ

96／米／監＝ロブ・コーエン／脚＝レスリー・ボーエン／撮＝デヴィッド・エグビー／出＝シルベスター・スタローン、エイミー・ブレネマン、スタン・ショー、クレア・ブルーム／V＝C－C／D＝SPE

解説　シルベスター・スタローン主演のスペクタクル大作。マンハッタンとニュージャージーを結ぶ海底トンネルで暴走車が事故を起こし大爆発が発生。通勤途中の数百人が中に閉じ込められてしまう。たまたま居合わせた元EMS（緊急医療班）のキット（スタローン）は危険も顧みず飛び込んでいくが救出はできるのか。ロブ・コーエン監督。

ハイ淀川です　私はニューヨークにいたとき、ニュージャージーに行くのにこの海底トンネルをよく通ったんです。だから身につまされて見ました。地下トンネルの火の炎のすごいこと。それに水が出てきて火と水攻め。逃げ場がない。このシーンは実はアメリカではできないので、イタリアのチネチッタの撮影所のセットで撮ったんです。スタローンがどう活躍するか。それも英雄的というよりも、水の中で困っちゃうあたりが彼の新しいスタイルですね。というわけで、この映画は火と水のサスペンスとスタローンの演技。今は車、車、車の時代。でもトンネルで事故があったらと思うとゾッとします。そんな現代の恐怖を考えさせられる作品です。

デカメロン
Il Decamerone

B＝是空　D＝SPO

71／伊／監・脚＝ピエル・パオロ・パゾリーニ／撮＝トニーノ・デリ・コリ／出＝フランコ・チッティ、ニネット・ダボリ、アンジェラ・ルーチェ、シルヴァーナ・マンガーノ／V＝WHV

解説　十四世紀のジョバンニ・ボッカチオの有名な小説をピエル・パオロ・パゾリーニ監督が映画化。舞台を現代に置き換え、七つの艶笑ばなしと、狂言まわしの画家のエピソードを加えてオムニバスにした。画家役にはパゾリーニ自身が出演している。現代に通じる人間性を古典から摑みだしたエロチシズム三部作の第一作。

ハイ淀川です　パゾリーニががらりと変えて世界の艶笑文学に手をつけたのがこの作品。明るいユーモアと、むき出しのエロチシズム、そして人間の解放。それがこの映画の面白さですね。ニネット・ダボリのナポリ男が男の子に誘われて商売女の部屋に行った。自分の着物を脱ごうとした。すると女は「あなたとわたしは姉弟。あなたの姉です」そう言われてこの男は色恋が覚めちゃった。少年に教わって、おトイレにいった。ここで男はクソ壺にぺちゃーと落ちちゃった。床がはずしてあったので、まぁクソだらけ。その間にこの女と少年は男の着物と金を持ってさっさと逃げた。欺されたのね。パゾリーニの映画の中には、笑いながら、人間が匂うのね。

手錠のままの脱獄
The Defiant Ones

58／米／製・監＝スタンリー・クレイマー／脚＝ネイザン・E・ダグラス、他／撮＝サム・リーヴィット／出＝トニー・カーチス、シドニー・ポワチエ、カーラ・ウィリアムズ、セオドア・ビケル／V＝WHV　B＝アネック　D＝FOX

解説　スタンリー・クレイマー監督が人種偏見問題に挑んだ社会派ドラマ。豪雨のハイウエイで囚人護送車が崖から転落。白人のジャクソン（トニー・カーチス）と黒人カレン（シドニー・ポワチエ）が脱走した。二人は手首と手首を手錠でつながれたまま、お互いを憎悪しながら逃避行を続ける。アカデミー脚本、撮影賞受賞。

ハイ淀川です　白人は黒人を軽蔑していました。喧嘩したりしているうちに二人が協力したからこそ逃げられたと思うようになる。しかし表向きは、この野郎なのね。そのあたりの面白さ。二人はヤスリで鎖を切って自由になった。別れることになり黒人が汽車に飛び乗ったとき、白人が具合が悪くなった。黒人は逃げればいいのに飛び降りて白人を助けました。結局、二人は警察に捕まってしまうけど手錠がはずされたとき二人の心が結ばれるのね。二人の男が逃げたり、また戻ったりするときに汽車の鉄橋が後ろによく見える。この橋、この橋が二人の心と心を結んでいる友情だということがわかる。このあたりの演出のうまいこと。

鉄道員
Il Ferroviere

56／伊／監・脚＝ピエトロ・ジェルミ／脚＝アルフレード・ジャンネッティ、他／撮＝アイエチ・パロリン／出＝ピエトロ・ジェルミ、エドアルド・ネヴォラ、ルイザ・デラ・ノーチェ、シルヴァ・コシナ／V＝ヘラルド、ポニー　B・D＝アネック

解説　ピエトロ・ジェルミが監督・主演して、鉄道機関士の生活を哀愁あふれるタッチで描いたホームドラマ。五十歳の機関士アンドレア（ジェルミ）は末っ子サンドロ（エドアルド・ネヴォラ）からは英雄のように慕われるが、長男や長女にとってはガンコ親父。ある日、アンドレアは追突事故を起こしかけ格下げされてしまう。

ハイ淀川です　イタリア映画は多情多感。まるで脂のついた手でさわりまくるような人間の喜怒哀楽をうまく見せますね。まさにホームドラマの天才。父と子の、家と仕事のその写実主義が見事ですね。〝父ありき〟の親と子の愛が日本人にも通じ身にしみますね。ピエトロ・ジェルミのお父さん。今思い出しても涙が出ますね。やさしいお母さん、パパを誇りに思っている坊や、それに年頃を迎える娘たちの家族描写のうまいこと。人生はまるで線路を走る列車じゃぁないかと思わせます。トンネルの明るさ、暗さ、そしてカーブもある。突如として飛び込む自殺も起こる。ラストのお父さんの死。これはほんとうに胸をうつイタリアの家族ドラマの名作ですよ。

鉄の爪
The Iron Crow

17／米／監＝エドワード・ジョオゼ／脚＝ジョージ・B・サイツ／出＝パール・ホワイト、シェルドン・ルイズ、クレイトン・ヘール

解説　アメリカのパテ製作。パール・ホワイト主演の連続活劇。ニューヨークの富豪夫人が主治医に犯されてしまう。このことを知った夫は怒り狂い主治医の右手首を切断し、顔を焼き崩す。十数年後、復讐の鬼と化した男は手首に馬蹄型の鉄の鉤をつけ、今は平和な家庭の一人娘、美しく育った富豪令嬢マージャリーの命を狙う。

ハイ淀川です　これが封切られたのは大正六年。わたしが小学二年で八歳。もう夢中で夢中で見ましたよ。主役のパール・ホワイト扮する令嬢マージャリー。クレイトン・ヘールの青年マンレイ。「あ、！　マージャリーの運命やいかに」。かくして魔の手をのばす怪人・鉄の爪に対し、彼女の危機一髪を救うために現われる「笑いの面」をつけた男…。もう、私は連続活劇の女王パール・ホワイトに憧れて憧れて。活動写真館に行くと、勇ましく軽快なマーチ風の音楽が毎週毎週この連続大活劇のタイトルの登場と同時に演奏されるのね。タイトルが終わるや主役のスターがニッコリと笑う。すると超満員のお客さんが大拍手。かっこよかったですよ。

デリンジャー
Dillinger

73／米／監・脚＝ジョン・ミリアス／撮＝ジュールス・ブレンナー／出＝ウォーレン・オーツ、ベン・ジョンソン、ハリー・ディーン・スタントン／V＝WHV　B＝ハピネット　D＝FOX

解説　三〇年代、アメリカの中西部を荒らしまわった犯罪史上もっとも有名な銀行ギャング、ジョン・デリンジャー（ウォーレン・オーツ）。彼が射殺されるまでの最後の二年間を、FBIのパーヴィス（ベン・ジョンソン）との対立の中で描いた実録タッチのアクション映画で、名脚本家ジョン・ミリアスの監督デビュー作。

ハイ淀川です　ギャングの伝記映画は、そう面白いとは言えないでしょうけど、この映画はデリンジャーの仲間の死に方、逃げ方がほんとうに実録どおりにやっているところが面白いんですね。ウォーレン・オーツが本物とそっくりなんです。デリンジャーは映画館を出たところで殺されますけど、見ていた映画が『男の世界』。クラーク・ゲーブルがギャングの親分になって最後に死刑になるところを見ていたあたり皮肉っぽい。デリンジャーは売春宿のおかみさんと情婦二人で歩いていたときに、バンバン。すごいかたちで殺される。いかにもすごい死に方。彼の最期。このラストシーンの迫力は怖かった。ウォーレン・オーツの悪党ぶりがよかったですよ。

デルス・ウザーラ
Dersu Uzala

75／ソ連／監・脚＝黒澤明／脚＝ユーリ・ナギービン、他／撮＝中井朝一、ユーリー・ガントマン、他／出＝ユーリー・ソローミン、マキシム・ムンズーク／V＝東宝　D＝東宝

解説　黒澤明監督がソ連で初演出。一九〇二年、地誌調査のためウスリー地方を探検したロシアの軍人アルセーニェフ（ユーリ・ソローミン）と、道案内をつとめた天涯孤独の老猟師デルス・ウザーラ（マキシム・ムンズーク）の、大自然の極限の中でのふれあいを描いた作品。原作はウラジミール・アルセーニエフの同名の探検記。

ハイ淀川です　デルス・ウザーラを演じているマキシム・ムンズークという人は、アジア系の民族で、顔が日本人そっくり。ソビエトのモルトバ共和国の演劇学校を出た舞台俳優。この映画は、探検隊長アルセーニェフ（ユーリ・ソローミン）が、ウザーラのほんとうの純真さ、無欲さ、その人間性に惹かれていくところがいいんですね。男の友情というよりもウザーラの人間性が見事なんです。いかにも黒澤さんの好きな人間の感じ。善人でほんとうに清らかな男の感じがよく出ている。これまで沈黙していた黒澤さんが外国映画を撮り、日本の映画の歴史に一つの足跡をつくりました。情熱溢れた見事な名作となりました。

テルマ&ルイーズ
Thelma & Louise

91／米／製・監＝リドリー・スコット／脚＝カリー・クオーリ／撮＝エイドリアン・ビドル／出＝スーザン・サランドン、ジーナ・デイヴィス、ハーヴェイ・カイテル、ブラッド・ピット／V＝松竹　B＝ディズニー　D＝FOX

解説　平凡な夫婦テルマ（ジーナ・デイヴィス）とウェイトレスのルイーズ（スーザン・サランドン）は親友同士。二人は週末旅行に出るが、途中のカントリーバーでルイーズは、ならず者をピストルで撃ち殺してしまう。この偶発的事件をきっかけに二人の女性が自己を解放していくロードムービー。リドリー・スコット監督。

ハイ淀川です　この映画の見どころは、女性の解放感。中年女の解放感ですね。テルマは夫婦生活に決して満足してはいないけれど、それ以上を望もうとしない平凡な主婦。ルイーズは生活にいやけがさしているウェイトレスの独り者。この二人が逃げていくうちに今までの生活を忘れてどんどん気持ちが高揚して行動的な女に変わっていく。いやらしいタンクローリーの運転手の車を燃やしちゃったりする。そのあたりのすごいこと。それが十五、六歳の女の子同士ではなくって、中年の、いい年をした女同士だから面白いんです。最後の最後はいったい、二人はどうなるのか。これは女の感覚が見事に溢れたロードムービーの傑作。絶対におすすめの作品ですよ。

天国に行けないパパ
Short Time

D＝復刻

90／米／監＝グレッグ・チャンピオン／脚＝ジョン・ブルメンタール、他／撮＝ジョー・コナー／出＝ダブニー・コールマン、テリー・ガー、マット・フリューワー／V＝メディア、スパック

解説　定年間際の刑事バート（ダブニー・コールマン）は、医者からあと二週間の命と宣告される。彼は愛する一人息子（マット・フリューワー）のため自分が殉職すれば多額の保険金がおりると思い、危険な犯罪地区の仕事をするが、皮肉にもスーパーコップに。実はというオチのあるグレッグ・チャンピオン監督のコメディ。

ハイ淀川です　この映画はなんと言ってもダブニー・コールマン。あの髭の男。女の方ならああいう人とちょっと浮気してみたいと思われるかもしれない。どこか色気がある。それに奥さん役のテリー・ガー。昔から変わらないアメリカの女の子の顔をしている。昔のベッシー・ラブという女優とそっくりなのね。私の大好きなこの二人の共演がいい。子供のために俺は死んでやろう、子供のために保険金を残してやろうと思っても死ねないで、反対に大変な手柄を立ててしまうあたりが面白い。コールマンのこのお父っつあんの涙ぐましいパパの感覚が最高。あなたも〝俺は明日、死ぬ〟なんて思ってお働きになったら、いい仕事ができるかもしれませんよ。

天国の約束
Two Bits

D＝ビクター

95／米／監＝ジェームズ・フォーリー／脚＝ジョセフ・ステファノ／撮＝ファン・ルイズ・アンキア／出＝アル・パチーノ、ジェリー・バローン、メアリー・エリザベス・マストラントニオ、パトリック・ボリエロ／V＝LDC

解説　三〇年代大恐慌下のフィラデルフィア。十二歳の少年ジェンナーロ（ジェリー・バローン）は、一家を支える母と頑固な祖父グランパ（アル・パチーノ）の三人暮らし。町に映画館がオープンし、ジェンナーロは入場料を稼ぐためにアルバイトを始める。祖父が愛する孫を温かく見つめたヒューマン・ドラマ。

ハイ淀川です　この貧乏な孫が映画が見たくっても入場料が足りないのね。それで走りまわって不足のお金をつくろうとする。これはそんな可愛い少年の映画。ニューヨーク出身のこの監督はアメリカの懐かしい香りを見事に出しました。それにアル・パチーノのおじいちゃんがいいんです。おじいちゃんは庭に寝たきり。夜は冷えますからお家の中に入ってお休みと言われても一歩も庭から動こうとしない。そんなおじいちゃんをパチーノがわめかないで、湯気を立てるような演技をしないで淡々と演じました。私はこの人のオーバーアクトが大嫌いでしたが、この映画はよかった。大作ではありません。小品ですけれど心に残る映画ですね。

天井桟敷の人々
Les Enfants Du Paradis

B・D＝IVC

45／仏／監＝マルセル・カルネ／脚＝ジャック・プレヴェール／撮＝ロジェ・ユベール／出＝ジャン・ルイ・バロー、アルレッティ、マリア・カザレス、ピエール・ルノワール、マルセル・エラン／V＝C-C／D＝IVC

解説　一八四〇年代のパリ。通称、犯罪大通りの歓楽街。パントマイム役者バティスト（ジャン・ルイ・バロー）は女芸人ガランス（アルレッティ）と熱愛。彼女を恋する無頼派詩人ラスネールと役者ルメトール、ガランスに熱をあげる座長の娘ナタリー（マリア・カザレス）などの人間模様を描いたマルセル・カルネ監督の長編大作。

ハイ淀川です　これはフランスがつくりあげた絢爛たる大歌舞伎ですね。第一部〝犯罪大通り〟から第二部の〝白い男〟に移るところの楽しさ。バローが演じているバティストは声を出さないマイム役者ですね。その役者が痛ましい恋に苦しむところ。相手は娼婦のガランス。最後の最後、バティストは去っていく彼女に「ガランス、ガランス」と叫び続けるこのシーンのすごいこと。ガランスを演じたアルレッティの歌舞伎の女形と思わす女の美しさ。もう名女優ですね。これだけの女優はいませんね。私はフランスの感覚のデリケートさ、フランスの芸術の豊かさに胸を突かれました。まさにマルセル・カルネ監督のベストワン。

トイズ
Toys

92／米／製・監・脚＝バリー・レヴィンソン／脚＝ヴァレリー・カーティン／撮＝アダム・グリーンバーグ／出＝ロビン・ウィリアムズ、マイケル・ガンボン、ジョーン・キューザック／V＝FOX　D＝FOX

解説　オモチャの工場を継いだ退役軍人（マイケル・ガンボン）は、工場を軍需工場に変えようと画策。それを知った先代社長の息子レスリー（ロビン・ウィリアムズ）は娘（ジョーン・キューザック）とともに阻止しようとする。殺人兵器をはじめユニークなオモチャが登場。バリー・レヴィンソン監督の反戦ファンタジック・コメディ。

ハイ淀川です　オモチャ、オモチャ、オモチャ。見渡す限りのオモチャが工場に並んで踊り出すあたりの面白いこと。しかし、そのオモチャ工場が軍需工場に変わっていく。反戦、戦争への皮肉を叫ばないで描いているところが粋でぜいたくなんですね。オモチャに生きている人間と平和をブチ壊そうとする人間の対立がいいんだね。やさしいロビン・ウィリアムズと敵のマイケル・ガンボンが対立するあたりがこの作品の狙いですね。このガンボンは『コックと泥棒、その妻と愛人』ですごい悪党をやった人。この二人の演技も見どころ。こんな映画をアメリカが本気につくったあたりは驚きです。バリー・レヴィンソンの演出のうまさがよくわかりました。

東京画
Tokyo-Ga

85／西独／監・脚＝ヴィム・ヴェンダース／撮＝エド・ラッヒマン／出＝笠智衆、厚田雄春／V＝カルチ／D＝カルチ　D＝東北

解説　『ベルリン・天使の詩』のヴィム・ヴェンダース監督が、敬愛する小津安二郎監督へのオマージュを綴ったドキュメンタリー。東京駅、地下鉄、原宿の竹の子族、青山墓地の桜、パチンコ店など東京の風景とともに、小津ゆかりの人々、俳優の笠智衆、キャメラマンの厚田雄春などにインタビューし、小津の世界に迫っていく。

ハイ淀川です　この『東京画』の圧巻は、ヴェンダースが小津映画のキャメラマン厚田雄春をスタジオに訪ねて、小津映画の撮影のときのキャメラの位置、キャメラの向け方や動きを念入りに訊くシーン。厚田氏に小津の在りし日を聞くうちに、そして答えていくうちに、小津への恩師の思いがこみあげてきて、このとき八十歳の厚田氏が涙をかくし、その声が涙声となり、ついには、もう勘弁して下さいと泣き出す。私はこのシーンの画面が涙でにじんで見えなくなりました。小津映画の美しさがいまさらのようにわかり、またヴェンダースの芸術家への心くばりの美しさと豊かさに感激しました。『東京画』はただの日本の、東京のスケッチではありませんでした。

道化師の夜
Cycklarnas Afton

53／スウェーデン／監・脚＝イングマール・ベルイマン／撮＝スヴェン・ニクヴィスト、ヒルディング・ブラド／出＝オーケ・グレンベルイ、ハリエット・アンデルソン　D＝ジュネス

解説　サーカス団の団長アルベルト（オーケ・グレンベルイ）は別れた妻のいる町に巡業に来たとき、恋しくなり彼女に会いにいく。一方、団長の情婦アンナ（ハリエット・アンデルソン）は旅廻りの座長フランスと関係をもつ。それぞれにドラマが展開され、団長はまたみじめな旅に出ていく。イングマール・ベルイマン監督作品

ハイ淀川です　これは残酷な拷問映画ですね。アルベルトという太った中年の曲馬団のおやじさん。不景気で不景気で金もないのね。別れた奥さんと一緒にレストランに行きご馳走になったあと。お金をあげましょうと言われてみじめになる。情婦のアンナはフランスにだまされる。怒ったアルベルトはサーカスを見にきていたフランスと喧嘩をしますが、叩きのめされてしまう。サーカスの小間使いの女は軍人に犯される。熊が病気になったので殺してしまった。もう俺は死んだほうがましだと思って拳銃の引き金を引きましたが弾丸が入っていないので死ぬこともできない。めちゃめちゃにいじめられて情けないこの男、傷だらけになった残酷な姿が怖い映画ですね。

唐人お吉

D＝デジタル・ミーム

30／日／監・脚＝溝口健二／撮＝佐竹三男／出＝梅村蓉子、山本嘉一、島耕二

解説　十一谷義三郎の新聞連載小説「時の敗者」を溝口健二が脚色、監督。お吉（梅村蓉子）は伊豆下田の貧しい船大工の娘。恋人鶴松（島耕二）と将来を誓った仲だが、黒船が来訪。お吉は時代の変転の中で遊芸を仕込まれ、幕府の政略の犠牲になり、唐人となってハリス（山本嘉一）のもとで波乱の人生を送る。

ハイ淀川です　映画はファーストシーンが命です。下田港の夕日。婆さんが手に提燈持って、じいさんと歩いてくる。あたりが暗くなってきた。婆さんが提燈に火をつけた。岸辺に白い波頭が寄せてくる。二人は止まりました。すると提燈の光に浮かんだのは女の藤表の下駄。こちらに一つ、向こうに一つと散らばっていた。白い足袋の女の足が見えた。女の乱れた裾から身体の上へ光が上がっていく。べっ甲のかんざしが落ちている。「これは唐人お吉じゃ。馬鹿め。このかんざし一つで、わしらは一生食えるのに。バチ当たり女じゃあ」。そのうつ伏せに倒れたお吉の首筋の美しさ。溝口健二のファーストシーンの見事なこと。お吉の悲劇をとらえていました。

逃走迷路
Saboteur

B＝ジェネ　D＝ファースト

42／米／監＝アルフレッド・ヒッチコック／脚＝ピーター・ヴィアテル／撮＝ジョセフ・ヴァレンタイン／出＝ロバート・カミングス、プリシラ・レイン、オットー・クルーガー、ノーマン・ロイド／V＝CIC

解説　兵器工場で働いていた青年バリー（ロバート・カミングス）が破壊工作の嫌疑をかけられ逃亡する。その途中で若い娘パトリシア（プリシラ・レイン）に出会う。最初、娘は青年を警察に引き渡そうとするが、やがて彼の無実を信じて犯人探しに協力する。英国からアメリカに移ったアルフレッド・ヒッチコック二年目の作品。

ハイ淀川です　見どころはなんと言ってもラストのニューヨークの自由の女神で、ロバート・カミングスと破壊工作員のフライ（ノーマン・ロイド）が格闘するシーン。女神のかがり火のところでハラハラドキドキのクライマックス。これほど鮮やかに自由の女神を効果的に使った作品はありません。それともう一つ、マンハッタンのラジオシティ・ミュージックホールも出てくる。感心したのはヒッチコックがニューヨークのあまりにも有名な二つの名所を使っていること。ヒッチコックの風景はいつも面白い。この作品は『裏窓』『めまい』のような粋筋の恐怖映画ではなくって、のちの『北北西に進路を取れ』のように大衆版としてつくっているんですね。

逃亡者
Desperate Hours

D＝ジェネ

90／米／製・監＝マイケル・チミノ／原・脚＝ジョゼフ・ヘイズ、他／撮＝ダグラス・ミルサム／出＝ミッキー・ローク、アンソニー・ホプキンス、ミミ・ロジャース、ケリー・リンチ／V＝ヘラルド

解説　一九五五年のウィリアム・ワイラー監督、ハンフリー・ボガート主演の『必死の逃亡者』をマイケル・チミノ監督が再映画化。女弁護士の手助けで脱獄したマイケル（ミッキー・ローク）は、仲間二人と郊外の一軒家に立てこもる。一家四人を人質にとり、女弁護士の到着を待つが、ＦＢＩの捜査網に次第に追い詰められていく。

ハイ淀川です　私は昔の『必死の逃亡者』を覚えていますから、ついつい見比べながら見ましたが、これも再映画化を見るときの楽しい見方の一つですね。あの悪の匂いのハンフリー・ボガートの脱獄犯を今度はやさ男のミッキー・ロークがやった。いつもと違って貫禄のあるギャングでこのあたり彼の新しい魅力ですね。前作と違うのは脱獄を手伝う女弁護士（ケリー・リンチ）が出てくる。ミッキー・ロークの個性を生かそうと女性を登場させ、この女とどうなっていくのか。逃げられるのかというあたりも面白い。ワイラーでつくった映画をマイケル・チミノで見られる楽しさ。映画ファンなら胸いっぱいになりますよ。

逃亡者
The Fugitive

B・D＝WHV

93／米／監＝アンドリュー・デイヴィス／脚＝ジェブ・スチュアート、他／撮＝マイケル・チャップマン／出＝ハリソン・フォード、トミー・リー・ジョーンズ、ジュリアン・ムーア、セラ・ワード／V＝WHV／D＝WHV

解説　妻殺しの犯人にさせられ死刑判決を受けたシカゴの外科医キンブル（ハリソン・フォード）は、護送中の事故の隙に脱走する。彼を執拗に追うのは連邦保安官のジェラード（トミー・リー・ジョーンズ）。六〇年代に放映された連続テレビ映画を映画化したサスペンス・アクション。ジョーンズがアカデミー助演男優賞受賞。

ハイ淀川です　この話は今から三十年前でしょうか。日本でもテレビで放映されました。デヴィッド・ジャンセンが主役のお医者さんをやりましたが、この映画はハリソン・フォード。逃げている間中、ハリソン・フォードは髭がぼうぼう。彼のファンにはお気の毒だと思いましたが、途中で髭を剃ってさっぱりさせたあたりはサービス満点だ。はじめから護送車と列車の激突があったと思ったら、高い滝から飛び降りて激流に飲み込まれる。二時間十分もうその逃亡のスリルの連続。考えている暇なんかありませんね。それにこの映画で注目は連邦保安官のトミー・リー・ジョーンズですね。この俳優がなかなかいい。男の匂いがあるんです。楽しみな役者ですね。

遠い夜明け
Cry Freedom

D＝ジェネ

87／英／製・監＝リチャード・アッテンボロー／脚＝ジョン・ブライリー／撮＝ロニー・テイラー／出＝ケビン・クライン、デンゼル・ワシントン、ペネロープ・ウィルトン、ジョゼッテ・シモン／V＝CIC

解説　アパルトヘイト政策下の南アフリカ。イギリス人の新聞記者ウッズは黒人運動家ビコと会い、人間性に魅せられ現実の問題に目覚めていく。だが当局の弾圧は厳しくビコは逮捕され獄死。ウッズはビコの真相と現状を全世界に伝えるために国を脱出する。ドナルド・ウッズの体験記をリチャード・アッテンボロー監督が映画化。

ハイ淀川です　人種隔離のアパルトヘイト政策へのアッテンボローの怒りが、ファーストシーン数秒のうちに見ている者の目に怒りと悲しみと、そして涙を溢れさせます。南アフリカ共和国ケープタウンの黒人居留地。白人の暴行に怒りをぶちまけた黒人運動家のビコ（デンゼル・ワシントン）は捕らえられて獄死しました。このすべてを見つめていたイギリスの新聞記者ウッズ（ケビン・クライン）が、ついにたまりかねて、この真相を書きます。ウッズと妻、その間にできた五人の子供、また、ビコの哀れな家族。この白人黒人への無情のいわれなき鞭が訴えられ、しかもこのお話が一九七七年という近代の実話ということで、びっくりしました。見事な名作です。

都会のアリス
Alice In Den Städten

D＝バップ

74／西独／製・監・脚＝ヴィム・ヴェンダース／撮＝ロビー・ミューラー／出＝リューディガー・フォーグラー、イエラ・ロットレンダー、リザ・クロイツァー、エッダ・ケッヘル／V＝カルチ／D＝カルチ

解説　『ベルリン・天使の詩』のヴィム・ヴェンダース監督初期のロードムービー。アメリカの旅行記を依頼されたドイツ人作家フィリップ（リューディガー・フォーグラー）は、ふとしたことから九歳の少女アリス（イエラ・ロットレンダー）と知り合い、彼女の祖母の家を探して、ニューヨークから西ドイツまで旅をする。

ハイ淀川です　この作家はあちこちとモーテルに泊まり歩き、アリスはとうとう便所に入ったまま鍵をかけて泣いてしまう。こう言えばアリスは可哀相な子に見えるが、実は大人をみくびったような子で、「おなかがすいた」とか「のどが渇いた」と自分を連れて歩く言わば恩人のおじさんにつけ込んで命令する。この道中が独特な映像美で染めあげられていくあたりの面白さ。町から町、国から国を旅する主人公をキャメラが追いながら進んでいく。これこそが映画。しかも、走る列車の中で、主人公が新聞を見て、ジョン・フォードの死を知るあたり。この監督がジョン・フォードの好きなことがわかるなど、この映画の面白さは限りがありません。

独裁者
The Great Dictator

B＝KAD　D＝LDC

40／米／製・監・脚＝チャールズ・チャップリン／撮＝カール・ストラス、他／出＝チャールズ・チャップリン、ポーレット・ゴダード、レジナルド・ガーディナー、ジャック・オーキー／V＝朝日、ポニー／D＝LDC

解説　チャップリンが初めてトーキーを採用し、ファシズムへの痛烈な風刺とヒトラーの独裁政治への怒りをこめてつくった作品。敗戦の動乱期にあったトメニア国ではヒンケル（チャップリン）が政権を握り独裁政治を推し進めていたが、床屋（チャップリン二役）がヒンケルと瓜二つだったことから混乱に巻き込まれてしまう。

ハイ淀川です　この映画ではヒトラーではなくヒンケルになっています。見事な台詞でヒトラーの真似をするところはすごいですね。地球儀をまわしながら、俺は世界を征服するんだと言います。そして地球儀を投げた。すると上へあがって風船になりましたね。そこで風船とチャップリンのダンスが始まりました。そして、ラストのこの演説の結びにチャップリンの床屋は、「ハンナ、ハンナ、僕の演説が聞こえるか」と叫びました。実はチャップリンの実の母がハンナ。このことをご存知だと、ラストシーンはお母さんに「私はこの映画を命がけでつくりました。この映画にこめられているボクの声を聞いてください」という気持ちがわかるんですね。

ドクトル・ジバゴ
Doctor Zhivago

D＝WHV

65／米・伊／監＝デヴィッド・リーン／脚＝ロバート・ボルト／撮＝フレディ・A・ヤング／出＝オマー・シャリフ、ジュリー・クリスティ、ジェラルディン・チャップリン、アレック・ギネス／V＝WHV

解説　ボリス・パステルナークの同名小説をデヴィッド・リーン監督が映画化。ロシア革命の動乱期。医者で詩人のジバゴ（オマー・シャリフ）は、トーニャ（ジェラルディン・チャップリン）と結婚。しかし、舞踏会でラーラ（ジュリー・クリスティ）と出会い運命的な恋が始まる。「ラーラのテーマ」は名曲。アカデミー五部門受賞。

ハイ淀川です　これは『風と共に去りぬ』に匹敵するデヴィッド・リーンの見事で壮麗な大作です。しかも、その人物の扱い方のうまいこと。ジバゴはラーラを愛しましたけど別れ別れになってしまう。それから八年、ラーラは内乱で行方不明になった子供を探しにモスクワに来る。市電の中でラーラを見かけたジバゴは彼女を追うけど心臓発作で死んでしまう。このラストの哀しい悲恋。一生涯一人の女を愛した男の哀しさがよく出ました。しかし、これはソ連ではとても許されない映画。だから、ロケーションに困って、雪、雪雪のシーンは人工の雪をつくって撮ったんですね。『アラビアのロレンス』を撮ったこの監督はこの作品で一流中の一流になりました。

ドクトル・マブゼ
Dr. Mabuse Der Spieler

D＝紀伊國屋

22／独／監＝フリッツ・ラング／脚＝テア・フォン・ハルボウ／撮＝カール・ホフマン／出＝ルドルフ・クライン・ロッゲ、パウル・リヒター、アウド・エゲーテ・ニッセン／V＝IVC

解説　ドイツ表現主義映画の巨匠フリッツ・ラングはこれでその名を世界的なものにした。心理学博士マブゼは強大な組織を自由に操る天才的な犯罪者。証券取引所、ダンスホール、賭博場に変幻自在に出没。強奪、殺人などの悪事を犯すが警察も真相捜査に乗り出す。ホラーの枠を超えたラング独特の不可思議で緊迫感のある怪奇映画。

ハイ淀川です　私は一九五二年にハリウッドのRKOのスタジオでフリッツ・ラングに会いました。その時、「あなたの『ドクトル・マブゼ』『メトロポリス』を見ましたよ」と言ったら喜んで抱きついてくれましたけれど、この人、二十九歳で映画監督になったのね。わりに遅いでしょう。それでこの作品を撮った。怖い映画だ。マブゼ（ルドルフ・クライン・ロッゲ）は殺人魔みたいな男、グロテスクな泥棒。金のためならなんでもやる。最後は警官に包囲される。そして部屋の中で札をパッと舞い散らす。その中でニヤッと笑って死んじゃうシーンがすごい。ラングはドイツのもっとも粋な時代にドイツをリードするぐらいの、モダンな感覚のある人なんですよ。

特別な一日
Una Giornata Particolare

B・D＝映像文化社

77／伊・カナダ・仏／製・監・脚＝エットーレ・スコラ／脚＝ルジェロ・マッカリ、他／撮＝パスカーリーノ・デ・サンティス／出＝ソフィア・ローレン、マルチェロ・マストロヤンニ、ジョン・ヴァーノン

解説　一九三八年、ムッソリーニ政権下のローマ。アパートの住人がヒトラー歓迎式典に出かけたあと、残った主婦アントニエッタ（ソフィア・ローレン）は得体の知れない反ファシストの男ガブリエレ（マルチェロ・マストロヤンニ）と出会い、一日だけの恋におちる。エットーレ・スコラ監督が二大スターを起用した作品。

ハイ淀川です　六人の子持ち女が、アパートの向かい側の男と、ふと知り合って、男がついにボクはホモなんだと叫んだあとで、女はその男を抱いてしまう。この映画、この男がホモに見せかけて実は反ナチの地下運動の一員かもという含みを残しているんですね。それに久しぶりに見るソフィア・ローレンのノーキャップもしていない女の顔。愛のすりきれた夫婦生活のわびしさを思わせるその女を見事に演じ、名女優の貫禄を見せました。このとき彼女は四十二歳。五十三歳のマストロヤンニとの共演は久しぶりで懐かしさがこみあげてきます。

毒薬と老嬢
Arsenic And The Old Lace

D＝ファースト

44／米／製・監＝フランク・キャプラ／脚＝ジュリアス・J・エプスタイン、他／撮＝ソル・ポリト／出＝ケーリー・グラント、プリシラ・レイン、レイモンド・マッセイ、ピーター・ローレ、ジャック・カーソン

解説　ブロードウェイの舞台劇をフランク・キャプラ監督が映画化したブラック・コメディ。新妻を紹介するために、二人暮らしの老母たちを訪ねた演劇評論家モティマー（ケーリー・グラント）は彼女たちが「貸間あり」の新聞広告で釣った老人たちを毒入りワインで殺し続けていることを知って激しく動揺する。

ハイ淀川です　キャプラ映画はおしゃれ感覚がなくって泥くさいのね。ところがこの作品は実におしゃれだ。むかしの『初恋ヘリイ』と並んでキャプラの中でも異例の名作ですね。世間知らずのおばあちゃんが、あの人、そんなに長く生きそうもないからワインに毒薬を入れて殺してあげましょう。あぁ、これで幸せになりましたよ。なんて言って次々と人を殺して地下室に運ぶあたり。今で言えばブラック・ユーモアいっぱいの作品ですね。これは有名な舞台劇でしたが、キャプラのその面白さをブラックコメディにしました。怖くって面白くって、この時代にこんな映画をつくったキャプラに注目してください。

時計じかけのオレンジ
A Clockwork Orange

B・D＝WHV

71／英／製・監・脚＝スタンリー・キューブリック／撮＝ジョン・オルコット／出＝マルコム・マクダウェル、パトリック・マギー／V＝WHV

解説　スタンリー・キューブリックが監督し、近未来のロンドンを舞台に暴力とセックスと麻薬を生きがいにする非行少年たちの生態を描いた。アレックス（マルコム・マクダウェル）は、三人の仲間と暴力行為に酔い逮捕される。そして刑務所で犯罪に拒絶反応を起こす洗脳実験を受け成功し、無害人間となり釈放されるが…。

ハイ淀川です　アレックスの顔はクローズアップ。片目に女のつけまつげをつけていますね。ここに男性自身のセックスがすでに匂いますね。高校生不良組のありったけの不良ぶり。モダンな猫ばあさんが、大きな男の性器の置物でぶち殺されるすさまじさ。前半はフェリーニの『8½』をしのばせ、フィルム編集の見事さはモダン・バレエの香りです。音楽をふんだんに加えて、スラップスティック・コメディの様式で、しかも『ウエスト・サイド物語』からあらゆる甘美さをはぎとった青春エネルギーの暗黒の強風。それが後半になり、入獄のあたりからはブラック・ユーモアに移っていきますね。これほど才走った作品をつくるアメリカの監督はいませんね。

突然炎のごとく
Jules Et Jim

B＝KAD　D＝ポニー

61／仏／監・脚＝フランソワ・トリュフォー／撮＝ラウール・クタール／出＝ジャンヌ・モロー、オスカー・ウェルナー、アンリ・セール、マリー・デュボワ／V＝ポニー、カルチ

解説　オーストリア青年ジュール（オスカー・ウェルナー）とフランス青年ジム（アンリ・セール）は無二の親友。二人ともカトリーヌ（ジャンヌ・モロー）に魅了されるが、ジュールが彼女と結婚してしまう。ヌーヴェル・ヴァーグの旗手フランソワ・トリュフォー監督が男二人と女一人の愛の心理を繊細なタッチで描く。

ハイ淀川です　二人の男。この親友同士が同時に一人の女を愛しました。いずれも真実だったから悩んだんです。でもジュールは彼女と結婚して二人の間に女の子ができた。その娘が六歳になったときジムがひょっこりジュールを訪ねてきた。男二人は抱き合った。そして、彼女はジムをドライブに誘って、車は橋から落ちて二人とも死んだ。それもジュールの見ている目の前ですよ。二人を火葬にして、ジュールが二人の骨壺を両手に持って、この二人の骨は一つの壺に入れたほうがよかったとつぶやく。トリュフォーは絹糸さながらの恋の糸の美しさと、その糸のあやうさを映画詩を歌うように描きました。秋の雨のごとき映画でトリュフォーの名作です。

トッツィー
Tootsie

B・D＝SPE

82／米／製・監＝シドニー・ポラック／脚＝ラリー・ギルバート、マレイ・シスガル／撮＝オーウェン・ロイズマン／出＝ダスティン・ホフマン、ジェシカ・ラング、テリー・ガー、ダブニー・コールマン、チャールズ・ダーニング／V＝SPE

解説　ゴールデングローブ作品、主演男優賞を受けたシドニー・ポラック監督のコメディ。売れない俳優マイケル（ダスティン・ホフマン）が、必死のアイディアで女装したところ、たちまちテレビの人気女優に。番組のスター、ジュリー（ジェシカ・ラング）が好きになるし、彼女の父からはプロポーズされるやら、マイケルは悩む。

ハイ淀川です　ダスティンが鏡に向かって〝女〟に化ける化粧のいろはのいの字のところだけをチラリと見せて、たちまちメリル・ストープみたいになっちゃうこのあでやかさにびっくり。ダフニー・コールマンとチャールズ・ダーニングという中年と初老を三枚目的な役割にしてダスティンの可愛さを強調するあたり。さらに共演女優が女っぽいジェシカ・ラングとテリー・ガー。ジェシカがこの映画の中で女装している男に不信も感じなかったというこのシーンの、ダスティンの自信いっぱいの度胸演技の見事なこと。太っちょのおじさまのダーニングがダスティンに結婚指輪を差し出す倒錯の今日的な面白さ。監督の頭のよさに脱帽ですね。

トト・ザ・ヒーロー
Toto Le Héros

D＝KAD

91／ベルギー・仏・独／監・脚＝ジャコ・ヴァン・ドルマル／撮＝ヴァルター・ヴァン・デン・エンデ／出＝ミシェル・ブーケ、ジョー・ドゥ・バケール、トマ・ゴデ、サンドリーヌ・ブランク／V＝東宝

解説　ベルギーの新人監督ジャコ・ヴァン・ドルマルの第一作。ある老人ホームで、トマ老人（ミシェル・ブーケ）は自らの生涯をふり返る。少年時代に大好きだったパパと愛する姉アリスの悲しい死。青年時代のアリスと似た人妻との悲恋。それもこれもみんな隣家の息子のせいだったと思い、彼への復讐を決意するが…。

ハイ淀川です　年老いたトマの現実と過去がまるでパズルのように出てくる。見ているうちにこの男の人生がわかってくるあたりうまいつくり方です。老いたトマがトラックの助手席に乗っていると、一台のトラックが追い越して行く。ピアノのうまかったお父さんやトランペットのうまかったお姉さんのことを思っていると、そのトラックの荷台の中で二人が演奏している。けれどそれは幻覚。メロディはシャンソンの「ブン」。怖い悲劇の中でやわらかい匂いを感じさせるこの見事なシーン。映画を見終わったあとも、メロディが焼きついて涙が出てくる。映画自身が探偵小説みたいな匂いがあって最後はゾッとする形で終わる。人間の運命をみせた名作です。

トム・ジョーンズの華麗な冒険
Tom Jones

D＝紀伊國屋

63／英／製・監＝トニー・リチャードソン／脚＝ジョン・オズボーン／撮＝ウォルター・ラザリー／出＝アルバート・フィニー、スザンナ・ヨーク、ジョーン・グリーンウッド／V＝ヘラルド、ポニー

解説　イギリスの作家ヘンリー・フィールディングの小説をトニー・リチャードソン監督が映画化。トム・ジョーンズ（アルバート・フィニー）は、捨て子だったが大地主に育てられ、成長とともに華麗な女性遍歴を始める。豪放で快活なセックスを享楽し、上流社会に縛られず自由奔放に生きた彼の半生を描く。アカデミー作品、監督賞ほか受賞。

ハイ淀川です　この男のセックスの冒険のその壮観さ。山の宿で女（スザンナ・ヨーク）といちゃついたあと、亭主から追い出されると次は年上の女（ジョーン・グリーンウッド）とできてベタベタ。このあたりのすさまじさ、いやらしさ。食卓についていつしか相手に目と目で合図する。そして食べる食べるその食欲のすごいこと。蟹をへし折りその身をすすり、鴨肉をひき裂いて骨までなめて、食卓には酒がこぼれる。この食卓の風景はまさにこのあとの性欲の果てなきすさまじさを思わせるあたり、なんとも知れん面白い。というわけで、この男のセックスの遍歴の壮観と男一代の物語。リチャードソンは十八世紀の時代色の華麗さを見事にとらえました。

友だちのうちはどこ？
Where Is The Friend's Home？

B・D＝TC

87／イラン／監・脚＝アッバス・キアロスタミ／撮＝ファルハッド・サバ／出＝ババク・アハマッドプール、アハマッド・アハマッドプール、ホダバフシュ・デファイ／V＝LDC

解説　イラン北部の小さな村。友だちのノートを誤って持ち帰ってしまった少年アハマッド（ババク・アハマッドプール）が、そのノートを返すために迷子になりながら友だちの家を探して歩く。イランのアッバス・キアロスタミ監督が少年の真情と村人の人情、さらに村の風情をドキュメンタリータッチで描いた代表作。

ハイ淀川です　この子供が友だちのノートを間違って持って帰ってしまったので、そのノートを返そうと友だちの家を探しますね。このの少年の責任と友だちへの友愛が画面に美しく描かれているところがいいですね。その家を探す道中。その村の人たち、その家の入口や窓、こんな村の風景。それに村で生活している人たちの描写がまるでニュース映画みたいに出てきます。セットではこんな感じは出せませんね。これがこの監督の狙いなんですね。キアロスタミが、ほんものを撮ろうとしている映画好きだということがわかりますね。それに友だちの家を探そうとしている子供は、キアロスタミ自身のことであることもすぐにわかりますね。

ドライビング・ミス・デイジー
Driving Miss Daisy

D＝KAD

89／米／監＝ブルース・ベレスフォード／脚＝アルフレッド・ウーリー／撮＝ピーター・ジェームズ／出＝ジェシカ・タンディ、モーガン・フリーマン、ダン・エイクロイド、パティ・ルポン、エスター・コール／V＝KSS

解説　アメリカ南部アトランタ。頑固な老未亡人デイジー（ジェシカ・タンディ）と、彼女のお抱え運転手の黒人ホーク（モーガン・フリーマン）。この二人が次第に心を通わせていく二十五年間の友情を淡々と描いたブルース・ベレスフォード監督のヒューマン・ドラマで、アカデミー作品、主演女優、脚色、メークアップ四部門受賞。

ハイ淀川です　舞台がアトランタということを頭に入れて見てください。南部は昔から黒人が嫌い。だから、このおばあちゃんも黒人の運転手が気に入らない。いつも八つ当たりする。でも黒人はどんなにヒステリーをおこされても柳に風と吹き流す。そのあたりのモーガン・フリーマンの演技のうまいこと。おばあちゃんが主人の墓参りに行ったとき、黒人が墓石の字が読めないのを知って、読み方を教えてやる。二人のわだかまりがなくなっていく。ジェシカ・タンディの演技がなんとも知れなくいい。意地悪さと品格を見せながら、だんだん雪解けのように解けて人間の春がくるあたりの芝居は最高です。おばあちゃんと黒人の愛の交流が見事に出た名作です。

ドラッグストア・カウボーイ
Drugstore Cowboy

89／米／監・脚＝ガス・ヴァン・サント／脚＝ダニエル・ヨスト／撮＝ロバート・ヨーマン／出＝マット・ディロン、ケリー・リンチ、ジェームズ・レマー／V＝カルチ　B・D＝KAD

解説　オレゴン州ポートランド。麻薬の常習者で薬局荒らしを得意としているボブ（マット・ディロン）は、妻のダイアン（ケリー・リンチ）や仲間とハイな生活を楽しんでいた。そのうちの一人がヤクで死んでしまい自分も止めようとするが。七〇年代の世相を背景にドラッグ中毒の生態を描いた青春映画。ガス・ヴァン・サント監督。

ハイ淀川です　ドラッグストア・カウボーイというのは、ヤクにやられて困っている若者たちの生態ですね。この映画はそういう若者の悲惨な生態を描いています。明るいとは言えませんけれど、どこかにこのマット・ディロンたちの若いアメリカの生態が出てきて、怖い以外にアメリカの若さがあるところが見どころですし面白いところですね。マット・ディロンはジェームズ・ディーンに負けないように苦しむ役をやりました。彼はまたもや注目されるでしょう。さあ、この男がヤクから逃げ出して治るのかどうか。非常に怖い最後になっていきます。というわけで、これは日本の若い人たちにも絶対に見てほしい作品です。

鳥
The Birds

63／米／製・監＝アルフレッド・ヒッチコック／脚＝エヴァン・ハンター／撮＝ロバート・バークス／出＝ロッド・テイラー、ティッピ・ヘドレン、ジェシカ・タンディ／V＝CIC　B・D＝ジェネ

解説　アルフレッド・ヒッチコック監督がダフネ・デュ・モーリアの短編小説を映画化したサスペンス・スリラー。サンフランシスコ近郊のある漁村。一羽の鷗が若い女性メラニー（ティッピ・ヘドレン）の額を襲った。翌日、大群の鷗や小鳥が押しよせ、ついに鳥の襲撃が始まり、村はパニックになり人々は原因のわからぬまま逃げまどう。

ハイ淀川です　原題は「バード」。これがホークとかワシとかいう題でしたら、はじめから怖いと思いますが、バード。可愛らしいなと思わせるところが怖いんですね。ロッド・テイラーとティッピ・ヘドレンがサンフランシスコの小鳥屋さんで出会って、まあ小鳥って可愛らしいなあと思っているととんでもないことになる。ヘドレンが公園かどこかに腰かけて一服しようと思っていると後ろの鉄棒サクに鳥が四羽いる。それがあっという間に飛んできてカラスでいっぱいになってしまうあたりの描き方は見事です。しかもどんどん鳥が増えてしまいには人間を襲うあたり。ヒッチコックは映画を知って映画を楽しんでほんとうに映像美術を見せる名人ですね。

トリコロール／青の愛
Trois Couleurs : Bleu

93／仏／監・脚＝クシシュトフ・キェシロフスキ／脚＝クシシュトフ・ピェシェビチ／撮＝スワボミル・イジャック／出＝ジュリエット・ビノシュ、ブノワ・レジャン、フロランス・ペルネル、エマニュエル・リヴァ／V＝アミューズ　D＝紀伊國屋

解説　ポーランドのクシシュトフ・キェシロフスキ監督の『トリコロール』三部作の第一作。自動車事故で有名な作曲家の夫と一人娘を失ったジュリー（ジュリエット・ビノシュ）は、人生に絶望し厭世的になる。しかし、夫に愛人（フロランス・ペルネル）がいたことを知り再び生き直す決意をする。

ハイ淀川です　ジュリーは死んだ夫の隠し女が、夫の子を宿していることに苦しみますけれど、その女の優しさに涙が溢れてしまいますね。ポイントはこのジュリーの愛の苦悩ですね。ジュリーがプールで泳ぎ、水に潜って顔をはね上げ姿を見せるシーン。このプールの青色がジュリーの苦しみに似た冷たさを見せました。その映像には愛の苦しみを深くさぐる感じが出ていました。というわけで、この映画はキャメラが巧い。それに心に食い込んでくる音楽がこの映画に風格をそえました。どことなくこの映画にはクラシックがむせかえっています。映画をじっくりと見たいクラシックのファンにはたまらない郷愁を感じさせると思います。

トリュフォーの思春期
L'Argent De Poche

D＝FOX

76／仏／監・脚＝フランソワ・トリュフォー／脚＝スザンヌ・シフマン／撮＝ピエール・ウィリアム・グレン／出＝ジョリー・デムソー、フィリップ・ゴールドマン、シルヴィー・グレゼル／V＝コムス

解説 『大人は判ってくれない』のフランソワ・トリュフォー監督が、フランスの地方都市を舞台に、リセの子供たちの日常をキビキビと点描し、即興演出を生かした映像スケッチ。少年少女たちの胸のときめき、秘められた思い、いたずらっ気、大人たちへの反抗などを温かく見守る。撮影はピエール・ウィリアム・グレン。

ハイ淀川です 『大人は判ってくれない』では、冬の歌をちぢかんで歌ったトリュフォーが、この映画では三十人の子供の身体中をゆるやかにリズミカルにゆらめかせて、春の、それも早春の歌を歌わせました。幸せな子供たちを謳った映画。不幸な少年の一人にさえ、この映画はひとはけの筆でサッと描き上げたタッチで涙なんか強要しません。ルネ・クレールの映画のような、フィルム自身が演奏するメロディが初めから終わりまで流れている。童話の楽しさがある。トリュフォーという映画作家は、なんというやさしい人かと見とれてしまいます。まさに詩人であり画家であり童話の語り手。やっぱり、トリュフォーは映画の神様ですね。

トレインスポッティング
Trainspotting

B・D＝SPE

96／英／監＝ダニー・ボイル／脚＝ジョン・ボッジ／撮＝ブライアン・トゥファノ／出＝ユアン・マクレガー、ユエン・ブレンナー、ジョニー・リー・ミラー、ケヴィン・マクキッド／V＝アスミ

解説 スコットランドのエディンバラ。頭は切れるがどこか病的で無気力な若者マーク（ユアン・マクレガー）とその仲間。彼らはドラッグに溺れ、音楽に身をまかせ、今を楽しむことに専念し、仲間を裏切ることもいとわない。ダニー・ボイル監督が、キレ放題でやりたい放題の若者たちの青春をクールなタッチで描く。

ハイ淀川です これをごらんになって、あのバカものたちのなんたるザマ。ほんとうに腹立たしいと思った方は素人のお考えですね。この映画はチャップリンであり、ヒッチコックであり、マイケル・バルコンであり、ゴーモン・ブリティシュでまさにイギリス臭味の総ざらいなんですね。ウンコを手づかみでバラまいたり、便器の中へ首まで差し込んだりするシーンもありますけれど、それよりもこのイギリスの若者たちのイライラ、ホープレス、ヤクづけの哀れ、あさましさをじっと見つめて下さい。イギリスという国の底力を感じさせた名作です。

ドレッサー
The Dresser

D＝復刻

83／英／製・監＝ピーター・イエーツ／脚＝ロナルド・ハーウッド／撮＝ケルヴィン・パイク／出＝アルバート・フィニー、トム・コートネイ、エドワード・フォックス、ジーナ・ウォーカー／V＝SPE

解説 イギリスの作家ロナルド・ハーウッドの舞台劇をピーター・イエーツ監督が映画化。第二次大戦下、『リヤ王』の上演を目前にシェイクスピア役者の座長（アルバート・フィニー）は空襲のショックで精神が錯乱。付き人でドレッサーのノーマン（トム・コートネイ）は錯乱のおさまらない座長をなんとか舞台に立たせようと大奮闘。

ハイ淀川です 『リヤ王』を上演するのに、もうこの座長は疲れきり頭もぼけて『オセロ』の化粧をしようとする。それをドレッサーが叱ったり、なだめたりして、開幕五分前のところで、役者根性をふるいたたせるあたりの二人の名演技。「ああ、もうイヤだ」と言って、尻のポケットから酒瓶を取り出して一口あおるときのすねてムッとするコートネイ。そして「これでいっぺんだって酒をおごってもらったことはないんだから」と言うあたり。この映画の面白さは芝居と楽屋と芝居人間を知りつくしたところにあり、二人のあたかも夫婦とも思えるその愛情。ウィリアム・ワイラーのタッチを思わせながら、イギリス映画の冷酷さ厳しさがあります。

冬冬《トントン》の夏休み

冬冬的假期

B・D＝ポニー

84／台湾／監・脚＝ホウ・シャオシエン（侯孝賢）／脚＝チュー・ティエンウェン／撮＝チェン・クンホウ／出＝ワン・チークァン、リー・ジュジェン、グー・ジュン／V＝東宝

解説　一九八四年の夏。小学校を卒業した冬冬（ワン・チークァン）は、母が病気で入院したため妹（リー・ジュジェン）とともに田舎で医者をしている祖父の家に預けられ夏休みを過ごす。村の子供たちと仲よくなった冬冬を中心に、美しい自然の中で子供が伸び伸びとして生きる世界を台湾のホウ・シャオシエン監督が描く。

ハイ淀川です　まるで私たちの子供のころとそっくりですね。夏休みの遊び。川と鉄橋、子供たちが泳いでいるのに冬冬の妹は泳げないのでかまってくれないの。腹が立ったのでお兄ちゃんたちのパンツを川に捨てちゃった。上がってきたらパンツがないので裸で帰るあたりの面白さ。小さな亀で競争して遊ぶ。若いおじいちゃんも家の中で騒いでも言えないところ。私はセミが鳴くところが妙に気に入ったのね。この映画はまるで刺繍のように人物が流れていって、夏休みの生きた絵物語ですね。郷愁を感じさせてくれる映画の詩。この監督は私たちに目で見る美しさを教えてくれました。ホウ・シャオシエンの見事な作品です。

ナイト・オン・ザ・プラネット

Night On Earth

B・D＝バップ

91／米／製・監・脚＝ジム・ジャームッシュ／撮＝フレデリック・エルムス／出＝ウィノナ・ライダー、ジーナ・ローランズ、ベアトリス・ダル／V＝C－C／D＝ビクター

解説　ロサンゼルス、ニューヨーク、パリ、ローマ、ヘルシンキの都市を走るタクシー運転手が、同じ夜に体験する五つの物語。ロスでは女性運転手（ウィノナ・ライダー）がハリウッドの大物（ジーナ・ローランズ）を乗せる。ニューヨークでは初仕事の運転手と黒人青年など、ジム・ジャームッシュ監督がユーモアたっぷりに描く。

ハイ淀川です　ロス・ニューヨーク、パリなどその土地が一瞬のカラーを持っているところがいいですね。タクシーの運転手が客を乗せて流れていくお話の展開。うまいなぁ。名人芸ですね。ロスでは女優スカウトのおばさんが若い女性運転手に映画界入りをすすめても、わたしは修理工になるからいやだよというあたり。パリに行ったらスタイルが変わるの。盲目の娘さんが運転手に右へ行け、左へ行けと言ってこき使うあたり。ローマはおしゃべりの運転手。私とそっくりだ。そのおしゃべりの連続で坊さんがいかれちゃうあたり。こんな五つの話をあやつりまるで短編小説の感じですね。この監督は映画の虫ですね。その面白さに最敬礼しました。

ナイトメアー・ビフォア・クリスマス

The Nightmare Before Christmas

B＝ディズニー　D＝ブエナ

93／米／監＝ヘンリー・セレック／脚＝キャロライン・トンプソン／撮＝ピート・コザチク／出＝（声）ダニー・エルフマン、クリス・サランドン、キャサリン・オハラ／V＝ブエナ

解説　『ビートルジュース』『シザーハンズ』で独特なファンタジックな世界を生み出したティム・バートンが製作、原案、キャラクターを設定した異色人形アニメの傑作。ハロウィンの賑わい。さらに主人公ジャックが迷い込んだクリスマス・タウンの白雪の魅惑的な世界などをミュージカル仕立てのファンタジーで盛りあげる。

ハイ淀川です　アニメに飽きてきた人でも、この映画を見たらびっくりなさるでしょう。この人形の動きの美しいこと。その動きはグロテスクだけど美術ですね。実はディズニーのスタッフの中に昔からグロテスク好きの連中がいたんですね。いかにも可愛くって美しいお話に嫌気がしていたのね。でも、ディズニーの本舞台ではありませんからストップされました。それを今回ティム・バートンが取り上げました。お話はあの『アダムス・ファミリー』のタッチですけれど、見どころは人形の動き。こんな美術人形をつくってくれたことがうれしい傑作アニメ。日本の文楽人形のあの手、あの首のような動きにも通じるところがあります。

溝口健二『西鶴一代女』(52)

黒澤明『羅生門』(50)

木下恵介『二十四の瞳』(54)

周防正行『Shall We ダンス?』(96)

溝口健二『赤線地帯』(56)

北野武『キッズ・リターン』(96)

平山秀幸『愛を乞うひと』(98)

山田洋次『男はつらいよ』シリーズより(71)

ナイルの宝石
The Jewel Of The Nile

B＝ディズニー　D＝FOX

85／米／監＝ルイス・ティーグ／脚＝マーク・ローゼンタール、他／撮＝ヤン・デ・ボン／出＝マイケル・ダグラス、キャスリン・ターナー、ダニー・デヴィート／V＝FOX

解説　『ロマンシング・ストーン／秘宝の谷』の続編。舞台は南米からアフリカへ。めでたく結ばれたジャック（マイケル・ダグラス）とジョン（キャスリン・ターナー）が、「ナイルの宝石」と呼ばれるアラブの救世主の誘拐事件をめぐって、大活躍するという冒険活劇。主演と、製作のダグラスは前作通りだが、監督はルイス・ティーグ。

ハイ淀川です　『ロマンシング・ストーン』でハッピーエンドになって終わるかと思っていたら続編が生まれました。ハイ、この映画もハラハラドキドキの連続。活動写真のオリジナルみたいな映画ですね。キャスリン・ターナーは売れっ子。『女と男の名誉』では女の殺し屋をやってすごかった。非常にアメリカのクラシックな顔をしているんですね。そのターナーがまたもマイケル・ダグラスと共演して、いかにもふざけた面白さを見せました。このコンビの面白さが私を喜ばせてくれました。というわけで、マイケル・ダグラスは興行価値百パーセントの娯楽映画もプロデュースするし、『カッコーの巣の上で』のような作品もつくる。まさに両刀使いです。

ナインハーフ
Nine ½ Weeks

B・D＝キング

85／米／監＝エイドリアン・ライン／脚＝パトリシア・ノップ、ザルマン・キング、他／撮＝ピーター・ビジウ／出＝ミッキー・ローク、キム・ベイシンガー、マーガレット・ウィットン／V＝ヘラルド、ポニー

解説　エリザベス・マクニールの小説「飼われた猫のように」をエイドリアン・ライン監督が映画化。金の売買人ジョン（ミッキー・ローク）は、離婚してまもない画廊勤めの女（キム・ベイシンガー）に惹かれ、九週間半にわたり、異常なまでのセックスを仕込む。女の内側に潜む感情がめざめる過程を描いた異色のラブストーリー。

ハイ淀川です　二人が出逢って一目惚れの一週間。ラブシーンなんか抜きで初めからあちらですね。とにかくこの映画はポルノ遊びでもなく無邪気。それよりもミッキー・ロークを見るのが目的の映画ですね。このロークのあの目とあの唇に目をつけ出した映画会社が、『イヤー・オブ・ザ・ドラゴン』とこの映画でローク売り出しの勝負に出ました。レッドフォードとがらりと違ったタイプの個性で売ろうとしたんですね。この映画の脚色はパトリシア・ノップとザルマン・キング。この二人は私生活では夫婦なんです。だから、このご夫婦はいちいちベッドで、この脚本のあの手この手を実演しながら脚本を書いたのではないだろうかと、勘ぐってしまいました。

長い灰色の線
The Long Gray Line

D＝ハピネット

54／米／監＝ジョン・フォード／脚＝エドワード・ホープ／撮＝チャールズ・ロートン・ジュニア／出＝タイロン・パワー、モーリン・オハラ、ウォード・ボンド／V＝SPE

解説　五十年間ウェスト・ポイントの陸軍士官学校に尽くしたマーティ・マー（タイロン・パワー）の人生記録をジョン・フォード監督が映画化。マーティは士官候補生を育成するが、その間に子供の死、妻（モーリン・オハラ）の死などがあり二つの大戦の激動期を生きる。フォード独特の人生へのノスタルジーと軍人精神謳歌につらぬかれた作品。

ハイ淀川です　クリスマスというとこの映画を想い出します。好きなシーンがあるんです。ウェスト・ポイント陸軍士官学校を退役した初老の先生。嫁さんもいない。一人きり。外は雪景色。めしを食おうと思って卵を割るところも淋しい。ジューッと焼いたものを皿に入れて食べるところ。タイロン・パワーは淋しいクリスマスの晩の初老の先生の感じを見事に出しました。そこへ十人ほどの士官候補生が訪ねてくる。「クリスマスおめでとう。先生」プレゼントを開けたら欲しい欲しいと思っていたアイボリーのパイプが入っていた。涙をためた先生の前で生徒たちは故郷のアイルランドの歌を歌う。その美しくもあたたかいシーン。

嘆きのテレーズ
Thérèse Raquin

52／仏／監・脚＝マルセル・カルネ／脚＝シャルル・スパーク、他／撮＝ロジェ・ユベール／出＝シモーヌ・シニョレ、ラフ・ヴァローネ、ローラン・ルザッフル、ジャック・デュビー／V＝バンダイ　D＝LDC

解説　ゾラの「テレーズ・ラカン」の映画化でマルセル・カルネ監督の代表作。テレーズ（シモーヌ・シニョレ）は病弱な夫に不満で、夫の友だちローラン（ラフ・ヴァローネ）と恋におちた。夫と汽車に乗ったのをローランが追って喧嘩となり、夫は列車からつき落されて死んだ。それを目撃した水兵が二人を告訴すると脅迫した。

ハイ淀川です　ゆすられたテレーズとローランは水兵に四十万フランを渡しました。金が入った水兵は喜んで外に出た。そこへトラックが突っ込んできた。水兵は自分のオートバイとともに下敷き。うめきながら「手紙」と叫んだ。二人はその水兵を店に担ぎこみましたが死んでしまいました。四十万フランは二人の手に戻ることになった。しかし、そのころ女の子がポストに一通の手紙を入れに行った。その手紙、もしも自分が相手にばらされたときのことを考えて警察にあてた通知文でした。夕方の五時まで戻らなければポストに入れるように女の子に頼んだ手紙。この怖いゾッとするラストシーン。名作のしめくくりは見事な書きおさめをみせてくれます。

嘆きの天使
Der Blaue Engel

30／独／監＝ジョゼフ・フォン・スタンバーグ／脚＝ロバート・ツーヴマン／撮＝ギュンター・リッタウ／出＝マレーネ・ディートリッヒ、エミール・ヤニングス／V＝IVC／D＝カルチ　D＝IVC

解説　無名の踊り子だったマレーネ・ディートリッヒがジョゼフ・フォン・スタンバーグ監督に抜擢され、この一作で一躍スターの座を摑んだ。ドイツの港町ハンブルク、中年を過ぎた独身の高校教師ラートは、キャバレーの踊り子ローラに惚れてしまい学校も辞め求婚。旅回りの一座に身を任せるが…。ディートリッヒの脚線美が話題となった作品。

ハイ淀川です　エミール・ヤニングスの先生はローラという女優の安キャバレーに出かけていった。その舞台の上でローラは大胆に足を広げて椅子にまたがって歌う。「フォーリング・イン・ラブ・アゲイン」その歌のすばらしいこと。その粋な格好。脚がきれいくってきれいくって。これがディートリッヒのトレードマークになりましたが、その先生はすっかり夢中になっていく。女を知らなかった先生がどんどん引きずられていくところが怖いですね。男の痛ましさと哀しさ。女の美しさと残酷さが見事に出た作品ですね。この一作でディートリッヒは一躍有名になりました。まさに彼女の記念すべき代表作ですね。

ナチュラル
The Natural

84／米／監＝バリー・レビンソン／脚＝ロジャー・タウン、他／撮＝カレブ・デシャネル／出＝ロバート・レッドフォード、ロバート・デュヴァル、グレン・クローズ／V＝FOX　B・D＝SPE

解説　バーナード・マラマッドの小説『汚れた白球』をバリー・レビンソン監督が映画化。ネブラスカの農家のロイ（ロバート・レッドフォード）は、子供のころから父に野球を教わり、シカゴのチームにスカウトされ、恋人（グレン・クローズ）と別れシカゴに向かうが前途は多難だった。困難と闘い栄光を勝ちとるロイの姿を描く。

ハイ淀川です　野球映画というので気がすすみませんでしたけれど、見たらこれがいいんだね。まるでロバート・レッドフォードのためにつくられたような映画。アメリカのノスタルジーが見事に出ました。はじめに田舎でロイがお父さんからキャッチボールを教わって、ラストで今度は自分の子供とキャッチボールをする。この父と子のつながりの美しさ。あれやこれやあって、ロイが優勝戦で大ホームランを打つ。照明塔を打ち崩してパッと閃光が走る。まるで花火のような美しさ。その画面にドキッとします。というわけで、これは単なる野球映画じゃありません。アメリカのドリームを親と子の絆で見せました。レッドフォードの見事な秀作です。

ナッシュビル
Nashville

D＝パラマ

75／米／製・監＝ロバート・アルトマン／脚＝ジョーン・テュークスベリー／撮＝ポール・ローマン／出＝デヴィッド・アーキン、キース・キャラダイン、カレン・ブラック、ジェラルディン・チャップリン

解説　カントリー&ウェスタンで有名なテネシー州ナッシュビル。コンサートを前に全米各地から人が集まってくる。人気歌手のロニー・ブレイクリーと夫のアレン・ガーフィールド、歌手のカレン・ブラック、キース・キャラダイン、選挙屋ネッド・ビーティーと妻リリー・トムリン、などが演じるロバート・アルトマン監督の群像ドラマ。

ハイ淀川です　これはアメリカそのものの集団劇。十数本の糸を操る面白さ。歌を加えての演出のショー精神の鮮やかなこと。選挙屋のネッド・ビーティーの妻のリリー・トムリンが、キース・キャラダインの誘いに乗ってしまうシーンだけでも面白いのね。カレン・ブラック、ロミー・ブレイクリー、亭主を嫌って田舎から出てきた歌手の卵のバーバラ・ハリス。その一人一人の芝居を見ているだけでも面白い。俳優が演りがいのある役をこなす絢爛たる面白さですね。これくらい各人物を生かしたアルトマンの演出はただごとではありません。アメリカの狂乱が白いカーネーションの散乱で閉じられて、それがアメリカの大国旗に移るラストシーンの巧いこと。

ナッツ
Nuts

D＝復刻

87／米／監＝マーチン・リット／脚＝トム・トーパー／撮＝アンジェイ・バートコウィアク／出＝バーブラ・ストライサンド、リチャード・ドレイファス、カール・マルデン／V＝WHV

解説　ブロードウェイの同名舞台劇を見て共鳴したバーブラ・ストライサンドが、製作、音楽、主演の三役を担当し、マーチン・リットが監督した。コールガールのクローディア（ストライサンド）は過失致死罪に問われるが、彼女の両親は醜聞を恐れ、弁護士と精神医を抱きこみ彼女を精神異常者として病院に閉じ込めようとする。

ハイ淀川です　ナッツとは精神異常者のことですね。コールガールが変質者を殺して裁判となる。この映画を見る前は、バーブラ・ストライサンドには悪いけれど、鼻のお化けの裁判劇かと思いましたが、とんでもない。彼女に見とれ驚き感激してしまいました。というわけで、これは舞台劇の映画化。ですからバーブラ、ドレイファスをはじめ、モーリン・ステープルドン、カール・マルデン、イーライ・ウォーラックの名優の演技がみんないい。俳優一人一人が人生の悲しさ、怖さ、暗さや力強さを力演しています。ストーリーの展開や謎をさぐるのも面白いんですけれど、これは俳優の演技をじっとみつめる映画。見ごたえのある名作だと思います。

ナッティ・プロフェッサー クランプ教授の場合
The Nutty Professor

D＝ジェネ

96／米／監・脚＝トム・シャドヤック／脚＝デヴィッド・シェフィールド、他／撮＝ジュリオ・マカット／出＝エディ・マーフィ、ジェイダ・ピンケット、ジェームズ・コバーン／V＝CIC／D＝LDC

解説　エディ・マーフィ扮する生物学科教授クランプは体重がなんと百八十キロ。美人講師をゲットしようと自らが開発したヤセ薬を飲むとスリムに変身。性格まで変わり陽気なプレイボーイになってしまう。しかしこの薬の効果はたった数時間。エディが一人七役を演ずる爆笑コメディで、リック・ベイカーの特殊メイクも見もの。

ハイ淀川です　私はこの映画で完全無欠に一杯やられました。はじめから太った先生が出てきて面白いと思いながら、いつエディ・マーフィが出てくるのだろうと思ったら、その先生がエディだったのね。それだけじゃない。その黒人先生の一家の食事。おばあちゃんもお父さんもお母さんもみんなエディだった。完全にだまされました。このメイクをしたのがリック・ベイカーという人で『スターウォーズ』をやった人だったの。というわけで、お話も面白い。薬が時間切れになると、また太ってしまって車から出られなくなったりするあたり。これは落ち目のエディが見事にカムバックした映画。声まで使い分けるあたり、この役者の真価がわかりました。

夏の嵐
Senso

54／伊／監＝ルキノ・ヴィスコンティ／脚＝スーゾ・チェッキ・ダミーコ／撮＝ロバート・クラスカー、他／出＝アリダ・ヴァリ、ファーリー・グレンジャー、マッシモ・ジロッティ／V＝IVC　D＝紀伊國屋

解説　カミッロ・ボイトの小説「官能」をルキノ・ヴィスコンティ監督が映画化。イタリア統一戦争の時代。オーストリアのフランツ中尉（ファーリー・グレンジャー）は、ふとしたことで地下運動のリーダーと決闘にまで発展。リーダーのいとこの伯爵夫人（アリダ・ヴァリ）は仲介に入るが、彼女はフランツの魅力の虜になってしまう。

ハイ淀川です　中尉も彼女のことは好きだけれど、伯爵夫人という階級に憎しみを持っているのね。だから彼女からさんざんお金をまきあげて逃げた。でも女はつきまとい追いかけます。馬車に乗って服も泥まみれになって男の兵舎を探し当てるあたり。女の恋の怖い一念ですね。夫人は男の部屋に入った。ところがこの男は町の女と寝ていた。夫人はもう錯乱状態になって、司令官に密告してしまいました。彼女が城壁の下を歩く。遠くのほうでバーンという銃声。それは中尉が銃殺された音。彼女はそれを知ったか、知らなかったか。怖い怖い幕切れの見事なこと。ヴィスコンティはこれで世界中に注目されたんですね。

夏の夜は三たび微笑む
Sommarnatten Leende

55／スウェーデン／監・脚＝イングマール・ベルイマン／撮＝グンナール・フィッシェル／出＝グンナール・ビョルンストランド、ウーラ・ヤコブソン　D＝ハピネット

解説　弁護士フレデリック（グンナール・ビョルンストランド）は十六歳のアン（ウーラ・ヤコブソン）を後妻にしていたが、昔の愛人デジレとよりを戻したため、デジレのパトロンの伯爵から決闘を申し込まれる。一方、アンもフレデリックの前妻の子の神学生と駆け落ちしてしまう。イングマール・ベルイマン監督の艶笑喜劇。

ハイ淀川です　ベルイマンは牧師の子なんですね。だから少年時代から神の問題は宿命のように身についていたのかもしれません。だからどの映画を見ても、牧師の厳しさがうたわれていますね。そんなわけで、ベルイマンの映画はよく難しいと言われますが、この作品はやさしくって面白い。ベルイマンのロマンチックコメディに酔われるでしょう。見事な美術的コメディです。恋のたわむれ、愛の戯作。そのタッチはまさにヨーロッパの艶笑を美術化しています。ベルイマンの演出力はただごとではありません。その腕からすればいかなる悲劇も喜劇も自由自在。この作品は後にアメリカでミュージカル化され、イギリスでも上演されました。

浪花の恋の物語

59／日／監＝内田吐夢／脚＝成沢昌茂／撮＝坪井誠／出＝中村錦之助、有馬稲子、片岡千恵蔵／D＝東映

解説　近松門左衛門の浄瑠璃『冥途の飛脚』を内田吐夢監督が映画化。大阪の飛脚問屋の養子、忠兵衛（中村錦之助）は遊女の梅川（有馬稲子）に惚れ、彼女が客に身請けされるのを止めるために、掟にそむいて他人の大金の封を切ってしまい、梅川と大和へ逃げる。愛の悲劇を描いた作品で、作者の近松（片岡千恵蔵）も登場する。

ハイ淀川です　内田吐夢がこんな近松の悲劇をものの見事にやりとげましたね。誰もが楽しめるA級娯楽映画です。成沢昌茂の脚本が巧く、近松自身現われるという、例えば『ハムレット』にシェイクスピア自身が出てくるような無茶苦茶が、うまくさばけて、近松が出ることで現代性を感じさせるあたりが面白い。有名な新口村の場面を、舞台の文楽人形にしたのも面白いところですね。これを見せたいばっかりに近松がのさばりでたのかもしれませんが、この演出工夫は成功しています。錦之助の忠兵衛は若々しく瑞々しい。有馬稲子の梅川はローソクの灯に育った女には見えませんが努力賞。溝口健二を失ったいま吐夢に期待しましたが裏切らなかったですね。

七日間の休暇
Seven Days Leave

D＝ジュネス

29／米／監＝リチャード・ウォーレス／脚＝ジョン・V・ファロー、他／撮＝チャールズ・ラング／出＝ゲーリー・クーパー、ベリル・マーサー

解説　ジェームス・バリーの戯曲の映画化。ロンドンの貧しい老掃除婦は他の老婆たちが戦功を自慢するので自分にも息子がいると嘘をつく。たまたま慰問で知り合ったスコットランド兵（ゲーリー・クーパー）がロンドンに来たので自分の息子だと言いふらす。七日間の休暇における兵士と老婆の人間のふれあいをほほえましいタッチで描いた作品。

ハイ淀川です　この老婆サラアを名女優ベリル・マーサーがやっていますけれど、見どころはクーパーの味ですね。サラアがいそいそとクーパーのベッドをこさえる。うんざりしたクーパーが横になる。その急ごしらえの小さなベッドの裾から長い足のその足先がニュッと出るの。クーパーはその指を動かして、老婆にウインクしてみせる。湯たんぽを用意してクーパーの兵士に毛布を掛けるその老婆に見とれるクーパーが実にいいんだね。でも、戦地に戻ったその兵士は戦死してしまう。彼の軍人手帳から身元がわかって勲章がサラアのもとに届けられたの。この婆さんそれを誇らしげに仲間の婆さんたちに見せるあたり。監督は当時第一級のリチャード・ウォーレス。

ナポリの饗宴
Carosello Napoletano

B・D＝復刻

54／伊／監・脚＝エットーレ・ジャンニーニ／撮＝ピエロ・ポルタルピ／出＝パオロ・ストッパ、クレア・マターニア、ソフィア・ローレン、レオニード・マシーン、イヴェット・ショーヴィレ、アントーニオ／V＝東北

解説　舞台の演出家エットーレ・ジャンニーニが監督したミュージカル。第二次大戦後のナポリ。大道芸人（パオロ・ストッパ）とその家族をとおして、ナポリの歴史、ナポリ人気質を描き出す。七十曲にも及ぶナポリ民謡、さらにレオニード・マシーン、イヴェット・ショーヴィレなど有名な舞踏家、歌手が得意の芸を披露する。

ハイ淀川です　バレエ、オペラ、民舞、仮面劇、レビューのあらゆる要素を含めてのこのミュージカル・スペクタクルはすばらしい。ケイタ・フォーデバの絢爛たるバレエ・アフリカン。レオニード・マシーンの、その年齢ゆえにもう二度と映画ではこれだけの踊りは見られないと思わるプルチネルラの仮面物語。イタリアの十五、六世紀のギニョールの舞台から抜け出した人形のプルチネルラのこの仮面劇の美しさ。それに有名なバレリーナのイヴェット・ショーヴィレの「マルゲリータの物語」。男から男へと渡っていった妖婦が、三人の男にとりかこまれて、ついに殺されるまでの劇的なバレエ。これはイタリア・ミュージカルの傑作です。

楢山節考

B・D＝松竹

58／日／監・脚＝木下恵介／撮＝楠田浩之／出＝田中絹代、高橋貞二、望月優子

解説　深沢七郎の同名小説の映画化。信州の貧しい山村。おりん婆さん（田中絹代）は、孝行息子（高橋貞二）に嫁（望月優子）ができ、自分が働き手として限界にきたことを悟り、覚悟を定め、倅の背におぶさってお山へ上る。年老いた親を山に捨てるという姥捨山伝説を木下恵介監督が舞台劇手法で描いた作品。

ハイ淀川です　この映画のとき田中絹代は四十八歳。おりん婆が歯も丈夫なので、自分で石臼にぶつけて無理に歯を折るシーンがすごい。実はこのために、田中さんは歯医者に行って歯を抜いてもらったんです。新橋の歯医者に私が行っていたら、先生に田中さんから電話がかかってきたのね。田中さんは、クローズアップで歯が出てくるので、抜けたところから舌が見えなくちゃ面白くないので抜いてほしいという相談だった。私は気の毒に思って、木下監督に電話したら、あわてていた。松竹が歯の抜き賃を出したそうですけれど、外国で女優がそんなことしたらえらい金を払ったでしょう。というわけで田中さんの演技は見事だった。執念の人でした。

南部の人
The Southerner

D＝IVC

45／米／監＝ジャン・ルノワール／脚＝ユーゴ・バトラー、他／撮＝ルシアン・アンドリオ／出＝ザカリー・スコット、ベティ・フィールド、キャロル・ネイシュ、エステル・テイラー／V＝IVC／D＝カルチ

解説　フランスのジャン・ルノワールがアメリカにわたり、ジョン・セションズ・ペリーの小説を脚色、監督した。アメリカ南部の農園で働く移民労働者サム（ザカリー・スコット）は念願かなって独立。豪雨や人間関係のトラブルなど、さまざまな苦難とたたかいながら、一家の助けを借りて土を愛し土に生きる農民になっていく。

ハイ淀川です　サムがその奥さん（ベティ・フィールド）と七歳の娘と四歳の息子と祖母（ビューラ・ボンディ）を連れて、なけなしのお金と借金で引っ越してくる。この祖母は息子と嫁が一つのベッドで抱き合っているのを夜中に覗くの。祖母は孫二人を連れて、野ぶどうをとりに行きます。でも孫たちに食べさせないで、二人の目を盗んで一人で自分の口の中にほおばるのね。春の草も夏の夕立もルノワールの手にかかると映画の詩です。一日の食事にも欠く悲惨な生活、苦闘が見事に描かれています。でも、すごいのはこのおばあちゃん。ルノワールはアメリカの老女の姿を鮮やかに蘇らせましたね。ルノワール勉強になる見事な名作です。

ニクソン
Nixon

D＝ブエナ

95／米／製・監・脚＝オリヴァー・ストーン／脚＝スティーヴン・J・リヴェル、他／撮＝ロバート・リチャードソン／出＝アンソニー・ホプキンス、ジョアン・アレン、エド・ハリス、パワーズ・ブース／V＝ブエナ

解説　『JFK』のオリヴァー・ストーン監督が、アメリカ第三十七代大統領リチャード・M・ニクソンの波乱に富んだ半生を描いた問題作。ニクソンは中国との国交回復、ベトナム戦争の終結で支持が高まるが、ウォーターゲート事件で辞任に追いやられる。アンソニー・ホプキンスがニクソンの若いころから晩年までを熱演。

ハイ淀川です　アンソニー・ホプキンスのニクソン大統領は、少し脂ぎった顔で鼻の下に汗ばかりかいている。その演技が巧いので見とれてしまいました。アメリカが大統領のあるがままの姿をまともから描いたのは初めてでした。コッポラ監督の『ゴッドファーザー』を見ているような錯覚に陥りましたが、オリヴァー・ストーンのなかでは最高の出来栄え。『7月4日に生まれて』のようななんとも知れんいやらしさがなくってホッとしました。『アメリカンプレジデント』が花のような映画ならこちらは岩の感じ。アメリカが歴史を持つことを誇るのか、悲しむのか、とにかく、アメリカもようやく「歴史の国」に近づいたことを示したような作品でした。

肉体と悪魔
Flesh And The Devil

D＝IVC

27／米／監＝クラレンス・ブラウン／脚＝ベンジャミン・F・クレーザー／撮＝ウィリアム・H・ダニエルズ／出＝グレタ・ガルボ、ジョン・ギルバート、ラース・ハンソン、バーバラ・ケント／V＝IVC、ジュネス／D＝カルチ

解説　美しき令嬢フェリチタス（グレタ・ガルボ）をめぐって幼なじみの二人の男が激しく争い運命を大きく狂わせていくが、やがて女の不実を知り友情を取り戻していく。北欧のモナリザのガルボと美男スター、ジョン・ギルバートが初共演した話題作。原作はドイツの作家ヘルマン・ズーデルマンの小説「消えぬ過去」。

ハイ淀川です　これはMGMの記念的作品ですね。映画の歴史の中で価値がありますね。これでグレタ・ガルボが一躍注目されたんですよ。それまでのガルボはあまりよくなかった。困ったMGMは一流のクラレンス・ブラウン監督に頼みました。監督は、ガルボはヨーロッパ的な女だからそれを生かそうと思って、ジョン・ギルバートと共演させました。これでガルボが生かされました。ガルボの役は不思議な女。毛皮のコートを着ている。下には何も着ていないかもしれない女。けれどもいかにも高貴。神秘なの。で、二人の男が争ったのね。この女は不幸をまくんですね。男を夢中にさせて捨てていくような女。いかにもガルボがいいんです。

肉体と幻想
Flesh And Fantasy

D＝ジュネス

43／米／監＝ジュリアン・デュヴィヴィエ／脚＝アーネスト・パスカル／撮＝スタンレー・コルテツ、他／出＝シャルル・ボワイエ、バーバラ・スタンウィック、エドワード・G・ロビンソン、ベティ・フィールド

解説　ジュリアン・デュヴィヴィエ監督がアメリカで撮ったオムニバス映画。一話は謝肉祭の夜、美男を慕う不器量な娘の話。二話は勝気とうぬぼれで生きてきた男が占い師の言葉から殺人を犯す気持ちになっていく話。三話は演技中に空中から落ちる幻想にとりつかれたサーカス曲芸師が夢とそっくりの美女と会い自信を取り戻す話。

ハイ淀川です　ベティ・フィールドが主演した第一話。一人の顔のまずい女がいるの。好いている青年がいるんだけれど恋を打ち明ける勇気がない。カーニバルの日、この女は思いきって美女の仮面をつけて、その青年に近づいた。そしたら、この青年はやさしくしてくれて橋の上で恋をささやき始めたの。でも、仮面を取ってしまえば消えてしまう恋。女がドキドキしていると、「仮面を取ってください」と言った。「それだけは許して。私はみにくい顔です」「それでもいい」。この女が悲しい気持ちで仮面を取ったら、女の顔は見違えるように美しくなっていた。女というものは恋をして心がやさしくなると顔も美しくなるということの話。感激しました。

肉体の冠
Casque D'or

D＝ジュネス

51／仏／監・脚＝ジャック・ベッケル／脚＝ジャック・コンパネーズ、他／撮＝ロベール・ルフェーブル／出＝シモーヌ・シニョレ、セルジュ・レジアニ、クロード・ドーファン、ウィリアム・ザヴァティエ／V＝バンダイ

解説　十九世紀のパリ。大工のマンダ（セルジュ・レジアニ）はブロンドの娼婦マリー（シモーヌ・シニョレ）と恋におち、彼女の情夫を決闘で殺した末二人は結ばれる。ところがマンダの親友がその犯人として逮捕されるが、それはマリーに横恋慕していた親分の謀略とわかり、マンダは自首するが親分を射殺してしまう。ジャック・ベッケル監督。

ハイ淀川です　原題は『黄金のカブト』といって、この主人公の娼婦が好んで結った髪の形なんですね。これは明治三十年ごろのお話で、日本で言えば〝銀杏がえし〟のようなものなのね。このジャック・ベッケルという監督は、ジャン・ルノワールの弟子。じっくりとしたタッチの流れをくんでいる人ですね。ファーストシーンは、静かな森の流れにボートを浮かべ幾組かの男女の歌を長々と見せたりします。まぁ余程のんびりした監督だと思っていると、見ているうちに、そのキマジメさが楽しくなってくるんですね。これほどパリの裏街とその人間たちの生活がにじみ出た映画も珍しいんです。風物描写とその時代的考証をよく研究している貴重な作品です。

二十四時間の情事
Hiroshima, Mon Amour

B・D＝IVC

59／仏・日／監＝アラン・レネ／原・脚＝マルグリット・デュラス／撮＝サッシャ・ヴィエルニ、他／出＝エマニュエル・リヴァ、岡田英次／V＝カルチ

解説　フランスの女流作家マルグリット・デュラスが脚本、アラン・レネが監督した。フランスから広島にロケに来た女優（エマニュエル・リヴァ）は、日本人の建築技師（岡田英次）と知り合い、お互いの名も知らずに激しい情事に溺れる。二人の意識の流れを通して過去の体験などが映像化されたユニークな日仏合作作品。

ハイ淀川です　二人の体と心の間には一枚の固いガラスが挟まれているような情事ですね。この女優の恋人のドイツ青年は、戦時中に彼女の見ている前で射殺されてしまった。その青年の手に流れる血。だから、日本人技師に抱かれていても手を染めた血が手に焼きついて離れない。一方の日本人もあの原爆の灰が生涯忘れることのできない心の傷になっている。戦争がこの二人をすでに生きて殺してしまっているというこの感覚の怖いこと。それを映画で説明したわけではありませんね。この監督は目で見て心に感じさせる。心の奥の隠れたものを目で見せるんだから、ふつうの監督じゃあむずかしい。アラン・レネはまさに映像の魔術師ですね。

二十四の瞳

B・D＝松竹

54／日／監・脚＝木下恵介／撮＝楠田浩之／出＝高峰秀子、月丘夢路、田村高広、小林トシ子／V＝松竹

解説　昭和三年の春。瀬戸内海に浮かぶ小豆島の分校に赴任した大石先生（高峰秀子）は、苦労しながら十二人の子供たちを教える。しかし、戦争が始まって、青年になった教え子は兵隊になって戦地へ。木下恵介監督が壺井栄の小説を映画化した反戦映画で、たくさんの観客の涙を涙腺からしぼりとった。

ハイ淀川です　こんなにみんなを泣かせた映画も珍しかった。この映画のいちばんの成功は小豆島のズブの素人の子供たちを使って、それを立派に演りとげさせたこと。それと高峰秀子の初のふけ役。ふけてからのほうがうまい。この子供たちと高峰のふけ役の二つの冒険を木下監督は敢然と押し切ってつくりました。子供たちは大人になると戦場に駆り出され小さな白木の箱になってしまう日本人の生涯。この強烈な反戦映画は、桜のトンネルの下を汽車ごっこしている子供の姿が美しければ美しいほど恐ろしく迫ってきます。それに小豆島のロケはルノワールの『河』のような美しさ。強烈な反戦映画をつくった木下監督は戦後第一の功労者です。

虹を掴む男
The Secret Life Of Walter Mitty

D＝ジュネス

47／米／監＝ノーマン・Z・マクロード／脚＝ケン・イングランド、他／撮＝リー・ガームス／出＝ダニー・ケイ、ヴァージニア・メイヨ、ボリス・カーロフ、アン・ラザフォード

解説　日本に初登場したダニー・ケイの喜劇。出版社の校正係の気の弱い青年（ケイ）は時と場所を問わず夢想に迷い込む。ある日、美女（ヴァージニア・メイヨ）と知り合うが、なんと彼女はいつも夢想の中に現われる恋人とそっくり。彼は夢と現実の中で大活躍する。ノーマン・Z・マクロード監督、製作サミュエル・ゴールドウィン。

ハイ淀川です　もう全編、夢見るような絢爛たる喜劇ですね。原作は「ニューヨーカー」にのっていた短編ユーモア小説。いかにもダニー・ケイ向きなんです。このダニー・ケイの出版社の男。少年みたいな善人でお母さん子。四六時中夢想に迷い込んでしまいますね。その夢と現実が次々にこんがらがって、見るほうでもややこしくなってくる。でもそれをシナリオがまずいとか理詰めで見るようなお方は、このダニー・ケイ・スタイルがわかりませんよ。夢想の中で、三日三晩荒れ狂う支那海の船長、奇跡的な腕を持つ外科医、西部の勇士、パリのファッションデザイナーなどに扮して珍演しますが、まさにダニー・ケイのエッセンス感覚で見てほしい喜劇です。

偽牧師
The Pilgrim

B＝KAD

22／米／監・脚＝チャールズ・チャップリン／出＝チャールズ・チャップリン、エドナ・パーヴィアンス、ディンキー・ディーン、チャールズ・ライナー、トム・マレイ／V＝IVC／D＝カルチ、LDC

解説　チャップリンはファースト・ナショナル時代に九本の作品を監督している。『犬の生活』『戦時公債』『担え銃』『サニーサイド』『一日の行楽』『キッド』『ゴルフ狂時代』『給料日』『偽牧師』の名作揃い。この作品はチャップリンが偽牧師に扮して人生のめぐり逢い、運命劇の面白さを巧みなストーリー展開の中で描いている。

ハイ淀川です　監獄から出たチャップリン。喜んで汽車に乗ってある駅で降りたら、大勢の人が待っていて牧師に間違えられたの。まあ、牧師さん。よくお見えになりました。言い訳をする間もなく教会へ連れて行かれ、服をいただいてとうとう牧師になりすました。ところがチャップリンは人間の幸せとは何か。それを上手にしゃべるものだから、今度見えた牧師さんはいいよなあ。そこに昔の囚人仲間がやってきた。偽牧師になりすましているのを見て、お前がどんな人間か、お前、ばらすぞ！　少し金をよこせ。チャップリンがえらい目にあう運命劇。このあたりから悲しい悲しい場面を笑わせて、そこに人間ドラマが入ってきましたね。

2001年宇宙の旅
2001 : A Space Odyssey

68／米／製・監・脚＝スタンリー・キューブリック／原・脚＝アーサー・C・クラーク／撮＝ジェフリー・アンスワース、他／出＝ケア・ダレー、ゲーリー・ロックウッド、ウィリアム・シルヴェスター／V＝WHV　B・D＝WHV

解説　人類の知恵の進歩を暗示するかのような謎の黒石板モノリス。その謎を解明するため宇宙船は木星に向かうが、コンピューターHALが反乱を起こし乗組員を抹殺。生き残った船長（ケア・ダレー）の前にモノリスが現われ、彼は異次元のトリップに巻き込まれる。画期的なSFXを大胆に使ったスタンリー・キューブリック監督の代表作。

ハイ淀川です　地球ができたての頃、猿たちはモノリスに触れましたね。その猿グループが喧嘩になったとき、こっちの猿が恐竜のアバラ骨で相手を殺しちゃう。そして、白い空にアバラ骨を投げました。これが戦争の第一号の武器。その骨が青空に円を描いて落ちようとするところで、二〇〇一年の立派なロケットに変わる。この映像感覚がわからないとこの映画は面白くありませんよ。そのロケットはコンピューターで飛んでいく。ところが若いパイロットが神経衰弱になって命令されるのがいやになってこわす。人間というものが、科学が発達するとどうなるのかをあの猿の時代からじっと見つめました。怖い作品。見事な名作です。

尼僧物語
The Nun's Story

59／米／監＝フレッド・ジンネマン／脚＝ロバート・アンダーソン／撮＝フランツ・プラナー／出＝オードリー・ヘプバーン、ピーター・フィンチ、ディーン・ジャガー／V＝WHV　D＝WBH

解説　キャスリーン・ヒューム女史の原作をフレッド・ジンネマン監督が映画化。ベルギーの医者の娘ガブリエラ（オードリー・ヘプバーン）は看護尼となり、アフリカにまで渡りコンゴで原住民の医療活動に励む。しかし、第二次大戦が勃発。ナチス占領下の祖国で父が敵兵に銃殺されたとき、真に生きるために尼僧服を脱ぐ。

ハイ淀川です　ただ一筋に尼僧を追求した映画はこれまでにありませんでした。その意味でこれは映画史上にその名を残すに違いありません。尼僧の院内生活をバサリと音を立てる強さで批判はしていません。しかし、寺院生活の人間的矛盾を突いていることは、バサリと音を立てないでも伝わってきます。オードリーは全作品の中で最高の出来栄え。というわけで、オードリーとピーター・フィンチとの心の交流が恋にまであざとく彩られなかったのも、この映画を晴れやかにしていて好感が持てます。修行中の院内の描写、アフリカの情景。その二つの色彩撮影の美しさ。ジンネマン監督は、記録ふうなタッチで、悠揚迫らざる態度でこの作品を磨きあげました。

日曜はダメよ
Pote Tin Kyriaki / Never On Sunday

60／米・ギリシャ／製・監・原・脚＝ジュールス・ダッシン／撮＝ジャック・ナトー／出＝メリナ・メルクーリ、ジュールス・ダッシン、ジョルジュ・ファウンダス／V＝WHV　D＝FOX

解説　ジュールス・ダッシンが製作、監督、脚本、主演し、妻であるギリシャの国民的女優メリナ・メルクーリが共演。港町の娼婦イリヤ（メルクーリ）は、日曜は営業を休み好きな男たちと陽気に遊んでいる女。そんな彼女にアメリカから古代ギリシャ研究にきた堅物のホーマー（ダッシン）が惚れてしまう。アカデミー主題歌賞受賞。

ハイ淀川です　メルクーリはギリシャ人ですけれど、ダッシンは生粋のアメリカ人。ヒッチコックの助監督をしたこともあるんですが、メルクーリと一緒にギリシャに渡りこの映画をつくりました。この映画でいちばん面白いのは、この娼婦の仲間たちが客からもらったお金を親方にピンハネされるので怒ってストライキをする。港に海軍の船が着いて、今日は忙しくなるというときにストライキして親方が困るところ。いかにもギリシャ女の気風がよく出ています。パッショネートで、気が強く負けじ魂を持っていて、娼婦が堂々と胸を張って生きているあたり。ギリシャの性格がよくわかります。こんな映画を楽しく見れたら得しますよ。

ニック・オブ・タイム
Nick Of Time

D＝パラマ

95／米／製・監＝ジョン・バダム／脚＝パトリック・シェーン／撮＝ロイ・H・ワグナー／出＝ジョニー・デップ、クリストファー・ウォーケン、マーシャ・メイスン／V＝CIC

解説　娘想いの税理士ワトソン（ジョニー・デップ）は、ロサンゼルスのユニオン駅で警官を装った男（クリストファー・ウォーケン）とその一味に娘を人質に取られ、九十分以内にカリフォルニア州知事（マーシャ・メイスン）暗殺を命じられる。ジョニー・デップが珍しく平凡なサラリーマン役を演じた緊張感溢れるサスペンス。

ハイ淀川です　「ニック・オブ・タイム」とは時計がカチカチと一刻一刻をきざんでいくことですね。この映画は一時間二十九分ですけれど、その時間と同じように事件も進んでいくんですね。ジョニー・デップの子供は助かるのか。ハラハラドキドキのサスペンスは映画の常道ですけれど、ジョン・バダム監督が撮っているだけにモダンで粋なんです。ジョニー・デップはもうほんとうの素人のような顔で汗をかいていつもおたおたとしている。それにクリストファー・ウォーケンの殺し屋がなんともうまい。女知事がマーシャ・メイスン。というわけで、この一流の俳優の演技合戦がこの映画のほんとうの見どころ。さすががジョン・バダムという感じですね。

日本の悲劇

D＝松竹

53／日／監・脚＝木下恵介／撮＝楠田浩之／出＝望月優子、桂木洋子、田浦正巳、上原謙／V＝松竹

解説　熱海の温泉街の女中として働いている春子（望月優子）は、教養のない女だが娘（桂木洋子）と息子（田浦正巳）を必死で育てあげる。しかし、二人から背かれて絶望のあまり自殺してしまう。木下恵介監督がこの小さな事件を通して戦後の日本の悲劇を描く。母親役の望月優子が主役に起用されて、熱っぽい演技が話題を呼んだ。

ハイ淀川です　木下監督はこれまでひたすら映画の夢を追っていたような気がしましたが、この作品あたりから作家として腰がすわってきました。東京の焼け跡の街の情景、バラック住まいの生活、破壊された校舎などあのニュースのフラッシュバックを見て、わたしは涙が出てしまいました。日本が日本人が可哀相でならなかった。これまでにじかに戦後の日本人のありのままの姿を見せてくれた映画は一本もなかった。一人の貧しいお母さんが二人の子供に見捨てられて自殺してしまう悲劇を見事に描きました。この映画はドキュメンタリーの肌を持っています。それがこの作品にぴったりで、荒削りの強さをいっそう高めて胸にこたえてきます。

担え銃（兵隊さん）
Shoulder Arms

D＝KAD

18／米／監・脚＝チャールズ・チャップリン／出＝チャールズ・チャップリン、エドナ・パーヴィアンス、シドニー・チャップリン／V＝朝日、ポニー／D＝LDC

解説　第一次大戦。新兵チャップリンは軍事教練に疲れきり天幕に駆け込みそこで夢を見る。新兵の悲哀を盛り込みながら反戦をテーマにした兵隊喜劇。初めは五巻ものにするつもりだったが当時アメリカは第一次大戦中。兵隊生活の悲惨さが当局の目にふれたため三巻にまとめざるを得なかった。チャップリンこのとき二十九歳。

ハイ淀川です　セシル・B・デミル監督はこの企画をチャップリンから聞いたとき、危険だと言ったんですね。結局、三巻になりましたが中身は濃く、兵隊の苦しみの中に反戦を描きました。チャップリンが前線で枯れ木に化けて立ち、近づくドイツ兵を自分の手でポカッと殴ったりするギャグも面白いですけれど、すごいのは塹壕の中のシーン。サイレント映画でこれくらい見事に見せたのは珍しい。塹壕が水浸しになりチャップリンが眠っている軍曹の口に水を流し込むと噴水になったり。兵士たちに手紙が届くが誰からもこないチャップリン。戦争の非情、孤独の哀感を滑稽な喜劇の中で見事にとらえましたね。

ニノチカ
Ninotchka

39／米／製・監＝エルンスト・ルビッチ／脚＝ビリー・ワイルダー、他／撮＝ウィリアム・H・ダニエルズ／出＝グレタ・ガルボ、メルヴィン・ダグラス、アンナ・クレア、ヴェラ・ルゴシ、シグ・リューマン　D＝WHV

解説　ソ連商務局の三人の局員が革命で帝政貴族から没収した宝石を売り払うためにパリにやってくるがどうも様子がおかしい。そこで共産党員の女闘士ニノチカ（グレタ・ガルボ）が派遣される。彼女はこの一件に関わっているプレイボーイのレオン（メルヴィン・ダグラス）と出会い、口説かれてしまう。エルンスト・ルビッチ監督作品。

ハイ淀川です　ガルボはこれまでに悲劇のヒロインとか神秘的な役が多かったのね。それを打ち破って現実の女にするために、女を描いたら第一級のルビッチ監督にしたところが面白いんですね。この人、『結婚哲学』『陽気な中尉さん』『ラヴ・パレード』などほんとうに洗練された都会派のコメディの名人ですね。ロシアから来たコチコチの女役人のガルボがダグラスにアパートに連れ込まれてキッスされるあたり。そして、恋を知るあたりが面白い。それに粋な台詞がたくさんあります。それもそのはずで脚本にルビッチのお弟子さんのビリー・ワイルダーが入っているんですよ。というわけでMGMはガルボをコメディ女優にして派手に売ったんですね。

日本橋

29／日／監・脚＝溝口健二／撮＝横田達之／出＝岡田時彦、酒井米子、梅村蓉子、夏川静江、高木永二

解説　泉鏡花の小説を溝口健二が脚色、監督。妾奉公で自分を一人前にして姿を消した姉を捜し求める葛木（岡田時彦）を中心に彼を慕う芸者清葉（酒井米子）とお孝（梅村蓉子）、落ちぶれたお孝の昔の旦那クマ（高木永二）など、花柳界の愛憎模様が火事、発狂、服毒自殺など激しい事件の中で描かれている。

ハイ淀川です　金持ちのなれの果てのクマという男はお孝に「殺してやる」と脅す。それはお孝に葛木という男ができて夢中になっていたから。クマは出刃包丁を出した。お孝は「本当に私が好きなら殺しなさい」。立ち上がって前をパッと開いた。キャメラは後ろから撮っているから見えませんけど「ここにその包丁で葛木という字を書いてくれたら、突きなさい」。さあさあとせかされたので、クマは包丁を落しちゃった。「堪忍してくれ」とクマが言ったとき、お孝はクマを四つん這いにして背中に乗った。「さあ、走れ。わたしは金太郎だ」。クマが長襦袢のお孝を背中に乗せて部屋の中を回るこのシーン。『日本橋』はこんな映画。溝口健二の女の描き方の鋭いこと。サイレントの名作でした。

ニュー・シネマ・パラダイス
Nuovo Cinema Paradiso

89／伊・仏／監・脚＝ジュゼッペ・トルナトーレ／撮＝ブラスコ・ジュラート／出＝フィリップ・ノワレ、ジャック・ペラン、サルバトーレ・カシオ／V＝ポニー　B＝SPE　D＝KAD

解説　シチリア島の映画少年トト（サルバトーレ・カシオ）は、パラダイス座の映写技師アルフレード（フィリップ・ノワレ）を慕い、自分も映写技師になるが、徴兵で島を離れる。三十年後に映画監督（ジャック・ペラン）となって島に戻ってくるが。映画を愛した少年と古きよき時代の移り変わりを描いたジュゼッペ・トルナトーレ監督の感動作。

ハイ淀川です　子供が映写技師のおじちゃんに夢中になって、どうしても映写技師になりたいと思うあたり。シチリアの田舎のいかにも映画館あたりの風景がよく出て、イタリアン・リアリズムがやわらかい感じで溢れています。しかも、映画館でやっている映画が『駅馬車』『どん底』『にがい米』など、この監督の映画への愛情が溢れている。その映写技師が、「坊や、また来たの」というあたりにお父さんと子供みたいな友情が見事に出ました。この少年が映画監督になったとき、この映画技師はどうなったのか。唖然とします。なんちゅうスゴい映画。これはイタリアとフランスの合作ですけれど、ほんとうのイタリアの想い出の名作です。

紐育《ニューヨーク》の丑満時

20／米／監＝チャールズ・ブレイビン／出＝エステル・テイラー、マーク・マクダーモット

解説　当時流行のオムニバス三編からなる恐怖映画。紐育の摩天楼の時計台が夜半を指す。「かくしてこの眠れる紐育の現在に起こりつつある三つの事件とは」と言った調子の字幕で始まる。主演はスパニッシュ系の美人女優エステル・テイラー。娼婦である過去を隠した夫人の恐怖を描いた第一話。第二話は夜の女のミステリー。

ハイ淀川です　中でも第三話は怖かった。下町の川のそばの汚い家に嫁さんとその旦那のお父さんがいたのね。そのお父さんは目は見えたけど言葉は言えないの。旦那は夜勤でいない。そこに警官に追われた泥棒が入ってきて「かくまってくれ。俺の足にピストルの弾が入っているからとれ」。嫁さんは震えあがっちゃったけれど言われた通りにズボンをおろしてナイフで弾をとって血を止めてやるの。そのとき、男の足のアップ。嫁さんの手は男の股のところをさわっているの。男の毛だらけの太もも。男と女も感じちゃった。結局、この嫁さんは男を屋根裏にかくまってやってセックスするのね。このシーンを見たとき、私は子供ながらも欲情を感じちゃった。

ニューヨークの王様

A King In New York

B＝KAD　D＝LDC

57／英／製・監・脚＝チャールズ・チャップリン／撮＝ジョルジュ・ペリナール／出＝チャールズ・チャップリン、ドーン・アダムス、マイケル・チャップリン、オリヴァー・ジョンストン、マクシム・オードリー／V＝朝日、ポニー／D＝LDC

解説　アメリカを去ったチャップリンが『ライムライト』から五年間の沈黙を破ってイギリスで撮った作品。ニューヨークに亡命した欧州の一小国の王様がくり広げる行状記を通して、テレビ・コマーシャリズムとマッカーシズムのアメリカ文明を強烈に皮肉る。天才少年役のマイケルはチャップリンの愛息で当時十一歳。

ハイ淀川です　チャップリン最後の主演作。『ライムライト』でチャップリンは死にました。この映画にチャップリンは登場しますが映画の製作と脚本だけであって、画面に出ているのはチャップリンが操っている王様なんです。そして、テレビ・コマーシャルの皮肉、盗聴のやり方、教育の行きすぎなど、洗いざらいグロテスクな皮肉をたっぷりと描いてみました。王様がディナーの席で「ハムレット」の台詞を滑稽にスピーディにしゃべる。実はチャップリンは本気で「ハムレット」を撮りたかったのね。その思いをこの映画でやってのけた。ですから、私にはチャップリンの切羽つまった感じが痛ましく感じられました。

ニュールンベルグ裁判

Judgement At Nuremberg

D＝FOX

61／米／製・監・脚＝スタンリー・クレイマー／原・脚＝アビー・マン／撮＝アーネスト・ラズロ／出＝スペンサー・トレイシー、バート・ランカスター、リチャード・ウィドマーク、マクシミリアン・シェル、モンゴメリー・クリフト／V＝WHV／D＝WHV

解説　ドイツのニュールンベルグでのナチ戦犯の裁判。アメリカ側検事リチャード・ウィドマークは、ナチの司法大臣バート・ランカスターら三人の被告を追及。ドイツ側弁護士マクシミリアン・シェルが応戦。裁判長スペンサー・トレイシーが厳正な判決を下す。この他、マレーネ・ディートリッヒ、ジュディ・ガーランドなど大スターが共演。

ハイ淀川です　裁判劇はトーキーとなってから流行し始めたんですね。堂々と弁論で法廷で戦う。この『ニュールンベルグ裁判』は法廷映画の最高傑作でスタンリー・クレイマー監督の代表作となりました。アメリカがドイツを裁くとき、どれだけ気を遣って裁判するかということがいろいろと出てくるのが面白い。しかし、この映画の魅力はオールスターキャストで名優揃いです。裁判長がスペンサー・トレイシー、ドイツ側の弁護士がマクシミリアン・シェルでアカデミー主演男優賞をとりました。というわけで裁判映画は人生の裏側を暴くと同時に名優の演技によって生かされる。攻める検事、弁護士の弁護ぶりが面白いんですね。

女人、四十。

女人、四十／Summer Snow

95／香港／製・監＝アン・ホイ／脚＝チャン・マンキョン／撮＝リー・ピンピン／出＝ジョセフィン・シャオ、ロイ・チャオ、ロー・カーイン、ロー・コーンラン／V＝HRS　D＝LDC

解説　香港の貿易会社に務めるキャリア・ウーマンのメイ（ジョセフィン・シャオ）は、夫と息子と夫の両親と暮らしているが、義父がボケてしまう。香港の女流監督アン・ホイが、老人性痴呆症の義父の面倒をみる中年女性メイの悩みを心温かく、しかもコミカルなタッチで描く。シャオがベルリン映画祭女優賞を受賞。

ハイ淀川です　小津安二郎や豊田四郎が日本の庶民の生活を描きましたが、これはそれをもっとジャズ演奏しているような明るく派手なタッチで見せました。この四十歳の女がいいんですね。ちょっとぐらいのことでへこたれませんね。それにしゅうとがいいんだわ。頭がボケてしまって、昔の空軍の大将時代のことが忘れられなくって、高いところからこうもり傘で飛び降りたり、パジャマのままお風呂に入ってしまう。でもメイがパジャマも洗濯できてよかったねと言うあたり。花の種が白くヒラヒラと舞って落ちてきたのを雪だと思ったりする。悲しい話だけどそれを陽気にみせました。香港の生活の匂いが見事に出ました。香港映画は元気がありますよ。

ネオン・バイブル

The Neon Bible

95／英／監・脚＝テレンス・デイヴィス／撮＝マイケル・コールター／出＝ジーナ・ローランズ、ダイアナ・スカーウィド、デニス・レアリー、ジェイコブ・ティアニー／V＝C－C

解説　一九四〇年代のジョージア州。十五歳の少年デヴィッド（ジェイコブ・ティアニー）は、ドサ回り歌手の叔母メイ（ジーナ・ローランズ）と仲良しだが、第二次大戦に父が応召して戦死。母も精神を病んでしまい、悲痛な事件が降りかかってくる。ピュリッツァー賞作家ジョン・ケネディ・トゥールが十六歳のとき書いた小説の映画化。

ハイ淀川です　この南部のジョージアの時代色、田舎町の描写がいいんです。そのノスタルジーの香り。懐かしい名曲が出てきます。「ゴーイング・ホーム」や少年のお母さんが口ずさむ「アイルランドの子守唄」。見て聴いていて涙が出ます。この映画、十五歳の少年が汽車の車で外も見ないでボーッとしている。その回想から始まりますけれどこのセンチメント。そして、この少年は最後に何をしてしまったか。それは申しませんが青春の悩みが岩に当たる波音のように見事に描かれています。そして、少年のおばさん役のジーナ・ローランズが久しぶりに出演しました。いかにも芸人らしい衣装と歩き方の粋なこと。テレンス・デイヴィスの胸を刺す名作です。

猫と庄造と二人のをんな

56／日／監＝豊田四郎／脚＝八住利雄／撮＝三浦光雄／出＝森繁久弥、山田五十鈴、香川京子、浪花千栄子／V＝キネマ

解説　谷崎潤一郎の小説を豊田四郎監督が映画化した喜劇。怠け者の庄造（森繁久弥）はリリーという猫を人間より可愛がっている。そのため最初の妻（山田五十鈴）に逃げられ、後妻に庄造の母（浪花千栄子）のお気に入りの娘（香川京子）をもらう。先妻は後妻の鼻をあかそうとして庄造の猫を盗み出してしまう。

ハイ淀川です　庄造は雑貨屋の息子。猫のリリーが好きで好きで、自分は好きでもない魚ばっかり買ってきて猫にやるような男なんですね。寝床の中までリリーを連れてくるので、最初の奥さんは怒って出ていっちゃった。それで後妻をもらっても庄造の態度は変わりませんね。自分のおかずを猫にやってからあとで自分は食べますね。賢いのか馬鹿なのかわからん男ですね。しかし、この庄造、実はどんな男なのか。リリーが好きなのかどうか。ここらが谷崎文学の面白いところで、庄造はリリーを利用して最初の嫁さんと二度目の嫁さんに嫉妬をおこさせて、庄造一人がこの女たちと遊んでいるのかもしれない。谷崎文学の底の知れん面白さをみて下さい。

野いちご
Smultronstället

57／スウェーデン／監・脚＝イングマール・ベルイマン／撮＝グンナール・フィッシャー／出＝ヴィクトル・シェーストレーム、グンナール・ビョルンストランド、イングリッド・チューリン、ビビ・アンデルセン／V＝ポニー　D＝キング

解説　ベルリン映画祭グランプリを受賞したイングマール・ベルイマン監督作品。医師イサク・ボルイ（ヴィクトル・シェーストレーム）は五十年間の貢献により名誉博士号を与えられるが、ある夜、自分が死んだ不思議な夢をみる。しかし彼は授賞式場へ出発する。この老人の夢と現実、過去と現在が複雑に織りなされていく。

ハイ淀川です　この老人は悪い夢をみたんですね。町を歩いていて自分の腕時計を見ると時計の針がない。馬車の霊柩車がひっくり返ると棺桶が放り出された。中を覗くと自分と同じ顔の死体。この老人が車で行く。すると過去が走馬燈のように蘇ってくる。若いころ、可愛い娘を愛していたんだけれど、野いちごつみの日、弟が自分の前で彼女と接吻していた。老人は別の女と結婚したんだけれど、その妻が森の中で姦通している現場も見てしまった。結局、一度も自分から情熱的に愛を摑もうとしたことがなかったのね。それで心のはけ口を学問に向けていた。この老人をほめているのか、責めているのか、いかにもムチ打っているような怖い映画です。

ノックアウト
The Knock Out

14／米／監＝ロスコー・アーバックル／出＝チャールズ・チャップリン、ロスコー・アーバックル、E・ケネディ／V＝IVC　D＝IVC

解説　チャップリン十七本目の作品だが、実際はマック・セネットの製作、デブ君ことロスコー・アーバックルが監督、主演したキーストン・コメディの傑作。デブ君の持ち味がいかんなく発揮されている。彼は恋人のために賞金稼ぎの拳闘大会のリングに上るが、レフリーを務めるのが小柄なチャップリン。

ハイ淀川です　この映画でチャップリンは助演なのね。レフリーに扮したチャップリンがボクサー二人の拳闘中をチョコマカ通り抜けたり、ロープに首を締め付けられたり、ノックアウトされたりして、ロープ一本、タオル一枚を見事にギャグにして笑わせました。たった三分間のこの場面にしか出演していませんけれど、デブ君の他に競演していたキーストン喜劇のスターの連中を完全に喰っちゃったのね。それはなぜか。ドタバタの思いつきの演技じゃないのね。チャップリンの計算された動きが、他のおかしな即席演技に勝ったからなんですけれど、このあたりが見どころですよ。

野のユリ
Lillies Of The Field

63／米／製・監＝ラルフ・ネルソン／脚＝ジェームズ・ポー／撮＝アーネスト・ホラー／出＝シドニー・ポワチエ、リリア・スカラ、リサ・マン　D＝FOX

解説　東独から亡命してきたマリア（リリア・スカラ）らの尼僧は、アリゾナの荒地に修道院を建てようとしていたが、そこに黒人除隊兵のホーマ（シドニー・ポワチエ）が現われ、教会建設を手伝う。ラルフ・ネルソン監督が粗野な黒人青年と尼僧の心のふれあいを爽やかに描き、ポワチエが黒人で初めてのアカデミー主演男優賞受賞。

ハイ淀川です　この黒人兵が一生懸命に汗をかいて教会をつくりあげました。そのとき、黒人兵は教会の屋根に上がっていって、十字架を打ちました。青空の下で輝く十字架。その黒人兵の背中に白い羽がはえているように見えました。この黒人兵が天使に見えました。このシーンの美しいこと。そして、黒人兵は降りてきて、「エーメン」を歌ってご機嫌になってジープで去っていく。尼さんたちも「ありがとう、ありがとう」。この清らかな愛の映画の幕切れの見事だったこと。愛というものは人に施して施すもの。施すことの幸福をうたいあげて、私たちにそれを教えてくれました。こんな清らかな映画をたくさん見れば孤独なんかありませんね。

博士の異常な愛情
Dr. Strange Love; Or How I Learned To Stop Worrying And Love The Bomb

B・D＝SPE

64／米・英／監・脚＝スタンリー・キューブリック／脚＝テリー・サザーン／撮＝ギルバート・ジョージ／出＝ピーター・セラーズ、ジョージ・C・スコット、スターリング・ヘイドン／V＝SPE／D＝SPE

解説　スタンリー・キューブリック監督が、核戦争、地球崩壊の恐怖を描いたSFブラックコメディ。アメリカ戦略空軍基地の司令官が発狂し、ソ連攻撃の爆撃機が出発する。一方のソ連も人類滅亡爆弾を用意していた。両国首脳はホットラインで協議する。ピーター・セラーズが米大統領、英軍大佐、博士の三役を演じ分けた。

ハイ淀川です　この映画の正式な題名はこのあとに「または私は如何にして心配するのを止めて水爆を愛するようになったか」と続くんです。まあ、長ったらしい題名ですね。実はこの映画を見たとき、スタンリー・キューブリック監督を第一級の監督とは思っていなかったんです。のちに『2001年宇宙の旅』を見て、この監督の人間恐怖、その異常な狂気が早くもこの映画の中で叫ばれていたことをあらためて知りました。もしも、科学が狂ったなら、もしも人間一人が狂ったらどうなるのか。その恐怖をブラック・ユーモアの感じで見せていながら、こちらに肌寒いものが伝わってきます。時代を先取りするこの監督の個性を勉強してほしいと思います。

白鯨
Moby Dick

D＝FOX

56／米／製・監・脚＝ジョン・ヒューストン／脚＝レイ・ブラッドベリ、他／撮＝オズワルド・モリス／出＝グレゴリー・ペック、レオ・ゲン、リチャード・ベイスハート、ジェームズ・ロバートソン／V＝WHV

解説　ハーマン・メルヴィルの原作をジョン・ヒューストン監督が映画化。一八四一年、マサチューセッツ州ニューベッドフォードから捕鯨船が出港。鯨の顎骨の義足をつけた船長エイハブ（グレゴリー・ペック）は、執念の鬼となってモービィ・ディックと呼ばれる白鯨を追う。ラストはエイハブが白鯨によじのぼっての死闘。

ハイ淀川です　この船長の片足は棒になっている。ですから甲板を歩くとき、コツン、コツンという音がしますね。その音がいかにも頑固な男の感じを出しているんですね。この船長は自分の足を食いちぎった鯨を捕まえてやろうとしている。男の一念ですね。やっと鯨を見つけた。逃がしてなるものかと思って船から鯨に乗り移る。銛の網で白鯨と自分の身体をくくりつけてナイフで胴体をえぐるあたり。すごい白鯨と人間の闘いですね。そして最後の最後は鯨とともに海中に消えていく。これは一九三〇年にジョン・バリモアが主演、ロイド・ベーコン監督で映画化されたことがありましたが、今回のジョン・ヒューストンの迫力は見事。ペックも名演技でした。

バグジー
Bagsy

D＝ハピネット

91／米／製・監＝バリー・レビンソン／脚＝ジェームズ・トバック／撮＝アレン・ダビュー／出＝ウォーレン・ベイティ、アネット・ベニング、ハーヴェィ・カイテル／V＝SPE

解説　一九三六年、ニューヨーク暗黒街の殺し屋で〝バグジー〟の異名をとったシーゲル（ウォーレン・ベイティ）は、縄張りを広げるためにハリウッドへ乗り込む。そこで、新人女優（アネット・ベニング）と恋におち、砂漠の真ん中ラスベガスを一大歓楽地にしようとする。実在した伝説のギャングの半生をバリー・レビンソン監督が描く。

ハイ淀川です　ウォーレン・ベイティが主演してバリー・レビンソンが監督した。これはいかにもアメリカらしい映画ですね。バグジーとは虫けらのこと。このギャングが女のために一大歓楽街のラスベガスをつくろうとした。その裏話が面白いのね。だから、アメリカでは大騒ぎだったのね。バグジーがあの砂漠地帯に車から降りて、ここにラスベガスをつくろうとするあたり。相手役のアネット・ベニングはモンローをもっと粋にしてねばっこくした女ですね。実はこのとき、ベイティとベニングは実生活でも恋をしていたんですね。ですから、この二人は燃えていたし、この映画の中身も燃えているんですね。いかにもアメリカ魂をもった作品です。

バグダッドの盗賊
The Thief Of Bagdad

24／米／監＝ラオール・ウォルシュ／脚＝ロッタ・ウォル／撮＝アーサー・エディスン／出＝ダグラス・フェアバンクス、ジュラーン・ジョンスン、上山草人、アンナ・メイ／V＝IVC／D＝カルチ　D＝IVC

解説　アメリカ映画史上最大のビッグスター、ダグラス・フェアバンクスの冒険活劇。バグダッドの町を荒らす盗賊（ダグラス）が美しい姫君に一目惚れ。ペルシャ、インド、蒙古から来た三人の花婿候補を倒し、王子様になる。ダグラスの男性美、豪華な宮殿のセット、空飛ぶジュータンなど二百万ドルの製作費をかけた大ロマン。

ハイ淀川です　主役のダグラス・フェアバンクス。アメリカの映画史上に残る大スターだ。『奇傑ゾロ』『三銃士』『ロビンフッド』などたくさんありますけれど、一番楽しいのはこの映画、当時としては珍しく髭を生やしていて歯がきれいくてきれいくて明るい。007シリーズのショーン・コネリーみたいな人でしたね。それに驚いたのはこの映画のセットと衣装の見事なこと。豪華な宮殿。そこを空飛ぶジュータンが行く。姫君の場面も豪華ですね。お姫さんのところに婿候補がやってきますけれど、その中に悪い悪い蒙古の王様がいる。それが上山草人という日本人。この人が実にうまいのね。これ以来、性格俳優としてアメリカの映画に随分出ましたよ。

白昼の決闘
Duel In The Sun

46／米／監＝キング・ヴィダー／製・脚＝デヴィッド・O・セルズニック、他／撮＝リー・ガームス／出＝ジョゼフ・コットン、グレゴリー・ペック、ジェニファー・ジョーンズ、ライオネル・バリモア、リリアン・ギッシュ／V＝IVC　D＝JVC

解説　一八八〇年代のテキサスを舞台に鉄道の利権をめぐる資本家と開拓牧場主との対立、そして夫婦、親子、兄弟の愛と憎しみを雄大なスケールで描いたキング・ヴィダー監督の西部劇叙事詩。デヴィッド・O・セルズニックが、第二の『風と共に去りぬ』（一九三九）を狙って、当時としては破格の六〇〇万ドルをかけて製作した大作。

ハイ淀川です　兄がジョゼフ・コットンで学者肌でおとなしい男。弟のグレゴリー・ペックは与太者で悪党でなんとも知れんアウトロー。ジェニファーは妙な女で非常に清らかなときもあるし、男を誘惑してベッドに誘い込むような両方の性格をもっているの。そして最後の最後。ペックはおたずね者になって丘の上に鉄砲を持って逃げるのね。ところがジェニファーが、あたいならあの男を殺せると言ったのね。好きだから殺せる。つまり愛なのね。この二人の狂気の対決。これは愛し合っているもの同士の心中なのね。というわけでウェスタンだけれど絢爛たるメロドラマ。キング・ヴィダー監督は『風と共に去りぬ』より粋な映画をつくりました。

バージニア・ウルフなんかこわくない
Who's Afraid Of Virginia Woolf

66／米／監＝マイク・ニコルズ／脚＝エドワード・オルビー／撮＝ハスケル・ウェクスラー／出＝リチャード・バートン、エリザベス・テーラー、ジョージ・シーガル、サンディ・デニス／V＝WHV／D＝WHV　D＝WBH

解説　エドワード・オルビーのヒット舞台劇の映画化。大学教授ジョージ（リチャード・バートン）は、学長の娘マーサ（エリザベス・テーラー）と結婚して二十三年。夫は常に負い目を感じ、妻はうだつのあがらない夫を口汚く罵る。バートンとテーラーの実の夫婦共演が話題になった作品で、マイク・ニコルズ監督のデビュー作。

ハイ淀川です　この夫婦の口喧嘩がすごいんですね。しかし、これはお互いにいじめようとか、いじめられようというものじゃあないんです。二人の愛の確かめ合いなんです。それなのに思ったことと全然別の形で反語で投げかけたりする。夫婦の絆を離すまいとする愛のいじらしさに私は身震いしました。そして、この夫婦の愛の確かめ合いのいけにえになるのが、訪ねてきた新任の生物学教師とその若い奥さん。この奥さんが痛めつけられるところも見どころですが、奥さんに扮しているサンディ・デニスがなかなかうまい。というわけで、テーラーがこれだけ芝居ができるのかと思わせたほどの名演。彼女の代表作の一つになりました。

バス停留所
Bus Stop

56／米／監＝ジョシュア・ローガン／脚＝ジョージ・アクセルロッド／撮＝ミルトン・クラスナー／出＝マリリン・モンロー、ドン・マレー、アーサー・オコンネル／V＝FOX

B＝FOX　D＝ディズニー

解説　ウィリアム・インジの舞台劇をジョシュア・ローガン監督が映画化。『ピクニック』につぐ名コンビの第二作目で、マリリン・モンローが女優としての貫禄をみせた作品。二十一歳になるまでキッス一つしたことがないモンタナのカウボーイ、ボウ（ドン・マレー）が歌手のシェリー（モンロー）に夢中になるラブコメディ。

ハイ淀川です　マリリン・モンローはショーガールになって、ハリウッドへ行って一流の女優になろうと考えている、ちょっと脳たりんの娘さんの役ですね。そこへドン・マレーのカウボーイが来て一目惚れ。口説いて口説いて。でもどんなに口説かれてもモンローは相手にしませんね。西部のカウボーイは最後の最後まで彼女を愛しちゃったので、とうとう参っちゃって、モンローはもうスターなんかあきらめて、ドン・マレーのカウボーイのいる西部へ行くことになるのね。この恋の追っかけの面白さ。明るくっていかにもアメリカらしい健康性がある。その中で恋愛の真実を摑むところがこの映画のよさですね。

裸の町
The Naked City

48／米／監＝ジュールス・ダッシン／脚＝アルバート・モルツ／撮＝ウィリアム・H・ダニエルズ／出＝バリー・フィッツジェラルド、ドン・テイラー、ハワード・ダフ

D＝ジュネス

解説　記者出身のマーク・ヘリンジャー製作、ジュールス・ダッシンが監督したニューヨーク・オールロケのセミ・ドキュメンタリー・ドラマ。あるアパートでファッションモデルの殺人事件が起こる。ローラン刑事（ドン・テイラー）、ダン警部（バリー・フィッツジェラルド）らが捜査にのりだし、犯人一味を追いつめていく。

ハイ淀川です　ニューヨークのロケーションがきいて見事ですね。この映画を見ていると、プロデューサーのマーク・ヘリンジャーと監督のジュールス・ダッシンがいかにニューヨークを愛しているのか。その愛情が伝わって盛りあがってきます。手の届かないようなニューヨークではなくって、私たちも住めそうなニューヨークが呼吸しているところがいいですね。それを多少センチメントを含んだ映画感覚で、キャメラも縦横無尽に撮りまくっている。ラストのウイリアムバーク橋の頂上から下のほうの景色が見える。何も知らないでテニスをしている人たちを俯瞰のロングで撮るあたりの構図はまさにアメリカ感覚。そしてカットの編集の巧いこと。

裸足の天使
Just You And Me, Kid

79／米／監・脚＝レナード・スターン／脚＝オリヴァー・ハイレー、他／撮＝デヴィッド・M・ウォルシュ／出＝ジョージ・バーンズ、ブルック・シールズ、バール・アイブス

解説　かつて舞台の喜劇役者として活躍した八十二歳のビル（ジョージ・バーンズ）は、快適な余生を過ごしているが、そこに孤児院育ちで同棲相手から逃げ出したという少女（ブルック・シールズ）が舞い込み、ビルとの奇妙な共同生活が始まる。シールズが十六歳のとき主演したコメディ。レナード・スターン監督。

ハイ淀川です　これは芸人あがりの老人が毎日を愉快に暮らすという明朗喜劇ですけれど、この映画の見どころはジョージ・バーンズの演技ですね。このときなんと八十二歳なんですね。このバーンズという人は、トーキー初期に、亡くなってしまった奥さんのグレイシーとコンビを組んで映画とラジオでさかんにアメリカ中を笑わせた人気エンタテイナー。そのころ、バーンズといえば泣く子も笑ったほどの人気があったんです。そのバーンズの歳を感じさせない芝居の見事さ。バーンズはこの年にもう一本『オー！　ゴッド』という映画にも主演しました。そのエネルギーはなんともすさまじい。老優が健在だったのが、私には何よりもうれしかった。

バタフライ・キス
Butterfly Kiss

D＝キング

95／英／監＝マイケル・ウィンターボトム／脚＝フランク・コトレル・ボイス／撮＝シェイマス・マクガーヴェイ／出＝アマンダ・プラマー、サスキア・リーヴス、カティ・ジェイミーソン、ポーラ・ティルブルック／V＝シネカノン

解説　『日蔭のふたり』のマイケル・ウィンターボトムの監督デビュー作。イギリスのランカシャー地方にやって来たユニース（アマンダ・プラマー）は次々と人を殺す怖い女だが、地元の純真な娘ミリアム（サスキア・リーヴス）と出会う。旅の道づれとなったミリアムはユニースのために尽くそうとする。奇妙な女の関係を描いた異色作。

ハイ淀川です　この映画は同性愛を今さらのように見せたりはしないで、汚されぬ愛を探すところが見どころですね。ミリアムが激烈なユニースの愛に染まっていくあたりの演出、脚本が実に見事なのね。この天と地の違いがある二人の女が地平線で一つになるラストシーンは悲しくも美しい。というわけで、この映画は近松と泉鏡花と谷崎、そしてオスカー・ワイルドを絹のベールで包んで泣き叫ぶ恋の悲歌ですね。マイケル・ウィンターボトム監督は『日蔭のふたり』がありますが、これはその一年前の作品。これだけ見事な演出力があるとは思いませんでした。イギリス映画の本領を発揮してくれました。これはうれしい誤算でした。

ハタリ！
Hatari!

B・D＝パラマ

61／米／製・監＝ハワード・ホークス／脚＝リー・ブラケット／撮＝ラッセル・ハーラン／出＝ジョン・ウェイン、エルザ・マルティネリ、ハーディ・クリューガー／V＝C－C

解説　東アフリカのタンガニーカ。野生の猛獣を捕獲し世界中の動物園やサーカスに供給するグループに、美人カメラマンのセラフィナ（エルザ・マルティネリ）が取材にくる。リーダーのアメリカ人ショーン（ジョン・ウェイン）は彼女を恋してしまう。西部劇を思わせるハワード・ホークス監督のコメディ・アドベンチャー。

ハイ淀川です　ハタリというのはスワヒリ語で「危ない！」ということですね。この映画の中で、ハタリ！　ハタリ！　が出てきます。サイをジープで追いかけて生け捕りにしようとする。ロープで捕るんですけど、サイだって負けてはいません。あのすごい角でコーン、キーン、まあ、ジープが倒れそうになる。サイが走る。スピード、スピード。そのジープに乗っているのがジョン・ウェイン。このあたりの面白さ。映画とはこれだ、という感じですね。ジョン・ウェインを中心にハーディ・クリューガー、エルザ・マルティネリなどみんないい。さすが西部劇の名人ホークスだけあって手慣れたもので、映画を面白くつくっているあたり、まさに名人芸です。

八月十五夜の茶屋
The Teahouse Of The August Moon

56／米／監＝ダニエル・マン／脚＝ジョン・パトリック／撮＝ジョン・アルトン／出＝マーロン・ブランド、グレン・フォード、京マチ子、清川虹子、根上淳、淀川長治

解説　ブロードウェイのヒット舞台劇をダニエル・マン監督が映画化。戦後、沖縄に民主化を進めにきた進駐軍と現地の人々の奇妙な交流を描き、占領政策の独善を暴いたコメディ。日本で長期ロケが行われ、マーロン・ブランドが日本の通訳になり珍妙な個性を発揮、京マチ子が献身的な日本の女を演じ、話題となった作品。

ハイ淀川です　恥ずかしいけれど、私はこの映画に出演しているんです。奈良で大ロケーションがあったとき、ダニエル・マン監督に、ハンカチで脂手をふきながらインタビューしていたら、その姿が気に入ったらしくって、白羽の矢を立てられました。断わったんですけれど五分だけでいいというのでオーケーしてしまいました。台本を見たら台詞もある。米の配給員といういやらしい役。撮影は本番とテストをまぜて三十四回。五分どころじゃぁない。役者ってつらいものだと思いましたが、京マチ子さんから、映画批評家の方も現場でいじめられなさったらねぇ、と言われてしまいました。というわけで、私の出ている場面以外はいい映画でしたよ。

八月の鯨
The Whales Of August

87／米／監＝リンゼイ・アンダーソン／脚＝デヴィッド・ベリー／撮＝マイク・ファッシュ／出＝リリアン・ギッシュ、ベティ・デイヴィス、ヴィンセント・プライス、アン・サザーン、ハリー・ケリー・ジュニア／Ｖ＝ヘラルド　Ｂ・Ｄ＝パラマ

解説　リビー（ベティ・デイヴィス）とサラ（リリアン・ギッシュ）の老姉妹は、夏の間をメイン州の小さな島の別荘で過ごす。目が不自由なビリーはわがままになり、この家を訪れる旧知の人々に毒舌を浴びせるが、二人は互いに助け合い余生を静かに生きようとする。往年の名優が共演したリンゼイ・アンダーソン監督作品。

ハイ淀川です　リリアン・ギッシュが九十歳。ベティ・デイヴィスが七十九歳。この二人が共演するとは思ってもいなかっただけに、アンダーソン監督を尊敬しましたね。というわけで、この姉妹の感覚がよく出ている。鏡台に向かって髪をとくお姉さん。この女と鏡と髪。それだけで、年老いたおばあちゃんが、かつて可愛い娘だったという感じがわかります。二人が庭を散歩して、妹がお姉さん、手でさわってごらん、アジサイが咲いているよという会話の中に八月のメイン州の気候、海の匂い、姉妹の匂いが見事に出ています。この映画はちょっと簡単にいえないくらい、見事なドラマ。二人の女優の立派な演技。私の夢がかなったような名作でした。

蜂の旅人
O Melissokomos

86／ギリシャ・伊・仏／監・脚＝テオ・アンゲロプロス／脚＝ティミトラス・ノラス、他／撮＝ヨルズス・アルヴァニティス／出＝マルチェロ・マストロヤンニ、ナディア・ムルージ、セルジュ・レジアニ　Ｄ＝東映

解説　北ギリシャ、フロリナの村。養蜂家のスピロ（マルチェロ・マストロヤンニ）は、仕事も家庭も捨てて、巣箱を積んだトラックに乗り自らの半世紀を清算する旅に出る。その道中、十代の少女（ナディア・ムルージ）と出会い、愛を交わす。テオ・アンゲロプロス監督が過去を捨てた男と自由奔放に生きる少女、二つの世代の愛を描いた作品。

ハイ淀川です　スピロは旅に出て、遠慮の「え」の字も知らない若い女（ナディア・ムルージ）と知り合って抱き合いました。娘はスピロの手をかむ。スピロの掌から血が流れるのを、娘は顔じゅう血だらけになってなめるところ。この怖いギリシャ映画の男は、ドイツの名作『ヴァリエテ』『嘆きの天使』、フランスの『ヘッドライト』によく似ているのね。それを六十二歳のマストロヤンニにやらせて、恋狂いを見るあたりが面白い。この男が堕ちてゆくさまが巧い。ラストは蜂の群れに刺されて死んでしまいますが、こんな映画を見ていると、男なるものはなぜ女に弱いのかと思ってしまいますね。この世で最も悲しくって弱い者は男ですかね。

二十日鼠と人間
Of Mice And Men

92／米／製・監＝ゲイリー・シニーズ／脚＝ホートン・フート／撮＝ケネス・マクミラン／出＝ゲイリー・シニーズ、ジョン・マルコヴィッチ、シェリリン・フェン、レイ・ウォルストン／Ｖ＝ＷＨＶ　Ｄ＝ＩＶＣ

解説　文豪ジョン・スタインベックの出世作を、ニューヨーク演劇界の俊英ゲイリー・シニーズが製作、監督、主演した意欲作。一九三〇年代、不況の嵐が吹き荒れる農村地帯。精神薄弱のレニー（ジョン・マルコヴィッチ）と彼の保護者的存在のジョージ（シニーズ）が流れ歩くが、レニーの純情すぎる心が悲惨な事態を招いてしまう。

ハイ淀川です　これは一九三九年にルイス・マイルストン監督で一度映画化されました。それから舞台劇になってロングランしました。この映画は地味だけれど名作ですね。レニーは人がよくって頭の悪い大男。二十日鼠を手でさわって喜ぶあまり絞め殺してしまうような男ですね。一方のジョージは賢くってレニーをいつもかばっている。ところがジョージが農場の女を殺してしまったことから、二人は逃げます。このラストはあっと目を伏せてしまう怖いシーンです。ゲイリー・シニーズもジョン・マルコヴィッチも実に巧い。というわけで、この男二人の愛情、この悲しさが胸を打ちます。しっとりと映画に浸りたい人には絶対におすすめの作品です。

バック・トゥ・ザ・フューチャー
Back To The Future

B・D＝ジェネ

85／米／監・脚＝ロバート・ゼメキス／製・脚＝ボブ・ゲイル／撮＝ディーン・カンディ／出＝マイケル・J・フォックス、クリストファー・ロイド、リー・トンプソン／V＝CIC

解説　スティーブン・スピルバーグが製作総指揮し、ロバート・ゼメキスが監督したシリーズ第一作のSFコメディ。高校生マーティ（マイケル・J・フォックス）は、科学者ドク（クリストファー・ロイド）の発明した車デロリアンに乗り、一瞬にして一九〇〇年にタイムスリップ。そこで若き日の両親と会ってしまう。

ハイ淀川です　マイケル・J・フォックスの高校生が、なんとも知れん妙な自動車に乗って、タイムスリップして両親に会うあたりが面白いんですね。とにかく自分が生まれてお父さんもお母さんもいるのに、若いころの二人はどうだったのかしら。よく見ているとお父さんは内気でお母さんに胸のうちも話せないでいるのね。さあ、困った。もしもお父さんとお母さんが一緒にホテルに行かなかったら自分は生まれていなかったのにと思うあたり。このシナリオの発想が無邪気でセクシーで面白い。クリストファー・ロイドの博士が笑わせてくれますね。とにかく笑わせて驚かせて、スピルバーグは楽しませ方をよく知っている。それでこれが大ヒットしたんです。

バック・トゥ・ザ・フューチャーPart3
Back To The Future Part III

B・D＝ジェネ

90／米／監＝ロバート・ゼメキス／製・脚＝ボブ・ゲイル／撮＝ディーン・カンディ／出＝マイケル・J・フォックス、クリストファー・ロイド、メアリー・スティーンバーゲン／V＝CIC

解説　ロバート・ゼメキス監督のシリーズ完結編。PartIIで大西部開拓時代に飛ばされてしまったドク（クリストファー・ロイド）を助けるためにマーティ（マイケル・J・フォックス）は、一八八五年の大西部にタイムスリップ。ドクとこの時代の女教師との恋、西部の世界、機関車のタイムマシンなど登場し映画ファンを唸らせる。

ハイ淀川です　さぁ、西部開拓時代の話になりましたね。この映画の見ものは活劇写真のパロディが溢れているところですね。ウェスタンのその出し方。『荒野の決闘』『荒野の用心棒』の決闘が出てくる。もっと面白いのは列車のスリル、サスペンス。それも昔の列車が突っ走るところはいちばんの見ものですね。それにドクがクララと恋するこのラブシーン。まるでサイレント時代の学校の先生同士が恋しているようですね。とにかくすごいキャメラ。いったいどうして撮ったのかと思うくらいです。というわけで、この監督は昔の映画にどれだけ愛着をもっているのかがわかりますね。この人はほんとうの映画ファン。笑いながら懐かしくなりましたよ。

バックドラフト
Backdraft

B・D＝ジェネ

91／米／監＝ロン・ハワード／脚＝グレゴリー・ワイデン／撮＝ミカエル・サロモン／出＝カート・ラッセル、ウィリアム・ボールドウィン、ロバート・デ・ニーロ／V＝CIC／D＝SPE

解説　亡き父と同じように消防士となったスティーヴン（カート・ラッセル）のもとに弟のブライアン（ウィリアム・ボールドウィン）が新米として入ってくるが、二人は火災現場でも反目しあう。消防士たちの愛と友情、兄弟の葛藤を放火事件や火災の恐怖をからめてサスペンスタッチで描いたロン・ハワード監督作品。

ハイ淀川です　これは二人の消防士の兄弟の話で、ロマンスもあるけれど、一番の見どころは火災のシーンですね。火が主役の映画。『タワーリング・インフェルノ』もすごかったけれども、この『バックドラフト』も火災が起こったらどうしたらいいのか。簡単にガラスを割って、人を助けるために中に入ったらえらい目に遭ってしまうことがわかります。そして、この映画を見ていると、シカゴの消防署がどんな仕事をしているのかを教えてくれるあたり勉強にもなります。ロン・ハワードは男の匂いをプンプンさせながら、火災を真正面からとりあげ、火というもの、炎というものを映画の中に投げ込んでつくりましたが、その感覚が見事です。

パッション・ダモーレ
Passione D' Amore

80／仏・伊／監・脚＝エットーレ・スコラ／出＝ベルナール・ジロドー、ヴァレリー・ドビチ、ラウラ・アントネッリ、ジャン・ルイ・トランティニャン　D＝ポニー

解説　十九世紀末のイタリア。若き美男子の将校ジョルジョ（ベルナール・ジロドー）には、美しい人妻の恋人クララ（ラウラ・アントネッリ）がいるが、新任地で大佐の従妹で醜女のフォスカ（ヴァレリー・ドビチ）に激しく愛される。あまりの執拗さにジョルジョの受難の日々が始まる。エットーレ・スコラ監督の異色ラブドラマ。

ハイ淀川です　醜女が美男の軍人を死ぬほど愛しましたね。ところがその軍人は乗り気じゃあないのね。その逃げる軍人に、ついに見かねた軍医さんが、ひと晩だけでいいから一緒に寝てやってくれと頼みますね。上官であるその人の命令とも言うべき哀願ですね。それで軍人は、軍服のままでよいのならと言って、まだ若いその醜女、しかし、その頭髪の抜けあがった女と枕を並べて、一夜まんじりともしないで、手ひとつ女に握らせないで寝ました。まっすぐに軍服で寝る男の隣で、涙をかくして、その女は満足したんですね。このあたりの描写のうまいこと。エットーレ・スコラのなんとも知れん男と女の描き方が見事ですよ。

パットン大戦車軍団
Patton

70／米／監＝フランクリン・J・シャフナー／脚＝フランシス・フォード・コッポラ、他／撮＝フレッド・J・コーネカンプ／出＝ジョージ・C・スコット、カール・マルデン、スティーブン・ヤング／V＝FOX　B・D＝ディズニー

解説　第二次大戦のアフリカ戦線でロンメル軍団を粉砕、さらにノルマンディ上陸作戦、パリ解放、バルジ作戦で功績をあげた猛将パットン（ジョージ・C・スコット）の戦争人生を、フランクリン・J・シャフナー監督が描いた大作。アカデミー作品、監督賞など七部門を受賞したが、主演男優賞のスコットは受賞を辞退した。

ハイ淀川です　フランクリン・J・シャフナーがこれでアカデミー監督賞をもらいました。実はこの映画はウィリアム・ワイラーの企画だったんです。ところがワイラーがやれなくなって、ジョン・ヒューストン監督が撮る予定だったんです。そしたらヒューストンもやれなくなって、とうとう新人でどうなるかわからないフランクリン・J・シャフナーを使った。それが見事に成功しました。その戦争シーンのスケールの大きいこと。この映画の見どころですね。それと短気で頑固なパットンを演じたジョージ・C・スコットが見事だった。彼の代表作の一つになりましたが、実はこの役は最初はバート・ランカスターだったの。チャンスって面白いものですね。

果てなき船路
The Long Voyage Home

40／米／監＝ジョン・フォード／脚＝ダドリー・ニコルズ／撮＝グレッグ・トーランド／出＝トーマス・ミッチェル、ウォード・ボンド、ジョン・ウェイン、ジョン・クォーラン、バリー・フィッツジェラルド／V＝クラウン　D＝KAD

解説　ユージン・オニールの初期の一幕劇を西部劇の名人ジョン・フォード監督が映画化。脚本はフォードと名コンビのダドリー・ニコルズ。第一次大戦の初めごろ、貨物船グレンケーン号、さらに港町を舞台に、海に生きる男たちの哀歓、友情、人情を描いた作品でジョン・フォードの異色作。若い船員にジョン・ウェインが扮している。

ハイ淀川です　この船乗りの中で一番若い船員オルスン（ジョン・ウェイン）は、港へ着いたら、俺は故郷へ帰るんだと頑張っているのね。それでオルスンを一番可愛がっているアクスル（ジョン・クォーラン）が、船が港に着いたとき、汽車の切符をオルスンの胸のポケットに縫い付けてやるの。ところがオルスンは酒場で悪い商人に眠り薬の入った酒を飲まされて、地獄船に連れ込まれる。さぁ、大変だ！　せっかく故郷に帰るのを楽しみにしていたのに、船の仲間たちがオルスンを奪い返しに殴り込みにいくあたり。海の男たちの友情、人情が見事に描かれている。海で生きてきた男たちの友愛。それはまるで美術画の美しさ。ジョン・フォードの名作です。

バードケージ
The Birdcage

B・D＝FOX

96／米／製・監＝マイク・ニコルズ／脚＝エレメイン・メイ／撮＝エマニュエル・ルベツキー／出＝ロビン・ウィリアムズ、ジーン・ハックマン、ダイアン・ウィースト、ネイサン・レイン／V＝WHV／D＝WHV

解説　マイク・ニコルズ監督が『Mr.レディMr.マダム』を二十年ぶりにリメイクしたコメディ。ナイトクラブ〝バードケージ〟のオーナー兼演出家アーマンドと看板スターのアルバートは、私生活でも最高のパートナー。ところがアーマンドの息子の結婚相手の父が堅物の上院議員（ジーン・ハックマン）と知り、二人は大あわて。

ハイ淀川です　『ミセス・ダウト』で女ぶりがよかったので、そのロビン・ウィリアムズにゲイをやらさせて、舞台役者のネイサン・レインと共演させたところが一番の見どころですね。レインのアルバートがアーマンドに男になれと叱るところ。コーヒーカップを持つとき小指を立てて持つなとか、ヒザをきちんと合わせて腰かけないで、ジョン・ウェインのようにドシッと両足を広げて坐れと命令したりして、アルバートが困るところがおかしくも哀れ。しかし、このアルバートのやさしさが今の世の中にほしいのね。だからこのゲイの芝居が当たっているんですね。それにしても、ジーン・ハックマンがゲイをやったら、また違った味が出たかもしれませんね。

波止場
On The Waterfront

B・D＝SPE

54／米／監＝エリア・カザン／原・脚＝バット・シュールバーグ／撮＝ボリス・カウフマン／出＝マーロン・ブランド、エヴァ・マリー・セイント、リー・J・コッブ、ロッド・スタイガー、カール・マルデン／V＝SPE

解説　ボクサー崩れのテリー（マーロン・ブランド）は、兄チャーリー（ロッド・スタイガー）がニューヨークの港湾労働者を牛耳るボス（リー・J・コッブ）の指示で仲間を殺すのを目撃。その妹（エヴァ・マリー・セイント）に同情し、神父（カール・マルデン）に真相を告白する。アカデミー作品、監督、主演男優賞など八部門受賞。

ハイ淀川です　エリア・カザンは見事なドキュメンタリータッチで怖さを見せ、アカデミー監督賞をとりました。スタジオではなくニュージャージー州ホボーケンの波止場でロケしたんですね。もう悪いことばかりしている港湾労働者のボスたちを、ボクサーあがりのマーロン・ブランドがやっつけちゃう話ですね。役者の顔ぶれがすごいです。マーロンの恋人になるエヴァ・マリー・セイントがきれいで可愛い。その中で注目はやはりマーロン・ブランドだ。このときマーロンは三十歳。若きマーロンの演技がすきっとしていた時代なんですね。『欲望という名の電車』で当てて、そしてこの作品で第一級の名演を見せて、アカデミー主演男優賞をとりました。

ハートブルー
Point Break

D＝パラマ

91／米／監＝キャスリン・ビグロー／原・脚＝W・ピーター・イリフ／撮＝ドナルド・ピーターソン／出＝キアヌ・リーヴス、パトリック・スウェイジ、ロリー・ペティ、ゲーリー・ビジー／V＝C－C／D＝ビクター

解説　ロスで銀行強盗が多発。FBIのエリート捜査官ジョニー（キアヌ・リーヴス）は海岸にたむろするサーファーに目をつけ、おとり捜査を開始する。美人サーファー（ロリー・ペティ）との恋、謎のスペシャリスト、ボディ（パトリック・スウェイジ）との友情を海と空を舞台に描いた女性監督キャスリン・ビグローのアクション。

ハイ淀川です　この映画の見どころはまずサーフィン。キアヌ・リーヴスが、おとり捜査のためにサーファーの親方のところに行って習う。そのサーフィンのシーンのすごいこと。カメラがいい。波の上に乗って潜るあたり。どう撮影しているのかと思っていると、今度はスカイダイビングだ。みんな飛行機から順番に飛び降りて大空で泳いで手を握り合うあたり。海で堪能させて、今度は空でびっくりさせる。この映画はただのギャング映画、スポーツ映画ではありません。男の友情、女との恋、そして主役の二人が対決しながらも、どんな形で結ばれて、また離れていくのかのセンチメント。まさに映画は目で楽しむもの。理屈抜きの娯楽映画の傑作です。

パトリオット・ゲーム
Patriot Games

B・D=パラマ

92/米/監=フィリップ・ノイス/脚=W・ピーター・イリフ、他/撮=ドナルド・マッカルパイン/出=ハリソン・フォード、アン・アーチャー、リチャード・ハリス、パトリック・バーギン/V=CIC

解説　原作は『レッド・オクトーバーを追え!』のトム・クランシー。元CIAのアナリストのジャック・ライアン(ハリソン・フォード)は、妻キャシー(アン・アーチャー)と娘とともにロンドンに旅行中、テロ襲撃に巻き込まれ王族一家を救うが、テロ集団はジャック一家に復讐してくる。フィリップ・ノイス監督。

ハイ淀川です　ジャック・ライアンがテロリストを殺したために、その弟から一家が狙われ、最後にはこのテロと一対一の対立をするあたり。その怖さが盛りあがってきます。まさに男の映画。アクションの迫力もよくできていますけれど、この映画の面白さは家族の映画になっているところですよ。この主人公が自分の奥さん、子供をテロの攻撃からいかに守るか。命をかけて守るあたりは単なるアクションものではなく、もっと身近な面白さがあります。ハリソン・フォードとアン・アーチャーの組み合わせがなかなかいい。それにアイルランドのリーダーをやっているリチャード・ハリスが渋い。というわけで、これはこの監督の久しぶりの野心大作でした。

ハバナ
Havana

D=ジェネ

90/米/製・監=シドニー・ポラック/脚=ジュディス・ラスコー、他/撮=オーウェン・ロイズマン/出=ロバート・レッドフォード、レナ・オリン、ラウル・ジュリア/V=CIC

解説　革命の嵐が吹き荒れるハバナ。さすらいのギャンブラーのジャック(ロバート・レッドフォード)は、世界最大のカードゲームをするためにやってくるが、革命家(ラウル・ジュリア)の美しい妻ボビー(レナ・オリン)と恋におち、心を奪われていく。シドニー・ポラック監督とレッドフォードが再び組んだラブストーリー。

ハイ淀川です　『存在の耐えられない軽さ』でセクシーな役をやって、『敵、ある愛の物語』で情熱的な女を演じたレナ・オリンがのっている女優。そのレナ・オリンがロバート・レッドフォードと共演するだけでも見ものですね。ラブストーリーはその男と女で映画の匂いがわかります。それがラブストーリーを見る楽しみですね。ストーリーはいかにもメロドラマ。けれどシドニー・ポラックのタッチが非常にうまい。この監督はアメリカ映画の中で、いちばん恋の感覚とは何かを知っている人ですね。あの名作『カサブランカ』の新しいスタイルの感じを出したような映画。いかにもやわらかい恋の感覚を楽しんでください。

パピヨン
Papillon

B・D=キング

73/米・仏/製・監=フランクリン・J・シャフナー/脚=ダルトン・トランボ、他/撮=フレッド・J・コーネカンプ/出=スティーブ・マックィーン、ダスティン・ホフマン、ヴィクター・ジョリー/V=アミューズ/D=アミューズ

解説　スティーブ・マックィーンとダスティン・ホフマンが共演。南米の仏領ギアナの監獄に無実の罪で投獄され、十三年も過酷な刑務所生活を強いられたパピヨンと呼ばれる男(マックィーン)は、自由を求めて、執拗な脱獄をくり返しついに成功する。アンリ・シャリエールの実録小説をフランクリン・J・シャフナー監督が映画化。

ハイ淀川です　これは男の映画。胸に蝶々の入れ墨をしているパピヨンは可哀相に濡れ衣で、あの囚人生活をする。どうしても逃げたくって、脱走また脱走。とうとう最後は独房の中でごきぶりまで口の中に入れてエネルギーをつけて逃げようとしました。これが男。男は勝負で勝つこと。あのパピヨンは男に勝ちたかった。最後の最後は、もう栄養不良で歯がぼろぼろ抜けて、髪の毛が真っ白になったのについに脱出した。逃げることに人生の大半を使って逃げたところに男の執念があるんですね。男というものは計算をはずれたそういう執念をもっている。自分に、そして人生に勝ちたかった。そのあたりが面白いんですね。男って何かがわかる映画です。

バベットの晩餐会
Babette's Feast

B＝TC　D＝ARC

87／デンマーク／監・脚＝ガブリエル・アクセル／撮＝カニング・クリスチャンセン／出＝ステファーヌ・オードラン、ジャン・フィリップ・ラフォン、ボディル・キェア／V＝SPE／D＝カルチ、ポニー

解説　十九世紀後半、デンマークの小さな漁村。牧師だった父の遺志を継ぎ、恋も捨て、伝道者として生きてきた老姉妹のもとに、嵐の夜、フランス人女性バベット（ステファーヌ・オードラン）が訪れる。それから長い年月が経過して、バベットは姉妹にメイドとして仕えるが…。監督は七十一歳のガブリエル・アクセル。原作イサーク・ディネーセン。

ハイ淀川です　これはデンマーク映画の名作ですね。バベットが買った富くじが大当たりしてしまったので、村の一番の晩餐会をしたいと言うのね。当たりくじ全部を使っての一大晩餐会。なじみの近所の人たちも招く。パリから雇った馬車に最高の食糧品を満載してくる。その豪華料理のすごいこと。実はこのバベットはパリで超一流のレストランの女コック長だったのね。それが人の世のなりゆきで運命の果てに文無し女になってしまった。バベットは自慢の料理をつくってどんどん食べてもらって、〝ああ、夢がかなった〟と喜んで、またもとの文無しになって、やっぱりこの老姉妹のもとで働かせて下さいというこの気っぷ。生きがいを鮮やかにみせました。

ハムレット
Hamlet

B＝ポニー　D＝ARC

48／英／製・監＝ローレンス・オリヴィエ／撮＝デスモンド・ディキンソン／出＝ローレンス・オリヴィエ、ジーン・シモンズ、ベイジル・シドニー、アイリーン・ハーリー、フェリックス・エイルマー／V＝東北

解説　ローレンス・オリヴィエが製作、監督、主演したシェイクスピア劇の映画化。十三世紀、デンマークのエルシノーア城の王子ハムレットは父の死に疑いをもつが、一夜、城に出現する父の亡霊に出会い、その死は母と王位を継いだ叔父クローディアスの謀殺によることを知り復讐にでる。アカデミー作品、主演男優賞など五部門受賞。

ハイ淀川です　見事な名作です。オリヴィエはこれを舞台で何度も演出し、また演じてきましたね。古城の頂上での亡父の霊。やがてこのキャメラが頂上から階段を下へ下へ移動して城内へ入っていく。その亡き父の今は母と叔父の寝所へ近づいてこの映画化は本題に入っていきますね。母（アイリーン・ハリー）は叔父（ベイジル・シドニー）に愛されて、その二人の愛欲肉欲がハムレットの実父殺しになるという悲劇のもとは、この〝ベッドにある〟と見せますね。人間の避けられない肉欲の業の匂いを私たちに見せてから始まっていくあたり、厳しくって巧いつくり方ですね。シェイクスピアを見て、あるいは読んで〝心〟のぜいたくを知って下さい。

ハムレット
Hamlet (William Shakespeare's Hamlet)

B・D＝WHV

96／英／監・脚＝ケネス・ブラナー／撮＝アレックス・トムソン／出＝ケネス・ブラナー、ケイト・ウィンスレット、リチャード・ブライアーズ、ジュリー・クリスティ／V＝東和

解説　ケネス・ブラナーが監督、脚本、主演し、シェイクスピアの名作に挑戦した四時間の超大作。時代設定を原作の中世から絢爛たる十九世紀に移し、エルシノーア城を舞台に渦巻く陰謀と王子ハムレットの孤独を描く。恋人オフィーリアにはケイト・ウィンスレット、国王の弟クローディアスにデレク・ジャコビ、王妃にジュリー・クリスティ。

ハイ淀川です　日本で言えば『忠臣蔵』の通し狂言のように全部見せました。四時間の大作です。お父さんの幽霊がハムレットの前に出てきて、自分の弟とお前のお母さんに毒をもられて殺られたんだよ。それからハムレットは人間を憎んでいきますね。有名な「生きるべきか死ぬべきか」の台詞もサラッと言いますね。この作品全体もサラッとしていながら、流れ方は見事です。原作を汚さないできれいに描いたハムレットの教科書。いかにブラナーが『ハムレット』を愛しているのかがわかります。ロビン・ウィリアムズやジャック・レモンを出して、いたずらしているあたりも面白いですけれど、この作品は、ほんまものの『ハムレット』。さすがイギリスです。

薔薇のスタビスキー
Stavisky

74／仏・伊／監＝アラン・レネ／原・脚＝ホルヘ・センプルン／撮＝サッシャ・ヴィエルニー／出＝ジャン・ポール・ベルモンド、アニー・デュプレー、シャルル・ボワイエ、フランソワ・ペリエ、ジェラール・ドパルデュー／V＝東北　D＝IVC

解説　一九三〇年代、フランスで暗躍した詐欺師アレクサンドル・スタビスキー（ジャン・ポール・ベルモンド）は、友人の男爵（シャルル・ボワイエ）らとニセ公債を発行し、妻（アニー・デュプレー）のために国際的な事業家にのしあがり派手な生活を送るが、疑惑を持った検察官に追われスイスの山荘に逃亡する。アラン・レネ監督。

ハイ淀川です　アラン・レネが謎の男スタビスキーの伝説を、ヨーロッパの一つの時代の終わりの中で、ロマンの崩壊の哀れと言える美しさ、華麗さを見事に描きました。ルキノ・ヴィスコンティの美術に対し、これも映画美術の何たるかを教えてくれる作品ですね。サッシャ・ヴィエルニーのキャメラの移動の美しさ。ボーレッテ・グレイルの時代衣装の美しさ。それらすべてはアラン・レネが映画美を知りつくした中から出ているんですね。このごろのフランス映画不振の中で、健在するのはアラン・レネとルイ・マルだけでしたが、そのレネの映画美術を目にしみ込ませて下さい。品格のある名作とは、まさにこの作品のことです。

ハリウッドにくちづけ
Postcards From The Edge

90／米／製・監＝マイク・ニコルズ／原・脚＝キャリー・フィッシャー／撮＝ミヒャエル・バルハウス／出＝メリル・ストリープ、シャーリー・マクレーン、デニス・クエイド、ジーン・ハックマン、リチャード・ドレイファス　D＝復刻

解説　往年の女優デビー・レイノルズを母に持つキャリー・フィッシャーの自伝的小説をマイク・ニコルズ監督が映画化。ハリウッドで女優としてともに生きる元大スターのドリス（シャーリー・マクレーン）と、仕事に悩み麻薬に溺れる娘スザンヌ（メリル・ストリープ）の愛と憎しみの人生を、映画の都の裏側とともに描いた作品。

ハイ淀川です　一番の見どころ、聴きどころは二人が歌うシーン。メリルが歌うウェスタンの見事なこと。ところがシャーリーにも歌うシーンを用意している。パーティで歌うあたりは楽しいけれど残酷。名女優の競争。そこがマイク・ニコルズの狙いだったんですね。おそらく二人が歌う時間もタイムを計算したでしょう。むかし、『グランド・ホテル』でグレタ・ガルボとジョーン・クロフォードが大喧嘩して同一画面に絶対に出なかったことがありましたが、この映画で二人は喧嘩はしません。しかしものすごい競争心を持ったでしょう。『ハリウッドの大喧嘩』という題にしてもいいくらい。競演の怖さを楽しむ映画です。

ハリケーン
The Hurricane

38／米／監＝ジョン・フォード／脚＝ダドリー・ニコルズ、他／撮＝バート・グレノン／出＝ジョン・ホール、ドロシー・ラムーア、メアリー・アスター／V＝ジュネス　D＝IVC

解説　ハリケーンのスペクタクルシーンが話題となったジョン・フォード監督作品。南海タヒチ島に近い珊瑚礁の小島マヌクラ島。新婚早々の一等航海士テランギ（ジョン・ホール）はふとしたことで刑務所に入れられるが、新妻マラーマ（ドロシー・ラムーア）恋しさに脱走。そのとき、島に大ハリケーンの襲来が近づいていた。

ハイ淀川です　この映画は竜巻が、ずっと風が吹きっぱなしなのね。そのハリケーンのシーンのすごいこと。椰子の木の大きなのがしなる。藁の家はそれごと飛んでいっちゃう。ドロシー・ラムーアとジョン・ホールが木に登ったら、木がそのまま飛んでいくのね。まるでキートンの『蒸気船』みたいだ。このハリケーン、実はサミュエル・ゴールドウィンが普通の何十倍のプールをオープンセットに作って、大きな扇風機を何十台も置いて撮った。あの『イントレランス』と同じように映画史上に残るセットなの。でも映画は単なるスペクタクルじゃあない。ジョン・ホールの土民が脱獄して逃げるあたりのフォードの演出は見事。夕日もきれいだった。

巴里祭
Quatorze Juillet

B・D＝紀伊國屋

32／仏／監・脚＝ルネ・クレール／撮＝ジョルジュ・ペリナール／音＝モリス・ジョーベール／出＝ジョルジュ・リゴワ、アナベラ、ポーラ・イレリ

解説　七月十四日の革命記念日を明日にひかえ、パリの下町はお祭り気分。ジャン（ジョルジュ・リゴワ）はタクシーの運転手。その恋人アンナ（アナベラ）は花売り娘。ところがジャンの下宿に彼の昔の女ポーラ（ポーラ・イレリ）が現われたことから二人は喧嘩別れ。ルネ・クレール監督が下町情緒ゆたかに描いたラブロマンス。

ハイ淀川です　ジャンは悪い仲間に誘われてカフェに強盗に入る。そこで働いていたのがアンナ。けれど二人はまた別れちゃったの。そして、アンナはパリの下町で紫陽花を売っている。雨が降ってきた。傘を差そうとしたとき、向こうで車がぶつかって喧嘩している。そのタクシーの運転手がジャンだった。ああ懐かしいあの人！　二人はわかり合って雨の中で接吻する。いかにもセンチメントで可愛くて宝塚のお手本みたいな映画。パリの紫陽花の香りがする映画ですね。ルネ・クレールは自分の体に映画が勝手に流れて、フランスが身について、フランスの詩、歌、シャンソンが身についている人。まさに一流。フランスを味わって下さい。

ハリーとトント
Harry And Tonto

B・D＝ディズニー

74／米／製・監・脚＝ポール・マザースキー／脚＝ジョシュ・グリーンフェルド／撮＝マイケル・バトラー／出＝アート・カーニー、エレン・バースティン、ダン・ジョージ、ジェラルディン・フィッツジェラルド／V＝FOX

解説　七十二歳のハリー（アート・カーニー）は住んでいたニューヨークのアパートがとり壊しになったため、猫のトントを連れて旅に。長男の家、シカゴで書店を経営している長女（エレン・バースティン）、さらに老人ホームに昔の恋人を訪ねる。核家族や老人問題を心温まるタッチで描いたポール・マザースキー監督作品。

ハイ淀川です　かすかにチャップリンの『犬の生活』が下敷きになっているような気がするのね。ハリーが娘の家を訪ねて、その娘とシカゴのミシガン湖畔を歩くシーン。さらに今はすっかり記憶のうすれ果てた老人が、初恋の女を老人ホームに訪れるシーンの演出の巧さ。ブルックリン生まれのポール・マザースキー監督の発想は、単なる思いつき以上のニューヨーク・タッチをよく摑んでいます。アメリカの老人、中年、若者などの生態を摑みその人間感を巧みに綴っていくところがいい。というわけで、あのデュヴィヴィエの『舞踏会の手帖』の手法を感じさせ、悲劇を喜劇めいて描いたことで深刻のいやらしさを避けた。私たちを楽しませる秀作です。

巴里のアメリカ人
An American In Paris

B＝WHV　D＝ARC

51／米／監＝ヴィンセント・ミネリ／脚＝アラン・リン／撮＝アルフレッド・ギルクス、他／出＝ジーン・ケリー、レスリー・キャロン、オスカー・レヴァント、ニナ・フォッシュ／V＝WHV

解説　アカデミー作品、脚本、撮影、音楽、美術、衣装、特別賞（ジーン・ケリー）を受賞したMGMミュージカル。第二次大戦中、パリに住みついたアメリカ人の画家志望の青年（ケリー）は美しいバレリーナのリズ（レスリー・キャロン）に心を奪われ恋におちる。アーサー・フリード製作、監督はヴィンセント・ミネリ。

ハイ淀川です　MGMの大作ですね。アメリカの作曲家ジョージ・ガーシュインが、一九二八年にヨーロッパ旅行したとき、その印象を頭の中にスケッチして、シンフォニーにしました。それが「巴里のアメリカ人」ですね。そのオーケストラがこの映画を生んだんですね。彼がヨーロッパで見てまわったロートレック、ルノワール、ゴッホ、ルソーなど近代フランス画家の中で踊りまくるラストの十七分のバレエの見事なこと。きれいなこと。この映画は、ジーン・ケリーが、レスリー・キャロンに恋をして、それからずっとバレエの場面になっていきますね。このケリーの踊りの見事なこと。ヴィンセント・ミネリ監督のエレガンスな演出も最高です。

ハリーの災難
The Trouble With Harry

B・D＝ジェネ

56／米／監＝アルフレッド・ヒッチコック／脚＝ジョン・マイケル・ヘイズ／撮＝ロバート・バークス／出＝シャーリー・マクレーン、エドモンド・グウェン、ミルドレッド・ナトウィック、ジョン・フォーサイス／V＝CIC、ポニー

解説　ヒッチコックのミステリー喜劇。ヴァーモントの美しい紅葉の森にハリーの死体がころがっていた。妻ジェニファー（シャーリー・マクレーン）は結婚初夜のトラブルの喧嘩で、元船長の老人（エドモンド・グウェン）はウサギを狙った弾丸がハリーに命中した。村の婦人はハイヒールで殴ったのがハリーの死因だと、三人はそれぞれ思ってしまう。

ハイ淀川です　ハリーという男の死体を見つけた一人また一人が、さては自分がハリーを殺したと思い込みますね。そして大喧嘩になる。またある女は、靴のカカトでハリー殺しの犯人と思い込み、紅葉のきれいなきれいな森に死体を隠したり埋めたりする滑稽なスリル。そのあたりの面白いこと。これを大真面目に描いたらゾッとするスリラーになったでしょうけれど、ヒッチコックはそれをやらなかった。ユーモアで見せました。そこが面白いのね。お遊び精神ですね。ユーモアのわからない人は損をします。ユーモアを知ってなんになるのなんて言うような人の人生は花のない砂漠地帯ですよ。

巴里の女性
A Woman Of Paris

B＝KAD　D＝朝日

23／米／製・監・脚＝チャールズ・チャップリン／撮＝ローランド・トザロー／出＝エドナ・パーヴィアンス、アドルフ・マンジュー、カール・ミラー、リディア・ノット／V＝朝日、ポニー／D＝LDC

解説　チャップリンがD・W・グリフィスらと創設したユナイテッド・アーチスツ社の第一回作品。エドナ・パーヴィアンス主演の悲劇でチャプリンは監督だけで出演していない。若い娘と青年画家は両親に結婚を反対され、パリへ駆け落ちする手筈を整え、女は駅で男を待つ。しかし画家の父が急病になり男は来られない。

ハイ淀川です　待てども待てども彼が来ない。その女（エドナ・パーヴィアンス）が二枚の切符を見てその一枚を破るところ。なんとも知れん女の顔。思い切ってパリ行きの列車に乗った。その時女の顔にスッと光が当たってた。それだけで汽車が出発していくのがわかるのね。サイレント映画ですよ。この感覚描写こそがソフィスティケーション。当時、世界中の批評家から芸術的に絶賛されたんですが、興行的には当たらなかったのね。でもチャップリンはそれでもよかったのね。チャップリンはパリの女の人生を見事に描いてエドナを立派な立派な女優さんにして、この作品をプレゼント。エドナに恩返しをしたんですね。

パリの空の詩
Paris Jamais Vu

67／仏／監・脚＝アルベール・ラモリス／撮＝ギイ・タバリー

解説　『赤い風船』『素晴らしい風船旅行』でメルヘンの映像を見せたアルベール・ラモリス監督が、パリの街を空からとらえた短編ファンタジー。パリの名所をヘリビジョンを使って撮影。地上から見たのとはまったく違った角度から造形美を見せる。この撮影中にヘリコプターが墜落してラモリスは死亡。この作品が遺作となった。

ハイ淀川です　ストーリーは何もありませんね。パリの街、凱旋門もオペラ座も空からごらんなさいと言っているんですね。面白いのはこのキャメラの感覚。あの寺の彫刻はどうなっているのかと思っていると、キャメラが私たちの感覚をとらえてそばまで行って見せてくれるあたり。こんなことは映画でないとできませんね。だから、ラモリスは自分で開発したヘリコプター用のキャメラで上手に撮ったんです。でも、テヘラン郊外のハラヤという湖にラモリスの乗っていたヘリが落ちて死んでしまいました。四十八歳でしたね。ラモリスは映画とともに心中してしまったんですね。残念でしたけど、この人の作品は一生忘れられないでしょう。

巴里の屋根の下
Sous Les Toits De Paris

D＝ファースト

30／仏／監・脚＝ルネ・クレール／撮＝ジョルジュ・ペリナール／出＝アルベール・プレジャン、エドモンド・グレヴィル、ポーラ・イレリ

解説　ルネ・クレール監督がトーキーに取り組んだ第一回作品。パリの下町、大道艶歌師アルベールはルーマニアから来た娘ポーラに恋し町のボスと張り合うが、チンピラから預かった盗品で誤解を受け警察に留置されてしまう。その間に親友とポーラはできてしまう。アルベールは身を引くが…。裏町で歌うシャンソンの主題曲の美しさ。

ハイ淀川です　ルネ・クレールは八十三歳で亡くなりましたが映画は永遠ですね。映画がトーキー時代を迎えた一九三〇年にこの作品を発表し、鮮やかなトーキー映画美学を誕生させましたね。それまでトーキー映画はアメリカ。ジャズにタップ。そのときにこれが日本にやって来た。昭和六年の封切り。フランスの最初のトーキー作品になりました。パリの下町の流し唄。私は初めて聴いたシャンソンにびっくりしました。楽譜を売り歩く男のパリ気質、下町気質。それまでアバンギャルド映画をつくっていたルネ・クレールはトーキーとサイレントをうまく合わせてつくりました。そこがこの作品の見どころ、聞きどころですね。

パリのランデブー
Les Rendez-Vous De Paris

D＝紀伊國屋

94／仏／監・脚＝エリック・ロメール／撮＝ディアーヌ・バラティエ／出＝クララ・ベラール、アントワーヌ・バズラー、オーロール・ローシェール／V＝アスミ

解説　エリック・ロメール監督がパリを舞台にしたオムニバスの恋愛コメディ。第一話「七時のランデブー」は恋人の浮気を疑う女子学生（クララ・ベラール）が見知らぬ男から求婚される。第二話「パリのベンチ」は同棲中の男女のゴタゴタ。第三話「母と子一九七〇年」は画家の浮気心。ロメールが若々しいタッチで描いている。

ハイ淀川です　これはパリの若い男と女のランデブーが三つのお話に分かれて描かれています。どのシーンを見ても恋があり愛ですね。それよりもフランスの男が女を誘う口説きのうまさ。まさに天才だ。いや、女を見ると口説かないと失礼だと思っているのね。それが男のマナーなんだ。だから、女と見れば誰だって口説いてしまう。この映画を見ていると、一人娘をパリなどへやれるものかと思ってしまいますよ。監督のエリック・ロメールはこのとき七十五歳なんですね。そんな歳でも恋、恋、恋を撮る。フランスって怖いなあ。まさに、フランスは老いることを知らない恋の国。いつまでたってもフランスは恋。若い方はこれで恋愛勉強して下さい。

バリー・リンドン
Barry Lyndon

B・D＝WHV

75／米／製・監・脚＝スタンリー・キューブリック／撮＝ジョン・オルコット／出＝ライアン・オニール、マリサ・ベレンソン、ハーディ・クリューガー／V＝WHV

解説　英国の作家サッカレーの小説をスタンリー・キューブリック監督が映画化。母の手で育てられたレイモンド・バリー（ライアン・オニール）はプロシア軍士、ギャンブラーなどを経て、女伯爵と関係し貴族になる。十八世紀ヨーロッパの片田舎や貴族社会の風俗を緻密に再現。バリーの支配階級への挑戦と敗北を描いた大河ドラマ。

ハイ淀川です　この監督が貧乏臭いディケンズを避けて、絹ずくめのサッカレーを選んだところが面白いし、アメリカでこれをものにしようとした野心がいいんです。ロケーションと衣装と色彩に、ありったけのクラシック美術。それで伯爵夫人のマリサ・ベレンソンをその美術絵画の中で、華麗に生かし、ライアン・オニールのありったけの演技力をしぼり出そうとした。レナード・ローゼンマンの音楽もジョン・オルコットのキャメラも実に見事。アメリカ映画がアイディアとスマートさだけで映画をつくっているのではないぞと見栄を切った大作。カーネギーホールやリンカーンセンターで、豪華なオペラの一夜を楽しんだような酔いごこちにさせてくれます。

アルフレッド・ヒッチコック『疑惑の影』(43)

アルフレッド・ヒッチコック『レベッカ』(40)

アルフレッド・ヒッチコック『裏窓』(54)

アルフレッド・ヒッチコック『見知らぬ乗客』(51)

アルフレッド・ヒッチコック『鳥』(63)

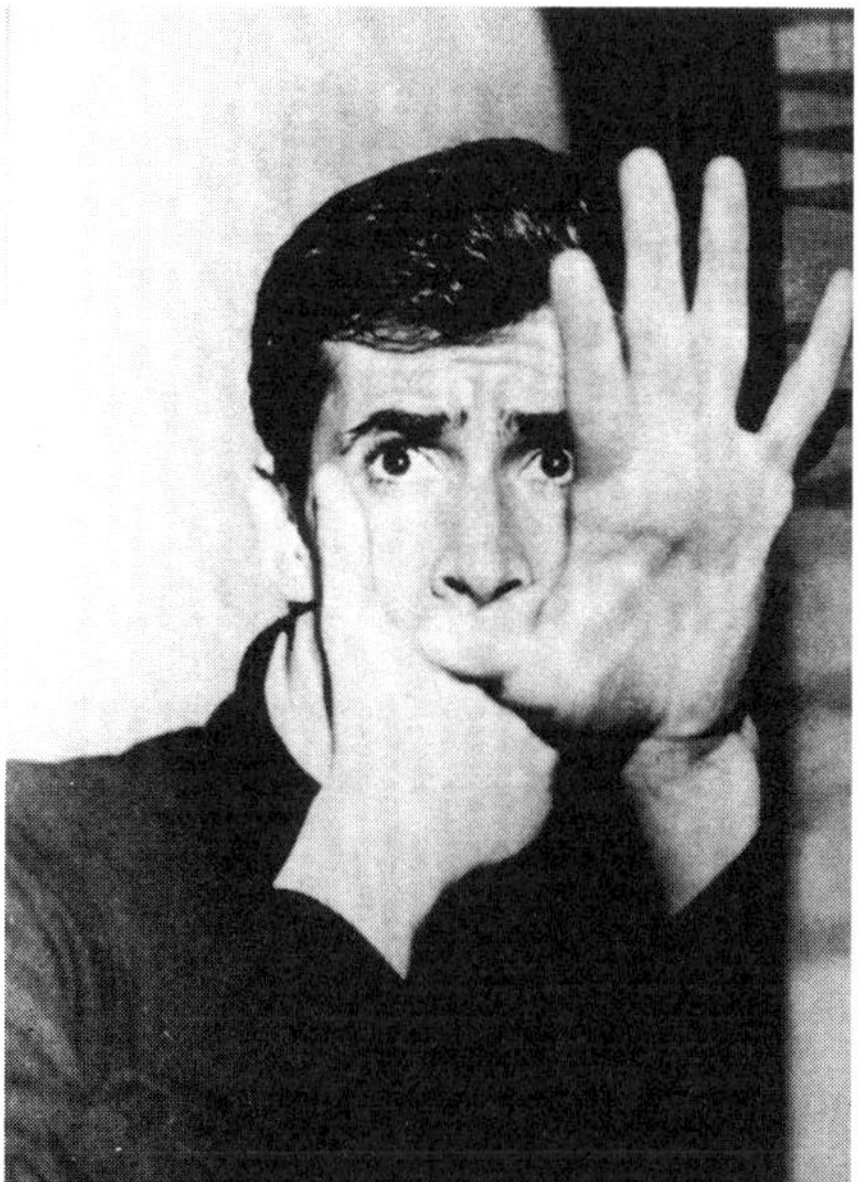

アルフレッド・ヒッチコック『サイコ』(60)

アルフレッド・ヒッチコック『めまい』(58)

アルフレッド・ヒッチコック『北北西に進路を取れ』(59)

遥かなる大地へ
Far And Away

92／米／製・監＝ロン・ハワード／脚＝ボブ・ドルマン／撮＝ミカエル・サロモン／出＝トム・クルーズ、ニコール・キッドマン、トーマス・ギブソン、ロバート・プロスキー／V＝CIC／D＝SPE　B＝NBC　D＝ジェネ

解説　十九世紀後半の西アイルランド。貧農の息子ジョセフ（トム・クルーズ）と大地主の娘シャノン（ニコール・キッドマン）の境遇がまったく異なる二人が、お互いに反発感を抱きながら自由と独立を求めてアメリカへ渡り、遂に念願のオクラホマへ。ロン・ハワード監督が自らのルーツを求めて完成させた抒情性豊かな超大作。

ハイ淀川です　これは一九八二年にアイルランド人がオクラホマへ行く話ですね。映画を見るときこの時代のことを勉強して頭に入れてごらんなさいよ。賭けのボクシングも出てくるし、あの時代の絵巻物がどんどん出てくる。でも、見どころはラストのオクラホマ・ラン。土地の争奪戦ですね。スタートして馬が走って走って、旗を刺したらその土地がタダでもらえるんですね。この馬の走るところのすごいこと。壮観だった。そのキャメラの迫力はすごい。アメリカの移民たちの苦しみが溢れました。こんなけなげな話をもう一度、アメリカが撮って、アメリカを見直そうとしているあたり。私はこのラストで涙が出ました。これは見事な大作です。

バルセロナ物語
Los Tarantos

61／スペイン／監・脚＝フランシスコ・ロヴィラ・ベレタ／撮＝R・ペレス・デロサス／出＝カルメン・アマージャ、ダニエル・マーティン、サラ・レサーナ、アントニオ・ガデス／V＝クラウン

解説　スペインの港バルセロナを舞台に、独自の掟と習慣を続け互いに対立するジプシーの二つの勢力のタラント家とソロンゴ家の悲劇を描く。タラント家の息子ラファエル（ダニエル・マーティン）とソロンゴ家の娘ファナ（サラ・レサーナ）の悲恋はまさにバルセロナ版『ロミオとジュリエット』で、全編をつつむフラメンコが圧巻。

ハイ淀川です　相争う両派の娘と息子の悲劇。最後に二つの死体となって鳩の小舎で折り重なっているそのポーズはそのまま『ロミオとジュリエット』ですが、歌と踊りのこのスペインの香りは『ウエスト・サイド物語』のジェローム・ロビンスの踊りで描いたマンハッタンの香りと肌合いが同じ。まさにスペイン版の『ウエスト・サイド物語』です。踊り好きの若者モギを演じているのがアントニオ・ガデス。この人は男性舞踊の名手。夜更けの人のいない繁華街の大通りで一人で踊る。舗道を洗うホースからほとばしる水の二本の線の間で踊るあたりのその美しさ。というわけで、フラメンコの踊りの強烈な感触をそのままストーリーに組み込んだ本場生粋の作品です。

春の調べ
Ekstase

32／チェコスロバキア／監・脚＝グスタフ・マハティ／脚＝フランティセック・ホーキー／撮＝ヤン・スクリッヒ／出＝ヘディ・キースラー、ズヴォニミール・ロゴス、アリバート・モーグ／V＝IVC／D＝カルチ　D＝IVC

解説　公開当時、全裸シーンが話題となった。若く美しいエヴァ（ヘディ・キースラー）は、親子ほど歳の違う初老の商人エミール（ズヴォニミール・ロゴス）と結婚するが、性的不満を感じ離婚、土木技師パウエル（アリバート・モーグ）と性の快楽にふける。性の解放を生命の賛歌にまで高めたグスタフ・マハティ監督の問題作。

ハイ淀川です　この作品はどこがいいのか。老人の旦那と別れて欲求不満のヘディ・キースラーの嫁さんが、気を紛らわすために森の中の湖で、全裸で泳ぐシーンがあるんですね。そして素っ裸で馬を捜しまくる。この映画は日本では昭和十年に公開されましたが、えらい人気が出た。当時、検閲で大幅にカットされましたが、すごかった。このエヴァは森で土木技師の若者と知り合い恋の虜になり、ベッドシーンを見せますが、とにかく一大センセーションを巻き起こしました。アメリカはヘディ・キースラーに目をつけて、ヘディ・ラマールと改名させ、グラマーガールとして売り出したんです。とにかく問題作。是非、ビデオで見てごらんなさい。

春の珍事

It Happens Every Spring

49／米／監＝ロイド・ベーコン／脚＝ヴァレンタイン・デイヴィス／撮＝ジョー・マクドナルド／出＝レイ・ミランド、ポール・ダグラス、ジーン・ピータース

D＝ジュネス

解説 ロイド・ベーコンが監督した奇想天外な野球喜劇。レイ・ミランド扮する化学の先生が、ふとしたことから木材を嫌う薬品を発明。これをボールに塗るとバットがボールに当たらないというのでプロ野球チームに入り怪投手として活躍する。そしてポール・ダグラスが扮する捕手と珍騒動を展開する。

ハイ淀川です これはアメリカならではの抱腹絶倒の喜劇ですね。『34丁目の奇蹟』のシナリオライターのヴァレンタイン・デイヴィスの思いきった奇抜な着想が面白いのね。木をはじく液体を塗ったがために球はバットを避けちゃったりする。ローションと間違って頭髪につけると、木の櫛が髪を避けたりする。笑っちゃいますね。『34丁目の奇蹟』のお笑いはアメリカらしい善良なところがありましたけれど、この映画は堂々と人を喰ったお笑いなんですね。理屈抜きでこのユーモアを楽しんで下さい。ポール・ダグラスがレイ・ミランドを喰ってしまいましたが、その演技の楽しかったこと。

パルプ・フィクション

Pulp Fiction

94／米／監・原・脚＝クエンティン・タランティーノ／撮＝アンジェイ・セクラ／出＝ジョン・トラボルタ、サミュエル・レ・ジャクソン、ハーヴェイ・カイテル、ブルース・ウィリス、ティム・ロス／V＝アミューズ／D＝東芝

B・D＝WHV

解説 カンヌ映画祭グランプリに輝いたクエンティン・タランティーノ監督の第二作。ボスから若い妻（ユマ・サーマン）と一晩だけのデートを命じられたギャング（ジョン・トラボルタ）、八百長試合を裏切ったボクサー（ブルース・ウィリス）、奇妙な掃除屋（ハーヴェイ・カイテル）などの悲喜劇を巧みな構成で描く。

ハイ淀川です これは三幕物の舞台劇みたいな映画ですね。チンピラの男と女がレストランでその店の金の相談をするあたりは序幕。そして、トラボルタのギャングが親分の女をクラブに連れていって二人で踊る。このダンスのきれいなこと。トラボルタは今でも大したものです。次はブルース・ウィリスの拳闘家の話。ここで面白いのは時計の使い方。そして、トラボルタと黒人の仲間が、血だらけの死体に困って掃除屋に引き取ってもらうあたりの面白さ。この掃除屋のハーヴェイ・カイテルとトラボルタと汗だらけの坊主頭のブルース・ウィリス。この三人のまさに歌舞伎の競演。その脚本のうまさ。タランティーノ監督の見事な傑作です。

晴れた日に永遠が見える

On A Clear Day You Can See Forever

70／米／監＝ヴィンセント・ミネリ／脚＝アラン・J・ラーナー／撮＝ハリー・ストラドリング／出＝バーブラ・ストライサンド、イヴ・モンタン、ラリー・ブライデン、ジャック・ニコルソン、ボブ・ニューハート

D＝パラマ

解説 『巴里のアメリカ人』『恋の手ほどき』のヴィンセント・ミネリが監督し、世界最高のエンターテイナー、バーブラ・ストライサンドとイヴ・モンタンが初共演したミュージカル映画。超能力を持つ不思議な女性（ストライサンド）の恋の遍歴が、数々の楽しい曲とともに展開されていく。音楽はバートン・レーン。

ハイ淀川です これはバーブラ・ストライサンドを見てほしい映画ですね。不美人を売りものにした名女優ファニー・ブライスの伝記映画『ファニー・ガール』、ジーン・ケリーが監督した『ハロー・ドーリー！』。とってもよかったですね。さぁ、今度はヴィンセント・ミネリが監督しました。ミュージカルの名手がいかにバーブラの魅力を引き出したか。アラン・J・ラーナーのミュージカルの映画化ですね。そして共演が渋い渋いイヴ・モンタン。それに加えてセシル・ビートンの衣装の見事なこと。バーブラの歌うメロディ、その歌詞のあたたかさと張りきった美しいリズム感覚。彼女は歌の天才。あの日、あの鼻で個性を圧倒させるのだからすごいですね。

バレンチノ
Valentino

D＝紀伊國屋

77／米／監・脚＝ケン・ラッセル／脚＝マーディク・マーチン、他／撮＝ピーター・サシツキー／出＝ルドルフ・ヌレーエフ、レスリー・キャロン、ミシェル・フィリップス／V＝WHV

解説　『血と砂』『熱砂の舞』などのサイレント映画の人気スター、ルドルフ・ヴァレンチノの生涯を描いた作品。ケン・ラッセル監督はヴァレンチノに世界屈指のバレエの名手、ヌレーエフを起用。ニジンスキーや大女優ナジモヴァとの出会い、ナターシャとの熱愛、重婚罪などを通し、熱狂的な二〇年代ハリウッドを再現している。

ハイ淀川です　一口で言えばケン・ラッセルとヌレーエフのざれごとの二重奏。ヌレーエフのヴァレンチノが若き日のニジンスキーと踊るシーンに溢れる美の妖気。あるいはヌレーエフを使って拳闘シーンを見せ、さらにリング上で倒れたヴァレンチノを横目に見物人が、悠然とタンゴを踊る残酷の美。ヌレーエフを起用しながら一度もバレエのシーンのないこの映画。でも一瞬ストップモーションで「牧神の午後」のポーズをヌレーエフに演じさせたこのケン・ラッセルの皮肉が面白い。けれどもヌレーエフにアルゼンチンタンゴを踊らせ、イタリアの民謡を口ずさませたそのサービス。まさにこれはお遊びの二重奏。戯作とはこれ。戯作も芸術の花を咲かせますね。

晩秋
Dad

89／米／製・監・脚＝ゲーリー・デヴィッド・ゴールドバーグ／撮＝ジョン・キーサー／出＝ジャック・レモン、テッド・ダンソン、オリンピア・デュカキス、キャシー・ベイカー、イーサン・ホーク／V＝CIC

解説　ウィリアム・ウォートンの小説をゲーリー・デヴィッド・ゴールドバーグが映画化した監督第一回作品。八十歳を越したジェイク（ジャック・レモン）は、妻アニー（オリンピア・デュカキス）と二人で老後を過ごしているが、ガンで倒れる。しかし、息子ジョン（テッド・ダンソン）や医者の協力で奇跡的に回復するが…。

ハイ淀川です　ジャック・レモンが八十歳を越してもうろくしたおじいちゃんをオーバーアクトで演じないでうまく見せました。この映画は最後に勝負をかけます。このあたりがただの黄昏映画じゃぁありません。おじいちゃんがもうダメになるところで、わしは三十年間、気を遣ったり苦労したなあ、とほのめかすところがあります。しかし、親孝行の息子にはそれがわからない。よく調べたら、このおじいちゃんが三十年間、お母さん、つまり奥さんに気がねして生きてきたことがわかってくる。しっかり者の賢い奥さんに気がねしていたという最後のとどめ。人間のほんとうの幸せ、やすらぎはいったいどこにあるのか。それをこの映画は見事に見せました。

バンド・ワゴン
The Band Wagon

B＝WBH　D＝WHV

53／米／監＝ヴィンセント・ミネリ／脚＝ベティ・コムデン／撮＝ハリー・ジャクソン／出＝フレッド・アステア、シド・チャリシー、ジャック・ブキャナン、エヴァ・ガードナー／V＝WHV

解説　『巴里のアメリカ人』のコンビ、アーサー・フリード製作、ヴィンセント・ミネリ監督のミュージカル。落ち目のダンサー、トニー（フレッド・アステア）はコメディ「バンド・ワゴン」でバレリーナのギャビー（シド・チャリシー）と共演し人気挽回をはかるが、演出家（ジャック・ブキャナン）のミスで失敗してしまう。

ハイ淀川です　これは一九三一年にフレッド・アステアと姉のアデール・アステアで大当たりした舞台を映画化した歴史上の記念作。それなのに日本ではなぜか不入りでした。映画のほうもフレッド・アステアが主演。それにシド・チャリシー。なかなかいい味を出したジャック・ブキャナン。この映画、人気を失った映画のミュージカルスターが、再びブロードウェイで人気を取り戻すまでの芸人たちの楽屋裏とその初日の舞台と、ショーの芸人たちの人情が面白い。見どころはアステアとシドの踊るセントラルパークでの踊り。「ダンスィング・イン・ザ・ダーク」のメロディの美しさ。アステアを識るには絶好の作品。彼の踊りに酔ってください。

反撥
Repulsion

65／英／監・脚＝ロマン・ポランスキー／脚＝ジェール・ブラッシュ／撮＝ギルバート・テイラー／出＝カトリーヌ・ドヌーヴ、イヴォンヌ・フルーノ、ジョン・フレーザー

B＝IVC　D＝KAD

解説　キャロル（カトリーヌ・ドヌーヴ）は、同居している姉ヘレン（イヴォンヌ・フルーノ）が愛人を連れ込みセックスをするため息に夜ごと悩まされ、極端なセックス嫌悪症になり、ボーイフレンドのコリン（ジョン・フレーザー）や家主を殺害してしまう。夢や幻覚シーンにシュールな映像が巧みに使われた。ロマン・ポランスキー監督。

ハイ淀川です　これは映画のサスペンスの発想がありすぎて困るくらいの映画ですね。キャロルは姉の留守に二度の殺人を犯しますが、一度があるからこそ二度目が怖いんです。ボーイフレンドの脳天を燭台で叩き割って、死体を浴槽に捨てます。水がいっぱいに入ったその浴槽の中で口から血を吐いて少し浮き上がる死体の目は見開いている。クルーゾーの『悪魔のような女』が重なってきます。家主が抱きしめようとしたとき、彼女が男の首筋を横一線、カミソリで斬るときの怖さ。タイトルはすごい目のクローズアップ。ヒッチコックの『めまい』よりも怖いなあ。ポランスキーは映画遊びをしながら、自身をもって演出し陶酔しているところが気に入りました。

火
Il Fvoco

16／伊／監・脚＝フエボ・マリ／出＝ピナ・メニケッリ、フエボ・マリ

解説　イタリアの妖婦女優ピナ・メニケッリが妖艶美を発揮した作品。美しい侯爵夫人が湖畔で絵を描いている貧しい画家を誘惑し、宮殿のような女の部屋で全裸に近い嬌態で男を有頂天にさせ、一夜で男を捨ててしまう話。闇、焔、灰の三節に分かれた象徴詩的な作品で、フエボ・マリが監督、脚色、誘惑される画家に扮している。

ハイ淀川です　貧しい画家が野外で風景を描いていると、高価な毛皮を着た女が木の小さな枝をもぎ取ってきて、その枝の先で画家の描いている絵を無茶苦茶に傷つけちゃう。この絵には魂がないと言って笑ったのね。怒った画家は女をアトリエに誘い込んで、いっぱい自分の絵を見せた。ところが女はさらに冷たく笑うのね。この絵には愛というものがありません。愛というものはこれだ！　と言って、机の上のランプを床に投げつけ燃え上がる炎を指してこれが愛、一瞬に燃えるもの、そしてたちまち消えて灰になるものだと言って立ち去るのね。結局、画家はこの女に魂を奪われていく話ですけれど、このシーンのピナ・メニケッリの妖艶美に酔いましたね。

ピアノ・レッスン
The Piano

93／オーストラリア／監・脚＝ジェーン・カンピオン／撮＝スチュアート・ドライバーグ／出＝ホリー・ハンター、アンナ・パキン、ハーヴェイ・カイテル、サム・ニール／V＝IC／D＝ビクター

B・D＝東宝

解説　十九世紀半ば。言葉が話せないエイダ（ホリー・ハンター）は、一人娘（アンナ・パキン）と一台のピアノを持ってスコットランドからニュージーランドの男に嫁ぐ。そこで彼女は原住民の地主ベインズ（ハーヴェイ・カイテル）にピアノを教えるが、徐々にベインズに惹かれていく。カンピオン監督。アカデミー主演女優賞など三部門受賞。

ハイ淀川です　なぜこの女がピアノを手から離すことができないのか。この女は気取って上品ぶっているけれど、十歳の女の子がいるんだからセックスの経験はあるんですね。どうして生まれたのか。あるいは男に捨てられたのかは説明されていません。『欲望という名の電車』のブランシュとよく似た女ですね。結局この女は島の無学な男に抱かれて、初めて本心をさらけ出して女の幸せを摑みました。船で帰る途中、ピアノが船から落ちました。このピアノ、これは男の性器だったんです。だから男の性器代わりのピアノは不用になったんですよ。ピアノから人間の男を摑むあたりがこの映画のポイントですよ。いかにも女の映画ですね。

ヒア・マイ・ソング
Hear My Song

91／英／監・脚＝ピーター・チェルソム／脚＝エイドリアン・ダンバー／撮＝スー・ギブソン／出＝エイドリアン・ダンバー、ネッド・ビーティ、デヴィッド・マッカラム／V＝ポニー

解説　若き音楽プロモーターのミッキー（エイドリアン・ダンバー）は、幻の名テナー歌手ジョゼフ・ロック復活リサイタルを企画するが、現われたのはニセ者。そこで本物のロック（ネッド・ビーティ）を探す旅に出る。ラストでの実在オペラ歌手ネッド・ビーティの歌は圧巻。監督はイギリスの新鋭ピーター・チェルソム。

ハイ淀川です　この映画の出だしはイギリスの香り。アイルランドの大草原、この田舎の風景のすがすがしさ。そして歌手探し。このあたりがなんとも知れんいいんですね。このミッキーがオペラ歌手を見つけ出して、なんとか舞台に出そうと言い合いをするシーンもなんとも面白いのね。超満員のステージ。歌手が歌う「帰れソレントへ」と「グッバイ」。このアイリッシュ・ムード。ネッド・ビーティがいいんだね。そして、びっくりのラスト。それは申しません。というわけで、恋やセックスの映画ばかりでいささかドタマに来る、と思っている方は是非とも見て下さい。これは三十六歳の新人監督ピーター・チェルソムの痛快映画です。

日蔭のふたり
Jude

96／英／監＝マイケル・ウィンターボトム／脚＝ホセイン・アミニ／撮＝エドゥアルド・セラ／出＝クリストファー・エクルストン、ケイト・ウィンスレット、リアム・カニンガム、レイチェル・グリフィス／V＝アスミ／D＝アスミ、東芝　D＝LDC

解説　文豪トーマス・ハーディの「日蔭者デュード」の映画化。十九世紀のイングランド。勤勉だが世間知らずの若者ジュード（クリストファー・エクルストン）は、豚飼いの娘アナベラと結婚し息子ができるが破綻。そんなとき、従妹スー（ケイト・ウィンスレット）と出会い、恋におち、やがて二人は同棲するようになる。

ハイ淀川です　ジュードが前の奥さんアナベラと今の奥さんスーとの間にできた三人の子供を抱えて苦しむ。スーとは同棲ですね。結婚許可書がないから仕事もできない。やがて長男が父を思いやり二人の幼女を殺して、自分も首を吊って自殺してしまう。日本でいえば、新派の悲劇。イギリスにもこんな怖いことがあるんです。さあ、このジュードとスーはどう生きていったらいいのか。この映画は人間の裸のもだえ、悲しみ、苦しみを見事に描き出しました。この監督はこの時代の人間悲劇を静かに、むしろ温かく見つめる目で演出しました。決して男の地獄物語にしなかったあたりにこの映画のよさがあります。見ごたえのある大作、名作です。

ピカソ　天才の秘密
Le Mystère Picasso

56／仏／製・監・脚＝アンリ・ジョルジュ・クルーゾー／撮＝クロード・ルノワール／出＝パブロ・ピカソ　B・D＝ポニー

解説　サスペンス映画の巨匠アンリ・ジョルジュ・クルーゾー監督が天才画家パブロ・ピカソを撮ったドキュメント・フィルム。ピカソの創作の秘密にスリリングに迫っている。ピカソ自身がクルーゾー監督に全面的に協力。撮影のクロード・ルノワールは、画家オーギュスト・ルノワール一家に属しジャン・ルノワール監督の甥。

ハイ淀川です　クルーゾー監督の珍しい記録映画でした。クルーゾーは、ピカソの初期からの絵を何枚も何枚も見せて、最後に透き通った大きなガラスの向こう側からピカソがスピーディーに絵筆をふるっているところを、こちら側からキャメラで撮っています。その筆の動き。ピカソの顔を見せながら裏側から見るガラスの効果が見事だった。ガラス一枚で出した演出効果のすばらしかったこと。チャップリンは『街の灯』のラストで花屋のガラスをうまく使いましたね。ガラスの隔てをとり去った後の二人の涙のめぐりあいの場面の美しかったこと。というわけで、ガラス一枚で映画の効果を盛りあげることもできるんですよ。

ビクター／ビクトリア
Victor/Victoria

82／米／製・監・脚＝ブレイク・エドワーズ／撮＝ディック・ブッシュ／出＝ジュリー・アンドリュース、ロバート・プレストン、ジェームズ・ガーナー　D＝WBH

解説　ブレイク・エドワーズ監督が、第二次大戦前の同名ドイツ映画をリメイク。一九三四年のパリ。ゲイの芸人（ロバート・プレストン）が女性オペラ歌手（ジュリー・アンドリュース）を男装に仕立て売り込み、舞台では女装させ、最後に実は男という芸をさせたら大当たり。珍妙などんでん返しのあるミュージカル・コメディ。

ハイ淀川です　ジュリーの〝男〟の化粧姿。これがなんと言っても見どころ。なぜやったのか。実は理由があるんです。かつてロンドン演劇史にその名をとどめた名舞台女優ガートルード・ローレンスとビアトリス・リリーがいたの。この二人は男装で人気があった。リリーはチャップリンからバーナード・ショーまでやってのけ、ガートルードはノエル・カワードと共演した芝居で英国紳士を完璧にこなし水兵にまで化けた。二人と煙草の吸い方、テイル・コートとシルクハット、ステッキの持ち方の粋なこと。それを知っているジュリーの旦那で監督のブレイク・エドワーズがジュリーに男装に挑戦させ、女優史に輝かせようとした野心からなんですね。

ピクニック
Picnic

55／米／監＝ジョシュア・ローガン／脚＝ダニエル・タラダッシュ／撮＝ジェームズ・ウォン・ハウ／出＝ウィリアム・ホールデン、キム・ノヴァク、クリフ・ロバートソン、スーザン・ストラスバーグ／V＝SPE　D＝SPE

解説　アメリカ中西部の生活を情感細やかに描いたウィリアム・インジの戯曲をジョシュア・ローガン監督が映画化。カンザス州の小さな町に無一文のハル（ウィリアム・ホールデン）がやってくるが、その日は町中がピクニックに出かける日。町一番の美人マッジ（キム・ノヴァク）をはじめ娘たちは彼に夢中になる。アカデミー美術・編集賞他。

ハイ淀川です　アメリカとはこれだ！　という名作ですね。ウィリアム・ホールデンの色男がやってきて、町一番の美人キム・ノヴァク、その妹のこましゃくれたスーザン・ストラスバーグ、オールドミスの先生ロザリンド・ラッセルが彼を好くあたり。女の面白さが見事に出ました。無邪気でアメリカらしい感じで、まさにアメリカというものが『ピクニック』みたいに出たのは珍しい。アメリカン・カントリーの勉強にはもってこいの作品ですね。ピクニックの夜、キムとウィリアム・ホールデンが「ムーン・グロウ」の曲で、顔を見合わせて踊るシーンの楽しくってきれいだったこと。夏祭りの感じがよく出ている。あのメロディが忘れられませんね。

悲愁
Beloved Infidel

59／米／監＝ヘンリー・キング／脚＝サイ・バートレット／撮＝レオン・シャムロイ／出＝グレゴリー・ペック、デボラ・カー、エディ・アルバート　D＝FOX

解説　女性ジャーナリストのシーラ（デボラ・カー）はロンドンからアメリカに渡り、映画コラムニストとして活躍。作家のフィッツジェラルド（グレゴリー・ペック）と出会い、お互いに心惹かれていくが、彼の体は病に蝕まれていた。ロスト・ジェネレーションの作家F・スコット・フィッツジェラルドの実話を映画化。

ハイ淀川です　作家フィッツジェラルドの実話ですが、これは芸術映画ではありません。彼の人物紹介映画といった感じなんです。折角の面白い実在モデルを摑んでいるだけに惜しい感じがしますが、コラムニストのデボラ・カーの演技がいいんです。彼女の前身を作家の彼に見破られてしまい、打ちしおれて海辺の砂丘で泣くあたり。彼が急死してしまい慌てふためく一人住まいの女の哀れ。それが見事に出ています。しかし、グレゴリー・ペックのフィッツジェラルドは酒乱が高じていくあたり熱演していますが、やや空回りしている感じ。これは俳優の責任じゃぁなくって、脚色、監督のつくりがあまいんです。

美女と野獣
La Belle Et La Bête

D＝IVC

46／仏／監・脚＝ジャン・コクトー／撮＝アンリ・アルカン／出＝ジャン・マレー、ジョゼット・デイ、ミシェル・オークレール、マルセル・アンドレ／V＝CIC／D＝IVC

解説　詩人ジャン・コクトーがルプランス・ド・ボーモンの童話をシュールな映像で見せたファンタジー。三人の娘をもつ商人（マルセル・アンドレ）は旅の途中、道に迷い古城にたどりつく。そこに魔法使いの手によって野獣にされた王子（ジャン・マレー）が住んでいた。主演のジャン・マレーはこの作品で日本に初登場。

ハイ淀川です　『美女と野獣』はダイヤモンドですね。今度はジョゼット・デイが扮している末娘が野獣を見てびっくりしたけれど、非常に紳士的なので怖くなってきた。野獣が娘に真珠の宝石を持たせて帰らすところ。この映画はどんな見せ方をしたか。野獣が手を出すと、手の中に真珠があるんじゃなくて、半円を描いて闇の中から真珠が一つ二つ三つとスーッと現われて手に載るのね。このキャメラ美術はドキッとしますね。娘を抱いて昇天していくラストシーンの見事なこと。斜めに動いて円をくるくると描くようにまるで泰西名画のように昇天していく。映画はキャメラ美術で磨いたら、こんなにもすばらしいものになるのか。コクトーの永遠の名作です。

ピースメーカー
The Peacemaker

D＝パラマ

97／米／監＝ミミ・レダー／脚＝マイケル・シーファー／撮＝ディートリッヒ・ローマン／出＝ジョージ・クルーニー、ニコール・キッドマン、マーセル・ユーレス、アーミン・ミューラー・スタール／V＝CIC

解説　ロシアの貨物列車から十発の核弾頭が盗まれ、その行方を実戦派の国防省特殊情報士官デヴォー大佐（ジョージ・クルーニー）と理論派の女核物理学者ケリー博士（ニコール・キッドマン）が追う。ロシア、サラエボ、ウィーン、トルコ、ニューヨークを舞台に展開するサスペンス・アクション。

ハイ淀川です　どの場面もアクション、アクション。まるで全編予告編みたいだ。最後の最後はニューヨークで爆弾犯が逃げるのを追う。このあたりは活動写真の面白さですね。しかし、監督が女のミミ・レダー。よくもこれだけのエネルギーがあるかと思いますね。ニコール・キッドマンが動いて動いて動きまくる。ジョージ・クルーニーとの美男美女がどんな活劇を見せるか。このあたりが見どころですけれど、いつもアメリカの敵がロシアというのが怖いなあ。いかにもアメリカらしい無邪気さでしょうけれど、全体は鬼の映画のようなアクション。この女性監督がいかに映画ファンかということがわかります。

ビッグ・アメリカン
Buffalo Bill And The Indians, Or Sitting Bull's History Lesson

D＝キング

76／米／製・監・脚＝ロバート・アルトマン／脚＝アラン・ルドルフ、他／撮＝ポール・ローマン／出＝ポール・ニューマン、バート・ランカスター、ジェラルディン・チャップリン、ジョエル・グレイ、ハーヴェイ・カイテル

解説　バッファロー・ビルといえば『大平原』『アニーよ銃をとれ』などの西部劇に登場した実在の人物。ロバート・アルトマン監督は、そのビル（ポール・ニューマン）をかつての英雄ぶりを見せ物にして売り歩く軽薄なショー・マンとして、また悪役のインディアンの酋長を誠実な人物として描く。ベルリン映画祭金熊賞受賞。

ハイ淀川です　ロバート・アルトマン監督の遊び心を楽しむ作品ですね。映画をコチコチに見て、深刻の一点張りの人ほど貧しいものはありませんよ。主役のバッファロー・ビルはグレゴリー・ペックとかチャールトン・ヘストンのようなお堅い先生みたいな人にやらせないで、適当に冷めたポール・ニューマン。ビルをでっちあげた作家バントラインにバート・ランカスターを使い大真面目にカマトト表情で演じさせる。射撃の女名手アニー・オークリーにジェラルディン・チャップリン。それにジョエル・グレイがこの見せ物ショーの呼び込み。このキャスティングの遊び心。遊び心もここまでくると怖いくらいですが、それを楽しんでください。

ビッグ・パレード
The Big Parade

25／米／製・監＝キング・ヴィダー／脚＝ハリー・バーン、他／撮＝ジョン・アーノルド／出＝ジョン・ギルバート、ルネ・アドレー／V＝IVC／D＝カルチ　D＝IVC

解説　第一次世界大戦のフランスを舞台に冒険と哀しい恋と友情、そして勝利のあとの平和の歓びを描いた戦争映画。フランスに上陸した米兵トムは豊満な村娘メリサンドと仲良くなり恋におちる。しかし、ジムに進撃命令が下った。メリサンドは彼の乗った軍用トラックを胸も露わにして追う。監督はキング・ヴィダー。

ハイ淀川です　アメリカの兵隊さんジム（ジョン・ギルバート）とフランスの娘メリサンド（ルネ・アドレー）の恋。別れねばならなくなった。娘がトラックを追いかける。一番後ろに乗ったその兵隊。困った。それで自分の泥靴を娘に抛ってやった。その靴を胸に抱いて泣くところ。いかにもキング・ヴィダーらしいセンチメンタルですね。それよりもこの映画で有名だったのは兵隊が進軍するシーン。剣付き鉄砲で敵のところにどんどん行く。それをキャメラが大移動する。いつまでも大移動するところ。こんな移動する映画は初めて見ました。まさに大進軍。そのキャメラは見事だった。やっぱり映画はキャメラによる美術ですね。

必死の逃亡者
The Desperate Hours

55／米／製・監＝ウィリアム・ワイラー／脚＝チャールズ・シュニー、他／撮＝リー・ガームス／出＝ハンフリー・ボガート、フレドリック・マーチ、アーサー・スコット、アーサー・ケネディ、デューイ・マーティン／V＝CIC　D＝パラマ

解説　インディアナポリス郊外のヒリヤード家は夫（フレドリック・マーチ）と妻（アーサー・スコット）、娘（メリー・マーフィー）、息子の四人暮らしの平凡な家庭だが、突然三人の脱獄囚（ハンフリー・ボガート、デューイ・マーティン、ロバート・ミドルトン）が侵入、全員人質になってしまう。ウィリアム・ワイラー監督。

ハイ淀川です　私はこの映画を見たとき、あまりにもいいのでびっくりしました。アメリカで実際に起こった話をジョゼフ・ヘイズが小説にして、それが舞台劇になって当たったんです。ハンフリー・ボガートが脱獄した悪党になりましたが、この映画の見どころはウィリアム・ワイラーの名演出。怖かったなぁ。さぁ、逃げられない。どうしようと思ったときに勝手口に一人の男が来た。古紙回収の人。新聞を渡しながら何か言おうと思ったけれど、ボガートがにらんでいるのでスキがない。その男は帰ってしまった。そのあたりのサスペンスの描き方のうまさ。モノクロだから余計に緊迫感がありました。ただのスリラーじゃぁありません。ワイラーの名作ですよ。

ヒッチコックのファミリー・プロット
Family Plot

76／米／製・監＝アルフレッド・ヒッチコック／脚＝アーネスト・レーマン／撮＝レナード・J・サウス／出＝カレン・ブラック、ブルース・ダーン、バーバラ・ハリス、ウィリアム・ディベーン／V＝CIC　B＝ジェネ　D＝UPJ

解説　ヒッチコックの遺作となった五十三作目。老婦人から遺産相続人捜索を依頼されたインチキ女霊媒師（バーバラ・ハリス）とその情夫の運転手（ブルース・ダーン）。一方、重要人物を誘拐しては身代金代わりにダイヤを要求する宝石屋と情婦（カレン・ブラック）。この二組の悪党が次第に交錯し、からみ合い、意外な結末となる。

ハイ淀川です　バーバラ・ハリスの占い師が、ガラス玉の占いで、占っているところに、ヒッチコックのお遊びとスリルが見えるんですね。四人の男女、その二組が初めは別々にスタートして、アッとある一点で結ばれる。その瞬間のカレン・ブラック。バーバラ・ハリスの演技も百点。この二組の男女に、もう一人の妙な男をからませた。この男は宝石商とからんできますけれど、この男が二組の男女のおかしさをグサリとナイフで突き刺す役目で登場します。ブレーキのこわれた車の狂走のスリルもヒッチコックのお好みのスリル。ヒッチコックは人を食って笑わせて、名人落語のいなせな感じのしめくくり。その見事なこと。名人芸とはこれですね。

陽のあたる教室
Mr. Holland's Opus

95／米／監＝スティーヴン・ヘレク／脚＝パトリック・シェーン・ダンカン／撮＝オリヴァー・ウッド／出＝リチャード・ドレイファス、グレン・ヘドリー、ジェイ・トーマス／V＝ヘラルド、ポニー／D＝LDC　D＝FOX

解説　一九六五年、作曲活動を続けるために高校の音楽教師となったホランド（リチャード・ドレイファス）。しかし生徒たちは音楽に関心がない。落ち着かない生活の中で生まれた息子も耳が不自由。彼の格闘の日々が始まる。リチャード・ドレイファスが、三十年間にわたるホランドの人生のシンフォニーを好演した感動作。スティーヴン・ヘレク監督。

ハイ淀川です　リチャード・ドレイファスを見て下さい。立派に指揮をするところ。おじちゃんになっていくあたり。この主役に拍手ですね。この音楽の先生の息子が耳が不自由でなんとかその子供を育てようとするあたりも見事ですけれど、この先生を女生徒が好きになって、一緒にニューヨークに行ってくれと言われる。そして、夜のバス停で待っている女生徒のところに来るあたり。妻や子供を捨てようかと迷う。ただの学校の先生でなくもっと人間くさいところがいいんですね。だんだん人間の深みに入っていくシナリオがいいんです。そしてラスト。先生が辞めるので生徒たちが開いた演奏会。その美しさに圧倒されることでしょう。

陽のあたる場所
A Place In The Sun

51／米／製・監＝ジョージ・スティーヴンス／脚＝マイケル・ウィルスン／撮＝ウィリアム・C・メラー／出＝モンゴメリー・クリフト、エリザベス・テーラー、シェリー・ウィンタース／V＝CIC　D＝パラマ

解説　セオドア・ドライサーのベストセラー小説をジョージ・スティーヴンス監督が映画化。貧しい家庭に育ち出世を夢みるジョージ（モンゴメリー・クリフト）は、富豪令嬢のアンジェラ（エリザベス・テーラー）と愛し合う。そこで彼は妊娠をたてに結婚を迫るアリス（シェリー・ウィンタース）が邪魔になり、彼女を殺そうと湖に連れ出す。

ハイ淀川です　以前、ジョゼフ・フォン・スタンバーグ監督が『アメリカの悲劇』の原題で映画化したんですね。青年が湖水に自分の女を連れていって殺そうと思ったとき、遠くのほうの水鳥がパッと飛んだ。この映画もそこらが見せ場のシーンになりましたね。その瞬間の怖かったこと。というわけで、スティーヴンス監督の『シェーン』は開拓時代のアメリカが善良であった時代の話。『ジャイアンツ』は石油が出てアメリカにお金ができた。『陽のあたる場所』はお金ができたため起こった悲劇。アメリカの堕落ですね。この三つの時代をスティーヴンスがつくっているのが面白い。

ピノキオ
Pinocchio

39／米／監＝ベン・シャープスティン／脚＝テッド・シアーズ、他／V＝ブエナ　B・D＝ディズニー

解説　イタリアのコローディが書いた有名な童話にもとづくディズニーの長編動画。おもちゃ道楽のジペト爺さんは人間と同じ大きさの人形ピノキオをつくり、天使に魂を入れてもらい学校に通わせる。しかし、ピノキオは悪いことも覚えるが、最後は天使のおかげでほんとうの人間になる。ディズニーの長編動画の中でも内容が豊富な作品。

ハイ淀川です　『白雪姫』で自信をつけたディズニーは二年経って、この作品をつくりました。ピノキオは誰でも知っています。あのキャラクターはどうしてできたのか。ディズニーがスタッフを集めて会議をしたのね。みんながとんがった鼻の画を描いた。するとディズニーはダメと言ったの。こんなに鼻がとんがっていたら、子供たちがおもちゃを作ったとき顔に当たったり、目を突いたりして大変だ。もっと丸い鼻にしなさいと言ってボタンノーズにしたんです。チロルハットをかぶったピノキオの額に最初は三本の毛をたらしたんですが、それもオーバーアクトでダメ。結局、一本にしたら品があるのね。子供たちに対するディズニーの心掛けは立派です。

日の名残り

The Remains Of The Day

93／米／監＝ジェームズ・アイヴォリー／脚＝ルース・プラバー・ジャブバーラ／撮＝トニー・ピアース・ロバーツ／出＝アンソニー・ホプキンス、エマ・トンプソン、クリストファー・リーヴ、ピーター・ヴォーン／V＝SPE

B・D＝SPE

解説　英国の日系人作家カズオ・イシグロの同名小説をジェームズ・アイヴォリー監督が映画化。名門貴族に仕えひたすら職務に忠実な執事スティーヴンス（アンソニー・ホプキンス）は、女中頭ケントン（エマ・トンプソン）から思いを寄せられる。お互いの気持ちがわかっていながら成就しなかった恋を味わい深く描く。

ハイ淀川です　『ピアノ・レッスン』が女の映画なら、これは男の映画ですね。この執事はお家に仕えることの誇りで目の前の恋を取り逃がしてしまうんですね。その女に愛していると言えない。そのくせ一度は女と激しい接吻をしたのに好きとは言えないの。しかし、この接吻が逆に相手をどのくらい苦しめさせるか悲しくさせるか。結局、女はあきらめて他の男と結婚する。たまたまレストランで再会したとき、彼女の結婚を聞いて、安心してああよかったと思う。このとき、流れる「ブルームーン」のメロディがいいんですね。というわけで、これはものの言えぬ男と愛を持ち続けた女の映画。この恋を静かに静かに恋の悲しさを残酷に見せた名作です。

ビバ！マリア

Viva Maria!

65／仏・伊／製・監・脚＝ルイ・マル／脚＝ジャン・クロード・カリエール／撮＝アンリ・ドカエ／出＝ジャンヌ・モロー、ブリジット・バルドー／V＝WHV

B＝KAD　D＝紀伊國屋

解説　ジャンヌ・モローとブリジット・バルドーというまったくタイプの異なった女優が共演したルイ・マル監督のミュージカル風コメディ。南米のある小国。旅芸人一座の花形女優マリア（モロー）とマリア（バルドー）は人気者。ところが、二人は革命戦争に巻き込まれ、芸人から女闘士になり、銃を持って大活躍する。

ハイ淀川です　これはブリジット・バルドーとジャンヌ・モローの二人のマリアを合わせたしゃれ。いかにもユーモアを含んだ女の感じがでた映画。なんとも知れん怖い映画でした。ジャンヌ・モローのマリアの相手役の歌手が男に捨てられ死んでしまった。そこからこの映画は始まりますけど、ジャンヌ・モローは自殺した女の前に行って、表情も変えないで、死顔のまつげをピュッピュッと取ってしまう。「おまえさん、死んでまでつけまつげなんかいらないよ」と言うこのファーストシーン。このなんとも知れん女のタッチ。このシーンを見ただけでもルイ・マルのタッチがわかります。というわけで、これはルイ・マルのタッチに酔ってほしい映画です。

ひまわり

I Girasoli

70／伊・ソ連／製・監＝ヴィットリオ・デ・シーカ／脚＝チェザーレ・ザヴァッティーニ、他／撮＝ジュゼッペ・ロトゥンノ／出＝ソフィア・ローレン、マルチェロ・マストロヤンニ、リュドミラ・サベリエワ／V＝東北／D＝東北

B＝KAD　D＝SPO

解説　ヴィットリオ・デ・シーカ監督が戦争の悲劇を哀切に描いた作品。新婚二週間でロシア戦線に送られた夫（マルチェロ・マストロヤンニ）は終戦になっても帰還しない。心配した妻（ソフィア・ローレン）は消息を追いソ連に向かうが、夫は現地の娘と結婚して子供もいた。数年後、夫は妻のいるミラノに戻ってくるが…。

ハイ淀川です　この映画のいいところは後半ですね。マストロヤンニがソフィア・ローレンをどうしても忘れられなくなってイタリアに探しに戻ってくるところ。男と女は目が合いましたが、そのとき、雷鳴と夕立。停電しました。ローソクをへだてて二人は接吻することもできない。そうかと思ったときに、パッと電気がついて明るくなった。その明るさで、二人の心の覚悟がハッキリと決まりました。二人はもう一緒になれないんだ。それぞれの家族を持ってしまった。覚悟のあきらめた顔に涙をためるこのラストシーン。男女の覚悟を、ローソクと停電、そして電気がつくところで、見事に表現しました。デ・シーカの名作ですね。

秘密と嘘
Secrets & Lies

96／英／監・脚＝マイク・リー／撮＝ディック・ポープ／出＝マリアンヌ・ジャン・バチスト、ブレンダ・ブレッシン、ティモシー・スポール、フィリス・ローガン／V＝CIC　D＝ハピネット

解説　マイク・リー監督が家族に秘められた秘密と嘘を笑いと涙の中で描いた感動作。ロンドンの下町。シンシア（ブレンダ・ブレッシン）は、娘クロサンヌと暮らしているが、ある日、シンシアの娘だと名乗る女性ホーステン（マリアンヌ・ジャン・バチスト）から電話がかかり、二人は対面する。カンヌ映画祭パルムドール大賞。

ハイ淀川です　この白人のお母さんと黒人の娘が喫茶店で会うシーンがすごい。初めは信じられないのね。でも、だんだん話しているうちにこのお母さんは十六歳のとき、黒人と結ばれて赤ちゃんができて顔も見ないままに外にやってしまったことがわかってくる。二人しかいない喫茶店のこのクライマックスの見事なこと。しかし、この秘密を隠せなくなってこのお母さんは家族が集まったとき紹介しようとする。このあたりも怖い。そして、お母さんの弟が私生児を二度も産んでしまった姉をかばうあたりも涙が出ます。この家族愛。こんなすごい映画はイギリスしかできませんね。美しくって泣かされて、ほろりとさせる。マイク・リーの傑作です。

百万長者と結婚する方法
How To Marry A Millionaire

53／米／監＝ジーン・ネグレスコ／製・脚＝ナナリー・ジョンソン／撮＝ジョー・マクドナルド／出＝マリリン・モンロー、ローレン・バコール、ベティ・グレーブル／V＝FOX　B＝FOX　D＝ファースト

解説　ゾエ・エイキンズの舞台劇をジーン・ネグレスコ監督が映画化。ニューヨークで活躍する三人のモデル、マリリン・モンロー、ローレン・バコール、ベティ・グレーブルが、いかにして百万長者を見つけ、モノにしていくかをコメディ・タッチで描く。二〇世紀フォックスが『聖衣』に続いて製作したシネマスコープ第二弾。

ハイ淀川です　シネマスコープになったとき、監督は大きいスクリーンに困ったのね。一人のスターでは一場面がもつまいということになって、三人の女優を共演させようと考えたのがこの映画なんです。ローレン・バコール、マリリン・モンロー、ベティ・グレーブルの三人を使って、広いスクリーンの中央に一人、左右に一人ずつ、これで広い画面もひきしまるであろうとホッとしたんですね。ところが誰を中央に置くかで、会社の内部でもめたというおかしな苦労話もあったんです。というわけで、三人娘というのは脚本が組み立てやすい。やさしい、きつい、おかしいの個性を交流させて使える。私はこの中で、ローレン・バコールの軽微な演技が面白かった。

白夜
Le Notti Bianche

57／伊／監＝ルキノ・ヴィスコンティ／脚＝スーゾ・チェッキ・ダミーコ、他／撮＝ジュゼッペ・ロトゥンノ／出＝マルチェロ・マストロヤンニ、マリア・シェル、ジャン・マレー／V＝IVC　D＝紀伊國屋

解説　ドストエフスキーの短編小説『白夜』をルキノ・ヴィスコンティ監督が映画化。冬の一夜、マリオ（マルチェロ・マストロヤンニ）は、小さな橋の上で美しい女ナタリア（マリア・シェル）と知りあう。しかし、彼女は一年ほど前に町を去った恋人（ジャン・マレー）を今も思い続けていた。撮影はジュゼッペ・ロトゥンノ。

ハイ淀川です　ところがその青年は転勤してしまった。でも、一年後には必ず帰ってくるからあの橋の上で会おうと約束をしていたのに青年は帰ってこない。彼女もあきらめて、マリオと恋人同士になった。この孤独な男はどんなに喜んだか。雪の中を抱き合って歩く。パッと雪が飛び散るところ。まるで雪がバラの花に見えました。雪の中でボートをこいだ。あたりが全部満開の桜に見えた。この演出とキャメラ。そのとき橋のたもとにあの男が立っていた。「あっ、あの人が帰ってきた」。女は手を振って駆け出した。抱き合う二人をマリオは哀しく見ている。残酷なシーン。人間の敗北ですけれど、ここに愛の強さが溢れていました。

評決のとき
A Time To Kill

96／米／監＝ジョエル・シュマッカー／脚＝アキバ・ゴールズマン／撮＝ピーター・メンジース・ジュニア／出＝マシュー・マコノヒー、サンドラ・ブロック、サミュエル・L・ジャクソン／V＝ヘラルド、ポニー／D＝ヘラルド

D＝ヘラルド

解説　ジョン・グリシャムのベストセラー小説をジョエル・シュマッカー監督が映画化。ミシシッピー州のカントンで、十歳の黒人少女が白人青年に暴行を受け、父親カールは自らの手で犯人を射殺する。この事件を新米弁護士ジェイク（マシュー・マコノヒー）が担当。判決は有罪か無罪か。人種差別問題を描いた法廷サスペンス。

ハイ淀川です　ブラック&ホワイトの問題を真正面からとりあげました。この新米弁護士が黒人を弁護することになった。しかし、お前は黒人に味方するのかと言って、白人からいじめられて、家に火をつけられ、命まで狙われます。怖い。しかし、この弁護士が全部の白人の陪審員を向こうにまわして戦うところ。マシュー・マコノヒーがいいんです。この人は若いころのジェームズ・スチュアートによく似ています。というわけで、問題はいまだにアメリカに黒人と白人が敵対する映画があるということ。それが怖い。しかし、これはアメリカしかつくれない映画。アメリカが暗いところを見せたところにこの作品の値打ちがあります。この新人監督の野心作です。

ビリディアナ
Viridiana

61／スペイン／監・脚＝ルイス・ブニュエル／脚＝フリオ・アレハンドレ／撮＝ホセ・フェルナンデス・アグアーヨ／出＝シルヴィア・ピナル、フェルナンド・レイ、フランシスコ・ラバル／V＝メデリ

B・D＝IVC

解説　若い尼僧ビリディアナ（シルヴィア・ピナル）は、自分を誘惑した伯父（フェルナンド・レイ）が自殺したために罪の意識を抱き、救済事業を始め、貧者を救おうと献身的に努力する。しかし無宿人たちはやりたい放題でビリディアナを襲う。ルイス・ブニュエル監督がスペインを追放される原因となった問題作。カンヌ映画祭グランプリ。

ハイ淀川です　この映画をもっとわかりやすくしたのが『哀しみのトリスターナ』ですけれど、おかしいことにそれよりもこのわかりにくい『ビリディアナ』のほうが面白いんです。この映画、清らかな清らかな尼僧が伯父さんに汚されたと信じ、堕落してしまいますが、善行のありったけを尽くし、その残酷な仕打ちではねかえる怖さ。このあたりが見どころなんです。人間がもがく怖さを見せ、私たちを鞭打っているんです。とにかくブニュエルは煮ても焼いても食えない映画作家。スウェーデンのベルイマン監督が「水」ならブニュエルは「火」ですね。このブニュエルの感覚。その国の感覚に染まって映画を見ることも楽しいことです。

昼下りの情事
Love In The Afternoon

57／米／製・監・脚＝ビリー・ワイルダー／脚＝I・A・L・ダイヤモンド／撮＝ウィリアム・C・メラー／出＝ゲーリー・クーパー、オードリー・ヘプバーン、モーリス・シュヴァリエ／V＝ヘラルド、ポニー

D＝FOX

解説　世界的に有名なプレイボーイ、フラナガン（クーパー）は人妻と密通し、その亭主から射殺されそうになるが、彼に心惹かれていた私立探偵シャバッス（モーリス・シュヴァリエ）の娘アリアーヌに助けられる。一年後、二人は再会し恋の駆け引きが始まる。オードリー・ヘプバーンが、パリ娘に扮し中年男に恋するワイルダーのコメディ。

ハイ淀川です　この映画の面白さはワイルダーのいたずら心ですよ。浮気の種を旦那に売りつけるような妙な悪い探偵をモーリス・シュヴァリエがやっている。この人は実生活ではスキャンダルのない人でしたけれど、映画の中では酒、女、もてもての二枚目の色事師の花形だったんです。それをこんなしょぼくれた老探偵にした面白さ。もっといいのは堅物のゲーリー・クーパー。清潔な役ばかりの彼に中年男のプレイボーイをやらせていること。クーパーを助けてやるのがヘプバーンで、そのお父っつあんがシュヴァリエ。この因果が巡ってヘプバーンがクーパーに夢中になるお話ですけれど、キャスティングの妙にワイルダーの仕掛けがあるんですね。

ファイナル・カウントダウン
The Final Countdown

80／米／監＝ドン・テイラー／脚＝デヴィッド・アンブローズ、他／撮＝ヴィクター・J・ケンパー／出＝カーク・ダグラス、マーチン・シーン、キャサリン・ロス　B・＝ハピネット　D＝ビクター

解説　一九八〇年十二月七日、ハワイ沖を航行していた米軍原子力航空母艦ニミッツ号が突然タイムスリップ。三十九年前の一九四一年十二月七日、日本軍の真珠湾攻撃の現場に迷い込んでしまい、艦長イエランド大佐（カーク・ダグラス）は決断に苦しむ。実際の空母でロケを敢行したドン・テイラー監督の異色SF大作。

ハイ淀川です　アメリカの原子力攻撃空母がゆうゆうとハワイ沖二〇〇マイルの海上を航行していたら、たちまち暗雲がたちこめて雷鳴と青白い閃光。でもあっと驚いているうちに天気は回復。ほっとした瞬間、こんどは世にも奇怪なものが目に飛び込んできましたね。なんと日本海軍の真珠湾奇襲攻撃の日の丸機一三八機。さらに真珠湾奇襲作戦で撃沈されたアリゾナの勇姿が海上に浮かぶ。なんと真珠湾奇襲のお化けが突如現われたんですね。この幽霊は一九八〇年のアメリカ空母に攻撃してきたんですから、びっくりですね。まあ、それにしても真珠湾攻撃のお化けが出るとはスケールが大きい。参りました。

ファイブ・イージー・ピーセス
Five Easy Pieces

70／米／製・監・原＝ボブ・ラファエルソン／脚＝エイドリアン・ジョイス／撮＝ラズロ・コヴァックス／出＝ジャック・ニコルソン、カレン・ブラック

解説　ボビー（ジャック・ニコルソン）は、東部の名門音楽家の家系に育ったが、今は落ちぶれカリフォルニアで石油採掘の仕事をし、ウェイトレスのレイ（カレン・ブラック）と同棲している。〝偉大なるアメリカ〟が幻影でしかなくなった青年の精神的苦悩とさすらいを描いたアメリカン・ニューシネマで、監督はボブ・ラファエルソン。

ハイ淀川です　これは二重丸をつけたくなる傑作。心の奥に手を突っ込まれて、そこを握りしめられて苦しいと感じるような映画です。ボビーが、この映画で、あとにも先にも心からうれしい顔をしたのは、相棒の土方男とふざけちらした時だけ。二人には目に見えないホモがちらっと匂いましたね。そして、父が卒中で倒れたというので、もう三年も帰っていない家に帰ります。ヨイヨイの卒中親父。結局、ボビーはこの家も捨てて、あわててついてくるレイも途中で捨てますね。ボビーはどこへ行くか。アメリカが四方八方ふさがれた壁の中の暗い、いじましい国に感じられました。新進ボブ・ラファエルソンの歯切れのいい演出が見事な青春映画です。

ファースト・ワイフ・クラブ
The First Wives Club

96／米／監＝ヒュー・ウィルソン／脚＝ロバート・ハーリング／撮＝ドナルド・ソーリン／出＝ゴールディ・ホーン、ベット・ミドラー、ダイアン・キートン、マギー・スミス／V＝CIC　D＝パラマ

解説　個性派女優ゴールディ・ホーン、ベット・ミドラー、ダイアン・キートン競演の痛快コメディ。夫を若い愛人に奪われた女優（ホーン）、家電店の社長夫人（ミドラー）、専業主婦（キートン）の三人は、〝ファースト・ワイフ・クラブ〟なるものを結成。夫たちへの復讐を開始する。ヒュー・ウィルソン監督。

ハイ淀川です　この映画は三人の同級生がいかに旦那に復讐しようかというあたりが見どころですね。いかにもアメリカの都会的なパラマウント・タッチが戻ってきました。このアメリカ女の明るいこと。パラマウント・タッチというのは、男から見れば女は馬鹿。女から見れば男は馬鹿だなあと思うあたりが出ていることなのね。というわけで、ゴールディ・ホーンは可愛くってうるさい。ダイアン・キートンはいつまでたっても女学生みたい。ベット・ミドラーは色っぽくない。この三人の大女優たちの競演が見ものですよ。いかにもナンセンスで粋なタッチを楽しむ映画。でも、こんな三人だったら、きっと亭主は他に女をつくるかもしれませんね。

ファニーとアレクサンデル
Fanny Och Alexander

83／スウェーデン・仏・西独／監・脚＝イングマール・ベルイマン／撮＝スヴィエン・ニクヴィスト／出＝アラン・エドヴァル、エヴァ・フレーリング、バッティル・ギューヴェ、ペルニッラ・アルヴィーン／V＝ポニー　D＝IVC

解説　スウェーデンの地方都市ウプサラ。劇場主の妻エミリー（エヴァ・フレーリング）は、夫の死後、主教と再婚するが彼の横暴さに耐えかね、息子アレクサンデル（バッティル・ギューヴェ）と娘ファニー（ペルニッラ・アルヴィーン）のために離婚を決意する。イングマール・ベルイマン監督が聖職者の偽善を描いた大長編。アカデミー四部門受賞。

ハイ淀川です　この劇場主一家の見事な生活。ぜいたくとはこれだ、という感じでいいんですね。というのはただの金持ちのぜいたくではなく、この一家の心のぜいたく。感傷、感情が出ている。そのデリケートさがこの一家の少年の身に染まっていくあたり。お父さんが過労がたたって死んでしまったので、このお母さんは宗教に救いを求めて、妻子を亡くした寺院の主教の後妻になります。その主教の病的なまでの非情がこの少年の心に何を染めたのか。わたしはイングマール・ベルイマンの神への不信感をこの大作で知りました。まさにこれはベルイマン監督を知るための大作であり名作。この人間ドラマを機会があったら是非とも見て勉強して下さい。

ファンタジア
Fantasia

40／米／監＝サミュエル・アームストロング、他／脚＝ジョー・グランド、他／V＝ブエナ　B・D＝ディズニー

解説　ディズニー最大の野心的アニメーション。レオポルド・ストコフスキーとフィラデルフィア交響楽団の協力で、世界の名曲八曲を完全演奏し、それにあわせてファンタスティックな世界をくり広げる。例えばストラヴィンスキーの「春の祭典」が地球創世期の原始獣のバレエだったり、まさにディズニーならではの天才的発想の作品。

ハイ淀川です　例えば「くるみ割り人形」の金平糖の踊り。きのこがいっぱいあって、そのきのこが音楽に合わせて動いているうちに中国の傘になる。頭に載せている傘。その踊りのきれいなこと。ポール・デュカスの「魔法使いの弟子」ではあの有名なストコフスキーが指揮しているところにミッキー・マウスが「ハロー！」なんて言って出てきて握手するんですね。その面白かったこと。ストラヴィンスキーの「春の祭典」、これは地球の誕生。音楽の中で画が幻想的な形になっていきます。ディズニーの腕は見事ですね。アニメとはこんな楽しいものか。もしも「映画」がなかったら、こんな作品は生まれなかったかもしれないと思うほど見事な名作です。

フィオナの海
The Secret Of Roan Inish

94／米／監・脚＝ジョン・セイルズ／撮＝ハスケル・ウェクスラー／出＝ジェニー・コートニー、アイリーン・コルガン、ミック・ラリー／V＝アミューズ

解説　一九四〇年代のアイルランド。少女フィオナ（ジェニー・コートニー）は、祖父から幼い弟ジェミーが島でゆりかごごと海にさらわれた話を聞かされる。しかし、弟が生きていると信じたフィオナは島に向かい弟の姿を目撃するが……。ジョン・セイルズ監督がケルト民族の妖精伝説をモチーフに自然と人間の関わりをファンタスティックに描く。

ハイ淀川です　これはアザラシ伝説。アザラシが人間の赤ちゃんをゆりかごのまま海のかなたにさらっていたという話を映画にしました。それだけに寂しく夜の波の音を聞くような映画なんです。出演者はほとんど知らない人ばかりですが、キャメラマンのハスケル・ウェクスラーは第一級ですね。あの『カッコーの巣の上で』『バージニア・ウルフなんかこわくない』の名キャメラマンですね。というわけでこの監督はキャメラに命をかけ見せようとしました。カラーなのにまるでモノクロの感じ。空の雲の美しさも灰色。今どきこういう映画をつくるアメリカの映画監督がいるので、私は安心しました。この伝説映画は一見の価値がありますよ。

フィニアンの虹
Finian's Rainbow

D＝WHV

68／米／監＝フランシス・F・コッポラ／脚＝E・Y・ハーバーグ／撮＝フィリップ・H・ラスロップ、他／出＝フレッド・アステア、ペトラ・クラーク、トミー・スティール／V＝WHV

解説　ブロードウェイ・ミュージカルの映画化。レインボウ・バレーに暮らす陽気なフィニアン（フレッド・アステア）が、三つの願いがかなう壺を手に入れたことから騒動が巻き起こる。ハリウッドを代表するミュージカル・スターのアステアとフランシス・F・コッポラ監督が組んだミュージカル・ファンタジー。

ハイ淀川です　これはカプリコーンの話ですね。アイルランドの緑の深い森の中。夜になるとトンテンカンと靴を金づちで叩く音が聞こえる。それが小人のカプリコーンが働いている靴づくりの音なんです。このカプリコーンは黄金の壺を持っていて、その中にいっぱいの金貨を隠しているという伝説があるので、その壺を盗みに行くフレッド・アステアのダンス映画です。この映画はそのアステアの踊りが見どころ。それにコッポラ監督が舞台のミュージカルを映画にしたというのも面白い。コッポラがこのころ、どんな映画をつくっていたのか、そんな目で見ても面白い。コッポラ・ファンはこれを見てないと大きな顔ができませんよ。

フィフィ大空をゆく
Fi Fi La Plume

65／仏／監・脚＝アルベール・ラモリス／撮＝ピエール・プティ／出＝フィリップ・アブロン、ミレーユ・ネーグル、アンリ・ランベール

解説　時計泥棒がサーカスの団長に助けられ、そのサーカス団に入る。天使の羽をつけて綱渡りの練習をしているうちに、ほんとうに空中を飛べるようになってしまう。彼は「フィフィ」の芸名をもらい花形として活躍。ブランコ乗りの娘ミミと恋仲になる。『赤い風船』のアルベール・ラモリス監督のファンタスティック物語。

ハイ淀川です　飛べた。飛べた。フィフィはサーカスのテントの間から抜け出して空へ上がっていく。この飛ぶところのキャメラの感覚がすごいんですね。人間が自由に鳥のように飛べることがどんなにうれしいかということを見事に見せてくれました。まあ、いろいろあって、フィフィが結婚して子供ができた。海岸を歩いている子供の背中を見たら小さな翼が出ていた。このあたりの面白いこと。というわけで、この映画はチャップリンの『サーカス』と同じ話。あれはチャップリンが泥棒に間違えられて逃げて、綱渡りの女の子を愛しました。つまり、ラモリスはチャップリンとルネ・クレール・タッチをうまくとり入れて、空の詩をつくったんですね。

フィラデルフィア
Philadelphia

B・D＝SPE

93／米／製・監＝ジョナサン・デミ／脚＝ロン・ナイスワナー／撮＝タク・フジモト／出＝トム・ハンクス、デンゼル・ワシントン、ジェイソン・ロバーズ／V＝SPE／D＝SPE

解説　『羊たちの沈黙』のジョナサン・デミ監督が〝エイズ〟を真正面から描いた問題作。フィラデルフィアの弁護士ベケット（トム・ハンクス）は、ある日エイズを宣告され会社を解雇される。彼は不当な差別として訴訟を決意。かつてライバルだった黒人弁護士ミラー（デンゼル・ワシントン）が弁護を引き受け法廷に立つ。

ハイ淀川です　一口で言えばこれはエイズとホモの裁判劇ですね。エイズで法律事務所をクビになった男がその事務所を訴えました。いまやアメリカはホモを理解しエイズを助けかばおうとしていますね。だからこのラストはすぐにわかってしまいますが、この映画の見どころはホモを画面の中でどうにおわせるかでしょう。それともう一つ、黒人弁護士のワシントンの演技が光りました。初めは弁護を引き受けるのに躊躇したけれど、だんだんのめり込んでいく。それをオーバーアクトではなく、目と唇と肩だけで見せました。最高の演技です。オスカーをとったトム・ハンクスを完全に押さえてしまいました。いま、アメリカがこの題材を映画にしたのに注目。

フィールド・オブ・ドリームス

Field Of Dreams

B・D＝ジェネ

89／米／監・脚＝フィル・アルデン・ロビンソン／撮＝ジョン・リンドレイ／出＝ケビン・コスナー、エイミー・マディガン、ギャビー・ホフマン、レイ・リオッタ、ジェームズ・アール・ジョーンズ／V＝東和

解説　W・P・キンセラの長編小説をフィル・アルデン・ロビンソン監督が映画化。三十六歳の農夫レイ（ケビン・コスナー）は妻（エイミー・マディガン）と可愛い娘に恵まれているが、ある春の夕暮れ、トウモロコシ畑に野球場をつくれば、伝説の大リーガー、シューレス・ジョー（レイ・リオッタ）が来るという天の声を聞く。

ハイ淀川です　この男はトウモロコシ畑を刈って刈って野球場をつくる。ある晩、娘が「庭に誰かが立っているよ」と言うので見たら、ホワイト・ソックスのシューレス・ジョー選手が立っていた。お父さんはびっくりした。というところからこの野球場に幽霊が来る。幽霊が集まってキャッチボールをやる。こんなアメリカ映画は珍しい。この主人公の男が、死んだお父さんと会いたいなあと思っていると、遠くからユニフォームを着てやってきた。そして、この二人が夕方にキャッチボールをするあたりの見事なこと。実はこの映画のほんとうのポイントは、このお父さんを呼ぶことだったのかもしれない。アメリカ魂を久しぶりに摑んだ最高の愛の映画です。

フェイス／オフ

Face/Off

D＝ディズニー

97／米／監＝ジョン・ウー／脚＝マイク・ワーブ、他／撮＝オリヴァー・ウッド／出＝ジョン・トラボルタ、ニコラス・ケイジ、ジョアン・アレン／V＝ブエナ

解説　FBI捜査官アーチャー（ジョン・トラボルタ）は、非情なテロリストのトロイ（ニコラス・ケイジ）を逮捕し、植物人間となった彼の顔を手術で移植。一方のトロイも昏睡から目覚め保存されたアーチャーの顔を移植。二人は細菌爆弾をめぐって再び対決する。香港出身のジョン・ウー監督の奇抜なハードアクション。

ハイ淀川です　ニコラス・ケイジとジョン・トラボルタがほんとうに顔を代えちゃう。しかし性格や声は変わらないというこのあたりのシナリオの面白さ。まるで『ジキルとハイド』だ。ニコラスに対してハンフリー・ボガートみたいな役者だったら面白くないのね。それを坊っちゃんみたいなトラボルタがやったところが傑作だ。監督のジョン・ウーは香港の人。だからこのアクション・サスペンスには香港の話芸のような流れがあります。この監督はハリウッドのどの監督にも負けないくらいの実力者。いかに映画を知った映画ファンかがわかります。これは見逃したら損だ。私はこの監督に拍手を贈りたい。見事な傑作です。おすすめの映画ですよ。

フェーム

Fame

B＝WHV　D＝WBH

80／米／監＝アラン・パーカー／脚＝クリストファー・ゴア／撮＝マイケル・セラシン／出＝アイリーン・キャラ、ローラ・ディーン、リー・キュレーリ、バリー・ミラー、ジーン・アントニー・レイ／V＝WHV

解説　公立の芸能学校で人種、環境も違う若者たちが、ダンス、歌、演技のオーディションを受ける。ブロードウェイの名声に憧れる若い男女八人を中心に三年間の学校生活を描いた作品で、ココ役のアイリーン・キャラの歌が抜群でアカデミー主題歌賞を受賞。監督は『ダウンタウン物語』のアラン・パーカー。

ハイ淀川です　若さを踊りと音楽にとけこませ、見るものを酔わせる群衆劇の楽しさ。それと同時にブロードウェイの芸能人入門の厳しさを一般に紹介した映画ですね。人種の違いをいささかも意識させないで、ただひたすらエンターテイナーに専念するその姿は涙ぐましいばかりです。どうやらこの映画、ブロードウェイのヒット・ミュージカル『コーラスライン』に刺激され生まれたような感じがしないでもありませんが、アラン・パーカーの演出にはミュージカルのエネルギーの潑溂さが感じられ、全力投球をしました。ダンシング・リズムをこの監督は画面に見事に染めぬいています。特に前半の演出の激情は見事です。

フェリーニのアマルコルド
Amarcord

74／伊・仏／監・脚＝フェデリコ・フェリーニ／脚＝トニーノ・グエッラ、他／撮＝ジュゼッペ・ロトゥンノ／出＝プペラ・マッジオ、マガリ・ノエル、アルマンド・ブランチャ／V＝WHV　B・D＝KAD

解説　フェデリコ・フェリーニ監督の自伝的要素をノスタルジックに描いた作品。ムッソリーニのファシズムが台頭したころの北イタリアの港町。いたずら好きの十五歳のチッタは、憧れの女性（マガリ・ノエル）を追いまわしたり、タバコ屋の巨乳娘に可愛がられたりするが、いつもチッタをかばってくれた母は死んでしまう。

ハイ淀川です　この映画はフェリーニ・ショーですね。例えば、雪が降ったあと、広場を埋めつくした人たちの雪かき。その広場の噴水に灰色の空から孔雀が舞い下りてくるあたりの美しさ。しかし、一番フェリーニらしいのは町の人たちが巨船のレッキス号を見物するシーン。海も白い巨船も人工ですね。それをセットで見せました。まさにフェリーニ・ショー。フェリーニはイタリアン・リアリズムに反抗しました。見せること、ショーの楽しさで美しさを盛りあげようとしますね。フェリーニはイタリアのムラノ・グラスの美しさです。そのフェリーニ美術がフィルムの中で歌を唄っている感じ。その最高が『アマルコルド』でした。

フェリーニの道化師
I Clowns

70／伊・仏・西独／製・監・脚＝フェデリコ・フェリーニ／脚＝ベルナルディーノ・ザッポーニ／撮＝ダリオ・ディ・パルマ／出＝フェデリコ・フェリーニ、アニタ・エクバーグ、ピエール・エテックス　B＝IVC　D＝紀伊國屋

解説　少年時代からサーカスに憧れていたフェデリコ・フェリーニ監督が道化師を記録映画的に描いた作品。フェリーニ自身が画面に登場。数名のスタッフを率いて、イタリアとフランスの道化師たちの現状ルポの旅に出る。往年の名人たちは老いていたが、フェリーニは彼らをスタジオに集め、絢爛たる道化ショーを再現してみせる。

ハイ淀川です　サーカスはショーのオリジナルですね。そのショーのもう一つ奥のオリジナルこそがクラウンなんです。ですから、フェリーニはそれを愛し、それをあらん限りの愛情をこめてスケッチしています。クラウンの記録映画のスタイルをとりながら、クラウンを愛する彼の魂の中に入り込んでいきますね。クラウンへの讃歌。一人のおじいちゃんのクラウンが誰もいないリングでトランペットを吹く。すると遠くのほうから、こだまするようにトランペットの音が聞こえてくる。それはかつての相棒。二人が合奏して、幽霊のように消えて行くラスト。これはフェリーニの愛情であり残酷ですね。これがフェリーニ映画の鍵だということがわかりますね。

フェリーニの8½
Otto E Mezzo

63／伊／監・原・脚＝フェデリコ・フェリーニ／脚＝トゥリオ・ピネリ、他／撮＝ジャンニ・ディ・ヴェナンツォ／出＝マルチェロ・マストロヤンニ、クラウディア・カルディナーレ、アヌーク・エーメ／V＝SPE　B＝KAD　D＝紀伊國屋

解説　心身ともに疲れた映画監督グイド（マルチェロ・マストロヤンニ）は、温泉に療養に行くが、うるさい妻（アヌーク・エーメ）や愛人（サンドラ・ミロ）に押しかけられ混乱し、憧れる女優（クラウディア・カルディナーレ）には逃げられる。現在、過去、未来を織りまぜながら生の苦悩を描いたフェデリコ・フェリーニ監督の自伝的作品。

ハイ淀川です　もうこれは映画のあらゆる手法を使い、もうこれ以上の映画はできないと唸ってしまった名作です。主人公の過去や現在が交錯して出てきます。主人公の原稿が書けない苦しみ。そして刺激を求めようと女を呼んだあとのくやみ。母の幻覚や父の亡霊。そして少年時代の姿。このフェリーニのエネルギーの溢れた映画タッチに脱帽しました。のちにブロードウェイでミュージカルになって、ラウル・ジュリアが演じましたが、フェリーニ・タッチにはほど遠いものでした。まさにこれは脚色の手法のすごさ。映画美術の美しさ。ニーノ・ロータの音楽は今も耳に残っています．イタリアのモダンを世界にまき散らした名作。私は十二回も見ました。

フェリーニのローマ
Roma

72／伊／監・脚＝フェデリコ・フェリーニ／脚＝ベルナルディーノ・ザッポーニ、他／撮＝ジュゼッペ・ロトゥンノ／出＝ピーター・ゴンザレス、ブリッタ・バーンズ、ピア・デ・ドーゼス／V＝WHV

B＝KAD　D＝FOX

解説　フェデリコ・フェリーニ監督の『サテリコン』に続く作品。ストーリーはほとんどなく、フェリーニを思わせる青年が登場するが、主役は永遠の都ローマ。若き日の彼の目に焼きついたローマと現代のローマを重ね合わせて、ドラマともドキュメントともつかないフェリーニ自身の心象をつくりあげた。音楽はニーノ・ロータ。

ハイ淀川です　これは目に訴える感覚のマジック。なめるがごとくローマの肌をフィルムに吸いとっていきますね。下町の下宿屋にたむろする人間群像。太った女。厚化粧の女。市電の線路修理のスパークする青い光。僧衣のファッション・ショー。しかもその僧衣の珍ニューモード。都会へのフェリーニの皮肉がコメディタッチで胸を刺します。ローマ市街をなめ回すキャメラで五十人のオートバイ族のジャンパー姿のサイクル・ドライブをとらえる。いかに文体を練ろうとも、画布に筆を走らそうとも、この流れるフィルム美術には及ばないと申しあげたいほどのローマの生態。映画の美術、キャメラの美術とはまさにこれ。フェリーニの映画詩に酔って下さい。

フォー・ルームス
Four Rooms

95／米／監・脚＝アリソン・アンダース、アレクサンダー・ロックウェル、ロバート・ロドリゲス、クエンティン・タランティーノ／撮＝ロドリゴ・ガルシア、他／出＝ティム・ロス、マドンナ、ブルース・ウィリス／V＝アミューズ

B・D＝WHV

解説　クエンティン・タランティーノを始め注目の四人の監督が撮ったオムニバス映画。大晦日のホテルを舞台に四つの物語「お客様は魔女」「間違えられた男」「かわいい無法者」「ハリウッドから来た男」が描かれ、ホテルのベル・ボーイのティム・ロスが鮮やかに駆けぬけユーモアを盛りあげる。製作総指揮もタランティーノ。

ハイ淀川です　ホテルのボーイのティム・ロスが、この映画の狂言廻しなんですね。見ているとロスは、昔の映画と舞台の人気コメディアンのエディ・カンターのスタイルなんですよ。というわけで、四つの話はどれもこれも面白い。三話は夫婦が九歳の姉と六歳の弟をおいてパーティに行っちゃった。弟は姉さんから足が臭いと叱られたので自分の足をなめたけれどなんでもない。実は臭かったのはベッドの下。何があったのかという怖い話。四話はハリウッドの映画の連中が集まって賭けをして勝ったら車、負けたら小指を切るという話。子供のころの正月のニコニコ大会の陽気さを思い出しましたが、タランティーノの元気さと才能にびっくりしました。

フォレスト・ガンプ／一期一会
Forrest Gump

94／米／監＝ロバート・ゼメキス／脚＝エリック・ロス／撮＝ドン・バージェス／出＝トム・ハンクス、サリー・フィールド、ゲイリー・シニーズ、ロビン・ライト／V＝CIC

B・D＝パラマ

解説　少し頭の弱いフォレスト（トム・ハンクス）は、大学でフットボールのスター選手になり、ベトナム戦争では戦友の命を救い大統領から栄誉勲章を受け、事業にも成功し時代のヒーローとなる。アメリカ現代史を駆けぬけた彼の波乱に富んだ人生を描いた傑作。トム・ハンクスが二年連続でアカデミー主演男優賞に輝いたほか、六部門受賞。

ハイ淀川です　白い羽根が空からフワフワと舞い降りてくると、そこのバス停のベンチにトム・ハンクスが腰かけている。このファーストシーン。語り出しの見事なこと。お話は生まれつき足が悪くって背骨も悪くって、それで頭が少し弱い男の子がアメリカの英雄になっていく。しかし、このテーマを大げさに撮っていないで淡々としているところがいいんですね。この青年の善意の行動が、いろいろの人たちの不幸を乗り切らせるあたり。両足を失くした戦友に勇気を与えるところ。この映画を見ていると、人間は勇気を持とう、愛に生きなければダメだということがわかります。最後まで飽きさせないで見せたロバート・ゼメキスの見事な演出は立派でした。

フォロー・ミー
The Public Eye

72／米・英／監＝キャロル・リード／原・脚＝ピーター・シェーファー／撮＝クリストファー・チャリス／出＝ミア・ファロー、トポル、マイケル・ジェイストン　B・D＝キング

解説　ピーター・シェーファーの一幕劇『ザ・パブリック・アイ』をキャロル・リード監督が映画化。イギリス人の会計士チャールズ（マイケル・ジェイストン）は、アメリカ人ベリンダ（ミア・ファロー）と結婚したが、妻の行動に不審を感じ、浮気しているのではないかと疑い、私立探偵ジュリアン（トポル）につけさせるが…。

ハイ淀川です　これは若い娘と金持ちの青年が結婚して一年くらいたったら、その旦那が自分のお嫁さんの行動がおかしいというので、私立探偵に調べさせる面白い話でした。きれいなきれいな映画でミア・ファローがとても可愛い奥さんをやってなかなかいい感じを出しました。しかし実はこの役は最初はジュリー・アンドリュースだったのですが、やれなくなった。それで次にオードリー・ヘプバーンに頼んだんですけど、ヘプバーンは少し年齢をとりすぎているというので、ミア・ファローに決まりました。彼女はそれに見事に名演でこたえました。というわけで、もしもヘプバーンがやっていたら、違ったムードの映画になっていたかもしれませんね。

武器よさらば
A Farewell To Arms

32／米／監＝フランク・ボーゼイジ／脚＝O・H・P・ギャレット／撮＝チャールズ・ラング／出＝ゲーリー・クーパー、ヘレン・ヘイズ／V＝IVC／D＝カルチ　D＝FOX

解説　アーネスト・ヘミングウェイの反戦文学の名作をフランク・ボーゼイジ監督が映画化。第一次大戦、イタリア軍に志願入隊したアメリカ人将校フレデリック（ゲーリー・クーパー）は、イギリス野戦病院の看護婦キャサリン（ヘレン・ヘイズ）と出会い恋におち彼女は妊娠。フレデリックは軍を脱走しスイスへ。アカデミー撮影、録音賞。

ハイ淀川です　日本でこの作品が封切られたのは昭和八年。『武器よさらば』なんていう題は反戦の響きが強いというので、けしからんと軍部が怒っちゃって『戦場よさらば』という題名で公開されたんです。これはそんないわくつきの問題作です。そして、この映画があんまりにも面白いので、一九五七年に大プロデューサーのデヴィッド・O・セルズニックが再映画化したんです。監督は最初はジョン・ヒューストンでしたが、クビにしてしまってチャールズ・ヴィダーで完成させました。クーパーの役がロック・ハドソン、看護婦がジェニファー・ジョーンズ。これも二人の愛情が盛りあがってすごかった。でも、私には第一作のほうが印象が強かったです。

ふたり自身
The Heartbreak Kid

72／米／監＝エイレン・メイ／脚＝ニール・サイモン／撮＝オーウェン・ロイズマン／出＝チャールズ・グローディン、ジーニー・バーリン、シビル・シェパード

解説　女流監督エイレン・メイの風刺喜劇。レニー（チャールズ・グローディン）は、一目惚れしたライラ（ジーニー・バーリン）と新婚旅行に出かけるが、彼女のマナーの悪さにガックリ。たまたま金髪グラマーのケリー（シビル・シェパード）に出会い、またもや一目惚れ。なんとか離婚して、ケリーと結婚式をあげるが…。

ハイ淀川です　男は別れてケリーのところへ行っちゃった。山奥のバンガローに行って、二人は真っ裸になった。これが試験ですね。男は頑張って彼女の肌に手をふれなかったのでテストはパスして結婚した。この映画のいちばん面白いのは二度目の結婚式場。前と同じように女の家族がいっぱいいるところで、男はぼんやりコップで水を飲んでいるラストですね。いくら惚れたと言いながら瞬間的にいやになるような男は、次の新婚旅行だって危ない。愛というものはときには忍耐ですね。それがない冷たい男は結婚してもすぐこわれてしまうでしょう。男が悪いのか、女が悪いのか。そこいらを見極めたら、この映画の面白さが、あざやかにわかってきます。

ふたりだけの窓
The Family Way

66／英／監・脚＝ロイ・ボールディング／原・脚＝ビル・ノートン／撮＝ハリー・ワックスマン／出＝ヘイリー・ミルズ、ハイウェル・ベネット、ジョン・ミルズ　D＝ジェネ

解説　ビル・ノートンのヒット戯曲をロイ・ボールディング監督が映画化。町の映画館に勤めるアーサー（ハイウェル・ベネット）とレコード屋の店員ジェニー（ヘイリー・ミルズ）は新婚早々だが両親に気がねし、ほんとうの夫婦となれない毎日が続く。住宅難で夫の家族と同居を余儀なくされた若い夫婦の悩みと親子の愛の交流を描く。

ハイ淀川です　これはイギリスのユニークな青春ドラマ。おとなしい青年と娘が結婚するけど、ちょっとしたはずみで初夜にセックスができない。二度目も三度目もダメ。潔癖になりすぎちゃったのね。それで二人がセックスできないことが近所の人たちにわかっちゃう。若い旦那は怒って、「お前がそんなことをふれまわったんだろう」と娘のほっぺたをぶっちゃう。実はどうも掃除のおばさんが噂をふりまいていたらしいのね。可哀相にこの若い奥さん。でも旦那が殴ったことで逆に夫婦の仲がよくなりセックスもうまくいく。これも青春ですね。青春というものはいろいろの形をもっているから面白いのね。若い人たちの悩みを真面目に描いた傑作です。

普通じゃない
A Life Less Ordinary

97／米／監＝ダニー・ボイル／脚＝ジョン・ホッジ／撮＝ブライアン・タファノ／出＝ユアン・マクレガー、キャメロン・ディアス、ホリー・ハンター、デルロイ・リンドー　D＝FOX

解説　アメリカに進出したダニー・ボイル監督の一味違った傑作ラブコメディ。作家志望のロバート（ユアン・マクレガー）は、巨大企業の清掃係をクビにされ、社長室にどなり込むが、そこに居合わせた社長令嬢セリーン（キャメロン・ディアス）を、なぜか誘拐するハメに。しかし、それは何者かによって仕組まれていたことだった。

ハイ淀川です　私の好きな『トレインスポッティング』のダニー・ボイル監督がアメリカでどんな映画を撮るかと思ったら、やはり普通じゃあなかった、この監督は。初めは『或る夜の出来事』かと思っていたら、このお嬢ちゃんがだんだん怖くなってきて、父親から金をまき上げて、アプレのモダン青年と逃避行するあたりの面白さ。父親に脅かす電話をかけるのをうれしがっているあたり。これは映画ごっこですね。逃げる男女二人と追う男と女の四人を巧く見せる。初めに白い画面が出てきて終わりも出る。それは言いませんけれど、これは映画通の人にはたまらない映画。この四十一歳の監督の映画好きのエネルギーが見事に盛りあがっています。

普通の人々
Ordinary People

80／米／監＝ロバート・レッドフォード／脚＝アルヴィン・サージェント／撮＝ジョン・ベイリー／出＝ドナルド・サザーランド、ティモシー・ハットン、メアリー・タイラー・ムーア／V＝CIC　D＝パラマ

解説　ロバート・レッドフォードの監督デビュー作。ごく普通の四人家族が、突然襲った長男の事故死を境に、次男（ティモシー・ハットン）の自殺未遂、さらに父（ドナルド・サザーランド）と母（メアリー・タイラー・ムーア）も問題を抱え、徐々に歯車を狂わせていく。アカデミー作品、監督、助演男優賞など四部門受賞。

ハイ淀川です　ロバート・レッドフォードはアメリカのグッド・テイスト。地味だけれど品格のある作品ですね。それよりもうれしかったことは、十九歳のティモシー・ハットンが映画初出演でアカデミー助演男優賞をとったことなの。兄の事故死を自分のせいにして苦しむ弟の役。熱演というよりも誠実な全力投球の感じがよかった。実はお父さんが、バート・ランカスター主演の『ビックトレイル』で助演し、日本に来て東京の劇場で舞台挨拶したとき、私は通訳したことがあるんです。そのジムは作品に恵まれず四十二歳で亡くなりましたが一流になれなかった。その息子のティモシーが代わって花を咲かせてくれました。この息子に拍手してやりたい。

舞踏会の手帖
Un Carnet De Bal

B・D＝IVC

37／仏／監＝ジュリアン・デュヴィヴィエ／脚＝ジャン・サルメ、他／撮＝フィリップ・アルゴスティーニ、他／出＝マリー・ベル、フランソワーズ・ロゼー、ルイ・ジューヴェ、アリ・ボール／V＝CIC

解説　イタリア北部、コモ湖畔の壮大な館。若くして未亡人になったクリスティーネ（マリー・ベル）はひっそりと毎日を送っていたが、社交界にデビューしたときの舞踏会の手帖を見つけ、それに書かれた自分の踊り相手を訪ねる旅に出る。走馬燈の影絵のように現われては消えていく人生の虚実を描いたジュリアン・デュヴィヴィエ監督作品。

ハイ淀川です　最初はジョルジュという男の家に行くのね。そのお母さん（フランソワーズ・ロゼー）がいたの。実はその息子はクリスティーネを恋して恋して自殺していたのね。そのお母さんは未亡人のことを知らないから、「まあ、よくいらっしゃいました。今晩、舞踏会がありますから私の息子と踊ってやって下さい」なんて言うのね。未亡人はゾッとしちゃうのね。お母さんは引き出しから、パーティの招待状を出してくるんだけど、見たら息子の死亡通知だったのね。このお母さんは気がおかしくなっていたのね。このあたりの怖いこと。フランソワーズ・ロゼーがうまいのね。デュヴィヴィエ監督の代表作の一つですね。

冬の旅
Sans Toit Ni Loi

85／仏／監・脚＝アニエス・ヴァルダ／撮＝パトリック・ブロシエ／出＝サンドリーヌ・ボネール、マーシャ・メリル、ステファーヌ・フレス、ヨランド・モロー、ジョエル・フォッス

解説　『幸福』の女流監督アニエス・ヴァルダが演出。冬のブドウ畑で行き倒れて死んだ十八歳の少女モナ（サンドリーヌ・ボネール）。彼女の身に何が起こったのか。彼女と知り合った人たちの証言から、モナの南フランスの孤独な放浪の旅が徐々に明らかになっていく。サンドリーヌ・ボネールがセザール賞最優秀主演女優賞受賞。

ハイ淀川です　自分が寝るテントを肩にかついで野原に寝たり、森に寝たりしてまるで野生。この娘は人を信用していないのか。そうじゃあないんだね。ほんとうの自由の中で一人で生きたいと思っている。女の大学の先生も出てきますが、この先生も最後は嫌いになって突っ放しますね。なぜかまわりの人たちが温かい言葉をかけても、この娘は逃げてしまう。このあたりが怖いなあ。もっと強い愛を持たなければいけないと感じます。そう思ってみると、モナというこの娘の悲しさが伝わってきて、目に涙がいっぱいたまります。フランスの女流監督は、母親の気持ちでこのモナを描いている。モナの悲しさを心の中にどんどんしみ込ませてほしい映画です。

フライド・グリーン・トマト
Fried Green Tomatoes

D＝紀伊國屋

91／米／製・監＝ジョン・アヴネット／原・脚＝ファニー・フラッグ、他／撮＝ジェフリー・シンプソン／出＝キャシー・ベイツ、ジェシカ・タンディ、メアリー・スチュアート・マスターソン／V＝ポニー

解説　オスカー女優キャシー・ベイツとジェシカ・タンディが初共演。人生の目的を失った主婦エヴリン（ベイツ）は、老女ニニー（タンディ）から、愛する者を失った二人の少女の昔話を聞かされ、生きる自信を持つ。現代と過去。女同士の二つのドラマが並行して描かれ、愛と友情と勇気をうたい上げる。ジョン・アヴネット監督。

ハイ淀川です　エヴリンは老人ホームのおばあちゃんに慰められますね。私の若いころ、こんな話があったのよ。それは二人の姉妹の運命物語。この話は見ていて涙が出てくるくらいいいのね。時代を追いながら女の運命をあやとりさながら語られていくところ。しかし、もっとすごい見どころはキャシー・ベイツとジェシカ・タンディの芝居ですね。ベイツは太っていつもチョコレートをかじって、いつも亭主からいじめられると思っているの。その大人の無邪気さ。タンディは物の言い方が上品で、あんた心配しなさんなと励まします。この二人の演技対決の見事なこと。名演技に酔って下さい。女の匂いが溢れたこれは名作ですよ。

プライベート・ライアン
Saving Private Ryan

98／米／監＝スティーブン・スピルバーグ／脚＝ロバート・ロダット／撮＝ヤヌス・カミンスキー／出＝トム・ハンクス、マット・ディモン、トム・サイズモア、エドワード・バーンズ／V＝CIC　B・D＝パラマ

解説　一九四四年、連合軍によるノルマンディ上陸作戦。オマハビーチの激戦を生き抜いたミラー大尉（トム・ハンクス）に、軍上層部からライアン二等兵（マット・ディモン）を救助せよとの秘密指令が下り、ミラー以下八名は決死の救出を敢行する。スピルバーグが戦争の残虐性と若者の悲劇を壮大なスケールで描いた大作。

ハイ淀川です　昔の『西部戦線異状なし』や『地上最大の作戦』を自分流にリメイクして、アメリカの戦争映画の歴史に残るような新しいスタイルでスピルバーグは大作をつくりました。映画のカレンダーをどんどん塗り変えますね。ノルマンディ上陸は最初から血みどろの海。ドイツ軍にやられて海岸が血の海になる。決して勇壮じゃあないんですね。そして生き残っているライアンを助けようとする。このあたりのハートウォーミングなタッチは憎らしいけれど見事です。ラスト、助かったライアンが老人になって広い墓場に立つ。このあたりでアメリカの人たちは涙を流すでしょう。というわけで、これはスピルバーグの第一級の作品ですよ。

ブラス！
Brassed Off

96／英／監・脚＝マーク・ハーマン／撮＝アンディ・コリンズ／出＝ピート・ポスルスウェイト、ユアン・マクレガー、タラ・フィッツジェラルド／V＝FOX　D＝アミューズ

解説　マーク・ハーマン監督が、ヨークシャーの炭坑夫が結成したバンド「クライムソープ・コリアリー」の実話を映画化。一九一七年に結成されたバンドは、炭坑閉鎖の危機などを乗り越え全英選手権に優勝。その後も苦難があったが、九五年に再建。仲間の連帯意識と町の人たちの誇りと愛情が伝わってくる感動ドラマ。

ハイ淀川です　この映画は全員が男性のバンドですね。それにひとりの女性が加わりますけれど、これは映画だからそうしたんでしょう。とにかく、若いというよりもオジサン連中のバンド。というのは、みんな工場が不況でクビになってしまった。労働者の家庭の哀しいところから始まりますけれど、このあたりはいかにもイギリスらしいんですね。このオジサンたちがシャワー室で全裸で水を浴びるシーン。あの裸この裸を思わず見つめてしまいました。一瞬、あそこがちらりと、ほんの一秒ぐらいですよ。そんなところがあって面白いのね。いいえ、決していやらしい映画ではありませんよ。これは見るからに男の映画。その面白さはたまりませんよ。

フラッド
Hard Rain

98／米／監＝ミカエル・ソロモン／脚＝グラハム・ヨスト／撮＝ピーター・メンジス・ジュニア／出＝クリスチャン・スレーター、モーガン・フリーマン、ランディ・クエイド／V＝東和／D＝LDC　D＝LDC

解説　インディアナ州の田舎町は記録的な大雨で大洪水。セキュリティ・ポリス、トムの現金輸送車が強盗団に襲われる。ダム決壊の最悪の事態の中で、現金のありかをめぐってトムと強盗団の攻防が展開される。『バックドラフト』の撮影監督だったミカエル・ソロモン監督が水の恐怖を描いたパニック・アクション。

ハイ淀川です　大洪水、大雨、激流、まあ戦後これだけ水の怖さを溢れさせた映画はなかった。この水の恐怖は舞台ではできませんね。この監督はキャメラマン出身ですから、キャメラに注意して見事に大洪水の恐怖を出しました。スレーターが警察の留置場に入れられていると、水がどんどん増えてくる。オリの中で水浸しになるあたりの怖さ。逃げられない、どうしようというあたり。というわけで、この映画は水の怖さと人間の耐久力です。やれば自分はここまで頑張れるんだ、ということを見つめるような映画。ただの娯楽映画じゃぁありませんね。自信を持てばこれだけの力があるんだというあたりが面白い。でも洪水ってほんとうに怖いですね。

プラトーン
Platoon

86／米／監・脚＝オリヴァー・ストーン／撮＝ロバート・リチャードソン／出＝チャーリー・シーン、トム・ベレンジャー、ウィレム・デフォー／V＝SPE／D＝カルチ　B・D＝ディズニー

解説　一九六七年、名門大学を中退してベトナムに来たクリス（チャーリー・シーン）は、いきなり最前線の戦闘小隊〝プラトーン〟に配属されるが、現実は想像を超えた過酷なものだった。オリヴァー・ストーン監督が自身の体験をもとに、虐殺、略奪、強姦、麻薬などを通し戦争の恐ろしさを描く。アカデミー作品、監督賞など四部門受賞。

ハイ淀川です　もうベトナム戦争の決死のジャングルでの泥まみれの戦い。キャメラも記録映画タッチで私たちの目に迫ってきます。このオリヴァー・ストーンのアクの強さ。私にもどうもそれが合わないのね。苦しみながら見ました。というのはサイレント時代に『ビック・パレード』という美しいくらい戦場と人間を名文で綴るような映画がありました。それから『かくも長き不在』はきつい戦場の場面なんかを一つも見せないで戦争の怖さを描いた。そんな名作を見てきたからかもしれないのね。しかし、これはオリヴァー・ストーンの体質が見きわめられるという意味では彼のまさに代表作。これで一躍有名になりました。

プランケット城への招待状
High Spirits

88／英／監・脚＝ニール・ジョーダン／撮＝アレックス・トムソン／出＝ピーター・オトゥール、ダリル・ハンナ、スティーブ・グッテンバーグ、ヴィバリー・ダンジェロ、ライアム・ニーソン

解説　『狼の血族』『モナリザ』のニール・ジョーダン監督がアイルランドの伝説をSFXを駆使し映像化した作品。古城プランケット城が多額の借金のカタに売り飛ばされることになったため、所有者のピーター（ピーター・オトゥール）は、苦しまぎれに伝説を利用し、ゴースト体験ツアーを企画。アメリカ人の見物客がやってくる。

ハイ淀川です　ニール・ジョーダンがこのゴースト・ストーリーを描いたところがこの映画の面白さ。『ハムレット』をなぞらえているあたりが粋なんです。ピーター・オトゥールが幽霊が出ないと困ると思って、召使いを幽霊に仕立てている。ところが本物の二百年前の幽霊が出てきちゃう。若い男がお城の中で、女の人とセックスして、こんなきれいな女性がいたのかと思って、抱き合っているうちにその女はパッとオババになっちゃう。すごいオババ。あなたはおばあちゃんと一緒に寝る趣味はありますか。この映画はルネ・クレールの『幽霊西へ行く』をもっとモダンにして、セックスを加えた面白い感覚で見せた映画。大人のお伽噺とはこれ。

フランケンシュタイン
Mary Shelley's Frankenstein

94／米／監＝ケネス・ブラナー／脚＝ステフ・レイディ、他／撮＝ロジャー・プラット／出＝ケネス・ブラナー、ロバート・デ・ニーロ、トム・ハルス、ヘレナ・ボナム・カーター／V＝ポニー／D＝ポニー　B・D＝ポニー

解説　フランシス・F・コッポラが製作し、ケネス・ブラナーが監督、主演したホラー。十九世紀初頭、医学生ヴィクター（ブラナー）は死体を繋ぎ合わせて電気ショックを与え死人を生き返らせる。しかし、誕生したクリーチャー（ロバート・デ・ニーロ）の姿があまりにも醜かったために見捨ててしまう。原作はメアリー・シェリー。

ハイ淀川です　懐かしいなあ。私はボリス・カーロフの『フランケンシュタイン』を何本も見ました。それを今度はフランシス・F・コッポラがプロデュースした。この人は昔の名作をつくりかえるのが好きなんですね。さあ、この映画は十九世紀の時代感覚、雰囲気が見事に出ました。博士が体を切りはりして人造人間をつくっていく工場のムード。まるで美術品ですね。どうして人造人間がつくられたのか。その動くところが怖い。生まれて初めて世間を見るあたり。科学の残酷を教えてくれましたね。これはただのグロテスクではありません。ケネス・ブラナー監督の美術とその品格。この人はほんとうの美術作家です。まさに名画とはこれ！

ブリガドーン
Brigadoon

54／米／監＝ヴィンセント・ミネリ／原・脚＝アラン・J・ラーナー／撮＝ジョゼフ・ルッテンバーグ／出＝ジーン・ケリー、シド・チャリシー、ヴァン・ジョンソン／V＝WHV　D＝WHV

解説　ヴィンセント・ミネリ監督のファンタスティック・ミュージカル。スコットランドの高原に鴨撃ちに来たトミー（ジーン・ケリー）は、谷あいにこの世のものとも思えない美しい村を発見するが、そこは地図にも載っていない村で、百年に一度だけ出現する「ブリガドーン」。トミーは村娘（シド・チャリシー）を愛してしまう。

ハイ淀川です　製作がアーサー・フリード。この人は『巴里のアメリカ人』『イースター・パレード』『恋の手ほどき』などをプロデュースした名人ですね。それに監督のヴィンセント・ミネリはミュージカル映画の第一級。ジーン・ケリーのアメリカ人がスコットランドの山奥へ出掛けていくところから、この映画は面白くなってくる。いかにもファンタスティックな中に、恋というもの、百年に一回一日だけの恋。というわけで、ほんとうのミュージカルとは、この映画のようなものを言うんですね。なにかこの世のものとは思えないようなものを大人の胸にしみ込ませる。けれどこの映画はあんまりファンタスティックすぎて、日本では当たりませんでした。

ブリキの太鼓
Die Blechtrommel

79／西独・仏／監・脚＝フォルカー・シュレンドルフ／脚＝ジャン・クロード・カリエール、他／撮＝イゴール・ルター／出＝ダヴィッド・ベンネント、マリオ・アドルフ、アンゲラ・ヴィンクラー／V＝カルチ／D＝カルチ　B＝ハピネット　D＝ギャガ

解説　原作はギュンター・グラス。ポーランドのダンツィヒ。三歳の誕生日のときオスカル（ダヴィッド・ベンネント）は、大人の世界を拒絶するためにブリキの太鼓を持ったまま自ら地下の倉庫へ墜落し成長を止め、一種の超能力を身につける。一九二七年から四十五年の激動の時代をオスカルの目を通して描く。フォルカー・シュレンドルフ監督。

ハイ淀川です　これはいうならば想像を絶する映画。オスカルが母体から生まれ出るシーン。血と肉と体液のぬくもりをキャメラは胎児の目を思わせるように撮っています。オスカルは不思議な子供で、叫びをあげると柱時計のガラスが砕けたりする。母が夫の目をかすめて従兄と関係すると、それを見て叫ぶあたりの怖いこと。体は三歳。父が雇った十六歳のマリアと寝るシーン。乳を手でさわり、へそをなめてスカートの中にもぐる。まさにこの監督の描写の悪魔的手法にびっくりします。三歳で成長が止まり、大人になりたいけど大人になれない。このオスカルこそは、心の内側に住む私たちの分身かもしれませんね。

フリーキー・フライデー
Freaky Friday

77／米／監＝ゲーリー・ネルソン／原・脚＝メアリー・ロジャース／撮＝チャールズ・F・ウィーラー／出＝ジョディ・フォスター、バーバラ・ハリス、ジョン・アスティン

解説　『ダウンタウン物語』『白い家の少女』に続いてジョディ・フォスターが名子役ぶりを発揮した作品。ある日、十三歳の少女（フォスター）が母親（バーバラ・ハリス）と大喧嘩。お互いに相手の立場になりたいと願うと、不思議なことに外見はそのままだが、心だけ入れ替わってしまう。ゲーリー・ネルソン監督。

ハイ淀川です　〝ショー精神〟とは、いかにして観客の心と目をとらえるかの心がけ。どんな映画も舞台もこれで勝負する。この映画は俳優を〝ショー精神〟の道具にしました。母親のバーバラ・ハリスと娘のジョディ・フォスターが、ある日突然反対になってしまう。バーバラは『ファミリー・プロット』でもいかにも子供っぽい。反対にジョディは『ダウンタウン物語』でも『タクシードライバー』でもいかにも大人っぽい。この二人の演技の個性を利用して、オカルト的な精神変化で母と娘の立場が入れ替わる。この企画はまさに〝ショー精神〟。それがうまいと下手ではその作品は生き死にしますが、これは見事に生かした作品。

プリシラ
The Adventures Of Priscilla, Queen Of The Desert

B・D＝FOX

94／オーストラリア／監・脚＝ステファン・エリオット／撮＝ブライアン・J・ブレヘニー／出＝テレンス・スタンプ、ビル・ハンター、ヒューゴ・ウィービング、ガイ・ピアース／V＝コロムビア／D＝コロムビア

解説　女装のショーガールの三人組、性転換したバーナット（テレンス・スタンプ）、バイセクシャルのミッチ、若くて世間知らずのフェリシアは、シドニーから砂漠の真ん中のリゾート地までバスで三千キロのショー公演の旅に出る。三人のゲイ・ダンサーが織りなす愛情いっぱいのロード・ムービーの快作。カンヌ映画祭で観客賞。

ハイ淀川です　オカマの話というと、だいたいは大都会のクラブと思うでしょうけれど、これは太陽が輝く平原でのオカマ三人の物語。こんな映画は今までにありませんでした。派手なドレスと口紅と香水とハイヒール。一人の中年すぎのオカマが田舎のじいさんと結ばれる。じいさんとばあさんの結婚。しかもこのじいさんには逃げてしまった若い細君がいたのね。その女は、あそこにピンポン玉を差し込んでピューンと向こうへ飛ばすポルノ芸の女だったの。そんな女を女房にしていたから、オカマと最後の人生を楽しもうということになる話。見ていてあきれてしまいながら、ホロリとさせられてしまいます。オーストラリア映画も面白い作品がありますね。

プリティ・ベビー
Pretty Baby

D＝パラマ

78／米／製・監・原＝ルイ・マル／脚＝ポリー・プラット／撮＝スヴェン・ニクヴィスト／出＝ブルック・シールズ、キース・キャラダイン、スーザン・サランドン／V＝CIC

解説　ルイ・マル監督がアメリカで初めて撮った作品。二〇世紀のはじめ、ニューオリンズの娼婦（スーザン・サランドン）の子に生まれた少女バイオレット（ブルック・シールズ）は、十二歳で客をとり、いっぱしの娼婦となる。やがて、写真家ベロク（キース・キャラダイン）に恋し結ばれるが、母は二人の仲を引き裂いてしまう。

ハイ淀川です　ルイ・マルはマンハッタンとかサンフランシスコを避けて、三日月が黄色く沈むその夜空のような昔のニューオリンズの娼家の女の世界を題材にした。それがいいですね。この土地、この時代のアメリカの美術を見事に摑みました。写真家がプリティ・ベビーを撮る中庭のあの風景と時代色。その少女のおひろめに見せた線香花火。童女が大人になっていくこの社会の哀れを、むしろ讃美のなかで描いたので、一層その哀れさが強められているんです。アメリカ映画がとうてい描き得ない不健康の美を、ルイ・マルは見事に美術した。『恋人たち』で真珠の首飾りを女がワイングラスに投げ込んだように、ルイ・マルは見事な画家です。

プリティ・リーグ
A League Of Their Own

B・D＝ハピネット

92／米／製・監＝ペニー・マーシャル／脚＝ローウェル・ガンツ、他／撮＝ミロスラフ・オンドリチェク／出＝トム・ハンクス、ジーナ・デイヴィス、マドンナ、ロリー・ペティ／V＝SPE

解説　女流監督ペニー・マーシャルが、第二次大戦中に実在した女子プロ野球チームをモデルにして描いた野球映画。トム・ハンクス扮する監督は女子選手を馬鹿にしていたが、ジーナ・デイヴィスのパワフルな打撃、マドンナの盗塁など艶やかなガッツプレーにひかれ真剣に取り組む。ヒロインたちのプレーが見ものの感動作。

ハイ淀川です　なぜ野球映画をつくるのか。私はわかるんです。アメリカがベトナムで荒れて魂をなくしたので、野球でもう一度取り戻そうとしているからなのね。この映画、戦争で男が兵隊さんに行ってしまったので、女が集まってくる。集まってくる。このあたりもアメリカですね。それぞれの女が個性を持って勝気にプレイするのが面白いですが、一番儲けたのはトム・ハンクスですよ。酒びたりでやけっぱちで野卑ないかにもアメリカ男。女に馬鹿にされながらも女を鍛えるあたりは傑作ですよ。ほとんど全員が女だけにトム・ハンクスは儲けました。これからどんどん伸びるでしょう。というわけで、これはアメリカの国旗みたいな映画ですよ。

フルカウント

En Tres Y Dos/Full Count

85／キューバ／監・脚＝ローランド・ディアス／脚＝エセリオ・アルベルト・ディエゴ／撮＝ギジェルモ・センテノ／出＝サムエル・クラクストン、マリオ・バルマセダ

解説　キューバの若手監督ローランド・ディアスの第二作。引退を控えた黒人名選手ロペス（サムエル・クラクストン）は、最後の試合で一打逆転のチャンスに代打として登場。フルカウント。彼は最後の一球を力一杯叩く。人気野球選手の寂しさや、焦り、友情、さらに家族との絆、心情を描いた人間ドラマ。

ハイ淀川です　見て一番感激したことは、キューバがこれほどまで映画を学んでいたのかということですね。映画のテンポ、編集、たるみのない会話の心地よさにびっくりです。この監督はスポーツ映画のパターンを乗り越えて、見事な男の映画に磨きあげています。画面から男の匂いが溢れ出ていました。サムエル・クラクストンの体臭とさえ言いたいこの男の演技が巧い。この映画で見る限りキューバの男性像が日本人に近いことがわかります。スター選手がその生命を失ったときの残酷。男の悲しみを見つめるあたり。これはただのスポーツ映画ではありません。陽が落ちる前の西の空を見つめるような、そこに立つ男の限りない愛の映画でした。

ブルース・ブラザース2000

Bluse Brothers 2000

B・D＝ジェネ

98／米／製・監＝ジョン・ランディス／脚＝ダン・エイクロイド、他／撮＝デヴィッド・ヘリントン／出＝ダン・エイクロイド、ジョン・グッドマン、ジョー・モートン、J・エヴァン・ボニファント／V＝C－C

解説　『ブルース・ブラザース』の続編。あれから十八年、出所したエルウッド（ダン・エイクロイド）は新しいメンバーでBBバンドを再結成する。前作同様ジョン・ランディス監督で四人組の歌と踊り。パトカー六十台の大クラッシュ。さらにこの映画のために結成した「ルイジアナ・ゲーター・ボーイズ」ライブなど満載した快作。

ハイ淀川です　このところ、アメリカ映画がつまらなかっただけにこれを見てうれしくなりました。『ブルース・ブラザース』が十八年ぶりに戻ってきた。あのダン・エイクロイドに加えて、ジョン・グッドマン、それに十歳の坊やが入っての歌、ダンス、ステップに見惚れました。ファーストシーンを見て、監獄から今出てきたような男たちがヒッチハイクしているおかしさ。六十台の車がぶつかる。ぶつかる。これはカーチェイスへの皮肉。車が水の底に沈んでも走っているあたりはあのマルクス・コメディのパロディですよ。というわけで、ストーリーなんかどうでもいいんです。あのリズム、ダンス。それに黒人女性歌手がいいなあ。この監督に感謝。感謝。

ブルックリン最終出口

Last Exit To Brooklyn

D＝フルメディア

89／西独・米／監＝ウリ・エデル／脚＝デズモンド・ナカノ／撮＝ステファン・チャプスキー／出＝ジェニファー・ジェイソン・リー、スティーブン・ラング、バート・ヤング／V＝松竹

解説　ヒューバート・セルビー・ジュニアの同名小説をウリ・エデル監督が映画化。一九五二年、ニューヨーク州ブルックリン八十五番街。ストリートギャングの若者、労働組合の金を使い込む責任者バリー、色仕掛けで男を拾い、金を巻きあげている街の女トララ（ジェニファー・ジェイソン・リー）などが交錯して街の姿を描いていく。

ハイ淀川です　この映画で一番怖いのはジェニファー・ジェイソン・リーの扮しているトララという金髪の女。もうオッパイが見えるような服を着て、煙草を吸っていかにも男を悩ます格好で歩いているところ。泥だらけの中に咲いた蓮の花みたいにいいんですね。最後の最後、この女はやけのやんぱちになって、あたいの体を買いなさいと言って、波止場で寝そべる。こんなシーンは初めてです。男は次から次へとズボンを脱いで、大の字に寝ている女に乗りかかる。これはこの監督の趣味でしょうけれど、怖い怖いブルックリンの姿を暴いてみせるところに新しいアメリカ映画のタッチがあります。ブルックリンの夜の風俗画。怖いけれどきれいな映画です。

ブルックリン物語
Movie Movie

D＝東北

78／米／製・監＝スタンリー・ドーネン／脚＝ラリー・ゲルバード、他／撮＝ブルース・サーティース、他／出＝ジョージ・C・スコット、イーライ・ウォラック、トリッシュ・ヴァン・ディーヴァー

解説　一九三〇年代の映画館へご案内しようという口上にのって、第一話はトレイナー（ジョージ・C・スコット）に見込まれ、妹の手術代のためにボクサーになる青年の話。第二話はミュージカルのバックステージもの。その間に航空映画の予告編が入る。スタンリー・ドーネン監督が往年のハリウッドを彷彿させた娯楽作。

ハイ淀川です　原題が『ムービー・ムービー』ですが、このタイトル自身にノスタルジーがありますね。一九三三年という古き時代を懐かしみ笑いころげる仕掛けになっている珍作です。これはストーリーを追いかける映画ではありません。そのころの時代を楽しむ映画です。かつて、ビリー・ワイルダーが『サンセット大通り』でグロリア・スワンソンにサイレント時代の演技をさせましたが、この映画のジョージ・C・スコットをはじめ出演者には一九三〇年代の演技をさせる。メーキャップと衣装、色彩までがまさに昭和八年スタイル。それにスタンリー・ドーネン監督の演出までが昭和八年型。まさにこれは懐かしき新しい映画といった感じですね。

ブルックリン横丁
A Tree Grows In Brooklyn

D＝ジュネス

45／米／監＝エリア・カザン／脚＝テス・シュレシンジャー、他／撮＝レオン・シャムロイ／出＝ドロシー・マクガイア、ジェームズ・ダン、ペギー・アン・ガーナー、ロイド・ノーラン、ジョーン・ブロンデル／V＝FOX

解説　劇作家ベティ・スミスの自伝的長編小説の映画化で、エリア・カザンの第一回監督作品。ニューヨークのブルックリン地区の貧しいアパートで、けなげに明るく生きる父、母、娘、息子の四人家族を心温まるタッチで描いたホームドラマ。名子役ペギー・アン・ガーナーがアカデミー特別賞。父親役のジェームズ・ダンが助演男優賞受賞。

ハイ淀川です　エリア・カザンはブロードウェイの有名な舞台の演出家。原題は『ブルックリンにも木は育つ』という意味なのね。親の教育次第では立派に育つ人がいるということなのね。ドロシー・マクガイアのお母さんは掃除婦なんかして一生懸命に働いている。それに息子と娘がいて律儀に生きている一家。たまにお巡りさんが見にきて、「おい。坊主、しっかりやっているか」なんて言って人情があるんだね。最後はお父っつあんは酒を飲みすぎて死んじゃう。けれどあのお巡りさんが、やさしいお母さんをみてあげることになる。ほんとうにハート・ウォーミングで心温まる映画とはこれ！　私の大好きな映画の一つです。

フル・モンティ
The Full Monty

B・D＝FOX

97／英／監＝ピーター・カッタネオ／脚＝サイモン・ボーフオイ／撮＝ジョン・デ・ボーマン／出＝ロバート・カーライル、トム・ウィルキンソン、マーク・アディ、レスリー・シャープ／V＝FOX

解説　不況のイギリス北部の鉄鋼の町シルフィールド。息子をかかえ失業中のギャズ（ロバート・カーライル）は、一発当てようと友だち六人で男性ストリップを演ずることを思いつき、涙ぐましい特訓が始まる。ラストのフル・モンティ（すっぽんぽん）のステージは圧巻。英米でも大ヒットしたピーター・カッタネオ監督のコメディ快作。

ハイ淀川です　『フル・モンティ』とは、すっぽんぽんのことなのね。これは六人の男が裸になる男の映画。真面目に働いているんだけれど食えないので裸になる。このあたりの変化が面白いのね。六人がどんな形で脱いでいくのか。さあ、舞台で全裸で前を隠して出てきて、パッと後ろを向くとお尻。お客さんがみんな女で、もっとやれと叫ぶあたり。まあ、女はあつかましいなあ。キャメラが男のオッパイのところから下に降りていく。肉体的ではないけれどセクシーなんですね。というわけで、こんな男の映画はなかった。女の裸にあきたので男が流行し出したんですね。男を脱がして見せるあたり、女の時代なんだね。女性は五回ぐらいごらんなさいよ。

プレイス・イン・ザ・ハート
Place In The Heart

D＝復刻

84／米／監・脚＝ロバート・ベントン／撮＝ネストール・アルメンドロス／出＝サリー・フィールド、リンゼイ・クローズ、エド・ハリス、ジョン・マルコヴィッチ／V＝FOX

解説　一九三五年、テキサス。保安官の夫を酔っぱらいの黒人に殺されてしまったエドナ（サリー・フィールド）は二児を抱えて途方に暮れる。しかし、黒人浮浪者の協力で自分の土地に綿をつくることにする。明るく生きていく女主人と彼女に力を合わせて不幸を乗り越える人々の姿を描いたロバート・ベントン監督の自伝的作品。

ハイ淀川です　集まってきた連中が、おかみさんの心の痛みを知って力になっていく。このおかみさんがどんなにして家を守るか、土地を守るかというあたりがすごいですね。まさに母ここにありという感じです。そして最後は綿摘み。綿を摘んでいちばんに町へ持っていったら儲かる。そんなときにトルネードがくる。その大竜巻のすごいこと。家はメチャクチャになる。でもおかみさんも黒人も家中のみんなが負けないで働くところ。やったらやれるんだ、血みどろになって働くあたり。お互い同士が信じ合っている愛の姿に涙がでてきます。おかみさんのアメリカのファイト。みなさんの心に愛のハートを植えつける名作。なんと美しい映画でしょう。

ブレイブハート
Brave Heart

B・D＝ディズニー

95／米／製・監＝メル・ギブソン／脚＝ランダム・ウォレス／撮＝ジョン・トール／出＝メル・ギブソン、ソフィー・マルソー、ブレンダン・グリーソン、アンガス・マクファーデン／V＝FOX

解説　メル・ギブソンが製作、監督、主演しアカデミー作品、監督賞など五部門受賞。十三世紀、エドワード一世の侵略で家族を皆殺しにされたウィリアム（ギブソン）は、反抗軍を組織しスターリング・ブリッジの戦いで勝利を収める。スコットランドの独立と解放を目指した男の半生を描いた歴史スペクタクルの大作。

ハイ淀川です　見事な大歴史絵巻に圧倒されました。十三世紀のスコットランド。そのころの生活の匂いや歴史がよくわかります。と同時にこの映画の見どころは、なんといっても戦闘シーンですね。見渡す限りの戦場。そこでスコットランドの兵士が向こうに群がる兵士に向かって、キルトのスカートをめくって白い尻を向けた。中はパンツをはいていませんでした。スコットランドといえばキルトスカートぐらいはわかっていましたけれど、こんな場面は初めて見ました。そして、兵士が空に向かって矢を放って雨さながらに降ってくる。それを盾で防ぐこの戦い。この戦闘がどんなに残酷か。大時代劇の大合戦をメル・ギブソンは描きたかったんですね。

プレタポルテ
Pret A Porter

B・D＝WHV

94／米／製・監・脚＝ロバート・アルトマン／脚＝バーバラ・シュルガッセ／撮＝ピエール・ミニョ、他／出＝マルチェロ・マストロヤンニ、ソフィア・ローレン、ジュリア・ロバーツ、アヌーク・エーメ／V＝ヘラルド／D＝ヘラルド

解説　ロバート・アルトマン監督がパリ・コレクションを舞台にファッション界の内幕を描いたコメディ。ファッション雑誌の編集者、テレビレポーター、業界の大物とその妻と愛人、デザイナーなどが交錯。マルチェロ・マストロヤンニ、ソフィア・ローレン、キム・ベイシンガー、ジュリア・ロバーツなど若手からベテラン俳優陣が競演。

ハイ淀川です　これはパリのファッションショーみたいな映画、あれやこれやとスターたちが素顔の感じで続々と三十人も登場してくる面白さ。中でもカギ型の鼻のスペイン女優のリンダ・ハント。黒人のフォレスト・ウィテカー。男のアレみたいな男が注目だ。ご立派な老人が車の中でサンドウィッチをのどにつめて死ぬ。一緒に乗っていた男がびっくりして飛び出して眼下の川に身を投げるジョーク・アクションから、ラストの総勢のスッポンポンまで。この面白さを身にしみて悟るのはゲイの人に違いありません。あら、イヤねえと叫んで楽しく見る映画。要するに感覚。絢爛たるこの世の満開の花を見てほしい傑作ですよ。

テレンス・ヤング『暗くなるまで待って』(67)

キャロル・リード『第三の男』(49)

ルイ・マル『死刑台のエレベーター』(57)

ウィリアム・ワイラー『コレクター』(65)

ヤン・デ・ボン『スピード』(94)

スティーブン・スピルバーグ『激突！』(71)

デヴィッド・リーン『アラビアのロレンス』(62)

ジョン・ウー『フェイス／オフ』(97)

フレンジー
Frenzy

B・D＝ジェネ

71／米・英／製・監＝アルフレッド・ヒッチコック／脚＝アンソニー・シェーファー／撮＝ジョン・シンプソン／出＝ジョン・フィンチ、バリー・フォスター、アレク・マッコーエン／V＝CIC

解説　ヒッチコックが久しぶりに故郷イギリスに帰って製作、監督したサスペンス。ネクタイを首に巻きつけ女を殺す連続殺人犯ボブ（バリー・フォスター）は、結婚相談所で女経営者を絞殺する。たまたまその直後に離婚した夫リチャード（ジョン・フィンチ）が立ち寄ったために秘書に目撃され、犯人として追われるはめになる。

ハイ淀川です　ファーストシーンはテームズ河で、偉い市長さんが、この町はやっときれいになったと演説している。すると、その河にネクタイで首を絞められた女の死体がプカプカ浮いていた。この皮肉。しかも、これはチャップリンの『街の灯』の除幕式で幕を引いたらチャップリンが寝ていたというパロディですね。ヒッチコックの堂々たる盗作が面白い。濡れ衣を着せられた男と着せた男。濡れ衣を着せた男は殺人犯。女の首を絞めるのが好きな怖い男ですね。それを知らないで、濡れ衣を着せられた男がその犯人に助けを求めていくあたり。いい男と悪い男の二重奏ですね。ヒッチコックの見事な手さばきを見てほしい映画ですよ。

フレンチ・カンカン
French Cancan

D＝パラマ

54／仏／製・監・脚＝ジャン・ルノワール／撮＝クロード・ルノワール／出＝ジャン・ギャバン、フランソワーズ・アルヌール、マリア・フェリックス、パタ－シュ、アンドレ・クラボー、ジャン・レーモン、エディット・ピアフ／V＝東北

解説　ジャン・ルノワールが十五年ぶりにフランスに帰って監督した。パリ名物、ムーラン・ルージュの創立者ジドレルをモデルに〝フレンチ・カンカン〟の成立とベル・エポックの風俗を描いた作品。興行師ダングラール（ジャン・ギャバン）はスターのローラに熱愛されているが、あるとき踊り子ニニと出会い新しいショーを思いつく。

ハイ淀川です　ジャン・ギャバンはこれまで顔役とか下町の親分の役が多かったのに、この作品ではすっかり変わった役をやりました。十九世紀末のパリのムーラン・ルージュをつくった男ですね。しかも、マリア・フェリックスとかフランソワーズ・アルヌールなどの女の世界です。その中でギャバンが「フレンチ・カンカン」を新しいショーとして女たちに踊らせる。そのあたりが貫禄があっていかにも面白いのね。それにこの作品の見どころはシャンソン歌手のパタ－シュから、アンドレ・クラボー、ジャン・レーモン、エディット・ピアフなどが出演してることですね。こんな華やかな映画の中で、ギャバンが完璧に主役をつとめています。まさに脱帽です！

フレンチ・コネクション
The French Connection

B・D＝ディズニー

71／米／監＝ウィリアム・フリードキン／脚＝アーネスト・タイディマン／撮＝オーウェン・ロイズマン／出＝ジーン・ハックマン、フェルナンド・レイ、ロイ・シャイダー、マルセル・ボズッフィ／V＝FOX

解説　犯罪都市ニューヨークを舞台にしたウィリアム・フリードキン監督のハード・アクション。市警のドイル（ジーン・ハックマン）とラソー（ロイ・シャイダー）刑事は、麻薬組織ルートを探り、組織の黒幕（フェルナンド・レイ）と殺し屋を追い込んでいく。高架線下を熱血刑事が犯人を追って展開するカーチェイスは有名。

ハイ淀川です　ニューヨークのロケをふんだんに使った警察の犯人逮捕の活躍。古い映画ファンは、ジュールス・ダッシンの『裸の町』を思い出されるでしょう。しかし、この映画のスタイルは、新聞記事ふうの写実を見せながら、実は非常に感覚的にジャズ・ピアノのようなつくり方をしているんですね。四十一歳の新人のハックマンはホットドッグの匂い。この彼の張り切りが、ポパイと呼ばれる刑事の張り切りに重なって、その体当たりの見事さは胸のすくものがあります。製作はあの『ブリット』のフィリップ・ダントニ。なるほどと思いましたが、麻薬の犯罪ルートがどうなっているかと楽しむ映画じゃぁありません。追いかけの面白さを見て下さい。

プロビデンス
Providence

77／仏／監＝アラン・レネ／脚＝デヴィッド・マーサー／撮＝リカルド・アロノヴィッチ／出＝ジョン・ギールグッド、ダーク・ボガード、エレン・バースティン、デヴィッド・ワーナー、イレーン・ストリッチ

解説　プロビデンスという名の豪邸に住む老作家クライブ（ジョン・ギールグッド）は、息子クロード（ダーク・ボガード）、その妻ソーニャ（エレン・バースティン）ら家族を題材にした最後の作品を思い描くが、同時に悪夢にもさいなまれる。病に冒され迫りくる死と創造の間で揺れる男の姿を描いたアラン・レネ監督作品。

ハイ淀川です　プロビデンスというのは〝神の摂理〟という意味。この映画は見ている間じゅう、解釈との闘い。困難きわまりない映画です。しかし、見ている画面から目を離せない興味と陶酔がある。アラン・レネ魔術をこれほど巧みに大胆に見せた作品も珍しい。ギールグッドはあまりにも有名なイギリスのシェイクスピア役者。これほどの主役ができる元気に脱帽です。息子役のボガードの巧さもさすが。ルイ・マル映画が女の香水なら、アラン・レネ映画は男の香水。その香りは深く豊かでフランスそのもの。難しい映画かもしれませんが、是非、あなたも格闘してほしい作品です。

フロム・ダスク・ティル・ドーン
From Dusk Till Dawn

96／米／監＝ロバート・ロドリゲス／脚＝クエンティン・タランティーノ、他／撮＝ギルレモ・ナヴァロ／出＝ジョージ・クルーニー、ハーヴェイ・カイテル、クエンティン・タランティーノ／V＝アミューズ／D＝東芝

B・D＝WHV

解説　クエンティン・タランティーノが総指揮、脚本、主演し、ロバート・ロドリゲス監督と組んだクールなホラーアクション。トレーラーで旅する元牧師（ハーヴェイ・カイテル）一家を人質にとり、メキシコへ逃亡する凶悪な強盗兄弟（ジョージ・クルーニーとタランティーノ）がやって来た酒場は、なんと吸血鬼の巣窟だった。

ハイ淀川です　これは夜の映画。闇の映画といった感じなのね。映画が進むほどにだんだん怖くなってくるんです。この兄弟の悪党と元牧師の親子が、メキシコに行ったら、あるところに化けもの屋敷みたいな酒場があったのね。もうグロテスクでエロチックな踊り。弟が踊り子のブーツの先を口の中に入れられて酒を飲まされるあたりのすごいこと。実はこの酒場の連中はコウモリみたいなお化けなの。さあ、戦わなければならない。この恐怖。ここにタランティーノ趣味のモダンさがあるのね。まるでニューヨークのマンガ本以上におかしくって怖い。いかにも映画の中の映画。見事な傑作。グロテスクな映画ですが、そこに美術があります。それを見て下さい。

ブロンクス物語 愛につつまれた街
A Bronx Tale

93／米／製・監＝ロバート・デ・ニーロ／脚＝チャズ・パルミンテリ／撮＝レイナルド・ビラロボス／音＝ブッチ・バーベラ／出＝ロバート・デ・ニーロ、チャズ・パルミンテリ、リロ・ブランカート、フランシス・キュプラ／V＝東宝

D＝ARC

解説　名優ロバート・デ・ニーロの初監督作品。六〇年代のブロンクス。バスの運転手ロレンツォ（デ・ニーロ）の九歳の息子カジェロは人種間の対立が絶えない町で、マフィアのボス、ソニー（チャズ・パルミンテリ）に可愛がられ、やがて黒人少女と恋をして一歩ずつ大人になっていく。

ハイ淀川です　デ・ニーロが監督、主演するというので用心して見ました。ところが意外にも楽しかった。人情ものでとても粋な映画でした。粋なといっても、マンハッタンの都会趣味。たとえばティファニーをバックにしたという映画ではなく、いうならば浅草の寄席で聞く人情ものなのね。あの『ギルバート・グレイプ』も人情ものでしたが、あれはアイオワの田舎の話。こちらはブロンクスの都会の話。いかにもブロンクスが匂う。デ・ニーロの監督は合格点でした。

ブロンコ・ビリー
Bronco Billy

80／米／監＝クリント・イーストウッド／製・脚＝デニス・ハッキン／撮＝デヴィッド・ワース／出＝クリント・イーストウッド、ソンドラ・ロック、ジェフリー・ルイス／V＝WHV　D＝WHV

解説　クリント・イーストウッドの七本目の監督・主演作。西部を巡業する「ワイルド・ウェスト・ショー」の座長ブロンコ・ビリー（イーストウッド）は、孤児院で慈善興行をやったりする人情家。そのビリーと金持ちの令嬢リリー（ソンドラ・ロック）の恋、カウボーイたちと酒場での大喧嘩などコミカルなエピソード満載の娯楽作。

ハイ淀川です　この映画は富豪の娘が、ワイルド・ウェスト・ショーに飛び込んでいって、その勝ち気な娘とショーの牧童のロマンスですね。ハイ。映画通の方ならもうおわかりでしょう。この映画のタネはシェイクスピアの『じゃじゃ馬馴らし』ですね。カウボーイと令嬢のロマンスなんていうのはアメリカ映画ではクラシック。この設定は何度も映画に使われましたね。ゲーリー・クーパーとマール・オベロンが共演した『牧童と貴婦人』という映画がありましたが、この作品はどうやらそれがお手本くさい。もともとのシェイクスピアのネタがちゃんと使われているあたりが面白い。このネタはフランク・キャプラの『或る夜の出来事』にも使われていましたよ。

フロント・ページ
The Front Page

74／米／監・脚＝ビリー・ワイルダー／脚＝I・A・L・ダイヤモンド、他／撮＝ジョーダン・クローネンウェス／出＝ジャック・レモン、ウォルター・マッソー、キャロル・バーネット　D＝紀伊國屋

解説　同名のヒット舞台劇をビリー・ワイルダー監督が映画化。敏腕記者ヒルディ（ジャック・レモン）が、結婚を機会に新聞社を辞めようと言い出したので、上司のデスク（ウォルター・マッソー）が引き止めようとする。そんなとき特ダネが舞い込んでくるが…。二〇年代のシカゴを舞台にしたレトロタッチのコメディ。

ハイ淀川です　フロント・ページというのは新聞の最初の大見出しのことですね。これはベン・ヘクトとチャールズ・マッカーサーという有名な舞台の名作家の戯曲です。これを一九三一年にあの『西部戦線異状なし』のリュイス・マイルストン監督が『犯罪都市』という題名で映画化しました。それを今度はビリー・ワイルダーが手がけたところが面白い。この人はいつまでたっても映画ファンの気質を失っていない。それがうれしいなぁ。シカゴの裁判所にある記者のたまり場を舞台に記者が市政の腐敗を暴露するあたり。ジャック・レモンがしゃべってしゃべりまくる映画。この監督と意気の合ったところが見ていて痛快。面白かった。

ペギー・スーの結婚
Peggy Sue Got Married

86／米／監＝フランシス・F・コッポラ／脚＝ジェリー・レイクストリング、他／撮＝ジョーダン・クローネンウェス／出＝キャスリン・ターナー、ニコラス・ケイジ、バリー・ミラー、キャサリン・ヒックス／D＝SPE　D＝SPE

解説　ペギー・スー（キャスリン・ターナー）は、夫チャリー（ニコラス・ケイジ）と別居中の中年夫婦だが、同窓パーティで、二十五年前のハイスクール時代にタイムスリップしてしまう。彼女は二度目の青春を謳歌。結婚相手を探すが、やっぱり選んだのはチャリーだった。フランシス・F・コッポラ監督のラブ・ファンタジー。

ハイ淀川です　これはタイムスリップ映画ですけれど、このコッポラ映画は人間の生命や夫婦や子供のことが、風や波や小川の流れや空を流れる雲のように身に沁みてくるあたりが面白い。夫婦間の問題が深く根をおろし、フィルムの奥にあるんです。ですから、この映画を見終わったあと、夫婦がしみじみと顔を見合わすような映画。主役のキャスリーン・ターナーにはジェシカ・ラングとはまた違ったアメリカ映画の懐かしい女の顔がある。連続活劇にも人情劇にもよく見かける顔。ペギー・スーが十八歳の姿で階段に腰かけているスカートの美しさとそのポーズのクラシック趣味。こんなポーズやポスターをサイレント映画時代にはよく見たものです。

北京のふたり

Red Corner

D＝FOX

97／米／製・監＝ジョン・アブネット／脚＝ロバート・キング／撮＝カール・ウォルター・リンデンロウブ、他／出＝リチャード・ギア、バイ・リン、ブラッドリー・ホイットフォード

解説 北京を舞台に、突然、殺人犯に仕立て上げられたアメリカのビジネスマンのジャック（リチャード・ギア）と、古い因襲を断ち切って彼を弁護する中国人弁護士シェン（バイ・リン）の五日間のサスペンスドラマ。ジョン・アブネット監督は正反対の文化の中で育った二人の絆を矛盾に満ちた現代中国の中で克明に描き出した。

ハイ淀川です 『北京のふたり』とは東と西ですね。昔から「東は東、西は西、両者相合わず」という言葉があるんですけれど、この映画はそれを愛で合わそうとするあたりが見どころですね。しかし、見ていると死刑だったら絶対に死刑だという中国の裁判の考え方が怖いなあ。それをバイ・リンの中国の女弁護士が、リチャード・ギアをなんとか助けようとして、最後に愛でまとめるあたりの幕切れ。現代の北京の街を見せて、リチャード・ギアが屋根から屋根へ逃げるアクションも用意してある。リチャード・ギアの主役が立派でした。というわけで、これは古めかしくって、新しい感覚のある裁判劇。わかりやすい映画ですよ。

ベスト・フレンズ・ウェディング

My Best Friend's Wedding

B・D＝SPE

97／米／監＝P・J・ホーガン／脚＝ロナルド・バス／撮＝ラズロ・コヴァックス／出＝ジュリア・ロバーツ、キャメロン・ディアス、ダーモット・マルロニー

解説 料理研究家ジュリアン（ジュリア・ロバーツ）はスポーツ記者マイケル（ダーモット・マルロニー）とは、大学時代、恋人同士だったが今はベストフレンド。ところがマイケルから突然、女子学生キミー（キャメロン・ディアス）と結婚すると言われ、なんとか阻止しようとする。ロバーツが揺れる女心をコミカルに演じたラブコメディ。

ハイ淀川です これはアメリカのきれいなショートケーキみたいな映画ですね。私みたいなオールドファンには、むかしのエルンスト・ルビッチ監督やフランク・キャプラ監督のタッチなんですね。そのクラシックが再び戻ってきたあたりが面白いんですね。いかにもアメリカらしい映画。シェイクスピアの『から騒ぎ』みたいなところもあって、若い男女の恋のかけ引きの楽しさ。豪華なパーティや結婚式の場面もあったと思ったらカラオケまで出てきます。まさにアメリカ生活さまざま。ジュリア・ロバーツのお姉さんタイプとキャメロン・ディアスのいかにもお嬢ちゃんタイプ。この二人の共演も楽しい。これはいかにも可愛らしい映画です。

ヘッドライト

Des Gens Sans Importance

D＝アネック

55／仏／監・脚＝アンリ・ヴェルヌイユ／脚＝フランソワ・ボワイエ／撮＝ルイ・パージュ／出＝ジャン・ギャバン、フランソワーズ・アルヌール

解説 アンリ・ヴェルヌイユ監督が哀感と詩情をもって描いたメロドラマ。初老のトラック運転手ジャン（ジャン・ギャバン）は食堂の若いウェイトレス（フランソワーズ・アルヌール）と恋におちる。ジャンが若い恋人と新しい人生を踏み出そうとしたとき、ジャンは失業、彼女は妊娠していた。哀調をおびた主題曲はジョゼフ・コスマ。

ハイ淀川です ジャン・ギャバンは『望郷』がいいと思われるでしょうけれど、この作品が彼の代表作だと思います。二人は一緒になったとき、その娘は妊娠してしまう。さぁ、困った。でも医者に頼んで連れていって手術してもらいました。幸運なことに仕事も見つかりました。喜んで喜んで、これからこの娘は一緒に暮らせるんだ、そう思って子供を堕ろした娘をトラックに乗せていくシーン。二人の演技がいい。そして、いつもの宿屋に着いたときに娘は死んでしまいました。ギャバンは中年男の哀しみを見事に演じました。それにジョゼフ・コスマの主題曲の哀感。まさに、秋の枯れ葉が散って冬を迎えた曇り日で終わる感じのなんとも知れん映画の名作。

ベニスに死す
Morte A Venezia

71／伊・仏／製・監・脚＝ルキノ・ヴィスコンティ／脚＝ニコラ・バダルッコ、他／撮＝パスカリーノ・デ・サンティス／出＝ダーク・ボガード、ビョルン・アンデルセン、シルヴァーナ・マンガーノ／V＝WHV　D＝WBH

解説　トーマス・マンの小説をルキノ・ヴィスコンティ監督が映画化。一九一一年の夏。ヴェネチアの海浜ホテルに保養にきた初老の作曲家アッシェンバッハ（ダーク・ボガード）は母（シルヴァーナ・マンガーノ）とともに滞在する美少年タジオ（ビョルン・アンデルセン）に心を奪われ恋こがれ、ついにはコレラで命を落す。

ハイ淀川です　これは美に耽溺する男の姿ですね。純粋の美を求めて、もう恥も捨ててほんとうの美に対して最敬礼する。この男の精神に触れたとき、『ベニスに死す』は見事になっていきますね。男でも女でもない、ほんとうの美をこの作曲家は見ちゃったんです。美貌の少年というよりも、全身から出てくる詩の匂い。それをこの作曲家が発見して、虜になって心を奪われていくところがすごい。とうとう最後に、その少年にほんとうに憧れて憧れて、その少年の面影を胸に抱いて死んでしまいますねぇ。少年はおじさんがそんなふうに死んだほんとうのことは何も知らないのね。残酷だ。まさにすごい美術品映画。ヴィスコンティの大名作です。

ペーパー・ムーン
Paper Moon

73／米／製・監＝ピーター・ボグダノヴィッチ／脚＝アルヴィン・サージャント／撮＝ラズロ・コヴァックス／出＝ライアン・オニール、テイタム・オニール、マデリン・カーン、ジョン・ヒラーマン、P・J・ジョンソン／V＝CIC　D＝パラマ

解説　三〇年代の禁酒法時代。詐欺師すれすれの聖書販売人モーゼ（ライアン・オニール）は、事故で母親を亡くした九歳の少女アディ（テイタム・オニール＝アカデミー助演女優賞）をミズーリの叔母の家まで送り届ける破目になる。アディはモーゼのインチキ商売に協力して儲けるが、最後に二人は愛情によって結ばれていく。

ハイ淀川です　あのテイタム・オニールの生意気というのか、力強いというのか、ちゃっかりした娘の話ですね。実の父親のライアン・オニールと共演しました。この映画の面白さは、この少女が孤児になっても、懸命に懸命に知恵をしぼって生き抜くところですね。この映画のあたりから、一九三〇年へのノスタルジーということが言われだしましたけれど、あのように子供までがしっかりと生きていく、少女ながらに女の強さがあるんですね。その強さをピーター・ボグダノヴィッチが見事なタッチでみせてくれました。ライアン・オニールと意気のぴったり合ったところ。忘れられない名作の一つでしたね。

蛇皮の服を着た男
The Fugitive Kind

60／米／監＝シドニー・ルメット／脚＝ミード・ロバーツ／撮＝ボリス・カウフマン／出＝マーロン・ブランド、アンナ・マニャーニ、ジョアン・ウッドワード、R・G・アームストロング／V＝WHV　D＝FOX

解説　テネシー・ウィリアムズの戯曲『地獄のオルフェ』をシドニー・ルメット監督が映画化。アメリカ南部を舞台に、蛇皮のジャケットを着た流れ者（マーロン・ブランド）、雑貨店の中年女（アンナ・マニャーニ）、露出症の若い女（ジョアン・ウッドワード）と、陰険な保安官たちの人間臭さと欲望のうずきを描いた異色作。

ハイ淀川です　蛇皮のジャンパーを着てギターを持った流れ者が、豪雨の晩に雑貨屋で雨宿りする。そしてそこの中年のおかみさんに店員の仕事をもらいますね。ところがこのおかみさん、お金のために老人の妻になったのね。亭主は二階で寝たっきりだ。そこでこの中年女は年下の流れ者と仲良くなって愛し愛される関係になっていくあたりが怖いですね。家に火を放って炎の中に立って、流れ者に逃げるように頼みます。しかし、この流れ者もその火の中に戻ってくるあたり、男と女。抑圧された性の欲望がそこにひそんでいるすごさ。ほかにもずるい南部の保安官や色情狂の若い娘も出てきますけれど、このどろどろとした人間ドラマが面白いですよ。

ベルリン・天使の詩

Der Himmel Über Berlin

B＝ジェネ　D＝東北

87／西独・仏／製・監・脚＝ヴィム・ヴェンダース／撮＝アンリ・アルカン／出＝ブルーノ・ガンツ、ソルヴェイグ・ドマルタン、オットー・ザンダー、ピーター・フォーク／V＝カルチ／D＝カルチ

解説　ヴィム・ヴェンダース監督が十年ぶりにドイツに帰って撮った作品。ベルリンの街の天使ダミエル（ブルーノ・ガンツ）は、人間の孤独な声を聞くことができるが、人々を助ける力はない。ダミエルは空中ブランコ乗りの女マリオン（ソルヴェイグ・ドマルタン）を恋したことから人間になりたいと思い、仲間の天使に相談する。

ハイ淀川です　この映画は天使が人間に憧れていくところが変わっているんですね。もっと面白いのはダミエルに天使の友人が、お前、やめておけ。女に惚れるなと教えるんだけど人間に魅せられていくあたり。そしてダミエルがブランコ乗りの女の子の身体にさわるところ。白黒からカラーの画面に変わっていく。この天使がその美に酔っていくところはキャメラの詩ですね。最後に天使が人間になるところ。だんだん歩いていると足あとが砂の上につく。だんだん姿が見えてくるあたりの描き方の面白いこと。天使が人間に憧れて愛に生きようとする姿が見事に出ました。愛の映画とはこれですね。アンリ・アルカンのキャメラによって映画の詩となりました。

ベン・ハー

Ben Hur : A Tale Of The Christ

D＝IVC

25／米／監＝フレッド・ニブロ／脚＝ベス・メレディス、他／撮＝レオ・ギッサート、他／出＝ラモン・ノヴァロ、メイ・マカヴォイ／V＝IVC／D＝カルチ

解説　一九五九年のウィリアム・ワイラー監督の『ベン・ハー』に匹敵するスケールの大きさと迫力、格調の高さを持った作品。ベン・ハー（ユダヤ）とメッサラ（ローマ）は親友だが、対立せざるを得なくなる。ベン・ハーは奴隷に売られ母と妹は不治の病に。やがて剣闘士として認められたベン・ハーはメッサラに戦車競走を挑む。

ハイ淀川です　キリスト物語としても有名ですけれど、一番の見どころはベン・ハーとメッサラが敵同士になって闘う戦車競走のシーンですね。その競走のすごいこと。戦車を走らせる走らせる。こちらからもあちらからも、鞭が入る。キャメラは戦車の前に行く。後ろに行く。まるで『駅馬車』のあのシーンを思い出させますね。この映画はこの競走だけで有名になりましたが、まさに映画の中の映画という感じがよく出ています。主演のベン・ハーのラモン・ノヴァロはメキシコ産の美男スター。生涯独身でしたが昭和の初めには大変な人気者。日本の羅門光三郎という俳優はこのラモン・ノヴァロに因んで芸名を考えたんですよ。

ベン・ハー

Ben-Hur

B・D＝WHV

59／米／監＝ウィリアム・ワイラー／脚＝カール・タンバーグ／撮＝ロバート・サーティース／出＝チャールトン・ヘストン、ジャック・ホーキンス、ヒュー・グリフィス、スティーブン・ボイド／V＝WHV

解説　五十四億円の製作費が投入されたウィリアム・ワイラー監督のスペクタクル史劇。紀元前一世紀の初め、ローマ帝国圧政下のユダヤの都エルサレム。豪族ベンハーは旧友の指揮官メッサラに追放されるが、ローマ最強の剣士となり戦車競走でメッサラに勝つ。彼の口から死んだと思われていた母と妹の生存を知らされる。

ハイ淀川です　見ものはベン・ハー（チャールトン・ヘストン）とメッサラ（スティーブン・ボイド）との戦車競走ですね。競走中にメッサラがベン・ハーを鞭で叩くあたりのすごいこと。ロバート・サーティースのキャメラが見事です。映画史上に残るすごさですね。最後の最後、キリストが処刑されると、ものすごい風が吹いてお母さんや妹の業病が治ってしまうあたりもいい。というわけでこれはキリスト劇の宗教劇の厳しさを見せながら、愛の強さを涙をこめてみせてくれたワイラーの名作です。サイレントのころの『ベン・ハー』もすごかった。あの戦車競走の場面もほんとうに立派でした。この二つの作品を見比べてみるのも勉強になりますよ。

ヘンリィ五世
Henry V

44／英／製・監・脚＝ローレンス・オリヴィエ／撮＝ロバート・クラスカー、他／出＝ローレンス・オリヴィエ、ルネ・アシャーソン、ロバート・ニュートン、レスリー・バンクス／V＝東北　D＝東北

解説　シェイクスピアの歴史劇の映画化。十五世紀前半、二十七歳で王位についたイギリスのヘンリー五世（ローレンス・オリヴィエ）は、フランスの王位継承権があると確信すると、三万の大軍を率いてフランスへ侵攻を開始しアジコートの戦いにのぞむ。名優オリヴィエが初監督しアカデミー特別賞を受賞した戦国絵巻。

ハイ淀川です　私はこの作品を見て、製作、監督、主演のローレンス・オリヴィエの偉大さを知らされました。イギリスのシェイクスピアの香りと品格を見事にみせてくれました。この映画の舞台はイギリスとフランスが長い戦争をしていた、いわゆる百年戦争ですね。その時代色が見事に出ています。そして衣装の豪華さ。まさにイギリス美術に溢れ、アジコートの合戦はさながら戦争クラシックの美術名画を見ているようですね。キャメラが名手のロバート・クラスカーとジャック・ヒルディカード。この二人のキャメラはもう最高です。オリヴィエはこの映画によってアカデミー特別賞をもらいましたし、サーの名誉称号も受けたんですよ。

ヘンリー五世
Henry V

89／英／監・脚＝ケネス・ブラナー／撮＝ケネス・マクミラン／出＝ケネス・ブラナー、デレク・ジャコビ、サイモン・シェパード、エマ・トンプソン／V＝ポニー　D＝LDC

解説　シェイクスピアの歴史劇をイギリス演劇界の新鋭三十歳のケネス・ブラナーが監督、脚本、主演。王位継承権をめぐってフランスへ渡ったヘンリー五世の大遠征が描かれ、アジコートの戦闘シーンは圧巻。ブラナーは原点に自らの解釈を加えてヘンリー五世の内面的な人間性を描いた。アカデミー衣装デザイン賞受賞。

ハイ淀川です　これは英国のオハコ。英国製じゃあないと面白くありませんね。オリヴィエの『ヘンリィ五世』は舞台そのままにやりましたが、これも「只今からごらん下さい」という口上から始まります。そしてそれがだんだん映画的になっていきます。感心したのはアジコートの戦いでヘンリー五世が弓を射ると空が曇ってくるところ。そして、ヘンリー五世が戦いで死んだ子供を抱きながらいたわるところ。私は涙が出ました。というわけで、ケネス・ブラナーが監督、脚本、主演。シェイクスピアを勉強しただけあって自信に溢れていますね。もう夢中になって撮ったのでしょう。私たち日本人もこの名作、このクラシックに酔いましょう。

望郷
Pépé Le Moko

37／仏／監・脚＝ジュリアン・デュヴィヴィエ／撮＝ジュールス・クルージェ、マルク・フォサーレ／出＝ジャン・ギャバン、ミレーユ・バラン、リーヌ・ノロ、リュカ・グリドウ／V＝C・C　D＝ファースト

解説　アルジェのカスバに逃げ込んだギャングの末路を描くフィルム・ノワールの先駆的作品。ジュリアン・デュヴィヴィエ監督の完璧なモンタージュ。カスバのボスとなったペペ（ジャン・ギャバン）はパリから来たギャビー（ミレーユ・バラン）に恋をする。彼を捕らえたい警察はペペの情婦の嫉妬心をあおりカスバの外に誘い出す罠を仕掛ける。

ハイ淀川です　情婦のイネス（リーヌ・ノロ）の密告で刑事が張り込んでいました。ペペは捕まってしまいますねえ。手錠をはめられました。船のデッキではギャビーがペペを待っています。それを見てペペはあせり悲しみます。船は出ようとしている。たまりかねたペペは、「ギャビー！」と叫びました。そのとき、船出の汽笛、そのペペの声が重なります。そして吹き消されてしまう。ギャビーは船室に去っていってしまいますね。ペペは刑事の目を盗んで、ナイフを出して手錠のままで自分の手首を切って自殺してしまいました。あの美しくも哀れなラストシーンは忘れられません。見事なラストシーンでした。ギャバンが最高でした。

冒険者たち

Les Aventuriers

B・D＝アミューズ

67／仏／監・脚＝ロベール・アンリコ／原・脚＝ジョゼ・ジョヴァンニ、他／撮＝ジャン・ボフェティ／出＝アラン・ドロン、リノ・ヴァンチュラ、ジョアンナ・シムカス／V＝ヘラルド

解説 冒険好きのアラン・ドロン、リノ・ヴァンチュラ、ジョアンナ・シムカスのトリオが、アフリカの海底に眠る財宝探しに旅立つ。ところが宝を狙うギャング一味に襲われ、シムカスは流れ弾に当たって死んでしまい、ドロンも殺されてしまう。ジョゼ・ジョヴァンニの同名小説をロベール・アンリコ監督が映画化したアクション・ロマン。

ハイ淀川です 私はこの映画を見て、ロベール・アンリコ監督の名を胸に抱きしめました。これはただのアクションものではありません。この監督は冒険者という種族の人間の肌を手でさわるようなつくり方をしています。映画の詩、映画の心があるんです。飛行家のアラン・ドロンとその相棒のリノ・ヴァンチュラが冒険狂として結ばれているだけでなく、ほんとうの友愛で結ばれているあたりの描き方。最後ひとり残された男リノ・ヴァンチュラの孤独が爆発する。そして虹色の男の夢が霧のように消えていく。そのあと味がなんとも憎い。男の涙を描いてみせたこのフランス映画。ジョン・ヒューストン監督の『黄金』を思わせる名作です。

暴力教室

Blackboard Jungle

D＝復刻

55／米／監・脚＝リチャード・ブルックス／撮＝ラッセル・ハーラン／出＝グレン・フォード、アン・フランシス、ヴィック・モロー、シドニー・ポワチエ、ルイス・カルハーン

解説 エヴァン・ハンターの原作をリチャード・ブルックスが監督。東部のハイスクールに赴任した教師ダティエ(グレン・フォード)は学内の無法ぶりに驚く。軟派のボス（ヴィック・モロー）と黒人リーダー（シドニー・ポワチエ）の二大勢力が講義を無視したり女生徒に乱暴したり。しかしダティエは彼らの暴力行為に立ち向かう。

ハイ淀川です この当時、ギャング映画以外は汚いものに目を塞ぐアメリカ映画が、真向から驚くべき高校生の現実を暴露し社会に激しく訴えた。これは大変な冒険だったんですね。事実、ある州では上映禁止になったりしましたね。グレン・フォードの教師が就任するところから始まります。生徒たちはギャングそのままで先生の奥さんに旦那に女ができたとおどしたりする。そのために奥さん（アン・フランシス）は早産してしまいますね。結局、この汚れた濁流の渦である二人の生徒を、先生は死をかけて暴力で殴りつけて、他の学生たちに純真な青少年の心をとり戻すことに成功する。ＭＧＭがこんな映画をつくったことは高く評価したいですね。

ポギーとベス

Pogy And Bess

59／米／監＝オットー・プレミンジャー／脚＝リチャード・メッシュ／撮＝／出＝シドニー・ポワチエ、ドロシー・ダンドリッジ、サミー・デイヴィス・ジュニア

解説 ジョージ・ガーシュインのブロードウェイ・ミュージカルをオットー・プレミンジャー監督が映画化。殺人者クラウンは、情婦ベス（ドロシー・ダンドリッジ）を置き去りにして逃げたため、彼女は乞食ポギー（シドニー・ポワチエ）の小屋にかくまわれる。二人の間に愛情が生まれるがクラウンが現われ争いになる。オール黒人キャスト。

ハイ淀川です もう、私はこの映画の名曲にずぶ濡れになってしまい、「サマー・タイム」から始まって「アイ・オウン・マイ・ウェイ」のショーのフィナーレの合唱で終わるまで、ガーシュインの音楽に酔いつぶれ涙がこぼれそうになりました。黒人の気質をこれほど描ききった名作も珍しい。今日は聖女、明日は娼婦。そのベスの悲しい人となりばかりでなく、黒人の哀しみと悦びが入り混じって、黒人の体臭にむせるあたりのすごさ。製作がサミュエル・ゴールドウィン。メッキなしの純金の本物のプロデューサーです。アメリカを知りたい人、ブロードウェイを知りたい人には絶対に見ておかなければならないミュージカルの大作です。

ぼくの美しい人だから
White Palace

90／米／監＝ルイス・マンドキ／脚＝テッド・タリー、他／撮＝ラヨシュ・コルタイ／出＝スーザン・サランドン、ジェームズ・スペイダー、キャシー・ベイツ、アイリーン・ブレナン／V＝CIC　D＝ジェネ

解説　アメリカの新進作家グレン・サヴァンのベストセラー小説をルイス・マンドキ監督が映画化。二十七歳のエリート青年マックス（ジェームズ・スペイダー）と四十三歳のハンバーガーショップで働く孤独な中年女ノラ（スーザン・サランドン）。何もかも不釣合いの二人の純粋な恋の実りを繊細に描いたラブストーリー。

ハイ淀川です　二人はセックスして結ばれて、このお坊っちゃんは仲間のパーティに連れていく。でも女は自分が年上の恋人だからいやだという感じ。この映画は、年上の女と年下の男が、どう結ばれていくのか。そこが見どころの人生劇。女は怒ってもう絶対に男と会いたくないと思って、どこか別の町で働いていると、男が訪ねてきて喫茶店の真ん中で二人は遠慮なく抱き合う。まわりの連中がそれを見て手をたたいて祝福する。このラストの愛の美しさは見事です。愛というものは、ほんとうに結ばれたら歳なんか問題じゃぁないという感じで、これはあなたの心にある恋に火をつける映画ですよ。

北北西に進路を取れ
North By Northwest

59／米／製・監＝アルフレッド・ヒッチコック／脚＝アーネスト・レーマン／撮＝ロバート・バークス／出＝ケーリー・グラント、エヴァ・マリー・セイント、ジェームズ・メイスン、フィリップ・オーバー／V＝WHV、ポニー　B＝WBH　D＝WHV

解説　アルフレッド・ヒッチコック監督のサスペンス。ふとしたことでスパイに間違えられた男ロジャー（ケーリー・グラント）は殺人の容疑をかけられるが、謎の女イブ（エヴァ・マリー・セイント）に助けられ真相をさぐるため、ニューヨークからロッキー山系へ。国外脱出を狙うスパイ組織を全滅させ、今度はイブを絶体絶命のピンチから救う。

ハイ淀川です　「逃げて逃げて絶対に逃げられない男が逃げられるような映画をつくるよ」と、ヒッチコックは言いましたが、この作品はまさにそれ。広い広いトウモロコシ畑でケーリー・グラントが飛行機で狙われる絶体絶命のシーン。一番の見どころですね。ハラハラドキドキ、胸さわぎするようなときにヒッチコックは非常に美しい風景の場面を入れるの。美しいことと怖いことを同時に見せる。このあたりがにくいなあ。ラストのラシュモア山を逃げるサスペンス。名所見物を観客にサービスして、しかもすごい恐怖の危機感を盛りあげましたね。というわけでこの作品は心理サスペンスというより、見て面白い大衆版ですね。

慕情
Love Is A Many Splendored Thing

55／米／監＝ヘンリー・キング／脚＝ジョン・パトリック／撮＝レオン・シャムロイ／出＝ウィリアム・ホールデン、ジェニファー・ジョーンズ、トリ・サッチャー／V＝FOX　B・D＝ディズニー

解説　香港に長期ロケした悲恋映画。女医スーイン（ジェニファー・ジョーンズ）は夫が戦死してから香港の病院で働いているが、アメリカ人の新聞記者マーク（ウィリアム・ホールデン）と知り合い、二人は恋におちる。マークには別居中の妻がいるが離婚に同意しない。そんなとき朝鮮戦争が起こりマークは現地へ飛ぶ。

ハイ淀川です　ウィリアム・ホールデンとジェニファー・ジョーンズが海岸で泳ぐきれいなシーンがありましたね。私はホールデンと会ったときに、「胸毛がいっぱいあったのにないね」と言ったら「剃ったんです」と言われましたが、ホールデンの男前とジョーンズの美しさでメロドラマの名作となりましたね。これは中国と英国の混血ハン・スーインの自伝の映画化ですが、中国版の『蝶々夫人』ですね。ヴィクトリア・ピークの丘で二人のラブシーン。ホールデンの肩に蝶々がとまりました。ハッとしますね。死への暗示のマーク。テーマ曲の悲しくって美しいこと。ヘンリー・キングは美しいこと、人が喜ぶことの名作をつくる名人ですね。

ポセイドン・アドベンチャー
The Poseidon Adventure

B・D＝ディズニー

72／米／監＝ロナルド・ニーム／脚＝スターリング・シリファント、他／撮＝ハロルド・スタイン／出＝ジーン・ハックマン、アーネスト・ボーグナイン、シェリー・ウィンタース、ステラ・スティーブンス、キャロル・リンレー／V＝FOX

解説　ロナルド・ニームが監督したパニック・スペクタクル。大晦日の晩、豪華客船ポセイドン号は、大津波に襲われ一瞬のうちに転覆。かろうじて生き残った牧師スコット（ジーン・ハックマン）は、ニューヨークの刑事ロゴと妻リンダ、初老のローゼン夫婦、歌手ノニー、十七歳と十歳の兄弟らを引き連れて必死の脱出を試みる。

ハイ淀川です　これは「海の駅馬車」。大ホールの祝宴。音楽が止まって、あと九秒。あと八秒。一方の甲板では危険の迫るのを知って青くなっている。このホールのセコンドの新年への感激がスリルとなる映画の面白さ。海の怒りの一撃を受けてからのグラグラ。大音響。まっ逆さま。これは映画最高の見ものですね。逆さまのはるか高いクリスマスツリー。男の子をツリーに登らせることでますます神話的になっていきます。私にはロビンが天使の翼をつけた神の子に見えました。牧師を殺してしまったことがこの映画の弱さと思われるでしょうが、これは『野のユリ』の黒人と同様に、去っていくと見るべきですね。まさに完璧の出来栄えの映画。

蛍川

D＝コロムビア

87／日／監・脚＝須川栄三／脚＝中岡京平／撮＝姫田真佐久／出＝十朱幸代、三国連太郎、坂詰貴之、沢田玉恵／V＝ポニー

解説　宮本輝の芥川賞受賞作を須川栄三監督が映画化。雪国の町、富山。四月に大雪が降った年は蛍の大群が発生するという語り伝えを背景に、十四歳の少年竜太（坂詰貴之）の目を通して、父（三国連太郎）と義母（十朱幸代）の生きざま、さらに同級生のマドンナ、英子（沢田玉恵）との初恋などを美しい四季のなかで描く。

ハイ淀川です　一番のポイントはキャメラですね。春夏秋冬の中の人間の成長といったものが、じっくりと画面の中に食い込んで描かれています。なにもかもが新鮮で、なにもかもが悲劇で、なにもかもが苦しくって、なにもかもがが美しくって、この二人の少年少女の映画なのに、ぐるりがとってもいいんです。三国連太郎のお父っつあん。それから後妻、正妻がみんないいのでこの作品に厚みがでました。蛍がでてくるクライマックス。この蛍を男の子と女の子が一緒に見たら、きっと夫婦になるという伝説がある。それをじっと二人が見るところ。川に群がるように蛍が出るあたり。キャメラがなんとも知れん映画の美術を溢らせますね。見事な秀作ですよ。

炎のランナー
Chariots Of Fire

B・D＝ディズニー

81／英／監＝ヒュー・ハドソン／脚＝コリン・ウエランド／撮＝デヴィッド・ワトキン／出＝ベン・クロス、イアン・チャールソン、イアン・ホルム、ジョン・ギールグッド、リンゼイ・アンダーソン／V＝FOX

解説　一九二四年のパリ・オリンピックに陸上競技で出場することになったユダヤ人青年ハロルド・エイブラハムズ（ベン・クロス）は人種偏見への反抗のために、宣教師の息子エリック・リデル（イアン・チャールソン）は、神のために走る。二人の若者の生き方をドキュメンタリータッチで描いたヒュー・ハドソン監督第一作。

ハイ淀川です　スポーツと人権問題と宗教とイギリス人エリートと、一九一九年の時代色の完璧な描写の見事なこと。しかも青く激しい青春がここにあります。アングロ・サクソンの血を誇る英国がユダヤ人に示す微妙な差別。そして宗教の厳しさに涙をさそわれます。スポーツの試練の厳しさに心を打たれます。まさに品格溢れたスポーツ映画。これほど生真面目に描かれたスポーツ映画はありません。ベン・クロス、イアン・チャールソン、コーチ役のイアン・ホルムの男の美しさ。寮長に扮したジョン・ギールグッド、学長のリンゼイ・アンダーソン。僅かの出演ですが清潔感と美がある。私の血はこれを見てたかぶりました。

ホーム・アローン
Home Alone

90／米／監＝クリス・コロンバス／製・脚＝ジョン・ヒューズ／撮＝ジュリオ・マカット／出＝マコーレー・カルキン、ジョー・ペシ、ダニエル・スターン、ジョン・ハード／V＝FOX　B・D＝ディズニー

解説　十歳のマコーレー・カルキン少年を一躍スターダムにのし上げたホーム・コメディ。一家でクリスマス休暇をパリで過ごすことになったが、八歳の末っ子ケヴィン（カルキン）だけ取り残されてしまう。そこへ、二人組のコソ泥ハリー（ジョー・ペシ）とマーヴ（ダニエル・スターン）が侵入。ケヴィンは家庭用品を武器に大暴れ。

ハイ淀川です　この映画の大主役はなんと言ってもマコーレー・カルキン君ですね。最近、子役時代に火をつけたのがこの作品でした。カルキン君が世界中のパパとママを笑いころげさせました。両手でほっぺたを押さえて驚く顔がとっても可愛くって人気を呼びました。アメリカ映画で子役が人気をさらうのは、すべて子供が賢いし、それに勇気があるところを見せるからですね。昔、有名なメアリー・ピックフォードの『雀』『シャボンの泡』が大ヒットしたのは、彼女がいかにも明るくって勇気があって賢かったから。というわけで、この映画もそれを見せて、アメリカの誇りを見せました。このシナリオがなかなかうまい。当たるようにつくられていましたね。

ホーム・アローン3
Home Alone 3

97／米／監＝ラジャ・ゴズネル／製・脚＝ジョン・ヒューズ／撮＝ジュリオ・マカット／出＝アレックス・D・リンツ、オレック・クルパ、リア・キルステッド、レニー・フォン・ドーレン　D＝ディズニー

解説　マコーレー・カルキンに代わって『素晴らしき日』の子役アレックス・D・リンツが主役に抜擢。八歳のアレックス（リンツ）が、ボープリ（オレック・クルパ）をリーダーとする国際ハイテク犯罪集団の四人組を撃退する。あの手この手の衝撃のギャグが連続の爆笑で痛快なアクション。ラジャ・ゴズネルの監督デビュー作。

ハイ淀川です　カルキン坊やは、お金持ちになって十七歳で結婚しちゃったのね。だから誰が主役かと思ったらアレックス・D・リンツという少年。カルキンと比べてもっと坊や的だから面白いのね。カルキンのときはどこかイギリス的な匂いがしましたが、今度はアメリカのオリジナル。アメリカの本流のところがいいのね。このアメリカの少年が機械をいかに楽しんでいるのかがよく出ています。というわけで、少年が主役ですけれど、ほんとうの主役は男三人と女三人のギャング。どんなやられ方をするのかが、見どころです。この監督は知らなかったけれど、編集よりの人。だから編集が実に巧い。それがこの映画の命です。ご家族で笑って楽しんで下さい。

ボルケーノ
Volcano

97／米／監＝ミック・ジャクソン／脚＝ジェローム・アームストロング、他／撮＝テオ・ヴァン・デ・サンド／出＝トミー・リー・ジョーンズ、アン・ヘイチ、ギャビー・ホフマン／V＝FOX　B＝ディズニー　D＝FOX

解説　ある日、ロサンゼルスの観光名所ラ・ブレアのタール池からマグマが噴出。火山弾が飛び出し、溶岩流が街を襲う。ロスの危機を救う危機管理局長にトミー・リー・ジョーンズ、女性地震学者にアン・ヘイチが扮している。ミック・ジャクソン監督がSFXを投入し、パニック映画に新たなジャンルを確立した作品。

ハイ淀川です　火山の映画は今までにありましたけれど、火山が街の真ん中で噴火して地面から噴き出すような映画はありませんでした。この新しいスタイルとアイディアがこの映画の見どころですね。溶岩が流れて流れて火の海になって襲ってきます。その熱い溶岩流が光をもっているあたりが怖いなあ。ヘリを飛ばして上から水をまいて止めようとするあたり。この監督はイギリス人だから、どこかドキュメンタリータッチがあるんですね。溶岩流の怖さを目で見せる。これは映画でないとできません。むかし『ポンペイ最後の日』という映画がありましたが、そのクラシックを現代にもってきて、もっとすごいタッチで見せたスリル、サスペンスの傑作です。

幌馬車
The Covered Wagon

23／米／監＝ジェームズ・クルーズ／脚＝ジャック・カニンガム／撮＝カール・ブラウン／出＝ロイス・ウィルソン、ウォーレン・ケリガン／V＝IVC／D＝カルチ、IVC　B・D＝IVC

解説　アメリカ映画史上、初の本格西部劇。一八四九年、東部を出発した幌馬車隊はあらゆる困難を乗り越えてオレゴンを目指す。途中でのインディアンによる大草原の火攻め、豪壮なバッファロー狩り、壮絶なインディアンの襲撃。それを闘う二枚目スター、ウォーレン・ケリガンと清純スター、ロイス・ウィルソンとの恋のからみ。

ハイ淀川です　私は西部というものはサボテンと砂の世界だと思っていたのね。ところがこれを見てびっくりした。高原全部が雪景色のシーンがあったの。ウェスタンにも雪の背景があったんですね。移動して移動してオレゴン越えをする。山を乗りきったところで何台かの幌馬車が車輪を滑らせ、千仞の谷底へ地響きを立てて落ちてくシーンは怖いですね。そして休憩すると、みんなが焚き火をしてフライパンでベーコンを焼いたり、バンジョーで歌う。この場面になると、当時のオーケストラ・ボックスの楽団が「おお、スザンナ」を演奏したものです。それがえらい流行ってレコードにもなったの。サイレントの西部劇の主題曲が流行ったのはこれだけなんですよ。

ホワイト・クリスマス
White Christmas

54／米／監＝マイケル・カーティス／脚＝ノーマン・クラスナ、他／撮＝ロイヤル・グリッグス／出＝ビング・クロスビー、ダニー・ケイ、ローズマリー・クルーニー、ヴェラ・エレン／V＝CIC　B・D＝パラマ

解説　アーヴィング・バーリン作曲による十四のナンバーが挿入され、主題曲「ホワイト・クリスマス」は大ヒット。ショー芸人ボブ（ビング・クロスビー）とフィル（ダニー・ケイ）のコンビが、姉妹芸人ベティ（ローズマリー・クルーニー）、ジュディ（ヴェラ・エレン）と協力して、破産寸前のホテル経営者の景気回復を計画。

ハイ淀川です　この連中が雪のバーモントへ行ったのね。ところが泊まった宿屋の主人が実はビング・クロスビーとダニー・ケイの戦争のころの上官だったのね。宿屋はさびれている。気の毒だと思ってステージをつくって客を呼ぼう、歌って踊ろうというので戦友をみんな呼ぶ。さぁ、この四人の歌と踊りでにぎやかになって繁盛する。雪のバーモント、クリスマスの夜に真っ白な雪につつまれて、あの「ホワイト・クリスマス」の音楽が流れるあたり。楽しくって心温まる音楽映画ですね。マイケル・カーティスは音楽映画のうまい人。これ以来この主題歌は世界中ですっかりクリスマスの歌になりました。『我が道を行く』につぐビングの代表作ですね。

ホワイトナイツ／白夜
White Nights

85／米／製・監＝テイラー・ハックフォード／脚＝ジェームズ・ゴールドマン、他／撮＝デヴィッド・ワトキン／出＝ミハイル・バリシニコフ、グレゴリー・ハインズ、イザベラ・ロッセリーニ／V＝SPE　D＝SPE

解説　東京に向かうジャンボ機に、ソ連からアメリカに亡命したバレエ・ダンサー（ミハイル・バリシニコフ）が乗っていたが、ソ連の空軍基地に不時着してしまう。再び自国に戻ってしまった彼は過酷な生活の中でアメリカからソ連に亡命した黒人ダンサー（グレゴリー・ハインズ）と知り合う。テイラー・ハックフォード監督。

ハイ淀川です　注目はバレエのミハイル・バリシニコフとタップのグレゴリー・ハインズの共演。だから誰もがクラシック・バレエとモダン・タップの華麗なる共演を期待するかもしれませんが大間違い。そこがこの脚本の意外性の狙いどころなんですね。実は亡命者のスリル、スリル。バレエ・ダンサーが心ならずも再び故国に舞い戻る。ソ連はこの男をどうしたか。一方、ベトナム戦争に怒ってソ連に亡命した黒人タップ・ダンサー。その男がソ連でどのような扱いを受けているのか。まるでおかしいばかりの男二人のめぐり逢いがポイントですね。この監督が実際にソ連からアメリカに亡命したバリシニコフを使って映画を撮った。その大胆さに驚きました。

マイケル

Michael

96／米／監・脚＝ノーラ・エフロン／脚＝デリア・エフロン、他／撮＝ジョン・リンドレイ／出＝ジョン・トラボルタ、アンディ・マクダウェル、ウィリアム・ハート／V＝ヘラルド、ポニー　D＝ヘラルド

解説　女流監督ノーラ・エフロンがユニークな発想で天使を登場させたファンタスティック・コメディ。シカゴの新聞記者フランク（ウィリアム・ハート）と女性記者（アンディ・マクダウェル）は、天使マイケル（ジョン・トラボルタ）と会見。マイケルは二枚の羽をつけていたが、小汚い中年男で天使のイメージとはほど遠い。

ハイ淀川です　いかにもアメリカのノスタルジーを感じさせますね。アメリカでは天使が家族にしみ込んでいるんです。トラボルタの天使が羽を広げるあたりの美しさ。小犬にじゃれつかれて困ったり。ごはんもどんどん食べる。一瞬、裸になったらまあ毛だらけで、トラボルタがこんなに太っていたのかと思いました。というわけで、見どころはトラボルタですね。久しぶりに踊りましたね。その踊りのうまかったこと。こんな世間ばなれした役はトラボルタの個性とよく似合っているんですね。笑うと可愛い顔。ちょっと顔が長いけれど笑顔がいいんです。天使がどう昇天していくのかは映画でごらんなさい。トラボルタ・ファンにはたまらない映画ですよ。

マイ・フェア・レディ

My Fair Lady

64／米／監＝ジョージ・キューカー／脚＝アラン・J・ラーナー／撮＝ハリー・ストラドリング／出＝レックス・ハリスン、オードリー・ヘプバーン、スタンリー・ハロウェイ／V＝FOX　B・D＝パラマ

解説　バーナード・ショウの戯曲『ピグマリオン』をもとにしたミュージカルの映画化。言語学者ヘンリー（レックス・ハリスン）は、ひどいなまりの貧しい花売り娘イライザ（オードリー・ヘプバーン）に正しい発音や、礼儀作法を仕込み社交界のトップレディに変身させる。アカデミー作品、監督、主演男優賞など八部門受賞。

ハイ淀川です　オードリーがまさに大役をやりました。舞台ではジュリー・アンドリュースがやりましたが、この役は名女優じゃないとやれません。下町の特にひどい下品なしゃべり。その女がイギリスの上流の貴婦人に変化するあたりからこの映画は面白くなっていきますが、その役をオードリーは見事にこなし第一級のスターになりました。オードリーの魅力とともに面白いのはバーナード・ショウの皮肉。英国はなんでも階級制度にかたまっている。そんな英国は馬鹿だというあたり。人間の価値観を皮肉たっぷりはらませる風刺が胸を刺します。それに言語学者のレックス・ハリスンは舞台でも同じ役を演じましたがその名演も見どころです。

マイ・プライベート・アイダホ

My Own Private Idaho

91／米／製・監・脚＝ガス・ヴァン・サント／撮＝エリック・アラン・エドワーズ、他／出＝リバー・フェニックス、キアヌ・リーヴス、ウィリアム・リチャード、ジェームズ・ルッソ／V＝ヘラルド／D＝ヘラルド　B・D＝WBH

解説　男娼として身を売っているマイク（リバー・フェニックス）は、市長の息子で美青年スコット（キアヌ・リーヴス）と知り合い、二人は友情で結ばれる。マイクはスコットを誘い、行方不明の母を捜すために故郷のアイダホへ向かうが…。現代アメリカが見つめ直している「家への回帰」を描いた作品。ガス・ヴァン・サント監督。

ハイ淀川です　この映画はゲイの孤独。どうして二人はこんな男相手の商売をしているのか。マイクはお母さんに捨てられた。スコットは市長の立派な家庭に育ったけれど、家庭の温かさを知らない。この家庭の影がこの青年たちを苦しめているあたりが怖いですね。マイクは母を捜すけれど見つからない。傷ついた彼はまた街角に立つ。その淋しい男の孤独。というわけで、この映画は故郷のない男の悲しみ、男のもがき、男のなんとも知れんマザーコンプレックスの淋しさを女以上のデリケートさで全編を貫く。愛の追求、愛の模倣が男の世界に入ってきた。そういう意味で、この作品をごらんなさい。みなさんの心に深く入ってくると思います。

マイ・ライフ
See How She Runs

78／米／監＝リチャード・ヘフロン／脚＝マーヴィン・A・グラック／撮＝ロン・ロートア／出＝ジョアン・ウッドワード、リシー・ニューマン、メリー・ベス・マニング

解説　二人の娘をもつ四十一歳の中学校の女教師（ジョアン・ウッドワード）は、シェイプアップのためジョギングをしていたが、ついにボストン・マラソンに出場する。彼女が七千人の参加者にまじって、子供たちや教え子たちの愛に支えられながら完走するまでをさわやかな感動で描く。ジョアン・ウッドワードが中年の教師役を熱演。

ハイ淀川です　活動写真の初期のころからアメリカ映画には根性ものがたくさんありました。ハロルド・ロイドの『要心無用』は高所恐怖症のロイドがデパートの一階から屋上まで壁を登ってハラハラドキドキ。必死によじ登りましたね。この映画も二人の子持ちの四十一歳の女の中学校の先生がボストン・マラソンに参加しますね。さぁ、この先生は七千人の参加者にまじって走って走ってへこたれかけてもまた走る。マラソンが終わって夜になっても走ってゴールインする。人影はいませんね。でもこれを見て娘や仲間たちがゴールインのテープを張ってやる。このラストの感激。映画というものは私たちに心の励みの注射の役目もしてくれるんですね。

マイライフ・アズ・ア・ドッグ
Mitt Liv Som Hund

85／スウェーデン／監・脚＝ラッセ・ハルストレム／撮＝イエリン・ペルション／出＝アントン・グランセリウス、メリンダ・キンナマン、アンキ・リデン、レイフ・エリクソン／V＝SPE　B・D＝IVC

解説　一九五〇年代末のスウェーデンの海辺の小さな町と山間のガラス工場の村を舞台に、十二歳の少年イングマル（アントン・グランセリウス）の病気の母や愛犬との別れ。さらに、ガキ大将サガ（メリンダ・キンナマン）や、村の人々との出会いなどを通して人生に目覚めていく少年の姿を描く。ラッセ・ハルストレム監督。

ハイ淀川です　この子供のすることがみな可愛い。たとえば、女の子のくせに男の子みたいな女の子がいて男に化けている。ところがだんだんオッパイがふくらんできたので、このイングマル少年にオッパイを隠すためにサラシで胸をしめてもらって、二人で拳闘したりして遊ぶシーン。その子供の詩、童謡みたいなものを、この監督は見事に映画にしているのでびっくりしました。この子供が愛犬から離されて寂しがったり、ママが死んでしまったり、そんな姿がまるで写真の絵を集めて、一つの絵にするように、この映画の中に見事に集まって心の中にしみ込む。芸術的にハイクラスに染めこんでいるところにこの映画のレベルの高さがあり、品格があります。

マイ・ラブ
Toute Une Vie

74／仏／監・脚＝クロード・ルルーシュ／撮＝ジャン・コロン／出＝マルト・ケラー、シャルル・デネ、アンドレ・デュソリエ

解説　クロード・ルルーシュ監督が少年のころから映画に賭けた情熱のすべてを集大成したといえる作品。ヨーロッパを舞台に、映画の誕生期からトーキー時代、さらにはカラー時代から現代へ移る映画界をタテ軸に、一族三代にわたる男女の運命を、フランシス・レイの華麗な音楽や、その時々のヒット曲にのせて描いた愛のドラマ。

ハイ淀川です　映画美のルルーシュ・タッチも、いささか疲れをみせたかと思いましたが、この作品を見たらとんでもない。彼の映画への野心が溢れています。映画の始まり。若い男が活動写真の撮影機のハンドルをまわして、公園で実写を撮っている。そのハンドルの動きと音。これが映画ですぞと念を押しているような感じがいいんですね。これは一九〇〇年から七四年までの男女の運命ロマン。小説にすれば何百頁をめくるような運命。時代の歴史。それをルルーシュは流れるようなスピード感で見せました。映画でなければ語れない〝目に見る印象〟を語り続けるあたりは見事です。この映画を見ていても、フランスの宿命的な芸術の個性がよくわかります。

マカロニ
Macaroni

85／伊／監・脚＝エットーレ・スコラ／撮＝クラウディオ・ラゴーナ／出＝ジャック・レモン、マルチェロ・マストロヤンニ、ダリア・エコロディ、イサ・ダニエリ

解説　ジャック・レモンとマルチェロ・マストロヤンニの二大スターが初共演。アメリカの会社副会長ロバート（レモン）は四十年ぶりにイタリアを訪れ、かつての友人アントニオ（マストロヤンニ）と会い、友情を復活させるが、二人には面白い過去があった。エットーレ・スコラ監督がユーモアとペーソスたっぷりに綴った作品。

ハイ淀川です　ジャック・レモンはアメリカきってのアメリカ男、マストロヤンニはイタリアのナポリ男。この二人の二つの色がいかに溶け合っていることか。四十年前にアメリカの兵隊がふとした浮気でマリアというナポリ娘となじんで別れました。そのマリアの兄が銀行の文書保管係りのマストロヤンニ。妹が想いこがれて、アメリカに帰ってしまった兵隊から音沙汰がないので、兄はその兵隊にかわって、あらゆる各地から兵隊に化けて手紙を書き綴ったんですね。その兵隊のレモンが、今は中年も過ぎ、イタリアに来て、その居だったということがわかる。イタリアの情すべてが妹思いの兄さんの、隠してきたお芝居だったということがわかる。イタリアの情けが出た傑作です。

マーキュリー・ライジング
Mercury Rising

98／米／監＝ハロルド・ベッカー／脚＝ローレンス・コナー、マーク・ローゼンタール／撮＝マイケル・セレシン／出＝ブルース・ウィリス、アレック・ボールドウィン、マイコ・ヒューズ、キム・ディケンズ／V＝CIC／D＝SPE　B・D＝ジェネ

解説　九歳の少年サイモン（マイコ・ヒューズ）は〝マーキュリー〟という国家の極秘コードを判読してしまったため国家安全保障局から命を狙われる。彼を保護したFBIのアート（ブルース・ウィリス）は、少年の心を開き身を守ろうとする。ハロルド・ベッカー監督が孤独な捜査官と子供の心の交流を描いたサスペンス・アクション。

ハイ淀川です　自閉症の九歳の子供は押入れに隠れていたので助かったんですね。それをFBIのブルース・ウィリスが助ける。この子供は勝手に線路に飛び出して列車にひかれそうになる。それをブルース・ウィリスが守ってやるあたりのスリル、サスペンス。今までの映画と違った新しいスタイルができました。どこかイギリスのスタイルの匂いがします。ただの誘拐映画じゃあありません。この少年はどこかインディアンの血が入っているような感じがしてなかなかいいんです。というわけで、この監督は命がけで演出しました。今までよくわからなかったけれど、この作品でハロルド・ベッカーがはっきりとわかりました。注目したい監督の一人になりました。

マスク
Mask

85／米／監＝ピーター・ボグダノヴィッチ／脚＝アンナ・ハミルトン・フェラン／撮＝ラズロ・コヴァックス／出＝シェール、エリック・ストルツ、サム・エリオット、ローラ・ダーン／V＝CIC　D＝ジェネ

解説　『ラスト・ショー』のピーター・ボグダノヴィッチ監督が、蓋骨形成異常の奇病に生まれつき、十六歳で死んだ少年の実話を映画化。ロッキー（エリック・ストルツ）は病気に冒されながらも、頭脳明晰、ヨーロッパ大陸をバイクで走るのを夢みる。が、母ラスティ（シェール）はドラッグと男に明け暮らし、少年をいらつかせる。

ハイ淀川です　この映画は決して十六歳の子供を悲しく残酷につっ放さないで、むしろ、この男の子が真正面から自分の顔を見せて、ボクはこんな顔だよというあたりがすごいね。このお母さんはこの子が長く生きられんことを感づいています。だからお母さんは夜の女を二十五ドルで買ってきて、女を息子の部屋に入れました。あくる日、お母さんがどうだったという顔をしたときに、その女は喜んで帰った。手をつけなかったことがわかったのね。なんていうお母さんでしょう。その母と息子のデリケートな感覚。この子は幸せにお母さんの愛の中で短い生涯を終える。そのラストのすごいこと。これを見てみなさんは心の中に涙を溢れさせて下さい。見事な作品です。

マスク・オブ・ゾロ
The Mask Of Zorro

B＝SPE　D＝ハピネット

98／米／監＝マーチン・キャンベル／脚＝ジョン・エスコウ、他／撮＝フィル・メヒュー／出＝アントニオ・バンデラス、アンソニー・ホプキンス、キャサリン・ゼタ・ジョーンズ、スチュアート・ウィルソン／V＝SPE／D＝SPE

解説　不滅のヒーロー、英雄ゾロを製作総指揮スピルバーグが復活させた。舞台はメキシコ。カリフォルニア統治の野望をたくらむ元知事と宿敵だった先代ゾロのディエゴ（アンソニー・ホプキンス）は、盗賊あがりの若者アレハンドロ（アントニオ・バンデラス）を二代目ゾロに育てあげる。マーチン・キャンベル監督のユニークなアクション。

ハイ淀川です　サイレントのころのダグラス・フェアバンクスのゾロは最高でした。さあ、そのゾロを一体誰がやるのか。ハリソン・フォードじゃあ体が重い。ディカプリオでも子供の人形芝居みたいと思ったら、『エビータ』のアントニオ・バンデラスでした。この男に目をつけたスピルバーグは鋭いなあ。しかも、あの名優アンソニー・ホプキンスまでも先輩のゾロにさせたあたり。この先輩ゾロがバンデラスにゾロの技や作法を教えるあたりが面白いのね。しかし、黒マスクの場面が多くってこの二枚目の顔を見せなかったのは残念。共演の美女キャサリン・ゼタ・ジョーンズにもチャンバラをやらせてサービス満点。楽しめる活劇です。

マダム・スザーツカ
Madame Sousatzka

88／英／監・脚＝ジョン・シュレシンジャー／脚＝ルース・プラバー・ジャブバーラ／撮＝ナット・クロスビー／出＝シャーリー・マクレーン、ナヴィーン・チャウドリー、シャバナ・アズミ、ペギー・アシュクロフト／V＝SPE

解説　ロンドンの下町を舞台に、才能に恵まれたインドの少年（ナヴィーン・チャウドリー）を立派なピアニストに育てあげようと、全情熱を傾けて指導する老ピアノ教師マダム・スザーツカ（シャーリー・マクレーン）の姿を描いた作品。監督は『真夜中のカーボーイ』のジョン・シュレシンジャー。

ハイ淀川です　シャーリーのメイクアップを見ただけでびっくりするでしょう。ロシア系の女になろうとして、眉毛を薄くし、鼻の下の口を動かすたびに鼻の下を伸ばす。厚化粧で普段着の野暮ったさを出す。ビスケットをほおばりながら、少年のピアノに情熱をかけるその演技がまずは見どころですね。それに監督がジョン・シュレシンジャー。『真夜中のカーボーイ』『イナゴの日』の名作があった。この人は人間たちの住む周囲、その人と人でつくられている社会を見つめ劇的に描くのが巧い監督。ロンドンの下町のアパートとそこに集まる人たちのスケッチ。それに全編に溢れるピアノのクラシックの名曲が、華やかにこの映画の風格を飾りました。

街の灯
City Light

B＝KAD　D＝LDC

31／米／製・監・脚＝チャールズ・チャップリン／撮＝ローランド・トザロー、他／出＝チャールズ・チャップリン、ヴァージニア・チェリル、フローレンス・リー、ハリー・マイヤーズ／V＝朝日、ポニー／D＝ポニー

解説　トーキー嫌いのチャップリン。この作品でも台詞は入れず、当時流行した〝ラビオレテラ〟のメロディを効果的に使った。浮浪者チャーリーは街角で盲目の花売り娘（ヴァージニア・チェリル）と出会い、それ以来、チャーリーは彼女に恋してしまう。そして彼女の目をなんとか治してあげようと心に誓い、職を求めて街を歩く。

ハイ淀川です　チャップリンの映画の中で、一番愛というものが見事なのはこの『街の灯』でしたね。この映画でチャップリンはまるで母の役。この目の見えない娘の母の役をやっている。そして、最高のラストシーン。娘は小銭を持って花束を持って「これをあげましょう」。チャップリンは「いらない」と言った。娘さんは手を出して、チャップリンの手に「これ、あげますよ」と言ってチャップリンの手を握ったとき、「あなた、あなたなの」。チャップリンは何も言わないで、首を縦に振った。娘は「ハイ、私は目が見えるようになりました。あなたなのね」。チャップリンの映画美術の最高でした。チャップリンの愛の締めくくりは見事ですね。

マーティ
Marty

55／米／監＝デルバート・マン／原・脚＝パディ・チャイエフスキー／撮＝ジョゼフ・ラシェル／出＝アーネスト・ボーグナイン、ベッツィ・ブレア、エスター・ミンチオッティ、オーガスタ・チオリ／V＝WHV　D＝FOX

解説　ニューヨークの肉屋のマーティ（アーネスト・ボーグナイン）は誠実だが醜男で女にもてたことがなく、未だに母と二人暮らし。ある夜、ダンスパーティで容姿に自信のない女教師クララ（ベッツィ・ブレア）と出会い踊るが、こんなことは生まれて初めてだった。アカデミー作品、監督、脚色、主演男優賞受賞。カンヌ映画祭グランプリ。

ハイ淀川です　アーネスト・ボーグナイン。映画通の方ならご存知でしょう。個性的な脇役のスターですね。どちらかと言えば悪役タイプ。その彼がこの映画で初めて主役、それも善人の役をやっているところが面白いんですね。イタリア系のアメリカ人の肉屋のおっさん。といっても三十半ば。それに二十九歳のベッツィ・ブレアが扮している高校の化学の先生。この二人がダンスホールで出会って仲良くなっていく。ただそれだけの話ですが、これがなんとも知れんよかったんですね。ボーグナインはこれでアカデミー主演男優賞をとりました。監督のデルバート・マンもデビューで作品賞、監督賞をとった。地味だけど是非とも見てほしい作品ですよ。

マディソン郡の橋
The Bridges Of Madison County

95／米／製・監＝クリント・イーストウッド／脚＝リチャード・ラグラヴェニーズ／撮＝ジャック・N・グリーン／出＝クリント・イーストウッド、メリル・ストリープ／V＝WHV／D＝WHV　B・D＝WHV

解説　ロバート・ジェームズ・ウォラーの超ベストセラー小説の映画化。アイオワ州マディソン郡の田舎町。農場の主婦フランチェスカ（メリル・ストリープ）は、屋根付きの橋の写真撮影のために訪れたカメラマンのキンケイド（クリント・イーストウッド）と出会い、四日間の愛に溺れ夫を捨てて駆け落ちしようとするが…。

ハイ淀川です　この田舎のおかみさんの浮気を二十年たって、今は亡き母の手紙を読んで、息子と娘が知るところから始まるあたりはなかなかシナリオがよくできています。しかし、この作品の見どころはメリルとクリントの演技勝負ですね。メリルの足、手、腰、目、それぞれが田舎のおかみさんになってイタリアの血を感じさせるあたりはすばらしい。クリントもときにチラッとハリー・キャラハンがのぞくところもありますが、今回は名人芸。サラッと見せてじっくりと感じさせてくれました。監督としても第一級です。これはまさに春の日のやさしいタンポポの花のような作品。舞台の人が見たらこれを舞台でやりたくなるでしょうね。

摩天楼
The Fountainhead

49／米／監＝キング・ヴィダー／原・脚＝エイン・ランド／撮＝ロバート・バークス／出＝ゲーリー・クーパー、パトリシア・ニール、レイモンド・マッセイ、ケント・スミス　D＝ジュネス

解説　女流作家エイン・ランドの小説をキング・ヴィダー監督が映画化。天才的な感覚をもつ建築技師ローク（ゲーリー・クーパー）は理想主義者で妥協を許さない。そんなロークに惹かれる女性建築ジャーナリスト（パトリシア・ニール）。ロークの仕事に批判的だが最後に助けを求める新聞社社長などがくり広げる社会ドラマ。

ハイ淀川です　理想主義の建築家の話ですね。自分の理想どおりに建物ができあがらないと、せっかく完成したのに爆破しちゃう。まぁ、この片意地な建築家。ゲーリー・クーパーが扮してますが、キング・ヴィダーは初め、ハンフリー・ボガートでやりたかった。でも、クーパーは見事にこの建築家の気質を出しました。そこが面白かった。パトリシア・ニールもきれい。クーパーの代表作の一つになりました。このころ、クーパーは四十六、七歳。非常にかたい人で奥さん孝行なのね。ところがこの映画でパトリシア・ニールと共演して好きになっちゃったの。奥さんと別れてもいいと思ったのね。でも、スキャンダルにはならなかったのね。

窓
The Window

49／米／監＝テッド・デズラフ／出＝ボビー・ドリスコール、アーサー・ケネディ、バーバラ・ヘイル、ポール・スチュアート、ルース・ローマン
D＝ブロードウェイ

解説　コーネル・ウールリッチの短編小説をテッド・デズラフ監督が映画化したサスペンス。少年（ボビー・ドリスコール）は殺人現場を目撃する。犯人（ポール・スチュアート）はアパートの一階に住んでいる男だと父（アーサー・ケネディ）と母（バーバラ・ヘイル）に話すが、少年に虚言癖があったため信じてもらえない。

ハイ淀川です　『窓』と言うとヒッチコックのあれかと思われるでしょうが、あちらは『裏窓』ですよ。でも面白いことに両方とも原作はウールリッチの短編小説なんですよ。この坊や、殺人の現場を見たんだ見たんだと言っても誰も信じてくれない。でも殺人犯の夫婦は不安になりますね。その夫婦が坊やを殺そうとしたので坊やはニューヨークの深夜の街を逃げる。それを狙うところ。怖いですね。ルース・ローマンという女優は悪女がよく似合うというのかなかなかうまいんです。デズラフ監督はキャメラマン出身だけにその映画感覚が見事。ヒッチコックが撮ってもいいような話を、スリルとサスペンスいっぱいの怖い映画に仕上げました。

マドモアゼル
Summer Fires

66／英／監＝トニー・リチャードソン／脚＝ジャン・ジュネ／撮＝デヴィッド・ワトキンス／出＝ジャンヌ・モロー、エットーレ・マンニ
D＝FOX

解説　マドモアゼルと呼ばれ村人から信頼されている小学校の女教師（ジャンヌ・モロー）は、セックスの欲求不満から村に放火したり、水門を開いて洪水を起こしたりし、イタリア人の木こり（エットーレ・マンニ）を誘惑し欲情を満たす。女の心と肉体に潜む性を描いたフランスの作家ジャン・ジュネ初の脚本。トニー・リチャードソン監督。

ハイ淀川です　独身の先生、すましているけど男に飢えているの。それでも男が好きだと言えない堅物。でも男が欲しい。森の中に行って木こりの裸を見るのが好き。立ち小便する姿を見てドキッとする。それからこの女はだんだん欲情してきて、木こりを誘惑してさんざんセックスする。雨が降ってきて雷鳴の中でセックスするあたりはすごいなあ。女は髪をざんばらで村に帰ってきたので、村人は木こりに暴行されたと思ったのね。それで村人はシャベルや棒を持っていってその木こりを殴り殺しちゃう。でも先生はそしらぬ顔をして村から出て行く。ジャンヌ・モローがいい。トニー・リチャードソン監督は女の怖さをこんな形で見せました。

招かれざる客
Guess Who's Coming To Dinner

67／米／製・監＝スタンリー・クレイマー／脚＝ウィリアム・ローズ／撮＝サム・リーヴィット／出＝スペンサー・トレイシー、キャサリン・ヘプバーン、シドニー・ポワチエ、キャサリン・ホートン／V＝SPE
B・D＝SPE

解説　サンフランシスコの中流家庭の娘ジョーイ（キャサリン・ホートン）は、世界的に有名な黒人医師のジョン（シドニー・ポワチエ）との結婚許可を得るために彼をディナーに招くが、母（キャサリン・ヘプバーン＝アカデミー主演女優賞）は驚き、人種問題を訴えている新聞社を経営している父（スペンサー・トレイシー）は戸惑う。

ハイ淀川です　スタンリー・クレイマーは、わかりすぎるほど単純なストーリーで人種差別問題をじかに家庭の中に持ち込んでみせました。人種差別反対運動を唱えている父にしてみれば間違いもなくショック。これを喜劇と思える人は間違いもなく日本人。しかしアメリカの観客は肌寒い恐怖に身をちぢめたに違いありません。この作品の見どころはそれに俳優たちの風格。見惚れるばかりです。ヘップバーンの目、手先、もう全身が演技の舞踊で目まいを感じさせるくらい美しい。遺作となってしまったトレイシーはヘプバーンと組むと水を得た魚。それに神父役のセシル・ケラウェイはまさに名人芸。ほんとうの名優たちで盛りあがったこれは名作。

マネキン
Mannequin

B・D＝ディズニー

87／米／監・脚＝マイケル・ゴットリーブ／撮＝ティム・サーステッド／出＝アンドリュー・マッカーシー、キム・キャトラル、G・W・ベイリー／V＝WHV

解説　マネキン工場で働く青年ジョナサン（アンドリュー・マッカーシー）は、芸術家気質が災いして失敗の連続。ところがある日、自分のつくった美人のマネキン（キム・キャトラル）が突如人間に変身してしまう。デパートを舞台に、青年とマネキン美女がくり広げるラブコメディ。マイケル・ゴットリーブ監督。

ハイ淀川です　この青年とマネキンの女が仲良くしているときはいいんですけれど、その女は人に見られると、パッと人形になっちゃう。ほかの人がいないと生きている女になる。というわけで、この映画の面白さは、この瞬間に人間になる、この瞬間に人形になるという変わりぶりですね。マイケル・ゴットリーブ監督は、むかしからある古いスタイルのクラシックを、今日のモダンな感覚で映画にしているところでいいのね。むかし『デパート騒動』という映画がありましたが、そんなデパート騒動の形の中で、新しい青春映画にしているところが面白い。見ていて笑いながら、ハラハラドキドキするというラブストーリー。このあたりが見どころですよ。

真昼の決闘
High Noon

D＝パラマ

52／米／監＝フレッド・ジンネマン／脚＝カール・フォアマン／撮＝フロイド・クロスビー／出＝ゲーリー・クーパー、グレース・ケリー、トーマス・ミッチェル、リー・ヴァン・クリーフ、ロイド・ブリッジス／V＝東北／D＝東北

解説　西部劇にリアリズムを吹きこんだフレッド・ジンネマン監督作品。ハドリービルの町。保安官ウィル（ゲーリー・クーパー）は恋人エミー（グレース・ケリー）と結婚し、職を辞し、この町を去ろうとした。ところが五年前に彼が逮捕した無法者がやってくることを知り再びバッジを胸につける。アカデミー四部門受賞。

ハイ淀川です　ディミトリー・ティオムキンの主題歌「ハイ・ヌーン」でこの映画は有名になりましたけれど、その曲が効果的に使われていますね。クーパーの保安官は結婚、引退してお役目を終えて楽しい人生を送ろうとしますけれど、悪党が戻ってくるというのでもう一度立ち上がりますね。結婚したばかりの新妻はわが夫を止めようと思うけれど、再び拳銃を手にしちゃいます。そして町の人たちに援助を頼みますけれど協力してくれません。やがて運命の十二時。悪党が現われるときに、妻はひとり汽車で去ろうとしますね。一対四の対決。真昼です。町は静まりかえった。まさに映画ですね。クーパーは人間的で弱みのある男を見事に演じオスカー受賞。

ママの想い出
I Remember MaMa

D＝ジュネス

48／米／製・監＝ジョージ・スティーヴンス／脚＝ウィット・ボディーン／撮＝ニコラス・ムスラカ／出＝アイリーン・ダン、オスカー・ホモルカ、バーバラ・ベル・ゲデス、フィリップ・ドーン／V＝東北

解説　大ヒットしたジョン・ヴァン・ドルーテンの舞台劇をジョージ・スティーヴンスが製作、監督した。一九一〇年のサンフランシスコ。ノルウェー移民のハンソンは貧しい大工だが、やさしいママ（アイリーン・ダン）と四人の子供に恵まれていた。作家志望の長女はママが大好き。愛情溢れる一家をほのぼのとしたタッチで描いた作品。

ハイ淀川です　これは家庭劇としては最高でしたね。娘がクレヨンを見て「あれ買いたい」と言ったらお母さんは高いのを買いました。それから十何年かたって、娘は「お母さん、あのとき、いくら貯金があったの」と聞いた。お母さんは「あのねぇ、実はあのとき、一銭も貯金なんかなかったんだよ。あんたたちに買ってやりたかったから嘘をついたんだよ」。子供たちを勇気づけて、大らかに育てようとしたこのお母さん。私はこの映画を見たとき、涙がとまりませんでした。いいお母さんやなぁ。子供たちはどんなに幸せだったか。そうか。育ちというものは大事なものなんだと思いましたねぇ。今と比べて単純な映画ですけれど、その温かさが身に沁みました。

真夜中のカーボーイ
Midnight Cowboy

69／米／監＝ジョン・シュレシンジャー／脚＝ウォルド・ソルト／撮＝アダム・ホレンダー／出＝ダスティン・ホフマン、ジョン・ヴォイト、ブレンダ・バッカロ／V＝WHV／D＝WHV　B・D＝FOX

解説　テキサスのジョー（ジョン・ヴォイト）はニューヨークに夢を抱きやってくるが、大都会の汚さを知らされる。そんなとき肺を病み足の不自由なラッツォ（ダスティン・ホフマン）と知り合う。イギリス出身のジョン・シュレシンジャー監督が必死に生きる孤独な若者をクールな目で描く。アカデミー作品、監督賞など三部門受賞。

ハイ淀川です　テキサスの若者ジョーが、ニューヨークにやってきた目的は女に買ってもらってお金を儲けることだったのね。ところが金を儲けるどころか逆に女から金を催促されてしまう。町の映画館では少年に自分のモノをさわられたりして散々な目にあうあたりは面白くって怖いなあ。そしてジョーがラッツォと出会って、汚いビルの廃墟みたいなところでどんどん仲良くなっていくところがいいんですね。最後の最後、ラッツォが病気になって、ジョーがフロリダへ連れていったんだけど彼は死んでしまう。このラスト。孤独な男と男の友情と愛が見事に描かれていました。ジョン・シュレシンジャー監督の男の愛の名作です。

マルコムX
Malcolm X

92／米／製・監・脚＝スパイク・リー／脚＝アーノルド・パール／撮＝アーネスト・ディッカーソン／出＝デンゼル・ワシントン、アンジェラ・バセット、アル・フリーマン・ジュニア／V＝CIC　D＝パラマ

解説　スパイク・リー監督が黒人解放運動の指導者として知られるマルコムXの半生を描いた伝記映画の力作。第二次大戦のボストンのスラム街。マルコム（デンゼル・ワシントン）は、麻薬の窃盗で刑務所に送られるが服役中にイスラム教に改宗。出所後、マルコムXと名乗り黒人解放を説くが演説中、暗殺団に射殺される。

ハイ淀川です　この映画の始まりは、もう百人以上の黒人が踊るジルバのダンス、ダンス。まさに黒人天国ですね。その黒人天国がいかにズタズタに破れちぎられていったのか。すごいアメリカの黒人悲劇の本舞台に入っていきます。しかも、マルコムXを暗殺したのは黒人でした。この怖さ。思わずぞっとする映画です。半端な黒人差別映画ではありません。今、マンハッタンでは、黒人は胸を張って歩いていますね。でも、白人の中にはアフリカから買った奴隷という意識が根を張っているんです。ですから、この映画を見た後、なぜ神様は白人と黒人をつくったのかという単純な疑問にぶつかるでしょう。そういった意味でも是非とも見てほしい。

マルメロの陽光
El Sol Del Membrillo

92／スペイン／監・脚＝ビクトル・エリセ／撮＝ハヴィエル・アギレサロベ／出＝アントニオ・ロペス・ガルシア、マリア・モノレ、エンリケ・グラン　D＝紀伊國屋

解説　ビクトル・エリセ監督が、スペインの画家ロペス・ガルシアがマルメロの木を描きあげるまでを丹念に撮った記録映画タッチの作品。ガルシアはキャンバスを置き、足の位置を決め細心の注意をはらいながらマルメロをとらえる。その間に悪天候による中断、友人の訪問、家の改築などがあるが、ラストの熟して落ちたマルメロの光の美しさ。

ハイ淀川です　よく日曜日なんかに公園に行くと、素人の人が絵を描いていますね。それをじっと見ていると、ついつい最後まで見たくなってしまいます。これはその「見たく」を映画にしましたね。この画家がマルメロの実が熟して、熟し切って枝からポタンと落ちるまでを毎日毎日描き続けました。陽光というのはマルメロに当たる光ですね。画家は葉一枚一枚をまるで舌でなめるように描く。雨が降ればテントをかけて描く。ひょっこり同じ画家の仲間が訪ねてきて二人で話し合う。このどかな光景。この監督は庭で絵を描く画家をほのぼのと心温まるタッチで見せました。これを見ただけでもスペイン映画の芸術的レベルが高いのがわかりますよ。

マンハッタン
Manhattan

B・D＝FOX

79／米／監・脚＝ウッディ・アレン／脚＝マーシャル・ブリックマン／撮＝ゴードン・ウィリス／出＝ウッディ・アレン、ダイアン・キートン、メリル・ストリープ／V＝WHV

解説　アイザック（ウッディ・アレン）は、仕事や年齢やセックスに悩む中年のテレビライター。妻（メリル・ストリープ）とは別居中。目下、女子高生と恋愛中だが、女性ジャーナリスト（ダイアン・キートン）とベッドインしてしまう。マンハッタンの情景を背景にニューヨーカーたちの生きざまを描いたウッディ・アレンの傑作コメディ。

ハイ淀川です　『駅馬車』とか『荒野の決闘』をいま見ると、黒白映画のよさが身に沁みてわかるんです。この『マンハッタン』も黒白映画でした。ニューヨークに住む人たちの人生スケッチ。仕事に悩んでいるテレビライター。その奥さんは女の愛人と暮らして目下別居中。生意気な女子高校生などの人生スケッチが、セントラルパークや近代美術館などを背景に演じられますが、これがカラーでないからいいんですね。黒白だからなんとも知れないニューヨーク人種の厳しい実感が溢れています。それにマンハッタンの情景の美しさ。さすがウッディ・アレンですね。映画のことをよく知っているアレンの見事な才能とその名人芸に酔って下さい。

未完成交響楽
Leise Flehen Meine Leider

D＝IVC

33／オーストリア・独／監＝ビル・フォルスト／撮＝フランツ・プラナー／出＝ハンス・ヤーライ、マルタ・エゲルト、ルイーゼ・ウルリッヒ／V＝IVC／D＝IVC

解説　オーストリアの大作曲家フランツ・シューベルトの半生を音楽で綴った作品。小学校で算数を教えている青年作曲家シューベルトは、侯爵夫人の夜会で未完成の「交響曲ロ短調」をピアノで独奏する。エステルハイツ伯爵家の令嬢カロリーネが、それを聴き彼女の家庭教師に招かれ、やがて二人の間に恋が芽生え始める。

ハイ淀川です　シューベルトに扮しているのがハンス・ヤーライ。彼を恋し、彼に愛されるカロリーネをマルタ・エゲルトがやっていますけれども、この二人の美しさに見とれますね。二人は愛し合いますが彼女の親から反対される。最後の最後、カロリーネが若い士官と結婚することになって、シューベルトがその結婚式で再び「ロ短調」を弾いたときに、彼女が失神してしまうあたりのすごさ。結局この恋の破局が「未完成交響楽」を生ませたんですね。ウィーンやハンガリーの田園風景をとらえたフランツ・プラナーのキャメラ美。フォルスト監督の気品。名曲にすべての人は酔いましたけれど、かつて映画は、こんなにも美しく、こんなにも楽しかったんですよ。

ミクロコスモス
Microcosmos

D＝ジェネ

96／仏／監・脚・撮＝クロード・ニュリザニー、マリー・プレンヌー／撮＝ユーグ・リフェル、他／V＝LDC

解説　大自然の中で生きる数十種類の昆虫を中心に、植物や鳥たちの生態を美しい映像でとらえたドキュメンタリー。蝶の変態と成長、カタツムリの愛の交換、黄金虫の玉転がし、蟻の行列などが描かれ、自然の神秘を浮き彫りにする。製作ジャック・ペラン、監督クロード・ニュリザニーとマリー・プレンヌーは有名な生物学者。

ハイ淀川です　この種の映画はドイツやイギリスがつくったら完全な昆虫の世界の科学映画になってしまいますね。ところがフランスは違いますね。昆虫がどう成長するかなんていうことよりも、その昆虫たちのリズム、その美しさを描いているところがすばらしいんです。トンボの飛ぶ姿がいかに美術的か。ミズグモが水中で子供を産む美しさ。昆虫がクモの巣に引っかかるところは残酷だけれどクモの糸は水晶の網。蝶が羽を広げるところ。アリが走りまわるあたりのリズム、リズム。交尾シーンもありますけれど、どれもこれも美術とリズム。この監督が夢中になって撮っているところがいい。神がなんという美を与えてくれたのかと思ってしまうほどです。

ミクロの決死圏
Fantastic Voyage

B・D＝ディズニー

66／米／監＝リチャード・フライシャー／脚＝ハリー・クライナー／撮＝アーネスト・ラズロ／出＝スティーブン・ボイド、アーサー・ケネディ、ラクエル・ウェルチ／V＝FOX

解説 手術不可能な脳内出血患者を救うため、特命隊員は身体をミクロに縮小し、患者の体内に小潜航艇で送り込まれ内側から治療する。選ばれたのは情報部員ブラント（スティーブン・ボイド）、脳外科医デュバル（アーサー・ケネディ）、その美人助手（ラクエル・ウェルチ）ら五人。ミクロ化されている時間は六十分しかない。

ハイ淀川です もうこれはアニメのように面白いSFの最高傑作ですね。しかもただのSFXじゃあない。ちゃんとストーリーもしっかりしているしドリームがあります。このファンタスティックなシュールな美術をやったのがあの有名な画家のサルバドール・ダリなんです。救助隊が血管の中に入っていくあたりはすごいなあ。あっちに行ったりこっちに行ったり。一生懸命やってこれで出られると思ったら出口がわからない。みんな体の中で死んでしまう。そこで患者の一粒の涙にのって出るあたりは傑作です。これは舞台では絶対にできない面白さ。SFの原点のような映画。新しい作品もいいけれど、こうした古典的名作を見るのも勉強になりますよ。

ミザリー
Misery

B・D＝FOX

90／米／製・監＝ロブ・ライナー／脚＝ウィリアム・ゴールドマン／撮＝バリー・ソネンフィルド／出＝ジェームズ・カーン、キャシー・ベイツ、ローレン・バコール／V＝ヘラルド／D＝ヘラルド、SPE

解説 スティーヴン・キングの原作をロブ・ライナー監督が映画化。人気作家ポール（ジェームズ・カーン）は、「ミザリー」というシリーズ小説にいや気がさして、主人公の女性ミザリーを殺してしまう。それを知った熱狂的な愛読者で元看護婦のアニー（キャシー・ベイツ）は怒り、ポールを監禁。拷問し書き直しを迫る。

ハイ淀川です まるでヒッチコック・タッチですね。身の毛もよだつような怖さになっていきます。女は思いつめたら怖いんですね。アニーに扮したキャシー・ベイツ。この映画でいっぺんに有名になりました。なかなかの儲け役ですね。アニーはこの作家をベッドに縛りつけて、木槌で足を砕く。さぁ、書けと迫る。あの可愛らしかった女が狂気になるところが見どころですね。この女がミザリーをいかに愛しているか。この愛情。この愛情と憎しみはまるで『コレクター』のような怖さです。『スタンド・バイ・ミー』のいかにも童心のさわやかな映画をつくったロブ・ライナーが女の怖さをたっぷり描きました。

みじかくも美しく燃え
Elvira Madigan

B・D＝アネック

67／スウェーデン／監＝ボー・ヴィーデルベルイ／撮＝ヨルゲン・ペーション／出＝トミー・ベルグレン、ピア・デゲルマルク

解説 十九世紀末に起こった実話の映画化。妻子ある陸軍中尉シクステン（トミー・ベルグレン）は、サーカスの綱渡りのスター、エルヴィラ（ピア・デゲルマルク）と恋におちる。男は軍隊を脱走、女は両親のもとを飛びだし田舎へ逃げる。そして二人は愛を貫くために死ぬ覚悟を決める。十七歳のデゲルマルクがカンヌ映画祭女優演技賞。

ハイ淀川です 私はいつも死は人間卒業、自殺は人間廃業だと思っています。だから自殺するなんて大嫌いですが、これは映画、とはいっても実話なんですが作品としてはよくできています。奥さんと子供のいる陸軍中尉とサーカスの綱渡りのエルヴィラ・マディガンの心中ですね。原題はこの女の子の名前。この二人の愛は燃えるいっぽうでなかなか断ち切れなかったんです。二人は死ぬなんて言わないでピクニックに森に行きました。白いシーツにワインがこぼれた。その赤い色。女は蝶を見つけて追いました。美しいけど怖い。男はその彼女を撃った。このあと二度目の銃声。男は自殺したんですね。そこに詩が溢れていました。

見知らぬ乗客
Strangers On A Train

B・D＝WHV

51／米／製・監＝アルフレッド・ヒッチコック／脚＝レイモンド・チャンドラー、他／撮＝ロバート・バークス／出＝ファーリー・グレンジャー、ロバート・ウォーカー、ルース・ローマン／V＝WHV／D＝WHV

解説　パトリシア・ハイスミスの完全犯罪小説を映画化したヒッチコック・スリラー。列車の中でテニス選手ガイ（ファーリー・グレンジャー）は見知らぬ男ブルーノ（ロバート・ウォーカー）から交換殺人を持ちかけられる。そして、ブルーノは勝手に計画を実行に移しガイの妻ミリアムを遊園地で絞殺してしまい今度はキミの番だと脅迫する。

ハイ淀川です　健康的なテニス選手に片っ方の不健康な男が殺人を強いてきますね。人なんか殺したくないのに殺せ、殺せと迫ってくる。この男の二重奏の話が面白いですね。そして妻のミリアムを遊園地で殺す場面のうまいこと。絞め殺される女の眼鏡が飛びましたねぇ。女は苦しい苦しいともがいていると、眼鏡のレンズに、その首を絞められている女が映し出されている。その眼鏡の度がきついんですね。だから歪んで見えるんですね。見事なカットですね。ヒッチコックの映画が怖いというのは、キャメラアングル、キャメラタッチが実にいいんです。ヒッチコックがキャメラと非常に仲良くなって撮っているところが面白いんですね。

ミスター・ベースボール
Mr. Baseball

D＝NBC

92／米／製・監＝フレッド・スケピシ／脚＝ゲーリー・ロス、他／撮＝イアン・ベイカー／出＝トム・セレック、高倉健、高梨亜矢、レオン・リー／V＝C－C

解説　中日ドラゴンズに移籍させられた現役大リーガーのジャック（トム・セレック）は、プライドが高く初めから一本気の内山監督（高倉健）と衝突する。しかし彼は日本の生活に戸惑いながらもチームの優勝に貢献する。フレッド・スケピシ監督が日米の生活文化のギャップを乗り越えてお互いに理解し合う姿をさわやかに描く。

ハイ淀川です　私は野球が苦手なの。でも野球を知らなくっても面白かった。それはアメリカ映画なのに日本が見事にしみ込んでいたからなの。むかしは着物を着て靴をはいている日本が出るような映画ばかりでしたが、この映画は日本の名古屋のよさを入れている。トム・セレックがセクシーでいいんです。そうめんをみんながツルツルと食べているのにうまく食べられない。全裸になって歩く後ろ姿の色っぽさ、彼女と一緒に風呂に入るあたりが面白いなあ。ドラゴンズが優勝したのでジャイアンツ・ファンは怒るかもしれませんね。名古屋ロケーションの球場シーンもよかったけれど、日本とアメリカが手を結んで日本を撮ったことがうれしかった。

Mr.レディ Mr.マダム
La Cage Aux Folles

D＝FOX

78／仏・伊／監・脚＝エドアール・モリナロ／脚＝フランシス・ベベール、他／撮＝アルマンド・ナンヌッツィ／出＝ウーゴ・トニャッツィ、ミシェル・セロー、ミシェル・ガラブリュ、ルイザ・マネリ、レミ・ローラン／V＝WHV

解説　パリで大ヒットしたジャン・ポワレの舞台コメディをエドアール・モリナロ監督が映画化。南仏のサントロペ。オカマ・クラブの経営者レナト（ウーゴ・トニャッツィ）とアルバン（ミシェル・セロー）は中年のホモ・カップルで愛の巣をかまえているが、レナトの息子が、ゲイ粉砕派の政党書記長の娘との結婚話を持ち込む。

ハイ淀川です　アルバンを演じるミシェル・セローは、舞台でも主役。両手の指の芸のうまいこと。太っているのがアルバンの大欠点なのに、その大柄が可愛いとも言える〝女〟の愚かさをみせます。息子に結婚相手ができて、相手の家族が訪ねてくる。ここでレナトがあわてたところから、妻のアルバンの奇妙な悲劇が、おかしさと悲しさの涙をこぼさせますが、このご夫婦の協力が笑いを盛りあげるあたりの面白さ。この娘の父の書記長の体面一点張りもなんとも面白い。ゲイだとかオカマというから、覗き趣味をかきたてられたかもしれませんが、そのような感覚の人は、この映画の面白さは摑めないでしょう。フランスの香りをじっくりと見てほしい。

ミズーリ・ブレイク
The Missouri Breaks

B・D＝マクザム

76／米／監＝アーサー・ペン／脚＝トーマス・マッゲン／撮＝マイケル・バトラー／出＝マーロン・ブランド、ジャック・ニコルソン、ランディ・クエイド、キャスリーン・ロイド

解説　『左き、の拳銃』『小さな巨人』につぐアーサー・ペン監督の西部劇。開拓末期のモンタナ。無法者のトム（ジャック・ニコルソン）は、仲間の一人を大牧場主ブラクストンに縛り首にされたため、牧童頭を殺して仕返しをする。面白くないブラクストンは殺し屋リー（マーロン・ブランド）を雇ってトムと対決させる。

ハイ淀川です　監督は『小さな巨人』で、大真面目に演出したアーサー・ペンです。しかし、この『ミズーリ・ブレイク』をまさか本気で見た人はあるまいと思いますが、実は監督アーサー・ペンだけが本気でやろうとしていることで面白がる人は、〝遊び心〟のある人ですね。ジャック・ニコルソンとマーロン・ブランドを初めて共演させました。この映画は、ヘビとイタチの喧嘩みたいなもので、マーロンがニコルソンを食うか、ニコルソンがマーロンを食うかのスリル映画。プロデューサーが二人を共演させただけで、もうモトを取ったと安心している映画。二人の演技比べを見て下さい。

ミセス・ダウト
Mrs. Doubtfire

B・D＝ディズニー

93／米／監＝クリス・コロンバス／脚＝ランディ・メイエム・シンガー、他／撮＝ドナルド・マッカルパイン／出＝ロビン・ウィリアムズ、サリー・フィールド、ピアース・ブロスナン／V＝FOX

解説　声優のダニエル（ロビン・ウィリアムズ）は、妻のミランダ（サリー・フィールド）と離婚。しかし子煩悩なダニエルは残してきた三人の子供たちに会いたくなり、女装して家政婦になり子供たちの前に現われる。ロビン・ウィリアムズが初老の夫人に変装し芸達者ぶりを披露する笑いと涙のホーム・コメディ。クリス・コロンバス監督。

ハイ淀川です　この映画はストーリーなんかよりも、ロビン・ウィリアムズの演技が見どころですね。もう中年で太ってお腹も出てきたロビン・ウィリアムズが見事に上品なおばあちゃんに早変わりするところ。まさに百面相。むかし、ロン・チャニーという百面相役者がいて、『魔人』という映画で老女に扮したことがありましたが、女に化けるのをハリウッド・ナンバーワンの芸達者のロビンにやらせたあたりはさすがプロデューサーの腕、と思っていたら、ロビンもこの映画のプロデューサーをしていたのね。だから、このオカマ振りを一番やりたかったのはロビンだったのかもしれませんね。というわけで、ロビンの芸に酔って酔っぱらうお遊び映画です。

魅せられて
Stealing Beauty

B・D＝キング

96／伊／監＝ベルナルド・ベルトルッチ／脚＝スーザン・ミノー／撮＝ダリアス・コンジ／出＝リヴ・タイラー、ジェレミー・アイアンズ、ジャン・マレー、ステファニア・サンドレッリ／V＝FOX

解説　ベルナルド・ベルトルッチ監督が、新星リヴ・タイラーを起用し十五年ぶりに母国イタリアで撮ったひと夏のドラマ。十九歳のルーシー（タイラー）は、実父を探しにトスカーナ地方を訪れ、初恋の相手や死んだ母の旧友の彫刻家イアン（ドナル・マッキャン）、死期が迫っている劇作家アレックス（ジェレミー・アイアンズ）らと交流を深める。

ハイ淀川です　ベルトルッチ監督は十五年ぶりにイタリアを舞台にした映画をつくりました。トスカーナ地方ののどかな風景。この村でそれぞれの思いで暮らしている人たちのさりげない描写がいいなあ。そこに十九歳のルーシーが実のお父さんを求めて帰ってくる。さあ、この彼女のお父さんは誰なのか。それは申しませんけれど、このルーシーとジェレミー・アイアンズが扮している血友病で死にそうな劇作家とのふれあいがいいんですね。その他に懐かしいジャン・マレーも出る。この村の芸術家たちの集まりはまるでフランスのゲランの香水の香り、イタリアの美術ガラスを感じさせました。新人リヴ・タイラーも美しい。これからどんな女優になるのか。

道
La Strada

54／伊／監・原・脚＝フェデリコ・フェリーニ／脚＝トゥリオ・ピネリ、他／撮＝オテロ・マルテッリ／出＝アンソニー・クイン、ジュリエッタ・マシーナ、リチャード・ベースハート／V＝IVC／D＝IVC　B・D＝紀伊國屋

解説　人間のエゴと純粋な魂を男女のしがらみを通して描いたフェデリコ・フェリーニ監督作品。大道芸人（アンソニー・クイン）は粗野で獣のような欲望しか持ち合わせない男。ジェルソミーナ（ジュリエッタ・マシーナ）を一万リラで買い、ボロきれのように扱い捨てる。ニーノ・ロータのテーマ曲が大ヒット。アカデミー外国語映画賞。

ハイ淀川です　女のオリジナル、男のオリジナルがこんなにはっきりと怖くでた映画はありませんね。ジェルソミーナは買われた奴隷。女中であり洗濯女でありセックスの相手もする。ザンパーノは男の固まり。この男が他の女と一緒に寝ている間、ジェルソミーナは外で指をくわえて待っている。このあたりから神様がこの女をこの世に与えたということがわかってきます。彼女が綱渡りの男と会ったとき、その男は小石を拾ってこの石だって役立つんだ。お前だって役立つんだといってラッパを教える。この綱渡りは天使です。ジェルソミーナは神。神が天使からラッパを教えてもらったんです。最後に女が死んで男が人間愛を知るあたり。まさに名作とはこれ！

路〈みち〉
Yol

82／トルコ・スイス／監・脚＝ユルマズ・ギュネイ／撮＝ユルドーアン・エンギン／出＝タールク・アカン、シェリフ・セゼル、ハリル・エルギュン

解説　仮出所した五人の囚人の五日間を描いた作品で、妻のもとに帰る途中で許可書を紛失して拘禁される者、ゲリラ活動に身を投じる者など、現代トルコ社会の矛盾をえぐる。思想犯として投獄されたユルマズ・ギュネイ監督が獄中で脚本を書き、代理監督と打ち合わせて撮影。脱獄亡命してフランスで完成させた異色作。

ハイ淀川です　囚人セイット（タールク・アカン）が入獄していたので、その妻は生活に苦しんで売春をやってしまう。それがわかって村の掟で雪中に放り出される。そこに戻ってきたセイットが妻を死なせまいとして雪の中を妻を背負って歩き続けるところ。妻の小さな体と男の大きな体。男の大きなマユの下に男の涙を見せるこの残酷。ついに妻は夫の背中で凍死してしまう。ここにみる夫の妻への憎しみと愛。ユルマズ・ギュネイ監督は、自分が脱獄してまでこんな怖い映画をつくりました。このトルコのエネルギー。彼は四十七歳で亡くなりましたが、彼の残した人間愛と社会批評への訴えは死んでいません。是非とも見てほしい名作です。

未知との遭遇
Close Encounters Of The Third Kind

77／米／監・脚＝スティーブン・スピルバーグ／撮＝ヴィルモス・ジグモンド／出＝リチャード・ドレイファス、テリー・ガー、メリンダ・ディロン、フランソワ・トリュフォー／V＝SPE　B・D＝SPE

解説　『ジョーズ』のスティーブン・スピルバーグ監督が人類と宇宙人との第三種接近遭遇を描いたSFスペクタクル。UFOと遭遇した電気技師ロイ（リチャード・ドレイファス）、息子をUFOに連れ去られた母親（メリンダ・ディロン）の前に、再びUFOの母船が現われる。アカデミー撮影、特別業績（音響効果）賞。

ハイ淀川です　ワイオミングのデビルズ・タワーに、なんとも知れん物体が降りてきた。あたり一面、光の海のようにまぶしく輝きながら近づいてくるクライマックス。地上からラコーム博士（フランソワ・トリュフォー）の発する音と天の光の中からの音の交信。これは音と音の握手ですね。そして宇宙船が静かに浮き上がって、見事な大ファンタスティックな形で終わるこのラストの見事なこと。地球を全滅させるものが降りてくると思ったのに、この映画は反対でした。UFOがはっきりと目の前にやってきて接触するサード・カインド。スピルバーグの映像感覚は見事でした。

密告
Le Corbeau

43／仏／監・脚＝アンリ・ジョルジュ・クルーゾー／脚＝ルイ・シャヴァンス／撮＝ニコラ・アエール／出＝ピエール・フレネ、ピエール・ラルケ、エレナ・マンソン　D＝UPJ

解説　フランスの田舎町。公立病院の医師ジェルマン（ピエール・フレネ）は人妻と密会しているが、ある日、彼のもとに「カラス」とサインした密告の投書が届く。それ以来、密告の手紙が町にバラまかれ、看護婦のマリー（エレナ・マンソン）に嫌疑がかかる。アンリ・ジョルジュ・クルーゾー監督の心理サスペンス。

ハイ淀川です　町じゅうに「カラス」という名が書いてある紙切れ。誰と誰がひそかに関係しているとか、秘密の告げ口が書かれていて、それがばらまかれるんですね。その犯人はいったい、誰なのかという怖さ。ついに一人の寂しい独身女の看護婦に、町じゅうが、あれがカラスに違いないと騒ぎ出します。そう思われてしまったその看護婦自身、私は犯人でないのにと思ってうろたえる。この女の怖さ。というわけで、クルーゾーはドイツ映画の怖がらせ方と違って、いかにもフランス的。その恐ろしい感覚がグロテスクな恐怖を盛りあげます。『悪魔のような女』『恐怖の報酬』も怖かったけれど、これはその前の映画。見事なサスペンスの傑作です。

ミッション
The Mission

86／英／監＝ローランド・ジョフィ／脚＝ロバート・ボルト／撮＝クリス・メンゲス／出＝ロバート・デ・ニーロ、ジェレミー・アイアンズ、レイ・マカナリー／V＝カルチ／D＝カルチ　D＝ビデオメーカー

解説　十八世紀中頃の南米奥地。神父ガブリエル（ジェレミー・アイアンズ）は、インディオの村でも布教。殺人を犯した奴隷商メンドーサ（ロバート・デ・ニーロ）も罪ほろぼしのために伝道に参加し苦行するが、この地を征服しようとするスペイン、ポルトガル政府と伝道師たちは対立する。ローランド・ジョフィ監督作品。

ハイ淀川です　神父のガブリエルは根っからの坊さん。もう一人の見習い神父は愛人を弟が奪ったので怒って弟を殺してしまった血の気の多い男。この二人の宣教と開拓文化の死闘苦闘の生死を超えた物語ですが、この二人の男の心の契りが美しく強く描かれている。この映画がけっこう面白いのは、イギリス製の歴史映画のきめ細やかさですね。イギリスはもともと記録映画が好きで、巧みに教科書の歴史の裏側を映画にして見せる。天下一品だ。この映画はそんなイギリスの美術的実写精神があったからカンヌでグランプリを獲ったんです。この映画の見どころは一級スタッフに加えて、ミッション、イエズス会（一五四〇年創始）というものを見て驚く楽しさ。

ミッドナイト・ラン
Midnight Run

88／米／製・監＝マーチン・ブレスト／脚＝ジョージ・ギャロ／撮＝ドナルド・ソリン／出＝ロバート・デ・ニーロ、チャールズ・グローディン、ヤフェット・コットー、ジョン・アシュトン／V＝CIC　D＝ジェネ

解説　バウンティ・ハンターのジャック（ロバート・デ・ニーロ）は、ギャングの金を横領し慈善事業に寄付した経理士ジョナサン（チャールズ・グローディン）をニューヨークから連行する仕事を請負う。ところが二人はジョナサンの命を狙うギャング一味とFBIに追われるハメに。マーチン・ブレスト監督のロード・ムービー。

ハイ淀川です　デ・ニーロはもうほんとうにストレートに頑張っていく男。もう一人のグローディンはお坊っちゃんみたいなくせにどこか人を食ったようなところがある男。この二人がどんどん逃げていくあたりの道中が面白いのね。さあ、二人が激流にはまっていく。片っぽうの男がデ・ニーロが流れていくところを見て、もうこれで俺は助かった。これでデ・ニーロは滝に落ちて死ぬんだというところを見せながら、グローディンが岸辺に流れ流れてやってきたデ・ニーロに木の枝を差し出して助けてやる。自分を追って追って連れていく男を助けるあたりが面白くって男の友情。この映画はハワード・ホークスのような粋な粋なアクション映画です。

蜜の味
A Taste Of Honey

61／英／製・監・脚＝トニー・リチャードソン／原・脚＝シエラ・デラニー／撮＝ウォルター・ラザリー／出＝リタ・トゥシンハム、ドーラ・ブライアン、マレー・メルヴィン／V＝ヘラルド　D＝紀伊國屋

解説　シェラ・デラニーの小説をトニー・リチャードソン監督が映画化。ロンドンの運河沿いのスラム街。孤独なジョー（リタ・トゥシンハム）は、黒人の水夫ジミーと同棲していたが、彼は妊娠したジョーを置いて船出してしまう。ジョーは青年ジェフリー（マレー・メルヴィン）と知り合い一緒に生活を始めるが、彼はホモだった。

ハイ淀川です　そのホモの青年は妊娠のジョーの世話をせっせとするんです。病院からクスリはもらってくる、生まれてくる赤ん坊の寝巻きも揃える。ゆりかごも用意する。このホモの青年は赤ん坊が生まれるまで男となって世話をする。そのあたりがこの映画の見どころの一つですね。そしてこの青年は妊娠の苦しみや楽しみをわがことのように楽しむ。やがて、ジョーは赤ん坊を産む。しかし、このジョーの母親はホモの青年をたたき出してしまった。なんとも怖い話ですね。子供たちが遊んでいる花火の光に照らされたジョーの悲しい表情でこの映画は終わりますが、イギリスはその恋のかけ橋が雨に濡れてやがて消えていくような映画をつくりますね。

ミツバチのささやき
El Espiritu De La Colmena

73／スペイン／監・原・脚＝ビクトル・エリセ／脚＝アンヘル・フェルナンデス・サントス／撮＝ルイス・アドラド／出＝アナ・トレント、イザベル・テリェリア、フェルナンド・フェルナン・ゴメス／V＝東北／D＝東北　B・D＝IVC

解説　ビクトル・エリセ監督の長編第一作。一九四〇年、スペイン中部の寒村。巡回映画で『フランケンシュタイン』を見た六歳のアナ（アナ・トレント）は、姉のイザベル（イザベル・テリェリア）からフランケンシュタインは精霊で、村はずれの一軒家に隠れていると教えられ信じる。幼い少女の世界を神秘的に綴った作品。

ハイ淀川です　小さな女の子二人の感情を詩のように描いた映画。しかし、この少女のこの童心の描き方の鋭さはただごとではありません。残酷な子供の心の内側の描き方の見事なこと。姉のイザベルが死ぬ真似をしたら、幼いアナはほんとうに思う。また、フランケンシュタインの怪物が実は精霊で川辺にいると言うとアナが本気にするあたり。エリセ監督は、私たちの幼年のころに持っていた心の中に、この姉妹の心が同居していたことを気づかせてくれます。この監督が『フランケンシュタイン』の名作を選んだ趣味の高さ。アナを演じたアナ・トレントの鮮やかな印象。何十年も忘れ得ぬ思い出として胸に残るでしょう。

緑色の部屋
La Chambre Verte

78／仏／監・脚＝フランソワ・トリュフォー／脚＝ジャン・グリュオー、他／撮＝ネストール・アルメンドロス／出＝フランソワ・トリュフォー、ナタリー・バイ、ジャン・ダステ、ジャン・ピエール・ムーラン／V＝コムス

解説　ヘンリー・ジェームズの短編小説をフランソワ・トリュフォー監督が映画化。フランス東部の小さな町。若くして妻を失った地方紙の記者ジュリアン（トリュフォー）は、四十歳になっても独身を守り、家に秘密の部屋をつくり、そこで死んだ妻の霊を祭っていたが、セシリア（ナタリー・バイ）に出逢い彼女を愛するようになる。

ハイ淀川です　これは死人を愛する映画。この男の妻の霊を安置しているのが「緑の部屋」ですね。トリュフォーは人間の死を認めながらも魂の存在を信じきった男の映画をつくりました。この男は妻だけではなく多くの死者の魂をなぐさめることで純愛を貫こうとしました。その死者たちの数だけローソクを立てる。ところが一人だけ愛せない男がいた。それは自分を裏切った親友。主人公はセシリアという女を愛しますが、その女はなんと親友のかつての愛人だったことを知る。この映画は幼児の童話だ、ばかばかしいと思う人がいるかもしれませんが、それは違います。愛の誠実というかもっと深いものがある。見ごたえのある名作です。

南太平洋
South Pacific

Ｂ＝ＦＯＸ　Ｄ＝ファースト

58／米／監・脚＝ジョシュア・ローガン／脚＝ポール・オズボーン／撮＝レオン・シャムロイ／出＝ミッチー・ゲイナー、ロッサノ・ブラッツィ、ファニタ・ホール、ジョン・カー、フランス・ニューエン／Ｖ＝ＦＯＸ

解説　オスカー・ハマースタイン二世＆リチャード・ロジャースのコンビによるブロードウェイのヒット・ミュージカルをジョシュア・ローガン監督が映画化。南太平洋の小島を舞台に、従軍看護婦（ミッチー・ゲイナー）と島の男（ロッサノ・ブラッツィ）の恋、若い中尉（ジョン・カー）と島の娘（フランス・ニューエン）の恋を描く。

ハイ淀川です　ファニタ・ホールは舞台でも同じ役をやりましたが、彼女が歌う「バリ・ハイ」は最高の聴きどころ、見どころ。日本でミュージカル映画が、観客に初めてぴったりと結び合ったのがこの作品。昭和三十四年に封切られましたが、どうしてそうだったか。実はこのころ、アメリカ軍の日本進駐のころで、アメリカ兵向けラジオ放送で、毎日のように「魅惑の宵」「ブラディ・メリー」「バリ・ハイ」が流れていた。それで日本人がこの映画の封切り以前にこのメロディを覚えてしまっていて、映画館でも「バリ・ハイ」のメロディに合わせて波打っていたのを想い出します。ミュージカル映画の楽しみ方を、これほどはっきり見たのは戦後初めてでした。

ミニヴァー婦人
Mrs.Miniver

Ｂ・Ｄ＝ＷＨＶ

42／米／監＝ウィリアム・ワイラー／脚＝アーサー・ウィンペリス、他／撮＝ジョゼフ・ルッテンバーグ／出＝グリア・ガースン、ウォルター・ピジョン、テレサ・ライト、メイ・ウィティ、リチャード・ネイ／Ｖ＝ＷＨＶ

解説　ウィリアム・ワイラーが監督した戦意高揚映画。第二次大戦初期のロンドン近郊の小さな町。ミニヴァー夫人（グリア・ガースン）は夫（ウォルター・ピジョン）と幸せな生活を送っていたが戦局が悪化。しかし、夫人は長男の出征、その若妻の死などを乗り越え強く生きる。アカデミー作品、監督、主演女優賞など六部門受賞。

ハイ淀川です　これは『我等の生涯の最良の年』とともに、ウィリアム・ワイラー監督の本道ではありませんね。時局もの、というより戦時の社会人に対する教訓映画。けれども、ワイラーの手になると名画の味を見せてくれる。『哀愁』のマーヴィン・ルロイが監督しても美しくつくれるだろうと思われる夫婦の生活を、ワイラーが撮ったところが面白いんですね。ワイラー演出となると、その描き方が実に細かくて、グリア・ガースンもテレサ・ライトも生き生きとした女性になって登場するあたりの見事なこと。ワイラーはこんな時局ものをつくっても、大人の映画をつくってくれる名監督。その腕を楽しんでください。

ミネソタの娘
The Farmer's Daughter

Ｄ＝ジュネス

47／米／監＝Ｈ・Ｃ・ポッター／脚＝アレン・リブキン、他／撮＝ミルトン・クラスナー／出＝ロレッタ・ヤング、ジョゼフ・コットン、エセル・バリモア／Ｖ＝ＩＶＣ

解説　看護婦志望のカトリン（ロレッタ・ヤング）はモーレイ上院議員邸のメイドに雇われるが、人一倍正義感の強い彼女は不正を暴き議員補欠選挙に立候補。ゴシップが流れ一度は断念するが、それを乗り越えて政界にデビュー、モーレイとも結ばれる。Ｈ・Ｃ・ポッター監督のいかにもアメリカらしい痛快コメディ。

ハイ淀川です　ロレッタ・ヤング、ご存知ですか。この女優はこの作品でアカデミー主演女優賞を貰ったんですよ。ロレッタ・ヤングのお手伝いさんがとてもうまいんですね。彼女は議員に立とうとすると、悪いゴシップをたてられます。実はその噂をまいたのがジョゼフ・コットンの上院議員のお母さんですね。このお母さんをやっているのがエセル・バリモア。見事な中年の女優さん。この二人がなんとも知れんいいです。というわけでこの作品はロレッタ・ヤングの代表作。地味ですけれど真面目な映画。とても上品なコメディ。監督のＨ・Ｃ・ポッターは舞台の地味な演出家ですが、この映画にぴったり。アメリカにもこんないい映画があったんです。

ヴィクター・フレミング『風と共に去りぬ』(39)

デヴィッド・リーン『旅情』(55)

マイク・ニコルズ『卒業』(67)

フランク・キャプラ『或る夜の出来事』(34)

ベルナルド・ベルトルッチ『シェルタリング・スカイ』(90)

クリント・イーストウッド『マディソン郡の橋』(95)

アーサー・ヒラー『ある愛の詩』(70)

ティム・バートン『シザーハンズ』(90)

身代金
Ransom

B＝ディズニー　D＝ブエナ

96／米／監＝ロン・ハワード／脚＝リチャード・プライス／撮＝ピョートル・ソボシンスキー／出＝メル・ギブソン、ゲイリー・シニーズ、レネ・ルッソ／V＝ブエナ／D＝LDC

解説　実業家トム（メル・ギブソン）の九歳の息子が誘拐され、犯人から「四十八時間以内に二百万ドルを用意」しろと脅迫される。しかし、トムは身代金を渡すことを拒否。テレビ出演し二百万ドルを犯人探しの懸賞金にすると発表する。メル・ギブソンが父親役を熱演。ロン・ハワード監督の一味違ったサスペンス。

ハイ淀川です　メル・ギブソンだからコメディと思ったら、とんでもない。怖い映画でした。ギブソンの他に奥さん役のレネ・ルッソ、犯人のゲイリー・シニーズ、この俳優たちの演技がみんないいんです。第一級揃いですね。しかし、この映画の見どころは、このお父さんが男一匹、なにクソと思って犯人に負けないところですね。テレビに出て二百万ドルは犯人を捕らえた人に賞金としてあげますというあたり。普通なら犯人の要求をのんでしまうでしょうけれど、このあたりがアメリカですね。この映画はサスペンスに加えて、やったらやれるぞのアメリカ精神。アメリカの強さをロン・ハワード監督は見事にみせせました。

ミモザ館
Pension Mimosas

D＝ジュネス

35／仏／監・脚＝ジャック・フェデー／脚＝シャルル・スパーク／撮＝ロジェ・ユベール／出＝フランソワーズ・ロゼー、ポール・ベルナール、リーズ・ドラマール

解説　南仏の海岸町。下宿屋ミモザの女将ルイズは子供がいないので親と別れた男の子ピエールを引き取って育てるが、父親が現われてパリへ連れていってしまう。十年後、ルイズは青年に成長したピエールを連れ戻すが、彼は情婦ネリーとの情欲に溺れる若者になっていた。ジャック・フェデーが微妙に揺れ動く年増女の哀歓を描いた作品。

ハイ淀川です　お母さんはこの息子を自分のものにしようと思っていると、その息子が勤め先の大金を使いこんで自殺を図るのね。そこでお母さんは初めてカジノへ行って博打をするのね。思いの一念って怖いなあ。大金を儲けちゃったのね。「お前、安心していいよ。お金を持ってきたよ」。自分の恋人みたいに言った。ところが息子は、「よかった。ありがとう、ネリー」。息子は恋人の名前を呼んで死んじゃった。母親は持っていたお札を部屋中にバーンと捨てた。窓を開けたらお札が風に舞っていく。お母さんは札束を空しく眺める。このシーンの怖いこと。年増女の悲しみが見事に出ていました。この女優、フランソワ・ロゼーはうまかった。

ミュージック・ミュージック
Can't Stop The Music

80／米／監＝ナンシー・ウォーカー／製・脚＝アラン・カー、他／撮＝ビル・バトラー／出＝ヴァレリー・ペリン、ブルース・ジェンナー、スティーブ・グッテンバーグ

解説　六人組の人気グループ、ヴィレッジ・ピープルが、売り出すまでの話を下敷きに、彼らを主演させたミュージカル。グループのリーダーのサマンサ（ヴァレリー・ペリン）は、新しい音楽活動を目指し六人でグループを結成。YMCAで特訓を重ね、ラストはサンフランシスコでの大合唱となる。ナンシー・ウォーカー監督はショーガール出身。

ハイ淀川です　この映画の見どころは大合唱もいいけれど髭男に胸毛男たちが勢揃いしての男性の群舞ですね。むかし、トーキー初期のころにバスビー・バークリーという舞踊の振付師が女性の群舞で花ひらく美しさを華麗に見せました。その群舞の美しさをこの映画は男性五十人の群舞で見せました。男、男、男の匂いがプンプンしました。その中でYMCAというダンスと歌のナンバーで、全裸に近い男性たちが踊りに踊って、やがてプールに向かって将棋のコマが倒れるように見せて、先頭からザンブザンブと飛び込んでいくあたり。これはまさしくバスビー・バークリーの群舞の男性版という感じです。ストーリーよりも男性の群舞の美しさを見て下さい。

未来惑星ザルドス
Zardoz

74／米／製・監・原・脚＝ジョン・ブアマン／撮＝ジェフリー・アンスワース／出＝ショーン・コネリー、シャーロット・ランプリング、ジョン・アルダートン／V＝IVC　D＝FOX

解説　二二九三年の未来社会。人類はボルテックスと呼ばれる新しいコミューンに支配され、外界とは目に見えない壁で仕切られ、神像ザルドスが飛んでいた。ボルテックスの支配体制に疑問をもったゼッド（ショーン・コネリー）はその正体を調べ始める。ジョン・ブアマン監督が未来社会を幻想的な映像で描いたカルトＳＦ。

ハイ淀川です　ザルドスというのは岩石の人の顔なんです。大きな宇宙船みたいな顔が飛んでいる。地上の人は、それを神様と思ってどんどん貢ぎ物をするのね。するとザルドスは大きな口の中からバラバラと何かを落す。何だろうと思ったら全部ライフル銃なんです。そのザルドスにショーン・コネリーがしのび込んでいきます。ところがショーン・コネリーは捕まってしまって、テストされるところが面白いのね。ボルテックスのカマトトたちが男が興奮するかどうか調べる。肉感的な女が赤ふんどしのショーン・コネリーに近づいてくる。そして下のほうを見ると、まぁなんていやらしい映画でしょう。と同時に妙な妙な感覚をもったＳＦでしたよ。

ミラグロ　奇跡の地
The Milagro Beanfield War

88／米／製・監＝ロバート・レッドフォード／原・脚＝ジョン・ニコラス／脚＝デヴィッド・ウォード／撮＝ロビー・グリーンバーグ／出＝チック・ヴェネラ、ルーベン・ブラデス、クリストファー・ウォーケン、メラニー・グリフィス／V＝CIC　D＝UPJ

解説　ジョン・ニコラスの体験的長編小説の映画化で、『普通の人々』に続くロバート・レッドフォードの監督第二作。自然に囲まれたニューメキシコ州ミラグロを舞台に、レジャーランド建設のために州知事までを巻き込んで再開発を企む企業と、土地を愛する農民たちの争いをユーモアとペーソスの中に描く。

ハイ淀川です　レッドフォード監督作品だから、すごいアクションものだろうと思われたら大間違い。なんとも知れん静かな夢のような村の平和を守る映画ですね。一人のおじいちゃんが大きな白い豚を連れて、豚と一緒にひょこひょこ歩いているあたり、平和な村の感じが見事ですね。村の人たちが土地を守ろう守ろうというのを、天使がおじいちゃんになって、じっと見ているあたりがいいんです。資本家にだまされない、観光地にしないぞというところにレッドフォードの作品趣味がある。ファンタスティックで童話のような映画。やわらかいメロディのようなこんな映画が、みなさんに喜ばれたら、この世の中はどんなにいいかと思います。

民族の祭典
Fest Der Völker-Olympia Teil I

38／独／監＝レニ・リーフェンシュタール／撮＝ウィディ・ジールケ、他／V＝IVC　D＝IVC

解説　一九三六年、第十一回ベルリン・オリンピック記録映画の第一作。ギリシャ古代遺跡、聖火リレー、開会式、そして陸上競技が収められている。三段跳びの田島の金メダル、一万メートルの村社、棒高跳びの西田、大江の活躍は印象的。監督はヒトラーに認められた元女優レニ・リーフェンシュタール。第二部はその他の種目の「美の祭典」。

ハイ淀川です　これはレニ・リーフェンシュタール監督の最高傑作。キャメラマンは四十名余りでしたが、そのキャメラの見事なこと。広い広い競技場に地下（穴）をつくって、その地下から撮影をしたんですね。この映画が東和映画に入ってきたとき（昭和十五年）、東和は十人ぐらいの宣伝部員がかかりっきり。ちょうど、同じ時期に私はユナイトにいて『駅馬車』をたった二人で宣伝したの。ケチな会社でしょう。困っていたら、東和の野口久光さんが忙しい中、『駅馬車』の予告編をつくってくれた。敵会社を助けてくれたのね。これが封切られたら、日本中の若者がドイツびいきになっちゃった。映画って怖いねえ。そんなわけで、私には想い出深い作品です。

みんな元気

Stanno Tutti Bene

90／伊・仏／監・脚＝ジュゼッペ・トルナトーレ／脚＝トニーノ・グエッラ、他／撮＝ブラスコ・ジュラート／出＝マルチェロ・マストロヤンニ、サルバトーレ・カシオ、ミシェル・モルガン、ジョアッキーノ・チビレッティ／V＝ポニー

解説　『ニュー・シネマ・パラダイス』で注目を浴びたジュゼッペ・トルナトーレ監督のロード・ムービー。妻を亡くし、シチリアに住む老人マッテオ（マルチェロ・マストロヤンニ）は、ローマ、フィレンツェ、ミラノなどイタリア全土に散らばって暮らしている五人の子供たちを訪ねる旅に出る。

ハイ淀川です　この映画はまるで、小津安二郎の『東京物語』ですね。このおじいちゃんが、汽車の中で知り合った七十歳ぐらいの品のいいミシェル・モルガンのおばあちゃんと二人でワルツを踊るシーン。フランスの名女優が老け役で踊るところがすごい。涙が出ます。というわけで、このおじいちゃんは息子や娘たちに会う。訪ねれば喜んでくれるけれど、邪魔だという感じがないこともない。それぞれがおじいちゃんに隠していることもある。それでたまりかねて、外で一人で寝たりするあたり。いかにもイタリアのセンチメント。見事にメーキャップしたマストロヤンニの演技を見て下さい。

無人の野

Cánh Đồng Hoang

80／ベトナム／監＝グェン・ホン・セン／脚＝グェン・クァン・サン／撮＝ズオン・トゥアン・バ／出＝ラム・トイ、グエン・トゥイ・アン、ロバート・ハイ、グェン・ホン・トゥアン

解説　南ベトナムがアメリカ軍の支配下にあった一九七二年。彼らは湿地帯に住む農民を強制収容し、解放軍の連絡を絶とうとする。だが、解放軍の連絡員の農民バドー（ラム・トイ）と妻、その幼い子供たちだけはこの地を離れない。アメリカ軍の攻撃のなか自分たちの暮らしを死守する一家の姿を描く。グェン・ホン・セン監督。

ハイ淀川です　米軍のヘリコプターが低空飛行で沼地に隠れているベトナム人や沼の水の中にもぐっている者さえ射ち殺すシーンがたびたび出てきます。しかし、この戦争映画は涙とか勝利とか戦死を訴えるようなつくり方をしていません。温かさを持っていることでその質度の高いのにびっくりしました。白黒映画。意外なことに夫婦の詩があり、記録映画の美術があったことにもっとびっくりしました。このグェン・ホン・セン監督はキャメラマンあがりの記録映画作家。この映画のキャメラ、これ見よがしのところがない自然の構図がいいんです。このベトナム映画は観光映画ではなくって、ほんもののベトナムの沼地帯生活者を知る教科書です。

息子

91／日／監・脚＝山田洋次／撮＝高羽哲夫／出＝三国連太郎、永瀬正敏、和久井映見、田中邦衛、原田美枝子、浅田美代子／V＝松竹　D＝松竹

解説　岩手の山村で農業を営む浅野昭男（三国連太郎）は、妻を亡くして独り暮らし。三人の息子たちは東京で独立しているが、老いが迫る父親の悩みは定職もなく気ままに生活している末っ子の哲夫（永瀬正敏）。反発し合う父親と息子が、やがて互いを認め合い、擦り合わせていくまでを描いた山田洋次監督作品で、原作は椎名誠。

ハイ淀川です　息子と二人きりで、汚い部屋で枕を並べたときに、お父っつあんはホッとして「お富さん」を歌う。父親と息子のどこか悲しいギクシャクしたわだかまりが消えてホロッとさせる。三国連太郎のうまいこと。そしてこの父親は安心して岩手へ帰る。えらい雪。その中を踏みしめて歩いて家の鍵を開けて中に入る。そこに家族みんないた。わぁ家族がいるなぁと思ったのは一瞬の夢。この父親は一人で新聞紙を丸めて、いろりに入れる。農家の上から煙が出ていくこのラストシーン。山田監督は日本の父親の喜び、悲しみ、人生を見事にみせました。これはほんとうに涙の名作です。

名探偵登場
Murder By Death

76／米／監＝ロバート・ムーア／脚＝ニール・サイモン／撮＝デヴィッド・M・ウォルシュ／出＝ピーター・フォーク、ピーター・セラーズ、デヴィッド・ニーヴン、アレック・ギネス、マギー・スミス
D＝SPE

解説　大富豪の邸宅に招かれた世界の名探偵ピーター・フォーク、デヴィッド・ニーヴン、ピーター・セラーズたちは、豊かな体験と想像力で殺人事件の謎に挑む。喜劇作家ニール・サイモンが初めて探偵ものに挑戦した脚本で、随所に有名な探偵小説のパロディが織り込まれている。ロバート・ムーア監督のデビュー作。

ハイ淀川です　ピーター・フォークの役がサム・スペイドならぬサム・ダイヤモンドだったり、この映画は初めから終わりまでがパロディの連続。さすがニール・サイモンですね。盲目の執事（アレック・ギネス）が五人の探偵への招待状に切手を貼る。もう無茶苦茶にひとところにベタベタと貼っちゃいます。実はドタバタ喜劇のことをスラプスティック・コメディと呼びますけど、そのスラプスティックの意味の一つが、切手をベタベタ貼っちまうぞということなんですね。ですからこの映画は最初から最後までこれはドタバタ喜劇ですぞと言っているんですね。というわけで、こんな映画を見てユーモア精神、お遊び心をどんどんと鍛えてほしいんです。

邂逅《めぐりあい》
Love Affair

39／米／監＝レオ・マッケリー／脚＝デルマー・デイヴィス、他／撮＝ルドルフ・マテ／出＝アイリーン・ダン、シャルル・ボワイエ／V＝IVC／D＝カルチ
D＝IVC

解説　ヨーロッパ行きの船旅で出会ったミシェル（シャルル・ボワイエ）と歌手テリー（アイリーン・ダン）は恋におち、帰国後に再会を約束するがテリーは事故に遭ってしまう。運命的な出会いと劇的な再会のメロドラマ。五七年にレオ・マッケリー監督が再映画化。また九四年にもグレン・ゴードン監督でリメイクされている。

ハイ淀川です　私はこの映画を見て思わず涙が落ちました。きれいなきれいなお話です。シャルル・ボワイエの画家とアイリーン・ダンが船の中で知り合ってすっかり仲良くなって再会を約束しました。男はエンパイアステートビルの屋上で待っている。ところが女はそのビルの足元で自動車がぶつかっちゃって怪我をして病院へ行っちゃったの。ああ、あの女は来なかった来なかったとがっかりするあたり。女も寝ていながら会いたい会いたいと思っているあたりがいいですね。というわけでこの映画、メロドラマというにはあまりにも上等な映画でした。のちにこの監督はケーリー・グラントとデボラ・カーでまたきれいなきれいな映画にしました。

めぐり逢い
An Affair To Remember

57／米／原・監・脚＝レオ・マッケリー／脚＝デルマー・デイヴィス／撮＝ミルトン・クラスナー／出＝ケーリー・グラント、デボラ・カー／V＝FOX
B・D＝ディズニー

解説　レオ・マッケリー監督の『邂逅』を自らの手で再映画化したメロドラマ。マルセイユからニューヨークへ向かう豪華客船で知り合った画家ニッキー（ケーリー・グラント）と歌手テリー（デボラ・カー）は恋におち、六ヶ月後にエンパイアステートビルで会う約束をする。しかし、その当日、テリーは自動車事故を起こしてしまう。

ハイ淀川です　最初の『邂逅』はシャルル・ボワイエとアイリーン・ダン。この監督はこの映画がよっぽど好きらしい。面白いのは会話ですね。船の中で二人は好きになって、ニューヨークに着くときに男は「六ヶ月先の今日、エンパイアステートビルで会ってくれませんか」と言いますね。明日会ってくれと言うんじゃあないのね。六ヶ月先に会ってくれというのは、いまお互いに相手が港に迎えに来ている。だから六ヶ月間にお互いに愛の清算して、ほんとうにボクが好きなら会って下さいと言うあたり。六ヶ月の期間というのがいいのね。女も「なんですか。六ヶ月ですか」なんて言いませんね。ただ「はい」というあたりの男女の会話の面白いこと。

メトロポリス
Metropolis

D＝コスミ

26／独／監・脚＝フリッツ・ラング／脚＝ティア・フォン・ハルボウ／撮＝カール・フロイント／出＝ブリギッテ・ヘルム、グスタフ・フレーリッヒ／V＝IVC／D＝カルチ

解説 フリッツ・ラングがドイツ映画美術を見事に見せた。仮想未来都市メトロポリス。地上は資本家の楽園、地下の大工場では労働者が重労働にあえぐ。この労働者を抑圧するために資本家は人造人間をつくり地下に送りこむが…。群衆の動き、パントマイム演技の面白さ。原案・脚本のティア・フォン・ハルボウはラング監督夫人。

ハイ淀川です この工場のセットの見事なこと。煙が出たり蒸気が出たり機械の動きの面白いこと。まるでレヴューだね。ミュージカルですね。地上の資本家は妙な博士が女性の人造人間をつくった。その人造人間が誕生するシーンがすごいんだね。光ったガラスの扉が開くと出てくるあたり。ドイツの美術ですね。今のSFに負けてなんかいない。ドイツは当時、こんな美術をつくり上げていたのかと思うとびっくりですね。人造人間とマリアの二役を演じているのがブリギッテ・ヘルム。そのジェスチャーにびっくりされるでしょう。これはサイレントの演技。まさにこれはフリッツ・ラングの代表傑作。貴重な貴重なドイツ映画ですよ。

めまい
Vertigo

B・D＝ジェネ

58／米／製・監＝アルフレッド・ヒッチコック／脚＝アレック・コペル、他／撮＝ロバート・バークス／出＝ジェームズ・スチュアート、キム・ノヴァク、トム・ヘルモア／V＝CIC

解説 サンフランシスコを舞台にしたアルフレッド・ヒッチコック監督のサスペンス。高所恐怖症のため警察を辞めたスコッティ（ジェームズ・スチュアート）は、友人から妻マデリン（キム・ノヴァク）の監視を依頼される。尾行中、彼女が教会の鐘楼から飛び降りようとしたとき、彼はめまいに襲われ、彼女は投身自殺してしまう。

ハイ淀川です ヒッチコック映画は風景を美しく撮っているのがいいんですね。この映画でもサンフランシスコのゴールデンゲートなど町全体をヒッチコックらしいタッチで撮っていますね。ジェームズ・スチュアートがキム・ノヴァクに夢中になって尾行していくと、彼女は金門橋のところで海に飛び込んじゃう。助けるんだけど彼女の服装が違っていますね。その晩二人の間に何かあったのかもしれないと思いましたよ。ジェームズ・スチュアートは死んだはずの女とそっくりの女と会いますけど、前はブロンドだったけど、こちらはブルネット。キム・ノヴァクが二役と思われる方もいたと思いますが、実は…。謎いっぱいの面白いサスペンスです。

メリー・ウィドウ
The Merry Widow

D＝IVC

34／米／監＝エルンスト・ルビッチ／脚＝アーネスト・ヴァホダ、他／撮＝オリヴァー・T・マーシュ／出＝モーリス・シュヴァリエ、ジャネット・マクドナルド／V＝IVC／D＝カルチ

解説 フランツ・レハールの有名なオペレッタの映画化で、ヨーロッパの仮装王国の大富豪の未亡人とパリの公使館のプレイボーイ伯爵が恋の駆け引きを見せる。『ラヴ・パレイド』でゴールデントリオと呼ばれたエルンスト・ルビッチ監督とモーリス・シュヴァリエ、ジャネット・マクドナルドが再び組んだミュージカル。

ハイ淀川です これは私の大好きなルビッチ監督がつくったMGMミュージカルの最高ですね。ジャネット・マクドナルドのきれいなこと。歌のうまいこと。モーリス・シュヴァリエと「ヴィリア」の名曲を歌うところ。これだけでも最高の芸術ですね。そして、二人が踊るダンスの見事なこと。私はこの映画を見たのは二十五歳のときでしたが、あんまりにも立派ですばらしいので涙を流しました。のちにも三回映画化されていますけれど、この作品が一番いいですね。ルビッチがいかに映画を上手につくる人か。まさにこの人は映画の神様。このルビッチ・タッチをごらんなさい。見たらみなさんはびっくりされると思います。

メリー・ポピンズ
Mary Poppins

B・D＝ディズニー

64／米／監＝ロバート・スティーブンソン／脚＝ビル・ウォルシュ、他／撮＝エドワーズ・コールマン／出＝ジュリー・アンドリュース、ディック・ヴァン・ダイク、デヴィッド・トムリンスン、グリニス・ジョーンズ／V＝ブエナ

解説　二〇世紀初頭のロンドン。銀行家のパパにもウーマン・パワー運動に夢中のママにもかまってもらえない二人の子供のもとに、奇妙な家庭教師メリー（ジュリー・アンドリュース）が空からやってくる。ウォルト・ディズニーが製作し、魔女メリーと子供たちのふれあいをアニメの手法を駆使して描いたミュージカル・ファンタジー。

ハイ淀川です　これはディズニーのファンタジーの代表作。人間とアニメが見事に溶け合っているところがいいですね。子供たちが寂しがっていると、遠く空からメリー・ポピンズが傘をさしてカバンを持って降りてくるあたりはもう最高ですね。メリー・ポピンズが大道芸人のディック・ヴァン・ダイクと歌う「チム・チム・チェリー」の歌のすばらしさ。それに「スーパーカリフラジリスティックエスピアリドーシャス」なんて曲もメリーが一息で歌っちゃうあたりは見事です。鳩の豆売りのジェーン・ダーウェルが歌う「鳩に二ペンス」もう涙が溢れるほど美しい。というわけで、ジュリー・アンドリュースの見事な映画デビュー作。まさにダイヤモンドです。

メン・イン・ブラック
Men In Black

B・D＝SPE

97／米／監＝バリー・ソネンフェルド／原・脚＝エド・ソロモン／撮＝ドン・ピーターマン／出＝トミー・リー・ジョーンズ、ウィル・スミス、リンダ・フィオレンティーノ／V＝SPE

解説　メン・イン・ブラック（MIB）とは、地球へ侵入しているエイリアンの監視を任務とする最高秘密機関。ベテラン捜査官K（トミー・リー・ジョーンズ）と新人J（ウィル・スミス）は無断侵入した凶悪なエイリアンと対決し地球を守る。総指揮スティーブン・スピルバーグ、バリー・ソネンフェルドが監督したSFアドベンチャー。

ハイ淀川です　エイリアンをこんな使い方で見せた。男二人が人間に化けているエイリアンを見つけるあたりは傑作ですね。エイリアンの出方。顔をむしりとるあたり。リック・ベイカーの特殊メイクのグロテスク美術、なんとも大胆な面白さと怖さ。その奥に笑いが隠されているあたりがこの映画の見どころですね。ひょっとしたら隣の人もエイリアンかなと思わせるあたり。これは男二人の魅力が溢れた化けもの映画ですね。いつものエイリアンと違うと思った人はもっさりとした人です。これが面白いと思った人はモダンな人。バリー・ソネンフェルド監督のつくり方の粋なこと。このモダンなユーモア感覚を楽しんで下さい。

猛進ロイド

D＝IVC

24／米／監＝サム・テイラー／撮＝ウォルター・ランディン、他／出＝ハロルド・ロイド、ジョビナ・ロオルストン／V＝IVC

解説　ハロルド・ロイドの都会喜劇。洋服屋の叔父の家で年季奉公しているロイドは、女を見ると顔から火が出るくらいのシャイ。そこで、ひそかに「恋愛の秘訣」という本を書き上げた。さっそく出版社へ交渉に行く、その途中の列車で美しい娘メリーと隣り合わせ大失敗を演じてしまうが、心の中で恋してしまう。

ハイ淀川です　その「恋愛の秘訣」のシーンが面白いのね。本の中から出てくるロイドは夜会服の男。豪華な女の部屋を訪れると、艶やかな女がロイドの足元に倒れ、待ちくたびれて死にそうだったと言って泣きむせぶのね。ロイドは足ではらいのけて、ゆうゆうとソファに腰をおろす。女は片手をさしのべて求愛。ロイドはその手に煙草の灰をチョイと指で叩いて落す。でも女は冷たくされればされるほどまとわりついていく。この美女とのシーンは面白いですけれど、現実の場面のロイドは女の前では恥ずかしがり屋。最後の最後はついに恋を勝ちとり結婚にゴールインするお笑い喜劇ですけれど、ロイド喜劇はやったらやれるの精神がいいですね。

黙秘
Dolores Claiborne

95／米／製・監＝テイラー・ハックフォード／脚＝トニー・ギルロイ／撮＝ガブリエル・ベリスティン／出＝キャシー・ベイツ、ジェニファー・ジェイソン・リー、クリストファー・プラマー／V＝東和／D＝アスミ　D＝WHV

解説　スティーヴン・キングの小説をテイラー・ハックフォード監督が映画化したミステリー。メイン州の小さな島。家政婦ドロレス（キャシー・ベイツ）は富豪夫人殺しの容疑がかけられるが真相を言おうとはしない。実は二十年前、彼女は横暴な夫が不審な死を遂げたときも容疑をかけられていた。今回の事件をきっかけに謎が解明されていく。

ハイ淀川です　原題は「ドロレス・クライボーン」。この家政婦の名前ですね。むかし『ステラ・ダラス』という母もの映画がありましたけれど、この題名だけでその匂いがします。このお母さんは実際に殺人なんかしていないのに訪ねてきた娘にもハッキリと言いません。そのあたりから怖くなってきます。二十年前、何があったのか。スリル、サスペンスとともにこのお母さんの悲しみが盛りあがってくるあたりがいいんです。それにこの映画はキャシー・ベイツのお母さん、見事な演技をみせます。なんとも可哀相なお母さん役を身のひきしまるような演技でみせました。母ものとサスペンスがうまく混ざり合った映画です。

もず
The Shrike

55／米／監＝ホセ・ファーラー／脚＝ケティ・フリングス／撮＝ウィリアム・H・ダニエルズ／出＝ホセ・ファーラー、ジューン・アリスン、ジョイ・ペイジ

解説　現代人の苦悩をえぐったホセ・ファーラー監督、主演作品。舞台演出家ジム（ファーラー）の妻アン（ジューン・アリスン）は、赤ん坊が流産したことから夫のすべてを支配するようになりはじめる。そして、〝もず〟のように外見はやさしいが、くちばしで相手を刺し殺す残忍な女になっていく。夫は悩み精神科医の診察を受ける。

ハイ淀川です　劇作家の奥さんは、夫の記事が出ている新聞や雑誌を片っぱしからハサミで切りとって、スクラップ・ブックに貼るのが大好きなんですね。初めはこの旦那さんも喜んでいたけれど、だんだんうるさくなってきた。奥さんのほうは「今日はなにも記事が出ていないわよ」とか「今日は出ているわよ」とか、いちいち旦那さんに教えながら、ハサミでジョッキジョッキ切っていくんですね。それで旦那さんはこのハサミの音が怖くなって神経衰弱になっていきます。とにかく見ているとこのハサミが怖いのね。題名の『もず』とは、鳥が木をつつくクチバシの音ですけど、その音をハサミの音になぞっているのね。ちょっと変わった作品ですよ。

モダン・タイムス
Modern Times

36／米／製・監・脚＝チャールズ・チャップリン／撮＝ローランド・トザロー、他／出＝チャールズ・チャップリン、ポーレット・ゴダード、ヘンリー・バーグマン、チェスター・コンクリン／V＝朝日、ポニー／D＝LDC　B＝KAD　D＝ファースト

解説　チャリーはエレクトロ鉄鋼会社の工員。巨大な機械に支配され発狂状態になり精神病院へ送り込まれてしまう。やがて退院し、パンを盗んだ娘（ポーレット・ゴダード）を助け愛の生活を始めるが…。現代文明を皮肉った作品だが、チャップリンの自動給食機のパントマイム芸、ローラー・スケートのギャグなど傑作なシーンが多い。

ハイ淀川です　チャップリンはトーキーを撮らない。それで世界中の映画館の人たちが、トーキーをつくれ、つくれというのでついに撮ったのが『モダン・タイムス』でした。これは人間が時計に追っかけられ、機械に呑み込まれ支配されていく映画。トーキー時代を皮肉った作品ですね。そして最後の最後にチャップリンは、音を入れました。チャップリンは「ティティナ、ティティナ」を歌い出しましたね。チャップリン映画で初めて声を出した。世界中のどこの国にもない言葉でした。チャップリンは言葉嫌いですから、誰も知らない即興言葉で歌うところのすごかったこと。みんなをびっくりさせましたね。

モーメント・オブ・ラブ
La Femme De Mes Amours/Il Frullo Del Passero

88／伊・仏／監・脚＝ジャンフランコ・ミンゴッツィ／原・脚＝トニーノ・グエッラ／撮＝ルイジ・ベルガ／出＝フィリップ・ノワレ、オルネラ・ムーティ、ペッペ・キィエリチ

解説 シルバーナ（オルネラ・ムーティ）は愛人を交通事故で亡くし一人で生活している。そこに中年の実業家ガブリエーレ（フィリップ・ノワレ）が現われ、その男に代わってパトロンになりたいと申し出て二人の同棲生活が始まるが、彼女に若い恋人ができる。未成熟な女が性愛に目覚めていく姿をジャンフランコ・ミンゴッツィ監督が描く。

ハイ淀川です 原題の意味は「恋の一瞬」ですが、この映画の場合は「恋のひらめき」ですね。もう社長を引退した中年男が、若い女にはまり込んでいく。女が引っぱったわけじゃあないのに恋に溺れていくところがいいんですね。フィリップ・ノワレが中年の孤独を見事に出しました。むかしのドイツの名優のエミル・ヤニングスみたいな感じですね。それに脚本がいい。見せどころをちゃんと摑んで人間の弱さ、愛の強さ、恋の怖さを教えてくれます。この監督はフェリーニの助監督だった人。それだけにイタリアの文学タッチ。やわらかいメロドラマに仕上げた野心大作ですね。いま、恋愛をしていらっしゃるお方は是非ともごらんなさい。

モリエール
Molière

78／仏・伊／監・脚＝アリアーヌ・ムヌーシュキン／撮＝ヴェルナール・ジツェルマン／出＝フィリップ・コーベール、ジョセフィーヌ・ドレンヌ、ブリジット・カティヨン／V＝東北

解説 『守銭奴』『タルチュフ』などで知られる十七世紀フランスの大喜劇作家モリエールの生涯とその時代を描いた作品。モリエール（フィリップ・コーベール）は、はじめ悲劇を書き悲劇を演じていたが、後に喜劇に転じ傑作を発表し、五十一歳で舞台で倒れて死ぬ。監督は前衛的な舞台演出家・太陽劇団主宰のアリアーヌ・ムヌーシュキン女史。

ハイ淀川です この監督は来日したことがあり、五ヶ月も日本にいて歌舞伎や能を見てまわったという女性。そういう演劇界の第一人者ですから、舞台でどのような演じ方をしたのか、また、一生の舞台裏生活がどのようであったのか。そのあたりを見せてくれるところにこの監督のありがたさがあります。モリエールが四十二歳のとき上演した『タルチュフ』は五年間も上演を禁止された。そのような運命的な経験を綴りながらも、この時代のモリエールの舞台演技、これをこの監督は調べに調べて、自信をこめて演じさせた。これがこの映画の貴重な見どころです。パリで二晩連続で豪華芝居を見たという感じの映画。その感覚表現の豊かさに酔いしれて下さい。

モーリス
Maurice

D＝KAD

87／英／監・脚＝ジェームズ・アイヴォリー／脚＝キット・ヘスケス・ハービー／撮＝ピエール・ロム／出＝ジェームズ・ウィルビー、ヒュー・グラント、ルパート・グレイブス／V＝カルチ／D＝カルチ

解説 E・M・フォスターの自伝的小説をジェームズ・アイヴォリー監督が映画化。二〇世紀初頭のロンドン。大学時代、モーリス（ジェームズ・ウィルビー）は同期生の同性愛者クライブ（ヒュー・グラント）から愛の告白を受けのめり込んでいく。しかし卒業後、クライブは結婚してしまう。衝撃的な題材で話題となった作品。

ハイ淀川です ホモセクシャルの世界の美しさ、厳しさを大胆に見せた映画。観客の八〇％が女性だったの。なぜ女性が見に行ったのか。モーリスはホモ同士の弁護士が女と結婚したんで寂しくなって、召使いの若者と寝ちゃったの。それから二人は毎晩しのび逢う。社会的な立場もあるからモーリスはこの若者にゆすられる、と思った。でも違っていた。やがて、その若者が両親と一緒にアメリカに渡るというので港まで行ったけれどいない。仕方なく家に戻ってきたら、その若者はモーリスを待っていた。この男同士のつらい禁じられた恋。世間的には絶対に成就しない愛だから、その切なさに女性の方は心を打たれて夢中になったんですね。

モロッコ
Morocco

D＝IVC

31／米／監＝ジョゼフ・フォン・スタンバーグ／脚＝ジュールズ・ファースマン／撮＝リー・ガームス／出＝マレーネ・ディートリッヒ　ゲーリー・クーパー／V＝IVC、ジュネス／D＝カルチ

解説　「百万ドルの脚」と言われたディートリッヒがアメリカ映画に初登場し、ゲーリー・クーパーと共演したメロドラマ。フランス外人部隊のトムはプレイボーイ。砂漠の町の酒場女アミーに恋をし、彼女も一目惚れ。ところが土地の富豪が彼女に求婚。トムは前線に出発するが、彼を忘れきれないアミーは結婚をふり捨てトムを追って砂漠に踏み出す。

ハイ淀川です　ディートリッヒはドイツの化粧を全部洗い流して、アメリカの化粧に変わりましたねえ。きれいな男のタキシード姿でキャバレーで歌う。そのシルクハットの先を自分の片手でポンと叩いてあみだにかぶって歌う粋なこと。舞台を降りて客のテーブルのカップルの側に行って、相手の女の髪の毛を持ってチュッと接吻する粋なしぐさ。ディートリッヒが舞台から客席のクーパーに投げキッスを送ると、クーパーも帽子をちょっと上げてこたえる。かっこいいシーンだ。スター水の江滝子さんは憧れてあれをモデルにしたんですね。この作品はストーリー展開も立派。これでクーパーとディートリッヒは一躍パラマウントの大スターになりましたよ。

約束の土地
Ziemia Obiecana

D＝KAD

75／ポーランド／監・脚＝アンジェイ・ワイダ／撮＝ビトルト・ソボチンスキ、他／出＝ダニエル・オルブリフスキー、ボイチェフ・プショニヤック、アンジェイ・セベリン／V＝朝日

解説　ポーランドの作家バティスワフ・レイモンドの同名小説をアンジェイ・ワイダ監督が映画化。十九世紀末、ポーランド士族の末裔（ダニエル・オルブリフスキー）、商才のあるユダヤ人（ボイチェフ・プショニヤック）、工場主の息子のドイツ人（アンジェイ・セベリン）の三人が、製糸工場建設を夢みて共同作業を始める。

ハイ淀川です　ポーランドの工業都市の繊維工場をワイダ独特のドキュメント・タッチで見せながら、三人の若者の体質に食い込んでいくあたりの演出の鋭さは見事。この三人のうちオルブリフスキーに重点をおき、彼の処世術と女性関係に深入りしすぎた感じがありますけれど、三人が工場が火災で崩壊してから再建設にこぎつける間に、彼らがいつしか旧資本家の生きざまをそっくり踏んでしまう怖さ。そしてラストのワイダの肉声のひびき。『灰とダイヤモンド』のころは映画に溺れすぎ若さが出すぎましたが、この作品でワイダは映画作家として大成しました。

ヤコペッティのさらばアフリカ
Africa Addios

D＝ジェットリンク

66／伊／監・脚＝グァルティエロ・ヤコペッティ、他／撮＝アントニオ・クリマティ

解説　イタリアのグァルティエロ・ヤコペッティ監督が、アフリカ大陸に出かけ三年がかりで撮影した長編ドキュメンタリー。白人の社会から解放され、黒人国家へ脱皮していく変貌を独自の視点から描いた。音楽はヤコペッティ映画の常連で『世界残酷物語』でテーマ曲「モア」が大ヒットしたリズ・オルトラーニが担当。

ハイ淀川です　アフリカ・アディオスというんだから、象が夕陽を受けてシルエットではえているとか、キリンが走るのかと思ったらタイトルバックは違いました。白人の兵隊の口が映って、前へ進め！　右へ曲がれ！　今度は黒人の号令。そして白人の号令。タイトルバックが消えて本編に入りましたが、なぜこんなところからスタートしたんでしょう。ハイ、これは白人の支配から解放された新しいアフリカ。それを見せるためでした。解放、解放。その号令一下の唇から始まりました。ヤコペッティの面白い演出。見せ方が上手です。というわけで、これはアフリカが白人の支配から解放され黒人国家になった実写。見事な記録映画でした。

ヤコペッティの世界女族物語

La Donna Nel Mondo

D＝ジェネ

62／伊／監＝グァルティエロ・ヤコペッティ／撮＝アントニオ・クリマティ、ベニート・フラッタリ

解説　『世界残酷物語』が大ヒットし、有名になったグァルティエロ・ヤコペッティ監督が、再び同じスタッフでつくりあげた世界の女性風俗、習慣、文化、歴史を描いたドキュメンタリー。イスラエルの女性兵士、パリの女性専用クラブ、中国の娘たちの生態など、知られざる世界中の一風変わった女性たちの姿をとらえている。

ハイ淀川です　私は『世界残酷物語』はいやらしくって残酷で嫌いでした。でもこの映画は楽しい。女の兵隊さん。日焼けして行進して、休憩時間は煙草をスパスパ吸っている。そのあたりをどんどん見せるあたりが面白いんですね。女の兵隊が二人で歩いているときに一人が脇にノートを二冊かかえていました。何をするのかと思ったら、この兵隊はかがみ込んで道端にあったクローバーの花をノートの中にはさみました。そのうつむいたときに、女の胸、オッパイのふくらみが見えました。クローバーをノートにはさむ。ここに女がちゃんと出ました。まさに女ありき。この監督はなんとも知れん面白い感覚をもっていました。

優しく愛して

L'Amour En Douce

D＝竹書房

85／仏／監＝エドアール・モリナロ／脚＝アニー・モウレル／撮＝ジャン・ポール・シュワルツ／出＝エマニュエル・ベアール、ダニエル・オートゥイユ、ソフィー・ベルジャック、ジャン・ピエール・マリエール／V＝松竹

解説　女たらしの弁護士マルク（ダニエル・オートゥイユ）は、妻ジャンヌ（ソフィー・ベルジャック）から離婚を言いわたされ、目下、高級コールガールのサマンタ（エマニュエル・ベアール）に夢中。一方のジャンヌは年上の妻子もちの男といい仲。この四人がひょんなことから奇妙な共同生活を始める。エドアール・モリナロ監督。

ハイ淀川です　原題が『お砂糖でできた恋』。粋なフランス映画ですよ。この四人が一つの家で暮らしたりするような、いかにもフランスでないと、よそではスキャンダル、いやらしいという感じになるんだけれど、フランスはこういう場合でも素直に認めてしまうあたり、粋ですね。恋とかセックスとが一皮むけているんですね。ほんとうに好き同士なら一緒に暮らしたってかまわないじゃあないという感じ。でもこの弁護士が女を見たらキョロキョロするあたりも面白い。というわけで、この監督はつくり方、見せ方がなかなかうまい。フランスのリボンで縛ったような恋。秋の紅葉のような作品です。春じゃあないんです。フランスの粋さを楽しんで下さい。

野性の少年

L'enfant Sauvage

D＝FOX

70／仏／監・脚＝フランソワ・トリュフォー／脚＝ジャン・グリュオー／撮＝ネストール・アルメンドロス／出＝ジャン・ピエール・カルゴル、フランソワ・トリュフォー、ポール・ビレ／V＝WHV

解説　フランス中部の森林地帯で獣と同じ生活をしてきた野性の少年（ジャン・ピエール・カルゴ）が捕らえられる。少年はパリに連れていかれ、ひどい仕打ちを受けるが、イタール博士（フランソワ・トリュフォー）は彼を引き取り人間として教育し直そうとする。少年役のカルゴは数千人の候補の中から選ばれ見事に好演した。

ハイ淀川です　トリュフォーはあのヘレン・ケラーの『奇跡の人』を映画化したかったんですが、それができなくなり、この『野性の少年』を撮りました。これは狼少年をどうにかして幸せな少年にしようとする先生のお話です。その先生をトリュフォー自身が演じました。この映画を見ていて私は『大人は判ってくれない』とだぶってきました。というのはトリュフォーはあの映画の中の感化院の少年に、もしもこの『野性の少年』の中の先生のような愛情があってくれたらと思ったのではないか。あの少年はトリュフォー自身の少年時代がモデルになっていましたので、『野性の少年』の先生こそはトリュフォーの少年時代の夢想の教師だったに違いありません。

山猫
Il Gattopardo

D＝紀伊國屋

63／伊／監・脚＝ルキノ・ヴィスコンティ／撮＝ジュゼッペ・ロトゥンノ／出＝バート・ランカスター、アラン・ドロン、クラウディア・カルディナーレ／V＝FOX

解説　原作はランペドゥーサの同名小説。十九世紀半ば、イタリア統一をはかる革命軍がシチリア島に上陸。島の名門サリーナ公爵（バート・ランカスター）は、超然と貴族の誇りで生きるが、公爵の甥タンクレディ（アラン・ドロン）は革命軍に参加、新興ブルジョワの娘と結婚してしまう。貴族の栄華と悲哀を描き、カンヌ映画祭グランプリ。

ハイ淀川です　イタリアの名門、ミラノの貴族に生まれたヴィスコンティ監督なればこその大作であり名作です。『ベニスに死す』のあのホテルの豪華さとその時代色もすごかったけど、この『山猫』のその時代色は時代劇の大スケールをこめて私たちの目をうばいます。ファーストシーンの家族のミサに早くも貴族大家族の香りが盛りあがり、最後の大舞踏会のクラシックはもうただごとではありません。本物の貴族階級のムード、本物の衣装とセットのその豪華さ。ヴィスコンティはアメリカの活劇役者のバート・ランカスターを愛し切って、名優の貫禄をもたせました。この映画はいまから何十年たっても驚きと感激の目で見つめられるでしょう。

野郎どもと女たち
Guys And Dolls

D＝FOX

55／米／監・脚＝ジョゼフ・L・マンキーウィッツ／撮＝ハリー・ストラドリング／出＝マーロン・ブランド、フランク・シナトラ、ジーン・シモンズ、ヴィヴィアン・ブレイン／V＝東芝

解説　ディモン・ラニヨンの原作をジョゼフ・L・マンキーウィッツ監督が映画化。ニューヨークの下町、遊び人たちの世界を舞台に、博徒スカイ（マーロン・ブランド）と救世軍の娘セーラ（ジーン・シモンズ）、博徒ネイサン（フランク・シナトラ）とナイトクラブ歌手（ヴィヴィアン・ブレイン）の二つの恋を描いたミュージカル。

ハイ淀川です　製作がサミュエル・ゴールドウィン、監督がジョゼフ・L・マンキーウィッツで、主演がマーロン・ブランド、フランク・シナトラ、ジーン・シモンズということだけでもミュージカルの大作。これは舞台で一九五〇年に上演されたジョー・スワーリングとエイブ・バロウのミュージカル。映画の舞踊振付けもマイケル・キッド。そして、タイムズ・スクエアでの博徒の群舞の面白さは圧巻ですね。『ウエスト・サイド物語』なども、ここらあたりからその発想が生まれて発展したんでしょう。『ウエスト・サイド物語』は『掠奪された七人の花嫁』からも大きな影響を受けたことは言うまでもありませんが、この作品、一見の価値がありますよ。

勇気あるもの
Renaissance Man

D＝ハピネット

94／米／製・監＝ペニー・マーシャル／脚＝ジム・バーンスタイン／撮＝アダム・グリーンバーグ／出＝ダニー・デヴィート、グレゴリー・ハインズ、クリフ・ロバートソン、ジェームズ・レマー／V＝東和

解説　大手広告会社をクビになったビル（ダニー・デヴィート）は職安で陸軍の国語教師の職を見つけ、八人のおちこぼれ新兵を教え始め、最初は苦労するが「ハムレット」の授業をすると生徒たちは興味を示す。人生の目的を見失った中年男が再び情熱をとりもどす姿を描いた作品で、監督は『プリティ・リーグ』の女流監督ペニー・マーシャル。

ハイ淀川です　兵隊たちはシェイクスピアのシェの字も知らない。シェイクスピアと聞いただけでもうんざり。でも、先生からその作家の作品や、殺人と近親相姦と狂気と復讐と夜半の幽霊と娘の自殺の話、つまり「ハムレット」の講義を聞いてこれは面白いぞ、とばかりやる気になる。この講義中、運動場では鉄砲の訓練、訓練。兵隊をバカにした映画はチャップリンくらいしかいませんが、この映画はその精神をもって久しぶりに笑わせます。主演が『ツインズ』『ジュニア』でシュワちゃんと共演した小柄なダニー・デヴィート。この人がなかなかうまいんだ。この映画は大作ではありませんけれど、いい拾いものをした感じです。見て決して損はしませんよ。

友情ある説得
The Friendly Persuasion

D＝復刻

56／米／製・監＝ウィリアム・ワイラー／原・脚＝ジェサミン・ウェスト、他／撮＝エルスワース・フレデリックス／出＝ゲーリー・クーパー、アンソニー・パーキンス、ドロシー・マクガイア

解説　ウィリアム・ワイラー監督がアメリカ人の魂を問いつめた名作。負けず嫌いの農場主ジェス（ゲーリー・クーパー）はクエーカー教徒で平和主義者。父に反発する息子ジョッシュ（アンソニー・パーキンス）が南北戦争に参戦し負傷したため、息子への愛情から銃をとり戦場に赴く。カンヌ映画祭グランプリ。

ハイ淀川です　クエーカー教徒というのは、もう質素で質素で、コーヒーも飲まないし、砂糖も禁じているほどで、妙なものは絶対に口に入れない禁欲主義者で平和主義者のことですね。ゲーリー・クーパーの農場主のこのお父っつあんは戦争が嫌い。絶対に戦うことが嫌い。でも息子のアンソニー・パーキンスはそれに反抗しますね。その息子が戦争に行って負傷してしまい、クーパーは銃を持って戦争に行かなければならない。でもクエーカー教徒だから人も殺せない。どうして人間は傷つけ合わなければいけないんだ。クーパーのこの心はアメリカの魂なんですね。それをワイラー監督は難しくなく細やかに見せます。さすがワイラーの見事な芸でしたね。

夕陽のガンマン
Per Qualche Dollaro In Più

B＝ディズニー　D＝FOX

65／伊・スペイン／監・原・脚＝セルジオ・レオーネ／脚＝ルチアーノ・ヴィンチェンツォーニ、他／撮＝マッシモ・ダラマーノ／出＝クリント・イーストウッド、リー・ヴァン・クリーフ、ジャン・マリア・ヴォロンテ／V＝WHV

解説　ニューメキシコ。早射ちのガンマン、マンゴー（クリント・イーストウッド）と初老の元大佐（リー・ヴァン・クリーフ）の二人の賞金稼ぎは、凶悪なお尋ね者インディオを追う。やがて、インディオが元大佐の息子夫婦を殺した犯人と判り決闘へ。『荒野の用心棒』のセルジオ・レオーネ監督のマカロニ・ウェスタン。

ハイ淀川です　この映画は照れくさいほど面白いところがいいんです。女性がほとんど出てこない男の映画の中で、やさしい金属音のオルゴールのメロディがいい効果を出しているんですね。このオルゴールの懐中時計、実は元大佐の息子と新妻との愛の記念。これをインディオがこの若夫婦からもぎとって、しかも二人を殺して逃げました。元大佐が探し求めていたわけが最後のほうでわかってくるあたり。イタリアくさい浪花節です。にらみのマンゴー、すごみの元大佐、それにガンの新種や珍種がどんどんでてくるあたりはまさにキザなウェスタンですがそこが面白いなあ。リー・ヴァン・クリーフをうまく使っているあたりアメリカがやられたと思っているかも。

幽霊西へ行く
Flesh And Devel

D＝IVC

36／英／監＝ルネ・クレール／脚＝ロバート・E・シャーウッド／撮＝ハロルド・ロッスン／出＝ロバート・ドーナット、ジャン・パーカー

解説　ルネ・クレールがイギリスで監督したコメディ。スコットランドの豪族グロウリー家の倅（ロバート・ドーナット）は戦場で敵に襲われあえない最期。あまりの不甲斐なさに昇天を許されず地上をさまよう。それから二百年後、幽霊はアメリカへ…。スコットランド気質とアメリカの俗物根性を対照させた風刺タッチの作品。

ハイ淀川です　ロバート・E・シャーウッドのシナリオがいいのね。この人はチャップリンの『独裁者』の演説を書いた。『我等の生涯の最良の年』の脚本もこの人。だから見ていて面白いのね。この倅の幽霊は一家のお城に住みつくことになったのね。幽霊が出るお城があるというのでアメリカのお金持ちが面白いと思って買っちゃったのね。それでこの幽霊つきのお城をアメリカに持っていたのね。さあ、船がシカゴの港に着いた。倅の幽霊も一緒に上陸したのね。そのとき、ギャング同士の争いがあった。バーン、バーン、幽霊がびっくりするあたりの面白さ。ルネ・クレールの感覚が見事だった。

ユニバーサル・ソルジャー
Universal Soldier

B・D＝KAD

92／米／監＝ローランド・エメリッヒ／脚＝リチャード・ロススタイン、他／撮＝カール・ウォルター・リンデンローブ／出＝ジャン・クロード、ヴァン・ダム、ドルフ・ラングレン、アリー・ウォーカー／V＝LDC／D＝LDC

解説　「ユニバーサル・ソルジャー」とは、ベトナムで戦死した人間を蘇生してつくられた戦闘マシーンの特殊部隊。難事件をいとも簡単に解決していく。女性テレビレポーターをかばう善玉のリュック（ジャン・クロード・ヴァン・ダム）と二人を狙う悪玉スコット（ドルフ・ラングレン）の対決が見ものの SFアクション大作。

ハイ淀川です　「ユニバーサル・ソルジャー」とは死なない兵士。ベトナム戦争の死体を集めて、それで筋骨隆々の人造人間をつくる。この脚本が面白いんですね。人造人間と言っても、あの金属のかたまりではなくって、ほんとうに肉体を持った人間になっていくところが怖い。理性のある人造人間が狂気の人造人間に追われるあたりは不思議なシュルレアリスム。これはベトナム戦争の悲惨な戦争映画と思ったら大間違い。もっとハイクラスのSFです。人間の心の奥深く入っていくあたりが見どころです。それとヴァン・ダムとドルフ・ラングレンの全裸。見事なお尻。もちろん、前は見せませんけれど、これだけの身体はめったに見られませんよ。

夢の降る街
The Butcher's Wife

D＝パラマ

91／米／監＝テリー・ヒューズ／脚＝エズラ・リトワック、他／撮＝フランク・ティディー／出＝デミ・ムーア、ジェフ・ダニエルズ、ジョージ・ズンザ、メアリー・スティーンバーゲン／V＝CIC

解説　星のお告げでグリニッジビレッジの肉屋の主人リオ（ジョージ・ズンザ）と結婚したマリーナ（デミ・ムーア）は、透視能力の持ち主で騒動を巻き起こすが、やがて若い精神科医（ジェフ・ダニエルズ）に魅かれていく。デミ・ムーアが純粋無垢なヒロインを演じたファンタスティックなラブコメディ。テリー・ヒューズ監督。

ハイ淀川です　私はファーストシーンが大好きなのね。ノースカロライナの海の背の高い灯台。その上で可愛い女が満月を見ていると、尾が二つに分かれていく流れ星を見た。この女性は少女のころから予知能力があって、流れ星を見たら愛が訪れてきて、結婚するということがわかるのね。私はいっぺんでいいから灯台の上で寝てみたいと思っていたから、このシーンはうれしかった。この女をやっているデミ・ムーアがいいなぁ。いかにもパラマウント・タッチのアメリカ映画。エンジェルが世の中に降って夢の花を咲かせる映画。あんまり理詰めで見ないでスウィートな気分で見て下さい。

夢を生きた男　ザ・ベーブ
The Babe

D＝ジェネ

92／米／監＝アーサー・ヒラー／製・脚＝ジョン・フスコ／撮＝ハスケル・ウェクスラー／出＝ジョン・グッドマン、ケリー・マクギリス、トリーニ・アルバラード／V＝CIC

解説　アーサー・ヒラー監督が伝説の大リーガー、ベーブ・ルースの半生を描いた伝記映画。少年院で野球の天分を開花させたルース（ジョン・グッドマン）は、マナーの悪さで関係者を閉口させたが、ホームラン王となりヤンキースの黄金期を築く。二〇世紀前半の活気溢れるアメリカ社会が描かれたスポーツムービーの好編。

ハイ淀川です　ベーブ・ルースはアメリカのアイドル、誇りですね。一九二一年、サイレントのころにベーブ自身が主演してやりました。それから何回か映画化されましたが、今度はジョン・グッドマン。「ライフ」に二人の写真が出ましたが、本物そっくりでした。人を笑わせて野卑で無教養なところがあって子供を可愛がるベーブを見事に演じました。病床の子供にホームランを二本打つと約束するシーン。有名な予告ホームランのシーンもちゃんと入っています。ごらんになったら、ベーブがどんな人間だったかがわかります。というわけで、この作品をカナダ生まれのアーサー・ヒラー監督が撮ったところが面白かった。この人はアメリカ的で巧い監督です。

許されざる者
The Unforgiven

60／米／監＝ジョン・ヒューストン／脚＝ベン・マドー／撮＝フランソワ・プラナー／出＝バート・ランカスター、オードリー・ヘプバーン、リリアン・ギッシュ／V＝WHV　D＝FOX

解説　テキサスの開拓者一家の養女レイチェル（オードリー・ヘプバーン）は、教養のある母（リリアン・ギッシュ）の愛情に支えられ成長したが、レイチェルにインディアンの血が流れていたことが暴露され、苦難に満ちた運命に巻き込まれる。しかし、兄ベン（バート・ランカスター）は彼女を守りぬく。ジョン・ヒューストン監督の名作。

ハイ淀川です　オードリー・ヘプバーンが西部劇に出たのはこれ一本だけなんですね。ほんとうの兄の族長が連れ戻しに来たとき、オードリーが鉄砲を向け撃つところがすごかった。混血娘の感じがよく出ていました。それにお母さんに扮しているリリアン・ギッシュがいいんです。私は十三歳のとき『散り行く花』を見て泣きましたが、この人は大女優。それと、ディミトリ・ティオムキンの音楽がすばらしい。西部劇と言えばこの人ですが実はロシア人なのね。『ジャイアンツ』『アラモ』『赤い河』『リオ・ブラボー』『真昼の決闘』『友情ある説得』『OK牧場の決斗』など名作を手がけています。みんないい。ウェスタンは音楽によって生かされるんですね。

許されざる者
Unforgiven

92／米／製・監＝クリント・イーストウッド／脚＝デヴィッド・ウエッブ／撮＝ジャック・N・グリーン／出＝クリント・イーストウッド、ジーン・ハックマン、モーガン・フリーマン、リチャード・ハリス／V＝WHV／D＝WHV　B・D＝WHV

解説　クリント・イーストウッドが製作、監督、主演した西部劇の傑作。十九世紀末のワイオミング。かつて悪名を轟かせたマニー（イーストウッド）は、子供と農場で質素に暮らしていたが、若いガンマンの誘いにのり、賞金稼ぎのために再び銃をとる。ラストは悪保安官ビル（ジーン・ハックマン）との対決。アカデミー作品賞など四部門受賞。

ハイ淀川です　ジョン・ヒューストン監督の同名の映画がありましたが、あれとは全然違います。でも久しぶりのウェスタンが登場しました。さあ、クリントが立ち上がることになったけれど十一年もガンを握っていない。目も腕も悪くなっちゃった。その射撃のテストをするところが面白い。そして本舞台に入って、クリントがカッコいいところを見せるあたり。こんな話はさんざん使われた手ですが、これをクリントがやったあたりはなかなか賢いのね。それに善人のかたまりみたいなジーン・ハックマンを残酷な悪党にしたあたり。というわけで、ウェスタン・ファンにはお待ちかねの映画でしょう。西部劇がなくなったたけに貴重な作品ですね。

揺れる大地
La Terra Trema

48／伊／監・脚＝ルキノ・ヴィスコンティ／撮＝G・R・アルド／出＝シチリア島のアーチ・トレッツカの漁師たち／V＝NEC　D＝KAD

解説　ジョバンニ・ベルガの小説をルキノ・ヴィスコンティが脚色、監督したドキュメンタリータッチの作品。そのためシチリアの漁村を舞台に、本当の漁民を使い台詞もすべてその地方の方言を活かした。イタリア本土から漁村に帰った若者アントニオは、網元の圧迫から解放される漁業を目指そうと考え実行に移していく。

ハイ淀川です　これはシチリアの兄弟姉妹や母や祖父や家族いっぱいの貧しい猟師アントニオの残酷哀話。しかし、ついに決心して、あの網元にこき使われてたまるものかと思って、船をつくり独立した。しかし、漁の二日目に大嵐がきた。船は砕けてめちゃめちゃになっちゃった。それでこの猟師は食うに困っちゃってあの憎い憎い網元のところに行って、手をついて働かせてくれと頼む。人間の敗北とその底からしみ出てくる愛の温かさをヴィスコンティが見事に描き私たちの胸を打った名作です。撮影はG・R・アルド。あのデ・シーカの『終着駅』のキャメラマン。モノクロの黒ずんだタッチで、貧しい漁港で働く人たちの貧しさを見事に撮りました。

八日目

Le Hutième Jour

96／ベルギー・仏／監・脚＝ジャコ・ヴァン・ドルマル／撮＝ワルテル・ヴァンデン・エンデ／出＝パスカル・デュケンヌ、ダニエル・オートゥイユ／V＝アスミ

D＝KAD

解説　妻子に捨てられた仕事一筋の会社員アニー（ダニエル・オートゥイユ）と、母親に会いたいため施設を抜け出したダウン症の青年ジョルジュ（パスカル・デュケンヌ）。この不遇の二人が出会い自然の中で過ごすうち次第に心を寄せ始める。ジャコ・ヴァン・ドルマル監督が現代の愛の不毛を抒情的に描いた感動作。

ハイ淀川です　あまり見ることのないベルギー映画ということで興味がわきました。八日目というのは、神様が一日目、二日目、というようにいろいろのものをつくって八日目に人間をつくったという意味なんです。中年男はやり手の重役だったけれど、妻子に置き去りにされて自殺しようとした男。若者は母を亡くしたダウン症の男。いつもお母さん、お母さんと言っている。この二人が友だちになって、それぞれが一番求めているものは、ほんとうに愛されることでした。若者が中年男を愛して抱きついて顔に接吻するあたり。この子供のようなしぐさにほんとうの愛を感じて若者を幸せにしたいと思うようになります。このかけねなしの純粋な愛が見事です。

陽気な中尉さん

The Smiling Lieutenant

31／米／監＝エルンスト・ルビッチ／脚＝エルネエ・ヴァイダ／撮＝ジョージ・フォルシー／出＝モーリス・シュヴァリエ、ミリアム・ホプキンス、クローデット・コルベール

D＝ジュネス

解説　舞台はウィーン。モーリス・シュヴァリエの遊び好きの中尉は侯爵令嬢（ミリアム・ホプキンス）と婚約したが、バイオリン弾きの愛人（クローデット・コルベール）に夢中。そのことを知った令嬢は必死になって中尉の心を取り戻そうとする。ルビッチ監督が二人の女のそれぞれ違ったエロチシズムを発散させた大人の喜劇。

ハイ淀川です　ミリアム・ホプキンスの侯爵家のお嬢ちゃん。調べたら未来の夫の中尉さんにクローデット・コルベールの愛人がいた、ああ憎らしい。それで敵の女と会って、どうしたらあの人を誘惑できるのか訊く。この女の描き方がいいんだね。そのお嬢さん、恋仇の前で泣いちゃった。それでコルベールがどうしたら中尉の心をとらえられるのか教えるのが面白い。長い髪を短く切りなさい。ピアノの弾き方、座り方、コーヒーの飲み方まで内緒で教える。ある時、コルベールが「あの人、パジャマを着てるときが一番いいのよ」と言った。あんたと寝たのね。お嬢ちゃんが泣くところが面白い。最後はホプキンスに中尉を渡して去っていく。女の感覚が粋ですね。

陽気な幽霊

Blithe Spirit

45／英／監＝デヴィッド・リーン／脚＝アンソニー・ハブロック・アラン／撮＝ロナルド・ニーム／出＝レックス・ハリスン、コンスタンス・カミングス、ケイ・ハモンド、マーガレット・ルザフォード

D＝IVC

解説　劇作家のノエル・カワードの舞台劇をデヴィッド・リーンが監督した。中年の小説家コンドミン（レックス・ハリスン）は二度目の妻（コンスタンス・カミングス）と幸福な日々を送っているが、あるとき、霊媒師が降霊会で七年前に病死した最初の妻（ケイ・ハモンド）を霊界から呼びよせてしまう。浮世に戻った幽霊は…。

ハイ淀川です　デヴィッド・リーンは、『逢びき』のあと、この喜劇をつくりました。面白かった。このレックス・ハリスンの小説家、死んだ奥さんが幽霊になって出てきたのでびっくりしちゃった。面白いのはこの幽霊は小説家にしか見えないのね。家に帰ったら、その幽霊もついてきちゃった。青白い衣装をつけて唇は真っ赤なのね。でも、今の奥さんには見えないの。奥さんは旦那が帰ってきたので喜んで喜んで接吻したの。そのとき、幽霊が旦那に「ちょいとあんた。今の奥さん。接吻が下手ね。私のほうがずっとうまかったでしょう」と言って、旦那を怖がらせていじめるあたり。コメディタッチの見事な傑作でしたよ。

ヨーク軍曹
Sergeant York

41／米／監＝ハワード・ホークス／脚＝ジョン・ヒューストン、他／撮＝ソール・ポリト／出＝ゲーリー・クーパー、ジョーン・レスリー、ウォルター・ブレナン、ジョージ・トビアス／V＝WHV　D＝ジュネス

解説　第一次大戦で抜群の功績をあげ三つの最高勲章をもらった実在の勇士ヨーク軍曹の伝記映画。テネシー州の片田舎で生まれたヨーク（ゲーリー・クーパー）は無頼漢だったが、信仰の道に入り、出征したときは宗教と戦争の矛盾に悩むが、戦争は自由を守るために無価値ではないことを知り武勲をたてる。クーパーがアカデミー主演男優賞。

ハイ淀川です　これが昭和十六年度の作品であることを先ず頭に入れて見て下さい。ハワード・ホークス監督のような映画の才人が、まるで絵ハガキを一枚一枚めくるように親切に演出していますが、ヨークが故郷に錦を飾って戻ってきます。そのとき、彼が欲しいと願っていた土地を与えられ、しかも恋人との新居まで建てられていました。あまりにも幸福すぎて絵空事になるラストシーンです。というわけで、この映画は頭から批判するよりも、やはり当時の企画を生かしてつくられたというほうに見る目を向けるべきでしょう。戦争映画は派手な戦闘シーンを見るのだけじゃぁなくって、つくられた時代的背景を考えて見るとまた違った味があるんですね。

欲望のあいまいな対象
Cet Obscur Objet Du Désir

77／仏・スペイン／監・脚＝ルイス・ブニュエル／脚＝ジャン・クロード・カリエール／撮＝エドモン・リシャール／出＝フェルナンド・レイ、キャロル・ブーケ、アンヘラ・モリーナ／V＝クラウン　D＝KAD

解説　七十七歳のルイス・ブニュエル監督が撮った遺作。初老のブルジョワ紳士マチュー（フェルナンド・レイ）は、若く美しい小間使いコンチータ（キャロル・ブーケ）を見染め、狂おしく燃えるが、コンチータはするりと逃れ去る。彼女は純情な乙女か、娼婦なのか。ピエール・ルイス「女とあやつり人形」の五度目の映画化。

ハイ淀川です　ブニュエルが二十八歳で撮った『アンダルシアの犬』を見たときびっくりした。それ以来、今日まで老いを知らないスペイン富豪育ちのこの監督のぜいたくな映画づくりに感服をくり返してきました。この作品のブニュエルの映画遊びもいかにもぜいたく。ヒッチコック・タッチの匂いがありますね。そのヒッチコックがケーリー・グラントを愛したように、ブニュエルはフェルナンド・レイを知りつくしたかのごとく使い、しかもフェルナンドが大真面目に列車の中で、「あの女は…」と語り始めるところからしてもカマトト的なお遊びが画面の裏をかすめる。これほどのぜいたくな映画遊びをみせつけられると、ただあきれて見とれるばかりですね。

夜と霧
Nuit Et Brouillard

55／仏／監＝アラン・レネ／撮＝ギスラン・クロケ／ナレーション＝ミシェル・ブーケ／V＝カルチ／D＝カルチ　B・D＝IVC

解説　アラン・レネが監督した約三十分のドキュメンタリー。アウシュヴィッツの強制収容所における大量虐殺のドキュメンタリーは他にもあるが、この作品はナチの残虐行為を、廃墟となっている現在のアウシュヴィッツと、恐るべき殺人工場での過去を対応させ、このような悲劇を忘れてはいけないと訴える。

ハイ淀川です　アラン・レネが三十三歳のときの作品。これで一躍有名になりました。アウシュヴィッツのいまは誰も人のいなくなった、夏草が生え茂った収容所を散歩でもするかのようにカメラでとらえます。緑の草の茂みに蝶が飛んでいる。その風景はやさしく美しいですが、一歩つき進むと収容所の人間を焼いたさびついた釜が並んでいる。そこに流れ込む夏の陽。平和な風景画。しかしここで起こった地獄がそのさびついた釜から画面に蘇ってきます。胸を突き刺す恐怖ですね。目に訴えて、しかもフィルムの編集の巧みさでそれが映画の語りになっています。映画だけができる魔術であり感覚文体。この監督はこういう描き方で語りかける天才ですね。

夜の儀式
Rieten

D＝ハピネット

69／スウェーデン／監・脚＝イングマール・ベルイマン／撮＝スヴェン・ニクヴィスト／出＝イングリッド・チューリン、アンデルス・エク、グンナール・ビョルンストランド、エリック・ヘル

解説　あるヨーロッパの小国で、男二人女一人の小劇団の出しもの「祭式」がワイセツ罪で起訴される。一座のセバスティアン（アンデルス・エク）と、彼の元妻テア（イングリッド・チューリン）、その女と結婚している座長格のブラムソン（エリック・ヘル）の三人は予審判事のもとに出頭する。イングマール・ベルイマン監督。

ハイ淀川です　ベルイマンの映画は『処女の泉』『沈黙』にしても独特のサディズムがありますけど、この作品もそれを端的に見せたベルイマンの心臓をみるごとき映画です。旅回り一座の三人、かつての夫婦、その妻が夫と離れ、今はもう一人の男と結婚している。セックスの神の芝居を演じたらワイセツ容疑で三人が判事に取り調べられる。判事は最高の常識を持った人。それが調べあげていくうちに、ワイセツの中に自分自身が落ちこんで女役者を犯してしまい自殺してしまう。これはエリートをなぶり殺しにした作品です。ベルイマンがそのような人間を罰しているのかと思われるかもしれませんが、それは違います。ただ人間そのものを暴露しているんです。

夜の大捜査線
In The Heat Of The Night

B＝ディズニー　D＝FOX

67／米／監＝ノーマン・ジュイソン／脚＝スターリング・シリファント／撮＝ハスケル・ウェクスター／出＝シドニー・ポワチエ、ロッド・スタイガー、ウォーレン・オーツ／V＝WHV

解説　ジョン・ボールの小説をノーマン・ジュイソン監督が映画化。ミシシッピーの田舎町。黒人ゆえに殺人事件の容疑者となったフィラデルフィア警察の敏腕刑事ティップス（シドニー・ポワチエ）が、警察署長（ロッド・スタイガー）らの南部の強烈な人種偏見と闘い事件を解決する。アカデミー作品、監督、主演賞など五部門受賞。

ハイ淀川です　原題は『夜の熱気の中で』。まさにそのタイトルにあるようにミシシッピーの田舎町のうだるような暑さ。警察署長室の扇風機がときどきストップしちゃう。そのとき、バチンと叩くとまた動き出す。そんな小さな町の署長が駅で列車を待っているうさん臭い黒人を見つけて、捜査中の殺人事件の殺人犯と思い込んでしまう。ロッド・スタイガーはアカデミー主演男優賞をとりましたが、このスタイガーとポワチエの二人の演技。まさにこの映画の見どころですね。ノーマン・ジュイソン監督の観客を引き込むその絶妙な演出のうまさ。その中に白人と黒人の問題をヒューマンタッチで描きうまくまとめあげました。そのおさめ方が見事ですね。

四十二番街
42nd Street

D＝IVC

33／米／監＝ロイド・ベーコン／脚＝ジェームズ・シーモア、他／撮＝ソル・ポリト／出＝ワーナー・バクスター、ビーブ・ダニエルズ、ルビー・キラー／V＝IVC、WHV

解説　レビューの演出家（ワーナー・バクスター）は体をこわし、これが最後の舞台と思い打ち込む。女優ドロシー（ビーブ・ダニエルズ）のスポンサーは、彼女をスターダムにのしあげようと大金をつぎこむが、急遽、無名の新人ペギー（ルビー・キラー）が起用される。レビューの舞台裏の人間模様を描いたミュージカル映画。

ハイ淀川です　ブロードウェイで大ヒットしたミュージカル。それをワーナーが一九三三年、トーキーになった初期のころに映画化しました。主演はワーナー・バクスターで、ダンスの演出家。その人が中心になっていくお話ですけれど、この映画の見どころはそれよりもダンス、ダンス、ダンスですね。十巻の最後の二巻がレビューの舞台なのね。振付けはこれで一躍売り出したバスビー・バークレーで、オーディションで選んだ一五〇人もの群舞のすごいこと。夜のステージのラインダンス、ラインダンス。びっくりですね。みなさんが、いまこの作品をごらんになったら、映画がこんなにぜいたくだったのかと思われるでしょう。

ライアーライアー
Liar Liar

96／米／監＝トム・シャドヤック／脚＝ポール・ガイ／撮＝ラッセル・ボイド／出＝ジム・キャリー、モーラ・タイニー、ジャスティン・クーパー、ジェニファー・ティリー／V＝CIC／D＝SPE　B・D＝ジェネ

解説　人気コメディアンのジム・キャリーが主演し、喜劇の才人トム・シャドヤックが監督したハートウォーミングなコメディ。嘘と詭弁が得意な弁護士フレッチ（キャリー）は、息子マックス（ジャスティン・クーパー）から嘘をつかないようにという〝願〟をかけられたため、嘘のつけない体質に一変。悪戦苦闘する。

ハイ淀川です　「ライアーライアー」とは嘘つき、嘘つき。だから弁護士というのは嘘つきでないとダメですよという皮肉があって面白いんですね。アメリカで大ヒットしたのは、人間は時には嘘をついてもいいんだよ、というところに共感したからなんです。でも、日本はどうだかわかりませんよ。ジム・キャリーはオーバーアクトで大嫌いの三重丸でしたが、この映画で、妻と子供をなんとか引き止めようとする父親を見事に演じました。父性愛を溢らせた真面目とナンセンスがうまく組み込まれているところが見どころですね。だからこの映画を見て嘘をおつきなさい。と言っている私の言葉はほんとうか嘘か。映画を見たらわかります。

ライアンの娘
Ryan's Daughter

70／英／監＝デヴィッド・リーン／脚＝ロバート・ボルト／撮＝フレディ・A・ヤング／出＝サラ・マイルズ、ロバート・ミッチャム、クリストファー・ジョーンズ、ジョン・ミルズ／V＝WHV　D＝WBH

解説　二〇世紀の初め、反英運動下のアイルランドの寒村。教師チャールズ（ロバート・ミッチャム）と結婚した居酒屋の娘ロージー（サラ・マイルズ）は、英軍指揮官（クリストファー・ジョーンズ）と恋におち、スパイ容疑をかけられる。人妻の不倫を中心に人間の愚かさ聡明さを大自然の中で描いたデヴィッド・リーン監督の叙事詩。

ハイ淀川です　気の強いロージーはおとなしい先生の夫がいるのにイギリスの指揮官と不倫しますね。結局、このロージーは密告事件なんかあって、村八分になって悪魔だと言われたとき、この先生がこの自分の妻を抱いて一緒に村を去ることになって終わります。しかし、この映画のよさはアイルランドのなんとも知れんムードですね。ロージーが傘をさして丘の上を通ったとき、傘が風で飛んで青空へあがっていって海へ落ちる。そのときボートに乗っていた牧師さんが拾ってやる緑と海のアイルランドの匂い。しかもアイルランド魂のいいところと、昔からの因習に溢れたほんもののアイルランドが出ました。この監督はただの映画なんかつくりませんね。

ライオンと呼ばれた男
Itinéraire D'un Enfant Gâté

88／仏・西独／製・監・脚＝クロード・ルルーシュ／撮＝ジャン・イヴ・ル・ムネール／出＝ジャン・ポール・ベルモンド、リシャール・アンコニナ、マリー・ソフィー・L／V＝ビクター

解説　裸一貫から清掃会社を設立し成功したサム・リヨン（ジャン・ポール・ベルモンド）は妻と死別し、五十代半ばで家を飛び出し大西洋をヨットで横断。最愛の娘がいるにもかかわらずアフリカの草原で暮らす。『男と女』のクロード・ルルーシュ監督とフランシス・レイがコンビを組み、ベルモンドが主演、男の生きざまを描く。

ハイ淀川です　ジャン・ポール・ベルモンドが久々に主演。このとき五十八歳。まだ若い。だから体格がいいし、裸の場面がいっぱい。日本ではこのくらいの歳になると、なかなか主役はできません。しかし、フランスでは五十歳を過ぎてもこういう役がやれる。フランスのよさですね。この映画は妻を亡くした男のロマン。晩年の人生を楽しもうとする男のアバンチュール。そこに男の詩がある。そして娘との再会。父親としての愛情。まるで浦島太郎のような男の人生。この男がどんどん変わっていくところ。それをルルーシュ、音楽のフランシス・レイがどんなタッチで見せるか。このあたりがこの映画の見どころ。ベルモンドの個性を楽しんでほしい映画です。

ライブ・フレッシュ
Carne Trémula/Live Flesh

D＝紀伊國屋

97／スペイン・仏／監・脚＝ペドロ・アルモドバル／撮＝アルフォンソ・ベアト／出＝リベルト・ラバル、フランチェスカ・ネリ、アンヘラ・モリーナ、ハヴィエル・バルデム／V＝CIC

解説　スペインの鬼才ペドロ・アルモドバルが、五人の男女の愛憎をサスペンスタッチで描く。青年ビクトル（リベルト・ラバル）は、ある事件でイタリア領事の娘エレナ（フランチェスカ・ネリ）をかばい服役。しかし、出所すると彼女は元刑事と結婚していた。ビクトルは彼女に接近しながら、クララ（アンヘラ・モリーナ）と関係をもつ。

ハイ淀川です　この映画は赤、青、黄色のきついスペインの匂いを持っていますね。エレナとクララという女のあつかましさに引きまわされます。しかし、私がこの映画で一番いいのはビクトルという青年。バスの中で生まれたこの男は女を見たらすぐに寝たがる男。この男の色ざんげ物語なのね。この役をやっているリベルト・ラバルが気に入りました。素裸になって前をチラリと見せるあたりはご馳走だ。この監督アルモドバルはラバルの体を熱っぽく撮っています。どうも怪しいなあ。というわけで、この映画はこの監督が女にどんなに苦しめられたかを告白しているみたいな怖い映画です。ラバルの体を見るだけでも価値がありますよ。

ライムライト
Limelight

B＝KAD　D＝LDC

52／米／製・監・脚＝チャールズ・チャップリン／撮＝カール・ストラス／出＝チャールズ・チャップリン、クレア・ブルーム、バスター・キートン、シドニー・チャップリン／V＝朝日、ポニー／D＝LDC

解説　一九一四年の夏。かつてロンドンで人気のあった老道化師カルヴィロ（チャールズ・チャップリン）は、自殺を図った若い踊り子テリー（クレア・ブルーム）を救う。彼女を勇気づけるために舞台に立つが今の観客には受けない。やがて、カルヴィロの老いらくの恋は絶望的な死となって終末を迎える。アカデミー・オリジナル劇音楽賞受賞。

ハイ淀川です　ライムライトとは舞台の上のスターに真正面から当たる華やかなライトのことですね。チャップリンはそのライトの中から去っていく老いた喜劇役者です。そして、チャップリンが死顔を見せたのは全作品中でこれだけです。もうチャップリンは自分の映画をあきらめたのでしょう。だから死んだんですね。実はこの映画の撮影中、チャップリン追放の動きがあったんですね。だからこの映画には長い映画生活の最後と、私生活でのアメリカでの最後がしみこんでいます。足を痛めたバレリーナを愛をこめて元気づけて、ついに立派に舞台で踊らせて、チャップリンは去っていきました。

ラヴ・パレイド
The Love Parade

D＝ジュネス

29／米／監＝エルンスト・ルビッチ／脚＝エルンスト・ヴァイダ、他／撮＝ヴィクター・ミルナー／出＝モーリス・シュヴァリエ、ジャネット・マクドナルド、ルピノ・レーン、リリアン・ロス

解説　エルンスト・ルビッチ監督のトーキー初期のミュージカル。英国の女王にお婿さんを迎えることになり、白羽の矢を立てられたのがパリ在住の伯爵（モーリス・シュヴァリエ）。しかし伯爵は承知したものの女王のヒモになることがいやで嫌がらせをする。女道楽を積んだ強者と宮廷で育った女王の純真さをエロチシズムを混ぜながら描く。

ハイ淀川です　ジャネット・マクドナルドの扮する某国の女王さんは、婿には何もしてもらいたくない。自分は女王だから側にいるだけでいい。というわけでやってきたのがモーリス・シュヴァリエ。パリで女道楽の勉強をした男。入り婿になった。ラブシーンのとき女王が煙草を吸おうとしたとき、旦那が火をつけようとしたけれどつかない。困った、困った。でもほんとうはよかったの。これで今日はライターを直す用事ができたというくらいの旦那。この映画、私が見ていると簡単にわかるのね。旦那はただ、夜の務めさえすればいいことが。それがこの映画に面白く出ているの。それにジャネットの歌う絢爛たる主題曲。ルビッチの粋なタッチ。

ラグタイム
Ragtime

81／米／監＝ミロス・フォアマン／脚＝マイケル・ウェラー／撮＝ミロスラフ・オンドリチェク／出＝エリザベス・マクガヴァン、メアリー・スティーンバーゲン、ハワード・E・ロリンズ、ジェームズ・キャグニー／V＝CIC

解説　E・L・ドクトローのベストセラー小説をミロス・フォアマン監督が映画化。今世紀初頭のニューヨーク。マジソン・スクェア・ガーデンを設計したスタンリー・ホワイト、人種偏見に傷つけられテロ活動に走る黒人ピアニストのコールハウス（ハワード・E・ロリンズ）など実在の人物を登場させアメリカの人生模様を描く。

ハイ淀川です　ラグとはクラシック音楽を軽く調子をくずして乱音を加えはずませる黒人演奏者が生んだ演奏スタイル。これがジャズの始まりともなったんですね。ですが、ジャズとダンスの映画かと思ったら大間違い。言うならば一九〇〇年代初めのアメリカの懐かしいアルバムを見るような映画。ユダヤ街、黒人、富豪貴族、当時のニューヨークを厳しく、悲しく残酷に見せていきます。それをあえていまに描いたのは、実はプロデューサーがイタリア人のディノ・デ・ラウレンティスだからなんですね。監督のミロス・フォアマンはチェコ生まれ。この二人の外国人がアメリカをあからさまに描いて、アメリカのパラマウントが配給したあたりが面白い。

ラジオ・デイズ
Radio Days

87／米／監・脚＝ウッディ・アレン／撮＝カルロ・ディ・パルマ／出＝セス・グリーン、ミア・ファロー、ジュリー・カブナー、ダイアン・ウィースト、ダニー・アイエロ／V＝カルチ／D＝カルチ　D＝UPJ

解説　ウッディ・アレン監督の自伝的作品。第二次大戦が始まったころの、ラジオが家族団欒の中心だった時代。ニューヨークに住む少年ジョー一家、マンハッタンのクラブでラジオのスターを夢みるシガレット・ガールなど小市民の生活を、軽妙なタッチで描き、ラジオやステージから流れるのは往年のヒット曲ばかり四十三曲。

ハイ淀川です　この映画は言うならば十歳のジョー少年の追想。テレビのない時代。このジョー少年こそがウッディ・アレンの少年時代につながってきますね。あのフェリーニの『アマルコルド』を思わせますね。クラブの支配人がシガレット売りの娘（ミア・ファロー）を屋上で口説き失敗するあたりのギャグも傑作。ラジオ・シティ・ミュージックホールに初めて連れていかれた少年の興奮。そして、胸打つラストシーン。そこにみる悲しき人生の詩。ウッディ・アレンは、ラジオから流れる曲に家じゅうが楽しんだあの平和なラジオ・デイズを見事に描きあげました。これこそ、ヴォードヴィルの舞台を三十幕綴ったぐらいのウッディ・コメディ集です。

羅生門
RASHOH-MON

50／日／監＝黒澤明／脚＝橋本忍／撮＝宮川一夫／出＝京マチ子、三船敏郎、森雅之、志村喬、本間文子／V＝大映　B・D＝KAD

解説　芥川龍之介の『藪の中』を黒澤明監督が映画化。戦乱の平安朝時代、山科の国の山道に旅の侍が胸を刺され死んでいた。発見者の証言により、検非違使は巫女を使って殺された侍の死霊を呼び出し、容疑者の山賊と侍の妻の三者に事件の真相を語らせるが、真実は藪の中。日本初のヴェネチア国際映画祭グランプリ。

ハイ淀川です　この映画からはっきり黒澤さんは実力を見せ始めました。ファーストシーンは鬼瓦に叩きつける雨。それが溝に流れて水煙が立っている。今度は場面変わって森になった。キャメラが移動する。モノクロですから雨は真っ黒のイメージ。森はグレー。この宮川一夫のキャメラのすごいこと。やがて、お裁きになった。今度は白い白い白洲の砂。というわけで裁判劇が始まります。でも裁判官は出てこない。声だけ。三船敏郎の山賊、森雅之の武士、京マチ子の武士の妻を問い詰める手法ですね。つまり、三者三様でみんな言うことが違う。どれが真実かわからないまま終わる。これはまさに能スタイル裁判劇。目で見てよくわかる名作ですよ。

ラストエンペラー
The Last Emperor

87／伊・英・中／監・脚＝ベルナルド・ベルトルッチ／脚＝マーク・ペプロー／撮＝ヴィットリオ・ストラーロ／出＝ジョン・ローン、ジョアン・チェン、ピーター・オトゥール、坂本龍一／V＝松竹　　B＝キング　D＝東北

解説　清朝最後の皇帝、溥儀（ジョン・ローン）の波乱の生涯を描いたベルナルド・ベルトルッチ監督作品。一九〇八年、溥儀は死期の迫った西太后によって三歳で皇帝に任命される。その後、辛亥革命で退位、紫禁城を追放。そして溥儀は、日本軍に利用され満州国の傀儡皇帝となる。アカデミー作品、監督賞など九部門受賞。

ハイ淀川です　西太后に子供がなかったのに、三歳の幼児を連れてきて清朝の皇帝にしたんですね。わけのわからないまま皇帝にされて五十人もの重臣にかしずかれる風景。大きな広場で最敬礼されてもキョトンと見ている。子供は何もわからない。怖いなあ。そして、この幼児の溥儀は自分の城の紫禁城から一歩たりとも外出できない運命。弟がいるのに会わせてもらえない。この運命の子が成長してゆくにしたがい花嫁を迎える儀式。厳しい厳しい歴史の跡を追いながらこの映画全体をつつんでいるのは人間の運命。ベルトルッチ監督は、ただ単に異国情緒に溺れるだけでなく、本格的な伝記映画にしました。なんというスケールか。見事な大作です。

ラスト・タイクーン
The Last Tycoon

76／米／監＝エリア・カザン／脚＝ハロルド・ピンター／撮＝ヴィクター・J・ケンパー／出＝ロバート・デ・ニーロ、トニー・カーチス、ジャンヌ・モロー、ロバート・ミッチャム、ジャック・ニコルソン　　D＝パラマ

解説　F・スコット・フィッツジェラルドの未完の遺作をエリア・カザン監督が映画化。一九三〇年代のハリウッド。青年プロデューサーのモンロー・スター（ロバート・デ・ニーロ）は、亡妻にそっくりの娘に一目惚れするが、彼女には婚約者がいた。仕事面でも彼は撮影所長（ロバート・ミッチャム）からその座を追われる。

ハイ淀川です　ハリウッドのスタジオの内幕の人間像が描かれていて面白いのね。このモンロー・スターという男は大会社に属しているプロデューサーのヘッド。計算高い男。だから人気スターの機嫌もとる。主役（ジャンヌ・モロー）があの監督は気に入らないとダダをこねると製作中の監督（ダナ・アンドリユース）を降ろしてしまう。さらに女は必ず参ってしまうことを知り尽くしているプロデューサーの嫌らしさが出ているあたり。映画作家組合の共産党（ジャック・ニコルソン）などは、もっとも憎むべき存在で、あいつらはみんなホモだとののしる。ここらはちょっと甘いプロデューサーに出来上がっているけれどこれも面白い。

ラストタンゴ・イン・パリ
Last Tango In Paris

72／伊・仏／監・脚＝ベルナルド・ベルトルッチ／脚＝フランコ・アルカリ／撮＝ヴィットリオ・ストラーロ／出＝マーロン・ブランド、マリア・シュナイダー、ジャン・ピエール・レオ／V＝WHV　　B＝ディズニー　D＝FOX

解説　ローマでは公開四日で上演禁止になり、パリ、ロンドン、ニューヨークでも論議を呼んだベルナルド・ベルトルッチ監督の愛と性のコラージュ。冬の朝、パリのアパートで出会った中年男（マーロン・ブランド）と若い娘（マリア・シュナイダー）が、いきなりセックスをし、相手が誰なのか知らぬまま密会を重ねていく。

ハイ淀川です　この二人が逢いびきして逢えばセックス。娘は疲れきって床にころげること二転三転。日本ではカットされてしまいましたが、私がニューヨークの映画館で見たときは、娘は立ち上がって前部をさらけ出しました。ローソクの灯りに飛び込んだ蛾の焼けただれた翼のような感じ。この映画の痛ましいほどのセックスには、きれいごとを全てはぎとった愛のオリジナルが感じられる。男がバターを手に娘の部分に塗りつけてのセックス。これもヘドが出るはずなのに、この営みの愚かさが哀れを誘い、人間の奥に隠れたあられもない愛の真実。痛ましささえ感じるんです。マーロンよりマリア・シュナイダーが強烈な印象を与えています。

ラッキー・カフェ
Queen Of Hearts

88／米／監＝ジョン・アミエル／脚＝トーニー・グリゾーニ／撮＝マイク・サーゾン／出＝ジョゼフ・ロング、アニタ・サガリア、イアン・ホークス／Ｖ＝ポニー

解説　イタリアからイギリスに渡ったダニーロ（ジョゼフ・ロング）一家は、ロンドンのイタリア街で〝ラッキー・カフェ〟を経営。息子エディ（イアン・ホークス）も手伝って順調だったが、大のギャンブル好きで、負けがこみ、ついに妻ローザ（アニタ・サガリア）まで賭けてしまう。ジョン・アミエル監督のコメディ。

ハイ淀川です　イギリス映画ですけれど中身はイタリア。ロンドンにイタリア街があるんですね。いちばん面白いのは、主人公のお父さん。いいお父さん、いい亭主なのにじっとしていられなくって、賭けをするのね。勝って帰るときもあるんだけど、あるとき負けてとうとう自分の女房を賭けちゃった。それでこの男は屋根の上から飛び降りるの。若いころ、結婚式のときも教会の上から飛び降りて助かったんだけど、今度はどうなるのか。というわけで、お父さん、母さん、息子がいかにも「寅さん」の家と同じような感じ。このあたりがいいんですね。ロンドンの下町のムードを堪能して下さい。私のごひいきの名作です。

ラ・ファミリア
La Famiglia

87／伊・仏／監・脚＝エットーレ・スコラ／脚＝ルッジェーロ・マッカリ、他／撮＝リカルド・アロノヴィッチ／出＝ヴィットリオ・ガスマン、ファニー・アルダン、ステファニア・サンドレッリ

解説　八十歳を迎えようとしているカルロ（ヴィットリオ・ガスマン）は、いまは独りだが、かつて若いころ二人の女を愛し、その一人を妻にした。このカルロを中心に一九〇六年から八七年までの激動のイタリアを背景に、三世代にわたるローマの大家族の人間模様を温かく描いたエットーレ・スコラ監督の大河ドラマ。

ハイ淀川です　これはイタリアの大家族の話ですね。それも明治三十八年から八十年間の話。みんなが集まって記念写真を撮るあたり。その感じがよく出ています。その時代色も見事ですが、この監督が第一級の俳優を使ってどう見せるのか。このあたりが見どころです。この映画のポイントはこの家の長い長い廊下ですね。キャメラはこの一軒からほとんど離れない感じ。この廊下が長い八十年間の歴史をどう見てきたか。この家の一本の廊下を使って、人生を見事にとらえました。イタリアは『鉄道員』をはじめ昔から家族を描くのがうまい。この映画もイタリアの家族のノスタルジーを見事に摑みました。ワイラーみたいな名作です。

ラルジャン
L'Argent

83／仏・スイス／監・脚＝ロベール・ブレッソン／撮＝エマニュエル・マシュエル、パスカリーノ・デ・サンティス／出＝クリスチャン・パティ、カロリーヌ・ラング、ヴァンサン・リステルッチ　B・D＝IVC

解説　『スリ』のロベール・ブレッソンの八十歳を越してからの監督作品。原作はトルストイの小説『にせ札』だが、映画の舞台は現代のパリ。偶然に握らされた五百フランのにせ札をきっかけに、妻子あるガソリン配達員イヴォン（クリスチャン・パティ）が、すべてを失い、転落していくまでの顚末を描く。

ハイ淀川です　イヴォンはにせ札で昼めしを食おうとして警察につき出される。彼には家に妻と娘がいる。イヴォンの裁判となる。かくてこのにせ札がいかなる悲劇を生んでいくことか。この映画、一言で申せば一枚のにせ札が生む人間の『罪と罰』です。悪と知りつつそれを犯してしまう人間の怖さ。人間の弱さ。イヴォンを陥れたとりまきの人間たちの罪の深さ。ブレッソン監督の目はそれらの人間に鞭を打ち、それらの人間をかばう。しかし、映画はそれを叫びません。この映画はそれを水の流れる水面を見つめる静けさで描きました。この映画タッチ。さすがにブレッソンの名人芸。

ランボー3　怒りのアフガン
Rambo' III

88／米／監＝ピーター・マクドナルド／脚＝シルベスター・スタローン／撮＝ジョン・スタニアー／出＝シルベスター・スタローン、リチャード・クレンナ、マーク・ド・ジョング／V＝LDC／D＝LDC　B・D＝KAD

解説　ピーター・マクドナルドが監督した『ランボー』シリーズの第三弾。上官（リチャード・クレンナ）がソ連軍に拉致されたことを知ったランボー（シルベスター・スタローン）は、救出のためただ一人でアフガニスタンに侵入し、壮絶な闘いを挑む。最新戦闘ヘリ、スティンガーミサイルが登場するパワーアクション。

ハイ淀川です　『ランボー1』、『ランボー2』と、あきれさげすみながら、やっぱり、またしても『ランボー3』でやられてしまいましたね。この映画、お話よりもシルベスター・スタローンの魅力ですね。映画が始まって以来、これだけ肉体で勝負して、これだけ画面からエネルギーをぶちまいたスターはいませんでした。もう、生身の人間の演じる劇画どころではない〝肉の動き〟。あのアゴの長さ。あのしわがれ声。どうみても好きになれない男のツラガマエですが、それがこれだけのスターの貫禄を示す実力。人間は個性を磨き貫くとき、かかる神がかりの実力を示すんですね。さあ、これを見て全身にエネルギーを吸い込んでほしい。そんな映画ですね。

リオ・ブラボー
Rio Bravo

59／米／製・監＝ハワード・ホークス／脚＝ジュールス・ファースマン、他／撮＝ラッセル・ハーラン／出＝ジョン・ウエイン、ディーン・マーチン、アンジー・ディキンソン、リッキー・ネルソン、ウォルター・ブレナン／V＝WHV　D＝WHV

解説　ホークスの痛快西部劇。メキシコ国境の町リオ・ブラボー。保安官チャンス（ジョン・ウエイン）は、飲んだくれの助手デュード（ディーン・マーチン）、脚の不自由な老人（ウォルター・ブレナン）、女賭博師（アンジー・ディキンソン）、幌馬車隊の護衛コロラド（リッキー・ネルソン）らの助けを借りて、ガンファイトで悪党一味と対決する。

ハイ淀川です　ファーストシーンはメキシコ国境の柄の悪い酒場。しおれたディーン・マーチンが入ってくる。一目でアルコール中毒だとわかる。手を出してお金をせびるのね。すると、メキシコのボスみたいなイヤな男が、ポケットから小銭を出して、わざと痰壺の中に入れた。マーチンは飲みたいからその中に手を入れた。そのとき、バーンと痰壺を蹴った男がいる。キャメラを引くとそれが保安官のジョン・ウェイン。うまいなあ。ウェインは金を投げた男を殴り倒してマーチンを連れて帰る。ここでマーチンが保安官の助手になること、女と逃げて金がなくなったことがわかる。ドラマの進行を暗示させる見事なファーストシーンですね。

リスボン物語
Lisbon Story

95／独・ポルトガル／監・脚＝ヴィム・ヴェンダース／撮＝リザ・リンスラー／出＝リューディガー・フォーグラー、パトリック・ボーショー、テレーザ・サルゲイロ　D＝ジェネ

解説　映画監督の家に残されていたのは旧式の手回しカメラとリスボンの実写フィルムだけだった。リスボンで失踪した映画監督モンロー（パトリック・ボーショー）の行方を、親友の映画録音技師ウィンター（リューディガー・フォーグラー）が追う姿を描いたロードムービー。ヴィム・ヴェンダース監督が本来の姿に戻った作品。

ハイ淀川です　ヴェンダースの『夢の涯てまでも』を見たとき、私は怒りで身体が震えて、ホテルに戻っても何も食べられなかった。この監督と絶縁しました。その大嫌いな男の新作というので用心して見ました。この映画でヴェンダースは、活動写真のころの映画のオリジナルを見つめようとしていました。キャメラを持って、足で足で撮影する。音も歩き回って録音するあたり。原点に戻って世間に対して謝罪しているような映画でした。あらん限りの理屈をこねまわして作り方に溺れているような姿がなかった。ホッとしました。フェリーニへの賛辞もあってまさに映画生誕百年を見つめました。

リトル・ロマンス
A Little Romance

D＝WBH

79／米／監＝ジョージ・ロイ・ヒル／脚＝アラン・バーンズ／撮＝ピエール・ウィリアム・グレン／出＝ダイアン・レイン、テロニアス・ベルナール、ローレンス・オリヴィエ／V＝WHV

解説　パリっ子の少年ダニエル（テロニアス・ベルナール）とアメリカ人少女ローレン（ダイアン・レイン）は、老人（ローレンス・オリヴィエ）からヴェニスのため息橋の下で日没の瞬間にキッスをすると結ばれるという恋人伝説を聞かされ、それを実現しようと旅に出る。ジョージ・ロイ・ヒル監督が少年少女の淡い恋を描いた傑作。

ハイ淀川です　映画はいろいろの言葉を楽しませてくれるんですね。この映画の中でも少年と少女の会話で面白い場面があるんです。「あなた数学が得意なの？」と聞くと「かなりね。特に確率みたいなものに強いんだ。今年は競馬で八十五万フランもかせいだよ。もちろん、紙の上でだけどね」。このジョーク。キャサリン・ヘップバーン主演の『雨を降らす男』では婚期の後れたハイミスが隣り村のパーティに出掛けて帰ってくる。兄弟が「いい相手見つかった」「え？　私のあとをずっとつけてベッドの中に入り込んだわ」「そいつはよかった。どんな男だ」「ジョンよ。あのうちの犬よ」と言うのがありましたけれど、粋な台詞も人生勉強になりますよ。

リバー・ランズ・スルー・イット
A River Runs Through It

B＝キング　D＝パラマ

92／米／製・監＝ロバート・レッドフォード／脚＝リチャード・フリーデンバーグ／撮＝フィリップ・ルスロ／出＝ブラッド・ピット、クレイグ・シェーファー、トム・スケリット／V＝LDC／D＝LDC

解説　ロバート・レッドフォードの監督三作目。一九二〇年代のモンタナ。厳格な牧師の父（トム・スケリット）に育てられフライフィッシングを教わった兄ノーマン（クレイグ・シェーファー）は繊細で真面目。弟ポール（ブラッド・ピット）は陽気で激情的。だが、二人はやがて別々の道を歩む。親子の絆を詩情豊かに描いた好編。

ハイ淀川です　三人の男は釣りが大好き。美しい川でフライフィッシングをしながら、三人の心は一つに結ばれていきます。このモンタナの山河の自然。釣り糸を投げて、水面すれすれに釣り糸を泳がせて虹鱒を追う。跳ね上がる。黄昏がしのびよる渓谷の中で釣り糸をたらす父の哀歓。フランスのフィリップ・ルスロのキャメラの美しさ。これでアカデミー賞オスカーをとりました。この弟を演じたブラッド・ピットは若き日のロバート・レッドフォードにそっくりでした。というわけでこの映画は、父親と性格の違った二人の息子の家族の絆への哀惜をこめて綴られています。レッドフォードがいかにやさしくあたたかい心の持ち主かがわかる名作です。

リベンジ
Revenge

D＝FOX

90／米／監＝トニー・スコット／原・脚＝ジム・ハリソン、他／撮＝ジェフリー・キンボール／出＝ケビン・コスナー、アンソニー・クイン、マデリーン・ストウ／V＝東和

解説　海軍を退役したパイロットのコクラン（ケビン・コスナー）は、メキシコの旧友（アンソニー・クイン）の屋敷に滞在し、快適な日々を過ごしていたが、旧友の美貌の妻ミリエラ（マデリーン・ストウ）と激しい恋におちてしまう。南米カリブ海を舞台にトニー・スコット監督が禁断の恋を衝撃的に描いた作品。

ハイ淀川です　ジム・ハリソンがシナリオを書いたというので興味がありました。『リベンジ』とは復讐。というよりもこの中身は怖い嫉妬ですね。お話は三角関係ですね。ケビン・コスナーがこの奥さんとのラブの中でどう苦しむのか。そしてこの男と女がどんな目にあうのか。ケビン・コスナーがえらい役をやったところが面白いのね。この人は第二のゲーリー・クーパーになるかもしれませんね。もし、ジョン・ヒューストンが監督したら、もっとハードボイルドになっていたかもしれない。でも、トニー・スコット監督は『トップガン』を撮った人だけに立派につくりあげました。高級メロドラマの娯楽映画。コスナー・ファンは必見でしょうね。

掠奪された七人の花嫁

Seven Brides For Seven Brothers

D＝WBH

54／米／監＝スタンリー・ドーネン／脚＝フランセス・グッドリッチ、他／撮＝ジョージ・フォルシー／出＝ハワード・キール、ジェーン・パウエル、ラス・タンブリン、ジュリー・ニューマー／V＝WHV

解説　一八五〇年代。オレゴンの山奥に住むポンティピー家七人兄弟の長男アダム（ハワード・キール）が、町から花嫁ミリー（ジェーン・パウエル）を迎えたことから、弟六人も刺激され兄にならえとばかりに町へ出かけ、娘たちを掠奪してくる……。スタンリー・ドーネン監督のMGMミュージカルの傑作。

ハイ淀川です　ウェスタンのオレゴンの山男たちのミュージカル。華奢なブロードウェイのダンサーたちのミュージカルじゃぁないんですね。こんな男たちでもアメリカではミュージカルになるということでびっくりしたんです。七人兄弟が七人の嫁さんをもらっちゃうという面白い話ですが、すごいのはマイケル・キッドの振付けがなんとも見事です。この人はジェローム・ロビンスやボブ・フォッシーと並ぶブロードウェイの振付けの名手です。七人の男たちのアクロバティックなダンスの見事なこと。スタンリー・ドーネンは『雨に唄えば』でジーン・ケリーと共同監督でしたが、今度は自分だけで監督してMGMミュージカルの大作をつくりました。

理由なき反抗

Rebel Without A Cause

B・D＝WHV

55／米／原・監＝ニコラス・レイ／脚＝アーヴィング・シャルマン、他／撮＝アーネスト・ホラー／出＝ジェームズ・ディーン、ナタリー・ウッド、サル・ミネオ、デニス・ホッパー／V＝WHV

解説　『エデンの東』で人気が出たジェームズ・ディーンの第二作目。十七歳のジム（ディーン）は父親との交流がなく非行を繰り返す。新しい学校に行っても不良グループと対立。壁に向かって度胸をためすゲームに夢中。ジュディ（ナタリー・ウッド）と愛も芽生えるが非行グループに追われてしまう。ニコラス・レイ監督作品。

ハイ淀川です　ジムはお父さんのすることなすことが気に入らない。お母さんに叱られてエプロンをつけて料理をつくっているのを見て、なんて意気地なし、なんてつまらない親父だ、男らしくないと思ってイライラするんですね。両親はなぜ子供がイライラして反抗するんだかわからないのね。これはジムの苦しみだけを描いた映画ですけれど、この役がいかにもジェームズ・ディーンにぴったりでしたね。この映画はフランスでは『エデンの東』『ジャイアンツ』よりも当たったんです。それはここに描かれている父と子供の断絶、その青春の悩み、イライラ、そんな青春像のつくり方にフランスの若手たちが拍手したからなんですね。

旅情

Summertime

B・D＝パラマ

55／英／監・脚＝デヴィッド・リーン／脚＝H・E・ベイツ／撮＝ジャック・ヒルドヤード／出＝キャサリン・ヘプバーン、ロッサノ・ブラッツィ／V＝東北

解説　水の都ヴェニスを舞台に、つかの間の恋に身を焼くアメリカ中年女の哀しさをうたったデヴィッド・リーン監督のラブストーリー。長い秘書生活で婚期を逃したジェーン（キャサリン・ヘプバーン）は憧れのヴェニスにやってくる。そんな彼女に妻と別居中のレナート（ロッサノ・ブラッツィ）が急接近。主題歌「サマータイム・ベニス」が大ヒット。

ハイ淀川です　この女はイタリアの中年男からガーディニアの花を買ってもらう。こんなことは一度もなかったので、喜んで喜んでデートしたら橋の欄干から花を落しちゃった。男は川に飛び込んだらいいのにそうしなかった。この花の悲しい使い方が巧い。これがこの映画の愛の決別の暗示。このシーンがわかるとラストの花がもっとわかる。女は男と別れて汽車に乗る。すると男が白い小箱を持って走ってきたけど落しちゃった。小箱の中にガーディニアが一輪。あなたの愛がわかりましたという見事な幕切れ。デヴィッド・リーンは中年の恋の哀しさを花を使って見事に見せました。あの男がプレイボーイだったら汽車に飛び乗っていたかもしれませんね。

ルシアンの青春
Lacombe Lucien

B・D＝IVC

73／仏・伊・西独／製・監・脚＝ルイ・マル／脚＝パトリック・モディアノ／撮＝トニーノ・デリ・コリ／出＝ピエール・ブレーズ、オーロール・クレマン、テレーズ・ギース、オルガー・ローウェンアドラー／V＝カルチ

解説　ルイ・マルが監督した名もなき青年の戦争悲劇。第二次大戦下のフランス西部の片田舎。十七歳のルシアン（ピエール・ブレーズ）は病院の掃除夫だが、ふとしたことからゲシュタポの手先となる。そして彼はユダヤ人娘フランス（オーロール・クレマン）を恋したことから、スペインへ脱走。そこで青春の歓びを知るが…。

ハイ淀川です　この農村少年のその肉体、その両手、その腰つき、目、そのすべてをルイ・マルは、あたかもネロがこれから獅子の餌食にする奴隷を見つめるごときキャメラの目でとらえている。これに対して少女のほうは、何もかも計算づくしの都会育ちの冷たさ。最後、この少年が命がけの恋を貫き、行く手に死が待っているところで終わりますけれど、このあたりルイ・マルの恋の映画の厳しさが胸をうちます。これを戦争の犠牲とみるのもいいでしょうが、戦時下は、この恋の映画の一つの背景手段とみるほうが正しい。ルイ・マルはただただ恋を描きたかった。しかも、本人が哀れと気づかないで命を賭けた初恋。その美しさと哀れさが胸を刺します。

ルートヴィヒ　神々の黄昏
Ludwig

B・D＝KAD

72／伊・西独・仏／監・脚＝ルキノ・ヴィスコンティ／脚＝スーゾ・チェッキ・ダミーコ、他／撮＝アルマンド・ナンヌッツィ／出＝ヘルムート・バーガー、トレヴァー・ハワード、ロミー・シュナイダー／V＝東芝

解説　『地獄に堕ちた勇者ども』『ベニスに死す』に続くヴィスコンティ監督のドイツ三部作。十九世紀半ば、十九歳でバイエルン国王に即位したルートヴィヒ二世は、作曲家ワグナーに心酔し、裏切られる。従妹エリザベートへのかなわぬ愛、さらにオーストリアとの戦争にも敗れ、精神が蝕んでいき、四十歳で謎の死を遂げる。

ハイ淀川です　ルートヴィヒ（ヘルムート・バーガー）は、作曲家ワグナー（トレヴァー・ハワード）に傾倒していって、望むがままに邸宅や劇場や財宝を与えました。しかし、ワグナーは巨財を手に入れると去って行きました。それからのルートヴィヒの狂態。夜になると村を一人でさまよい、従者が池で泳いでいる裸体に見とれ、部屋に連れ込み疲れて眠っている従者に唇を近づける。馬丁が集まる小屋に夜ごと出掛け、気に入った一人を連れて帰ったりする。この作品にもヴィスコンティのホモセクシャルへの追求、讃美、というより耽美がありますね。これこそヴィスコンティの偉大なる遺産。と同時に彼の告白映画。かけがえのない宝石です。

ル・バル
Le Bal

83／仏・伊／監・脚＝エットーレ・スコラ／撮＝リカルド・アロウノヴィッチ／出＝ジュヌヴィエーヴ・レイ・ペンシュナ、レジ・ブーケ、エチエンヌ・ギシャール／V＝WHV

解説　パリの下町のダンスホール「ル・バル」。盛装した男女が次々に集まってくる。音楽が始まり、踊るにつれて時代は過去へ。戦前から現代までの時代の流れと、そこに生きる人間の歓びや悲しみを、このダンスホールだけで、しかも台詞をいっさい使わず、音楽と踊りで表現したエットーレ・スコラ監督作品。

ハイ淀川です　パリの場末のダンスホール。ここに集まる人たちのスケッチですね。あたかも舞台のパントマイム一座の至芸を見ているような群衆劇。ダンサーたちが客を待ってひとときのしぐさ。その描写のうまいこと。大鏡の前で髪の乱れをなおす女もいれば、靴のかかとを見る女、ハンドバッグからチリ紙を出して、唇を開いて歯をふく女もいる。そのスタイル、その衣装、そのダンスのステップの見事なこと。この監督、エットーレ・スコラは『特別な一日』も、『パッション・ダモーレ』も怖かった。そのスコラが今度は目で見せましたね。台詞はまったくありません。サイレントのモダン感覚をもった映像美ですね。

ル・ミリオン
Le Million

D＝紀伊國屋

31／仏／監・脚＝ルネ・クレール／撮＝ジョルジュ・ペリナール、他／出＝ルネ・ルフェーヴル、アナベラ、ポール・オリヴィエ

解説　『巴里の屋根の下』につぐルネ・クレール監督のトーキー第二作でミュージカル形式の作品。芸術家の町カルチエ・ラタン。同じアパートに住む貧乏な芸術家ルネ・ルフェーヴルとルイ・アリベールは、割り勘で買った宝くじが百万フラン当たるが、その当たりくじの入ったルフェーヴルの上着を恋人のアナベラがスリの親分に貸していた。

ハイ淀川です　ルネ・クレールが自分でシナリオを書いたハイカラなミュージカルなのね。百万フランの当たりくじを捜すたわいのない話だけれど、いかにもフランス・タッチで面白い映画です。どんなところが面白いのかと言ったら、アナベラがやっているバレリーナには若い恋人がいるの。舞台のカーテンの前で肥ったおばさん歌手が、恋は楽しいとか美しいとか恋の歌を熱唱しているのね。ところがこの幕の裏のほうではアナベラが若い男と接吻しているの。こちらはホントの恋。あちらでは歌っている。そのあたりの二つの場面を一つのカーテンで分けてやっているのが、いかにもクレールらしい演出。コメディが柔らかくってきれいなミュージカル映画ですよ。

令嬢ターニャ
Intergirl

89／ソ連・スウェーデン／監・音＝ピョートル・トドロフスキー／原・脚＝ウラジミール・クーニン／撮＝ヴァレリー・シュバーロフ／出＝エレーナ・ヤーコヴレヴァ、トーマス・ラウスチオラ／V＝ポニー

解説　ウラジミール・クーニンのベストセラー小説をピョートル・トドロフスキー監督が映画化。レニングラードの娘ターニャ（エレーナ・ヤーコヴレヴァ）は昼は看護婦だが、夜は外国人相手の娼婦。祖国からの脱出を狙う彼女はスウェーデンの客エドワルド（トーマス・ラウスチオラ）に求愛され、ストックホルムに向かうが…。

ハイ淀川です　お母さんは娘のターニャが、スウェーデンに行ってしまったあとに、娘が売春婦だったということがわかって、嘆き悲しんで、自殺してしまう。この映画は女の運命の悲劇を見せます。ソビエトはトルストイの国。それだけに人間の運命をじっくり見せ、『哀愁』のようにあんな甘くはない。もっと怖い。それを現代の感覚で描いているあたりが面白い。と同時にこの映画の見どころはターニャ役のエレーナ・ヤーコヴレヴァ。ソビエト映画といったら、野暮な女優ばかりと思ったら大間違い。粋できれいでフランス人タイプの女。ターニャの運命をじっくりと演じるあたりに、ソビエト映画の新しい空気、感覚がありますね。

レイジング・ブル
Raging Bull

B＝ディズニー　D＝WHV

80／米／監＝マーティン・スコセッシ／脚＝ポール・シュレイダー、マーディク・マーチン／撮＝マイケル・チャップマン／出＝ロバート・デ・ニーロ、キャシー・モリアーティ、ジョー・ペシ／V＝WHV／D＝WHV

解説　マーティン・スコセッシ監督とロバート・デ・ニーロのコンビ四作目。ブロンクスのスラム街からはいあがり、四九年から五一年の世界ミドル級チャンピオンに君臨したジェイク・ラモッタの自伝『怒れる牡牛』の映画化で、彼（デ・ニーロ）の栄光と破滅の人生を描いたボクシング映画。モノクロのファイトシーンは圧巻。

ハイ淀川です　デ・ニーロが原作を読み乗り気になって、スコセッシ監督に持ち込んだんですね。ビッキー（キャシー・モリアーティ）をジェイクが見初めるブロンクスの昼下がり、町のプールのシーン。金網越しにビッキーを「いい女だなあ」と見つめる。あんちゃんをやっと通り越した年ごろの拳闘家のブロンクス男と娘の出会いが実にいい。デ・ニーロが演じたかったのは、若くぴちぴちした十九歳と四十二歳のジェイク。この年齢の変化にデ・ニーロは演技の野心とエクスタシーを求めたのでしょう。この監督がいかに拳闘シーンを撮ったとしても、ほんとうの力量はニューヨークの汚い貧しい町の人間模様のほうに演出の巧みさがある。そこが見どころですよ。

レイダース／失われた聖櫃《アーク》
Raiders Of The Lost Ark

B・D＝パラマ

81／米／監＝スティーブン・スピルバーグ／脚＝ローレンス・ガスダン／撮＝ダグラス・スローカム／出＝ハリソン・フォード、カレン・アレン、ウォルフ・カーラー／V＝CIC

解説　製作総指揮ジョージ・ルーカスとスティーブン・スピルバーグ監督が組んだ大冒険活劇シリーズの第一作。若き考古学者で冒険家インディアナ・ジョーンズ（ハリソン・フォード）とナチスが、不思議なパワーをもつといわれる黄金のアーク（聖櫃）の争奪戦を展開する。インディに迫る危機は、かつての連続活劇を思わせる。

ハイ淀川です　製作総指揮が当時三十七歳のジョージ・ルーカス。監督が三十三歳のスティーブン・スピルバーグ。この二人がともに手に手をとって連続大活劇のデタラメ映画を巨費をかけてつくるところがすさまじい。お話は古代エジプトのモーゼの十戒の文句をしるした木片をおさめた黄金の箱を狙う大活劇。しかもその木片を手にするや世界征服も思うがまま。ヒトラーもこれを狙うあたりのアホウくささ。数千匹の毒蛇。人間の背中いっぱいにはいまわる数百の毒グモ。巨岩がうなりながら人を追う。私はこれをニューヨークで見ましたが、場内は歓声また歓声。とにかく見ているほうもご苦労さんと申しあげたい怖がらせ方の連続でありました。

レインマン
Rain Man

B＝FOX　D＝ディズニー

88／米／監＝バリー・レヴィンソン／原・脚＝バリー・モロー、他／撮＝ジョン・シール／出＝ダスティン・ホフマン、トム・クルーズ、ヴァレリア・ゴリノ、ジェリー・モレン、ジャック・マードック／V＝WHV／D＝WHV、FOX

解説　二十六歳の中古車ディラーのチャーリー（トム・クルーズ）は、父の死後、自閉症で四十年以上も病院に入りっぱなしの兄レイモンド（ダスティン・ホフマン）の存在と、その兄が三百万ドルの遺産のすべてを相続することを知って愕然とする。アカデミー作品、監督、主演男優賞（ホフマン）受賞。

ハイ淀川です　『レインマン』とは何か。それはお父さんが子供のころに、トム・クルーズに教えた歌の名前ですね。でも一歳、二歳のころだからよくわからない。ところが実はこの兄が教えたということがわかってくる。そして二人の幼少時代が蘇る。しかし、この映画の見どころはダスティン・ホフマンですね。この自閉症の何を考えているのかわからない男。それをオーバーアクトで鼻もちならない演技ではなく、なんとも知れん哀れさを肩で芝居している。首すじの芝居で自然に見せる。このあたりにダスティン・ホフマンがほんとうの名優になってきたことがわかります。この兄弟愛をこんな形でみせたのか。見事な名作です。

レオン
Leon

B・D＝パラマ

94／米／監・脚＝リュック・ベッソン／撮＝ティエリー・アルボガスト／出＝ジャン・レノ、ナタリー・ポートマン、ゲイリー・オールドマン／V＝CIC

解説　悪徳麻薬捜査官に家族を惨殺された十二歳の少女マチルダ(ナタリー・ポートマン)は、隣に住む殺し屋レオン（ジャン・レノ）に助けを求める。レオンは復讐を考えているマチルダのために殺しのテクニックを教え、二人の奇妙な共同生活が始まる。アメリカに進出したフランスのリュック・ベッソン監督が二人の交流をクールに描く。

ハイ淀川です　殺し屋のレオンになったジャン・レノが最高ですね。二枚目じゃありませんけれど渋くって色気があります。歳をとったらショーン・コネリーみたいになるかもしれませんよ。それに十三歳のナタリー・ポートマンが可愛くって、しかも色気が匂います。このコンビで見せました。殺人の名人と少女の間にかすかな恋情が感じられるあたり。チャップリンの『キッド』、ウォーレス・ヴィアリーの『チャンプ』を思い出させました。それにお話の運び方が『パルプ・フィクション』のように巧い。そして、最後の最後、少女は何をするのか。リュック・ベッソン監督はフランス人。だから、そのギャングのスタイルの粋さ。そのタッチを見て下さい。

ルネ・クレール『自由を我等に』(31)

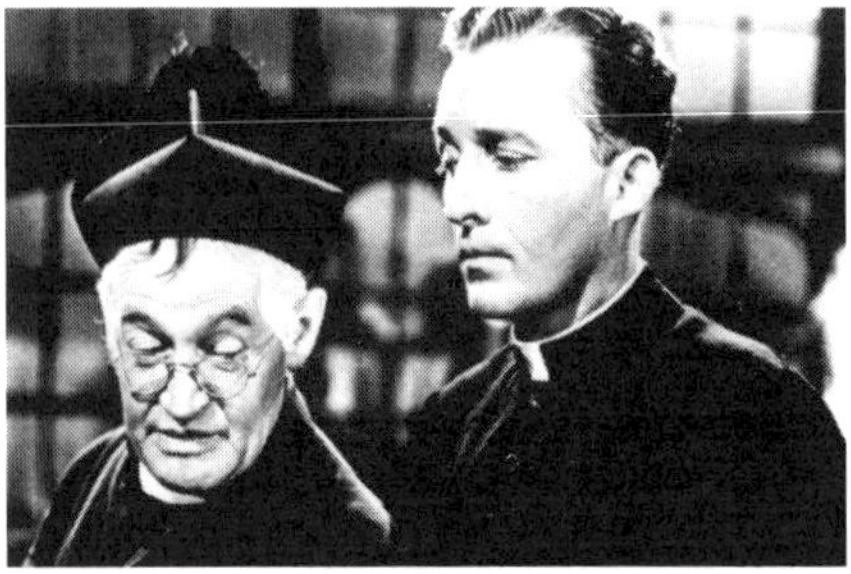

レオ・マッケリー『我が道を往く』(44)

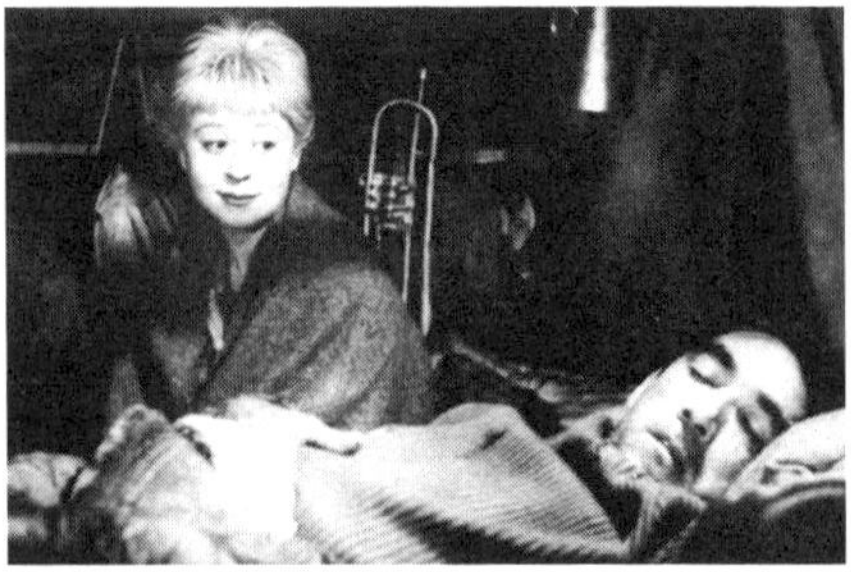

フェデリコ・フェリーニ『道』(54)

アンリ・コルピ『かくも長き不在』(60)

パオロ&ヴィットリオ・タヴィアーニ『カオス・シチリア物語』(84)

ウェイン・ワン『スモーク』(95)

ピーター・グリーナウェイ『コックと泥棒、その妻と愛人』(89)

アッバス・キアロスタミ『オリーブの林をぬけて』(94)

歴史は女で作られる
Lola Montès

B・D＝紀伊國屋

56／仏／監・脚＝マックス・オフュルス／撮＝クリスチャン・マトラ／出＝マルティーヌ・キャロル、ピーター・ユスティノフ、アントン・ウォルブルック、オスカー・ウェルナー、ウィル・キャドフリーグ／D＝IVC

解説　十九世紀末にヨーロッパの金持ちや権力者との間に数々の浮き名を流した実在のロラ・モンテス（マルティーヌ・キャロル）の生涯を描いた作品。清純な少女時代から、作曲家フランツ・リストやバヴァリア王との情事、さらに転落の果てに絶望の身をサーカスに投じるまでを見せる。監督は名匠マックス・オフュルス。

ハイ淀川です　黄金の衣服に宝石の王冠をつけたロラはサーカスの見せ物になっている。サーカス場の強烈な色彩と美術は麻薬的陶酔といいたい美しさ。ピーター・ユスティノフが調教師。この狂言廻しはこの映画の重要な匂いの料理人ですね。もう地獄の炎の中にいるようなロラのアップから回想に入っていくと、今度は高原の澄みきった山道を行く馬車の彼女に変わるコントラスト。回想の青春とサーカス場内の現実がまるで逆で、回想が現実で、サーカス場内が悪夢というこの皮肉な残酷。マルティーヌ・キャロルが肉体美と美貌で若き日のロラの華やかさを見せるあたり。そして、労働者や黒人たちにロラの肉体をさわらせようとするすごいラスト。

歴史は夜作られる
History Is Made At Night

D＝ジュネス

37／米／監＝フランク・ボーゼージ／脚＝ジーン・タウン／撮＝グレッグ・トーランド／出＝シャルル・ボワイエ、ジーン・アーサー、コリン・クライヴ／V＝東北

解説　フランク・ボーゼージが監督し、二枚目スターのシャルル・ボワイエとジーン・アーサーが共演したラブロマンス。アメリカ海運界の巨頭ブルース（コリン・クライヴ）は妻アイリーン（アーサー）を愛していたが、嫉妬深い夫にたえかねたアイリーンはパリへ逃れ、ホテルの給仕長ポール（ボワイエ）と親しくなる。

ハイ淀川です　嫉妬深い夫から逃れた若い妻（ジーン・アーサー）が、ホテルの給仕長（シャルル・ボワイエ）と恋におちました。夫は殺人事件をでっち上げ、その犯人を給仕長におっかぶせるぞと、妻を脅迫しましたね。二人は逃げる。その旅客船は夫の持ち船なのね。その船を全速力で走らせて妻を捕まえようとしますね。その船の中でボワイエとジーン・アーサーが抱き合って踊るタンゴ。女は恋に酔う。靴の片方が脱げる。その靴を手にとって裸足のまま男の胸にもたれて踊る。ボワイエの濡れた恋の瞳。その踊るタンゴのきれいなこと。日本でこの作品は昭和十二年に封切られ、女性ファンがしびれました。恋のボワイエを決定的にした映画ですね。

レジェンド・オブ・フォール 果てしなき想い
Legends Of The Fall

＊

94／米／製・監＝エドワード・ズウィック／脚＝ビル・ウィトリフ、他／撮＝ジョン・トール／出＝ブラッド・ピット、アンソニー・ホプキンス、ジュリア・オーモンド、アイダン・クイン／V＝SPE／D＝SPE

解説　二〇世紀初頭。元軍人の牧場主ウィリアム（アンソニー・ホプキンス）は三人の息子を厳しく育てるが、第一次大戦が勃発し三人とも出征。三男は戦死。次男トリスタン（ブラッド・ピット）は帰国するが…。エドワード・ズウィック監督が壮大なアメリカ史の流れの中で三男の愛と苦悩を中心に一家の波乱を描く。

ハイ淀川です　ブラッド・ピットは、ジェームズ・ディーンとロバート・レッドフォードとトム・ハンクスとリバー・フェニックスの面影を持ち合わせているんですね。だから、プロデューサーはこの黄金のニワトリを第一位に仕立てあげようと、この映画であの手この手で磨きあげました。というわけで、モンタナに若きころのアメリカの香りがあるところがいいんです。アンソニー・ホプキンスのお父さんとブラッド・ピットの次男を中心に古きアメリカと新しい時代を迎えるアメリカの姿のきしみを見せつけているあたりが面白い。『エデンの東』のレイモンド・マッセイのお父さんとジェームズ・ディーンの次男とがよく似ているんですね。

抵抗《レジスタンス》

Un Condamné À Mort S'est Échappé

57／仏／監・脚＝ロベール・ブレッソン／撮＝レオンス・アンリ・ビュレル／出＝フランソワ・ルテリエ、シャルル・ル・クランシュ　D＝復刻

解説　実際の脱獄手記をロベール・ブレッソン監督が映画化。一九四三年、リヨンで抵抗運動をしていたフォンテーヌ中尉（フランソワ・ルテリエ）は独軍に捕らえられ、脱走不可能として有名なモントリュック監獄に入れられる。しかし、彼は日夜脱獄のための準備をし、同じ房の脱走兵の少年と脱獄を実行に移す。

ハイ淀川です　この映画は主人公以外にほとんど目を向けていません。小説で言えば第一人称で語る文体でありながら、観客と同化させてしまいますね。観客があたかも脱獄の立場で行動しているような実感を与えます。ブレッソンはクローズアップを使って、鍵、ドアのきしみ、電車、汽車の汽笛、車輪などでスリルを巧く高めます。一緒に逃げる少年の無言の表情も演出されたものではなくって自然のままの顔。しかもその十六歳の少年には背負いきれない恐怖と、大胆さがこんがらがっている面白さ。単なるドキュメンタリー・スリラーではなく、もっとハイクラス。スリルの中に人間の精神の強さを主題にして、驚くべき純粋な狙いを果たした映画。

レナードの朝

Awakenings

90／米／製・監＝ペニー・マーシャル／脚＝スティーヴン・ザイリアン／撮＝ミロスラフ・オンドリチェク／出＝ロバート・デ・ニーロ、ロビン・ウィリアムズ、ジョン・ハード、マックス・フォン・シドー／V＝SPF／D＝SPE　B・D＝SPE

解説　オリヴァー・サックスの書いた実話を女流監督ペニー・マーシャルが映画化。ブロンクスの神経科病院を舞台に、三十年間も半昏睡状態で重度の脳性障害者レナード（ロバート・デ・ニーロ）と新任の医師マイコム（ロビン・ウィリアムズ）が病と戦い、奇跡をよび起こす。人間の尊厳と愛と友情を感動的に描いた作品。

ハイ淀川です　見どころは病人のロバート・デ・ニーロと先生のロビン・ウィリアムズの演技。デ・ニーロは身体中が震える役。苦悩、あがきの演技がすごい。一方のロビン・ウィリアムズの、病気をどうにか治してやろうと思う演技も見事だ。デ・ニーロのあえぐ役は役者として憧れる役ですね。医者の冷静な役より目立ちます。実はこの映画の企画ができたときに最初はロビンが病人役だったんです。ところがデ・ニーロはどうしても病人の役をやりたいというのでロビンは可哀相に医者の役にまわされたんです。そんなわけで『レナードの朝』は映画としても立派。でも、二人の演技のワンカットをじっくり見て楽しむのも映画の粋な見方ですよ。

レニー・ブルース

Lenny

74／米／監＝ボブ・フォッシー／原・脚＝ジュリアン・バリー／撮＝ブルース・サーティース／出＝ダスティン・ホフマン、ヴァレリー・ペリン、ジャン・マイナー／V＝WHV　D＝紀伊國屋

解説　痛烈な諷刺芸で人間社会への偽善性を暴き、権力に徹底的に反抗した芸人レニー・ブルース（ダスティン・ホフマン）の生涯を描いた作品。妻（ヴァレリー・ペリン）と離婚、麻薬、肺結核に冒され、ワイセツ罪で逮捕、法廷侮辱罪などで、ついに大衆からも見放され死んでいく。監督は『キャバレー』のボブ・フォッシー。

ハイ淀川です　レニー・ブルースを妻に語らせ、マネージャーに語らせて紹介する手法は、新しさを感じませんけれど、その語らせ方の演出の妙はただごとではありません。語る各人のニュアンスがにじみ出て、芸人の世界の内側が温かく、そして寒々と匂います。黒白画面で三流芸人が一流にのしあがっていくその人気の中で、うぬぼれと三流芸人の反逆。それに酔った男の悲劇が厳しく演出されました。特にレニーの家庭が見事で、レニーの母がいい。ブロードウェイの内側を知りつくした振付師で演出家のボブ・フォッシー。その彼の趣味が溢れて、この作品から匂いますね。その個性は鮮やかというほかありません。並の芸人伝記映画ではありませんね。

レベッカ
Rebecca

40／米／監＝アルフレッド・ヒッチコック／脚＝ロバート・E・シャーウッド／撮＝ジョージ・バーンズ／出＝ローレンス・オリヴィエ、ジョーン・フォンテーン、シュディス・アンダーソン／V＝キャピタル

D＝ファースト

解説 英国からハリウッド入りしたアルフレッド・ヒッチコックの第一回監督作品で心理サスペンス。美しいアメリカ娘（ジョーン・フォンテーン）はモンテカルロで、英国の大荘園マンダレーの当主（ローレンス・オリヴィエ）と出会い二度目の妻として大邸宅に迎えられる。しかし新夫人を待ち受けていたものは…。アカデミー作品、撮影賞受賞。

ハイ淀川です 『レベッカ』はヒッチコックの命。ヒッチ研究する人には教科書ですよ。なんとも知れん女中がいて、新妻が「どなたのお部屋ですか」と訊いたら、「ここはレベッカ様のお部屋です。奥様は亡くなりましたが魂が生きています。絶対に入ってはいけません」。そしてその部屋に入って机の上にあった陶器を落しちゃった。あの女中に見つかったらいけないと思って抽出しに隠すあたりが怖い。ヒッチの疑うこと、怖がることがこれほどよく出た作品はありません。とうとう彼女はもうわたしは死んだほうがましだと思って、窓の外を見て悲しんでいると、後ろで女中がじっと見つめて「さぁ、早くお死に」と言っている感じのシーンのすごいこと。

恋愛準決勝戦
Rayal Wedding

51／米／監＝スタンリー・ドーネン／脚＝アラン・J・ラーナー／撮＝ロバート・プランク／出＝フレッド・アステア、ジェーン・パウエル、ピーター・ローフォード／V＝IVC／D＝カルチ

D＝IVC

解説 アーサー・フリードが製作、スタンリー・ドーネンが監督し、エリザベス王女御成婚にひっかけてつくったMGMミュージカル。ニューヨークの売れっ子ダンシングチームのフレッド・アステアとジェーン・パウエル兄妹は英国に渡り、アステアはコーラスガールに熱をあげ、パウエルは英国紳士とロマンスを演じる。

ハイ淀川です お話はアステアの私生活をもじっているところが面白いんですね。彼はかつて姉のアデルと組んでニューヨーク、ロンドンで人気を呼んでいたのに、その姉が貴族と結婚して豪華なお城の中に引退してしまったんですね。この映画もアステアとジェーン・パウエルが兄妹となって、その妹がプレイボーイの男に夢中になるという設定。呼び物はアステアがハエ男みたいになって小さな部屋を壁といわず天井といわず飛びまわって踊るトリックシーン。そしてアステアと結婚するアンに扮したセラ・チャーチル。彼女はあのウィンストン・チャーチルの御令嬢なんですね。さすがその顔と動作からロンドン第一流のレディの匂いを感じさせました。

恋愛小説家
As Good As It Gets

97／米／製・監＝ジェームズ・L・ブルックス／脚＝マーク・アンドラス、他／撮＝ジョン・ベイリー／出＝ジャック・ニコルソン、ヘレン・ハント、グレッグ・キニア、キューバ・グッディング・ジュニア／V＝SPE／D＝SPE

B・D＝SPE

解説 ジャック・ニコルソンとヘレン・ハントがアカデミー主演男・女優賞に輝いた大人のラブロマンス。一人者の売れっ子恋愛小説家メルビン（ニコルソン）は、実生活では人間嫌いで潔癖症の嫌われ者。そんな男が食堂のウェイトレスのキャロル（ハント）を恋したことから人生が変わっていく。監督は『愛と追憶の日々』のブルックス。

ハイ淀川です 私はこの作品でジャック・ニコルソンを見直しました。これまでは、俺ほど巧い役者はいないぞとばかりのオーバーアクト。それが何ともつらかった。ところがこの監督はニコルソンのそのアクを見事に取り除きましたね。無邪気で人嫌いの小説家を力を抜いてみせました。子犬を可愛がっているのに、その子犬から馬鹿にされたり、隣の部屋のホモの青年の面倒をみるはめになったり、レストランのお姐さんと妙なデートをしたりして笑わせてくれます。というわけで、この作品の見どころはニコルソンの名演技。ストーリーはむかしのハリウッド映画みたいですけれど、ニコルソンの演技で面白いコメディになりました。

恋恋風塵

戀戀風塵／Dust In The Wind

87／台湾／監＝ホウ・シャオシエン（侯孝賢）／脚＝ウー・ニエンジェン、チュー・ティエンウェン／撮＝リー・ピンビン／出＝ワン・ジンウェン、シン・シューフェン、リー・ティエンルー、リン・ヤン、メイ・ファン／V＝東宝　B＝ポニー　D＝紀伊國屋

解説　台湾のホウ・シャオシエン（侯孝賢）監督の兵役と青春を描いた四部作にピリオドをうった作品で長編第七作。鉱山の村で幼い時から兄妹のように育った少年ワン（ワン・ジンウェン）と少女ホン（シン・シューフェン）。中学を卒業し台北に出た二人は、働きながら強い絆で結ばれていくが、やがてワンに兵役の知らせが。

ハイ淀川です　真っ暗な画面。遠くの白い光。トンネルから出たところから始まるファーストシーン。この汽車とトンネル。この線路が運命、トンネルが人間の運命の暗いところ、出たら明るいところ、いろんなものを暗示していることがどうも匂います。この映画はお盆の風景、山の緑、畑の緑、家庭を見せながら、ああ、日本の田舎と同じだと思わせながら、この二人がだんだん大人になっていく。どう結ばれるかと思っているうちに、思わざる破綻がきちゃう。この題名の悲しさ、辛さ、哀れ、そして美しさが溢れて見事な愛の映画です。ホウ・シャオシエンはそれを芸術的、ニューシネマみたいにキザったらしく撮らなかった。台湾はいい映画をつくりました。

ロイドの要心無用

Safety Last

23／米／監＝ハル・ローチ／脚＝ティム・ウェーラン／撮＝サム・テイラー／出＝ハロルド・ロイド、ティム・ウェーラン／V＝IVC／D＝カルチ　D＝IVC

解説　まさに巻頭から巻末までギャグ満載のロイド喜劇の代表作。デパートが宣伝のためビルの一階から屋上まで群衆の前で壁登りの名人が登る企画を立てる。ところがその当日、名人は喧嘩騒ぎで警官に目を付けられ、現場から逃げてしまう。そこでロイドは仕方なく一人で屋上まで登るはめになるというハラハラドキドキの全七巻。

ハイ淀川です　ロイドの眼鏡は、チャップリンを見て自分も何かチャップリンの髭のようなものはないかと思って、当時流行のセルロイドの眼鏡のふちを見つけ、トレードマークにしたんですね。この作品は目で見るギャグの連続。百貨店の二階、三階、四階の壁面を命懸けで登っていくあたり。ギャグを話したらきりがありませんけれど、ロイド喜劇の生命はかつての涙ぐましいアメリカ精神に加えて品のよさですね。スリル、スリル、スリルの連続。ハラハラドキドキしながら私を勇気づけてくれますね。やったらやれるの精神。子供のころ、ロイド作品を見てどんなに勇気づけられたことか。

ロイ・ビーン

The Life And Times Of Judge Roy Bean

72／米／監＝ジョン・ヒューストン／脚＝ジョン・ミリアス／撮＝リチャード・ムーア／出＝ポール・ニューマン、ヴィクトリア・プリンシプル、アンソニー・パーキンス、ステイシー・キーチ／V＝WHV　D＝WHV

解説　十九世紀末、テキサスの無法の町ペコスで、判事兼実業家として名をはせた実在の人物ロイ・ビーン（ポール・ニューマン）の数奇な生きざまを描く。自ら首つり判事と称して、金のある者は誰でも絞首刑にして町を栄えさせていたが、無法者が法律執行者になれた時代は終わりをつげる。ジョン・ヒューストン監督の異色西部劇。

ハイ淀川です　血も涙もないような鬼判事をポール・ニューマンがやっているところが見ものですね。ところがこの判事は舞台女優リリー・ラングトリー（エヴァ・ガードナー）に惚れているんです。いつもポスターをながめて、処刑するたびにその前で記念写真を撮ったりする。町の刑場に押しかけ、金を摑まして裏から入れてもらおうとするんだけど、金だけ取られちゃうあたりの面白さ。そして町に戻ってくるとメキシコ人の嫁さんが重体。医者を呼んだけど死んでしまう。ロイ・ビーンはその医者を死刑にしようとするけど、留守中に弁護士が町長になって、ロイ・ビーン自身が法律だった時代は終わりを告げる。なんとも知れん面白い映画です。

老人と海
The Old Man And The Sea

D＝WHV

58／米／監＝ジョン・スタージェス／脚＝ピーター・ヴィアテル／撮＝ジェームズ・ウォン・ホウ、他／出＝スペンサー・トレイシー／V＝WHV

解説　ヘミングウェイの原作をリーランド・ヘイワードが製作、ジョン・スタージェス監督が映画化。キューバの農村。老漁師（スペンサー・トレイシー）は三ヶ月も魚がとれず、馬鹿にされるが、一人の少年だけが老人を尊敬している。ある日、巨大なカジキマグロを捕らえ、老漁師は格闘の末に仕止めるが、帰途、鮫に襲われる。

ハイ淀川です　まずこの映画の感激は、ヘミングウェイの中編を文章そのままに映画化したことですね。トレイシーの演技は、老人の悲しさというよりも哀れ以上の詩の匂いがするほど美しい。さすがに名優です。その太くってちぢかんだ伸びやかでない手の指一本一本に漁夫の手を感じさせる見事さ。老漁夫が、三日三晩も闘い続けて、大魚を仕止める。港に着いたときはフカや鮫に襲われて大魚は骨だけになってしまいました。これは神が与えた人間への最も厳しい試練。おのれが選んだ闘いへの美しさを鮮やかにみせて、私たちの胸に人生訓として迫ってきます。人間はいくら歳をとっても、やったらやれるということを教えてくれる映画。

ロスト・ワールド／ジュラシック・パーク
The Lost World : Jurassic Park

B＝NBC　D＝ジェネ

97／米／監＝スティーブン・スピルバーグ／脚＝デヴィッド・コープ／撮＝ヤヌス・カミンスキー／出＝ジュリアン・ムーア、ジェフ・ゴールドブラム、ピート・ポスルスウェイト／V＝CIC

解説　『ジュラシック・パーク』の続編。あのテーマパークの事故から四年、数学者マルカムらは、コスタリカ沖の孤島を調査するが、そこで見たものは本能のまま行動し繁殖している本物の恐竜だった。今回は恐竜の種類も多彩。前作同様、マイケル・クライトンの原作をスティーブン・スピルバーグ監督が映像化。

ハイ淀川です　スピルバーグはアメリカの国旗みたいになってきましたね。『ジュラシック・パーク』から四年ぶり、今度はどんなことをするのかと思いました。『ロスト・ワールド』というと一九二四年に恐竜映画があったんです。だから、そんな恐竜よりもっとすごいのかと思ったら、スピルバーグは逆手をとりました。小さなワニみたいなトカゲみたいな動物をいっぱい出しました。俺は真似なんかしないぞというこのあたりの憎たらしさ。そのユーモアが見どころですよ。巨獣も出して母と子の母性愛を見せるあたりはいやらしいけれど、スピルバーグの怖がらせ方にはいつも感心します。一種の映画の神様ですね。話のタネにごらんなさい。

ローズマリーの赤ちゃん
Rosemary's Baby

B・D＝パラマ

68／米／監・脚＝ロマン・ポランスキー／撮＝ウィリアム・A・フレイカー／出＝ミア・ファロー、ジョン・カサヴェテス、ルース・ゴードン／V＝CIC

解説　アイラ・レヴィンの小説をロマン・ポランスキー監督が映画化。売れない俳優のガイ（ジョン・カサヴェテス）と妻のローズマリー（ミア・ファロー）は、マンハッタンの古いアパートに越してくるが、奇妙なことが次から次に起こる。隣室の老夫婦の養女が飛び降り自殺、友人が急死。ローズマリーが産んだ赤ちゃんには瞳孔がなかった。

ハイ淀川です　実はこのアパートの住人は魔族だったんですね。ローズマリーの旦那さんも魔族だった。今でもニューヨークのインテリの間では悪魔の存在を信じているような感じがするあたりは怖いなあ。この映画になりにくい話をポランスキーは堂々と映画にしました。ただ怖がらせるだけでなく、ハイクラスの作品にしているあたりは立派。音楽はこの監督の常連のポーランドの有名なジャズピアニストのクリストファー・コメダですが、これが怖いんです。ポランスキーの映画は『水の中のナイフ』『反撥』にしてもいつも新鮮です。というわけで、この映画はオカルト・ブームのきっかけになりました。そんな意味でも是非とも見ておいてほしい作品です。

ロッキー
Rocky

B・D＝ディズニー

76／米／監＝ジョン・G・アヴィルドセン／脚＝シルベスター・スタローン／撮＝ジェームズ・クレイヴ／出＝シルベスター・スタローン、タリア・シャイア、バート・ヤング、カール・ウェザース／V＝WHV／D＝WHV

解説　無名だったシルベスター・スタローンをスターにした出世作。負け犬の四回戦ボクサー、ロッキー（スタローン）に世界チャンピオンへの挑戦のチャンスがめぐってくる。彼は自らの夢と、恋人エイドリアン（タリア・シャイア）のためにリングに上がる。アカデミー作品、監督（ジョン・G・アヴィルドセン）、編集賞受賞。

ハイ淀川です　映画が活動写真の初期のころから、イタリア映画『カリビア』のマチステ、『ターザン』のエルモ・リンカーンなどの男性の肉体美を見せた作品がありました。しかし、このシルベスター・スタローンはそれ以上のはがねのようなボディ。チャンピオンへの挑戦が決まって血のにじむような訓練を始めますね。朝起きるなり生玉子を五個も六個もまる呑みして走って走っていくあたり。そのときの主題歌の美しさ。最後の最後、すさまじい試合が終わって汗びっしょりの肉体から力いっぱい「お前を愛している」と彼女に叫んだあの感動。なまみの人間への憧れですね。これを見たら、スタローンにしびれること間違いなしですよ。

ロビンとマリアン
Robin And Marian

D＝SPE

76／英／監＝リチャード・レスター／脚＝ジェームズ・ゴールドマン／撮＝デヴィッド・ワトキン／出＝オードリー・ヘプバーン、ショーン・コネリー、ロバート・ショウ／V＝SPE

解説　『暗くなるまで待って』から八年ぶりにオードリー・ヘプバーンが出演。十字軍遠征から十八年ぶりにシャーウッドの森に帰ったロビン・フッド（ショーン・コネリー）は修道院の院長になっているマリアン姫と再会する。彼女から神よりも愛していたと聞かされ、ロビンは生涯最後の弓をとる。リチャード・レスター監督。

ハイ淀川です　オードリーが四十七歳、ショーン・コネリーが四十六歳ということを知らなくっても、この二人、特にオードリーは老けたかなぁ……。これがこの映画の〝残酷な〟見ものですね。オードリーの額もあごも首筋も隠している。ずるいぞと思いますね。ところが、後半になって彼女はついに僧衣を脱ぎ捨ててロビンを抱きしめました。言葉が悪いかもしれませんが、レスター監督はタダで客からゼニは取りませんでした。それだけでなくキャメラはショーン・コネリーの頭の上を狙った。頭の毛はずいぶん薄くなっていた。実はわざと見せたんですね。ロビンとマリアン、もはやよる年なみの厳しくも淋しい恋を見せるためなんです。

ローマの休日
Roman Holiday

B・D＝パラマ

53／米／製・監＝ウィリアム・ワイラー／脚＝アイアン・マクラレン・ハンター、他／撮＝フランツ・プレナー、他／出＝オードリー・ヘプバーン、グレゴリー・ペック、エディ・アルバート／V＝CIC

解説　小国のアン王女（オードリー・ヘプバーン）はヨーロッパ親善旅行中、侍従のスキをみてローマの街に飛び出し、アメリカの新聞記者ジョー（グレゴリー・ペック）と知り合う。二人のつかの間の恋をローマの風光の中でロマンチックに描いたウィリアム・ワイラー監督作品で、オードリーの主演女優賞などオスカー三部門受賞。

ハイ淀川です　あのラストシーン。グレゴリー・ペックとの目と目での別れ。あらゆる映画ファンが涙したでしょう。実はオードリーは、この映画に出演する前に、ブロードウェイの『ジジ』という芝居で主役に抜擢されたの。それは原作者のコレット女史が、あの子でないと上演させないと言ったからなのね。ワイラーは『ジジ』を見ていたの。『ローマの休日』を撮るときに、「この女優以外にこの役はできない」と言って当時まったく未知のオードリーを主役に決めたんです。オードリーはこれで一躍有名になりました。品がいい、きれいなきれいな名作です。『ローマの休日』はおそらく再映画化はされないでしょう。それだけオードリーのイメージが強烈。

ロマンシング・ストーン／秘宝の谷
Romancing The Stone

B＝ディズニー　D＝FOX

84／米／監＝ロバート・ゼメキス／脚＝ダイアン・トーマス／撮＝ディーン・カンディ／出＝マイケル・ダグラス、キャスリン・ターナー、ダニー・デヴィート／V＝FOX

解説　冒険小説の売れっ子作家ジョン（キャスリン・ターナー）は、姉が誘拐されたことを知り救出のために単身南米コロンビアに向かい、そこでアメリカ人の流れ者ジャック（マイケル・ダグラス）と知り合う。そして巨大なエメラルドをめぐって二転三転。製作マイケル・ダグラス、監督ロバート・ゼメキスの大冒険活劇。

ハイ淀川です　この映画を見ていると、昔の連続大活劇を思い出すんですね。メリーさんとジャックさんがいて、危機一髪。さあ、メリーの運命はどうなるのか。それが家庭中の話題になって、また見に行ったの。そうした時代をもういっぺんもとうとして、マイケル・ダグラスがプロデュースしてこの映画をつくったんです。さあ、橋が崩れる。崖にぶらさがる。危機一髪があって、最後に洒落たつくりのエンドマーク。二人は結婚してハッピーエンド。マイケル・ダグラスのお父っつあんのカーク・ダグラスはアゴのところが真っ二つに割れるくらい彫り込んでいましたけれど、息子のほうはアゴは長いけど、そんなではなかった。

ロミオとジュリエット
Romeo E Giuletta

B・D＝パラマ

68／伊・英／監・脚＝フランコ・ゼフィレッリ／撮＝パスカリーノ・デ・サンティス／出＝オリヴィア・ハッシー、レナード・ホワイティング、マイケル・ヨーク、ローレンス・オリヴィエ／V＝CIC

解説　十五世紀、イタリアのベロナ。モンタギュー家の一人息子ロミオ（レナード・ホワイティング）は、長年犬猿の仲のキャピュレット家の一人娘ジュリエット（オリヴィア・ハッシー）に一目惚れ。二人は恋におちる。有名なシェイクスピアの悲劇をフランコ・ゼフィレッリ監督が新感覚で映像化。ニーノ・ロータのテーマ曲も大ヒットした。

ハイ淀川です　私はフランコ・ゼフィレッリという監督を『じゃじゃ馬馴らし』で知りました。まさに美術。シェイクスピアの最高のクラシックを映画で見事にみせました。そして今度は『ロミオとジュリエット』。これまでのシェイクスピアでは絶対にありえなかったベッドシーンがある。このあたりの新しい感覚。しかし、この映画の見どころは本格的なセックスと衣装の美術です。この人はイタリア人で、ルキノ・ヴィスコンティ監督の劇団で演出助手をしていたんですね。なるほどと思いましたね。ですから、ゼフィレッリがこの映画でみせた美術は本物だと思いました。名監督たちが名作古典をどう映画化するのか。これも映画勉強になりますね。

ロミオ＋ジュリエット
William Shakespear's Romeo＋Juliet

B・D＝ディズニー

96／米／監・製・脚＝バズ・ラーマン／脚＝クレイグ・ピアース／撮＝ドナルド・M・マカルパイン／出＝レオナルド・ディカプリオ、クレア・デインズ、ジョン・レグイザモ、ポール・ラッド／V＝FOX

解説　シェイクスピアの永遠のラブストーリーを現代に置き換え、バズ・ラーマン監督が映画化。台詞まわしは原作通りだが、剣はピストルに、衣装はアロハシャツや特別にデザインしたニューファッションが登場。そのギャップがなんとも面白い。ロミオにはレオナルド・ディカプリオ、ジュリエットにはクレア・デインズが扮し、熱演。

ハイ淀川です　このお話はどれだけ映画になったでしょう。しかしこの映画は超モダンでクラシックの名作を描きましたね。あの有名なバルコニーの場面では二人は、ジャブンとプールの中に飛び込んで水中で接吻しちゃうんですね。そして、ロミオがジュリエットの死体を見に行くところも何万本のローソク、いっぱいの十字架、十字架。タイトルの「＋」はこの教会の十字架の意味なんですね。このシーンはミュージカルでもない、ファンタジーでもない、不思議な映画の麻薬的魅力ですね。それにディカプリオも古典の台詞をちゃんと言っているあたりは立派です。というわけで、この監督はシェイクスピアの名作を大胆に野心的に見せました。そこが新鮮でした。

ロンリー・ハート
Crimes Of The Heart

86／米／監＝ブルース・ベレスフォード／原・脚＝ベス・ヘンリー／撮＝ダンテ・スピノッティ／出＝ダイアン・キートン、ジェシカ・ラング、シシー・スペイセク、サム・シェパード／V＝松竹　D＝UPJ

解説　ベス・ヘンリーの戯曲をブルース・ベレスフォード監督が映画化。ミシシッピーの小さな町。長女レニー（ダイアン・キートン）のもとに、歌手への夢が破れた次女メグ（ジェシカ・ラング）、町の有力者と結婚した三女ベイブ（シシー・スペイセク）が帰ってくる。三人姉妹は再会を喜び合うが、それぞれが心の傷をもっている。

ハイ淀川です　このお屋敷の三人の女のことが、だんだんわかってくるあたりは谷崎潤一郎の『細雪』に似ています。お互いに身の上を隠している三人のからみ合いが面白くって、この映画の見どころになっています。三女のシシー・スペイセクは、黒人の少年と浮気をして、それを旦那に見られたので、銃で旦那を殺してしまって今は保釈中の身。次女は昔の恋人とよりを戻す。長女は男にもてないひがみがある。でもこの三人が心の孤独に耐えて打ち勝って生きようというあたり。表は春の花が風に揺れるような感じ。けど花びらを見たらそれぞれ傷ついている。それを絹の刺繍のようなやわらかいソフトなタッチで怖い人間劇をみせたあたりは立派です。

ワイルドバンチ
The Wild Bunch

69／米／監・脚＝サム・ペキンパー／脚＝ウォロン・グリーン／撮＝ルシアン・バラード／出＝ウィリアム・ホールデン、アーネスト・ボーグナイン、ロバート・ライアン、ウォーレン・オーツ／V＝WHV／D＝WHV　D＝WBH

解説　二〇世紀初頭のメキシコ。パイク（ウィリアム・ホールデン）をリーダーとする五人の強盗団は、野盗のアパッチ将軍の依頼で米軍の武器を強奪する。しかしアパッチ将軍は金を支払う意思がなく、さらに仲間の一人を人質にとられてしまったため、パイクらは殴り込みをかける。サム・ペキンパー監督のダイナミックな西部劇。

ハイ淀川です　もうこの映画は荒くれ映画の代表サム・ペキンパー監督の最高傑作です。西部の強盗団のリーダーのウィリアム・ホールデンに加えてアーネスト・ボーグナイン、ウォーレン・オーツ、ベン・ジョンソン、ジェイミー・サンチェスの五人がメキシコへ逃げる途中で、アパッチ将軍から列車強奪を頼まれるんですけど、彼の腹のうちを見破り、その一味と壮絶な対決をするあたりの面白さ。スローモーションを使ってのラストの撃ち合いは一つの映像美ですね。というわけで、これはロバート・ライアン、エドモンド・オブライエンも共演している、まさにペキンパー・ファンにとってはたまらない荒くれ映画です。

ワイルド・ブラック　少年の黒い馬
The Black Stallion

79／米／監＝キャロル・バラード／脚＝ウィリアム・ウィットリフ、他／撮＝カレブ・デシャネル／出＝ケリー・レノ、ミッキー・ルーニー、テリー・ガー／V＝WHV　D＝FOX

解説　考古学者の父（ホイト・アクストン）と一緒に中近東を船で旅していたアレック少年（ケリー・レノ）は嵐に遭遇。海に投げ出されたが、同じように投げ出された野生のアラブ馬に助けられ、孤島に流れつく。少年と馬の愛情を描いたキャロル・バラード監督のデビュー作。製作総指揮フランシス・フォード・コッポラ。

ハイ淀川です　少年のお父っつあんがトランプの賭けごとをやっていたら、そこに少年が来ましたね。お父っつあんは喜んで息子のお腹の上を三度なでました。これで賭けごとに運がつくというんですね。迷信なんで笑い飛ばせばいいでしょうけれど、このシーン。なかなか人間味があって面白かった。チャップリンの『街の灯』でもチャップリンが拳闘試合の前にウサギのしっぽをなでましたね。これも幸運のしるしのおまじない。ポーランド映画を見ていると、木の扉を二度たたくのは幸運。三度たたくと悪運というのがありましたけれど、日本だけじゃぁない。アメリカにもポーランドにも迷信があって面白いなぁと思いましたよ。

わが命つきるとも
A Man For All Seasons

D＝SPE

66／米・英／製・監＝フレッド・ジンネマン／製・脚＝ロバート・ボルト／撮＝テッド・ムーア／出＝ポール・スコフィールド、ロバート・ショウ、ヴァネッサ・レッドグレーヴ、オーソン・ウェルズ／V＝SPE

解説　十六世紀初頭。ヘンリー八世（ロバート・ショウ）は、王妃キャサリンと離婚してアン（ヴァネッサ・レッドグレーヴ）と再婚しようとしたが、当時の英国では離婚に法王の許可が必要。王はトマス・モア（ポール・スコフィールド）に口添えを依頼するが、信仰心の厚いモアは承知しない。アカデミー作品、監督賞など六部門受賞。

ハイ淀川です　この映画はイギリスの学者、政治家、作家であるトマス・モアが大逆罪として死刑に処されたいきさつを描いたものです。今日の政治家はこれを見るべきであり、また若い人たちも是非とも見てほしい作品です。私はこの映画のあまりの品のよさに涙しましたが、それはトマス・モアの真の政治家、学者としての人間像に深く心をうたれたからなのね。銀盃一個さえも受けつけなかった彼の賄賂への潔癖さ。ちょっと違った見方をすれば、彼の宗教に対する信念の底にヘンリー八世とアンへの愛の嫉妬とがあって王と対立したかったのかもしれない。というわけで、この作品は演出の厳しさ、演技の巧みさ、撮影の美しさ。見事な名作です。

若草物語
Little Women

D＝IVC

33／米／監＝ジョージ・キューカー／脚＝サラ・メイソン／撮＝ヘンリー・ジェラード／出＝キャサリン・ヘプバーン、ジョーン・ベネット／V＝IVC／D＝カルチ

解説　原作以上の面白さと評判をとったホームドラマの名作でアカデミー脚本賞を受賞。舞台はマサチューセッツ州コンコード。キャサリン・ヘプバーン扮するジョーは四人姉妹の次女。好きな青年ロリーは一番下の妹と結婚してしまう。ジョーは失恋をバネにニューヨークに出て作家を目指す。ヘプバーンは当時二十四歳。

ハイ淀川です　原作はルイザ・メイ・オルコット。大当たりした小説です。南北戦争の終わりごろのお話ですけれど、一九一九年にパラマウントが短編でつくったのね。そして、この作品はRKOがつくったもの。キャサリン・ヘプバーンの次女ジョーがとても元気で元気で明るくっていい。彼女の代表作となりました。次女が一番難しい役なんですけれどうまかった。三回目の映画化のときはジューン・アリスン。最近の四回目はウィノナ・ライダーですが、女優なら一度はやってみたい役なんです。もう、お話はきれいなレースの刺繍みたいな感じ。いまはドライな世の中ですから、たまにはやさしい心の映画を見たいという人には、ピッタリの作品ですよ。

若草物語
Little Women

D＝SPE

94／米／監＝ジリアン・アームストロング／脚＝ロビン・スイコード／撮＝ジェフリー・シンプソン／出＝ウィノナ・ライダー、スーザン・サランドン、トリーニ・アルバラード／V＝SPE／D＝SPE

解説　四度目の映画化。次女ジョーにウィノナ・ライダーが扮し、若手女優陣が競演。今回は監督のジリアン・アームストロングをはじめ、製作デニス・ディ・ノービ、脚本ロビン・スイコードが女性。ドラマの人間像や台詞の使い方など現代の女性の共感を呼ぶようにつくられている。原作はルイザ・メイ・オルコット。

ハイ淀川です　『若草物語』はこれまでに何回も映画になりました。最初は日本に来ませんでしたが、三三年にジョージ・キューカー監督でキャサリン・ヘプバーンが主演。四九年はマーヴィン・ルロイ監督でジューン・アリスンが次女の役。今度はウィノナ・ライダーでお母さんがスーザン・サランドン。女優だったら一度はやってみたい役ですね。ストーリーはご存知でしょう。それが今さら映画化した。実はそこが狙いなんですね。アメリカがこのオルコット女史のクラシックを掴んで、もう一度、アメリカの善良な移民の時代に目覚めようとしているんです。旧作と見比べるもいいでしょう。久しぶりに一家お揃いで安心してごらんになれる映画です。

わが青春のフロレンス
Metello

B・D＝復刻

70／伊／監・脚＝マウロ・ボロニーニ／脚＝スーゾ・チェッキ・ダミーコ、他／撮＝エンニオ・グァルニエリ／出＝マッシモ・ラニエリ、オッタヴィア・ピッコロ、ルチア・ボゼー、ティナ・オーモン

解説　『家族日誌』のヴァスコ・プラトリーニの小説をマウロ・ボロニーニ監督が映画化。二〇世紀初頭の古都フロレンス。煉瓦工のメテッロ（マッシモ・ラニエリ）は仕事仲間の娘エルシリア（オッタヴィア・ピッコロ）と結婚。組合運動で何度か投獄されるが、最後は妻への愛を見いだし、階級意識に目覚め、闘士に成長していく。

ハイ淀川です　社会主義運動でメテッロが監獄に放り込まれたときも勇気づけてくれたのは奥さんでした。ところが、彼は若い人妻とデキてしまって逢びきを重ねる。この映画は、色彩の美しさ、明治中期の時代色の艶。さながらランプの光に浮き出した美術名画を見る思いです。下町の裏長屋、喧騒の食品市場、さびれた公園の片隅。ついに、おとなしい奥さんはその人妻を自分の家に呼び入れて張り倒す。メテッロ夫婦はもとの幸せをとり戻しましたが、夫の運動騒ぎがこの妻と子を苦しめるに違いないなと思わすあたり。オッタヴィアはカンヌで女優演技賞をとりましたが巧い。手垢で汚れた若者を描いて、ロマンを謳いあげた。美しいの一言につきる名作。

わが谷は緑なりき
How Green Was My Valley

B・＝FOX　D＝ファースト

41／米／監＝ジョン・フォード／脚＝フィリップ・ダン／撮＝アーサー・C・ミラー／出＝ウォルター・ピジョン、モーリン・オハラ、ドナルド・クリスプ、ロディ・マクドウォール／V＝FOX

解説　十九世紀末、ウェールズ地方の炭坑町。モーガン（ドナルド・クリスプ）を長とする一家は、十歳の末っ子ヒューをのぞいて家族全員が炭坑で働き平和だった。しかし、経営者が賃金カットを断行したため息子たちは組合を組織し闘う。『怒りの葡萄』とともにジョン・フォードの農民讃歌でアカデミー作品・監督賞など五部門受賞。

ハイ淀川です　イギリスのウェールズ地方の炭坑に働く一家。お父さん、お母さん、その息子と嫁。十歳の末っ子のヒュー（ロディ・マクドウォール）の目を通して回想でその一家の生活ぶりが語られていきます。さぁ、この作品の見どころは、ジョン・フォードがリチャード・レウェリンのベストセラー小説をかくも美しい映画に仕上げたか。その家族の描き方の美しさ、そして温かさですね。ごらんになれば、ジョン・フォードが愛の作家であることがしみじみとおわかりになるでしょう。人間ドラマの神様ですね。それと同時にハリウッドがこの香り高き品格をもった名作をつくったことがうれしいねぇ。これは永遠の輝きを失わない作品ですよ。

我輩はカモである
Duck Soup

D＝ジェネ

33／米／監＝レオ・マッケリー／脚＝バート・カルマー、他／撮＝ヘンリー・シャープ／出＝グルーチョ・マルクス、チコ・マルクス、ハーポ・マルクス、ゼッポ・マルクス、マーガレット・デュモンド／V＝IVC／D＝カルチ

解説　マルクス兄弟の喜劇全十三本の中でも傑作と言われる作品。ヨーロッパの某国を舞台に金持ちの未亡人をタラしこんで大統領になったグルーチョ、彼の運転手のハーポ、ピーナッツ売りのチコ（実はこの二人は隣国のスパイ）らが大活躍。バカげた戦争が勃発し、ギャグの砲弾があっちこっちに炸裂する。

ハイ淀川です　映画がトーキーになったとき、ハリウッドはあわてました。そこでニューヨーク第一級の舞台芸人を映画に入れましたが、その中にマルクス兄弟がいたんですね。ニューヨーク生まれのユダヤ人のほんとうの兄弟です。ですからこれは映画じゃあないんです。舞台の会話動作がそのまま映画の中に出てくるので、これが面白くってパラマウントの呼びものになりました。たとえばハーポはハープをかき鳴らしたら最高の芸を見せる。グルーチョはしゃべってしゃべってしゃべりまくる。日本でもマルクス兄弟ファンはいっぱいいますけれど、これは舞台のコメディだと思って見て下さい。そこらが面白いんですね。

我が道を往く
Going My Way

D＝ジェネ

44／米／製・監・原・脚＝レオ・マッケリー／脚＝フランク・バトラー、他／撮＝ライオネル・リンドン／出＝ビング・クロスビー、バリー・フィッツジェラルド、リーゼ・スティーヴンス、ジーン・ロックハート／V＝CIC

解説　ニューヨークの下町にある貧しい教会を舞台にアイルランド人の老牧師（バリー・フィッツジェラルド）と赴任してきた茶目っ気たっぷりの副牧師オマリー（ビング・クロスビー）が教会再建のために悪戦苦闘する。クロスビーの持ち味と歌を活かしたレオ・マッケリー監督のヒューマンドラマ。アカデミー作品、監督賞など七部門受賞。

ハイ淀川です　オマリーは夕食をたっぷり盛ったお盆を二階のこのおじいちゃんの部屋に持っていきました。老神父はぺろりとたいらげてしまったのね。そしてオルゴールの文箱を開けたらアイルランドの民謡が流れてきた。トゥー・ラ・ルーラ・ルー・ララーのメロディ。オマリーはその歌をうたってあげた。おじいちゃんはすやすやと眠ってしまった。そっと電気を消して扉を開けて外に出ようとしたとき、おじいちゃんは「おやすみ」と言ったのね。老神父は眠っていなかったのね。このシーン、おじいちゃんと若い牧師の友情が溢れ出ていましたね。というわけで、この映画は私たちをほんとうの愛の世界へ導いてくれました。マッケリー監督の名作でした。

わが緑の大地
Sometimes A Great Notion

B・D＝復刻

71／米／監＝ポール・ニューマン／脚＝ジョン・ゲイ／撮＝リチャード・ムーア／出＝ポール・ニューマン、ヘンリー・フォンダ、リー・レミック、マイケル・サラザン

解説　タンパー一族は、家長ヘンリー（ヘンリー・フォンダ）と息子ハンク（ポール・ニューマン）、リー（マイケル・サラザン）が中心になり、オレゴンで森林伐採業を続けてきたが、組合員との交渉が折り合わずストライキに突入。やむなく一家だけの力で材木運搬をするが、事故でヘンリーが命を落とす。ポール・ニューマンの監督二作目。

ハイ淀川です　オレゴンの山奥にもストライキがあったんですね。この一家が働いて働いて、ストライキの連中と闘う姿がよく描かれています。そんな中でお父っつあんのヘンリー・フォンダが大きな木に腕をもぎとられて命を落としてしまう。でもこの息子たち、みんなに妨害されながらも材木を運ぶ。いかだをランチで引いているんですけど、そのランチのへさきにお父っつあんの変色した右腕をちょっと空を指差しているように縛りつけて川下の港へ運ぶ。これを見た連中は怒れなくなって一人、二人、三人が帽子をぬいでお父っつあんの死に対して冥福を祈る。この感激のラストシーン。ポール・ニューマンは監督としていい映画をつくってくれました。

若者のすべて
Rocco E I Suoi Fratelli

B・D＝IVC

60／伊・仏／監・脚＝ルキノ・ヴィスコンティ／脚＝スーゾ・チェッキ・ダミーコ、他／撮＝ジュゼッペ・ロトゥンノ／出＝アラン・ドロン、アニー・ジラルド、レナート・サルヴァトーリ、クラウディア・カルディナーレ／V＝東北

解説　ルキノ・ヴィスコンティ監督が、南イタリアから工業都市ミラノに移ったパロンディ一家の苦悩と家族の崩壊を描く。次男シモーネ（レナート・サルヴァトーリ）は、情婦ナディア（アニー・ジラルド）にのめり込み落ちぶれるが、三男ロッコ（アラン・ドロン）は、野望にもえてボクサーになりチャンピオンになるが…。

ハイ淀川です　この映画でアラン・ドロンはヴィスコンティによって磨かれました。兄貴の情婦だったアニー・ジラルドが、弟のドロンが好きになってしまいますね。兄貴のレナート・サルヴァトーレは嫉妬して、ドロンの前で彼女を犯してしまう。残酷なシーンですね。このあたりはさすがヴィスコンティという感じですね。そしてこの女は夜の女になってしまう。兄貴はその女を殺してドロンのところへ戻ってくる。こんなどろどろした人生の深い溝を見せた青春像は怖いですね。というわけで、ドロンはこの映画に出演して、見事に卒業してほんまものの演技を身につけました。この作品はドロンの演技への洗礼でした。それを征服したドロンは立派でした。

別れぬ理由

D＝東映

87／日／監＝降旗康男／脚＝那須真知子／撮＝木村大作／出＝津川雅彦、三田佳子、南條玲子、古尾谷雅人／V＝東映

解説　渡辺淳一の小説を降旗康男監督が映画化。中年夫婦の夫（津川雅彦）は、外科医で人妻の葉子（南條玲子）と何年ごしかの関係を続けている。一方の妻（三田佳子）は雑誌記者で若いカメラマン（古尾谷雅人）と旅先のホテルで関係をもつ。倦怠期を迎えながら別れない夫婦像を大人の寓話タッチで、ユーモラスに描いた作品。

ハイ淀川です　題名が「別れる理由」じゃあないですね。そこらが面白いのね。主人に女がいる。奥さんが完全に知って、別れる権利がある。ところが奥さんのほうにも男ができてしまった。さあ、困った。こんなとき、ハッキリと両方が打ち明けて別れたらいいのに生活というものはそんなに簡単に崩れるわけじゃあないし崩したらいけない。二人の間に娘さんがいる。ここがこの映画の見どころですね。というわけで、皆さんがごらんになってどう思われるか。採点はみなさんの自由です。この奥さんがいいのか、旦那に味方しようと思われてもいいでしょう。津川さんも三田さんも立派。見事な大人の映画です。ちょっと、ベッドシーンが多いのがつらいけど。

惑星ソラリス

Solaris

B・D＝IVC

72／ソ連／監・脚＝アンドレイ・タルコフスキー／脚＝フリードリヒ・ガレンシュティン、他／撮＝ワジーム・ユーソフ／出＝ナタリヤ・ボンダルチュク、ドナータス・バニオニス／V＝IVC／D＝IVC

解説　二一世紀、世界中の科学者が宇宙のかなたの惑星ソラリスに注目。心理学者ケルビン（ドナータス・バニオニス）が調査に送り込まれ、ステーションに到着する。そこでケルビンが見たのは十年前に自殺した妻ハリー（ナタリヤ・ボンダルチュク）の姿だった。原作はスタニスワフ・レム、映像の詩人タルコフスキー監督のSF映画。

ハイ淀川です　ソラリスには海があるんですね。その海の波が不思議な短波を出して、地球から行った人間の頭脳に作用するんです。もう自分が覚えてもいなかった過去の記憶が、その妙な短波によって、どんどん蘇ってくる。それだけじゃぁないのね。死んだ人間が目の前に現われてくる。抱きついたら抱けるんです。あんまり怖いので、その相手を殺したら、血を噴いて倒れたのにまた起き上がって寄ってくるあたり。というわけで、これは頭の中で考えたものが実在するという不思議な映画です。こんなことが星の中で起こるんだということを見せてくれたソビエト映画の見事なSF傑作です。さすがタルコフスキーだなぁと思いました。

私は死にたくない

I Want To Live!

B・D＝復刻

58／米／監＝ロバート・ワイズ／脚＝ネルソン・ギディング、他／撮＝ライオネル・リンドン／出＝スーザン・ヘイワード、シモン・オークランド／V＝WHV

解説　最後まで無罪を主張しつつ死刑になった実在の女性バーバラ・グレアムの手記をロバート・ワイズ監督が映画化。バーバラ（スーザン・ヘイワード）は老婦惨殺の疑いで逮捕される。しかし、新聞記者モンゴメリー（シモン・オークランド）は無罪を信じて彼女を救う努力を続ける。が、それも空しく、彼女はガス室に送られる。

ハイ淀川です　スーザン・ヘイワードの見事な演技で名作となりました。あの死刑台の恐怖、独房の中の狂気めいた孤独、そして監房とその部屋に通じる廊下の音響の効果のすごさ。このプロデューサーが『駅馬車』のウォルター・ウェンジャー。彼にはジョーン・ベネットという女優の奥さんがいたのね。『花嫁の父』の母親役を演じた人。実はその彼女が夫の番頭と妙な噂が立って、ウェンジャーがその番頭を拳銃で撃ってしまう事件を起こしてしまった。それで四ヶ月の刑務所生活を送ったのね。ハリウッドの第一級プロデューサーとして致命的だと思いましたが、出所して『第十一号監房の暴動』でカムバックして、この作品で本格的に立ち直ったのね。

罠
The Set-Up

D＝ジュネス

49／米／監＝ロバート・ワイズ／脚＝アート・コーン／撮＝ミルトン・クラスナー／出＝ロバート・ライアン、オードリー・トッター、ジョージ・トビアス／V＝東北

解説　三十五歳のボクサーのストーカー（ロバート・ライアン）は、妻（オードリー・トッター）のすすめもあり盛りを過ぎたので引退しようとするが、マネージャーは彼に無断で八百長を仕組む。怒ったストーカーは相手を倒してしまったため再起不能の制裁を受ける。ドラマの進行時間と映写時間を一致させた構成が話題となった。

ハイ淀川です　これは『ウエスト・サイド物語』『サウンド・オブ・ミュージック』でアカデミー賞を獲ったロバート・ワイズ監督の力作ですね。年をとった拳闘選手がここでもう一度とばかりその試合に命を賭けました。ところがなんとマネージャーが相手のボクサーに負ける約束をしてすでにお金まで受け取っていたんですね。さぁ、これを知った彼は怒りに怒ってそれを溢らせ勝ってしまった。マネージャーは逃げ、彼は約束を破ったことで暴漢に手を叩きつぶされます。怖かった。ロバート・ライアンも妻のオードリー・トッターも地味な役者だけど見事な演技。ＲＫＯのなんとも知れん懐かしき名作でした。

わらの犬
Straw Dogs

B・D＝オデッサ

71／米／監・脚＝サム・ペキンパー／脚＝デヴィッド・グッドマン、他／撮＝ジョン・コキロン／出＝ダスティン・ホフマン、スーザン・ジョージ、ピーター・ボーン／V＝クラウン

解説　平和主義者の若き数学者デヴィッド（ダスティン・ホフマン）は、アメリカの暴力社会を逃れ、妻エミー（スーザン・ジョージ）の故郷スコットランドに行くが、そこも安住の地ではなかった。自衛のために戦ううちに、自己の中に潜む暴力性に目覚めヒーローとなっていく男を描いたサム・ペキンパー監督の初の現代劇。

ハイ淀川です　暴力映画として話題になりましたが、これは懐かしきアメリカ映画のクラシック。ゴードン・ウィリアムスの原作ですけれど、その一つ奥のネタは、ヘンリー・キング監督の『乗合馬車』。虫も殺せない弱者が正義のために巨人を倒す。アメリカの活動写真で流行したんですね。それを今度はペキンパーが監督。田舎に来てもそこは悪いごろつきどもの集まり。しかも妻の少女時代に関係をもった男が現われ、亭主の留守に仲間と二人で暴行。事件はさらに入り組んで白痴男をかくまったこの家を暴漢が襲う。メガネの数学者はここで初めて、驚くべき力で暴力に立ち向かう。これは正しさを貫いた平和者の血みどろの勝利への讃歌と見るべきでしょう。

われら女性
Siamo Donne

D＝紀伊國屋

53／伊／監＝アルフレッド・グァリーニ、ジャンニ・フランチョリーニ、ロベルト・ロッセリーニ、ルイジ・ザンパ、ルキノ・ヴィスコンティ／出＝アリダ・ヴァリ、イングリッド・バーグマン、イザ・ミランダ、アンナ・マニャーニ

解説　四人のスターの私生活から取材したオムニバス映画。スターが実名で登場するが、第二話ではジャンニ・フランチョリーニ監督がアリダ・ヴァリを起用、三話はロベルト・ロッセリーニ監督がイングリッド・バーグマンと組んでにわとり騒動記。五話はルキノ・ヴィスコンティ監督が鉄火肌のアンナ・マニャーニと組んだ話。

ハイ淀川です　ヴィスコンティが担当した五話の女優の話が面白い。アンナ・マニャーニが最初、画面に出てきて語り出すのね。その女優が舞台のレビューに出ていたころ、タクシーに乗って劇場の前で降りようとした。そしたら運転手が「犬を連れているから一リラの割増料金を下さい」と言ったので女は怒っちゃった。チップならわかるけど割増料金なんてとんでもない。二人は大喧嘩になった。警察署長も困っちゃったけれど、結局、二人は仲直り。そのあたりの面白いこと。女が劇場に駆けつけたら出番は終わっていました。それだけの話ですが、マニャーニの演技がどんなにうまかったか。ヴィスコンティは彼女の個性を見事に活かしました。

我等の生涯の最良の年
The Best Years Of Our Lives

46／米／監＝ウィリアム・ワイラー／脚＝ロバート・E・シャーウッド／撮＝グレッグ・トーランド／出＝フレドリック・マーチ、ダナ・アンドリュース、テレサ・ライト、マーナ・ロイ、ヴァージニア・メイヨ／V＝東芝　D＝ARC

解説　第二次大戦が終わり、アメリカ中部の町に三人の復員兵が帰ってくる。中年の銀行員アル（フレドリック・マーチ）、デパート店員のフレッド（ダナ・アンドリュース）、戦場で腕を失った若い水兵ホーマ（ハロルド・ラッセル）。この三人が社会や家庭に復員していくさまを描いたウィリアム・ワイラーのヒューマンドラマ。

ハイ淀川です　マッキンレイ・キャンターの小説をロバート・E・シャーウッドが脚色、ワイラーが監督してアカデミー作品賞、監督賞をとりました。それにフレドリック・マーチを迎える奥さん役がマーナ・ロイ、その娘がテレサ・ライト。ダナ・アンドリュースの奥さん役がヴァージニア・メイヨ。家出してナイトクラブで働いている女ですね。それに両手首のない水兵役のハロルド・ラッセル。この人の演技は印象に残りますね。というわけでスタッフも配役も豪華。戦争で勝ったアメリカでもいろいろの問題を抱えていることを描いた国民映画ですね。まさにプロデューサーのサミュエル・ゴールドウィンの名誉的名作。

我等の仲間
La Bell Équipe

36／仏／監・脚＝ジュリアン・デュヴィヴィエ／脚＝シャルル・スパーク／撮＝ジュール・クルージエ／出＝ジャン・ギャバン、シャルル・ヴァネル、ヴィヴィアンヌ・ロマンス／D＝IVC　B・D＝IVC

解説　ジュリアン・デュヴィヴィエ監督がジャン・ギャバンとコンビを組んだ男の映画。ジャン・ギャバンを中心にシャルル・ヴァネルら五人はよき友だち。そんな彼らは幸運にも巨額の宝くじが当たった。ジャンはその金を元手に廃屋を買いレストランを建てるが、シャルルの妻ヴィヴィアンヌ・ロマンスが突如現われ友人の和を崩してしまう。

ハイ淀川です　この五人の仲間がいいですね。ジャン・ギャバンはシャルル・ヴァネルと特に仲がいいの。ところが二人の間にヴィヴィアンヌ・ロマンスが入りこんできてギャバンを誘惑していく。そのうち二人の男の間がだんだん悪くなって、パリの河岸のレストランの夢が崩れていってしまいます。ジャン・ギャバンの演技がすごくいい。それにヴィヴィアンヌ・ロマンスのなんとも知れんエロチックな女の演技も見事でした。それにシャルル・スパークの脚本がよくって、男の友情とその美しさ、痛ましさを見事にえぐりました。それと女というものの怖さが身に沁みる映画。胸に突き刺さる映画。デュヴィヴィエとギャバンの意気の合い方も鮮やかでした。

我らの町
Our Town

40／米／監＝サム・ウッド／脚＝フランク・クレヴィン、他／撮＝バート・グレーン／出＝ウィリアム・ホールデン、マーサ・スコット／V＝IVC　D＝ファースト

解説　ピュリッツァー賞を受賞したソートン・ワイルダーの戯曲をサム・ウッド監督が映画化。アメリカの地方の小さな町。隣り合わせに住む医師の長男ジョージ（ウィリアム・ホールデン）と町の新聞社の長女エミリー（マーサ・スコット）は幼なじみ。二人はごく自然に愛し合い、やがて結婚し二人の子供をもうけるが…。

ハイ淀川です　これは有名な戯曲で、私も何度か見ましたがいい芝居なんです。いい少年といい少女。二人は同級生で宿題を教え合ったりして同じ学校を卒業します。そしてそのまま結婚するの。でも結婚してもなにもかも平凡な生活になっちゃう。ところが事件が起こります。二度目のお産のときに、嫁さんが難産で死にかける。それで二人には初めて人生というものがわかる。もっともっと青春を大切にすべきだった。もっとしっかり暮らせばよかった。というわけで、ごく平凡な男と女の青春を淡々と扱いながら人生のあり方を見事に描きました。ホールデンも若くって可愛い。まさに地味だけどサム・ウッド監督の名作です。

ワーロック
Warlock

B・D＝FOX

59／米／製・監＝エドワード・ドミトリク／脚＝ロバート・アラン・アーサー／撮＝ジョー・マクドナルド／出＝ヘンリー・フォンダ、リチャード・ウィドマーク、アンソニー・クイン、ドロシー・マローン／V＝FOX

解説　悪がはびこる西部の町ワーロック。町の人々は協議のすえ、流れ者のクライ（ヘンリー・フォンダ）を保安官として雇う。彼は拳銃にものをいわせて町を徹底的に粛清していき、派手なガン・プレイで三人の無頼漢を撃ち殺す。しかし、黒ずくめの暴力保安官は町のガンになっていく。エドワード・ドミトリク監督の西部劇大作。

ハイ淀川です　この映画を見ていると、保安官は月給百ドル、助手は四十ドルという会話が出てくるんです。今まで保安官はいくらもらっているのなんて思ってみなかっただけにこのあたりは勉強になって面白い。ある本で早速調べたらこのころ、馬一頭が三十ドル、拳銃が十五ドル、葬儀代が二十ドル、幌馬車一台が三十ドル。もっと面白いのは保安官給料百ドル。その町に平和が続いて一回も犯罪がなくなると、給料は七十五ドルに落されてしまう。そして、犯人一人を捕まえると二ドル五十セントの特別手当が出る。どうやら保安官は町が物騒なほうがうれしいということになる。というわけで、西部劇もいろいろの角度からみると面白いと思いましたよ。

ワン・ツー・スリー ラブハント作戦
One, Two, Three

D＝FOX

61／米／製・監・脚＝ビリー・ワイルダー／脚＝I・A・L・ダイヤモンド／撮＝ダニエル・L・ファップ／出＝ジェームズ・キャグニー、パメラ・ティフィン、ホルスト・ブッフホルツ／V＝WHV

解説　コカ・コーラのベルリン支社長ジェームズ・キャグニーは本国の重役から娘パメラ・ティフィンの欧州旅行中の世話を頼まれるが、この娘は来た早々、東独の青年と結婚したと宣言。キャグニーは重役夫妻が娘を迎えにくるというので東西間を大奮闘する。ビリー・ワイルダーが製作、監督した諷刺のきいたお得意の喜劇。

ハイ淀川です　この映画、初めからコカ・コーラの工場が出てくるのね。ワイルダーともあろう男がよくもこんなタイアップ映画をつくったと思いました。あのジェームズ・キャグニーが支社長でコーラに夢中になる。馬鹿馬鹿しいと思っていたら、飛行場にキャグニーと奥さんと子供がやってくる。「ボク、冷たいものが飲みたいなあ」と子供が言うとキャグニーがよしとばかり自動販売機にコインを入れてガチャン。出てきたのがペプシ・コーラだったんですねえ。まあ、あきれましたけれどコカ・コーラの宣伝映画じゃあない。愉快な映画でしたが、この中に粋なクラシックのワルツの名曲を入れたり、この人は映画のクラシックを愛していたんですね。

＊主要参考文献一覧

作成にあたり参考にした主な文献などは以下の通りである。

◎TV番組――『淀川長治映画の部屋』『淀川長治の部屋』（テレビ東京）
◎新聞――『淀川長治の銀幕旅行』（産経新聞連載）
◎書籍――『私の映画の部屋』（TBSブリタニカ，1976）『続・私の映画の部屋』（ＴＢＳブリタニカ，1976）／『続々・私の映画の部屋』（ＴＢＳブリタニカ，1976）／『私のチャップリン』（ＰＨＰ研究所，1977）／『新・私の映画の部屋』（ＴＢＳブリタニカ，1978）／『新々・私の映画の部屋』（ＴＢＳブリタニカ，1978）／『映画となると話はどこからでも始まる』（勁文社，1985）／『映画のおしゃべり箱』（中央公論社，1986）／『淀川長治集成　1』（芳賀書店，1987）／『淀川長治集成　2』（芳賀書店，1987）／『映画千夜一夜』（中央公論社，1988）／『淀川長治の活動大写真』（朝日新聞社，1989）／『淀川長治「映画の部屋」』（徳間書店，1990）／『映画のおしゃべり箱』（中公文庫，1990）／『淀川長治の「1/24秒」』（徳間書店，1990）／『淀川長治シネマパラダイス』（集英社，1992）／『私は映画からいっぱい愛をもらった』（徳間書店，1992）／『「洋画」ビデオで見たいベスト150』（日本文芸社，1992）／『映画とともにいつまでも』（新日本出版社，1992）／『わが映画人生に悔なし』（日本文芸社，1993）／『還暦なんかブッとばせ』（徳間書店，1993）／『日々快楽』（大和書房，1994）／『淀川長治映画塾』（講談社，1995）／『映画が教えてくれた大切なこと』（ＴＢＳブリタニカ，1995）／『男と男のいる映画』（青土社，1996）／『ぼくが天国でもみたいアメリカ映画100』（講談社，1998）／『最後のサヨナラサヨナラサヨナラ』（集英社，1999）／『映画監督愛』（河出書房新社，1999）

制作協力――布施博之／三輪和也／芦谷久美子／箕口佳奈

映画写真協力――（財）川喜多記念映画文化財団

出演者名

監督名

「駅馬車」こそが映画のオリジナル

1 駅馬車
2 黄金狂時代
3 グリード
4 羅生門
5 戦艦ポチョムキン
6 イントレランス
7 大いなる幻影
8 天井桟敷の人々
9 狂恋の女師匠
10 ベニスに死す

シュトロハイム監督『グリード』('24)

フォードの「駅馬車」こそが映画のオリジナル。しかもスリルとスピードとヒューマンのすべてを盛りこみ、キャメラの最高美を示す。チャップリンの「黄金狂時代」は人間の運命ドラマの暗黒の影をコメディと白雪と愛情をもって示す。「グリード」はシュトロハイム完璧の映画美術。彼の「愚なる妻」のご趣味を投げ出し、映画の映画話術の最高を見せた。「羅生門」をトップに置かなかったのは、この映画の様式構成に映画としてやや文句を抱いたゆえ。ただし、それらの文句はいかにもケチ臭いぞ。アメリカにいてあらためてこの作品を見て、最初から気になったボレロのメロディがアメリカでは見事、客を画面に吸いつけたことか。「ポチョムキン」はすこしかいかぶりすぎるも、エイゼンシュテイン・ムードここに映画の美術をのりこえフィルムの美術を示した。「イントレランス」のグリフィスはこれより以前、2年まえ、イタリアの「カビリア」にショックを受けこれを作る。イタリアのクラシックに対しグリフィスはアメリカのモダン・スタイルをもって完成。「大いなる幻影」のルノワールの人間愛。「天井桟敷の人々」のフランス魂。「狂恋の女師匠」をもって溝口芸術は生まれたるもその時期早く、このあとようやくにして溝口映画に花ひらく。「ベニスに死す」は、これくらい映画が品格を持ち、これくらい美術を香らせ、これくらい「愛」の残酷を見せ得るヴィスコンティのすさまじさ。

（『キネマ旬報』'95、No.1173、10・14号 臨増・世界映画オールタイムベストテン）

「唐人お吉」「日本橋」で溝口の映画エネルギーが燃えた

溝口健二監督『日本橋』（'29）

1 限りなき前進
2 羅生門
3 二十四の瞳（木下恵介）
4 祇園の姉妹
5 浪華悲歌
6 姿三四郎（黒澤明）
7 葛飾砂子
8 アマチュア倶楽部
9 唐人お吉（溝口健二）
10 日本橋（溝口健二）

「限りなき前進」、この内田吐夢監督、小津安二郎脚本の日本映画のこの見事さを今ここに再映画化の話出たるも、いつのまにやら立ち消えとなる。「羅生門」、日本で感心してアメリカで見てびっくりした。アメリカでは映画人が映画史上まれに見る最高作とえりを正した。そして私はあらためてそれらの人と見た。アメリカ映画を見なれた目でこれを見ると、まるでその映画美術は古典美術にちかく、メトロポリタンのニューヨークの美術展に立った思いといった感じ。「二十四の瞳」、日本全国を泣かせた名作。このため天才木下は「日本の悲劇」「女」「風前の灯」、あの映画の作家たるを忘れた。「祇園の姉妹」「浪華悲歌」は溝口のトレード・マークとなった。しかし「唐人お吉」「日本橋」の溝口を忘れてはならない。「葛飾砂子」は鏡花短篇の映画化、「アマチュア倶楽部」は海浜コメディ。ともにアメリカ映画のキャメラマン助手の栗原喜三郎帰国の大正8年（1919）ごろの作品。いま見ても現在の日本映画の水準を抜く。「アマチュア倶楽部」はまだルネ・クレールの前のそのころの日本の活動写真時代を思えば、クレール・スタイルのオール・ロケのコメディ。「葛飾砂子」は、トリュフォーがこれを見れば映画化したがるほどの悲恋タッチ。外国での勉強がここに花火のごとくパッとひらいた名作。「唐人お吉」そして「日本橋」は溝口健二の映画エネルギーが若く燃え上がったころ。名作とはこれ。

（『キネマ旬報』'95、No.1176' 11・13号　臨増・日本映画オールタイムベストテン）

映画ベスト10 1948〜1997

1948年度（『キネマ旬報』'49年2月下旬号）

〈外国映画〉
1 ヘンリィ五世（ローレンス・オリヴィエ）
2 美女と野獣（ジャン・コクトー）
3 我等の生涯の最良の年（ウィリアム・ワイラー）
4 逢びき（デヴィッド・リーン）
5 旅路の果て（ジュリアン・デュヴィヴィエ）
6 ミネソタの娘（ヘンリー・C・ポッター）
7 悪魔が夜来る（マルセル・カルネ）
8 海の牙（ルネ・クレマン）
9 オヴァランダース（ハリー・ワット）
10 失われた週末（ビリー・ワイルダー）

1949年度（『キネマ旬報』'50年2月下旬号）

〈外国映画〉
1 大いなる幻影（ジャン・ルノワール）
2 戦火のかなた（ロベルト・ロッセリーニ）
3 ママの想い出（ジョージ・スティーヴンス）
4 平和に生きる（ルイジ・ザンパ）
5 恐るべき親達（ジャン・コクトー）
6 ハムレット（ローレンス・オリヴィエ）
7 打撃王（サム・ウッド）
8 仔鹿物語（クラレンス・ブラウン）
9 裸の町（ジュールス・ダッシン）
10 バラ色の人生（ジャン・フォーレ）

1950年度（『キネマ旬報』'51年2月下旬号）

〈外国映画〉
1 自転車泥棒（ヴィットリオ・デ・シーカ）
2 赤い靴（マイケル・パウエル、エメリック・プレスバーガー）
3 三人の妻への手紙（ジョゼフ・L・マンキーウィッツ）
4 女相続人（ウィリアム・ワイラー）
4 虹を摑む男（ノーマン・Z・マクロード）
6 窓（テッド・テズラフ）
6 靴みがき（ヴィットリオ・デ・シーカ）
8 情婦マノン（アンリ＝ジョルジュ・クルーゾー）
8 天国への階段（マイケル・パウエル）
10 のんき大将・脱線の巻（ジャック・タチ）

1952年度（『キネマ旬報』'53年2月上旬号）

〈外国映画〉
1 巴里のアメリカ人（ヴィンセント・ミネリ）
2 チャップリンの殺人狂時代（チャールズ・チャップリン）
3 河（ジャン・ルノワール）
4 第三の男（キャロル・リード）
5 令嬢ジュリー（アルフ・シェーベルイ）
6 ミラノの奇蹟（ヴィットリオ・デ・シーカ）
7 アフリカの女王（ジョン・ヒューストン）
8 天井棧敷の人々（マルセル・カルネ）
9 陽のあたる場所（ジョージ・スティーヴンス）
10 ホフマン物語（マイケル・パウエル、エメリック・プレスバーガー）

〈日本映画〉
1 生きる（黒澤明）
2 カルメン純情す（木下惠介）
3 本日休診（渋谷実）
4 稲妻（成瀬巳喜男）
5 現代人（渋谷実）
6 虎の尾を踏む男達（黒澤明）
7 西鶴一代女（溝口健二）
8 おかあさん（成瀬巳喜男）
9 慟哭（佐分利信）
10 大仏さまと子供たち（清水宏）

1954年度（『キネマ旬報』'55年2月上旬号）

〈外国映画〉
1 嘆きのテレーズ（マルセル・カルネ）
2 恐怖の報酬（アンリ＝ジョルジュ・クルーゾー）
3 偽りの花園（ウィリアム・ワイラー）
4 ロミオとジュリエット（レナート・カステラーニ）
5 しのび逢い（ルネ・クレマン）
6 波止場（エリア・カザン）
7 青い麦（クロード・オータン＝ララ）
8 掠奪された七人の花嫁（スタンリー・ドーネン）
9 狂熱の孤独（イヴ・アレグレ）
10 ローマの休日（ウィリアム・ワイラー）

〈日本映画〉
1 女の園（木下惠介）
2 二十四の瞳（木下惠介）
3 山の音（成瀬巳喜男）

4 黒い潮（山村聰）
5 近松物語（溝口健二）
6 大阪の宿（五所平之助）
7 晩菊（成瀬巳喜男）
8 春琴物語（伊藤大輔）
9 七人の侍（黒澤明）
10 若い人たち（吉村公三郎）

1955年度（『映画の友』'56年2月号）

〈外国映画〉
1 エデンの東（エリア・カザン）
2 やぶにらみの暴君（ポール・グリモー）
3 旅情（デヴィッド・リーン）
4 ナポリの饗宴（エットーレ・ジャンニーニ）
5 夏の嵐（ルキノ・ヴィスコンティ）
6 フレンチ・カンカン（ジャン・ルノワール）
7 裏窓（アルフレッド・ヒッチコック）
8 悪魔のような女
（アンリ＝ジョルジュ・クルーゾー）
9 洪水の前（アンドレ・カイヤット）
10 現金に手を出すな（ジャック・ベッケル）

1956年度（『映画の友』'57年3月号）

〈外国映画〉
1 居酒屋（ルネ・クレマン）
2 ピクニック（ジョシュア・ローガン）
3 歴史は女で作られる（マックス・オフュルス）
4 黄金の腕（オットー・プレミンジャー）
5 王様と私（ウォルター・ラング）
6 リチャード三世（ローレンス・オリヴィエ）
7 白鯨（ジョン・ヒューストン）
8 必死の逃亡者（ウィリアム・ワイラー）
9 夜の騎士道（ルネ・クレール）
10 ジャイアンツ（ジョージ・スティーヴンス）
11 ハリーの災難（アルフレッド・ヒッチコック）
12 最後の橋（ヘルムート・コイトナー）
13 バラの刺青（ダニエル・マン）
14 野郎どもと女たち
（ジョゼフ・L・マンキーウィッツ）
15 バス停留所（ジョシュア・ローガン）
16 殺意の瞬間（ジュリアン・デュヴィヴィエ）
17 戦争と平和（キング・ヴィダー）
18 われら巴里っ子（マルセル・カルネ）
19 わんわん物語
（ハミルトン・ラスク、クライド・ジョロニミ、ウィルフレッド・ジャクソン）
20 オセロ（セルゲイ・ユトゲーヴィッチ）

〈外国ノン・フィクション〉
1 赤い風船（アルベール・ラモリス）
2 沈黙の世界（ジャック・イヴ・クストー）
3 プカドン交響楽
（チャールズ・A・ニコルズ、ウォード・キンボール）
4 線と色の即興詩（ノーマン・マクラレン）
5 失われた大陸（レオナルド・ボンツイ）
6 滅びゆく大草原（ジェームズ・アルガー）

1957年度（『映画の友』'58年3月号）

〈外国映画〉
1 戦場にかける橋（デヴィッド・リーン）
2 リラの門（ルネ・クレール）
3 翼よ！あれが巴里の灯だ
（ビリー・ワイルダー）
4 カビリアの夜（フェデリコ・フェリーニ）
5 ベビイ・ドール（エリア・カザン）
6 抵抗（ロベール・ブレッソン）
7 友情ある説得（ウィリアム・ワイラー）
8 汚れなき悪戯（ラディスラオ・ヴァホダ）
9 夜を逃れて（フレッド・ジンネマン）
10 最前線（アンソニー・マン）
11 道（フェデリコ・フェリーニ）
12 間違えられた男
（アルフレッド・ヒッチコック）
13 王子と踊子（ローレンス・オリヴィエ）
14 屋根（ヴィットリオ・デ・シーカ）
15 夏の夜は三たび微笑む
（イングマール・ベルイマン）
16 宿命（ジュールス・ダッシン）
17 八月十五夜の茶屋（ダニエル・マン）
18 パリの恋人（スタンリー・ドーネン）
19 遥かなる国から来た男（マルセル・カルネ）
20 昼下りの情事（ビリー・ワイルダー）

〈日本映画〉
1 喜びも悲しみも幾歳月（木下惠介）
2 あらくれ（成瀬巳喜男）
3 幕末太陽伝（川島雄三）
4 米（今井正）
5 大阪物語（吉村公三郎）
6 蜘蛛巣城（黒澤明）
7 風前の灯（木下惠介）
8 正義派（渋谷実）
9 異母兄弟（家城巳代治）
10 純愛物語（今井正）
11 雪国（豊田四郎）

12 どん底（黒澤明）
13 東京暮色（小津安二郎）
14 気違い部落（渋谷実）
15 殺したのは誰だ（中平康）
16 どたんば（内田吐夢）
17 くちづけ（増村保造）
18 集金旅行（中村登）
19 街燈（中平康）
20 白夜の妖女（滝沢英輔）

1958年度（『キネマ旬報』'59年2月上旬号）

〈外国映画〉
1 白夜（ルキノ・ヴィスコンティ）
2 大いなる西部（ウィリアム・ワイラー）
3 ぼくの伯父さん（ジャック・タチ）
4 死刑台のエレベーター（ルイ・マル）
5 女の一生（アレクサンドル・アストリュック）
6 河は呼んでる（フランソワ・ヴィリエ）
7 めまい（アルフレッド・ヒッチコック）
8 情婦（ビリー・ワイルダー）
9 鉄道員（ピエトロ・ジェルミ）
10 海の壁（ルネ・クレマン）

〈日本映画〉
1 炎上（市川崑）
2 楢山節考（木下惠介）
3 彼岸花（小津安二郎）
4 隠し砦の三悪人（黒澤明）
5 杏っ子（成瀬巳喜男）
6 白蛇伝（大川博）
7 結婚のすべて（岡本喜八）
8 紅の翼（中平康）
9 裸の太陽（家城巳代治）
10 無法松の一生（稲垣浩）

1959年度（『キネマ旬報』'60年2月上旬号）

〈外国映画〉
1 恋人たち（ルイ・マル）
2 十二人の怒れる男（シドニー・ルメット）
3 恋の手ほどき（ヴィンセント・ミネリ）
4 いとこ同志（クロード・シャブロル）
5 青春群像（フェデリコ・フェリーニ）
6 悪魔の発明（カレル・ゼーマン）
7 年上の女（ジャック・クレイトン）
8 メイム叔母さん（モートン・ダコスタ）
9 掟（ジュールス・ダッシン）
10 可愛い悪魔（クロード・オータン＝ララ）

〈日本映画〉
1 キクとイサム（今井正）
2 鍵（市川崑）
3 にあんちゃん（今村昌平）
4 風花（木下惠介）
5 荷車の歌（山本薩夫）
6 野火（市川崑）
7 浪花の恋の物語（内田吐夢）
8 惜春鳥（木下惠介）
9 お早よう（小津安二郎）
10 鹿島灘の女（山村聰）

1960年度（『キネマ旬報』'61年2月上旬号）

〈外国映画〉
1 太陽がいっぱい（ルネ・クレマン）
2 甘い生活（フェデリコ・フェリーニ）
3 大人は判ってくれない（フランソワ・トリュフォー）
4 女はそれを待っている（イングマール・ベルイマン）
5 二重の鍵（クロード・シャブロル）
6 スリ（ロベール・ブレッソン）
7 チャップリンの独裁者（チャールズ・チャップリン）
8 ロベレ将軍（ロベルト・ロッセリーニ）
9 黒いオルフェ（マルセル・カミュ）
10 アパートの鍵貸します（ビリー・ワイルダー）

〈日本映画〉
1 おとうと（市川崑）
2 笛吹川（木下惠介）
3 悪い奴ほどよく眠る（黒澤明）
4 秋日和（小津安二郎）
5 黒い画集（堀川弘通）
6 妖刀物語　花の吉原百人斬り（内田吐夢）
7 ぼんち（市川崑）
8 太陽の墓場（大島渚）
9 大いなる旅路（関川秀雄）
10 武器なき斗い（山本薩夫）

1961年度（『キネマ旬報』'62年2月上旬号）

〈外国映画〉
1 素晴らしい風船旅行（アルベール・ラモリス）
2 処女の泉（イングマール・ベルイマン）
3 ウエスト・サイド物語（ロバート・ワイズ）
4 地下鉄のザジ（ルイ・マル）
5 荒馬と女（ジョン・ヒューストン）
6 草原の輝き（エリア・カザン）

7 真実（アンリ＝ジョルジュ・クルーゾー）
8 土曜の夜と日曜の朝（カレル・ライス）
9 アメリカの裏窓
（フランソワ・レシェンバック）
10 鞄を持った女（ヴァレリオ・ズルリーニ）

〈日本映画〉
1 反逆児（伊藤大輔）
2 不良少年（羽仁進）
3 用心棒（黒澤明）
4 永遠の人（木下惠介）
5 名もなく貧しく美しく（松山善三）
6 人間の條件・完結篇（小林正樹）
7 小早川家の秋（小津安二郎）
8 女は二度生まれる（川島雄三）
9 悪名（田中徳三）
10 もず（渋谷実）

1962年度（『キネマ旬報』'63年2月上旬号）

〈外国映画〉
1 野いちご（イングマール・ベルイマン）
2 情事（ミケランジェロ・アントニオーニ）
3 太陽はひとりぼっち
（ミケランジェロ・アントニオーニ）
4 ハタリ！（ハワード・ホークス）
5 ニュールンベルグ裁判
（スタンリー・クレイマー）
6 夜（ミケランジェロ・アントニオーニ）
7 私生活（ルイ・マル）
8 怒りの葡萄（ジョン・フォード）
9 血とバラ（ロジェ・ヴァディム）
10 2ペンスの希望（レナート・カステラーニ）

〈日本映画〉
1 私は二歳（市川崑）
2 キューポラのある街（浦山桐郎）
3 椿三十郎（黒澤明）
4 おとし穴（勅使河原宏）
5 秋刀魚の味（小津安二郎）
6 人間（新藤兼人）
7 雁の寺（川島雄三）
8 恋や恋なすな恋（内田吐夢）
9 秋津温泉（吉田喜重）
10 東京湾（野村芳太郎）

1963年度（『キネマ旬報』'64年2月下旬号）

〈外国映画〉
1 アラビアのロレンス（デヴィッド・リーン）
2 第七の封印（イングマール・ベルイマン）
3 シシリーの黒い霧（フランチェスコ・ロージ）
4 シベールの日曜日
（セルジュ・ブールギニョン）
5 シャレード（スタンリー・ドーネン）
6 女と男のいる舗道
（ジャン＝リュック・ゴダール）
7 鳥（アルフレッド・ヒッチコック）
8 ピアニストを撃て
（フランソワ・トリュフォー）
9 奇跡の人（アーサー・ペン）
10 5時から7時までのクレオ
（アニエス・ヴァルダ）

〈日本映画〉
1 天国と地獄（黒澤明）
2 にっぽん昆虫記（今村昌平）
3 太平洋ひとりぼっち（市川崑）
4 白と黒（堀川弘通）
5 五番町夕霧楼（田坂具隆）
6 越前竹人形（吉村公三郎）
7 雪之丞変化（市川崑）
8 彼女と彼（羽仁進）
9 みんなわが子（家城巳代治）
10 母（新藤兼人）

1964年度（『キネマ旬報』'65年2月上旬号）

〈外国映画〉
1 突然炎のごとく（フランソワ・トリュフォー）
2 沈黙（イングマール・ベルイマン）
3 山猫（ルキノ・ヴィスコンティ）
4 去年マリエンバートで（アラン・レネ）
5 軽蔑（ジャン＝リュック・ゴダール）
6 マイ・フェア・レディ
（ジョージ・キューカー）
7 パサジェルカ（アンジェイ・ムンク）
8 ハムレット（グリゴリー・コージンツェフ）
9 トム・ジョーンズの華麗な冒険
（トニー・リチャードソン）
10 かくも長き不在（アンリ・コルピ）

1965年度（『キネマ旬報』'66年2月上旬号）

〈外国映画〉
1 8½（フェデリコ・フェリーニ）
2 コレクター（ウィリアム・ワイラー）
3 柔らかい肌（フランソワ・トリュフォー）
4 あゝ結婚（ヴィットリオ・デ・シーカ）
5 誘惑されて棄てられて（ピエトロ・ジェルミ）

6 明日に生きる（マリオ・モニチェリ）
7 メリー・ポピンズ（ロバート・スティーヴンソン）
8 素晴らしきヒコーキ野郎（ケン・アナキン）
9 野望の系列（オットー・プレミンジャー）
10 その男ゾルバ（マイケル・カコヤニス）

〈日本映画〉
1 赤ひげ（黒澤明）
2 東京オリンピック（市川崑）
3 にっぽん泥棒物語（山本薩夫）
4 冷飯とおさんとちゃん（田坂具隆）
5 日本列島（熊井啓）
6 証人の椅子（山本薩夫）
7 ブワナ・トシの歌（羽仁進）
8 恐山の女（五所平之助）
9 各駅停車（井上和男）
10 けものみち（須川栄三）

1966年度（『キネマ旬報』'67年2月上旬号）

〈外国映画〉
1 マドモアゼル（トニー・リチャードソン）
2 大地のうた（サタジット・レイ）
3 魂のジュリエッタ（フェデリコ・フェリーニ）
4 市民ケーン（オーソン・ウェルズ）
5 ビバ！マリア（ルイ・マル）
6 小間使の日記（ルイス・ブニュエル）
7 幸福（アニエス・ヴァルダ）
8 テキサスの五人の仲間（フィルダー・クック）
9 オセロ（スチュアート・バージ）
10 ミクロの決死圏（リチャード・フライシャー）

〈日本映画〉
1 白い巨塔（山本薩夫）
2 こころの山脈（吉村公三郎）
3 人類学入門（今村昌平）
4 アンデスの花嫁（羽仁進）
5 湖の琴（田坂具隆）
6 紀ノ川（中村登）
7 女の中にいる他人（成瀬巳喜男）
8 他人の顔（勅使河原宏）
9 われら人間家族（勝目貴久）
10 とべない沈黙（黒木和雄）

1967年度（『キネマ旬報』'68年2月上旬号）

〈外国映画〉
1 欲望（ミケランジェロ・アントニオーニ）
2 気狂いピエロ（ジャン＝リュック・ゴダール）
3 真実の瞬間（フランチェスコ・ロージ）
4 アルジェの戦い（ジッロ・ポンテコルヴォ）
5 ふたりだけの窓（ジョン&ロイ・ブールティング）
6 ロシュフォールの恋人たち（ジャック・ドゥミ）
7 戦争は終った（アラン・レネ）
8 城の生活（ジャン＝ポール・ラプノー）
9 華氏451（フランソワ・トリュフォー）
10 バージニア・ウルフなんかこわくない（マイク・ニコルズ）

1968年度（『キネマ旬報』'69年2月上旬号）

〈外国映画〉
1 2001年宇宙の旅（スタンリー・キューブリック）
2 ロミオとジュリエット（フランコ・ゼフィレッリ）
3 召使（ジョセフ・ロージー）
4 イタリヤ式奇蹟（フランチェスコ・ロージ）
5 男性・女性（ジャン＝リュック・ゴダール）
6 俺たちに明日はない（アーサー・ペン）
7 卒業（マイク・ニコルズ）
8 暗くなるまで待って（テレンス・ヤング）
9 遥かなる戦場（トニー・リチャードソン）
10 異邦人（ルキノ・ヴィスコンティ）

1969年度（『キネマ旬報』'70年2月上旬号）

〈外国映画〉
1 アポロンの地獄（ピエル・パオロ・パゾリーニ）
2 ジョンとメリー（ピーター・イエーツ）
3 真夜中のカーボーイ（ジョン・シュレシンジャー）
4 ifもしも…（リンゼイ・アンダーソン）
5 イエロー・サブマリン（ジョージ・ダニング）
6 ローズマリーの赤ちゃん（ロマン・ポランスキー）
7 できごと（ジョセフ・ロージー）
8 吸血鬼（ロマン・ポランスキー）
9 悪魔のような恋人（トニー・リチャードソン）
10 ジョアンナ（マイケル・サーン）

1970年度（『キネマ旬報』'71年2月上旬号）

〈外国映画〉
1 サテリコン（フェデリコ・フェリーニ）
2 ストライキ

（セルゲイ・M・エイゼンシュテイン）
3 裸足のイサドラ（カレル・ライス）
4 地獄に堕ちた勇者ども
（ルキノ・ヴィスコンティ）
5 ひとりぼっちの青春（シドニー・ポラック）
6 冬のライオン（アンソニー・ハーヴィー）
7 バルタザールどこへ行く
（ロベール・ブレッソン）
8 王女メディア（ピエル・パオロ・パゾリーニ）
9 素晴らしき戦争
（リチャード・アッテンボロー）
10 明日に向って撃て！（ジョージ・ロイ・ヒル）

1971年度（『キネマ旬報』'72年2月上旬号）

〈外国映画〉
1 ベニスに死す（ルキノ・ヴィスコンティ）
2 ファイブ・イージー・ピーセス
（ボブ・ラファエルソン）
3 屋根の上のバイオリン弾き
（ノーマン・ジュイソン）
4 バニシング・ポイント
（リチャード・C・サラフィアン）
5 ライアンの娘（デヴィッド・リーン）
6 告白（コスタ・ガブラス）
7 わが青春のフロレンス（マウロ・ボロニーニ）
8 山いぬ（カルロ・リッツァーニ）
9 小さな巨人（アーサー・ペン）
10 罪と罰（レフ・クリジャーノフ）

1972年度（『キネマ旬報』'73年2月上旬号）

〈外国映画〉
1 フェリーニのローマ
（フェデリコ・フェリーニ）
2 時計じかけのオレンジ
（スタンリー・キューブリック）
3 愛すれど哀しく（マウロ・ボロニーニ）
4 フレンチ・コネクション
（ウィリアム・フリードキン）
5 フレンジー（アルフレッド・ヒッチコック）
6 ボーイフレンド（ケン・ラッセル）
7 真夜中のパーティー
（ウィリアム・フリードキン）
8 ジュニア・ボナー／華麗なる挑戦
（サム・ペキンパー）
9 大いなる勇者（シドニー・ポラック）
10 死刑台のメロディ
（ジュリアーノ・モンタルド）

〈日本映画〉
1 約束（斎藤耕一）
2 サマー・ソルジャー（勅使河原宏）
3 故郷（山田洋次）
4 軍旗はためく下に（深作欣二）
5 旅の重さ（斎藤耕一）
6 忍ぶ川（熊井啓）
7 海軍特別年少兵（今井正）
8 午前中の時間割り（羽仁進）
9 男はつらいよ・柴又慕情（山田洋次）
10 あゝ声なき友（渥美清）

1973年度（『キネマ旬報』'74年2月上旬号）

〈外国映画〉
1 スケアクロウ（ジェリー・シャッツバーグ）
2 ジョニーは戦場へ行った
（ドルトン・トランボ）
3 ブラザー・サン シスター・ムーン
（フランコ・ゼフィレッリ）
4 マクベス（ロマン・ポランスキー）
5 ロイ・ビーン（ジョン・ヒューストン）
6 ポセイドン・アドベンチャー
（ロナルド・ニーム）
7 L・B・ジョーンズの解放
（ウィリアム・ワイラー）
8 ジャッカルの日（フレッド・ジンネマン）
9 サウンダー（マーティン・リット）
10 フォロー・ミー（キャロル・リード）

1974年度（『キネマ旬報』'75年2月下旬号）

〈外国映画〉
1 フェリーニのアマルコルド
（フェデリコ・フェリーニ）
2 映画に愛をこめて アメリカの夜
（フランソワ・トリュフォー）
3 叫びとささやき（イングマール・ベルイマン）
4 大樹のうた（サタジット・レイ）
5 私のように美しい娘
（フランソワ・トリュフォー）
6 スティング（ジョージ・ロイ・ヒル）
7 ペーパー・ムーン
（ピーター・ボグダノヴィッチ）
8 カンバセーション…盗聴…
（フランシス・F・コッポラ）
9 パピヨン（フランクリン・J・シャフナー）
10 シンデレラ・リバティー／かぎりなき愛

（マーク・ライデル）

１９７５年度（『キネマ旬報』'76年2月下旬号）

〈外国映画〉

1　ザッツ・エンタテインメント（ジャック・ヘイリーJr.）
2　レニー・ブルース（ボブ・フォッシー）
3　ルシアンの青春（ルイ・マル）
4　ハリーとトント（ポール・マザースキー）
5　薔薇のスタビスキー（アラン・レネ）
6　アリスの恋（マーティン・スコセッシ）
7　冬の光（イングマール・ベルイマン）
8　チャイナタウン（ロマン・ポランスキー）
9　フレンチ・コネクション2（ジョン・フランケンハイマー）
10　デルス・ウザーラ（黒澤明）

１９７６年度（『キネマ旬報』'77年2月下旬号）

〈外国映画〉

1　トリュフォーの思春期（フランソワ・トリュフォー）
2　ファミリー・プロット（アルフレッド・ヒッチコック）
3　ナッシュビル（ロバート・アルトマン）
4　バリー・リンドン（スタンリー・キューブリック）
5　フェリーニの道化師（フェデリコ・フェリーニ）
6　タクシードライバー（マーティン・スコセッシ）
7　狼たちの午後（シドニー・ルメット）
8　華麗なるヒコーキ野郎（ジョージ・ロイ・ヒル）
9　カッコーの巣の上で（ミロス・フォアマン）
10　大統領の陰謀（アラン・J・パクラ）

１９７７年度（『キネマ旬報』'78年2月下旬号）

〈外国映画〉

1　ロッキー（ジョン・G・アヴィルドセン）
2　ダウンタウン物語（アラン・パーカー）
3　鬼火（ルイ・マル）
4　素晴しき放浪者（ジャン・ルノワール）
5　戦争のはらわた（サム・ペキンパー）
6　惑星ソラリス（アンドレイ・タルコフスキー）
7　ギデオン（ジョン・フォード）
8　放浪紳士チャーリー（リチャード・パターソン）
9　シャーロック・ホームズの素敵な挑戦（ハーバード・ロス）
10　トロイアの女（マイケル・カコヤニス）

１９７８年度（『キネマ旬報』'79年2月下旬号）

〈外国映画〉

1　家族の肖像（ルキノ・ヴィスコンティ）
2　プリティ・ベビー（ルイ・マル）
3　オーソン・ウェルズのフェイク（オーソン・ウェルズ）
4　バレンチノ（ケン・ラッセル）
5　ジュリア（フレッド・ジンネマン）
6　ピロスマニ（ゲオルギー・シェンゲラーヤ）
7　ミスター・グッドバーを探して（リチャード・ブルックス）
8　グッバイガール（ハーバート・ロス）
9　ナイル殺人事件（ジョン・ギラーミン）
10　アニー・ホール（ウッディ・アレン）

１９７９年度（『キネマ旬報』'80年2月下旬号）

〈外国映画〉

1　木靴の樹（エルマンノ・オルミ）
2　奇跡（カール・テホ・ドライヤー）
3　旅芸人の記録（テオ・アンゲロプロス）
4　これからの人生（モーシェ・ミズライ）
5　イノセント（ルキノ・ヴィスコンティ）
6　郵便配達は二度ベルを鳴らす（ルキノ・ヴィスコンティ）
7　インテリア（ウッディ・アレン）
8　逃走迷路（アルフレッド・ヒッチコック）
9　だれのものでもないチェレ（ラースロー・ラノーディ）
10　リトル・ロマンス（ジョージ・ロイ・ヒル）

１９８０年度（『キネマ旬報』'81年2月下旬号）

〈外国映画〉

1　ルードウィヒ　神々の黄昏（ルキノ・ヴィスコンティ）
2　カサノバ（フェデリコ・フェリーニ）
3　クレイマー、クレイマー（ロバート・ベントン）
4　悲愁（ビリー・ワイルダー）
5　フェーム（アラン・パーカー）
6　マンハッタン（ウッディ・アレン）
7　オーケストラ・リハーサル（フェデリコ・フェリーニ）

8 テス（ロマン・ポランスキー）
9 地獄の黙示録（フランシス・F・コッポラ）
10 マリア・ブラウンの結婚
（ライナー・ヴェルナー・ファスビンダー）

1981年度（『キネマ旬報』'82年2月下旬号）

〈外国映画〉
1 ブリキの太鼓（フォルカー・シュレンドルフ）
2 アメリカの伯父さん（アラン・レネ）
3 女の都（フェデリコ・フェリーニ）
4 秋のソナタ（イングマール・ベルイマン）
5 約束の土地（アンジェイ・ワイダ）
6 チェスをする人（サタジット・レイ）
7 チャンス（ハル・アシュビー）
8 レイジング・ブル（マーティン・スコセッシ）
9 皆殺しの天使（ルイス・ブニュエル）
10 普通の人々（ロバート・レッドフォード）

1982年度（『キネマ旬報』'83年2月下旬号）

〈外国映画〉
1 ゲームの規則（ジャン・ルノワール）
2 炎のランナー（ヒュー・ハドソン）
3 E.T.（スティーブン・スピルバーグ）
4 父／パードレ・パドローネ
（タヴィアーニ兄弟）
5 1900年（ベルナルド・ベルトルッチ）
6 アレクサンダー大王（テオ・アンゲロプロス）
7 黄昏（マーク・ライデル）
8 四季（アラン・アルダ）
9 愛と青春の旅だち
（テイラー・ハックフォード）
10 愛の奴隷（ニキータ・ミハルコフ）

1983年度（『キネマ旬報』'84年2月下旬号）

〈外国映画〉
1 ディーバ（ジャン＝ジャック・ベネックス）
2 アギーレ 神の怒り
（ヴェルナー・ヘルツォーク）
3 ソフィーの選択（アラン・J・パクラ）
4 サン・ロレンツォの夜（タヴィアーニ兄弟）
5 エボリ（フランチェスコ・ロージ）
6 ラグタイム（ミロス・フォアマン）
7 モリエール（アリアーヌ・ムヌーシュキン）
8 ガンジー（リチャード・アッテンボロー）
9 バンデットQ（テリー・ギリアム）
10 天国の日々（テレンス・マリック）

1984年度（『キネマ旬報』'85年2月下旬号）

〈外国映画〉
1 カルメン（カルロス・サウラ）
2 ドレッサー（ピーター・イエーツ）
3 欲望のあいまいな対象（ルイス・ブニュエル）
4 セブン・ビューティーズ
（リナ・ウェルトミューラー）
5 カメレオンマン（ウッディ・アレン）
6 ストリート・オブ・ファイヤー
（ウォルター・ヒル）
7 パッション・ダモーレ（エットーレ・スコラ）
8 ナチュラル（バリー・レヴィンソン）
9 グレイストーク（ヒュー・ハドソン）
10 ライトスタッフ（フィリップ・カウフマン）

1985年度（『キネマ旬報』'86年2月下旬号）

〈外国映画〉
1 田舎の日曜日（ベルトラン・タヴェルニエ）
2 アマデウス（ミロス・フォアマン）
3 ファニーとアレクサンデル
（イングマール・ベルイマン）
4 カオス・シチリア物語（タヴィアーニ兄弟）
5 インドへの道（デヴィッド・リーン）
6 ミツバチのささやき（ビクトル・エリセ）
7 コーラスライン
（リチャード・アッテンボロー）
8 パリ、テキサス（ヴィム・ヴェンダース）
9 路（ユルマズ・ギュネイ）
10 女と男の名誉（ジョン・ヒューストン）

1986年度（『キネマ旬報』'87年2月下旬号）

〈外国映画〉
1 シテール島への船出（テオ・アンゲロプロス）
2 ラウンド・ミッドナイト
（ベルトラン・タヴェルニエ）
3 ラルジャン（ロベール・ブレッソン）
4 カイロの紫のバラ（ウッディ・アレン）
5 山の焚火（フレディ・M・ムーラー）
6 蜘蛛女のキス（ヘクトール・バベンコ）
7 ストレンジャー・ザン・パラダイス
（ジム・ジャームッシュ）
8 群れ（ゼキ・ウクテン）
9 カラーパープル
（スティーブン・スピルバーグ）
10 エイリアン2（ジェームズ・キャメロン）

1987年度（『キネマ旬報』'88年2月下旬号）

〈外国映画〉

1 グッドモーニング・バビロン！
（タヴィアーニ兄弟）
2 アメリカの友人（ヴィム・ヴェンダース）
3 紳士協定（エリア・カザン）
4 ラジオ・デイズ（ウッディ・アレン）
5 眺めのいい部屋（ジェームズ・アイヴォリー）
6 モナリザ（ニール・ジョーダン）
7 バウンティフルへの旅
（ピーター・マスターソン）
8 テレーズ（アラン・カヴァリエ）
9 ハンナとその姉妹（ウッディ・アレン）
10 ベルイマンの世界
（イングマール・ベルイマン）

1988年度（『キネマ旬報』'89年2月下旬号）

〈外国映画〉

1 ザ・デッド（ジョン・ヒューストン）
2 八月の鯨（リンゼイ・アンダーソン）
3 ベルリン・天使の詩（ヴィム・ヴェンダース）
4 都会のアリス（ヴィム・ヴェンダース）
5 黒い瞳（ニキータ・ミハルコフ）
6 月の輝く夜に（ノーマン・ジュイソン）
7 マカロニ（エットーレ・スコラ）
8 モーリス（ジェームズ・アイヴォリー）
9 インテルビスタ（フェデリコ・フェリーニ）
10 サロメ（ケン・ラッセル）

1989年度（『キネマ旬報』'90年2月下旬号）

〈外国映画〉

1 生きるべきか死ぬべきか
（エルンスト・ルビッチ）
2 子熊物語（ジャン＝ジャック・アノー）
3 ペレ（ビレ・アウグスト）
4 バベットの晩餐会（ガブリエル・アクセル）
5 ニュー・シネマ・パラダイス
（ジュゼッペ・トルナトーレ）
6 セックスと嘘とビデオテープ
（スティーヴン・ソダーバーグ）
7 恋恋風塵（ホウ・シャオシエン）
8 紅いコーリャン（チャン・イーモウ）
9 レンブラント（ヨス・ステリング）
10 トーチソング・トリロジー
（ポール・ボガート）

1990年度（『キネマ旬報』'91年2月下旬号）

〈外国映画〉

1 フィールド・オブ・ドリームス
（フィル・アルデン・ロビンソン）
2 霧の中の風景（テオ・アンゲロプロス）
3 菊豆《チュイトウ》（チャン・イーモウ）
4 コックと泥棒、その妻と愛人
（ピーター・グリーナウェイ）
5 天国は待ってくれる（エルンスト・ルビッチ）
6 冬冬《トントン》の夏休み（ホウ・シャオシエン）
7 聖なる酔っぱらいの伝説
（エルマンノ・オルミ）
8 愛と野望のナイル（ボブ・ラファエルソン）
9 ブルックリン最終出口（ウリ・エデル）
10 悲情城市（ホウ・シャオシエン）

1991年度（『キネマ旬報』'92年2月下旬号）

〈外国映画〉

1 シェルタリング・スカイ
（ベルナルド・ベルトルッチ）
2 英国式庭園殺人事件
（ピーター・グリーナウェイ）
3 プロスペローの本
（ピーター・グリーナウェイ）
4 アリス（ウッディ・アレン）
5 冬の旅（アニエス・ヴァルダ）
6 トト・ザ・ヒーロー
（ジャコ・ヴァン・ドルマル）
7 シザーハンズ（ティム・バートン）
8 ミラーズ・クロッシング
（ジョエル・コーエン）
9 真実の瞬間《とき》（アーウィン・ウィンクラー）
10 アシク・ケリブ
（セルゲイ・パラジャーノフ、ダヴィド・アバシッゼ）

1992年度（『キネマ旬報』'93年2月下旬号）

〈外国映画〉

1 ヒア・マイ・ソング（ピーター・チェルソム）
2 ナイト・オン・ザ・プラネット
（ジム・ジャームッシュ）
3 仕立て屋の恋（パトリス・ルコント）
4 バートン・フィンク（ジョエル・コーエン）
5 ロンドン・キルズ・ミー
（ハニフ・クレイシ）
6 シンプルメン（ハル・ハートリー）
7 ハイヒール（ペドロ・アルモドヴァル）
8 ハワーズ・エンド

（ジェームズ・アイヴォリー）
9　ラヴィ・ド・ボエーム（アキ・カウリスマキ）
10　アダムス・ファミリー
（バリー・ソネンフェルド）

1993年度（『キネマ旬報』'94年2月下旬号）
〈外国映画〉
1　マルメロの陽光（ヴィクトル・エリセ）
2　ベイビー・オブ・マコン
（ピーター・グリーナウェイ）
3　クライング・ゲーム（ニール・ジョーダン）
4　オルランド（サリー・ポッター）
5　戯夢人生（ホウ・シャオシエン）
6　赤い薔薇ソースの伝説
（アルフォンソ・アラウ）
7　妹の恋人（ジェレマイア・S・チェチック）
8　リバー・ランズ・スルー・イット
（ロバート・レッドフォード）
9　から騒ぎ（ケネス・ブラナー）
10　オリヴィエ　オリヴィエ
（アニエスカ・ホランド）

1994年度（『キネマ旬報』'95年2月下旬号）
〈外国映画〉
1　オリーブの林をぬけて
（アッバス・キアロスタミ）
2　ギルバート・グレイプ
（ラッセ・ハルストレム）
3　川の流れに草は青々（ホウ・シャオシエン）
4　パルプ・フィクション
（クエンティン・タランティーノ）
5　ピアノ・レッスン（ジェーン・カンピオン）
6　日の名残り（ジェームズ・アイヴォリー）
7　スナッパー（スティーヴン・フリアーズ）
8　スピード（ヤン・デ・ボン）
9　ザッツ・エンタテインメント　PART3
（バド・フリージェン、マイケル・J・シェリダン）
10　哀戀花火（フー・ピン）

1995年度（『キネマ旬報』'96年2月下旬号）
〈外国映画〉
1　スモーク（ウェイン・ワン）
2　太陽に灼かれて（ニキータ・ミハルコフ）
3　クローズ・アップ（アッバス・キアロスタミ）
4　ブロードウェイと銃弾（ウッディ・アレン）
5　プリシラ（ステファン・エリオット）
6　エド・ウッド（ティム・バートン）
7　フォレスト・ガンプ／一期一会
（ロバート・ゼメキス）
8　マディソン郡の橋
（クリント・イーストウッド）
9　コールド・フィーバー
（フリドリック・トール・フリドリクソン）
10　ノーバディーズ・フール
（ロバート・ベントン）

1996年度（『キネマ旬報』'97年2月下旬号）
〈外国映画〉
1　ケロッグ博士（アラン・パーカー）
2　トレインスポッティング（ダニー・ボイル）
3　キャリントン（クリストファー・ハンプトン）
4　アンダーグラウンド
（エミール・クストリッツァ）
5　イル・ポスティーノ
（マイケル・ラドフォード）
6　蜂の旅人（テオ・アンゲロプロス）
7　記憶の扉（ジュゼッペ・トルナトーレ）
8　フィオナの海（ジョン・セイルズ）
9　42丁目のワーニャ（ルイ・マル）
10　アルチバルド・デラクルスの犯罪的人生
（ルイス・ブニュエル）

1997年度（『キネマ旬報』'98年2月下旬号）
〈外国映画〉
1　世界中がアイ・ラヴ・ユー
（ウッディ・アレン）
2　奇跡の海（ラース・フォン・トリアー）
3　八日目（ジャコ・ヴァン・ドルマル）
4　英国万歳！（ニコラス・ハイトナー）
5　身代金（ロン・ハワード）
6　シャイン（スコット・ヒックス）
7　太陽の少年（チアン・ウェン）
8　祝祭（イム・グォンテク）
9　浮き雲（アキ・カウリスマキ）
10　バスキア（ジュリアン・シュナーベル）

＊本書は『淀川長治映画ベスト１０００』〈決定版〉（河出書房新社、二〇一三年七月刊）の新装版です。

装幀＝水上英子

淀川長治

1909-1998年、神戸生まれ。映画評論家。「映画世界」編集部を経て、ユナイト映画など映画会社で宣伝を担当後、48年から「映画之友」編集長。その後、評論家として活躍。60年「ララミー牧場」でテレビ初登場。66年からは「日曜洋画劇場」の解説者を亡くなるまで務めた。著書は『淀川長治自伝』『淀川長治映画塾』『淀川長治のシネマ・トーク』『映画監督愛』『淀川長治集成・全4巻』など多数。

岡田喜一郎

1938-2018年、東京生まれ。映像作家。TBSの「映画サロン」以来、淀川長治とは30年来の交友で、テレビ東京の「淀川長治の部屋」はその死まで続いた。淀川長治の著書『淀川長治映画の部屋』『日々快楽』『追想の扉』などの聞き書きも手がけ、編著に『淀川長治究極の映画ベスト100』『淀川長治究極の日本映画ベスト66』が、また著書に『淀川長治の映画人生』『昭和歌謡映画館』がある。

淀川長治映画ベスト1000

〈 決定版 新装版 〉

二〇〇〇年五月二五日 初版発行
二〇〇九年五月三〇日 増補新版初版発行
二〇一三年七月三〇日 決定版初版発行
二〇二一年四月二〇日 決定版新装版初版印刷
二〇二一年四月三〇日 決定版新装版初版発行

著　者――淀川長治
編・構成――岡田喜一郎
発行者――小野寺優
発行所――株式会社河出書房新社
東京都渋谷区千駄ヶ谷二-三二-二
電　話――〇三-三四〇四-一二〇一［営業］
〇三-三四〇四-八六一一［編集］
https://www.kawade.co.jp/

組　版――さんごどう
印　刷――中央精版印刷株式会社
製　本――小泉製本株式会社

Printed in Japan ISBN978-4-309-29138-3